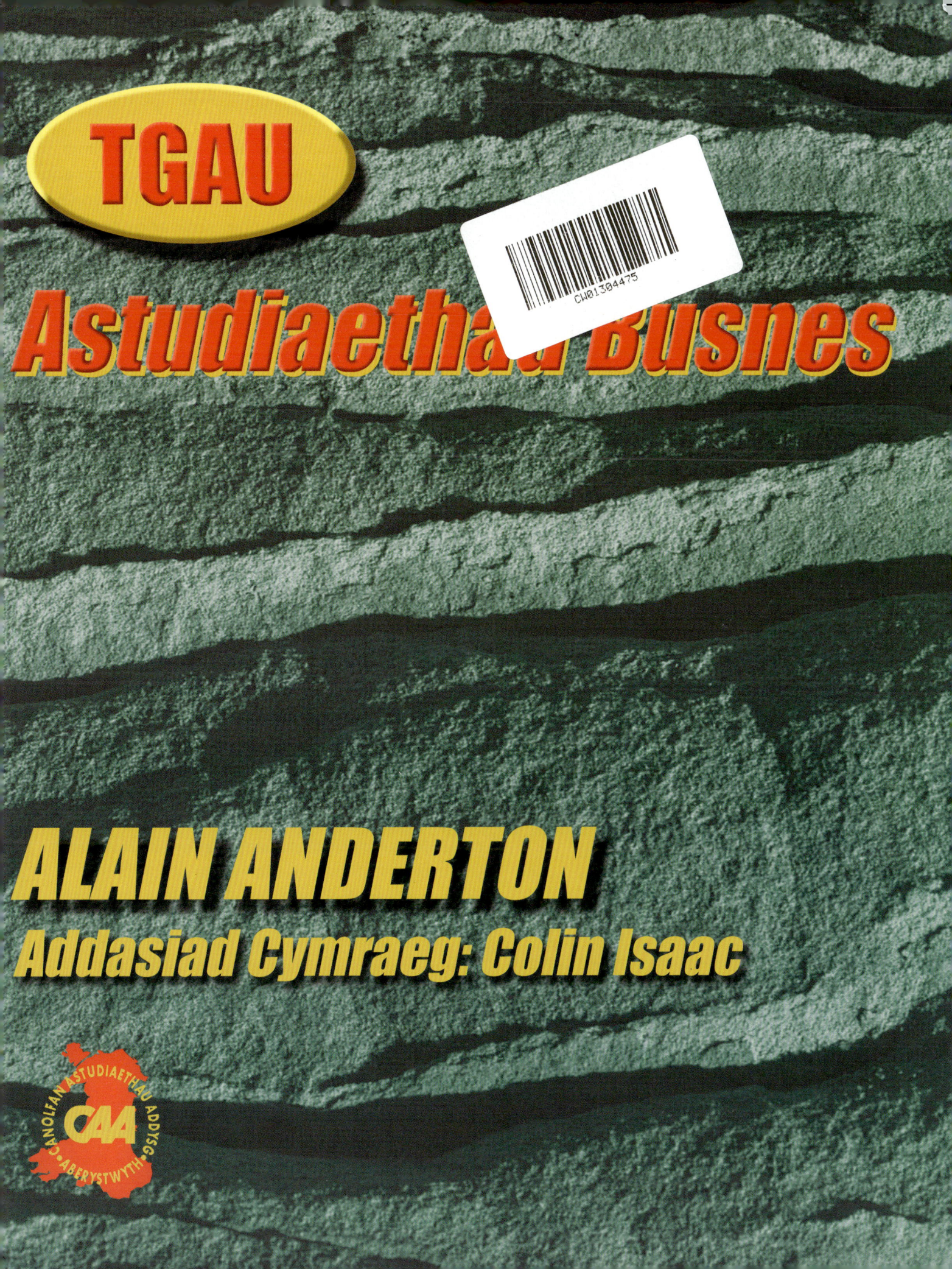

Y fersiwn Saesneg:
Cynllun y clawr: Caroline Waring-Collins
Lluniau'r clawr: Tony Stone Images
Gwaith graffeg: Caroline Waring-Collins, Elaine Sumner ac Alan Fraser
Cartwnau: Alan Fraser
Lluniau: Andrew Allen, Ian McAnulty ac Ian Sager
Cynllun y tudalennau: Caroline Waring-Collins, Andrew Allen
Golygu: Dave Gray

Cyhoeddwyd gan: Causeway Press Limited,
PO Box 13, Ormskirk, Lancs, L39 5HP
© Alain Anderton
Dylunio a pharatoi: Caroline Waring-Collins ac Elaine Sumner (Waring-Collins Partnership)

Y fersiwn Gymraeg:
Ⓗ Awdurdod Cymwysterau, Cwricwlwm ac Asesu Cymru 2001
Mae hawlfraint ar y deunyddiau hyn ac ni ellir eu hatgynhyrchu na'u cyhoeddi heb ganiatâd perchennog yr hawlfraint.
Argraffiad cyntaf: Ebrill 2001
Ail argraffiad: Hydref 2002

Cyhoeddwyd y fersiwn Gymraeg gan:
Y Ganolfan Astudiaethau Addysg, Prifysgol Cymru,
Yr Hen Goleg, Aberystwyth, Ceredigion SY23 2AX

Cedwir pob hawl. Ni chaniateir atgynhyrchu unrhyw ran o'r cyhoeddiad hwn na'i throsglwyddo ar unrhyw ffurf neu drwy unrhyw fodd, electronig neu fecanyddol, gan gynnwys llungopïo, recordio neu drwy gyfrwng unrhyw system storio ac adfer, heb ganiatâd ysgrifenedig y cyhoeddwr neu dan drwydded gan yr Asiantaeth Trwyddedu Hawlfreintiau. Gellir cael manylion pellach am y cyfryw drwyddedu (ar gyfer atgynhyrchu reprograffig) oddi wrth yr Asiantaeth Trwyddedu Hawlfreintiau/*Copyright Licensing Agency*, 90 Tottenham Court Road, Llundain W1 9HE.

ISBN 1 85644 600 X

Addasiad Cymraeg: Colin Isaac
Golygu: Eirian Jones
Dylunio: Richard Huw Prichard

Pwyllgor Monitro ACCAC:
Llifon Jones (Ysgol y Creuddyn)
Siân Taylor (Ysgol Bro Myrddin)
Gareth Williams (Ysgol Glantaf)

Argraffwyr: Gwasg Gomer, Llandysul, Ceredigion

Cydnabyddiaethau
Diolch i'r canlynol am eu cymorth wrth baratoi'r llyfr hwn:

ABB, Adran Addysg a Chyflogaeth; Adran Fasnach a Diwydiant; Allied Carpets; Awdurdod Gweithredol Iechyd a Diogelwch; Banc National Westminster; Beauford PLC; Belgrade Insulations Limited; British Airways; British Telecom; Business Link; Cadbury Schweppes; Capital Radio; Charles Barker plc; Chris Sawyer; Chris Dee; Chloride Group; Co-operative Union Limited; Coats Viyella; Comisiwn Cyfleoedd Cyfartal; Commercial Union; Courtaulds; Cyngor Cenedlaethol Cymru dros Addysg a Hyfforddiant; Cyngor Dinas Lancaster; Cyswllt Busnes Cymru; Danka Business Systems plc, De La Rue; DJ Quine; Etam; Express and Star; Expro International Group; Fatty Arbuckles; Fiat; Financial Times; Ford; Galliford; Games Workshop; George Wimpey PLC; GKN; Global Group; Greenalls PLC; Hamley's; Hardy Spicer; Ian McAnulty; Inchcape; Intelek plc; IPT Group; Isle of Wight Studio Glass; Jacques Vert; Jim McCall, Cambus Litho Ltd; Jim Russell, Powell & Heilbron; Kate Haralambos; Kiren Darashah, Ben-Go-Tig; Ladbroke Group; Lawtec; Lever Brothers; Leyland Trucks; Magnet; Man Made Sole; Marks & Spencer; MGA Developments; Mike Dixon; Mike Forshaw; Mitsubishi; Nestlé; Northern Foods; Orange; P&O; Paramount 21 Ltd; Paul Quirk, Quirk's Records; Peter Downes a Peter Howcroft, Bender Forrest Ltd; Pittards; Portmeirion Potteries; Prontaprint; Rank; Reckitt & Colman; Regalian Properties; Richer Sounds; Rover Group; Sainsbury's; Scott Ltd; Sea Containers Ltd; Shell LiveWire; Shell; Sky Television; Snakeboard International; Spirax-Sarco; St Ivel Ltd; Stannah; Streamline Holdings; Street Crane; Tesco; Thames Water; The Advertising Standards Authority Limited; The BOC Group; The Body Shop; The Boots Company; The Car Group; The Guinness Group; The LEGO Group; The Original Propshop; Tomkins PLC; Toyota UK; Undeb y Gweithwyr Cyfathrebu; Unigate; Unilever; United Norwest Co-operatives Limited; United Utilities; Virgin; Vitec Group; Volkswagen; Wagon Industrial Holdings; Walker Greenbank; Waterford Wedgwood; Wood 'u' Learn; Ymddiriedolaeth Fusnes Ieuenctid y Tywysog.

Darparwyd lluniau gan y canlynol:
Corel tud. 36, 80, 86, 100, 125, 156, 186, 206, 213, 224; Digital Stock Corporation tud. 13, 15, 55, 88, 91, 100, 106, 108, 114, 156, 163, 173, 178, 183, 192, 196, 200, 216, 217, 218, 219, 222, 223, 234; Huw Evans Picture Agency tud. 186; Image Bank tud. 183; Northern Picture Library tud. 231; Rex Features Ltd. tud. 9, 13, 14, 23, 63, 87, 95, 140 (dau), 165; Photodisc Inc. © 1995 tud. 5, 38, 101, 139, 145, 197, 208; Sally a Richard Greenhill tud. 116; Telegraph Colour Library tud. 97, 189; Topham Picture Point tud. 8, 14, 16, 36, 149; Tony Stone Images/Hulton Getty tud. 34, 222.

Ni fu'n bosibl olrhain perchennog pob hawlfraint. Gwahoddir y perchenogion hynny i gysylltu â'r cyhoeddwr.

RHAGAIR

Mae **Astudiaethau Busnes TGAU** wedi'i gynllunio i'w ddefnyddio fel y gwerslyfr craidd ar gyfer cyrsiau TGAU mewn Astudiaethau Busnes. Bydd hefyd yn ddefnyddiol i ymgeiswyr sy'n paratoi ar gyfer GNVQ Canolradd mewn Busnes.

Mae nifer o nodweddion allweddol i'r llyfr.

Cynhwysfawr Mae'r llyfr yn ymwneud â chynnwys Astudiaethau Busnes TGAU cwrs cyfan a hanner cwrs. Gellir ei ddefnyddio hefyd gan fyfyrwyr sy'n gwneud unedau opsiynol mewn Cyfrifon, Menter, Masnach, Busnes a Newid, Technoleg a Newid neu Dechnoleg Gwybodaeth. Mae'r awgrymiadau ynglŷn â Thechnoleg Gwybodaeth yn rhoi cyfle i fyfyrwyr ddangos sgiliau Technoleg Gwybodaeth. Dydyn nhw ddim yn ceisio ymwneud â'r Dechnoleg Gwybodaeth sydd ei hangen ar gyfer cwrs Busnes a Systemau Gwybodaeth.

Strwythur unedau Mae'r deunydd wedi'i drefnu'n unedau, rhai ohonynt ar ddwy dudalen ac eraill ar bedair tudalen. Mae pob uned yn cynnwys testun, adran sy'n amlinellu rhai o'r penderfyniadau allweddol y mae'n rhaid i fusnesau eu gwneud, cwestiynau data ac astudiaethau achos, ymarferion ymchwil, cwestiynau atebion byr a diffiniadau o dermau allweddol.

Yn seiliedig ar astudiaethau achos Mae pob uned yn defnyddio busnes neu ddiwydiant penodol i egluro'r testun. Ategir hyn gan nifer o astudiaethau achos eraill yn yr uned gyda chwestiynau yn gysylltiedig â nhw.

CYNNWYS

Busnes yn ei gefndir economaidd

Uned 1	Busnes yn ei amgylchedd *Unigate*	4
Uned 2	Y farchnad *Rank*	8
Uned 3	Mathau o economi *Fiat*	12
Uned 4	Mathau o gynhyrchu *Global Group*	14
Uned 5	Busnes yn yr amgylchedd lleol *Thames Water*	18
Uned 6	Busnes yn yr amgylchedd cenedlaethol *Wimpey*	22
Uned 7	Y dimensiwn rhyngwladol *British Airways*	26
Uned 8	Yr Undeb Ewropeaidd *Pittards*	30
Uned 9	Moeseg busnes *The Body Shop*	32

Trefniadaeth gyfreithiol busnes

Uned 10	Unig berchenogaeth *Siwan Jones*	34
Uned 11	Partneriaethau *Ann Harri a Mari Daniel*	38
Uned 12	Cwmnïau cyfyngedig *The Original Propshop*	42
Uned 13	Busnesau cydweithredol *United Norwest*	46
Uned 14	Trwyddedu *Prontaprint*	50
Uned 15	Cwmnïau amlwladol *The BOC Group*	54
Uned 16	Sefydliadau a'r sector cyhoeddus *Swyddfa'r Post*	56

Maint a threfniadaeth fewnol busnes

Uned 17	Amcanion busnes *Regalian Properties*	60
Uned 18	Maint busnes *Reckitt & Colman*	64
Uned 19	Twf busnes *Tomkins*	68
Uned 20	Trefniadaeth fewnol busnes *Bender Forrest*	72
Uned 21	Dulliau trefnu *Intelek*	76

Cyfrifydda

Uned 22	Y cynllun busnes *Alun Evans a Carys Taylor*	78
Uned 23	Derbyniadau a chostau *Cwmni Batiau Criced Dabren*	80
Uned 24	Adennill costau *Goleuadau Parri*	84
Uned 25	Y cyfrif elw a cholled *Coats Viyella*	88
Uned 26	Mantolenni *Beauford*	92
Uned 27	Perfformiad busnes *Hamleys*	96
Uned 28	Llif arian *Ioan Bowen*	100
Uned 29	Cyfalaf gweithio *Spirax-Sarco*	104
Uned 30	Ariannu'r busnes drwy gyfalaf *Dan Tofal*	108
Uned 31	Ariannu'r busnes drwy gael benthyg *Horobin*	112
Uned 32	Pa ffynhonnell gyllid? *Dan Tofal a Horobin*	116
Uned 33	Swyddogaeth elw *United Utilities*	118

Marchnata

Uned 34	Marchnata *Walkers Crisps*	120
Uned 35	Dadansoddi'r farchnad *Sky Television*	122
Uned 36	Ymchwil marchnata *Cadbury - Fuse*	126
Uned 37	Y cynnyrch *Nestlé*	130
Uned 38	Cylchred oes cynnyrch *Mini*	134
Uned 39	Prisio *Y diwydiant recordiau*	136
Uned 40	Pris, galw a chyflenwad *Meridian Mining*	140
Uned 41	Hyrwyddo *Orange*	142
Uned 42	Lleoliad *Isle of Wight Glass*	146
Uned 43	Adwerthu *Boots*	150
Uned 44	Cludiant *Shell*	154
Uned 45	Cyfyngiadau ar farchnata *Nike*	158

Cynhyrchu

Uned 46	Trefnu cynhyrchu *Unilever*	162
Uned 47	Dulliau cynhyrchu *Ford*	166
Uned 48	Cynhyrchu main *Hardy Spicer*	170
Uned 49	Technolegau newydd *MGA Developments*	174
Uned 50	Technoleg ac effeithlonrwydd *LEGO*	178
Uned 51	Ansawdd *Street Crane*	182
Uned 52	Lleoli'r busnes *LG Group*	186

Pobl mewn busnes

Uned 53	Recriwtio *Powell & Heilbron*	190
Uned 54	Cymell gweithwyr *Richer Sounds*	194
Uned 55	Arddulliau arwain *Virgin*	198
Uned 56	Systemau talu *Cambus Litho*	200
Uned 57	Gosod lefelau cyflog *The Ladbroke Group*	204
Uned 58	Hyfforddiant *Marks & Spencer*	206
Uned 59	Cyfathrebu *Commercial Union*	210
Uned 60	Dulliau cyfathrebu *Allied Carpets*	214
Uned 61	Cysylltiadau diwydiannol *Dyfaldonc*	218
Uned 62	Cyflogaeth a'r gyfraith *Navdeep Ghosal a Waldo Morgan*	222

Rheoli newid

| Uned 63 | Cychwyn busnes *Ben-Go-Tig* | 226 |
| Uned 64 | Busnes a newid *Courtaulds* | 230 |

Mynegai — 234

uned 1
BUSNES YN EI AMGYLCHEDD

Gwneud penderfyniadau

Mae pobl mewn busnes yn gorfod gwneud penderfyniadau yn gyson. Mae busnesau'n cynhyrchu nwyddau a gwasanaethau i ddiwallu angen a chwant defnyddwyr. Rhaid iddynt benderfynu:
- pa nwyddau a gwasanaethau i'w cynhyrchu;
- pa adnoddau, fel defnyddiau crai a gweithwyr, y mae eu hangen ar gyfer cynhyrchu.

Ydych chi'n yfed llaeth sy'n cael ei ddosbarthu gan ddyn llaeth *Unigate*? Ydych chi'n prynu llaeth *Unigate* mewn uwchfarchnad? Ydych chi wedi bwyta iogwrt *Shape* gan *St. Ivel*? Ydych chi'n yfed sudd oren *Florida* gan *St. Ivel*? Ydych chi'n rhoi menyn *Country Life* neu *Utterly Butterly* gan *St. Ivel* ar eich bara? Mae'r holl gynhyrchion hyn a mwy yn cael eu gwneud gan fusnes o'r enw *Unigate plc*. Beth sy'n gwneud busnes?

Beth yw busnes?

Corff sy'n cynhyrchu NWYDDAU neu WASANAETHAU yw BUSNES. *Unigate* sy'n gwneud y CYNHYRCHION a nodwyd uchod. Mae busnesau eraill yn gwneud cynhyrchion hefyd. Er enghraifft, mae *Coca Cola* yn gwneud diodydd. Mae Telecom Prydain yn darparu gwasanaethau ffôn. Mae *McDonald's* yn darparu bwydydd cyflym. Mae *Barnardos* yn darparu gwasanaethau gofal plant.

Mae rhai busnesau fel *Unigate* yn fawr. Er bod pencadlys *Unigate* yn y Deyrnas Unedig, mae'n berchen cwmnïau yn Ffrainc. Mae'n gwerthu ei gynhyrchion mewn gwledydd eraill yn Ewrop hefyd. Mae ei werthiant yn werth mwy na £2 biliwn y flwyddyn. Mae'n cyflogi 27 000 o weithwyr. Ond mae'r rhan fwyaf o fusnesau'n fach, fel y cigydd lleol neu'r lle trin gwallt. Efallai bod eu gwerthiant nhw'n cael ei fesur mewn miloedd o bunnoedd yn hytrach na biliynau. Efallai eu bod yn cyflogi ychydig yn unig o weithwyr neu efallai mai perchennog y busnes yw ei unig weithiwr.

Busnes **sector preifat** (☞ uned 3) yw *Unigate*. Hynny yw, nid yw dan berchenogaeth y llywodraeth. Mae elusennau fel *Barnardos* hefyd yn fusnesau sector preifat. Mae'r cyfundrefnau busnes a berchenogir ac a weithredir gan y llywodraeth, fel y Gwasanaeth Iechyd Gwladol neu'r Llynges Frenhinol, yn **sector cyhoeddus** yr economi.

Mae'r rhan fwyaf o fusnesau'r sector preifat, fel *Unigate*, yn amcanu at wneud **elw** (☞ uned 33). Mae gan fusnesau eraill, fel *Barnardos* neu'r Gwasanaeth Iechyd Gwladol, **amcanion** eraill (☞ uned 17) hefyd, megis rhoi safon uchel o ofal i bobl.

Cynhyrchu

I gynhyrchu unrhyw beth mae'n rhaid i fusnes ddefnyddio adnoddau. Mae *St. Ivel*, sy'n rhan o *Unigate*, yn gwneud iogwrt *Shape* o laeth a mefus, sy'n DDEFNYDDIAU CRAI. Mae *St. Ivel* yn prynu'r defnydd pacio ar gyfer yr iogwrt gan fusnesau eraill. Y term am gynhyrchion a wneir gan un busnes ac a werthir i fusnes arall yw

Pa nwyddau a gwasanaethau y mae pob un o'r busnesau a ddangosir yma'n eu cynhyrchu? Ysgrifennwch gynifer ag y medrwch.

Uned 1 Busnes yn ei amgylchedd

Gweithwyr (LLAFUR)

MENTER

Peiriannau (CYFALAF)

Defnyddiau crai (TIR)

Ffigur 1.1 Ffactorau cynhyrchu a ddefnyddir gan St Ivel Limited i wneud iogwrt

Gwasanaethau yw cynhyrchion nad ydynt yn ffisegol fel trin gwallt.

Nwyddau yw cynhyrchion ffisegol fel menyn Country Life a wneir gan Unigate.

NWYDDAU CYNHYRCHYDD. Yna mae gweithwyr (LLAFUR) St. Ivel yn cynhyrchu'r iogwrt mewn ffatri. Mae'r ffatri a'r peiriannau (CYFALAF neu NWYDDAU CYFALAF) a ddefnyddir hefyd yn hanfodol i'r broses gynhyrchu. Y mentrwr (*entrepreneur*) fydd yn trefnu'r adnoddau ar gyfer cynhyrchu ac yn cymryd y risgiau sy'n gysylltiedig â'r gwaith hwnnw. Weithiau gelwir yr adnoddau hyn yn FFACTORAU CYNHYRCHU - defnyddiau crai (TIR), llafur, cyfalaf a MENTER.

Gwerthu'r cynnyrch

Nid yw'n ddigon i *Unigate* wneud iogwrt *Shape* neu fenyn *Country Life*. Ni fydd yn para fel busnes oni fydd yn cael CWSMERIAID ar gyfer ei gynhyrchion. Busnesau eraill fel *Sainsbury's* neu *Tesco* yw ei gwsmeriaid. Maen nhw'n prynu meintiau mawr o'r iogwrt ac yna'n ei werthu mewn meintiau bach i'w cwsmeriaid nhw, pobl fel chi. Pan fyddwch yn bwyta iogwrt, chi yw DEFNYDDIWR (*consumer*) y cynnyrch. Gelwir y cynhyrchion sydd yn y pen draw yn cael eu defnyddio (treulio) gan bobl yn NWYDDAU TRAUL (*consumer goods*).

Pam defnyddio?

Pam y mae pobl yn prynu iogwrt neu'r cynhyrchion eraill a wneir gan *Unigate*? Mae gan ddefnyddwyr ANGHENION, sef pethau y mae'n rhaid iddynt eu treulio (*consume*) i fyw. Mae angen bwyd, diod, cysgod, gwres a dillad ar bobl. Gallai bwyta iogwrt *Shape*, yfed llaeth *Unigate* neu fwyta *Utterly Butterly* ar fara ddiwallu angen pobl am fwyd.

Mae anghenion yn rhan o CHWANT (*wants*) ehangach pobl. Mae pobl yn dymuno treulio pob math o nwyddau a gwasanaethau, nid yn unig y cynhyrchion y mae eu hangen er mwyn byw. Does dim terfyn ar faint y bydd pobl am ei dreulio. Yng ngwledydd cyfoethog y byd, fel y DU, nid yn unig y mae pobl yn prynu mwy ond maen nhw hefyd yn cynyddu safon yr hyn a brynant. Rhaid i *Unigate* ymdopi â'r newidiadau yn y galw. Er enghraifft, mae pobl ym Mhrydain yn yfed llai o laeth nag o'r blaen ond yn bwyta mwy o iogwrt.

Uned 1 Busnes yn ei gefndir economaidd

Y Bwrdd Nadreddu (Snakeboard)

Nid yw pob bwrdd sgrialu (skateboard) yr un fath. Math datblygedig o fwrdd sgrialu yw Bwrdd Nadreddu. Mae gan y bwrdd ddau lawr cylchdro wedi'u cysylltu gan far. Mae hyn yn caniatáu llawer mwy o hyblygrwydd o ran symud na'r bwrdd sgrialu traddodiadol sydd ag un darn yn unig.

Bwriedir i'r cynnyrch apelio at bobl ifanc 12-20 oed sy'n mwynhau chwaraeon fel llafn-rolio, reidio beic mynydd, syrffio, dringo creigiau ac, wrth gwrs, sgrialu. *Snakeboard International plc* sydd â'r patentau cynllunio ar gyfer Byrddau Nadreddu. Mae am i nadreddu fod mor adnabyddus â llafn-rolio neu syrffio. Byddai hynny'n golygu nad ar y strydoedd yn unig y byddai'n digwydd. Byddai cystadlaethau cenedlaethol a rhyngwladol ar y teledu. Yna gallai'r cwmni werthu ei amrywiaeth o ddillad ac esgidiau Nadreddu nid yn unig i Nadreddwyr ond hefyd i bobl sydd am fod yn gysylltiedig â'r gamp.

Ffynhonnell: addaswyd o wybodaeth gan *Snakeboard International plc*

1. Pwy yw cwsmeriaid tebygol y cwmni hwn?
2. Mae defnyddwyr yn prynu cynhyrchion i ddiwallu eu 'chwant'. Pa 'chwant' y bydd prynu Bwrdd Nadreddu'n ei ddiwallu yn eich barn chi?
3. Mae Nadreddu'n gamp newydd. Awgrymwch 4 ffordd y gallai'r cwmni helpu i gynyddu poblogrwydd y gamp.

Yr amgylchedd busnes

Rhaid i fusnesau weithredu mewn amgylchedd cystadleuol. Os na all busnesau werthu eu cynhyrchion, byddant yn debygol o fynd i'r wal. Hyd yn oed os oes ganddynt gynhyrchion llwyddiannus ar hyn o bryd, efallai y bydd eu cystadleuwyr yn lansio cynhyrchion gwell ar y farchnad yn y dyfodol. Gallai'r llywodraeth hefyd effeithio ar fusnesau drwy basio deddfau sy'n cyfyngu ar yr hyn y gallant ei wneud, e.e. cyfyngiadau ar y cynhwysion y bydd busnes bwyd fel *Unigate* yn eu defnyddio yn ei gynhyrchion.

Busnesau sy'n datrys y problemau hyn yw'r busnesau sy'n llwyddiannus yn y tymor hir, fel *Unigate*. Dros gyfnod byddan nhw'n parhau i ddarparu cynhyrchion fydd yn apelio at eu cwsmeriaid. Byddan nhw'n addasu eu dulliau gweithredu i gydymffurfio â rheoliadau a deddfau'r llywodraeth. Byddan nhw'n hybu eu gweithwyr i gynhyrchu cynifer o nwyddau o safon uchel ag sy'n bosibl o fewn cyllidebau costau.

Ffynhonnell: addaswyd yn rhannol o Adroddiad Blynyddol a Chyfrifon *Unigate plc* a gwybodaeth a roddwyd gan *St. Ivel Limited*.

Rydych wedi eich trefnu eich hun yn finigwmni. NAILL AI atebwch y cwestiynau canlynol ar gyfer y syniad busnes a ddewiswyd gennych NEU tybiwch mai golchi ceir yw eich gweithgaredd busnes.

1. Rhestrwch yr adnoddau y bydd yn rhaid i'ch busnes eu defnyddio i ddarparu'r gwasanaeth.
2. Darganfyddwch sut y mae (a) garej lleol a (b) gwasanaeth glanhau lleol yn glanhau ceir. Sut y maent yn wahanol i chi o ran yr adnoddau a ddefnyddiant?
3. Sut y byddech yn penderfynu a ydy eich busnes wedi llwyddo?

Uned 1 Busnes yn ei amgylchedd

Tybiwch y gall pawb yn eich dosbarth neu grŵp dysgu wario hyd at £20 ar un eitem, e.e. cryno-ddisg, trip i ganolfan bowlio deg neu bâr newydd o jîns.

1 Gwnewch arolwg o ddeg aelod o'r dosbarth neu fwy i weld ar beth y byddent yn gwario'r arian.

 Cronfa ddata

2 Crëwch gronfa ddata ar sail eich darganfyddiadau. Bydd y diagram o gymorth i chi.
Gallai'r gronfa ddata gynnwys:
(a) enw'r cynnyrch a brynwyd;
(b) enw'r busnes a gynhyrchodd y cynnyrch;
(c) ai nwydd neu wasanaeth yw;
(ch) y chwant y mae'n ei ddiwallu (e.e. bwyd, trafnidiaeth, adloniant)
(d) busnes lle y gellid prynu'r cynnyrch (e.e. gallai cryno-ddisg a gynhyrchwyd gan Sony gael ei brynu mewn siop Our Price Records. Yn achos gwasanaeth, fel canolfan bowlio deg, mae'r busnes yn cynhyrchu'r gwasanaeth ac yn ei werthu.)

3 Disgrifiwch eich darganfyddiadau, gan ddefnyddio graffiau lle bo'n briodol. Er enghraifft, a oedd pobl yn prynu cynhyrchion tebyg iawn neu wahanol iawn? A oeddent yn prynu cynhyrchion tebyg ond gan fusnesau gwahanol?

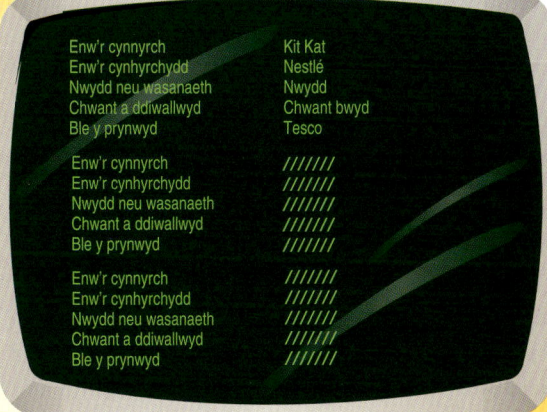

Enw'r cynnyrch	Kit Kat
Enw'r cynhyrchydd	Nestlé
Nwydd neu wasanaeth	Nwydd
Chwant a ddiwallwyd	Chwant bwyd
Ble y prynwyd	Tesco
Enw'r cynnyrch	///////
Enw'r cynhyrchydd	///////
Nwydd neu wasanaeth	///////
Chwant a ddiwallwyd	///////
Ble y prynwyd	///////
Enw'r cynnyrch	///////
Enw'r cynhyrchydd	///////
Nwydd neu wasanaeth	///////
Chwant a ddiwallwyd	///////
Ble y prynwyd	///////

Ffigur 1.2

termau allweddol

Anghenion - y cynhyrchion sylfaenol y mae eu hangen ar bobl er mwyn byw: bwyd, diod, cysgod, gwres a dillad.
Busnes - corff sy'n cynhyrchu nwyddau neu wasanaethau.
Cwsmer - person neu gorff sy'n prynu cynnyrch neu y cyflenwir cynnyrch iddo gan fusnes.
Cynhyrchion - nwyddau sy'n cael eu gwneud neu wasanaethau sy'n cael eu darparu gan fusnesau.
Chwant - yr awydd i dreulio nwyddau a gwasanaethau. Mae chwant yn ddi-derfyn am nad oes terfyn ar faint o nwyddau a gwasanaethau yr hoffai pobl eu treulio.
Defnyddiau crai - adnoddau naturiol, fel copr neu ffa coffi, a ddefnyddir i wneud cynhyrchion.
Defnyddiwr - y person sydd yn y pen draw yn defnyddio (neu'n treulio) cynnyrch.
Ffactorau cynhyrchu - tir (adnoddau naturiol), llafur (gweithwyr) cyfalaf (gweler diffiniad nwyddau cyfalaf isod) a menter a ddefnyddir yn y broses gynhyrchu.
Gwasanaethau - cynhyrchion nad ydynt yn ffisegol, fel torri gwallt neu daith ar drên.
Nwyddau - cynhyrchion ffisegol fel car neu fresych.
Nwyddau cyfalaf - peiriannau a nwyddau ffisegol eraill a ddefnyddir i gynhyrchu nwyddau a gwasanaethau eraill ar gyfer cynhyrchwyr a defnyddwyr.
Nwyddau cynhyrchydd - nwyddau a werthir gan un busnes i fusnes arall ac a ddefnyddir i gynhyrchu nwyddau a gwasanaethau eraill.
Nwyddau traul - nwyddau a gwasanaethau a werthir i bobl (defnyddwyr) yn hytrach na busnesau eraill.

SEA CONTAINERS LTD

Cwmni rhyngwladol sydd â'i bencadlys yn Bermuda yw *Sea Containers*. Mae ganddo nifer o weithgareddau gwahanol. Dangosir un o'r rhain yn y lluniau.

1 Pa un o weithgareddau busnes Sea Containers a ddangosir yn y lluniau?
2 Pwy yw cwsmeriaid y busnes hwn?
3 Pa adnoddau a ddefnyddir yn y busnes?
4 Awgrymwch 3 ffordd y gallai'r cwmni wneud y busnes hwn yn fwy llwyddiannus.

Rhestr wirio ✓

1 Beth yw busnes?
2 'Mae Nwy Prydain yn fusnes sector preifat.' Beth yw ystyr hyn?
3 Pa adnoddau sydd eu hangen i wneud hambyrgyr *McDonald's*?
4 Beth yw'r 4 ffactor cynhyrchu?
5 Beth yw'r gwahaniaeth rhwng cwsmer a defnyddiwr?
6 Dyma restr o gynhyrchion: tun o ffa pob, cownter siop, peiriant golchi, pâr o jîns, ffatri, peiriant gwnïo diwydiannol, cwpan a soser, wagen fforch godi. Eglurwch pa rai sy'n: (a) nwyddau traul; a (b) nwyddau cynhyrchydd.
7 Beth yw'r gwahaniaeth rhwng angen a chwant?

uned 2

Y FARCHNAD

Gwneud penderfyniadau

Mae busnesau'n gweithredu mewn marchnadoedd. Rhaid iddynt benderfynu beth i'w werthu i'w cwsmeriaid a sut i drefnu'r cynhyrchu. Yna bydd y farchnad yn rhoi ei barn. Os ydy'r busnes yn darparu cynnyrch y mae cwsmeriaid am ei gael, efallai y gallant ei werthu ac, yn bwysicach na hynny, wneud elw os bydd y pris yn iawn. Os na fydd cwsmeriaid yn prynu digon neu'n talu digon, bydd y busnes yn gwneud colled. Elw a cholled yw'r arwydd i fusnesau ehangu neu leihau lefel y cynhyrchu. Bydd busnesau na fyddant yn ymateb i'r farchnad nac yn darparu'r hyn y bydd eu cwsmeriaid am ei gael yn y tymor hir yn debygol o fynd i'r wal. Rhaid i fusnesau ymateb i'r farchnad os ydynt i oroesi.

Un o'r prif gwmnïau yn y byd ym maes hamdden ac adloniant yw *Rank Group Plc*. Mae wedi'i rannu'n bedair adran weithredu. Mae'r gwasanaethau ffilmiau ac adloniant yn cynnwys stiwdios ffilmiau *Pinewood* yn y DU a *Rank Film Distributors*. Mae *Hard Rock* yn berchen neu'n trwyddedu caffis *Hard Rock* ledled y byd. Mae'r adran wyliau'n cynnwys *Haven* a *Butlin's*. Mae'r adran hamdden yn cynnwys *Mecca* a *Top Rank Bingo*, Sinemâu *Odeon* a thafarnau-tai bwyta *Tom Cobleigh*.

Marchnadoedd

Rhaid i *Rank* weithredu yn **y farchnad**. Pan ddefnyddir y gair MARCHNAD mae'r rhan fwyaf o bobl yn meddwl am farchnad stryd sydd â nifer o stondinau gyda masnachwyr yn gwerthu pob math o bethau o fwyd i ddillad i ddodrefn. Bydd defnyddwyr yn mynd o gwmpas y farchnad yn prynu'r cynhyrchion. Mewn astudiaethau busnes mae ystyr ehangach i'r gair 'marchnad', sef unrhyw sefyllfa lle mae prynwyr a gwerthwyr yn cyfnewid nwyddau a gwasanaethau.

1. Beth sy'n cael ei brynu a'i werthu ym mhob un o'r marchnadoedd a welir yn y lluniau hyn?
2. Pwy yw'r prynwyr tebygol a phwy yw'r gwerthwyr tebygol ym mhob un o'r marchnadoedd hyn?
3. Ydy'r farchnad a welir ym mhob llun yn farchnad leol, yn farchnad genedlaethol neu'n farchnad ryngwladol?

Cyhoeddi Bwrdd Gwaith (CBG) (Desk Top Publishing)

4. Rydych yn penderfynu sefydlu busnes gyda grŵp bach o ffrindiau.
(a) Pa farchnad y gallech fynd i mewn iddi? (e.e. gallech werthu defnyddiau ysgrifennu i bobl eraill yn eich ysgol/coleg, ond ni allech sefydlu busnes rhyngwladol yn cynhyrchu ceir).
(b) Lluniwch boster hysbysebu ynglŷn â'ch busnes, yn dangos eich cynnyrch a phwy yw'r cwsmeriaid posibl. Gallech ddefnyddio pecyn cyhoeddi bwrdd gwaith i wneud hyn.

Uned 2 Y farchnad

Eglurwch sut y caiff prisiau eu pennu ym mhob un o'r tri achos a ddangosir yma.

Hobïau

TEIPIADUR Math llaw, cludadwy, *Underwood* 315, £25.
RHEOLYDD pŵer trenau model, *Hammond and Morgan Duelle*, yn rheoli 2 drên gwahanol, fel newydd, safon uchaf, £20.
GWARFAG, maint 40 litr, dyluniad diweddaraf, cwiltiog, defnydd gwrth-ddŵr du a gwyn, cysurus iawn, heb ei ddefnyddio, cost £40, bargen am £20.
CAR tunplat Japaneaidd, dim marciau, mewn bocs, cyflwr perffaith, £25.
TEGANAU tunplat, baban sy'n cropian, clocwaith, mewn bocs, £10.
CAR Salŵn *Paya*, tegan tunplat, 1982, cyflwr perffaith, mewn bocs, prin iawn, £80 nca.
TEGAN tunplat clocwaith, Clown ar sgwter, 1960au, £15 nca.
SET drenau, 6 x 4, 3 thrac, yn rhannol wedi'i thirlunio, dosbarth 158, lifrai rheilffordd ranbarthol, set 2 gerbyd, £125 nca.
BABAN sy'n cropian, tegan tunplat, corff plastig, clocwaith, mewn bocs, £10 nca.
LETHAMANN *Rigger* 900, Car Cebl, cyflwr perffaith, mewn bocs gyda chyfarwyddiadau llawn a phobl gardbord, £35 nca.

Gwahanol fathau o farchnadoedd

Mae amrywiaeth helaeth o farchnadoedd. Un ohonynt yw'r farchnad stryd. Un arall yw'r farchnad leol am adloniant, lle mae busnesau'n cystadlu â'i gilydd i gynnig gwasanaethau adloniant. Er enghraifft, mae *Rank* yn cynnig noson allan yn y sinema drwy ei gadwyn o Sinemâu *Odeon*; neu noson allan yn chwarae bingo yn ei glybiau *Mecca* a *Top Rank Bingo*; neu bryd o fwyd mewn tafarn-tŷ bwyta *Tom Cobleigh*. Yn y farchnad genedlaethol am wyliau mae cwmnïau fel *Butlin's*, sy'n eiddo i *Rank*, yn cystadlu am gwsmeriaid ledled y DU. Mae yna hefyd farchnadoedd rhyngwladol. Mae'r diwydiant ffilmiau, er enghraifft, yn ddiwydiant byd-eang. Mae *Rank* yn cystadlu â busnesau ledled y byd i gyflenwi gwasanaethau dyblygu fideo a phrosesu ffilmiau.

Mewn rhai marchnadoedd, bydd prynwyr a gwerthwyr yn cwrdd â'i gilydd wyneb yn wyneb. Mewn caffi *Hard Rock*, er enghraifft, mae'n rhaid i'r person sy'n prynu'r pryd bwyd gyfarfod gweithwyr *Rank* sy'n gwerthu'r pryd. Ond mewn llawer o farchnadoedd gwneir y prynu a'r gwerthu drwy lythyr, dros y ffôn neu drwy ffacs. Gallai cytundeb i ddefnyddio'r cyfleusterau yn Stiwdios *Pinewood*, sy'n eiddo i *Rank*, gael ei drafod dros y ffôn a'i gadarnhau drwy lythyr.

Gosod y pris

Mewn rhai marchnadoedd bydd prynwyr a gwerthwyr yn trafod pris. Byddai cwmni ffilmiau a ddymunai gynhyrchu ffilm gyfan yn *Pinewood* yn trafod pris gyda *Rank*. Fel rheol bydd y pris y cytunir arno yn y pen draw rywle rhwng pris gwreiddiol y gwerthwr a chynnig cyntaf y prynwr.

Mewn marchnadoedd eraill, bydd y gwerthwr yn gosod y pris. Er enghraifft, bydd pris gêm bingo mewn clwb bingo *Mecca* wedi'i osod. Bydd y chwaraewr naill ai'n derbyn y pris ac yn prynu cerdyn neu ni fydd yn chwarae.

Mewn arwerthiant bydd prynwyr yn cystadlu â'i gilydd, gan gynnig pris uwch ac uwch nes y bydd un prynwr yn unig ar ôl. Ond fydd y gwerthwr ddim yn gyfreithiol rwym i dderbyn y cynnig os bydd hyn yn is na'r pris cadw - isafswm pris y mae'r gwerthwr wedi penderfynu arno cyn i'r arwerthiant ddechrau. Oni fydd y pris a gynigir yn cyrraedd y pris cadw, ni chaiff y gwerthiant ei gyflawni.

Cost ymwad

Mae prisiau'n rhoi ffordd hawdd i fusnes fel *Rank* gyfrifo'r GOST YMWAD (*opportunity cost*). Dyma'r budd a gollir wrth wneud penderfyniad ynglŷn â sut orau i ddyrannu adnoddau. Er enghraifft, pe bai *Rank* yn penderfynu adeiladu ac agor sinema *Odeon* newydd yn Llundain, efallai mai'r gost ymwad fyddai'r budd a gâi ei golli am na allent agor sinema ym Manceinion am yr un gost.

Mae busnesau'n gorfod gwneud penderfyniadau cost ymwad yn gyson. Rhaid penderfynu sut i ddyrannu eu hadnoddau prin rhwng gwahanol ffyrdd o'u defnyddio. Am yr un pris, beth fyddai'n rhaid mynd hebddo pe bai cyfrifiadur yn cael ei brynu, neu pe bai swyddfeydd penodol yn cael eu rhentu, neu pe bai gweithiwr arbennig yn cael ei gyflogi?

Grymoedd y farchnad

Mae'r farchnad yn bwerus iawn. Y rheswm yw ei bod yn dyrannu cymaint o adnoddau yn y byd heddiw. Mae'r farchnad fel peiriant pleidleisio enfawr a'r prynwyr a'r gwerthwyr yw GRYMOEDD Y FARCHNAD sy'n penderfynu beth gaiff ei brynu a beth gaiff ei gynhyrchu.

9

Uned 2 Busnes yn ei gefndir economaidd

Mae *Rank* yn darparu gwasanaethau mewn marchnadoedd lleol (sinemâu *Odeon*), marchnadoedd cenedlaethol (*Butlin's*) a marchnadoedd rhyngwladol (dyblygu fideo)

Prynwyr Mae gan brynwyr arian i'w wario. Maen nhw'n dewis y cynhyrchion y maent am eu prynu o blith y miliynau sydd ar gynnig gan werthwyr. Efallai, er enghraifft, y bydd teulu cyffredin yn prynu 500 o eitemau gwahanol bob wythnos. Bob tro y bydd y teulu'n prynu un o'r cynhyrchion hyn, bydd yn bwrw pleidlais wario. Bob wythnos bydd biliynau o bleidleisiau gwario'n cael eu bwrw gan brynwyr yn y DU.

Gwerthwyr Mae angen y pleidleisiau hynny ar gynhyrchwyr i oroesi. Byddai *Rank* yn mynd i'r wal pe nai bai neb am fynd i'r sinema na mynd ar wyliau na bwyta allan. Ar y llaw arall, pe bai nifer y bobl sy'n mynd i sinemâu *Odeon* yn cynyddu 50%, byddai *Rank* yn debygol o gael gwobr fawr – cynnydd mawr yn ei elw.

Mae elw'n hanfodol i weithrediad cyfundrefn y farchnad. Bydd busnes yn tueddu i roi'r gorau i wneud cynnyrch os na all wneud elw. Bydd elw mawr yn hybu mwy o gynhyrchu. Elw sy'n peri i *Rank* benderfynu a fydd yn cau neuadd bingo neu'n agor caffi *Hard Rock* arall.

Mae *Rank* yn cystadlu mewn **marchnadoedd cystadleuol** – mae nifer o fusnesau'n cystadlu am gyflenwadau neu gwsmeriaid. Yn y farchnad wyliau, er enghraifft, mae *Rank*, drwy ei fusnesau gwyliau *Haven* a *Butlin's*, yn cystadlu â miloedd o fusnesau eraill i ddenu cwsmeriaid.

Mae llawer o farchnadoedd nad ydynt mor gystadleuol. I'r eithaf arall, fe geir **monopolydd**, sef unig werthwr cynnyrch i grŵp o gwsmeriaid. Yn y DU, er enghraifft, nid oes gan gartrefi ddewis ynghylch ble i brynu eu dŵr. Mae'r cwmni dŵr lleol, e.e. Dŵr Cymru, yn werthwr monopolaidd. Po fwyaf y gall busnes reoli marchnad, lleiaf i gyd o rym fydd gan ei gwsmeriaid. Mae hyn yn rhoi mwy o gyfle i'r busnes wneud elw.

Ffynhonnell: addaswyd o wybodaeth a roddwyd gan *Rank* ac Adolygiad a Chrynodeb Terfynol *Rank*.

Esgidiau *Dodge F1*

Dyn â syniadau oedd Paul Dooner. Wrth wylio ras geir yn 1994 fe gofiodd rywbeth a welodd yn Yr Almaen – adeiladwyr ag esgidiau wedi'u hailwadnu â hen deiars. Credai y byddai dilynwyr rasys ceir yn talu llawer o arian i gael eu hesgidiau wedi'u gwadnu â'r teiars a ddefnyddiwyd gan y prif yrwyr mewn rasys Fformiwla 1.

Cynhyrchodd samplau a chael ffatri esgidiau i gynhyrchu swp. Yn 1995 rhoddwyd yr esgidiau cyntaf ar werth yn *Harvey Nichols* a *Selfridges* yn Llundain ac yn *Kendals* yng Nghaeredin. Roedd y gwerthiant yn dda, ond roedd tueddiad i'r gwadnau ddod yn rhydd. Hefyd nid oedd logo'r teiars ar yr esgidiau a fyddai wedi dangos ar unwaith mae esgidiau rasio oeddent.

Felly roedd angen ailfeddwl. Gwyddai Paul fod angen ailgynllunio'r esgidiau ac yna eu marchnata. Cysylltodd â nifer o gwmnïau esgidiau mawr ac roedd llawer ohonynt â diddordeb yn y syniad. Ond roedden nhw am berchenogi a rheoli'r rhan fwyaf o'r busnes newydd a gâi ei greu. Yn ffodus, cysylltodd buddsoddwr preifat â Paul. Roedd hwnnw'n fodlon buddsoddi £250 000 yn y busnes a gadael y rheoli yn nwylo Paul.

Rhoddwyd yr esgidiau ar werth am £100 y pâr. Roeddent o safon uchel ac yn cynnwys logos oedd yn gysylltiedig â rasio Fformiwla 1. Yn y *Grand Prix* ym Monza yn 1996, fe'u dewiswyd fel y cynnyrch newydd mwyaf arloesol a gwreiddiol yn Fformiwla 1. Dechreuodd Paul baratoi lansio mathau eraill o esgidiau.

Ffynhonnell: addaswyd o *The Times*, 5 Tachwedd 1996.

1 'Y gost ymwad i Paul Dooner o sefydlu busnes gwerthu esgidiau oedd y cyflog y gallai fod wedi'i ennill pe bai ganddo swydd amser llawn.' Eglurwch ystyr hyn.
2 Awgrymwch beth allai fod y gost ymwad:
  (a) i'r buddsoddwr o roi £250 000 i mewn i'r busnes;
  (b) i gwsmer o dalu £100 am bâr o esgidiau *Dodge F1*.
3 Awgrymwch pam yr oedd rhai cwsmeriaid yn fodlon talu £100 am bâr o esgidiau *Dodge F1* er y gallent brynu esgid debyg o ran safon am lai o arian.

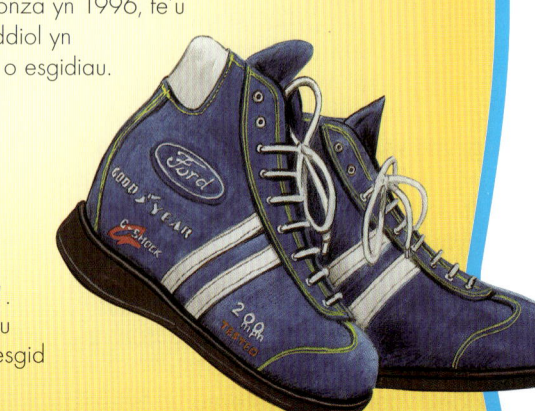

Uned 2 Y farchnad

Adnewyddu cerbydau *Land Rover*

Mae Peter Hobson yn rhedeg busnes yn cyflenwi darnau sbâr ar gyfer cerbydau *Land Rover*. Mae'r darnau wedi'u hadnewyddu. Fe'u cymerir o hen gerbydau *Land Rover* neu o stociau o ddarnau newydd sy'n cael eu gwerthu fel sgrap. Mae ei fusnes yn gweithio ar y darnau ac yn eu dychwelyd i effeithiolrwydd o 80% o leiaf. Gwerthir y darnau am ffracsiwn o bris darnau newydd gan *Land Rover*. Maen nhw hefyd o safon uwch na'r darnau newydd rhad a wneir gan gwmnïau eraill.

Sefydlwyd y busnes yn 1986 ac fe dyfodd yn gyflym. Erbyn 1993 roedd yn cyflogi 21 o bobl. Ond roedd y busnes yn rhy llwyddiannus i lawer o werthwyr *Land Rover* yn y DU a werthai ddarnau newydd. Roedden nhw'n cwyno ei fod yn dwyn eu cwsmeriaid nhw. Felly fe wnaeth Peter gytundeb â *Land Rover*. Cytunodd i beidio â gwerthu i gwsmeriaid yn y DU. Ond fe allai werthu yn unrhyw ran arall o'r byd. Yn fuan roedd y bwlch a grewyd gan golli cwsmeriaid yn y DU wedi'i lenwi drwy ehangu'r gwerthiant dramor.

Ffynhonnell: addaswyd o'r *Financial Times*, 20 Ionawr 1996.

1 (a) Pwy oedd cwsmeriaid Peter Hobson yn 1992?
  (b) Sut yr oedd hyn wedi newid erbyn 1996?
2 Pam y cwynodd gwerthwyr *Land Rover* yn y DU ynglŷn â busnes Peter Hobson yn 1993?
3 Gan bwy y mae Peter Hobson yn prynu?
4 Pwy yw cystadleuwyr Peter Hobson yn y farchnad am ddarnau *Land Rover*?

termau allweddol

Cost ymwad - y budd a gollir o'r dewis arall gorau wrth wneud dewis.
Grymoedd y farchnad - grymoedd prynu (galw) a gwerthu (cyflenwad) sy'n penderfynu'r pris a'r maint a brynir ac a werthir mewn marchnad.
Marchnad - lle mae prynwyr a gwerthwyr yn cyfarfod i gyfnewid nwyddau a gwasanaethau.

Rhestr wirio ✓

1 Mewn unrhyw farchnad mae dau grŵp. (a) Pwy ydyn nhw a (b) beth maen nhw'n ei wneud yn y farchnad?
2 Mae'r farchnad olew yn farchnad. Rhowch 5 enghraifft arall o farchnadoedd.
3 Rhowch enghraifft o fusnes sy'n gweithredu: (a) yn eich marchnad leol yn gwerthu bara; (b) yn y farchnad genedlaethol yn gwerthu ceir; (c) yn y farchnad ryngwladol yn prynu ffa coffi.
4 Pwy sy'n penderfynu ar y pris a osodir: (a) mewn uwchfarchnad; (b) pan brynir tŷ; (c) mewn arwerthiant gwartheg; (ch) pan gaiff car ei drin mewn garej; (d) pan gaiff car ei brynu ail-law?
5 Mae busnes yn gwario £10 000 ar lungopïwyr *Xerox*. Beth allai fod cost ymwad y penderfyniad hwn i'r busnes? Rhowch 3 enghraifft bosibl yn eich ateb.
6 Sut y caiff cynhyrchwyr eu gobrwyo mewn cyfundrefn farchnad am werthu cynhyrchion y mae defnyddwyr am eu prynu?
7 Eglurwch yr hyn fydd yn digwydd i fusnesau na fyddant yn cyflenwi nwyddau y mae cwsmeriaid am eu prynu.

S&A FOODS

Dechreuodd Perween Warsi ei busnes yn 1986. Ni allai gael samosas na chywion ieir tandwri o safon yn ei huwchfarchnad leol. Dechreuodd goginio yn ei chegin ei hun a gwerthu i siop brydau parod Groegaidd yn ei hardal. Yna fe gafodd hyd i ddosbarthwr a gyflenwai dafarnau a thai bwyta lleol. Yn 1987 cytunodd *Asda*, y gadwyn uwchfarchnadoedd, i werthu ei chynhyrchion oeredig. Ymhen deng mlynedd roedd ei busnes yn gwerthu gwerth £20 miliwn o fwyd y flwyddyn yn y DU ac yn Ewrop.

Mae'r gystadleuaeth yn y farchnad yn frwd. Gall cadwyni uwchfarchnadoedd beidio â defnyddio cyflenwyr nad yw eu cynhyrchion yn gwerthu'n dda, efallai am eu bod yn rhy ddrud neu am nad yw'r safon yn iawn. Felly mae Perween yn monitro'r cynhyrchu bwyd yn gyson. Er enghraifft, mae hi'n blasu pob swp o fwyd a wneir. Os na fydd y blas yn iawn, bydd y swp yn cael ei ddinistrio, sy'n costio rhwng £200 a £1000 yn dibynnu ar y cynhwysion. Mae hi a'i gŵr hefyd yn cymysgu'r holl berlysiau eu hunain, i sicrhau'r safon ac i gadw'r fformiwlâu'n gyfrinach.

Pan na fydd yn ei ffatri yn goruchwylio gweithrediad y busnes o ddydd i ddydd bydd hi allan yn cyfarfod cwsmeriaid a chyflenwyr newydd a chyfredol, i sicrhau y bydd y busnes yn parhau i dyfu.

Ffynhonnell: addaswyd o'r *Financial Times*, 27 Ionawr 1996.

1 'Dechreuodd Perween Warsi werthu mewn marchnad leol ac erbyn hyn mae'n gwerthu mewn marchnadoedd cenedlaethol a rhyngwladol.' Eglurwch ystyr hyn.
2 Beth allai fod y gost ymwad i Perween o dreulio amser yn cymysgu'r holl berlysiau a ddefnyddir wrth baratoi'r bwyd?
3 Ydy *S&A Foods* yn gweithredu mewn marchnad gystadleuol? Eglurwch eich ateb.
4 Mae cwmni bwyd mawr wedi cynnig prynu *S&A Foods*, ond pe bai Perween yn gwerthu byddai'n ymadael â'r busnes. Trafodwch a fyddai'i busnes mor llwyddiannus pe bai Perween yn gadael.

11

uned 3
MATHAU O ECONOMÏAU

Gwneud penderfyniadau
Mae busnesau'n gweithredu mewn economi penodol a chyfundrefn economaidd benodol. Mae'r rhain yn wahanol o wlad i wlad. Bydd y modd y trefnir yr economi'n pennu'r modd y bydd busnes yn ymddwyn ac yn gweithredu. Yn y DU, er enghraifft, mae'r rhan fwyaf o fusnesau'n amcanu at wneud elw. Ond gallai busnesau sydd dan berchenogaeth y llywodraeth fod ag amcanion gwahanol a gwneud penderfyniadau busnes gwahanol.

Cwmni yn Yr Eidal yw *Fiat*, ond mae'n gweithredu ledled y byd. Yn 1996 roedd ganddo bron 240 000 o weithwyr yn gweithio mewn 60 o wledydd gwahanol. Roedd llawer o'r rhain yn ei ffatrïoedd gweithgynhyrchu. Ceir sy'n ffurfio hanner gwerthiant *Fiat*. Mae hanner arall y gwerthiant yn cynnwys tryciau a lorïau, cerbydau amaethyddol a cherbydau adeiladu a chydrannau modurol. Mae gan *Fiat* hanes hir o weithio gyda mentrau yn Nwyrain Ewrop a Rwsia. Roedd y car *Lada* wedi'i seilio ar un o hen fodelau *Fiat*.

Economïau
Cyfundrefn yw **economi**. Y gyfundrefn hon sy'n gosod y rheolau sy'n dylanwadu ar yr hyn a gaiff ei gynhyrchu, sut y caiff ei gynhyrchu a phwy fydd yn derbyn y cynhyrchion. Mewn economi marchnad rydd bydd y rhan fwyaf o'r cynhyrchu a'r dosbarthu yn digwydd drwy **farchnadoedd** (☞ uned 2).
- Bydd cynhyrchwyr fel *Fiat* yn prynu **ffactorau cynhyrchu** (☞ uned 1). Bydd *Fiat* yn cael gweithwyr mewn gwledydd o'r Eidal i Brasil mewn marchnadoedd llafur. Bydd yn prynu defnyddiau crai a chydrannau fel dur, trydan a brêcs mewn **marchnadoedd cynhyrchion**. Bydd yn prynu peiriannau, ffatrïoedd a swyddfeydd mewn **marchnadoedd cyfalaf**.
- Yna bydd cynhyrchwyr yn ceisio gwerthu'r hyn a wnaed ganddynt naill ai i fusnesau eraill neu i ddefnyddwyr. Bydd *Fiat*, er enghraifft, yn gwerthu'r rhan fwyaf o'i geir i werthwyr ceir annibynnol.

Ond mae hefyd yn berchen busnesau gwerthu ceir. Bydd yn gwerthu ceir, felly, yn uniongyrchol i ddefnyddwyr neu i fusnesau sy'n prynu ceir cwmni.

Mewn economi marchnad rydd mae'n rhaid i'r rhan fwyaf o fusnesau wneud **elw** er mwyn goroesi. Os bydd eu colledion yn ddigon mawr byddant yn mynd i'r wal. Busnesau llwyddiannus fel *Fiat* yw'r rhai sy'n gallu goroesi er gwaethaf cystadleuaeth gan gwmnïau eraill. Rhaid iddynt gyflenwi'r nwyddau a'r gwasanaethau y mae cwsmeriaid am eu prynu, a hynny am y pris iawn.

Swyddogaeth y wladwriaeth
Nid marchnadoedd yw'r ffordd orau i ddarparu nwyddau a gwasanaethau bob tro. Pan fydd hynny'n digwydd, fel rheol bydd y wladwriaeth (h.y. y llywodraeth) yn ymyrryd. Enghreifftiau o gynhyrchion a ddarperir yn nodweddiadol gan lywodraethau yw amddiffyn (byddin, llynges ac awyrlu), yr heddlu, ffyrdd ac ysgolion (☞ uned 16). Bydd y wladwriaeth yn talu am y rhain drwy godi trethi y mae'n rhaid i bobl a busnesau fel *Fiat* eu talu.

Economïau marchnad rydd a chymysg
Mae'r Unol Daleithiau a Japan yn enghreifftiau o ECONOMÏAU MARCHNAD RYDD. Yn yr economïau hyn mae hyd at 40% o wasanaethau a nwyddau traul yn cael eu darparu gan y wladwriaeth. Dyma SECTOR CYHOEDDUS yr economi. Ond mae 60% neu fwy o nwyddau a gwasanaethau yn cael eu darparu gan SECTOR PREIFAT yr economi. Mae busnesau fel *Fiat* yn fusnesau preifat am nad ydynt dan berchenogaeth y wladwriaeth.

Mae'r Eidal, Ffrainc, Yr Almaen a'r DU yn enghreifftiau o ECONOMÏAU CYMYSG. Mewn economi cymysg mae rhwng 40% a 60% o wasanaethau a nwyddau traul yn cael eu darparu gan y wladwriaeth, gyda'r gweddill yn cael ei ddarparu gan y sector preifat.

Mewn economïau marchnad rydd a chymysg mae gan fusnesau fel *Fiat* gyfle i werthu i ddefnyddwyr a busnesau eraill yn y sector preifat ac i lywodraethau.

Economïau gorfodol
Trydydd math o economi yw ECONOMI GORFODOL (neu economi cynlluniedig). Yn y math hwn o

Uned 3 Mathau o economïau

economi, mae busnesau yn bennaf dan berchenogaeth y wladwriaeth. Mae cynllunwyr y llywodraeth yn penderfynu beth gaiff ei gynhyrchu, sut, ble a phryd, a phwy fydd yn derbyn y cynhyrchion. Swyddogaeth busnesau yw gweithredu gorchmynion y wladwriaeth.

Er enghraifft, roedd Rwsia'n economi gorfodol o'r 1920au tan yr 1980au.

Avtogaz oedd yr ail fwyaf o fusnesau ceir y wlad. Yn debyg i fusnesau eraill Rwsia, byddai'n cael targedau cynhyrchu blynyddol gan gynllunwyr y llywodraeth. Dywedwyd wrtho faint o ddefnyddiau crai y gallai eu defnyddio a faint o weithwyr i'w cyflogi i gwrdd â'i dargedau. Nid oedd gan y busnes wir gystadleuaeth am fod rhestri aros hir am geir newydd.

Heddiw, mae Rwsia, fel bron pob un o'r economïau gorfodol gynt, yn cael ei throi'n ôl yn economi cymysg. Y rheswm yw nad yw economïau gorfodol wedi darparu'r manteision y mae'n ymddangos bod economïau cymysg ac economïau marchnad rydd wedi'u darparu. Mae *Fiat* yn helpu gyda hyn. Mae wedi sefydlu menter ar y cyd ag *Avtogaz* i gynhyrchu tri model o geir *Fiat* i'w gwerthu yn Rwsia. Mae *Fiat* yn darparu llawer o'r arbenigedd a pheth o'r cyfarpar. Bydd *Avtogaz* yn darparu'r ffatri a'r gweithwyr ac yn prynu'r defnyddiau crai angenrheidiol. Bydd y fenter hon yn helpu i foderneiddio'r rhan hon o economi Rwsia.

Ffynhonnell: addaswyd o wybodaeth a roddwyd gan *Fiat*.

? 1 Pa rai o'r nwyddau a'r gwasanaethau a ddangosir yma sy'n debygol o gael eu darparu: (a) trwy farchnad; neu (b) gan y llywodraeth yn y DU?
2 Mae *Corus* a *BP* yn ddau gwmni mawr. Pa ran, yn eich barn chi, y byddant yn ei chwarae mewn cynhyrchu'r nwyddau a'r gwasanaethau a ddangosir?

Rhestr wirio

1 Beth yw economi?
2 Beth yw'r gwahaniaeth rhwng economi marchnad rydd ac economi cymysg?
3 Pa fathau o wasanaethau sy'n cael eu darparu yn aml gan y llywodraeth mewn economi cymysg?
4 Beth yw swyddogaeth busnes mewn economi gorfodol?
5 Eglurwch yr hyn sydd wedi digwydd i economïau gorfodol Dwyrain Ewrop yn y blynyddoedd diwethaf.

ACHOS CRYNODOL

CARCHARAU PREIFAT

Adeiladwyd Carchar Parc yng Nghymru gan *Securicor*, cwmni sector preifat sydd hefyd yn berchen y carchar ac yn ei weithredu. Mae'r llywodraeth yn talu *Securicor* swm sefydlog am bob carcharor a gedwir yn y carchar. Mae angen hyn i adfer y costau gweithredu a'r £80 miliwn a wariwyd i adeiladu'r carchar. Mae'r carchar yn seiliedig ar dechnoleg uwch, gyda systemau cyfrifiadurol, cardiau sweipio a chyfarpar adnabod llais. Mae'r carcharorion yn rhydd i symud o gwmpas rhai rhannau o'r carchar gan ddefnyddio'u cardiau sweipio i ddatgloi drysau. Gallan nhw ddefnyddio cyfleusterau hamdden cymunedol, gan gynnwys teledu mawr. Mae yna lyfrgell sydd ag 8 000 o lyfrau yn ogystal â rhaglen ddwys o addysg a hyfforddiant. Mae'r carcharorion yn ennill symiau bach o arian drwy wneud amrywiaeth o waith yn y carchar, gan gynnwys gwaith cynnal a chadw ar raddfa fach. Trwy ddefnyddio'r cyfrifiaduron a'r cyfarpar cadw golwg diweddaraf, mae *Securicor* wedi lleihau nifer y staff yn y carchar a chynyddu diogelwch. Mae'n fwy anodd i garcharorion ddianc.

Ffynhonnell: addaswyd o'r *Financial Times*, 27 Medi 1997.

1 'Gweithredir y rhan fwyaf o garcharau yn y sector cyhoeddus.' Beth yw ystyr hyn?
2 Mae *Securicor* yn gwerthu lleoedd yn y carchar i'r llywodraeth. Mae'r Rover Group yn gwerthu cerbydau Land Rover i'r fyddin. Rhowch 3 enghraifft arall o nwyddau neu wasanaethau y mae'r sector preifat yn eu gwerthu i'r llywodraeth.
3 Pam y mae'r llywodraeth wedi arwyddo cytundebau â *Securicor* am leoedd mewn carchar yn hytrach nag adeiladu a gweithredu ei charcharau ei hun?
4 Pam y mae *Securicor* wedi buddsoddi arian mewn adeiladu a gweithredu carcharau?
5 Mae'r llywodraeth yn ystyried gwerthu rhai o'i charcharau diogelwch uchel i fusnes preifat a fyddai wedyn yn gwerthu lleoedd yn y carchar yn ôl i'r llywodraeth. Trafodwch beth ddylai fod y safon isaf o wasanaeth y byddai'n rhaid i'r cwmni ei darparu.

termau allweddol

Economi cymysg - economi lle caiff mwy na 40% o wasanaethau a nwyddau traul eu darparu gan y wladwriaeth yn hytrach na chael eu gwerthu drwy farchnadoedd.
Economi gorfodol - economi lle caiff y rhan fwyaf o wasanaethau a nwyddau traul eu cynhyrchu gan y sector cyhoeddus.
Economi marchnad rydd - economi (neu gyfundrefn economaidd) lle caiff mwy na 60% o wasanaethau a nwyddau traul eu cynhyrchu gan fusnesau a'u gwerthu drwy farchnadoedd.
Sector cyhoeddus - rhan o'r economi a berchenogir ac a reolir gan y wladwriaeth neu'r llywodraeth.
Sector preifat - gweddill yr economi nad yw yn y sector cyhoeddus, dan berchenogaeth a rheolaeth unigolion a busnesau preifat.

uned 4
MATHAU O GYNHYRCHU

Gwneud penderfyniadau

Mae busnesau'n dewis gwneud arnywiaeth arbennig o gynhyrchion. Mae rhai busnesau'n ymwneud â chynhyrchu cynradd, ond mae'r rhan fwyaf o fusnesau naill ai'n gweithgynhyrchu cynhyrchion neu'n cyflenwi gwasanaethau. Mae newidiadau yn strwythur yr economi yn rhoi cyfleoedd a bygythiadau i fusnesau. Gall y twf yn y galw am wasanaethau, er enghraifft, achosi i fusnesau newydd gael eu sefydlu.

Mae'r *Global Group* yn fusnes sydd â throsiant gwerthu o fwy na £150 miliwn y flwyddyn. Daw'r rhan fwyaf o hynny o ochr fwyd y busnes. Mae'r adran fasnachu bwyd yn arbenigo mewn prynu cynhyrchion fel porc, cig oen a chig eidion o ladd-dai a'u gwerthu i brynwyr fel uwchfarchnadoedd. Mae'r adran brosesu bwyd yn gweithgynhyrchu cynhyrchion bwyd gan gynnwys rholiau selsig a llysiau rhewedig ac yn gwerthu yn bennaf i fusnesau arlwyo. Ym maes adwerthu bwyd, mae'n berchen *Express Cafes* sy'n arbenigo mewn arlwyo ar gyfer digwyddiadau awyr agored fel rasys ceir Fformiwla 1 a Threialon Ceffylau Badminton.

Sectorau cynradd, eilaidd a thrydyddol

Mae'r bwyd a brynir gan y *Global Group* yn dechrau ar ffermydd, gyda chnydau'n cael eu tyfu neu anifeiliaid yn cael eu magu. Mae ffermio'n rhan o'r SECTOR CYNRADD, lle mae defnyddiau crai'n cael eu hechdynnu, eu tyfu neu eu torri. Enghreifftiau eraill o gynhyrchu cynradd yw pysgota, mwyngloddio ac echdynnu olew.

Mae lladd-dai'n prynu rhai o'r anifeiliaid a fagwyd gan ffermwyr. Mae'r *Global Group* yn prynu ei gig o'r lladd-dai hyn. Bydd rhai o'r cigoedd yn cael eu prosesu i wneud cynnyrch gorffenedig fel pastai cig neu rôl selsig. Dyma enghraifft o gynhyrchu gan y SECTOR EILAIDD (GWEITHGYNHYRCHU). Yn y sector eilaidd caiff defnyddiau crai eu troi'n weithgynhyrchion.

Mae'r *Global Group* hefyd yn rhan o'r SECTOR TRYDYDDOL (GWASANAETHU), sy'n darparu gwasanaethau. Mae'n cynnwys adwerthu (siopau yn bennaf), trin gwallt, addysg, iechyd, gwasanaethau ariannol a gwestai. Mae'r *Global Group* yn darparu gwasanaethau mewn dwy ffordd.

A *Mwyngloddio diemyntau*
B *Siapio diemyntau*
C *Gwerthu gemau*

1. Disgrifiwch yr hyn sy'n cael ei gynhyrchu ym mhob llun.
2. Pa sector (cynradd, eilaidd neu drydyddol) a ddangosir yn: (a) llun A; (b) llun B; (c) llun C?
3. Sut y gallai'r canlynol effeithio ar fusnesau yn y diwydiant diemyntau: (a) codiad ym mhris byd-eang diemyntau; (b) cynnydd mewn TAW (treth) ar gemau yn y DU; (c) darganfod cronfeydd newydd mawr o ddiemyntau; (ch) cynnydd yng nghyflogau gweithwyr sy'n mwyngloddio diemyntau yn Ne Affrica?

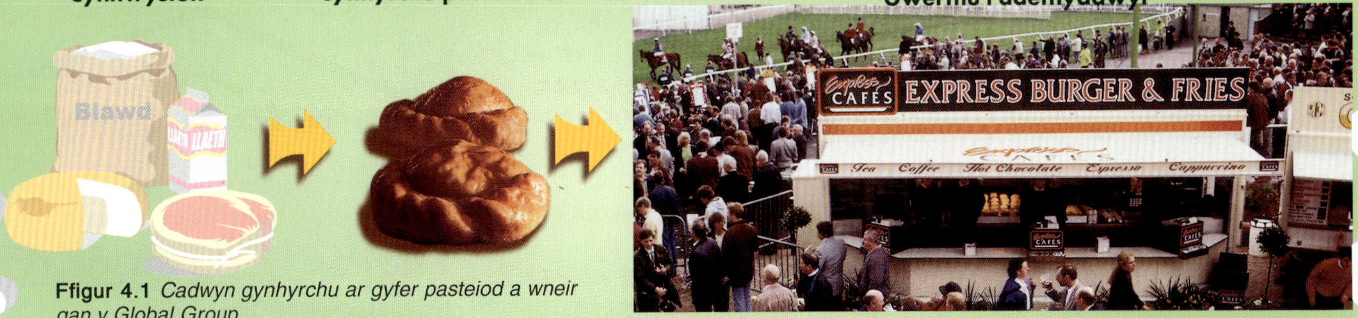

Uned 4 Mathau o gynhyrchu

Ffigur 4.1 *Cadwyn gynhyrchu ar gyfer pasteiod a wneir gan y Global Group.*

- Mae'n masnachu cynhyrchion bwyd fel cig, gan weithredu fel cysylltydd rhwng lladd-dai yn y sector eilaidd ac adwerthwyr fel yr uwchfarchnadoedd mawr yn y sector trydyddol.
- Mae *Express Cafes* yn darparu gwasanaeth i bobl sy'n mynd i ddigwyddiadau mawr yn yr awyr agored.

Sector cynradd

Amaethyddiaeth
Coedwigaeth a physgota
Mwyngloddio a chwarela
Echdynnu olew a nwy naturiol

Sector eilaidd

Ynni a dŵr   Adeiladu
Gweithgynhyrchu

Sector trydyddol

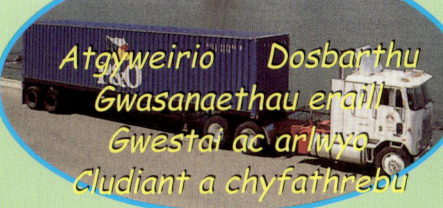

Atgyweirio   Dosbarthu
Gwasanaethau eraill
Gwestai ac arlwyo
Cludiant a chyfathrebu

Ffigur 4.2 *Mathau o gynhyrchu.*

Cadwyn gynhyrchu

Mae'r sectorau cynradd, eilaidd a thrydyddol wedi'u cysylltu â'i gilydd mewn CADWYN GYNHYRCHU. Mae ffermwyr sy'n cadw moch yn rhan o'r sector cynradd. Maen nhw hefyd yn tyfu llysiau a gwenith ac yn casglu llaeth o fuchod. Mae'r adran brosesu bwyd yn y *Global Group* yn prynu'r cynhwysion hyn ac yn eu prosesu'n amrywiaeth o fwydydd, fel rholiau selsig, pasteiod a bwydydd rhewedig. Gweithgaredd sector eilaidd yw'r prosesu hyn. Yna gallai'r pasteiod gael eu gwerthu i gwmni arlwyo sy'n eu darparu mewn bwffe ar gyfer pobl fusnes. Mae'r gwasanaeth hwn yn rhan o'r sector trydyddol.

Mae busnesau'n ychwanegu gwerth ym mhob un o'r camau cynhyrchu, wrth i'r cynhwysion gael eu trawsnewid yn gynnyrch a werthir i'r cwsmer terfynol, sef y busnes sy'n talu am y bwffe.

Cyd-ddibyniaeth

Mae'r gadwyn gynhyrchu yn dangos bod busnesau a'u cwsmeriaid yn GYD-DDIBYNNOL iawn. Mae ffermwyr yn dibynnu ar ffyrmiau fel y *Global Group* er mwyn gwerthu eu cynhyrchion. Mae'r *Global Group* yn dibynnu ar fusnesau sy'n cludo'r cynhwysion ar gyfer ei gynhyrchion. Mae'r diwydiant cludiant yn dibynnu ar y cwmnïau olew sy'n gwneud petrol i yrru ei lorïau. Mae'r cwmnïau olew'n dibynnu ar weithwyr ledled y byd yn y diwydiant olew. Mae'r gweithwyr yn dibynnu ar ffermwyr am eu bwyd.

Lluniwch a labelwch gadwyn gynhyrchu ar gyfer siwmper wlân. Dechreuwch â'r sector cynradd a gorffennwch â'r sector trydyddol.

Arbenigaeth a rhaniad llafur

Mae cyd-ddibyniaeth yn arwain at ARBENIGAETH. Mae hyn yn golygu bod busnesau, yn ogystal ag unigolion ac economïau cyfan, yn canolbwyntio ar wneud ychydig yn unig o gynhyrchion - e.e. mae'r *Global Group* yn arbenigo mewn gweithgynhyrchu bwyd, mae *Microsoft* yn arbenigo mewn cynhyrchu meddalwedd ar gyfer cyfrifiaduron ac mae *Boeing* yn arbenigo mewn gweithgynhyrchu awyrennau.

Arbenigaeth yw'r rheswm pam y mae busnesau heddiw mor effeithlon ac yn gallu cynhyrchu cymaint.

- Mae'n galluogi datblygu gwybodaeth a sgiliau. Mae gan y *Global Group* arbenigedd mewn cynhyrchu pasteiod, ond nid yw'n gwybod dim am gynhyrchu cyfrifiaduron. Os yw am gael cyfrifiadur, mae'n ei brynu gan wneuthurwr arbenigol.
- Oherwydd arbenigaeth gellir defnyddio peiriannau a chyfarpar

15

Uned 4 Busnes yn ei gefndir economaidd

arbenigol ar gyfer cynhyrchu - e.e. mae gan y *Global Group* gyfarpar arbenigol ar gyfer gweithgynhyrchu ei basteiod a chyfarpar didoli yn ei ffatri brosesu llysiau.
- Mae arbenigaeth yn galluogi i fusnesau gyflogi gweithwyr arbenigol. Gallan nhw wneud tasgau gwahanol, gan ddatblygu arbenigedd drwy hyfforddiant a phrofiad. Gelwir arbenigaeth gweithwyr yn RHANIAD LLAFUR.

Cynhyrchu yn y Deyrnas Unedig

Mae'r hyn y bydd busnesau'n ei gynhyrchu yn y DU yn newid dros amser. Yn Ffigur 4.3 gwelir bod cynhyrchu wedi cynyddu oddi ar 1960. Mae busnesau'n cynhyrchu mwy yn awr nag erioed. Ond mae twf darparu gwasanaethau wedi bod yn gyflymach na thwf gweithgynhyrchu. Mae busnesau gwasanaethu, fel adran fasnachu bwyd y *Global Group*, wedi ffynnu. Dim ond oherwydd olew Môr y Gogledd y mae cynnyrch y sector cynradd wedi cynyddu. Yn 1960 doedd y DU yn cynhyrchu braidd dim olew. Mae twf cymharol busnesau trydyddol wedi digwydd am dri rheswm.
- Mae cyflogau'n cynyddu dros amser. Mae defnyddwyr yn gwario llawer o'r arian ychwanegol ar wasanaethau yn hytrach na nwyddau. Mae hyn wedi denu busnesau newydd i'r sector trydyddol.
- Caiff llawer o'r gweithgynhyrchion a brynwn eu mewnforio. 30 mlynedd yn ôl bydden nhw wedi cael eu gwneud ym Mhrydain. Bu'n rhaid i fusnesau Prydeinig sy'n allforio ymdrechu'n galed i oroesi ac mae llawer wedi mynd i'r wal. Ond mae busnesau Prydeinig yn awr yn gwerthu mwy o wasanaethau dramor.
- Mae prisiau gwasanaethau wedi codi'n gyflymach o lawer ar gyfartaledd na phrisiau gweithgynhyrchion. Mae'n costio mwy heddiw i brynu'r un maint o wasanaethau na'r un maint o nwyddau. Bu'n rhaid i fusnesau gweithgynhyrchu dorri costau er mwyn goroesi'r gystadleuaeth gan fewnforion costau-isel o wledydd tramor.

Y gweithlu

Mae newidiadau yn yr hyn a gynhyrchir yn yr economi yn sicr o arwain at newidiadau o ran lle a sut y bydd pobl yn gweithio. Cafwyd twf mewn swyddi yn y sector gwasanaethu a gostyngiad mewn swyddi yn y sectorau cynradd a gweithgynhyrchu. Hefyd mae cyfradd y gostyngiad mewn swyddi gweithgynhyrchu wedi bod hyd yn oed yn fwy na'r gostyngiad cymharol yng nghynnyrch gweithgynhyrchu. Un rheswm dros hyn yw'r dechnoleg newydd. Mae'r sector gweithgynhyrchu wedi'i chwyldroi dros y 30 mlynedd diwethaf. Mae peiriannau wedi cymryd lle gweithwyr. Mae peiriannau newydd mwy cynhyrchiol wedi cymryd lle'r peiriannau hŷn. Mewn ychydig o ffatrïoedd erbyn hyn does fawr ddim llafur. Ymhen hanner can mlynedd gallai fod yn arferol cael ffatrïoedd heb weithwyr ac ychydig yn unig o oruchwylwyr.

Does gan y sector gwasanaethu ddim yr un posibiliadau ar gyfer **awtomatiaeth** (☞ uned 49).

1 Eglurwch yr hyn y mae pob busnes a ddangosir yn y lluniau yn arbenigo ynddo.
2 Sut y mae'r tri busnes a ddangosir yn y lluniau yn gyd-ddibynnol?

Mewn rhai diwydiannau gwasanaethu, fel tai bwyta, mae gwell gwasanaeth yn golygu mwy o weithwyr fel gweinyddion yn hytrach na llai. Mewn eraill, fel bancio a chyllid, dim ond yn yr 1980au y dechreuodd awtomatiaeth effeithio arnynt. Yn yr 1990au cafwyd diswyddo ar raddfa fawr mewn rhannau o'r sector gwasanaethu.

Ffynhonnell: addaswyd o Adroddiad Blynyddol a Chyfrifon y *Global Group*.

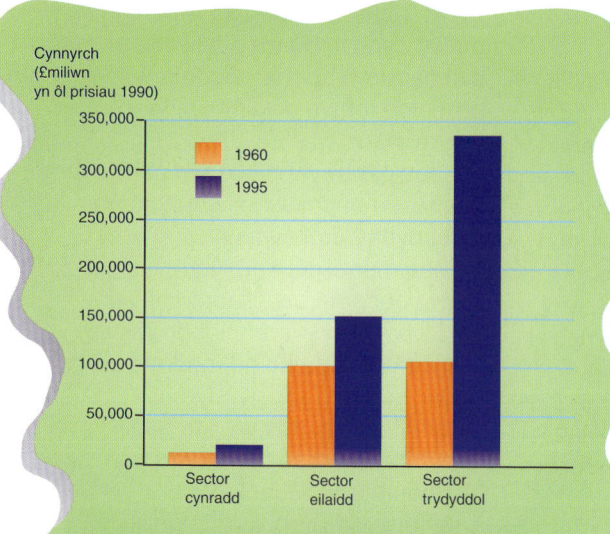

Ffigur 4.3 *Sut y mae cynhyrchu wedi newid.*

Uned 4 Mathau o gynhyrchu

Tabl 4.1 Newidiadau yng ngwariant defnyddwyr yn y DU.

£ biliwn[1]

	Bwyd	Alcohol a thybaco	Dillad ac esgidiau	Arlwyo[2]
1990	41.8	30.0	20.9	29.8
1991	41.9	29.0	20.8	27.6
1992	42.4	27.7	21.5	27.7
1993	42.8	27.2	22.7	28.3
1994	43.4	27.6	23.9	28.3
1995	43.6	27.5	24.8	29.4
1996	44.7	27.5	26.2	30.5

1 yn ôl prisiau cyson 1990
2 bwyta allan, megis yn McDonald's

Ffynhonnell: addaswyd o ONS. Monthly Digest of Statistics

Mae Tabl 4.1 yn dangos newidiadau yng ngwariant defnyddwyr (pobl) rhwng 1990 ac 1996. Er enghraifft, mae'r golofn gyntaf yn dangos gwariant ar fwyd fel ffa pob, cig a *Bovril*. Mae arlwyo'n cynnwys gwariant mewn tai bwyta a lleoedd prydau parod yn ogystal â phobl yn hurio arlwywyr ar gyfer gwleddoedd priodas ayb.

CBG/Graffigwaith

Rydych yn gweithio i gwmni gweithgynhyrchu bwyd. Mae'n cynhyrchu diodydd fel coffi sydyn, bwydydd mewn tun fel ffa pob a bwydydd oeredig a rhewedig. Gofynnwyd i chi gynhyrchu adroddiad ar dueddiadau gwariant yn yr economi. Yn arbennig, mae'r cwmni'n ystyried ehangu i farchnadoedd newydd. Mae'n credu y gall fod cyfle i ehangu i'r farchnad ddiodydd meddwol neu ddillad neu arlwyo.

Dylai eich adroddiad gynnwys y termau canlynol: 'sector gweithgynhyrchu', 'sector gwasanaethu', 'cadwyn gynhyrchu', 'arbenigaeth'. Gallech ddefnyddio pecyn cyhoeddi bwrdd gwaith i lunio'ch adroddiad. Dylid ei strwythuro fel a ganlyn.

1. Rhagarweiniad yn egluro diben yr adroddiad.
2. Adran ar dueddiadau gwariant defnyddwyr yn y pedwar diwydiant a welir yn Nhabl 4.1 Rhowch ddisgrifiad manwl o'r modd y mae'r gwariant wedi newid. Dylai hyn gynnwys graff llinell yn seiliedig ar y ffigurau yn y tabl. Rhowch flynyddoedd ar hyd waelod y graff a £miliwn ar yr echelin fertigol. Dylai pedair llinell ar yr un graff gyfateb i'r pedwar math o wariant.
3. Adran derfynol yn egluro pa un o'r tair marchnad sydd fwyaf addawol i'r cwmni. Bydd angen ystyried pa farchnadoedd sydd wedi tyfu gyflymaf. Dylech ystyried hefyd a oes gan y cwmni unrhyw arbenigedd y gallai ei gynnig ar gyfer cynhyrchu neu werthu diodydd meddwol, dillad neu wasanaethau arlwyo.

termau allweddol

Arbenigaeth - system o gynhyrchu lle mae economïau, rhanbarthau, busnesau neu bobl yn canolbwyntio ar gynhyrchu cynhyrchion penodol.
Cadwyn gynhyrchu - y gwahanol gamau cynhyrchu y bydd cynnyrch yn mynd drwyddynt cyn cael ei werthu i ddefnyddiwr.
Cyd-ddibyniaeth - lle mae economïau, busnesau, defnyddwyr a gweithwyr yn gysylltiedig â'i gilydd ac yn dibynnu ar ei gilydd am eu lles.
Sector cynradd - gweithgareddau sy'n mwyngloddio, tyfu, casglu neu dorri defnyddiau crai, megis mwyngloddio glo neu amaethyddiaeth.
Sector eilaidd neu weithgynhyrchu - gweithgareddau sy'n trawsnewid cynhyrchion cynradd yn weithgynhyrchion.
Sector trydyddol neu wasanaethu - gweithgareddau sy'n darparu gwasanaethau.
Rhaniad llafur - arbenigaeth gweithwyr.

ACHOS CRYNODOL

THE CAR GROUP

Cwmni sy'n arbenigo mewn gwerthu ceir ail-law 0-5 mlwydd oed yw *The Car Group*. Yn 1997 fe werthod 23 000 o geir, gwerth £161 miliwn, o ddau safle yn Cannock yng Ngorllewin Canolbarth Lloegr a safle mawr yn Northampton. Mae ganddo stoc o 2 500 o geir, yn cynnwys pob un o'r prif wneuthurwyr fel *Vauxhall* a *Ford*. Mae ei lwyddiant yn deillio o werthu nifer sylweddol o geir yn gyflym iawn. Wrth wneud hyn gall werthu ceir yn rhatach na'r gwerthwr ceir ail-law nodweddiadol. Gobeithiai ehangu'r fformiwla ledled y DU erbyn y flwyddyn 2000 drwy agor 10 safle newydd.

Ffynhonnell: addaswyd o *An Introduction to the Car Group*, cyhoeddiad *The Car Group plc*.

1. *General Motors*, perchennog *Vauxhall* yn y DU, yw'r gwneuthurwr ceir mwyaf yn y byd. Ym mha sector diwydiannol y mae'n gweithredu?
2. Ym mha sector diwydiannol y mae *The Car Group* yn gweithredu?
3. Ym mha ffyrdd y mae *General Motors* a *The Car Group* yn gyd-ddibynnol?
4. Trafodwch 3 ffactor a fydd yn effeithio ar lwyddiant ehangiad *The Car Group*.

Rhestr wirio ✓

1. Eglurwch y gwahaniaeth rhwng sector cynradd, eilaidd a thrydyddol.
2. Ydy'r gweithwyr canlynol yn rhan o'r sector cynradd, eilaidd neu drydyddol? (a) Glöwr; (b) gweithiwr mewn ffatri geir; (c) gwerthwr mewn siop; (ch) triniwr gwallt; (d) athro; (dd) ysgrifenyddes mewn cwmni peirianneg; (e) gweithiwr fferm; (f) deifiwr olew Môr y Gogledd; (ff) gwerthwr eiddo; (g) gwneuthurwr dodrefn; (ng) banciwr?
3. Beth yw cadwyn gynhyrchu?
4. Lluniwch gadwyn gynhyrchu ar gyfer: (a) gwely; (b) gwers mewn ysgol/coleg; (c) pecyn o sglodion ffwrn.
5. Pam y mae cadwyn gynhyrchu'n arwain at gyd-ddibyniaeth yn yr economi?
6. Pam y gellir cynhyrchu mwy o ganlyniad i arbenigaeth?
7. Beth yw'r term arbennig am arbenigaeth gan weithwyr?
8. Beth sydd wedi digwydd i'r canlynol yn y DU oddi ar 1960: (a) cyfanswm cynhyrchu; (b) gwerth ariannol cynnyrch y sector gwasanaethu o'i gymharu â'r sector gweithgynhyrchu?
9. Pam y mae awtomatiaeth wedi arwain at golli swyddi yn yr economi?

17

uned 5
BUSNES YN YR AMGYLCHEDD LLEOL

Gwneud penderfyniadau

Rhaid i fusnes weithredu mewn amgylchedd lleol. Bydd y busnes yn effeithio ar yr amgylchedd hwnnw. Bydd yn rhaid iddo benderfynu faint o'r bobl leol i'w cyflogi ac a fydd yn gwerthu ei gynhyrchion yn lleol. Efallai y bydd yn rhaid iddo ystyried ei effaith ar y tirlun lleol. Hefyd bydd yr amgylchedd lleol yn effeithio ar y busnes. Bydd yn rhaid iddo ymateb i newidiadau yn archebion busnesau lleol. Gall argaeledd llafur lleol effeithio ar ei allu i recriwtio gweithwyr newydd. Gall safon y ffyrdd, y rheilffyrdd a'r meysydd awyr lleol effeithio ar ei gostau.

Thames Water yw'r cwmni dŵr mwyaf yn y DU. Mae'n darparu gwasanaethau dŵr i 11.7 miliwn o gwsmeriaid yn Llundain a Dyffryn Tafwys. Yn 1996 roedd ei werthiant yn £1.3 biliwn. Er y daw'r rhan fwyaf o'i fusnes o'r ardal leol, mae hefyd yn gweithredu'n rhyngwladol.

Cynhyrchu ar gyfer y gymuned leol

Mae llawer o fusnesau, fel *Thames Water*, yn gweithredu ar raddfa leol. Y gymuned leol yw eu **marchnad** ( uned 2). Er enghraifft, mae *Thames Water* yn cyflenwi dŵr i drefi a phentrefi yn ardaloedd Dyffryn Tafwys a Llundain. Mae hefyd yn darparu gwasanaethau gwaredu sbwriel a charthion. Mae *Thames Water* yn cyflenwi dŵr nid yn unig i 7.4 miliwn o gartrefi ond hefyd i 300 000 o fusnesau o bob math - o dai bwyta i orsafoedd trydan i ysgolion.

Mae *Thames Water* hefyd yn prynu gan fusnesau lleol. Mae'n defnyddio adeiladwyr lleol i gynnal a chadw ei adeiladau. Bu ymgynghorwyr busnes lleol yn gysylltiedig â'r gwaith o hyfforddi gweithwyr *Thames Water*. Prynwyd peipiau a chyfarpar arall gan ffyrmiau lleol.

Creu swyddi yn y gymuned

Mae busnesau'n darparu swyddi ar gyfer pobl leol. Mae *Thames Water* yn cyflogi miloedd o bobl yn ei brif fusnes. Mae nifer mwy o weithwyr eraill yn dibynnu ar lwyddiant *Thames Water* am eu swyddi, e.e. pobl a gyflogir gan fusnesau sy'n cyflenwi nwyddau a gwasanaethau i *Thames Water*.

Mae *Thames Water* yn gyfrifol felly, yn uniongyrchol ac yn anuniongyrchol, am greu miloedd o swyddi. Mae hefyd yn gyfrifol am hyfforddi gweithwyr. Mae'n rhoi iddynt sgiliau y gallant eu defnyddio ar gyfer y cwmni neu ar gyfer busnesau eraill os newidiant eu swyddi. Mae cael mwy o sgiliau'n dueddol o arwain at gyflog uwch. Mae hyfforddiant yn creu ffyniant yn y gymuned leol.

Mae *Thames Water* yn enghraifft o fusnes sy'n darparu cynnyrch a gwasanaeth hanfodol i gartrefi. Bydd cartrefi a busnesau bob amser am gael dŵr. Mae rhai diwydiannau, fodd bynnag, yn dirywio am fod y galw am eu cynnyrch yn gostwng. Er enghraifft, mae'r galw am adeiladu llongau, dur a glo wedi gostwng yn y DU dros y 40 mlynedd diwethaf. Roedd rhai ardaloedd, fel yr Alban a Gogledd-ddwyrain Lloegr, yn ddibynnol iawn ar y diwydiannau hyn am swyddi. Pan fydd busnesau'n dirywio neu'n cau, bydd diweithdra'n cynyddu. Pan gaiff swyddi eu colli bydd yr ardal leol yn llai ffyniannus.

Demograffeg

Ystyr DEMOGRAFFEG yw astudio poblogaeth. Bydd maint y boblogaeth yn yr ardal leol a'r ffordd y mae'n newid yn effeithio ar fusnes. Hefyd gall

> Bydd eich athro yn rhoi map i chi o'r ardal leol.
> 1. Marciwch ar y map 10 busnes yn yr ardal. Dylai pob busnes gynhyrchu cynnyrch neu wasanaeth gwahanol.
> 2. Ar ddalen arall o bapur neu yn eich llyfr, ysgrifennwch yr hyn y mae pob busnes yn ei gynhyrchu ar gyfer y gymuned leol.

Mae *Thames Water* yn gwasanaethu cartrefi lleol a thros 300 000 o gwsmeriaid masnachol.

Uned 5 Busnes yn yr amgylchedd lleol

newidiadau yn yr amgylchedd busnes effeithio ar faint y boblogaeth. *Thames Water* yw'r cwmni dŵr mwyaf yn y DU. Y rheswm yw bod Llundain a Dyffryn Tafwys yn ardal sydd â phoblogaeth ddwys iawn. Prin bod poblogaeth Llundain wedi newid oddi ar 1980. Ond cafwyd twf yn Nyffryn Tafwys. Mae angen i *Thames Water*, felly, osod cyflenwadau newydd o ddŵr ar gyfer ardaloedd o dai newydd yn Nyffryn Tafwys.

Mae'r busnes dŵr yn fusnes cymharol aeddfed. Yn Llundain a Dyffryn Tafwys mae *Thames Water* yn annhebygol o gael hyd i nifer mawr o gwsmeriaid newydd. I ehangu ei weithgareddau busnes mae wedi datblygu adran ryngwladol sy'n arbenigo mewn projectau dŵr ledled y byd. Er enghraifft, ar y cyd â *Bovis*, busnes Prydeinig arall, mae'n gweithredu gwaith trin dŵr a fydd yn gwasanaethu 2 filiwn o bobl yn Shanghai. Mae'r ffaith fod poblogaeth y byd yn tyfu yn rhoi cyfle i *Thames Water* ehangu dramor.

Nid yw pob diwydiant yn aeddfed nac yn ehangu. Mae'r crebachu yn y diwydiannau dur, glo ac adeiladu llongau wedi effeithio'n andwyol ar rai ardaloedd yn y DU. Mae rhai pobl wedi ymateb i ddiweithdra uchel yn eu hardal leol drwy symud i ffwrdd. Mae hynny'n creu sbiral ar i lawr yn yr ardal. Os bydd pobl yn symud i ffwrdd, fyddan nhw ddim yn gwario arian ar wasanaethau lleol fel siopau a thai bwyta. Yna bydd rhai o'r busnesau hyn yn mynd i'r wal, gan greu mwy o ddiweithdra.

Traddodiad diwydiannol

Mae ardaloedd penodol yn tueddu i ddenu mathau penodol o fusnes. Mae Llundain, er enghraifft, yn ganolfan bwysig ar gyfer busnesau ariannol, sy'n cael eu denu gan grynodiad busnesau tebyg yn Ninas Llundain. Mae gan Stoke-on-Trent grynodiad helaeth o gwmnïau crochenwaith fel *Wedgwood*. Mae hyn yn digwydd am fod cwmnïau crochenwaith yn elwa o fod yn agos at ei gilydd. Mae traddodiad hir o fusnesau crochenwaith yn Stoke. Mae'r gweithlu lleol wedi'u hyfforddi yn y sgiliau angenrheidiol ar gyfer y diwydiant.

Marchnad sefydlog

Beth wnewch chi pan fydd nifer y bobl sy'n prynu eich cynnyrch yn annhebygol o newid llawer? Beth os bydd y maint a brynant yn weddol gyson hefyd? Dyna'r broblem a wynebir gan fragwyr Prydain. Mae nifer yr yfwyr yn y boblogaeth yn weddol sefydlog a dydyn nhw ddim yn prynu mwy o ddiod yn y tafarnau. Mae bragdy *Banks's*, bragwr lleol yng Ngorllewin Canolbarth Lloegr, yn wynebu'r broblem hon. Yn 1996, er enghraifft, doedd gwerthiant yn ei dafarnau traddodiadol wedi newid fawr ddim.

Mae'r bragwyr wedi cael hyd i dri ateb i'r broblem. Yn hytrach na gwerthu diodydd i'w cwsmeriaid, maen nhw'n fwyfwy yn gwerthu bwyd iddynt. Mae tafarnau'n troi'n dai bwyta. Erbyn hyn mae adnewyddu tafarnau'n dechrau gyda'r gegin.

Mae tafarnau yfed traddodiadol hefyd yn fwy cysylltiedig â thema. Trwy newid y décor, y gerddoriaeth a'r gêmau mewn tafarn, gellir denu cwsmeriaid o dafarnau eraill. Gall tafarnau mewn safleoedd da yng nghanol trefi fod yn llwyddiannus iawn gyda lefel addas o fuddsoddiant.

Y trydydd ateb yw prynu mwy o dafarnau. Daw pob tafarn â chwsmeriaid teyrngar a lleoliad. Trwy brynu mwy o dafarnau, mae *Banks's* wedi llwyddo i gynyddu gwerthiant diodydd y cwmni.

Ffynhonnell: addaswyd o'r *Express and Star*, 3 Chwefror 1997.

1 Pam y mae poblogaeth sefydlog yn broblem i gwmni bragu?
2 Sut y mae bragdy *Banks's* wedi goresgyn y broblem hon?
3 Mewn rhai ardaloedd diwydiannol, lle nad oes llawer o dai, mae ffatrïoedd ger tafarn wedi cau. (a) Pa effaith, yn eich barn chi, a gafodd hyn ar werthiant y dafarn? (b) Yn eich barn chi, a fyddai darparu mwy o fwyd neu newid y décor yn helpu i gynyddu gwerthiant y dafarn?

Hefyd mae gan unigolion wybodaeth arbenigol i'w galluogi i sefydlu busnesau newydd yn y diwydiant. Yn olaf, mae yna lawer o fusnesau lleol sy'n cyflenwi'r diwydiant crochenwaith ac felly mae'n hawdd cael defnyddiau crai a chydrannau yn lleol.

Mae busnesau hefyd yn tueddu i gael eu lleoli mewn ardaloedd penodol mewn tref. Ni leolir gweithfeydd trin carthion *Thames Water* yng nghanol trefi. Mae trin carthion yn osgoi ardaloedd preswyl. Mae prisiau'r tir yn rhy uchel ac mae tir yn brin. Mae lleoli'r gwaith i lawr yr afon o'r dref yn caniatáu i ddŵr gwastraff lifo dan ddisgyrchiant, gan osgoi costau pwmpio. Y busnesau sy'n gorfod bod yng nghanol trefi ac sy'n gallu fforddio'r rhenti yw siopau a gwasanaethau ariannol fel banciau. Yn agos at ganol trefi byddwch yn debygol o gael swyddfeydd ar gyfer amrywiaeth helaeth o weithwyr, e.e. swyddfeydd yr awdurdod lleol, pencadlys cwmni adeiladu. Ar y priffyrdd allan o'r dref y bydd siopau fel *Toys 'R' Us* neu ganolfannau atgyweirio ceir fel *Kwikfit*. Mae'r rhenti'n rhatach yno a pharcio'n hawdd. Yn aml lleolir diwydiant gweithgynhyrchu ar safleoedd diwydiannol ar wahân i'r tai lleol. Mae prisiau'r tir yn is nag yng nghanol y dref. Hefyd mae cadw diwydiant ar wahân i'r tai yn golygu bod llai o gostau cynhyrchu cymdeithasol.

Isadeiledd

Mae *Thames Water* yn darparu rhan o'r ISADEILEDD (*infrastructure*) lleol am ei fod yn adeiladu ac yn cynnal a chadw peipiau dŵr, gorsafoedd pwmpio, cronfeydd dŵr a gweithfeydd trin dŵr. Amgylchedd adeiledig ardal yw'r isadeiledd. Enghreifftiau eraill o isadeiledd yw ffyrdd, pontydd, adeiladau, ysgolion, tai, rhwydweithiau ffôn, llinellau trydan a pheipiau nwy. Mae maint ac ansawdd yr isadeiledd lleol yn bwysig i fusnesau. Er enghraifft, byddai tŷ bwyta'n ei chael hi'n anodd gweithredu pe bai ei gyflenwad dŵr wedi'i lygru neu pe bai heb ddŵr am ran o'r dydd. Byddai *Thames Water* yn ei chael hi'n anodd gweithredu pe nai bai'r cyflenwad

19

Uned 5 Busnes yn ei gefndir economaidd

trydan yn ddibynadwy. Mae *Thames Water* yn dibynnu hefyd ar ysgolion lleol a phrifysgolion i ddarparu gweithwyr medrus ar ei gyfer. Mae angen yr ysbytai lleol arno i drin ei weithwyr pan fyddant yn sâl a'u dychwelyd i'w gwaith yn fuan. Byddai uwchfarchnad yn ei chael hi'n fwy anodd cael nwyddau i mewn a denu cwsmeriaid pe bai tagfeydd difrifol ar y ffyrdd lleol.

Yr amgylchedd

Mae *Thames Water* yn cael effaith fawr ar yr amgylchedd lleol. Pan fydd yn gwneud penderfyniadau ynglŷn â sut i weithredu, bydd yn ystyried ei GOSTAU PREIFAT a'i FUDDION PREIFAT. Dyma'r costau a'r buddion i'r cwmni. Pan fydd, er enghraifft, yn cynnig am gontract i gyflenwi neu drin dŵr yn y Dwyrain Pell, bydd yn amcangyfrif ei gostau a'r derbyniadau tebygol. Bydd yn cynnig os bydd yn credu y bydd y derbyniadau'n fwy na'r costau, fel y gall wneud **elw**.

Ond nid yn unig ar y cwmni ei hun y bydd gweithgareddau *Thames Water* yn effeithio. Mae *Thames Water*, er enghraifft, yn cydweithio'n gyson â grwpiau lleol ar gynlluniau gwella cynefinoedd. Mae'n defnyddio'r ardaloedd o dir a dŵr sy'n eiddo iddo i wella'r amgylchedd lleol. Derbyniodd Wobr Benblwydd y Fam Frenhines am ei waith ar y project lleihau sbwriel *ThamesClean* a'i ymdrechion i leihau gwastraff. Mae wedi ennill sawl gwobr amgylcheddol arall hefyd.

Defnyddir y term ALLANOLDERAU am welliannau na fyddant yn dwyn unrhyw fuddion preifat i'r cwmni. Mae'r buddion preifat i *Thames Water* ynghyd â'r allanolderau positif i'r gymuned yn hafal i FUDDION CYMDEITHASOL y gweithgaredd. Y buddion cymdeithasol yw holl fuddion gweithgaredd economaidd i'r gymdeithas.

Weithiau gall busnesau osod costau ar y gymdeithas na chânt eu cynnwys yn eu costau preifat. Enghraifft o allanolder yw llygredd sy'n deillio o weithgaredd busnes. Mae'r costau preifat ynghyd â'r allanolderau negyddol yn hafal i GOSTAU CYMDEITHASOL gweithgaredd busnes. Y costau cymdeithasol yw holl gostau gweithgaredd i'r gymdeithas.

Allanolderau positif. Mae Thames Water ar y cyd ag Ymddiriedolaeth Adar y Gwlyptir wedi creu canolfan bywyd gwyllt newydd yn Barn Elms

Mae cwmni fel *Thames Water* yn ymwybodol iawn o'r amgylchedd.

Mae'n gwybod y caiff ei farnu ar sail ei hanes amgylcheddol. Felly mae'n ymdrechu i ddileu'r costau amgylcheddol ac yn gweithio tuag at gynyddu'r buddion cymdeithasol.

Llywodraeth leol

Mae'r llywodraeth yn effeithio ar fusnes fel *Thames Water* mewn sawl ffordd. Ar raddfa leol, mae'n rhaid i *Thames Water* weithio gyda'r awdurdodau lleol i gael caniatâd cynllunio ar gyfer gweithfeydd newydd. Yr awdurdodau lleol hyn sy'n darparu'r ffyrdd y bydd cerbydau *Thames Water* yn teithio drostynt. Mae'r heddlu lleol a'r gwasanaeth tân lleol yn diogelu eiddo *Thames Water*. Mae'r ysgolion lleol yn rhoi addysg i'r rhai fydd yn gweithio i'r cwmni yn y dyfodol. Mae'r awdurdod lleol yn gyfrifol am weithredu deddfau gwarchod defnyddwyr ac mae rhai o'r deddfau'n ymwneud â'r cyflenwad dŵr. Mae'r Undeb Ewropeaidd (☞ uned 8) hefyd yn gosod rheoliadau sy'n effeithio ar gynlluniau adeiladu *Thames Water* fel adeiladu gwaith trin carthion.

Ffynhonnell: addaswyd o wybodaeth a roddwyd gan *Thames Water*

Sbwriel a disgos

Wolverhampton yw canolfan bywyd nos Gorllewin Canolbarth Lloegr. Daw miloedd ar filoedd o bobl ifanc i'r dref ar nos Wener a nos Sadwrn i fynd i'r cannoedd o dafarnau, clybiau, tai bwyta a disgos yng nghanol y dref.

Bu hyn yn newyddion da i'r busnesau sy'n darparu ar gyfer y partïwyr. Mae busnesau wedi gweld cynnydd mawr yn eu derbyniadau ac mae llawer o fusnesau newydd wedi dod i'r dref. Mae'r fasnach newydd wedi creu llawer o swyddi, ond mae'r rhain yn tueddu i fod yn rhan amser ac â chyflog isel. Mae'r ehangiad hefyd wedi gwneud Wolverhampton yn fan mwy diogel yn y nos. Byddwch yn llai tebygol o gael eich mygio yng nghanol tref lle mae 20 000 o bobl eraill nag yng nghanol tref sydd bron yn wag.

Er hynny mae yna broblemau. Mae mannau gwerthu bwydydd cyflym yn llwyddo'n aruthrol, ond yn aml iawn bydd y pecynnau a gymerir allan o'r mannau hyn yn cael eu taflu ar y strydoedd yn hytrach na chael eu rhoi mewn bin. Mae'r sefyllfa'n waeth am fod y strydoedd yn cael eu glanhau rhwng 6 a.m. a 4 p.m. Bydd y biniau'n hanner llawn erbyn 6 p.m. wedi i'r cymudwyr fynd adref a bydd eisoes peth sbwriel ar y stryd. Fydd hynny ddim yn hybu'r bobl ifanc a ddaw i'r dref yn ddiweddarach i barchu'r amgylchedd lleol drwy roi eu sbwriel yn y biniau.

Ffynhonnell: addaswyd o'r *Express and Star*, 11 Hydref 1997.

1. Beth fu'r buddion preifat i fusnesau lleol o'r ehangiad mawr ym mywyd nos Wolverhampton?
2. Awgrymwch UN enghraifft o allanolder positif, un a fu'n fuddiol i'r gymuned leol, o ganlyniad i'r ehangiad hwn.
3. Eglurwch pam y byddai sbwriel yn allanolder negyddol i fan gwerthu bwydydd cyflym yn Wolverhampton.
4. Awgrymwyd y dylai Cyngor Bwrdeistref Wolverhampton osod biniau sbwriel mwy yng nghanol y dref a mwy ohonynt ac y dylai'r oriau glanhau barhau tan 8 o'r gloch y nos yn hytrach na 4 o'r gloch. Trafodwch pwy ddylai dalu am hyn pe bai'r cynigion yn cael eu gweithredu.

Uned 5 Busnes yn yr amgylchedd lleol

Hwb i Wolverhampton

Yn 1996 cyhoeddodd Wolverhampton ei bod wedi ennill grant adnewyddu o £18.75 miliwn gan y llywodraeth. Yn draddodiadol bu'r dref yn ganolfan bwysig gweithgynhyrchu, yn enwedig peirianneg fetel. Ond mae dirywiad gweithgynhyrchu dros y 30 mlynedd diwethaf wedi rhoi ergyd mawr i'r dref. Mae llawer o ffatrïoedd wedi cau ac eraill wedi disodli gweithwyr wrth i beiriannau gymryd eu lle. Mae ardaloedd mawr o dir yn ddiffaith. Ar adegau roedd cynifer o swyddi'n cael eu colli ag yr oedd yn cael eu creu.

Cafwyd gwelliant yn yr economi lleol yn yr 1990au. Erbyn hyn mae llawer mwy o swyddi yn y sector gwasanaethu. Bydd y grant o £18.75 miliwn yn cael ei ddefnyddio i ddenu buddsoddiant newydd i'r dref. Disgwylir i gwmnïau yn y sector preifat fuddsoddi £100 miliwn. Bydd hynny'n creu 7 000 o swyddi newydd ac yn sicrhau na chaiff 4 000 o swyddi eraill eu colli am fod busnesau'n symud o'r ardal.

Mae'r Cyngor lleol yn gobeithio y bydd y rhan fwyaf o'r swyddi newydd yn y sector gweithgynhyrchu. Ond maen nhw'n fodlon bod yn hyblyg a gweithio gyda busnesau yn y sector gwasanaethu hefyd.

Ffynhonnell: addaswyd o'r *Express and Star*, 16 Rhagfyr 1996.

1. Sut y rhoddodd y llywodraeth gymorth i economi lleol Wolverhampton yn 1996?
2. Pam roedd angen y cymorth yma ar Wolverhampton?
3. Beth, yn eich barn chi, fyddai effaith y grant ar y canlynol: (a) busnesau lleol; (b) swyddi lleol; (c) yr amgylchedd lleol?
4. Mae cwmni lleol sy'n gwneud cydrannau ceir yn ystyried symud i safle arall o'i hen ffatri yn Wolverhampton sydd erbyn hyn yn rhy fawr iddo. (a) Awgrymwch 3 o gostau symud. (b) Pa gymorth y gallai ei dderbyn o'r grant adnewyddu a fyddai'n ei berswadio i aros yn Wolverhampton?

termau allweddol

Allanolderau - costau gweithgaredd na fydd yr unigolyn, y busnes neu'r llywodraeth sy'n ymwneud â'r gweithgaredd yn talu amdanynt neu fuddion y gweithgaredd na fyddant yn eu derbyn.

Costau a buddion cymdeithasol - costau a buddion gweithgareddau unigolion, busnesau a llywodraethau i'r gymdeithas gyfan. Costau a buddion cymdeithasol = costau a buddion preifat + allanolderau.

Costau a buddion preifat - costau a buddion gweithgaredd busnes neu weithgaredd economaidd i unigolion, busnesau neu lywodraethau.

Demograffeg - astudio poblogaeth.

Isadeiledd - yr amgylchedd sydd wedi'i adeiladu, fel ffyrdd, ffatrïoedd, ysgolion ac ysbytai.

Rhestr wirio

1. Bydd cymdeithas adeiladu arbennig yn agor cangen newydd yn y dyfodol agos. Ar hyn o bryd mae gwaith yn cael ei wneud ar yr adeilad cyn yr agoriad. Pa swyddi a gaiff eu creu yn y gymuned leol: (a) yn y tymor byr; a (b) yn y tymor hir?
2. Nodwch 4 cost gymdeithasol y bydd pwll glo lleol yn eu creu.
3. Nodwch 4 budd cymdeithasol y bydd salon trin gwallt lleol yn eu creu.
4. Rhowch 3 enghraifft o ddiwydiannau a allai fod ag allanolderau negyddol go fawr.
5. Mae cynnydd mawr yn nifer y bobl dros 80 oed yn eich ardal chi. Pa effaith y gallai hyn ei chael ar fusnesau lleol?
6. Mae gwneuthurwr teiars, y cyflogwr mwyaf mewn ardal benodol, yn cau. Beth fydd yr effaith ar y canlynol: (a) gweithwyr; a (b) busnesau eraill yn yr ardal?
7. (a) Am ba ddiwydiant y mae Stoke-on-Trent yn enwog? (b) Pam y mae ffyrmiau yn y diwydiant hwnnw yn crynodi yn yr un ardal?
8. Rhowch 5 enghraifft o'r isadeiledd yn eich ardal leol chi.
9. Pam y mae isadeiledd yn bwysig i fusnes lleol?
10. Sut y gall llywodraeth leol effeithio ar fusnes?

TWRISTIAETH YN LERPWL

ACHOS C CRYNODOL

Hanner can mlynedd yn ôl roedd Lerpwl yn ganolfan gweithgynhyrchu. Roedd ei dociau'n brysur gydag allforion i UDA ac i drefedigaethau Prydain. Yn yr 1970au a'r 1980au bu'n galed ar y ddinas. Diflannodd llawer o'r swyddi gweithgynhyrchu wrth i gwmnïau fynd i'r wal neu leihau eu gweithgareddau. Symudwyd cynhyrchu dramor neu i rannau eraill o'r wlad a oedd yn fwy cystadleuol. Dioddefodd y dociau hefyd wrth i ganolbwynt masnach symud i Ewrop a phorthladdoedd arfordir y de. Y canlyniad oedd cynnydd mawr mewn diweithdra.

Erbyn hyn mae'r economi'n cael adferiad ac mae twristiaeth yn chwarae rhan annisgwyl yn yr adferiad hwnnw. Erbyn y rhan olaf o'r 1990au dyma oedd y 9fed ar restr cyflogwyr mwyaf y ddinas. Roedd llawer o hen ardaloedd y dociau wedi'u trawsnewid yn westai, yn amgueddfeydd, yn siopau ac yn dai bwyta.

Atyniad pwysicaf Lerpwl yw'r Beatles. Yn ôl arolwg yn 1995 roedd traean o'r holl ymwelwyr a dreuliodd noson yn Lerpwl wedi dweud y daethant yno oherwydd y grŵp pop. Mae busnesau lleol yn elwa ar y diddordeb yma. Erbyn hyn mae'r ardal o gwmpas *The Cavern Club*, lle byddai'r Beatles yn perfformio, yn llawn o dai bwyta, siopau dillad a disgos. Mae *Cavern City Tours*, a sefydlwyd yn 1983, yn trefnu *Magical Mystery Tour* o gwmpas Lerpwl y Beatles, yn cynnwys tripiau i Penny Lane a Strawberry Fields. Mae'r cwmni'n cyflogi 79 o bobl. Yn ardal y dociau mae *The Beatles Story*, arddangosfa sy'n dangos hanes y grŵp, yn denu 5 miliwn o ymwelwyr y flwyddyn.

Ffynhonnell: addaswyd o'r *Financial Times*, 11 Ionawr 1997.

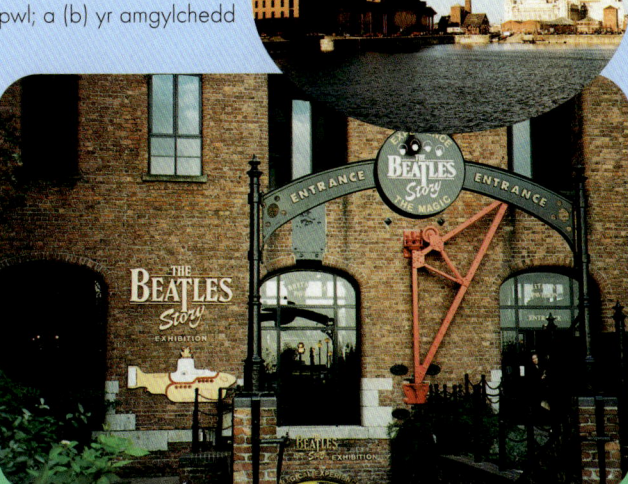

1. Pa effaith, yn eich barn chi, a gafodd dirywiad gweithgynhyrchu yn yr 1970au a'r 1980au ar: (a) economi lleol Lerpwl; a (b) yr amgylchedd lleol?
2. Pa effaith y gallai agor tŷ bwyta newydd ger *The Cavern Club* ei chael ar y ddinas?
3. Mae dau o ddilynwyr y Beatles am sefydlu busnes yn Lerpwl. Maen nhw am i'w busnes fod yn gysylltiedig â'r Beatles.
   (a) Amlinellwch 2 syniad gwahanol ar gyfer busnesau y gallent eu sefydlu.
   (b) Eglurwch y cyfleoedd y gallent fanteisio arnynt a'r anawsterau y gallent eu hwynebu wrth geisio llwyddo yn eu busnes.

21

uned 6
BUSNES YN YR AMGYLCHEDD CENEDLAETHOL

Gwneud penderfyniadau

Mae busnesau'n gweithredu mewn amgylchedd cenedlaethol anodd. Er bod economi'r DU yn tyfu'n araf dros amser, mae'n symud yn gyson o ffyniant (*boom*) i enciliad (*recession*). Mae angen i fusnesau benderfynu sut i ymdopi â'r newidiadau hyn yn y galw am eu cynhyrchion. Mae angen iddyn nhw wybod hefyd sut i ymdopi â'r newidiadau ym mhatrwm y galw sy'n deillio o gynnydd yn incwm defnyddwyr neu newidiadau ym mhatrymau'r boblogaeth. Gall chwyddiant hefyd achosi trafferthion i fusnesau. Yn ogystal â hyn, mae'n rhaid i fusnesau ufuddhau i reolau a rheoliadau y llywodraeth sy'n pennu sut y gallan nhw weithredu.

George Wimpey PLC yw'r grŵp adeiladu tai preifat mwyaf yn y DU. Yn 1996 gwerthodd y Grŵp mwy na 12 000 o dai yn y DU. Ei elw gweithredol oedd £51.7 miliwn. Mae'n adeiladu tai dan ddau brif enw brand yn y DU - *Wimpey Homes* a *McLean Homes*. Mae *McLean Homes* yn adeiladu yn bennaf dai sengl â 4 ystafell wely. Mae *Wimpey Homes* yn adeiladu yn bennaf dai teras a thai pâr â dwy neu dair ystafell wely. Mae gan y ddau frand ymrwymiad i adeiladu tai o safon uchel sy'n rhoi gwerth da iawn i gwsmeriaid am eu harian.

Twf, ffyniant ac enciliad

Mae economïau'n tueddu i dyfu dros amser. Dros y deugain mlynedd diwethaf, er enghraifft, mae cynnyrch wedi mwy na dyblu yn y DU. Felly gall pobl brynu a threulio mwy.

Mae rhai busnesau wedi elwa mwy na'i gilydd oherwydd y twf hwn. Mae llawer o ddiwydiannau gwasanaethu, fel iechyd ac arlwyo, wedi tyfu'n gyflymach na chyfartaledd gweddill yr economi. Roedd cyfradd twf y diwydiant adeiladu, sy'n cynnwys *George Wimpey PLC*, yn debyg i gyfradd twf gweddill yr economi tan 1990. Mae diwydiannau eraill wedi tyfu'n llai cyflym. Mae gwneuthurwyr jam, er enghraifft, wedi dioddef. Mae defnyddwyr wedi prynu llai o jam wrth i'w hincwm godi. Maen nhw wedi troi at fwydydd cyfleus fel creision neu fwydydd iach fel ffrwythau ffres.

Mae twf yr economi yn anwastad. Pan fydd FFYNIANT bydd yr economi'n tyfu'n gyflym iawn. Bydd gwariant yn uchel a bydd diweithdra'n gostwng. Mae busnesau'n tueddu i wneud yn dda yn ystod ffyniant am ei bod yn haws gwerthu cynhyrchion. Yn ystod ffyniant 1986-88, cynyddodd cynnyrch y diwydiant adeiladu 25%

Cwmni peirianneg â'i bencadlys yn y DU yw *Wagon Industrial Holdings plc*. Er ei fod yn gwerthu ledled y byd, mae dwy ran o dair o'i werthiant yn y DU.

1 Edrychwch ar Dabl 6.1. Beth oedd cynnyrch yr economi cyfan yn: (a) 1989; (b) 1992; (c) 1996?
2 'Rhwng 1990 ac 1992 cafwyd enciliad yn yr economi.' (a) Beth yw ystyr hyn? (b) Pa effaith y gallai hyn fod wedi'i chael ar gynnyrch y diwydiant peirianneg ac ar gynnyrch *Wagon Industrial*?
3 Oddi ar 1993 cafwyd adferiad yn yr economi. Sut y gallai hynny egluro'r newid yng ngwerthiant *Wagon Industrial*?
4 Yn 1997 roedd yr economi'n ehangu. Pa ffactorau, yn eich barn chi, allai ddylanwadu ar faint y bydd *Wagon Industrial* yn ei fuddsoddi mewn peiriannau newydd?

CBG/Graffigwaith

Gellid ateb y cwestiynau hyn ar ffurf adroddiad. Defnyddiwch becyn CBG, taenlen a/neu graffigwaith i ddangos yr hyn a ddigwyddodd i gynnyrch yr economi, y diwydiant peirianneg a *Wagon Industrial*.

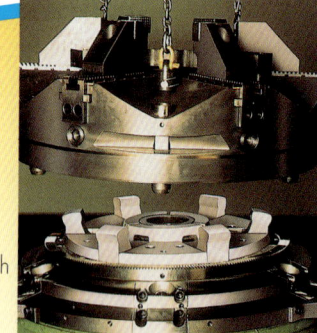

Crafanc chwe gên a gynhyrchwyd gan ran o'r cwmni

Tabl 6.1

yn ôl prisiau 1990[1]

	Cynnyrch yr economi cyfan £biliwn	Cynnyrch y diwydiant peirianneg £biliwn	Cynnyrch Wagon Industrial Holdings plc £miliwn
1989	476	61.0	212
1990	479	61.0	270
1991	469	56.8	242
1992	466	55.7	207
1993	477	56.4	216
1994	496	60.2	240
1995	509	61.8	304
1996	520	63.4	335

1 h.y. wedi'i gymhwyso ar gyfer chwyddiant

Ffynhonnell: addaswyd o ONS, *Monthly Digest of Statistics* ac Adroddiad Blynyddol a Chyfrifon *Wagon Industrial Holdings plc*

Uned 6 Busnes yn yr amgylchedd cenedlaethol

Yn ei Gyllideb ym mis Gorffennaf 1997 cyhoeddodd y Canghellor nifer o fesurau ynglŷn â threthi. Dyma rai ohonynt: gostyngiad mewn treth gorfforaeth, y dreth ar elw cwmnïau; cynnydd yn y trethi ar betrol, sigaréts a diodydd meddwol; gostyngiad yng nghyfradd TAW ar nwy a thrydan i gartrefi o 8% i 5%; treth ffawdelw (windfall tax) ar elw'r cwmnïau dŵr, nwy, trydan a ffôn; a chynnydd yn y swm y bydd yn rhaid i berchenogion tai ei dalu ar eu morgais am fod y llywodraeth yn mynd i roi llai o gymhorthdal ar ffurf gostyngiad yn y dreth.

1 Pa fesurau oedd yn fanteisiol i fusnesau?
2 Effeithiodd y Gyllideb hon ar gwmnïau diodydd, cwmnïau trydan a chwmnïau adeiladu tai. Eglurwch pam.

Prosesu geiriau
3 Rydych yn gweithio yn adran gysylltiadau cyhoeddus cwmni petrol mawr. Ysgrifennwch lythyr at y Canghellor - defnyddiwch becyn prosesu geiriau os yw'n bosibl - yn cwyno am y cynnydd diweddaraf yn y dreth ar betrol ac yn egluro pam y gallai fod yn wael i gwsmeriaid a busnesau yn y DU.

Trethi a gwariant llywodraeth

Bydd penderfyniadau llywodraeth ynglŷn â'i gwariant a threthi (sef **polisi cyllidol**) yn effeithio ar bob busnes. Gallai'r llywodraeth, er enghraifft, ostwng trethi ar incwm pobl (treth incwm neu gyfraniadau Incwm Gwladol). O ganlyniad, byddai gan bobl fwy o arian i'w wario. Gallen nhw wario mwy yn yr uwchfarchnad neu ar wyliau. Byddai hynny'n fuddiol i gwmnïau uwchfarchnadoedd a chwmnïau gwyliau. Yn yr un modd, gallen nhw benderfynu eu bod yn gallu fforddio tŷ mwy a adeiladwyd gan *George Wimpey PLC*, er enghraifft.

Gallai'r llywodraeth hefyd newid cyfraddau'r trethi ar nwyddau a gwasanaethau. Rhaid talu Treth ar Werth (TAW) o 17.5% ar y rhan fwyaf o gynhyrchion. Mae tai newydd, fodd bynnag, yn rhydd o'r dreth hon. Byddai cynnydd mewn TAW yn ergyd i werthiant cynhyrchion fel setiau teledu a dillad.

Pe bai'r llywodraeth yn cynyddu treth gorfforaeth, y dreth ar elw cwmnïau, byddai hynny'n effeithio ar *George Wimpey PLC*. Yn 1996 er enghraifft, bu'n rhaid iddo dalu £9.3 miliwn mewn treth gorfforaeth yn y DU.

Bydd cynnydd cyffredinol yng ngwariant y llywodraeth yn achosi mwy o wariant yn yr economi cyfan. Dylai hyn fod yn fuddiol i fusnes adeiladu oherwydd y bydd peth o'r gwariant ychwanegol yn wariant ar dai newydd. Gall cynnydd yng ngwariant y llywodraeth ar raglenni penodol hefyd fod yn llesol i fusnesau. Er enghraifft, gallai cynnydd sylweddol yng ngwariant y llywodraeth ar dai i'w rhentu roi cyfle i *George Wimpey PLC* ehangu ei weithrediadau yn y dyfodol. I'r gwrthwyneb, gallai gostyngiad yn y gwariant ar amddiffyn effeithio'n andwyol ar wneuthurwyr arfau fel GEC.

Cyfraddau llog

Mae'r rhan fwyaf o fusnesau yn cael benthyg arian (□ uned 31). Yn 1996 roedd gan *George Wimpey PLC* fenthyciadau o £114 miliwn a oedd i'w had-dalu ar ôl 2001. Bydd codi cyfraddau llog fel rheol yn ychwanegu

Roedd hynny fwy na dwywaith cynnydd cyfartalog y cynnyrch yng ngweddill yr economi.

Yn ystod ENCILIAD fydd yr economi ddim yn tyfu neu efallai y bydd hyd yn oed yn crebachu, fel y digwyddodd rhwng 1990 ac 1992 yn y DU. Bydd llai'n cael ei wario nag o'r blaen a bydd diweithdra'n cynyddu. Bydd busnesau'n tueddu wneud yn wael am fod defnyddwyr yn prynu llai o'u cynhyrchion. Effeithiodd enciliad 1990-1992 yn arw ar y diwydiant adeiladu.

Gostyngodd cynnyrch 10 y cant. Yn waeth na hynny, pan ddechreuodd gweddill yr economi gael adferiad o 1993 ymlaen, doedd fawr ddim newid yng nghynnyrch y diwydiant adeiladu. Erbyn 1997 doedd cynnyrch adeiladu ddim llawer mwy nag y bu yn 1990.

Chwyddiant

Cynnydd cyffredinol mewn prisiau yn yr economi yw CHWYDDIANT. Bydd busnesau'n colli ac yn ennill o ganlyniad i chwyddiant. Byddan nhw'n colli am fod eu costau'n cynyddu. Bydd cwmni adeiladu, er enghraifft, yn colli oherwydd gorfod talu mwy am ddefnyddiau adeiladu fel brics a phren. Bydd yn colli hefyd oherwydd gorfod talu mwy i'w weithwyr. Byddan nhw am gael cyflogau uwch er mwyn talu'r prisiau uwch yn y siopau.

Gall busnesau ennill hefyd. Os bydd prisiau'n codi, mae'n debyg y bydd cwmni adeiladu yn gallu codi ei brisiau i'w gwsmeriaid. Dylai prisiau uwch arwain at lai o werthiant. Ond os bydd pob busnes yn codi ei brisiau ac os bydd gweithwyr yn cael cyflogau uwch, dylai gwerthiant busnes penodol aros yr un fath.

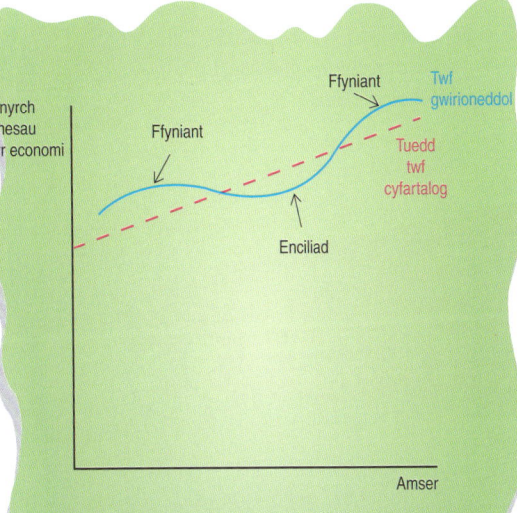

Ffigur 6.1 Ffyniant ac enciliad. Mae busnesau yn cynhyrchu mwy a mwy dros amser. Ond weithiau yn ystod ffyniant bydd twf busnes yn arbennig o gyflym. Ar adegau eraill, yn ystod enciliad, gall cynnyrch ostwng weithiau.

at gostau busnes oherwydd gorfod talu mwy o log ar ei fenthyciadau. Bydd gostwng cyfraddau llog, ar y llaw arall, yn achosi i daliadau llog ostwng.

Bydd codi cyfraddau llog yn effeithio hefyd ar gwsmeriaid busnes. Arian a fenthycir i brynu tŷ yw morgais. Os bydd cyfradd y llog ar forgeisiau yn codi, bydd ad-daliadau ar y benthyciad i brynu tŷ yn cynyddu. Bydd pobl yn llai parod i brynu tai newydd. Gallai cwmnïau adeiladu wynebu gostyngiad yn eu gwerthiant. Bydd gostwng cyfraddau llog yn cael effaith i'r gwrthwyneb. Bydd yn achosi gostyngiad yn yr ad-daliadau wrth brynu car newydd, dodrefn newydd neu dŷ newydd. Dylai gwneuthurwyr ceir a dodrefn a chwmnïau adeiladu fod ar eu hennill felly.

Poblogaeth

Mae poblogaeth y DU yn weddol sefydlog. Gallai hynny ymddangos yn newyddion drwg i fusnes fel *George Wimpey PLC*. Ond mae pobl yn prynu tai newydd. Un rheswm dros hyn yw bod strwythur y boblogaeth yn newid. Mae mwy o bobl hŷn nag erioed yn byw ar eu pen eu hun. Mae nifer y teuluoedd un rhiant wedi cynyddu. Mae cynnydd yng nghyfraddau ysgariad wedi hollti teuluoedd. Felly mae nifer yr unedau teulu wedi cynyddu wrth i'r nifer ym mhob uned deulu dueddu i ostwng. Mae angen cartref ar bob uned deulu. Gallai *George Wimpey PLC* werthu tai newydd felly.

Gall newidiadau yn strwythur y boblogaeth effeithio ar fusnesau eraill. Yn yr 1980au, er enghraifft, caewyd llawer o ysgolion oherwydd gostyngiad yn nifer y plant o oed ysgol. Roedd cynnydd yn nifer y bobl dros 75 oed, ar y llaw arall, wedi cynyddu'r cyfleoedd busnes ar gyfer cartrefi ymddeol.

Gall *George Wimpey PLC* elwa hefyd ar newidiadau yn y mannau lle mae pobl yn byw. Dros yr 20 mlynedd diwethaf, er enghraifft, mae poblogaeth De-ddwyrain Lloegr wedi cynyddu, ond mae poblogaeth ardal Glannau Merswy wedi gostwng. Mae angen adeiladu mwy o dai yn y De-ddwyrain felly.

Rheoliadau'r llywodraeth

Mae'r llywodraeth yn gosod llawer o gyfyngiadau ar fusnesau. Rhaid cydymffurfio, er enghraifft, â deddfau iechyd a diogelwch (← uned 62) ar safleoedd adeiladu *George Wimpey PLC*. Rhaid i *George Wimpey PLC* gael caniatâd cynllunio gan yr awdurdod lleol i adeiladu unrhyw dai newydd. Bydd deddfau gwarchod defnyddwyr yn penderfynu sut y gall *George Wimpey PLC* farchnata ei dai. Bydd deddfau eraill yn pennu sut y dylai prynu tŷ gael ei gyflawni.

Ffynhonnell: addaswyd yn rhannol o Adroddiad Blynyddol a Chyfrifon *George Wimpey PLC*

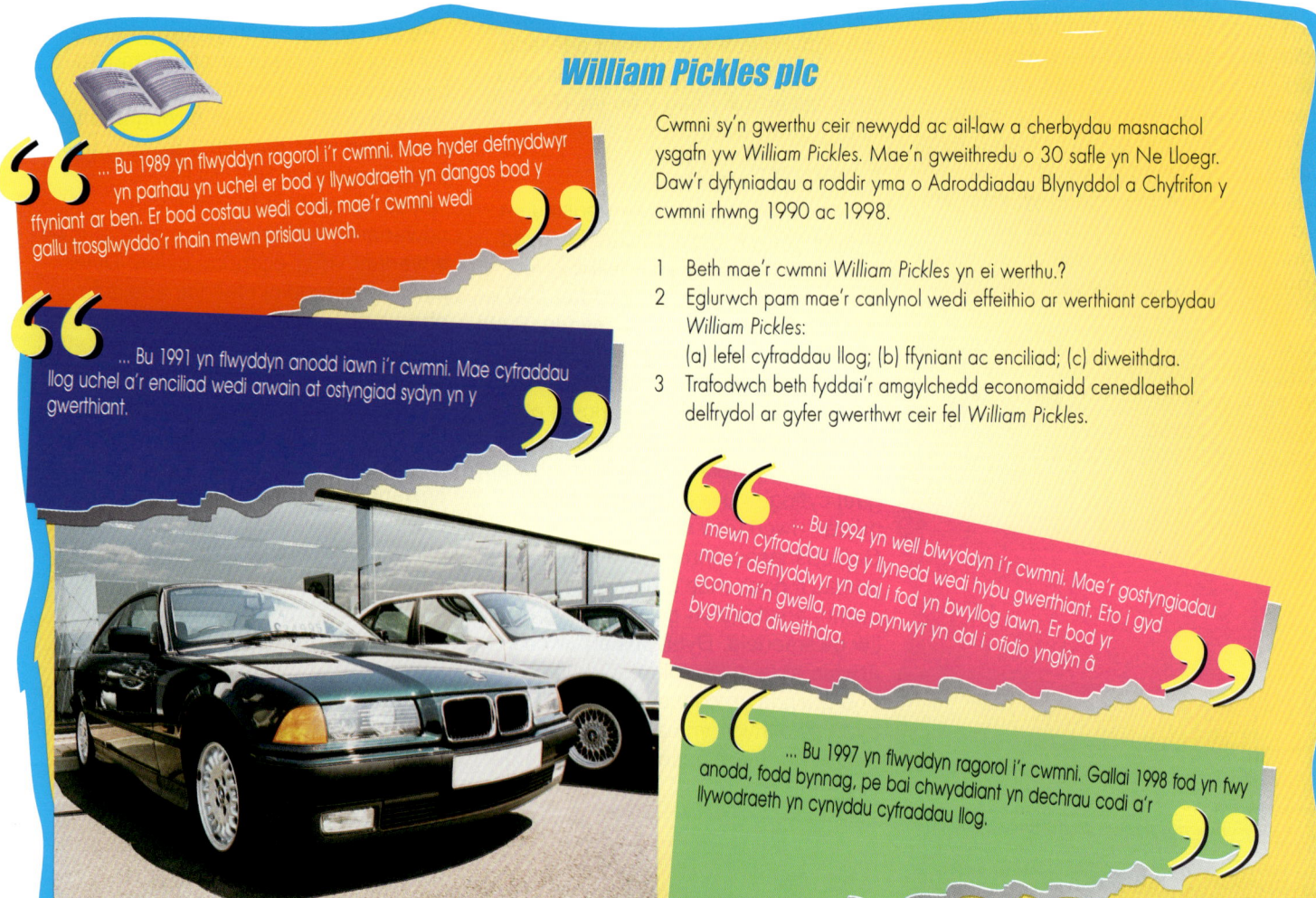

William Pickles plc

Cwmni sy'n gwerthu ceir newydd ac ail-law a cherbydau masnachol ysgafn yw *William Pickles*. Mae'n gweithredu o 30 safle yn Ne Lloegr. Daw'r dyfyniadau a roddir yma o Adroddiadau Blynyddol a Chyfrifon y cwmni rhwng 1990 ac 1998.

1 Beth mae'r cwmni *William Pickles* yn ei werthu.?
2 Eglurwch pam mae'r canlynol wedi effeithio ar werthiant cerbydau *William Pickles*:
   (a) lefel cyfraddau llog; (b) ffyniant ac enciliad; (c) diweithdra.
3 Trafodwch beth fyddai'r amgylchedd economaidd cenedlaethol delfrydol ar gyfer gwerthwr ceir fel *William Pickles*.

"... Bu 1989 yn flwyddyn ragorol i'r cwmni. Mae hyder defnyddwyr yn parhau yn uchel er bod y llywodraeth yn dangos bod y ffyniant ar ben. Er bod costau wedi codi, mae'r cwmni wedi gallu trosglwyddo'r rhain mewn prisiau uwch."

"... Bu 1991 yn flwyddyn anodd iawn i'r cwmni. Mae cyfraddau llog uchel a'r enciliad wedi arwain at ostyngiad sydyn yn y gwerthiant."

"... Bu 1994 yn well blwyddyn i'r cwmni. Mae'r gostyngiadau mewn cyfraddau llog y llynedd wedi hybu gwerthiant. Eto i gyd mae'r defnyddwyr yn dal i fod yn bwyllog iawn. Er bod yr economi'n gwella, mae prynwyr yn dal i ofidio ynglŷn â bygythiad diweithdra."

"... Bu 1997 yn flwyddyn ragorol i'r cwmni. Gallai 1998 fod yn fwy anodd, fodd bynnag, pe bai chwyddiant yn dechrau codi a'r llywodraeth yn cynyddu cyfraddau llog."

Uned 6 Busnes yn yr amgylchedd cenedlaethol

1 Yn ôl y rhagamcanion, beth fydd yn digwydd i nifer y canlynol yn y boblogaeth hyd at y flwyddyn 2031: (a) pobl 65-74 oed; (b) pobl 75 oed a mwy?
2 Pa gyfleoedd y bydd hyn yn eu creu i fusnesau o ran gwerthu cynhyrchion sydd wedi'u hanelu at bobl yn yr ystod oed hon?
3 Trafodwch 2 broblem i fusnesau a allai ddeillio o'r tueddiadau hyn.

termau allweddol

Chwyddiant - cynnydd cyffredinol mewn prisiau.
Enciliad - cyfnod pan fydd yr economi'n arafu neu y bydd cynnyrch hyd yn oed yn gostwng.
Ffyniant - cyfnod pan fydd yr economi'n tyfu'n arbennig o gyflym.

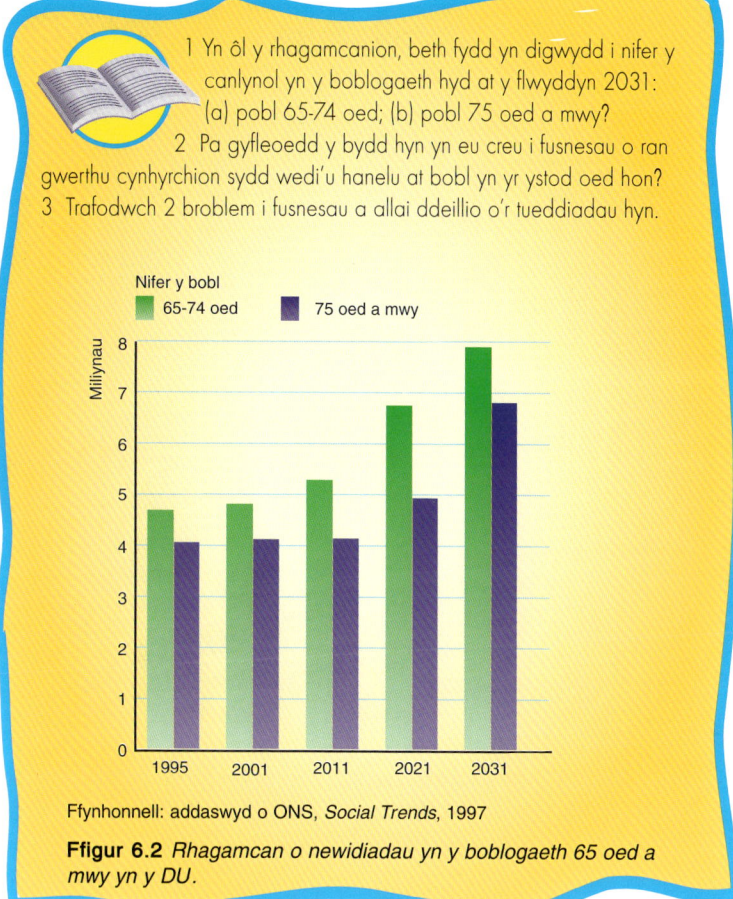

Ffynhonnell: addaswyd o ONS, *Social Trends*, 1997

Ffigur 6.2 *Rhagamcan o newidiadau yn y boblogaeth 65 oed a mwy yn y DU.*

Rhestr wirio ✓

1 Beth yw'r gwahaniaeth rhwng ffyniant ac enciliad?
2 Beth fydd effaith debygol enciliad ar fusnes?
3 Beth fydd yn digwydd i ddiweithdra yn ystod enciliad a sut y gallai hyn effeithio ar fusnesau?
4 Sut y bydd chwyddiant yn effeithio ar fusnes?
5 Eglurwch sut y gallai'r newidiadau canlynol mewn trethi fod yn fanteisiol neu'n niweidiol i fusnesau: (a) cynnydd mewn treth incwm; (b) gostyngiad mewn TAW; (c) gostyngiad mewn treth gorfforaeth.
6 Pa fusnesau allai elwa fwyaf oherwydd cynnydd mewn gwariant ar adeiladu ffyrdd?
7 'Mae'r cynnydd mewn cyfraddau llog wedi rhoi ergyd i'm costau a'm harchebion.' Eglurwch pam y gallai hyn fod yn wir am fusnes.
8 Eglurwch pa fusnesau y gallai cynnydd yn nifer y genedigaethau yn y boblogaeth effeithio arnynt: (a) yn awr; (b) ymhen 20 mlynedd: (c) ymhen 75 o flynyddoedd.
9 Rhestrwch 5 enghraifft o reoliadau'r llywodraeth sy'n effeithio ar fusnesau.

ACHOS CRYNODOL: GRŴP CHWARAE HUMPTY DUMPTY

Mae grŵp chwarae *Humpty Dumpty* yn gweithredu ar stad newydd o dai perchenogion preswyl mewn tref arbennig yn Sussex. Dydy'r stad ddim wedi'i chwblhau eto. Bwriedir adeiladu 300 o dai ychwanegol yno. Mae'r stad wedi denu teuluoedd yn bennaf, llawer ohonynt â phlant, neu barau ifanc sy'n gobeithio cael plant. Ar hyn o bryd mae tai newydd yn cael eu gwerthu'n gyflym iawn am fod yr economi lleol yn ffynnu.

Sefydlwyd y grŵp chwarae gan Sarah Milford. Cyfanswm cost yr hysbysebu cychwynnol a phrynu'r cyfarpar a cholled y flwyddyn gyntaf oedd tua £3 000. Cafodd fenthyciad am hyn gan ei banc. Costau gweithredu cyfredol y grŵp chwarae yw tua £30 000 y flwyddyn. Mae hynny'n cynnwys llogi neuadd, costau'r staff gan gynnwys cyflog iddi hi ei hun, a defnyddiau. Mae hi'n codi £4 y sesiwn (bore, prynhawn neu ar ôl ysgol). Cyfanswm y ffioedd y llynedd oedd £31 000.

Y dyddiau hyn mae rheolaeth gaeth ar bob grŵp chwarae. Rhaid iddynt gydymffurfio â gofynion Deddf Plant sy'n pennu, er enghraifft, faint o staff y mae'n rhaid eu cael am bob plentyn.

1 Mae grŵp chwarae *Humpty Dumpty* yn llwyddiant. Eglurwch pam y mae'r canlynol yn ei helpu i fod yn llwyddiannus: (a) newidiadau ym mhoblogaeth yr ardal leol; (b) cyflwr yr economi.
2 Ar hyn o bryd mae cyfraddau llog yn isel. Pam y mae hyn o fantais i Sarah?
3 Sut y mae rheoliadau'r llywodraeth yn effeithio ar fusnes Sarah?
4 Trafodwch 3 ffactor a allai yn y dyfodol achosi i'r grŵp chwarae droi o wneud elw i ddioddef colledion.

uned 7
Y DIMENSIWN RHYNGWLADOL

Gwneud penderfyniadau

Mae'n debyg y bydd yr economi byd-eang yn effeithio ar bob busnes. Mae rhai busnesau'n penderfynu allforio'u nwyddau a'u gwasanaethau i wledydd tramor. Rhaid penderfynu pa gwsmeriaid tramor i werthu iddynt a ble i ganolbwyntio'r ymdrechion allforio. Hyd yn oed os na fydd busnesau'n allforio cynhyrchion, mae'n debyg y byddan nhw'n prynu cynhyrchion o wledydd tramor. Rhaid penderfynu p'un ai i brynu cynhyrchion Prydeinig neu gynhyrchion tramor.

Mae *British Airways* (BA) yn fusnes sy'n ymwneud â biliynau o bunnoedd. Yn 1996-7 cyfanswm gwerthiant BA oedd £8.4 biliwn ac fe gludodd 38.2 miliwn o deithwyr. Mae'n gweithredu gwasanaethau ledled y byd. Ei nod yw bod yn arweinydd ym maes teithio byd-eang. Mae dyfodol BA yn dibynnu ar gludo mwy o deithwyr, pobl o Brydain ac o wledydd tramor, ac ar gynyddu ei gyfran o farchnad fyd-eang y cwmnïau hedfan.

Allforion

BA yw hoff gwmni hedfan llawer o deithwyr Prydeinig. Ond mae hefyd yn dibynnu ar werthiant i dramorwyr. Y term a ddefnyddir am nwyddau (a elwir weithiau yn **fasnach weladwy**) a gwasanaethau (**masnach anweladwy**) a werthir i dramorwyr yw ALLFORION.

Mae BA yn gwerthu **gwasanaeth** i dramorwyr, e.e. taith hedfan y bydd teithwyr yn talu amdani. Bydd BA, cwmni Prydeinig, yn derbyn arian o werthu'r tocynnau. Mae'r daith hedfan yn wasanaeth a allforiwyd am ei fod yn wasanaeth a werthwyd i dramorwyr.

Mewnforion

Mae BA yn ceisio drwy'r amser i gael y gwerth gorau am ei arian. Pan fydd yn prynu nwyddau gan fusnesau eraill, bydd am brynu am y pris isaf. Bydd hefyd am gael **nwyddau** o'r ansawdd 'iawn', sy'n cael eu dosbarthu yn brydlon ac sy'n cynnig gwasanaeth ôl-werthu, lle bo angen. Weithiau gall cwmni Prydeinig gynnig y pecyn hwn. Ond gallai'r gwerth gorau gael ei gynnig gan gwmni tramor. Mae BA, er enghraifft, yn prynu llawer o'i awyrennau newydd gan *Boeing*, cwmni yn UDA.

Pan fydd BA yn cael awyren *Boeing* newydd, bydd yn rhaid iddo dalu *Boeing*, cwmni tramor. MEWNFORYN yw hwn i'r DU. Mae'n nwydd a fewnforiwyd gan fod cwmni Prydeinig wedi prynu cynnyrch ffisegol gan gwmni tramor.

Mitsubishi

Mae *Mitsubishi* yn gwmni mawr o Japan sy'n cynhyrchu amrywiaeth o nwyddau, gan gynnwys cyfarpar cynhyrchu trydan niwclear, peiriannau prosesu laser, microsglodion a chynhyrchion traul fel setiau teledu a pheiriannau fideo.

1 Mae gan *Mitsubishi* ffatrïoedd cynhyrchu ledled y byd. Mae, er enghraifft, yn gwerthu microsglodion a wneir yn Japan i wneuthurwyr yn y DU. I Japan allforion yw'r rhain. Beth ydynt i'r DU?
2 Rhaid i *Mitsubishi* gludo'i gynhyrchion i Ewrop mewn llong neu awyren. Pe bai'n defnyddio cwmni llongau o'r DU, pam y byddai hynny'n allforyn gwasanaeth o safbwynt y DU?
3 Pe bai *Mitsubishi* yn defnyddio gwasanaethau bancio banc Prydeinig, beth fyddai hynny o safbwynt y DU?
4 Awgrymwch 3 ffordd y gallai *Mitsubishi* gynyddu ei werthiant i'w farchnadoedd yn y DU.

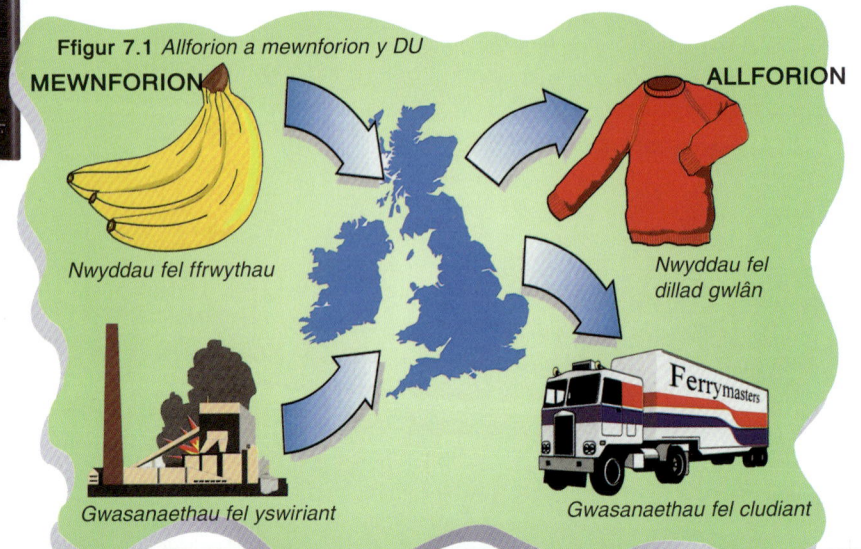

Ffigur 7.1 *Allforion a mewnforion y DU*

MEWNFORION — Nwyddau fel ffrwythau; Gwasanaethau fel yswiriant

ALLFORION — Nwyddau fel dillad gwlân; Gwasanaethau fel cludiant

Uned 7 Y dimensiwn rhyngwladol

Bydd tramorwyr sy'n hedfan ar Concorde yn talu arian i BA. Dyma enghraifft o allforyn gwasanaeth o safbwynt y DU.

Bygythiadau a chyfleoedd

Mae gweithio mewn amgylchedd rhyngwladol yn creu bygythiadau a chyfleoedd i fusnesau Prydeinig. Un bygythiad yw y gall cystadleuaeth gan fusnesau tramor ddwyn gwerthiant i ffwrdd o fusnesau'r DU.

Mae BA, er enghraifft, yn cystadlu'n uniongyrchol â chwmnïau hedfan eraill fel *Delta*, *TWA* neu *Air France*. Mae angen i BA ddarparu gwasanaeth o safon uchel, i'r meysydd awyr iawn yn y byd ac am bris cystadleuol er mwyn cadw ei gyfran o'r farchnad.

Ar y llaw arall, heb ei gwsmeriaid tramor byddai BA yn fusnes llawer llai ei faint. Yn 1998 daeth 60% o'i gwsmeriaid o wledydd tramor. Mae ganddo gyfle hefyd i ddwyn gwerthiant i ffwrdd o'i gystadleuwyr tramor. Trwy ddarparu mwy o gysur yn ei seddau Dosbarth Busnes neu drwy gynnig tocynnau rhatach ar wahanol deithiau hedfan ar wahanol adegau o'r flwyddyn, gallai BA gynyddu nifer ei gwsmeriaid.

Mae medru prynu o wledydd tramor yn golygu hefyd y gall BA gael y nwyddau mwyaf cystadleuol ar gyfer ei weithrediadau yn hytrach na gorfod dibynnu ar gyflenwyr o Brydain yn unig.

Cyfraddau cyfnewid

Bydd teithiwr Prydeinig yn debygol o dalu am wasanaeth gan BA mewn punnoedd sterling. Bydd ymwelydd o UDA, fodd bynnag, yn debygol o dalu mewn doleri. Ond mae pris doleri am bunnoedd, y GYFRADD CYFNEWID, yn newid yn gyson. Gall y newidiadau hyn gael effaith fawr ar BA.

Tybiwch mai'r gyfradd cyfnewid yw $1.50=£1. Mae hynny'n golygu y gellir cyfnewid $1.50 am £1. Bydd gwyliau gyda BA i Lundain am £1 000, felly, yn costio $1 500 i Americanwr (£1 000 x $1.50).

Beth fyddai'n digwydd pe bai'r gyfradd cyfnewid yn newid? Gallai gwerth y bunt ostwng i'r gyfradd $1=£1. Byddai'n rhaid i BA benderfynu a ddylai newid ei brisiau. Pe bai'n dewis cadw pris y gwyliau yn £1 000, byddai'r pris mewn doleri yn gostwng i $1 000 (£1 000 x $1). Dylai'r pris is hybu Americanwyr i ddefnyddio gwasanaethau BA fwy. Yn gyffredinol, os bydd gostyngiad yng ngwerth y bunt gall tramorwyr brynu nwyddau Prydeinig yn rhatach a byddant yn debygol o brynu mwy.

Pe bai gwerth y bunt yn codi i'r gyfradd $2=£1, byddai'r gwyliau'n ddrutach i Americanwyr. Byddai'n costio $2 000 (£1 000 x $2). Mae'n debyg y byddai Americanwyr yn prynu llai o wasanaethau BA. Bydd cynnydd yng ngwerth y bunt yn tueddu i wneud nwyddau a gwasanaethau Prydeinig yn ddrutach i dramorwyr. Byddan nhw, felly, yn debygol o brynu llai.

Bydd y gwrthwyneb yn wir am fewnforio nwyddau a gwasanaethau i'r DU. Bydd gostyngiad yng ngwerth y bunt yn gwneud mewnforion yn ddrutach i brynwyr Prydeinig. Pe bai gostyngiad o £1=$1.50 i £1=$1 gallai pris gwyliau $1 000 yn America i berson o Brydain godi o £667 ($1 000 ÷ $1.50) i £1 000 ($1 000 ÷ $1). Dylai mewnforion ostwng felly.

Byddai cynnydd yng ngwerth y bunt o £1=$1.50 i £1=$2 yn gwneud mewnforion yn rhatach i bobl Prydain. Gallai pris gwyliau $1 000 yn America ostwng o £667 i £500 ($1 000 ÷ $2). Dylai mewnforion gynyddu o ganlyniad i hyn.

Y llywodraeth yn helpu busnes

Gall llywodraeth helpu busnesau i ddelio â chystadleuwyr tramor. Gallai wneud y canlynol, er enghraifft:

- rhoi cymhorthdal i allforion - h.y. rhoi grant am bob allforyn a werthir, gan alluogi i fusnesau godi prisiau is

---

Ers canol yr 1980au trawsnewidiwyd diwydiant ceir Prydain. Cwmnïau o Japan fu'n gyfrifol am lawer o hyn. Mae *Toyota*, *Nissan* a *Honda* wedi adeiladu ffatrïoedd ceir yn y DU. Maen nhw'n allforio llawer o'u cynnyrch. Ond maen nhw hefyd wedi gosod safonau o ran ansawdd y bu'n rhaid i wneuthurwyr ceir eraill yn y DU, fel *Ford* a *Vauxhall*, gwrdd â nhw. Mae hyn wedi ei gwneud hi'n haws iddynt werthu ceir a wnaed ym Mhrydain.

Nid ansawdd yw'r unig ffactor. Mae Prydain wedi dod yn rhatach i wneuthurwyr o'i chymharu â llawer o wledydd. Mae costau cyflogau yn isel yn ôl safonau byd-eang. Mae tir ac adeiladau'n rhad hefyd.

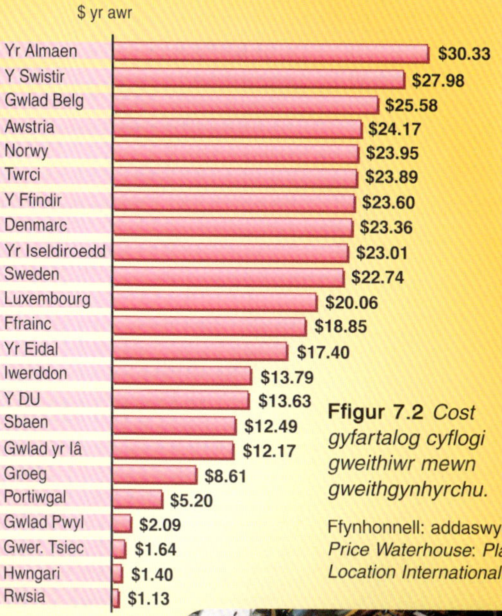

$ yr awr

Gwlad	$ yr awr
Yr Almaen	$30.33
Y Swistir	$27.98
Gwlad Belg	$25.58
Awstria	$24.17
Norwy	$23.95
Twrci	$23.89
Y Ffindir	$23.60
Denmarc	$23.36
Yr Iseldiroedd	$23.01
Sweden	$22.74
Luxembourg	$20.06
Ffrainc	$18.85
Yr Eidal	$17.40
Iwerddon	$13.79
Y DU	$13.63
Sbaen	$12.49
Gwlad yr Iâ	$12.17
Groeg	$8.61
Portiwgal	$5.20
Gwlad Pwyl	$2.09
Gwer. Tsiec	$1.64
Hwngari	$1.40
Rwsia	$1.13

Ffigur 7.2 Cost gyfartalog cyflogi gweithiwr mewn gweithgynhyrchu.

Ffynhonnell: addaswyd o *Price Waterhouse: Plant Location International*.

1. Mae nifer y ceir a allforir o'r DU wedi cynyddu bedair gwaith oddi ar 1985. Eglurwch 2 reswm dros hyn.
2. Mae cynhyrchydd ceir o Japan yn chwilio am safle cynhyrchu arall yn Ewrop ond nid yn y DU. Bydd llawer o gynnyrch y ffatri hon yn cael ei hallforio. Gan roi rhesymau, awgrymwch ble yn Ewrop y gallai leoli ei ffatri.

Uned 7 Busnes yn ei gefndir economaidd

ac ennill mwy o archebion;
- gosod **tollau** ar fewnforion - h.y. treth ar nwyddau a fewnforir, sy'n eu gwneud yn ddrutach;
- gosod cwotâu ar fewnforion - cyfyngiad ar y nifer o nwyddau penodol a ddaw i mewn i'r wlad dros flwyddyn yw cwota;
- ceisio gwthio gwerth y bunt i lawr - bydd hynny'n gwneud pris mewnforion yn ddrutach a phris allforion i dramorwyr yn rhatach.

Mae llywodraeth Prydain yn gyfyngedig, fodd bynnag, o ran yr hyn y gall ei wneud. Mae'r DU yn aelod o'r Undeb Ewropeaidd. Dydy'r Undeb ddim yn caniatáu tollau na chwotâu ar fasnach rhwng gwledydd Ewropeaidd. Mae'r DU hefyd yn aelod o Gyfundrefn Fasnach y Byd sy'n cyfyngu ar dollau a chwotâu.

Dydy llawer o gwmnïau Prydeinig ddim am gael cyfyngiadau ar fasnach. Os bydd y DU yn cadw nwyddau tramor allan drwy dollau a chwotâu, bydd mwy o siawns y bydd gwledydd eraill yn gwneud yr un fath i allforion y DU.

Y llywodraeth a rheoli'r economi

Rhaid i'r DU dalu ei ffordd yn y byd. Rhaid i allforion fod fwy neu lai yn hafal i fewnforion dros amser. Pe bai mewnforion yn fwy nag allforion, byddai'n rhaid cael benthyg y gweddill gan dramorwyr. I ad-dalu hyn, byddai'n rhaid i allforion fod yn fwy na mewnforion.

Dangosir gwerth allforion a mewnforion y DU yn y FANTOL DALIADAU (*balance of payments*). Cofnod o'r holl arian sy'n dod i mewn i'r DU ac sy'n mynd allan ohoni yw'r fantol daliadau. Weithiau, ar y newyddion, fe glywch am y FANTOL FASNACH (*balance of trade*). Dyma'r gwahaniaeth rhwng gwerth allforion a mewnforion nwyddau yn unig. Y term a ddefnyddir am y gwahaniaeth rhwng gwerth allforion a mewnforion nwyddau a gwasanaethau yw MANTOL Y CYFRIF CYFREDOL (*current balance*).

Beth os oes diffyg ym mantol y cyfrif cyfredol (h.y. lle mae mewnforion yn fwy nag allforion)? Gall y llywodraeth geisio cywiro hyn.
- Gallai geisio gwthio gwerth y bunt i lawr - byddai'n haws i fusnesau'r DU allforio a byddai mewnforion yn ddrutach.
- Gallai wthio cyfraddau llog i fyny. Dylai hynny achosi gostyngiad mewn gwariant yn y DU ac arwain, felly, at ostyngiad mewn mewnforion. Ond gallai gostyngiad mewn gwariant arwain at enciliad yn yr economi a fyddai'n wael i fusnesau'r DU.
- Gallai gynyddu tollau a chwotâu. Ond byddai hynny'n anodd oherwydd ei bod yn aelod o'r Undeb Ewropeaidd.

Ffynhonnell: addaswyd yn rhannol o wybodaeth a roddwyd gan *British Airways*.

Ymwelwyr o Japan

Yn 1996 gostyngodd nifer yr ymwelwyr o Japan a ddaeth i Brydain wrth i werth yr ien (*yen*) ostwng mewn perthynas â'r bunt.
- Ar ei huchafbwynt yn 1995, gallai pobl Japan gael £1 am 135 o ien.
- Erbyn diwedd 1996, bu'n rhaid iddynt dalu 200 o ien i gael £1.

Achosodd hynny wahaniaeth mawr mewn prisiau i bobl Japan. Yn 1995 gallai person o Japan oedd â 135 000 o ien i'w gwario brynu gwerth £1 000 o nwyddau yn Llundain. Erbyn diwedd 1996 dim ond gwerth £675 o nwyddau y gallai 135 000 o ien ei brynu (135 000 ÷ 200). Roedd trip i *Harrods* neu i theatr yn Llundain 30% yn ddrutach.

Roedd y Japaneaid wedi ymateb mewn dwy ffordd. Penderfynodd llawer ohonynt fynd i Baris neu i Rufain yn hytrach nag i Lundain. Roedd y rhai a aeth i Lundain wedi gwario llai nag o'r blaen yn nhermau punnoedd sterling.

Ffynhonnell: addaswyd o'r *Financial Times*, 4 Mawrth 1997.

1 Edrychwch ar Ffigur 7.4. Beth ddigwyddodd i werth yr ien mewn perthynas â'r bunt yn 1995 ac 1996?

2 Mae ymwelydd o Japan yn bwriadu cymryd 100 000 o ien i'w wario ar drip i Lundain.
  (a) Beth oedd gwerth y nwyddau o'r DU y gallai fod wedi'u prynu ar ddiwedd 1996?
  (b) Beth oedd gwerth y nwyddau o'r DU y gallai fod wedi'u prynu yng nghanol 1995 pan oedd y bunt yn werth 135 o ien?
  (c) Sut y mae hyn yn helpu i egluro pam roedd llai o ymwelwyr o Japan yn Llundain yn 1996 nag yn 1995?

Ymwelwyr o Japan i'r DU
newid % 1996 o 1995

Ffigur 7.3 *Ymwelwyr o Japan i'r DU.*
Ffynhonnell: addaswyd o BTA.

Ien mewn perthynas â sterling
Ien am bob £

Ffigur 7.4 *Ien mewn perthynas â sterling.*
Ffynhonnell: addaswyd o *Datastream*.

Gwerth isel i'r bunt, 1992-1995

Ym mis Medi 1992 gorfodwyd y DU i ymadael â Pheirianwaith Cyfraddau Cyfnewid (*Exchange Rate Mechanism - ERM*) yr Undeb Ariannol Ewropeaidd. Roedd gwerth y bunt yn yr ERM yn uchel iawn. Yn union ar ôl ymadael â'r ERM, gostyngodd gwerth y bunt 10% mewn perthynas ag ariannau cyfred eraill. Yna parhaodd i ostwng. Erbyn 1995 roedd ei gwerth wedi gostwng 25% mewn perthynas â marc Yr Almaen, 20% mewn perthynas â doler UDA a 35% mewn perthynas â ien Japan.

Gadawodd y llywodraeth i werth y bunt ddarganfod ei lefel ei hun yn y farchnad. Ond roedd polisi'r llywodraeth i gadw cyfraddau llog yn isel wedi helpu i gadw pris y bunt yn isel iawn mewn perthynas ag ariannau cyfred eraill.

Roedd allforwyr wrth eu bodd â'r newidiadau. Cyn hynny, yn yr 1990au cynnar, roedden nhw wedi'i chael hi'n anodd iawn cystadlu mewn marchnadoedd allforion.

1. Eglurwch pam roedd cyfraddau cyfnewid isel o gymorth i allforwyr Prydain.
2. Roedd cwmni arbennig o'r DU yn allforio crysau o safon uchel i'r Almaen, UDA a Japan yn 1991. Erbyn 1995 roedd wedi gostwng ei brisiau yn y tair marchnad yma, ond ei brisiau yn Japan a ddisgynnodd fwyaf. Eglurwch pam.
3. Mae'r papurau newydd yn awgrymu y bydd Banc Lloegr yn codi cyfraddau llog cyn hir. Chi yw Rheolwr-Gyfarwyddwr busnes sy'n cynhyrchu cydrannau ceir, rhai ar gyfer eu hallforio. Ysgrifennwch lythyr at Reolwr Banc Lloegr yn egluro pam y byddai codi cyfraddau llog yn wael i'ch cwmni chi.

Uned 7 Y dimensiwn rhyngwladol

termau allweddol

Allforyn - nwydd neu wasanaeth a werthir i brynwr tramor.
Cyfradd cyfnewid - pris cyfnewid un arian cyfred am arian cyfred arall.
Mantol daliadau - cofnod o'r arian sy'n dod i mewn i wlad arbennig ac sy'n mynd allan ohoni yn gyfnewid am nwyddau a gwasanaethau dros gyfnod penodol fel blwyddyn.
Mantol fasnach - allforion gweladwy minws mewnforion gweladwy.
Mantol y cyfrif cyfredol - allforion (gweladwy ac anweladwy) minws mewnforion (gweladwy ac anweladwy).
Mewnforyn - nwydd neu wasanaeth a brynir oddi wrth werthwr tramor.

Rhestr wirio ✓

1. Beth yw'r gwahaniaeth rhwng allforyn a mewnforyn?
2. Eglurwch ai allforyn nwydd, allforyn gwasanaeth, mewnforyn nwydd neu fewnforyn gwasanaeth yw pob un o'r canlynol: (a) car a werthwyd gan *Rover* i'r Almaen; (b) stereo bersonol a wnaed yn Japan ac a brynwyd gan berson yng Nghymru; (c) meddyginiaethau a wnaed yn y DU ac a werthwyd i Ffrainc; (ch) person o Gaernarfon yn mynd ar wyliau i Awstria; (d) cwmni yn Japan yn yswirio'i gwmni ag yswiriwr Prydeinig; (dd) cwmni yn Ffrainc yn prynu dur o'r DU.
3. Pa fanteision sydd i fusnes yn y DU o fedru allforio?
4. I fusnes yn y DU beth yw (a) anfanteision a (b) manteision medru mewnforio?
5. Beth yw cyfradd cyfnewid?
6. Eglurwch a fyddai gostyngiad yng ngwerth y bunt yn dda i'r canlynol: (a) busnes yn y DU sy'n allforio ceir i Ffrainc; (b) busnes yn Ffrainc sy'n allforio dillad i'r DU; (c) busnes peirianneg yn y DU sy'n prynu dur o'r Almaen.
7. Pam y bydd cyfraddau cyfnewid sy'n amrywio yn creu problem i fusnesau?
8. Sut y gall y llywodraeth helpu busnesau'r DU i allforio a chystadlu â mewnforion?
9. (a) Beth yw cyfrif cyfredol y fantol daliadau? (b) Sut y gallai mesurau gan y llywodraeth i gywiro diffyg yn y cyfrif cyfredol effeithio ar fusnesau'r DU?

ACHOS CRYNODOL: CHIEF

Cwmni yn Llundain sy'n cynhyrchu hetiau cogydd yw *Chief*. Ei werthiant blynyddol yw £12 miliwn. Mae rhyw 60% o hyn yn cael ei allforio. Busnes technoleg uwch yw gwneud hetiau yn *Chief*. Fe'u gwneir â'r cyfarpar awtomataidd diweddaraf, gan ddefnyddio'r defnyddiau diweddaraf a wnaed ym Mhrydain. Yn sicr nid dyma'r hetiau rhataf sydd ar gael, ond mae eu prisiau'n isel o ystyried ansawdd da'r cynnyrch.

Yn 1996 bu'r cwmni'n gofidio fwyfwy ynglŷn â'r cynnydd yng ngwerth y bunt. Erbyn diwedd y flwyddyn roedd gwerth y bunt wedi cynyddu 20% ar gyfartaledd mewn perthynas ag arian gwledydd eraill o'i chymharu â dechrau'r flwyddyn. Ar ddechrau 1997 bu'n rhaid i'r cwmni godi ei brisiau, gyda'r galw'n debygol o ostwng o ganlyniad i hynny a phosibilrwydd colledion yn y dyfodol.

Ffynhonnell: addaswyd o'r *Financial Times*, 21 Ionawr 1997

1. Awgrymwch pam y mae busnesau'n prynu hetiau gan *Chief* yn hytrach na gwneuthurwyr eraill.
2. Pa effaith y mae *Chief* yn ei chael ar y canlynol: (a) allforion; (b) mantol daliadau'r DU?
3. Eglurwch pam y mae cynnydd yng ngwerth y bunt yn wael i *Chief*.
4. Trafodwch 2 ffordd y gallai *Chief* ymateb i'r sefyllfa a gafwyd ar ddechrau 1997. Cofiwch fod angen sôn am fanteision ac anfanteision pob cynnig yn y cwestiwn 'trafod' hwn.

uned 8

YR UNDEB EWROPEAIDD

Gwneud penderfyniadau

Mae'r Undeb Ewropeaidd yn fwyfwy pwysig i fusnesau yn Ewrop. Heddiw mae'n rhaid i fusnesau Ewrop gydymffurfio â rheoliadau'r Undeb. Ond yn bwysicach na hynny, mae'r Farchnad Ewropeaidd Sengl yn rhoi Ewrop yn agored i gystadleuaeth, sy'n ei gwneud hi'n haws i gwmnïau yn y DU werthu cynhyrchion yn Ewrop ac yn haws i gwmnïau ar y Cyfandir werthu yn y DU. Rhaid i fusnesau Ewrop wynebu'r heriau hyn a phenderfynu sut i ddelio â'r gystadleuaeth.

Mae *Pittards plc* yn datblygu ac yn cynhyrchu gwaith lledr technegol flaengar ar gyfer llawer o brif frandiau menyg, esgidiau a nwyddau chwaraeon a hamdden. Defnyddir ei ledr, er enghraifft, yn esgidiau *Clarks*, ym menyg *Foot-Joy* a *Nike* ac yn esgidiau pêl-droed *Puma King*. Mae'n allforio'r rhan fwyaf o'i gynnyrch o'i ffatrïoedd yn y DU. Mae bodolaeth yr Undeb Ewropeaidd yn creu cyfleoedd a bygythiadau posibl i gwmni fel *Pittards*.

Marchnad gyffredin

Mae'r Undeb Ewropeaidd yn farchnad gyffredin. O ganlyniad dylai masnach rhwng y gwledydd sy'n aelodau fod mor hawdd â masnach o fewn un wlad. Does dim rhaid i *Pittards*, er enghraifft, anfon ei ledr ar gyfer menyg drwy dollfeydd na thalu trethi pan fydd yn ei anfon o'i ffatri yn Leeds i gwsmer yn Yr Alban. Yn yr un modd erbyn hyn does dim **tollau** (trethi ar nwyddau a fewnforir) na rheolaethau tollfeydd ar fasnach rhwng gwledydd yr Undeb Ewropeaidd.

Pan ymaelododd y DU â'r Undeb Ewropeaidd yn 1973 roedd hynny'n gyfle mawr i gwmnïau'r DU. Cyn 1973 roedd rhai gwledydd wedi gosod tollau ar gynhyrchion a wnaed yn y DU. Ar ôl i'r DU ymaelodi gallai busnesau'r DU gystadlu ar yr un telerau â chwmnïau eraill yn Ewrop a chael archebion ledled yr Undeb Ewropeaidd. Yn 1996 roedd tua 20% o werthiant *Pittards* i Ewrop. Cynyddodd gwerthiant lledr menyg gwisg i Ffrainc a'r Almaen rhwng 1995 ac 1996. Roedd hefyd wedi cadw lefel ei werthiant o ledr menyg milwrol yn Ewrop.

Ar y llaw arall, gallai busnesau Ewropeaidd hefyd gystadlu â busnesau'r DU ar yr un telerau yn y DU. Cynyddodd **cystadleuaeth** o fewn y DU.

Undeb Ariannol Ewropeaidd

Mae yna rwystrau i fasnach rhwng gwledydd yr Undeb Ewropeaidd o hyd. Un yw'r ffaith bod yna ariannau cyfred (*currencies*) gwahanol. Bydd gwerth y bunt yn codi a gostwng mewn perthynas â ffranc Ffrainc a marc Yr Almaen bob munud o'r dydd. Mae 60% o gynnyrch *Pittards* yn cael ei allforio. Efallai na fydd *Pittards* yn gwybod, felly, faint yn union y bydd yn ei dderbyn mewn punnoedd am ledr a werthwyd ganddo dramor yn nhermau arian cyfred tramor. Yn yr un modd, efallai na fydd yn gwybod faint y bydd

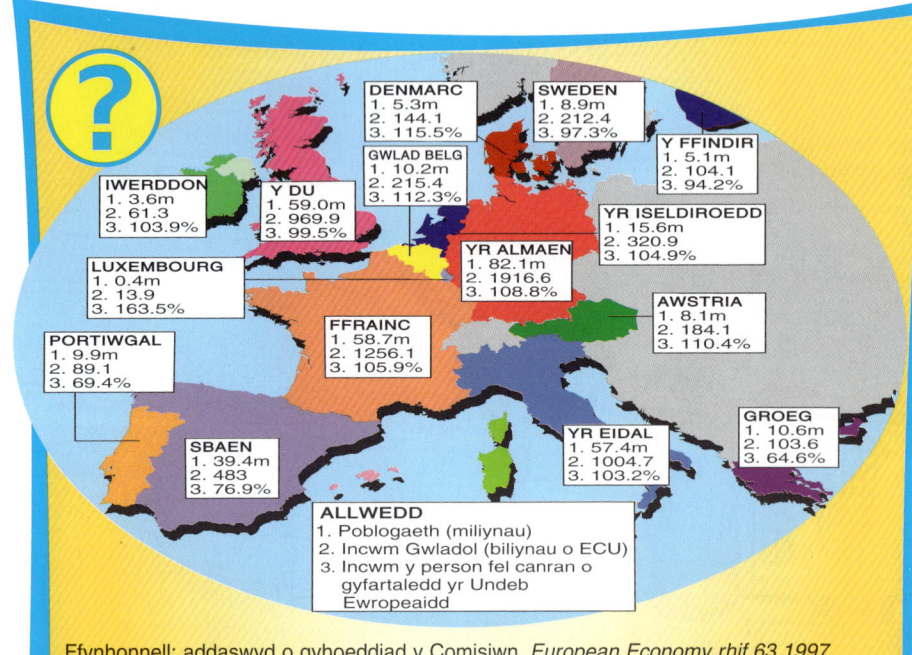

Ffynhonnell: addaswyd o gyhoeddiad y Comisiwn, *European Economy* rhif 63 1997
Ffigur 8.1 *Yr Undeb Ewropeaidd: poblogaeth ac incwm, 1997.*

1 Faint o wledydd oedd yn aelodau o'r Undeb Ewropeaidd yn 1997?
2 Pa wlad oedd â'r boblogaeth fwyaf a pha wlad oedd â'r boblogaeth leiaf?
3 Pa wlad oedd â'r incwm mwyaf a pha wlad oedd â'r incwm lleiaf?
4 Beth yw (i) y cyfleoedd a (ii) y bygythiadau, os oes rhai, i'r canlynol am fod y DU yn aelod o'r Undeb Ewropeaidd: (a) gwneuthurwr ceir yn y DU; (b) cadwyn uwchfarchnadoedd fel *Sainsbury's* neu *Tesco*; (c) lle trin gwallt yn Abertawe?

Uned 8 Yr Undeb Ewropeaidd

yn ei dalu mewn punnoedd am y lledr y mae'n ei fewnforio os arwyddwyd y contractau yn nhermau arian cyfred tramor.

Hefyd mae'n rhaid i *Pittards* dalu comisiwn i fanciau am gyfnewid ariannau cyfred. Pe na bai hynny ond yn 0.1%, byddai'n creu cost o £10 000 ar archeb £1 filiwn.

Mae yna ffyrdd y gall busnes leihau risg newidiadau mawr yng ngwerth yr arian cyfred. Gall, er enghraifft, gytuno ar bris ar gyfer prynu neu werthu arian cyfred arbennig sydd i'w ddosbarthu ymhen tri mis. Gelwir hyn yn **ymddiogelu** (*hedging*). Ond mae'n costio arian i wneud hyn.

I geisio osgoi'r problemau hyn, mae'r Undeb Ewropeaidd wedi awgrymu y dylid creu undeb ariannol gydag un arian cyfred. Wedyn byddai'r arian a gâi ei ddefnyddio yn y DU yr un fath â'r arian a gâi ei ddefnyddio yn Yr Almaen, Ffrainc, Sbaen a'r gwledydd eraill. Mae Ffrainc, Yr Almaen a rhai o wledydd eraill yr Undeb Ewropeaidd wedi mynd ati i greu undeb ariannol, ond hyd yma mae'r DU wedi cadw allan, gan awgrymu y gallai ymuno yn y dyfodol. Gallai hyn roi cwmnïau'r DU dan anfantais wrth gystadlu, oherwydd ni fydd gan gwmnïau yn Ffrainc a'r Almaen y costau o newid eu hariannau cyfred wrth fasnachu â'i gilydd.

Rheoliadau

Mae aelodaeth o'r Undeb Ewropeaidd yn effeithio ar fusnesau'r DU mewn ffyrdd eraill. Mae gan yr Undeb ei ddeddfau a'i reoliadau ei hun. Rhaid i fusnesau a llysoedd y DU gydymffurfio â'r rhain. Rhaid i *Pittards*, er enghraifft, gydymffurfio â rheoliadau iechyd a diogelwch yr Undeb. Mae gan ei weithwyr hawliau yn ôl deddfwriaeth Ewropeaidd ar faterion fel **cyfleoedd cyfartal** (uned 62). Mae cyfarwyddiadau'r Undeb Ewropeaidd ynglŷn â'r amgylchedd a llygredd yn effeithio ar gynhyrchu gan *Pittards*, e.e. safon rheoli'r amgylchedd BS EN ISO 14001. Rhaid i *Pittards* gydymffurfio â safonau cynnyrch a deddfau'r Undeb ynglŷn â **hawlfraint** a **phatentau** (uned 50).

Rhwystrau i fasnach

Serch hynny, mae yna rwystrau i fasnach rhwng gwledydd Ewrop o hyd.

Gallai **iaith** fod yn broblem. Wrth werthu i'r Almaen mae'n rhaid i *Pittards* gyfathrebu â'i gwsmeriaid yn Almaeneg neu mae'n rhaid i'r cwsmeriaid siarad Saesneg. Mae'r rhwystrau iaith yn lleihau wrth i fwy o bobl siarad dwy iaith. Mae *Pittards*, er enghraifft, yn cyflogi graddedigion iaith fel gweithredwyr gwerthiant. Mae'n fwy tebygol, fodd bynnag, y bydd gan gwmnïau ar y cyfandir bobl sy'n siarad Saesneg nag y bydd gan gwmnïau'r DU bobl sy'n siarad Ffrangeg, Almaeneg ayb. Gall hyn roi cwmnïau'r DU dan anfantais wrth gystadlu.

Mae **nodweddion gwahanol i'r marchnadoedd**. Mae *Pittards* yn gwerthu cynnyrch sy'n apelio at bobl mewn sawl gwlad. Ond mae gwneuthurwyr tsieini fel *Wedgwood* yn ei chael hi'n anodd gwerthu mewn llawer o wledydd yn Ewrop am fod gan y gwledydd hynny wneuthurwyr tsieini hirsefydlog ac enwog.

Gall **pellter** hefyd fod yn broblem. Gall cyfathrebu â busnesau mewn cylchfaoedd amser gwahanol fod yn anodd. Gall cludo nwyddau fod yn gostus iawn hefyd yn achos cynhyrchion swmpus sydd â gwerth isel, e.e. brics neu sment. Mae gan *Pittards*, fodd bynnag, gynnyrch sydd â gwerth uchel ac felly gall fod yn gystadleuol ledled Ewrop.

Ffynhonnell: addaswyd yn rhannol o Adroddiad Blynyddol a Chyfrifon *Pittards plc*, 1996.

ACHOS CRYNODOL

PORTMEIRION POTTERIES

Cwmni wedi'i leoli yn Stoke-on-Trent yw *Portmeirion Potteries*. Mae'n wneuthurwr llestri bwrdd, llestri coginio a llestri anrhegion, e.e. platiau, cwpanau, powlenni, ffiolau a dysglau. Mae enw da iddo ledled y byd am safon ei batrymau. Addurnwyd rhai o'i lestri cegin â phatrymau a gymerwyd o lyfrau coginio o oes Fictoria.

Mae mwy na hanner ei werthiant i'r Unol Daleithiau gyda'r rhan fwyaf o'r gweddill yn cael ei werthu ym marchnad y DU. Mae'r gwerthiant i Ewrop yn cynyddu. Ond mae'r cwmni'n wynebu cystadleuaeth gref yn Ewrop gan gwmnïau hirsefydlog sydd ag enwau brand adnabyddus yn eu marchnadoedd. Ym marchnad yr Unol Daleithiau mae gan gwmnïau Prydeinig fel *Portmeirion* enw da am ansawdd, ond maen nhw'n wynebu cystadleuaeth debyg gan wneuthurwyr yr Unol Daleithiau.

Ffynhonnell: addaswyd o Adroddiad a Chyfrifon *Portmeirion Potteries (Holdings) PLC*.

1 Eglurwch pam y mae *Portmeirion* (a) yn gwmni cynhyrchu a (b) yn allforiwr.
2 Mae *Portmeirion* yn allforio cynhyrchion i UDA ac i Ffrainc.
(a) Ym mha ffyrdd y gallai fod yn haws i'r cwmni allforio i Ffrainc nag i'r Unol Daleithiau? (b) Ym mha ffyrdd y mae'n haws i'r cwmni allforio i UDA nag i Ffrainc?
3 I ba raddau y byddai o gymorth i *Portmeirion* pe bai'r DU yn ymuno â'r Undeb Ariannol Ewropeaidd?

Rhestr wirio ✓

1 Eglurwch 3 rheswm pam y bu'n haws i *Pittards* allforio i Ewrop ar ôl 1973.
2 Pan ymaelododd y DU â'r Undeb Ewropeaidd, pam roedd hynny'n gyfle ac yn fygythiad i fusnesau'r DU?
3 (a) Pam y gwelir sawl iaith weithiau ar ddefnydd pacio pecyn bwyd?
(b) Pam, yn eich barn chi, na fydd busnesau'n defnyddio pecyn gwahanol ar gyfer pob gwlad?
4 Sut y byddai Undeb Ariannol Ewropeaidd o gymorth i fusnes fel *Pittards*?

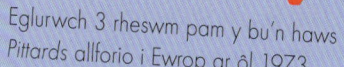

uned 9

MOESEG BUSNES

Gwneud penderfyniadau

Rhaid i fusnesau wneud penderfyniadau sy'n ymwneud â materion ynglŷn â'r hyn sy'n iawn a'r hyn sy'n ddrwg. Mae'r penderfyniadau moesegol hyn yn codi, er enghraifft, pan fydd busnes yn penderfynu ar yr hyn i'w gynhyrchu, i bwy i werthu, gan bwy i brynu, sut i drin ei weithwyr, sut i ofalu am yr amgylchedd lleol ac a ddylid ymhel â'r gymuned leol. Mae'r gyfraith yn darparu rhai canllawiau ar faterion moesegol, ond mae llawer yn credu y dylai busnesau yn aml wneud mwy na'r isafswm cyfreithiol.

Dechreuwyd *The Body Shop* gan Anita Roddick yn 1976 o siop yn Brighton. Yn Awst 1997 roedd 1 530 o siopau mewn 47 gwlad. Erbyn 1997 roedd gwerthiant adwerthu byd-eang y cwmni yn £622.5 miliwn. Mae *The Body Shop* yn ymfalchïo yn ei agwedd foesegol tuag at fusnes. Yn wahanol i lawer o fusnesau eraill, dim ond un o nodau'r cwmni yw gwneud elw.

Y busnes moesegol

Yn debyg i bobl, mae'n rhaid i fusnesau wneud dewisiadau MOESEGOL. Rhaid iddynt benderfynu a ydy gweithgaredd penodol yn foesegol gywir neu beidio. Mae *The Body Shop* yn fusnes sydd wedi cymryd safiad moesegol cryf iawn ar faterion busnes allweddol.

Cwsmeriaid Rhaid i fusnesau benderfynu pa gynhyrchion y mae'n 'iawn' iddo eu gwerthu. Wnaiff *The Body Shop* ddim gwerthu cynhyrchion sydd â chynhwysion wedi'u profi ar anifeiliaid. Rhaid i fusnesau benderfynu hefyd ar yr hyn y maent yn fodlon ei ddweud am eu cynhyrchion. Mae *The Body Shop* yn gwrthod gwneud honiadau gormodol ynglŷn â'i gynhyrchion. Yn wahanol i gwmnïau cosmetigau eraill, nid yw'n addo gwneud croen yn ifancach. Yn olaf, mae'n rhaid i fusnesau ystyried i bwy y byddant yn gwerthu. Wnaiff y Banc Cydweithredol, er enghraifft, ddim derbyn yn gwsmer unrhyw fusnes sy'n gwerthu drylliau.

Cyflenwyr Mae busnesau'n prynu nwyddau gan fusnesau eraill ledled y byd. Yn y DU dydy busnesau ddim wedi tueddu i feddwl bod ganddynt unrhyw gyfrifoldeb am ffynonellau y nwyddau a brynant. Y peth pwysig yw bod y cyflenwyr yn darparu nwyddau o safon uchel am y pris gorau ac yn brydlon. Mae rhai'n dadlau, fodd bynnag, y dylai busnesau ystyried gan bwy y byddant yn prynu. Ddylen nhw ddim prynu, er enghraifft, gan fusnesau sy'n ecsbloetio gweithwyr neu'n niweidio'r amgylchedd. Mae *The Body Shop* yn gwirio'i holl wneuthurwyr a'i gyflenwyr. Er mwyn sicrhau na pheryglir gwerthoedd *The Body Shop* gan amodau ac arferion gwaith y gwneuthurwyr a'r cyflenwyr hyn, mae'n rhaid iddynt gytuno i

Diwydiant y gwyliau parod

Yn 1997 cyhoeddodd y Comisiwn Cystadleuaeth adroddiad am ddiwydiant y gwyliau parod. Mae'r Comisiwn yn gyfrifol am ymchwilio i sefyllfaoedd lle mae cwmnïau sydd â chyfrannau mawr o'u marchnad yn camddefnyddio'u pŵer. Dominyddir y diwydiant gwyliau parod gan ychydig o gwmnïau mawr. *Thomas Cook* a *Thomson*, er enghraifft, yw'r ddau drefnydd teithiau mwyaf, yn gwerthu pedwar allan o bob deg o wyliau.

Gwelodd y Comisiwn fod pwysau'n cael eu rhoi ar gwsmeriaid i brynu yswiriant teithio. Yn nodweddiadol byddai cwsmeriaid yn cael cynnig disgownt ar wyliau, ond byddai hynny'n amodol ar brynu'r yswiriant teithio yr un pryd. Roedd yr yswiriant teithio fel rheol yn ddrutach nag y byddai o'i brynu ar wahân gan gwmni yswiriant teithio. Collwyd llawer o'r disgownt, felly, am fod yn rhaid i'r cwsmer dalu mwy am yswiriant yr un pryd. Doedd y rhan fwyaf o'r cwmseriaid ddim yn sylweddoli eu bod yn talu prisiau uwch am yr yswiriant am nad oeddent yn cymharu prisiau. Yn ôl argymhellion y Comisiwn, dylai'r llywodraeth wahardd asiantau teithio rhag cysylltu yswiriant â disgowntiau.

Ffynhonnell: addaswyd o'r *Financial Times*, 31 Rhagfyr 1997.

1. Beth yw'r Comisiwn Cystadleuaeth?
2. (a) Pam, yn eich barn chi, roedd asiantau teithio'n codi prisiau uwch am yswiriant teithio? (b) A fyddai wedi bod yn well i gwsmeriaid pe baent wedi cael cymharu prisiau am yswiriant teithio? (c) Yn eich barn chi, a oedd y Comisiwn yn iawn i argymell gwahardd y cyswllt rhwng yswiriant a disgowntiau?

Uned 9 Moeseg Busnes

Anita Roddick yn Ghana

ddilyn safiad *The Body Shop* mewn perthynas â phrofi ar anifeiliaid, polisi amgylcheddol a hawliau dynol. Mae Rheol Brynu *The Body Shop* yn nodi na fydd yn prynu unrhyw gynhwysyn a brofwyd ar anifeiliaid at ddibenion cosmetig oddi ar 31 Rhagfyr 1990 o leiaf. Mae gan *The Body Shop* hefyd Adran Fasnach Deg, sy'n gweithio i greu perthynas fasnachu â chymunedau mewn angen, yn enwedig yn y gwledydd sy'n datblygu.

Cystadleuwyr Rhaid i fusnesau benderfynu pa mor bell y gallan nhw fynd wrth geisio ennill cwsmeriaid oddi wrth eu cystadleuwyr. Ydy llwgrwobrwyo'n dderbyniol? A ddylai busnesau ddefnyddio ditectif preifat i ddarganfod cynlluniau busnesau eraill? A ddylen nhw yrru busnes arall o'r farchnad drwy wthio eu prisiau eu hunain mor isel am gyfnod fel y bydd y busnes arall yn colli ei gwsmeriaid i gyd?

Gweithwyr Rhaid i fusnesau ystyried eu gweithwyr. Ai gostwng costau i'r lefel isaf yw eu hunig nod? Mae gan *The Body Shop* bolisi sydd wedi'i ddatblygu'n dda tuag at ei gweithwyr ei hun a gweithwyr **y trwyddedeion** (*franchisees*) (uned 14) sy'n berchen ac yn rhedeg y siopau ledled y byd. Mae'n ymrwymedig i hyfforddi'r gweithwyr yn dda ac i roi cyfle iddynt weithio yn y gymuned leol yn ystod oriau'r cwmni.

Yr amgylchedd Mae pob busnes yn cael effaith ar yr amgylchedd. Gall rhai, fel pyllau glo neu gwmnïau gwaredu sbwriel, wneud drwg i'r amgylchedd. Rhaid i fusnesau benderfynu a fyddan nhw'n parhau i gynhyrchu er gwaethaf hyn. Mae'n bolisi gan *The Body Shop* i ddefnyddio defnyddiau ailgylchedig lle bynnag y bo'n bosibl. Mae'n cynnig gwasanaeth ail-lenwi ar gyfer ei gynhyrchion hylif fel na fydd poteli'n cael eu lluchio'n ddiangen ac y gellir eu dychelwyd i'r siop i'w hailgylchu.

Y gymuned leol Dydy llawer o fusnesau ddim yn ymwneud rhyw lawer â'u cymunedau lleol, os o gwbl, ar wahân i ddarparu swyddi ac efallai gwerthu nwyddau. Mae rhai pobl yn dadlau, fodd bynnag, y dylai busnesau wneud mwy na hyn. Mae *The Body Shop*, er enghraifft, yn ymwneud â phrojectau cymunedol lleol. Mae'n ymwneud ag addysg drwy dderbyn disgyblion neu fyfyrwyr ar raglenni profiad gwaith.

All busnesau fod yn foesegol?

Mae rhai pobl yn dadlau bod busnesau'n bodoli i wneud elw a dim mwy na hynny. Cyhyd ag y bo'r gweithgaredd yn gyfreithlon, does gan y busnes ddim cyfrifoldebau eraill. Mae eraill, fel *The Body Shop*, yn dadlau bod gan fusnesau gyfrifoldebau ehangach o lawer. Gall anelu bob amser at wneud yr elw mwyaf achosi i fusnesau wneud penderfyniadau anfoesegol. Mae rhai'n dweud hefyd y bydd gwneud yr hyn sydd iawn, yn hytrach na gwneud yr hyn sydd fwyaf proffidiol, yn debygol o arwain at elw uwch yn y dyfodol beth bynnag. Mae *The Body Shop*, er enghraifft, wedi bod yn llwyddiannus iawn am fod pawb yn gwybod ei bod yn ceisio gwneud yr hyn sydd iawn. Mae ganddi weithwyr teyrngar a brwd am ei bod yn eu trin yn dda. Gall ddenu cwsmeriaid a gweithwyr newydd mewn ardal benodol am ei bod yn ymwneud â'r gymuned leol.

Ffynhonnell: addaswyd o wybodaeth a roddwyd gan *The Body Shop International plc*.

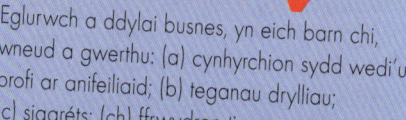

Moeseg busnes - syniadau ynglŷn â'r hyn sy'n foesol gywir neu beidio, wedi'u cymhwyso i sefyllfa fusnes.

ACHOS CRYNODOL: PEPSI A BURMA

Yn 1997 cyhoeddodd *PepsiCo*, y gwneuthurwr o UDA, na fyddai bellach yn gwerthu *Pepsi-Cola* yn Burma. Mae hanes hir o gam-drin hawliau dynol yn y wlad honno. Rheolir y wlad gan unbennaeth filwrol sy'n gwrthod cynnal etholiadau democrataidd. Mae gwrthwynebwyr y llywodraeth yn cael eu harestio a'u harteithio.

PepsiCo yw'r cwmni mawr olaf fwy neu lai i dynnu allan o Burma. Roedd *Apple*, y grŵp cyfrifiaduron, *Walt Disney* a *Kodak*, er enghraifft, eisoes wedi peidio â gwerthu cynhyrchion i Burma a phrynu nwyddau gan fusnesau o Burma.

Mae penderfyniad *PepsiCo* yn estyniad o benderfyniad yn 1996 pan gyhoeddodd y byddai'n gwerthu ei ran yn y cwmni yn Burma oedd yn potelu a dosbarthu *Pepsi*. Mae ei benderfyniad yn 1997 yn mynd ymhellach. Bydd pob cyflenwad o *Pepsi* yn cael ei atal ar ôl Mai 31.

Dylanwadwyd yn rhannol ar benderfyniad *PepsiCo* gan benderfyniad myfyrwyr prifysgolion UDA i foicotio cynhyrchion cwmnïau oedd yn ymwneud â Burma. Roedd hynny'n cynnwys *Pepsi* ynghyd â bwyd a gynhyrchwyd gan *Kentucky Fried Chicken*, *Pizza Hut* a *Taco Bell*, sy'n fusnesau dan berchenogaeth *PepsiCo*. Roedd y boicot yn ddigon llwyddiannus, er enghraifft, i orfodi rhai mannau gwerthu *Kentucky Fried Chicken* a *Pizza Hut* ar safleoedd prifysgolion i gau.

Yr unig gwmni mawr o UDA sydd ar ôl yn Burma yw *Unocal*, cwmni olew sy'n adeiladu piblinell i gludo nwy naturiol o Fôr Adaman i Thailand.

Ffynhonnell: addaswyd o'r *Financial Times*, 28 Ionawr, 1997.

1 Beth mae *PepsiCo* yn ei gynhyrchu?
2 Eglurwch pam roedd boicotio cynhyrchion *PepsiCo* yn niweidio'r cwmni.
3 Trafodwch a ddylai cwmni werthu i wlad sydd â hanes o gam-drin hawliau dynol neu brynu gan y wlad honno. Yn eich ateb trafodwch fanteision ac anfanteision masnachu i'r canlynol: (a) perchenogion y cwmni; (b) busnesau a phobl gyffredin yn y wlad dan sylw; (c) llywodraeth y wlad honno.

Rhestr wirio ✓

1 Eglurwch a ddylai busnes, yn eich barn chi, wneud a gwerthu: (a) cynhyrchion sydd wedi'u profi ar anifeiliaid; (b) teganau dryllïau; (c) sigaréts; (ch) ffrwydron tir.
2 Ydy *The Body Shop* yn iawn i wneud ymdrech bendant i brynu nwyddau gan wledydd y Trydydd Byd?
3 Rhowch 3 enghraifft o arferion cystadleuol annheg.
4 Pam y gallai trin gweithwyr yn dda fod o fantais i fusnes er ei fod efallai yn fwy costus?
5 Pa gyfrifoldeb allai fod gan fusnes tuag at yr amgylchedd lleol y mae'n gweithredu ynddo?

uned 10
UNIG BERCHENOGAETH

Gwneud penderfyniadau

Rhaid i berson sydd am sefydlu busnes benderfynu pa ffurf gyfreithiol y dylai'r gyfundrefn fusnes ei chymryd. Bydd hyn yn dibynnu ar nifer o ffactorau.
- Sawl person fydd yn berchen y busnes?
- All y perchennog gymryd y risg o gael atebolrwydd anghyfyngedig?
- Beth fydd sefyllfa'r busnes o ran trethi?
- Ydy'r perchennog am gael rheolaeth lwyr ar y busnes?
- Ydy'r perchennog am gael holl elw'r busnes?
- Ydy'r perchennog am gael preifatrwydd llwyr ym materion y busnes?
- Beth fydd yn digwydd i'r busnes os bydd y perchennog yn sâl neu'n marw?

Cafodd Siwan Jones ei hun mewn sefyllfa anodd. Roedd hi newydd golli ei swydd oedd yn talu cyflog da. Roedd ganddi ddau blentyn i'w magu yn ogystal â morgais mawr ar eiddo wyth erw yr oedd wedi'i brynu ym Mhowys. Ar ôl symud i'w thŷ newydd talodd am dynnu ysgubor i lawr ar fferm gerllaw. Y bwriad oedd ei hailadeiladu ar ei thir hi fel garej. Ond pan gollodd ei swydd, dechreuodd werthu defnyddiau o'r hen ysgubor. Roedd syniad busnes wedi'i greu.

Unig fasnachwyr

Sefydlodd Siwan fusnes UNIG BERCHENOGAETH, busnes roedd hi yn unig yn berchen arno. Hi oedd yr UNIG FASNACHWR neu'r UNIG BERCHENNOG. Ei busnes oedd prynu hen adeiladau, eu tynnu i lawr ac yna gwerthu'r brics, y pren, y simneiau, y lleoedd tân a phopeth arall y gellid ei arbed.

Roedd angen arian arni i sefydlu ei busnes. Cafodd fenthyg £25 000 gan y banc. Talodd hynny am droi rhan o'i thir 8 erw yn iard adeiladu. Prynodd Land Rover a threlar. Roedd angen arian arni hefyd i brynu adeiladau i'w dymchwel. Yn y flwyddyn gyntaf, gwerthodd hi werth £28 000 o ddefnyddiau a gwneud elw o £9 000. Bydd unrhyw elw a wneir gan unig berchenogion yn cael ei gadw ganddyn nhw eu hunain.

Un o brif anfanteision bod yn unig berchennog yw bod ATEBOLRWYDD ANGHYFYNGEDIG gan y perchennog, h.y. mae'n rhaid i'r perchennog dalu am unrhyw golledion a wneir gan y busnes. Pe bai Siwan wedi gwneud colled o £9 000 yn hytrach nag elw o £9 000, byddai wedi gorfod cael hyd i'r £9 000 hynny o rywle. Efallai y byddai wedi gorfod gwerthu'r Land Rover neu hyd yn oed ei thŷ.

Yn ôl y gyfraith, does dim gwahaniaeth rhwng elw a dyledion busnes unig fasnachwr a chyllid yr unigolyn sy'n berchen y busnes. Yn ôl y gyfraith yr un peth ydynt.

Manteision bod yn unig fasnachwr

Fel y gwelir yn Ffigur 10.1, mae llawer o fusnesau yn y DU yn fusnesau unig berchennog. Mae'n rhaid, felly, fod manteision pwysig i'r math hwn o fusnes.

Naddu

Gwneuthurwr dodrefn yw Ceri Naddu. Bu'n gweithio ar ei liwt ei hun fel unig berchennog yn gwneud dodrefn o safon uchel fel byrddau derw. Yn ystod y blynyddoedd cyntaf o fasnachu fe wnaeth yn dda. Trwy arddangos mewn arddangosfeydd mawr yn y DU ac UDA, derbyniodd lawer o archebion. Yn ei flwyddyn gyntaf llwyddodd i wneud elw o £9 000 ar werthiant o £30 000. Y drydedd flwyddyn oedd ei flwyddyn orau pan werthodd gwerth £60 000 o ddodrefn a gwneud elw o £25 000. Dechreuodd yr archebion leihau fodd bynnag. Cafwyd enciliad yn yr economi ac ni allai pobl fforddio prynu dodrefn drud o waith llaw. Gostyngodd y gwerthiant yn sylweddol ac yn ei bumed flwyddyn gwnaeth golled o £10 000. Bu'n rhaid iddo werthu ei stoc o bren a symud allan o'r adeilad roedd yn ei rentu. Roedd yn ofni y byddai'r dyledion yn cynyddu ac y byddai mewn perygl o golli ei dŷ. Felly cafodd swydd yn gweithio i gwmni cynhyrchu dodrefn.

1 'Mae Ceri Naddu yn unig berchennog.' Beth yw ystyr hyn?
2 Beth roedd ei fusnes yn ei werthu?
3 Pwy dderbyniodd yr elw o'i fusnes yn ei flwyddyn gyntaf?
4 Gan ddefnyddio'r syniad o 'atebolrwydd anghyfyngedig', eglurwch pam y caeodd Ceri Naddu ei fusnes.
5 Awgrymwch 2 ffordd y gallai Ceri Naddu fod wedi arbed ei fusnes rhag cau.

Uned 10 Unig Berchenogaeth

Matresi crud gwlân

Doedd Heulwen Jenkins ddim am i'w baban newydd gysgu ar fatres sbwng. Roedd hi'n ofni oherwydd y dystiolaeth ymchwil oedd yn cysylltu matresi sbwng â marwolaethau crud. Roedd un o ffrindiau Heulwen yn rhedeg fferm organig a chynigiodd honno wneud matres o wlân eu defaid. A dyna a wnaed. Yna gofynnodd un o ffrindiau eraill Heulwen am gael matres debyg. Dyma ddechrau ar greu busnes.

Cafodd Heulwen lawer o broblemau. Bu'n rhaid iddi gael hyd i'r arian i brynu'r gwyddion (*looms*) i nyddu'r gwlân organig a hefyd i gael adeilad ar rent. Bu'n rhaid iddi weithio oriau hir i gynyddu'r busnes. Ond cafodd lawer o foddhad wrth wneud cynnyrch roedd mamau'n teimlo'n ddiogel ag ef. Roedd hi'n mwynhau gweithio gyda'r ddwy ferch a gyflogai'n rhan amser. Roedd ochr ariannol y busnes yn ofid bob amser. Ond fe wnai elw bob blwyddyn ac fe gredai y gallai ostwng costau'n fuan iawn pe na bai'n cael archebion newydd. Roedd hi'n falch o fod yn fos arni hi ei hun ac yn mwynhau delio â'r problemau y bydd unrhyw fusnes yn eu hwynebu o ddydd i ddydd. Hefyd roedd y busnes yn ddigon hyblyg i roi'r amser iddi fagu ei phlant.

CBG

1. Mae gohebydd papur lleol wedi cyfweld â Heulwen am ei fod yn ysgrifennu erthygl am fanteision bod yn unig fasnachwr. Ysgrifennwch erthygl fer yn seiliedig ar ffeithiau'r astudiaeth achos. Os yw'n bosibl, defnyddiwch becyn cyhoeddi bwrdd gwaith i gynhyrchu'r erthygl ar ei ffurf derfynol ar gyfer y papur newydd.
2. Mae Heulwen yn ystyried ehangu amrywiaeth ei chynhyrchion drwy wneud cynhyrchion gwlân eraill, fel matresi crud ar gyfer gwelyau o faint arferol.
   (a) Beth fyddai'r (i) manteision posibl a'r (ii) anfanteision posibl iddi o wneud hyn?
   (b) A ddylai hi wneud hyn yn eich barn chi? Pam?

Yn hawdd ei sefydlu Un fantais bwysig yw ei fod yn hawdd ei sefydlu. Gall unig fasnachwr sefydlu busnes ar unwaith. Does fawr ddim ffurflenni cymhleth i'w llenwi na threfnau penodol i'w sefydlu, os oes rhai o gwbl. Ond bu'n rhaid i Siwan lenwi ffurflen dreth incwm ar gyfer Cyllid y Wlad, sy'n casglu treth incwm, yn cofnodi elw'r busnes. Bu'n rhaid iddi gofrestru gyda Thollau Tramor a Chartref. sy'n gyfrifol am gasglu Treth ar Werth, treth ar werthiant nwyddau. Bu'n rhaid iddi hefyd gael caniatâd ei Chyngor lleol i newid rhan o'i thir yn iard adeiladu.

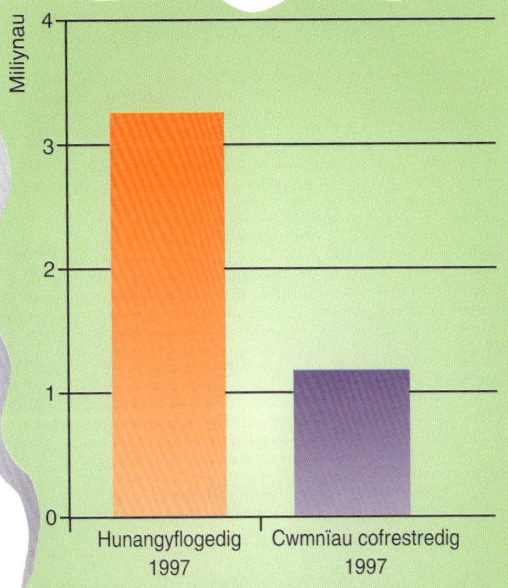

Yn hawdd ei redeg Mae unrhyw fusnes yn anodd i'w weithredu'n llwyddiannus, ond mae busnes unig berchennog yn haws ei redeg na mathau eraill o fusnes. Mae gan y perchennog reolaeth lwyr ar y busnes. Does dim rhaid cael cytundeb perchenogion eraill i wneud newidiadau i'r busnes. Does dim rhaid cyflogi cyfreithwyr na chyfrifwyr. Ar y cychwyn, er enghraifft, cadwodd Siwan ei chyfrifon ei hun.

Manteision o ran trethi Caiff unig fasnachwr ei drethu mewn ffordd wahanol i fathau eraill o fusnes. Treth ar enillion gweithiwr yw cyfraniadau Yswiriant Gwladol. Arbedodd Siwan gannoedd o bunnoedd o ran talu'r cyfraniadau hyn drwy fod yn unig fasnachwr yn hytrach na sefydlu **cwmni cyfyngedig** (uned 12) a bod yn weithiwr cyflogedig i'r cwmni.

Rheolaeth Y perchennog sydd â'r rheolaeth lwyr ac felly gall wneud pa newidiadau bynnag sydd eu hangen wrth i'r busnes weithredu dros amser. Doedd dim rhaid i Siwan alw cyfarfodydd **cyfranddalwyr** (uned 12) na chael cytundeb cyfarwyddwyr na rheolwyr eraill i wneud newidiadau.

Cyfalaf Fel rheol bydd angen rhywfaint o gyfalaf ar fusnes cyn cychwyn masnachu. Bu'n rhaid i Siwan drawsnewid rhan o'i thir, prynu *Land Rover* a chael stoc o ddefnyddiau adeiladu i'w gwerthu. Ond yn aml swm bach sydd ei angen i sefydlu busnes unig berchennog. Gall fod yn ychydig o gannoedd o bunnoedd.

Elw Cedwir holl elw'r busnes gan yr unig fasnachwr. Does dim rhaid rhanu'r elw rhwng llawer neu hyd yn oed filiynau o berchenogion neu gyfranddalwyr eraill. Mae hynny'n golygu bod cyswllt rhwng ymdrech, llwyddiant a'r arian a enillir. Po galetaf y bydd unig fasnachwr yn gweithio, a pho fwyaf llwyddiannus y bydd y busnes, mwyaf i gyd y gellir ei ennill.

Preifatrwydd Dim ond Cyllid y Wlad a Thollau Tramor a Chartref sy'n gorfod gwybod pa mor dda y mae unig fasnachwr yn ei wneud yn ariannol. Does dim rhaid i'r busnes gyhoeddi unrhyw wybodaeth y gellid ei gweld gan y cyhoedd na busnesau eraill.

Cysylltiadau llafur Po fwyaf yw maint cyfundrefn waith, mwyaf i gyd o le sydd i gael camddealltwriaeth a phroblemau. Mae llawer o unig fasnachwyr yn gweithio ar eu pen eu hun. Doedd Siwan ddim yn cyflogi neb ar y cychwyn. Mae unig fasnachwyr eraill yn cyflogi un person neu sawl un efallai. Ond gan fod y tîm o weithwyr mor fach, bydd y cysylltiadau rhwng y gweithwyr a'r cyflogwr yn debygol o fod yn dda.

Hyblygrwydd Mae gan lawer o unig fasnachwyr rywfaint o ddewis ynglŷn â phryd i weithio. Gall Siwan, er enghraifft, drefnu ei hwythnos waith fel

Ffynhonnell: addaswyd o ONS, *Monthly Digest of Statistics; Business Monitor PA P003*.

Ffigur 10.1 Mae'r rhan fwyaf o'r bobl hunangyflogedig yn unig fasnachwyr, gyda'r gweddill yn bartneriaid mewn partneriaethau. Mae nifer y bobl hunangyflogedig yn fwy o lawer na nifer y cwmnïau yn y DU.

Uned 10 Trefniadaeth gyfreithiol busnes

Bydd unig fasnachwyr fel rheol yn gweithio oriau hir, yn enwedig ar gychwyn eu busnes.

y gall gael ychydig o oriau'n rhydd i fynd at y deintydd. Gallai hefyd gymryd diwrnod cyfan yn rhydd i ymweld â'i mam sy'n byw tua wyth deg milltir i ffwrdd.

Anfanteision bod yn unig fasnachwr

Mae yna anfanteision hefyd i fod yn unig fasnachwr.

Atebolrwydd anghyfyngedig Gallai Siwan fod wedi colli'r £25 000 a roddodd i mewn i'r busnes ar y cychwyn. Pe bai pethau wedi mynd o'i le yn wael, gallai fod wedi colli ei thŷ ac unrhyw bethau eraill o werth mawr roedd hi'n berchen arnynt.

Diffyg parhad Gan mai Siwan **yw** y busnes, does dim sicrwydd y bydd y busnes yn parhau wedi iddi benderfynu rhoi'r gorau iddo. Efallai y gallai werthu'r busnes i rywun arall. Gallai, er enghraifft, drosglwyddo'r busnes i'w phlant, yn enwedig pe baen nhw wedi gweithio yn y busnes a helpu i'w redeg. Fel arall gallai'r busnes beidio â masnachu a gellid gwerthu ei holl **asedau** (popeth o werth y gellid ei werthu, (☞ uned 26).

Salwch Pe bai Siwan yn cael salwch hir, gallai orfod cau'r busnes. Yna byddai ei hincwm a'i helw yn dod i ben.

Oriau hir Mae llawer o unig fasnachwyr yn gweithio oriau hir iawn er mwyn cynnal eu busnes. Mae Siwan yn gweithio chwe diwrnod yr wythnos, deg awr y dydd. Pan gafwyd enciliad yn y diwydiant adeiladu yn yr 1990au

cynnar, roedd hi wedi ystyried agor ar y Sul hefyd er mwyn cynyddu'r fasnach. Ond penderfynodd beidio â gwneud hynny. Doedd hi ddim am weithio 70 awr yr wythnos

Trafferth codi cyfalaf Roedd Siwan yn ffodus ei bod hi'n berchen tŷ a oedd yn warant ar gyfer ei benthyciad cychwynnol o £25 000 i'w roi yn y busnes. Mae gan rai pobl yr arian eisoes i sefydlu busnes. Efallai y cawsant dâl diswyddo, er enghraifft. Ond mae'r rhan fwyaf o fusnesau bach yn ei chael hi'n anodd cael digon o gyfalaf i gychwyn. Maen nhw hefyd yn cael trafferth i gael arian i ehangu eu busnes (☞ unedau 30-32).

Arbenigaeth gyfyngedig Rhaid i Siwan fod yn brynwr, yn werthwr, yn yrrwr lori, yn labrwr, yn gyfrifydd, yn groesawydd ac yn ysgrifenyddes ymhlith pethau eraill. Gallai busnes mwy, fodd bynnag, fforddio cyflogi gweithwyr arbenigol. Bydd uwchfarchnad yn cyflogi pobl sy'n gosod nwyddau ar y silffoedd, cyfrifwyr a chyfreithwyr. Gallai Siwan weld, felly, fod ei chostau'n uwch na chostau busnesau mwy am na all hi ennill manteision **rhaniad llafur** (☞ uned 4).

Darbodion maint yn gyfyngedig Mae Siwan yn llogi lorïau fesul y dydd. Byddai cwmni adeiladu mawr yn berchen ei lorïau ei hun am fod hynny'n rhatach os cân nhw eu defnyddio drwy'r amser. Dim ond am ran o'r amser y bydd angen lorïau ar Siwan. Dyma enghraifft o **ddarbodion maint** (*economies of scale*) (☞ uned 18). Yn gyffredinol, po fwyaf yw'r busnes mwyaf i gyd o gyfle fydd i leihau'r costau am bob uned a gynhyrchir. Fel rheol busnesau bach yw busnesau unig berchenogaeth. Yn aml, felly, fyddan nhw ddim yn ennill y manteision o ran costau y bydd busnesau mawr yn eu hennill drwy gynhyrchu ar raddfa fawr.

Mae Sara Morris am sefydlu busnes. Gofynnodd i'w ffrind am gyngor gan fod honno'n gwybod am faterion busnes. Soniodd ei ffrind am drethi a ffioedd sefydlu a rhedeg cwmni yn hytrach na bod yn unig fasnachwr. Gwelir crynodeb o'r cyngor hwn yn Nhabl 10.1. Mae Sara'n gobeithio ennill £10 000 o'r busnes yn y flwyddyn gyntaf.

Edrychwch ar Dabl 10.1. A fyddai'n well iddi o safbwynt trethi a ffioedd fod yn unig fasnachwr neu sefydlu cwmni cyfyngedig?

Tabl 10.1

	Unig fasnachwr	Cwmni cyfyngedig
Ffi gyfreithiol i sefydlu'r busnes	Dim	O leiaf £100
Ffioedd archwilio'r cyfrifon blynyddol	Dim	O leiaf £700
Treth incwm	Yn daladwy ddwywaith y flwyddyn	Yn daladwy'n fisol, yn union wedi i'r arian gael ei ennill
Cyfraniadau Yswiriant Gwladol	Cyfraniadau Dosbarth 2 £319.80 y flwyddyn **ynghyd â** Chyfraniadau Dosbarth 4 6% o'r incwm a enillwyd rhwng £7 010 a £24 180 y flwyddyn (h.y. £2 990 yn achos Sara)	Cyfraniadau Dosbarth 1 Cyfraniadau gweithwyr, sef 2% o enillion hyd at £62 yr wythnos a 10% o enillion rhwng £62 a £465 yr wythnos **ynghyd â** Chyfraniadau cyflogwyr 7% o incwm hyd at £10 919

Uned 10 Unig Berchenogaeth

Anawsterau adeiladu cychod

Cafodd Cai Huws hyfforddiant i fod yn adeiladwr cychod dair blynedd yn ôl. Cyn hynny roedd wedi treulio pedair blynedd yn atgyweirio cychod yng Nghasnewydd. Ond ei freuddwyd erioed oedd gwneud cychod bach pren traddodiadol.

Ar ôl cwblhau'r hyfforddiant gwariodd £1 000 ar un boncyff mahogani a dechrau ei fusnes adeiladu cychod. Defnyddiodd y boncyff i adeiladu ei gwch cyntaf. Ond er i lawer ei edmygu mewn arddangosfeydd cychod, ni allai ei werthu am y pris roedd yn ei ofyn, sef £10 000. Adeiladodd ail gwch â phren môr, ond eto methodd â'i werthu er iddo gael sylwadau positif yn y wasg ac mewn arddangosfeydd. Roedd bron â defnyddio'r cyfan o'i gyfalaf cychwynnol oherwydd y gost o fynd i'r arddangosfeydd a chost y defnyddiau. Oni bai am yr incwm a enillai ei wraig yn ei swydd, ni allai Cai fod wedi para.

Yn y pen draw, bu'n rhaid iddo dderbyn contract £12 000 i atgyweirio cwch modur. Nid dyma'r gwaith roedd am ei wneud. Ond o leiaf roedd yn y busnes cychod ac roedd yn ennill arian o'i herwydd. Gweithiodd oriau hir i gwblhau'r contract mewn pryd. Ofnai'r hyn a ddigwyddai pe bai'n mynd yn sâl. Roedd cymal cosbi yn y contract a fyddai'n ei ddirwyo pe na bai'n cwblhau'r gwaith mewn pryd.

Daeth y newyddion da fis cyn y dyddiad a bennwyd ar gyfer cwblhau'r contract. Llwyddodd Cai i werthu ei ail gwch am y pris roedd yn ei ofyn, sef £4 000.

1 Beth y mae busnes Cai Huws yn ei gynhyrchu?
2 Mae Cai Huws yn ystyried rhoi'r gorau i'r busnes a chael swydd. Awgrymwch resymau pam.
3 Pa gyngor y byddech yn ei roi i Cai i'w berswadio y dylai barhau â'r busnes?
4 Pam y gallai busnes mwy ei faint adeiladu cychod yn rhatach na Cai?

termau allweddol

Atebolrwydd anghyfyngedig - atebolrwydd cyfreithiol ar berchenogion busnes i dalu holl ddyledion y busnes. Yn ôl y gyfraith, does dim gwahaniaeth rhwng asedau a dyledion y busnes ac asedau a dyledion personol y perchennog.
Unig berchenogaeth - busnes dan berchenogaeth un person sydd ag atebolrwydd anghyfyngedig.
Unig fasnachwr neu unig berchennog - perchennog busnes unig berchenogaeth.

Rhestr wirio ✓

1 Pwy sy'n berchen busnes unig berchenogaeth?
2 Pwy sy'n cadw elw busnes unig berchenogaeth?
3 'Roedd gan Cai Huws atebolrwydd anghyfyngedig.' Beth yw ystyr hyn?
4 Pa fanteision o ran trethi sydd gan unig fasnachwyr?
5 Pam y mae busnesau unig berchenogaeth: (a) yn hawdd eu cychwyn; a (b) yn hawdd eu rhedeg?
6 Beth fydd yn digwydd i fusnes unig berchenogaeth os bydd y perchennog yn sâl neu'n marw?
7 Pam y mae unig fasnachwyr yn aml yn ei chael hi'n anodd codi'r arian i gychwyn busnes?
8 Pam y gall diffyg arbenigaeth rwystro llwyddiant busnes unig berchenogaeth?

ACHOS CRYNODOL

ADEILADAU BACH

Diswyddwyd Clem Dafis wyth mlynedd yn ôl. Defnyddiodd ei dâl diswyddo i sefydlu busnes gwneud adeiladau pren allanol. Mae'r rhain yn fwy sylweddol na siediau gardd. Maen nhw'n adeiladau parhaol wedi'u hynysu'n iawn a gellir eu defnyddio at wahanol bwrpasau, e.e. swyddfa neu ystafell ddosbarth. Cânt eu hadeiladu i fod yn nodwedd ddeniadol mewn gardd, er enghraifft. Gan eu bod wedi'u cynllunio'n dda ac wedi'u gwneud o ddefnyddiau o safon uchel, maen nhw'n ddrutach nag adeilad parod nodweddiadol.

Mae Clem wedi cynyddu ei fusnes dros amser. Yn y flwyddyn gyntaf gwerthodd werth £53 000 o gynhyrchion. Erbyn hyn cyfartaledd ei drosiant gwerthu yw £300 000 y flwyddyn. Fe gafwyd problemau. Tair blynedd yn ôl, gydag enciliad yn yr economi, roedd archebion wedi lleihau'n sylweddol ac fe wnaeth y busnes golled o £20 000 am y flwyddyn. Ond roedd y rheolwr banc yn cydymdeimlo â Clem a rhoddodd iddo gynnydd o £15 000 yn ei orddrafft. Heb hynny, byddai'r busnes wedi bod mewn trafferthion mawr.

Dydy Clem, fodd bynnag, ddim erioed wedi ystyried rhoi'r gorau i'r busnes. Mae'n mwynhau rhedeg ei fusnes ei hun a bod yn fos arno ef ei hun, er bod hynny'n golygu gorfod gweithio oriau hir. Mae ei chwe gweithiwr o werth mawr iddo. Hebddynt, allai Clem ddim dosbarthu'r cynnyrch safonol y mae'n gwarantu ei ddosbarthu i'w gwsmeriaid.

Un broblem sy'n wynebu'r busnes yw oed Clem. Wrth iddo fynd yn hŷn mae'n gwybod y gallai gael cyfnod hir o afiechyd neu hyd yn oed farw. Dydy neb o'i deulu'n gweithio yn y busnes.

1 (a) Eglurwch 4 mantais i Clem o fod yn unig fasnachwr. Defnyddiwch dystiolaeth o'r darn i ategu eich ateb.
 (b) Eglurwch 4 anfantais i Clem o fod yn unig fasnachwr. Eto ategwch eich ateb â thystiolaeth o'r darn.
2 Yn ystod yr enciliad roedd Clem yn ystyried gostwng ei brisiau drwy ostwng safon ei adeiladau. Trafodwch a fyddai hynny'n strategaeth dda i Clem ei defnyddio.
3 (a) Awgrymwch sut y gall Clem ddelio â'r broblem bosibl i'w fusnes o afiechyd neu hyd yn oed farwolaeth.
 (b) A oes anfanteision posibl i'ch awgrymiadau?

37

uned 11

PARTNERIAETHAU

Gwneud penderfyniadau

Rhaid i berson sy'n sefydlu busnes benderfynu a fydd yn ei redeg ar ei ben ei hun neu gydag eraill. Bydd hyn yn dibynnu i raddau ar y canlynol:

- faint o reolaeth y maent am ei chael ar y fusnes;
- ydyn nhw'n fodlon rhannu'r elw;
- allan nhw gael yr arian angenrheidiol i gychwyn y busnes.

Rhaid i'r person benderfynu hefyd a yw'n fodlon derbyn risg atebolrwydd anghyfyngedig.

Dwy chwaer yw Ann Harri a Mari Daniel. Maen nhw'n rhedeg partneriaeth deuluol o'r enw Plantos yn Hwlffordd. Mae ganddynt siop lle maen nhw'n gwerthu teganau a dillad plant. Mae ganddynt hefyd fusnes archebu drwy'r post. Mae'r busnes yn gwerthu cynhyrchion o safon uchel. Mae llawer o'r teganau, er enghraifft, wedi'u gwneud o bren yn hytrach na phlastig. Maen nhw'n cyflogi dau weithiwr rhan amser ac maen nhw'n cyflogi gweithwyr dros dro yn ystod y cyfnod prysur cyn y Nadolig. Flwyddyn yn ôl ymunodd Rhian, merch Ann, â'r busnes.

Partneriaethau

Yn ôl y gyfraith, gellir cael rhwng 2 a 20 partner mewn PARTNERIAETHAU CYFFREDIN. Cydberchenogion busnes yw PARTNERIAID. Tri phartner sydd yn y busnes hwn - Ann, Mari a Rhian, merch Ann. Mae gan y partneriaid atebolrwydd anghyfyngedig (☞ uned 10), h.y. bydd yn rhaid iddynt dalu dyledion y busnes, hyd yn oed os byddant yn gorfod gwerthu eu tŷ a meddiannau personol gwerthfawr eraill. Mewn partneriaeth mae pob partner yn rhwymedig i dalu'r dyledion hyd yn oed os achoswyd y dyledion gan bartner arall. Pe bai Ann, er enghraifft, yn archebu cryn dipyn o stoc newydd ar gredyd, byddai'r partneriaid i gyd yn rhwymedig i dalu'r ddyled hyd yn oed os na chafodd Ann ganiatâd y lleill i archebu'r stoc.

Gweithred partneriaeth

Mae'r tri phartner wedi bod yn synhwyrol iawn. Maen nhw wedi mynd at gyfreithiwr a llunio GWEITHRED PARTNERIAETH (*Deed of Partnership*), sef contract cyfreithiol sy'n nodi:

- pwy yw'r partneriaid;
- faint o arian (neu gyfalaf) y mae pob partner wedi'i roi yn y bartneriaeth;
- sut y dylid rhannu'r elw;
- sawl pleidlais sydd gan bob partner yng nghyfarfodydd y bartneriaeth;
- beth fydd yn digwydd os bydd un o'r partneriaid am adael y busnes neu os daw partneriaid newydd i mewn.

Yn ôl y gyfraith, os nad oes gweithred partneriaeth bydd pob partner yn gydradd. Yna bydd pob partner yn cael rhan gyfartal o'r elw ac yn cael yr un pŵer pleidleisio â phob partner arall. Yng ngweithred partneriaeth Plantos y ddwy chwaer, Ann a Mari, roddodd holl gyfalaf cychwynnol y busnes. Mae

---

Dechreuodd Siôn ap Rhydderch a Dafydd Harris ymhel â'r busnes wystrys yn yr 1980au. Etifeddodd Siôn ychydig o dir yn ymyl y môr a phenderfynodd gynhyrchu wystrys. Rhoddodd Dafydd gyfalaf ariannol ac yntau a redai ochr werthiant y busnes. Gwyddai'r ddau bartner na fyddai'r busnes yn cael fawr ddim incwm yn ystod y blynyddoedd cyntaf wrth i'w parc wystrys gael ei sefydlu. Ond dechreuodd Siôn greu masnach mewn pysgod cregyn, yn eu prynu gan bysgotwyr lleol a'u gwerthu i dai bwyta.

Yn 1989 cawsant fenthyciad gan y banc a phrynu adeiladu i'w trawsnewid yn dŷ bwyta yn arbenigo mewn bwyd môr. Bu hynny bron yn drychinebus i'r busnes oherwydd enciliad yn yr economi rhwng 1990 ac 1992. Roedd gwerthiant yn y tŷ bwyta 50% o'r hyn a ragwelwyd. Rhwng 1990 ac 1992 collodd y tŷ bwyta £50 000. Yn ffodus, roedd ochr wystrys y busnes yn dechrau llwyddo. Er hynny, collodd y partneriaid arian o'r busnes yn y blynyddoedd hynny.

Ers hynny, fodd bynnag, bu'r busnes yn llwyddiannus iawn. Erbyn 1998 roedd ail dŷ bwyta wedi'i agor, roedd gwerthiant wystrys yn fwy na £600 000 ac roedd y partneriaid yn chwilio am gyfleoedd eraill i ehangu.

1 Yn 1998 pa gynhyrchion a gwasanaethau roedd y bartneriaeth yn eu gwneud?
2 Pwy sy'n berchen y busnes?
3 (a) Eglurwch pam y cafodd y busnes drafferthion rhwng 1990 ac 1992.
   (b) Collodd y busnes arian yn ystod y cyfnod hwn. Sut yr effeithiodd hyn ar y ddau bartner yn ariannol?
4 Trafodwch ffyrdd y gallai'r busnes ehangu yn awr yn broffidiol.

Uned 11 Partneriaethau

Brechdanau gwahanol

Mae Llew Lloerig yn rhedeg bar brechdanau yn Abertawe, bar brechdanau gwahanol iawn. Ble arall y gallech brynu 'Llenwad Llosg Llew Lloerig' - brechdan gig eidion gyda salad bresych a phuprau ac wedi'i blasuso â *mayonnaise* mewn cyri. Mae ei far brechdanau wedi bod yn llwyddiant ysgubol, yn cynnig nifer o fathau gwahanol o frechdanau ecsotig a blasus a byrbrydau eraill. O fewn dwy flynedd roedd gwerthiant wedi dyblu.

Yn awr mae Llew am ehangu drwy agor bar brechdanau arall. Nid oes ganddo'r arian i brynu na hyd yn oed rentu bar arall, ac felly mae wedi cael hyd i berson arall sy'n fodlon ffurfio partneriaeth gydag ef. Byddai Llew Lloerig yn helpu'r person arall i sefydlu'r bar brechdanau newydd ac yn darparu'r holl ryseitiau.

1 Beth fyddai'r manteision i Llew Lloerig o gael partner?

2 Mae Llew Lloerig wedi gofyn i chi fel cyfreithiwr i lunio gweithred partneriaeth.
   (a) Pa bethau y mae'n hanfodol eu cynnwys mewn gweithred partneriaeth?
   (b) Pa delerau y byddech chi'n cynghori Llew i'w cynnig i'w bartner newydd yng nghytundeb y bartneriaeth? (e.e. Sut y dylid rhannu'r elw? Beth ddylai ddigwydd pe bai Llew'n gweld nad oedd y partner newydd yn cynnig gwasanaeth da yn y bar brechdanau newydd?)

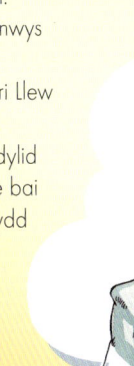

Prosesu geiriau
   (c) Lluniwch gytundeb partneriaeth syml. Gallech ddefnyddio pecyn prosesu geiriau i gyflwyno'r cytundeb.

---

ganddynt yr un hawl i ddweud sut y dylid rhedeg y busnes. Does gan Rhian ddim pleidlais yn y busnes. Ond mae ganddi'r hawl i dderbyn 20% o'r elw. Mae Ann a Mari yn derbyn 40% yr un o'r elw. Os bydd Rhian yn gadael y busnes, bydd hi'n colli'r hawl i dderbyn unrhyw elw. Bydd yn rhaid i Ann a Mari ill dwy roi caniatâd cyn y gall y naill neu'r llall werthu ei rhan o'r busnes neu ddwyn partner newydd i mewn.

Rhan o weithred partneriaeth Plantos

Mae'r WEITHRED PARTNERIAETH hon yn cael ei gwneud, ar y 1af Ionawr 1998
RHWNG
1. ANN HARRI o 125 Ffordd y Glwyd, Hwlffordd (Mrs Harri); a
2. MARI DANIEL o 10 Lôn yr Ysgol, Hwlffordd (Ms Daniel); a
3. RHIAN HARRI o 2 Rhodfa'r Enfys, Solfach (Ms Harri); ac
YN GYMAINT AG
(1) Y mae Mrs Harri, Ms Daniel a Ms Harri wedi cytuno i ffurfio partneriaeth gyda'i gilydd i weithredu fel adwerthwr teganau a dillad plant a gwasanaeth archebu drwy'r post.

Manteision partneriaeth

Mae gan bartneriaethau lawer o fanteision busnesau unig berchenogaeth. Maen nhw'n hawdd eu sefydlu. Does dim rhaid cyflogi cyfreithwyr na chyfrifwyr i helpu i redeg y busnes. (Yn ymarferol, bydd y rhan fwyaf yn defnyddio'r gwasanaethau proffesiynol hyn am fod eu busnesau'n fwy eu maint ac yn fwy cymhleth na busnesau unig berchenogaeth.) Mae'r elw'n eiddo i'r partneriaid, sydd fel rheol yn gweithio yn y busnes. Gellir cadw materion y bartneriaeth yn breifat oherwydd dim ond i'r awdurdodau trethi y mae'n rhaid dweud faint y mae'r partneriaid yn ei ennill a faint yw elw'r busnes. Mae partneriaethau'n tueddu i fod yn fach, ac felly yn aml bydd perthynas dda rhwng partneriaid ac unrhyw weithwyr a gyflogir.

Gall partneriaethau fod â mantais ar fusnesau unig berchenogaeth. Mae ffurfio partneriaeth yn un ffordd i unig berchennog gael cyfalaf ychwanegol ar gyfer y busnes. Fel rheol gall dau berson godi mwy o arian i gychwyn neu ehangu busnes nag y gall un person. Mae cael partneriaid ychwanegol sy'n fodlon buddsoddi arian yn y busnes yn ffordd o ariannu ehangu. Efallai hefyd y gallai partneriaid newydd ychwanegu arbenigedd at y busnes. Un rheswm pam roedd Ann a Mari yn awyddus i Rhian ymuno â'r busnes oedd bod Rhian wedi astudio Economeg yn y brifysgol ac roedd hi'n glir iawn ei meddwl ynglŷn â phenderfyniadau busnes.

Mewn rhai partneriaethau mae **partneriaid segur** (*sleeping partners*), h.y. partneriaid sy'n berchen rhan o'r busnes ond nad ydynt yn chwarae llawer o ran yng ngwaith y busnes o ddydd i ddydd, os unrhyw ran o gwbl. Pan fydd y partneriaid hyn yn ymuno â'r bartneriaeth byddan nhw'n darparu arian sydd ei angen i helpu i sefydlu neu ehangu'r busnes.

Anfanteision partneriaethau

Mewn partneriaethau mae'n rhaid i bobl gydweithio. Ond weithiau bydd pobl yn anghytuno. Pan fydd partneriaid mewn busnes yn anghytuno, gall fod yn wael iawn i'r busnes.

Mae Ann a Mari, er enghraifft, am annog Rhian i ymhel â'r busnes. Dyna pam maen nhw wedi rhoi iddi ran o elw'r busnes. Ond hefyd maen nhw'n ofni y gallai hi golli diddordeb mewn gweithio i'r busnes a phenderfynu gadael. Felly mae gweithred y bartneriaeth yn dweud na fydd gan Rhian hawl i ddim yn y busnes os bydd hi'n gadael.

Hefyd mae Ann a Mari am gadw rheolaeth ar y busnes rhag ofn y bydd

39

Uned 11 Trefniadaeth gyfreithiol busnes

Rhian am drefnu'r busnes mewn ffordd wahanol. Maen nhw wedi trefnu na fydd gan Rhian unrhyw hawliau pleidleisio yn y busnes.

Yn y tymor hir, fodd bynnag, maen nhw'n gobeithio y bydd Rhian yn dod yn gyfrifol am redeg y busnes o ddydd i ddydd. Gallan nhw ragweld adeg pan fyddan nhw wedi ymddeol a throi'n bartneriaid segur. Yna byddai'r weithred partneriaeth yn cael eu hail-lunio gan roi i Rhian hawliau pleidleisio llawn a rhan fwy o'r busnes. Yn y pen draw maen nhw'n gobeithio y bydd Rhian yn etifeddu'r busnes ac y bydd rhai o'i phlant efallai yn bartneriaid. Byddai hyn yn datrys problem sy'n wynebu llawer o fusnesau bach: pwy fydd yn mynd ymlaen â'r busnes pan fydd y rhai a'i sefydlodd yn ymddeol?

Mae Ann a Mari wedi datrys rhai o'r problemau a allai godi yn y dyfodol drwy'r weithred partneriaeth. Ond does dim gweithred partneriaeth gan rai partneriaethau. Gall hyn arwain at broblemau mawr os byddan nhw'n chwalu. Hyd yn oed gyda gweithred partneriaeth, gall problemau godi os bydd anghytuno ymhlith y partneriaid. Beth ddigwyddai, er enghraifft, pe bai Ann a Mari yn anghytuno ynglŷn â sut i ddatblygu'r busnes? Beth ddigwyddai i'r busnes wedyn?

Partneriaethau mewn busnes

Mae'r rhan fwyaf o bartneriaethau'n fusnesau cymharol fach. Siopau, ffermydd a busnesau arlwyo yw hanner y partneriaethau yn y DU. Mae llawer o'r rhain, yn arbennig mewn ffermio, yn bartneriaethau teuluol fel Plantos.

Mewn rhai proffesiynau fel meddygaeth, cyfrifeg, y gyfraith a phensaernïaeth, mae'n safonol i fusnesau fod yn bartneriaethau. Mae doctoriaid, deintyddion, cyfrifwyr a phobl broffesiynol eraill yn dymuno cadw eu materion busnes yn breifat. Ond mae'n rhaid iddynt gynnig yr amrywiaeth o wasanaethau y mae eu cwsmeriaid yn ei disgwyl.

Yn aml gwelir partneriaethau mewn proffesiynau fel busnesau dylunio, cyfrifwyr a gwerthwyr eiddo.

Rhaid i chi wneud yr ymarfer hwn mewn grŵp gyda 2 neu 3 berson arall. Rydych ar fin sefydlu busnes yn eich ysgol/coleg. Efallai eich bod yn mynd i redeg minigwmni iawn a'ch bod wedi penderfynu eisoes ar syniad busnes. Os nad ydych, tybiwch eich bod yn mynd i werthu defnyddiau ysgrifennu - beiros, pensiliau, papur, llyfrau nodiadau, waledi plastig, ayb.

Os ydych yn rhedeg minigwmni iawn bydd angen i chi wneud y penderfyniadau isod. Os mai ymarfer chwarae rolau yw hwn, rhannwch y rolau a ddangosir yn y lluniau isod rhwng aelodau eich grŵp. Rydych wedi penderfynu trefnu eich busnes fel partneriaeth. Lluniwch weithred partneriaeth. Fel grŵp mae angen i chi benderfynu ar faterion fel y canlynol:

- pwy fydd yn berchen y busnes?
- pwy fydd yn cael yr elw o'r busnes ac ym mha gyfrannau?
- pwy sy'n mynd i roi'r cyfalaf (yr arian) i brynu stoc i'r busnes ei werthu a faint o gyfalaf sy'n angenrheidiol?
- beth fydd yn digwydd os na fydd un aelod o'r grŵp yn gwneud dim i helpu i redeg y busnes?

Dim ond rhai o'r materion y mae'n rhaid i chi eu hystyried wrth lunio eich gweithred partneriaeth yw'r rhain.

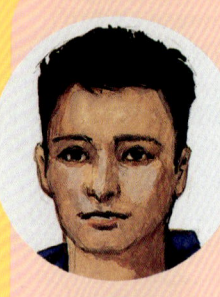

Gerallt - gweithiwr caled, arweinydd naturiol, mae ganddo ddwy swydd ran amser, mae'n fodlon rhoi £20 i mewn i'r busnes i'w gychwyn.

Sioned - mae'n fanwl iawn, yn hoffi cael popeth yn drefnus, bob amser yn brydlon ac wedi paratoi'n dda, dydy hi ddim yn hoffi pobl nad ydynt yn tynnu eu pwysau, mae ganddi £300 yn y gymdeithas adeiladu.

Cerys - nid yw'n ddibynadwy iawn, mae'n cael ei chyffroi gan waith ar y cychwyn, mae'n aml yn mynnu 'ei hawliau', dydy hi erioed wedi cael swydd, mae'n credu y bydd ei mam yn rhoi peth arian i mewn.

Owain - does ganddo ddim llawer o ddiddordeb, mae yn y grŵp am ei fod yn gorfod bod yno, weithiau ni fydd yn cyd-dynnu ag aelodau eraill o'r grŵp.

Uned 11 Partneriaethau

termau allweddol

Gweithred partneriaeth - y contract cyfreithiol sy'n rheoli sut y caiff partneriaeth ei pherchenogi a'i threfnu.

Partneriaeth gyffredin - cyfundrefn fusnes sydd â rhwng 2 a 20 o berchenogion ac mae gan bob un ohonynt atebolrwydd anghyfyngedig.

Partneriaid - perchenogion partneriaeth.

Ffynhonnell: addaswyd o *Business Monitor PA 1003*

Ffigur 11.1
Mae'r siart hwn yn dangos dosbarthiad mathau o fusnes. Er enghraifft, mewn adwerthu y mae 20.2% o'r holl bartneriaethau. Eto i gyd dim ond 13.6% o'r holl fathau o fusnes sy'n adwerthwyr.

Siart bar: Canran o gyfanswm y partneriaethau neu'r busnesau (Partneriaethau / Yr holl fusnesau)
- Adwerthu
- Amaethyddiaeth
- Gwasanaethau busnes ac eiddo
- Gwestai ac arlwyo
- Adeiladu
- Cynhyrchu
- Gweinyddu cyhoeddus a gwasanaethau eraill
- Masnachau moduro
- Cyfanwerthu
- Cludiant
- Iechyd
- Post a thelathrebu
- Addysg
- Cyllid

Mae Ffigur 11.1 yn dangos pa ganran o bartneriaethau a welir mewn gwahanol fathau o ddiwydiant. Mae hefyd yn cymharu hyn â'r gyfran o'r holl fathau o fusnes (busnesau unig berchenogaeth, partneriaethau, cwmnïau cyfyngedig, ayb.) fesul diwydiant.

1 Ym mha ddiwydiant y mae 11% (11 o bob 100) o'r holl bartneriaethau?
2 Ym mha ddiwydiant y mae partneriaethau fwyaf cyffredin?
3 (a) Pa ganran o bartneriaethau sydd yn y diwydiant adeiladu? (b) Sut y mae hynny'n cymharu â'r ffigurau ar gyfer yr holl fathau o fusnes?
4 (a) Ydy partneriaethau'n fwy cyffredin neu'n llai cyffredin na chyfartaledd yr holl fathau o fusnes mewn adwerthu? (b) Awgrymwch resymau dros hyn.
5 (a) Ydy partneriaethau'n fwy cyffredin neu'n llai cyffredin na chyfartaledd yr holl fathau o fusnes mewn cynhyrchu (gweithgynhyrchu yn bennaf)? (b) Awgrymwch resymau dros hyn.

Rhestr wirio ✓

1 Pwy sy'n berchen partneriaeth?
2 'Mae gan bartneriaid atebolrwydd anghyfyngedig.' Beth yw ystyr hyn?
3 Os nad oes cytundeb partneriaeth, sut y caiff elw partneriaeth ei ddosbarthu?
4 Beth allai gael ei gynnwys mewn gweithred partneriaeth?
5 Pa fanteision sy'n gyffredin i bartneriaethau a busnesau unig berchenogaeth?
6 Pam y gallai partneriaeth fod yn well math o drefniadaeth na busnes unig berchenogaeth?
7 Beth yw anfanteision partneriaethau?
8 Pam y bydd anghytundeb rhwng partneriaid yn broblem mewn partneriaeth?

ACHOS CRYNODOL: JYGLO Â CHYLLID

Mae Sioned a Ben Williams yn rhedeg busnes jyglo. Am ddeng mlynedd buon nhw'n cynnal partïon jyglo ar gyfer plant lle bydden nhw'n gwneud sgetsys doniol a dweud jôcs gyda jyglo'n rhan o'r perfformiad. Gwnaethon nhw hyn yn eu horiau hamdden ar adeg pan oedden nhw'n gweithio'n llawn amser i gwmni gweithgynhyrchu.

Yna penderfynodd y ddau ddefnyddio'r sgiliau a enillwyd ganddynt yn eu swyddi amser llawn i sefydlu busnes yn cynhyrchu cyfarpar jyglo. Roedden nhw'n gwybod y byddai angen cymorth arnynt ar yr ochr farchnata i werthu'r cyfarpar i gyfanwerthwyr a fyddai yn eu tro yn ei werthu i siopau. Fe'u cyflwynwyd gan ffrind i Ifan Puw, ymgynghorydd marchnata. Creodd y cynnig argraff dda ar Ifan a chytunodd hwnnw i fod yn bartner iddynt. Rhoddodd Sioned, Ben ac Ifan £10 000 yr un yn gyfalaf cychwynnol i'r bartneriaeth.

Roedd y busnes yn llwyddiant. Yn ei flwyddyn gyntaf gwerthwyd gwerth £80 000 o gyfarpar a gwnaed elw o £20 000. Ond roedd Sioned a Ben yn ei chael hi'n amhosibl gweithio gydag Ifan. Er iddo fod yn llwyddiannus yn ennill archebion, doedd e ddim yn rhoi llawer o amser i'r busnes. Roedden nhw'n teimlo ei fod yn colli diddordeb ac yn rhoi ei egni i gyfleoedd busnes eraill. Roedden nhw'n ofni y byddai'r archebion yn dechrau lleihau.

Roedd Ifan yn ddig iawn pan glywodd hyn. Dywedodd wrthynt mai yntau oedd yn bennaf cyfrifol am lwyddiant y busnes. Pan gynigiodd Sioned a Ben brynu ei ran ef o'r busnes dywedodd Ifan fod y bartneriaeth erbyn hyn yn werth £100 000. Yn anffodus doedd dim gweithred partneriaeth wedi'i llunio.

1 Beth yw partneriaeth?
2 Pa sgiliau a roddodd pob partner i'r busnes?
3 Awgrymwch pam y mae Sioned a Ben yn wynebu problemau yn awr am nad oes gweithred partneriaeth ar gyfer y busnes.
4 Trafodwch: (a) pam y gallai gwerth y bartneriaeth fod yn £100 000; a (b) pa broblemau byddai hynny'n eu creu i Sioned a Ben.

uned 12
CWMNÏAU CYFYNGEDIG

Gwneud penderfyniadau

Rhaid i fusnesau benderfynu ar y ffurf gyfreithiol y dylent ei chymryd. Gallen nhw fod yn fusnes anghyfyngedig (busnes unig berchenogaeth neu bartneriaeth) neu gallen nhw fod yn gwmni cydgyfalaf gydag atebolrwydd cyfyngedig. Bydd y ffactorau canlynol yn debygol o effeithio ar y dewis:

- maint y busnes a pha mor hawdd y bydd cael arian ychwanegol i ariannu twf;
- ydy'r perchenogion am gael atebolrwydd cyfyngedig neu anghyfyngedig;
- i ba raddau y mae'r perchenogion am gael preifatrwydd ynglŷn â materion y busnes;
- pa mor barod y mae'r busnes i ddelio â'r gwaith ychwanegol sydd ynghlwm wrth redeg cwmni atebolrwydd cyfyngedig;
- y goblygiadau o ran trethi.

Mae *The Original Propshop* yn gwmni sy'n cynllunio ac adeiladu dodrefn arddangos, stondinau a setiau ar gyfer arddangosfeydd a chynadleddau, e.e. dodrefn ar gyfer noson Gymreig mewn gwesty, mannau arddangos yn siop adrannol *Selfridge's* yn Llundain, lorïau carnifal ar gyfer Sioe'r Arglwydd Faer yn Llundain. Roedd y trosiant gwerthu yn fwy na £2.5 miliwn yn 1997. Roedd tua thraean o hyn yn werthiant dodrefn i siopau *Mothercare*, rhan o grŵp *Storehouse*.

Atebolrwydd cyfyngedig

Mae *The Original Propshop* yn **gwmni cyfyngedig**. Y ddau berson a sefydlodd y busnes sy'n ei berchen, sef Christopher Dann a Martin Blake. Defnyddir y term CYFRANDDALWYR am berchenogion cwmni. Mae ganddynt ATEBOLRWYDD CYFYNGEDIG.

Bydd atebolrwydd cyfyngedig yn bwysig i Chris a Martin, y cyfranddalwyr, os bydd y cwmni'n mynd i'r wal gan adael dyledion (h.y. bydd y cwmni'n **fethdalwr** [*insolvent*]). Dim ond yr arian y maent wedi'i roi i mewn i'r cwmni (gwerth eu cyfranddaliadau) y byddant yn ei golli. Ond ni chânt eu gorfodi i werthu eu meddiannau personol, fel tŷ, i dalu dyledion y cwmni. Yn ôl y gyfraith mae hunaniaeth cwmni cyfyngedig yn wahanol i hunaniaeth ei gyfranddalwyr. I ddangos bod iddo hunaniaeth gyfreithiol wahanol, defnyddir y term CWMNI fel rheol am fusnes atebolrwydd cyfyngedig.

Mae *The Original Propshop* wedi gwneud elw da yn y blynyddoedd diwethaf. Ond dydy hynny ddim yn symud risg colled. Gyda throsiant gwerthu o fwy na £2.5 miliwn, gallai'r cwmni wneud colled yn ystod unrhyw flwyddyn yn y dyfodol. Mae'n well gan berchenogion busnes gael atebolrwydd cyfyngedig os oes ganddo ddyledion mawr.

Y Cofrestrydd Cyffredinol

Mae'r Cofrestrydd Cyffredinol (neu'r Cofrestrydd Cwmnïau) yn cadw cofnod o holl gwmnïau cyfyngedig y DU. Rhaid anfon dwy ddogfen i'r

Problemau mwyngloddio

Sefydlwyd Cwmni Mwyngloddio Cryfddyn Cyf bedair blynedd yn ôl gan bum glöwr a ddiswyddwyd o bwll glo lleol. Defnyddiodd y rhain £100 000 o'u harian diswyddo i brynu hen gloddfa feini. Cynhyrchai hwn feini o safon uchel y gellid eu gwerthu am bris premiwm. Roedd cyflwr y gloddfa yn weddol. Yn ystod y flwyddyn gyntaf roedden nhw wedi gallu ei weithredu heb orfod buddsoddi mewn unrhyw gyfarpar newydd. Ar ôl talu iddynt eu hunain gyflog o £12 000 yr un, gwnaeth y gloddfa elw bach o £8 000 yn y flwyddyn honno.

Wedi'u calonogi gan hyn, penderfynasant y gallai'r cwmni fod yn fwy proffidiol pe bai'n gallu gwerthu math arall o faen. Roedd chwarel dywodfaen segur tua deg milltir i ffwrdd. Doedd perchenogion y chwarel ddim am werthu ond roedden nhw'n fodlon derbyn cymysgedd o rent am y safle a breindal ar y gwerthiant. Roedd hynny'n iawn gan Gwmni Mwyngloddio Cryfddyn am na fyddai'n rhaid iddyn nhw gael hyd i'r cyfalaf i brynu'r safle.

Ond fe gymerodd 18 mis i gael caniatâd cynllunio. Costiodd y cyfarpar a brynwyd lawer mwy na'r disgwyl ac roedd y chwarel yn fwy anodd ei gweithio nag a ragwelwyd. Doedd y chwarel ddim yn gweithredu'n llawn hyd yn oed flwyddyn ar ôl agor. Oherwydd yr ymdrech a'r amser a roddwyd i'r chwarel, cafwyd gostyngiad mawr yng nghynnyrch y gloddfa feini. Felly gostyngodd derbyniadau gwerthiant y cwmni ar yr union adeg pan oedd angen mwy o arian i ad-dalu'r rhent a'r gorddrafft. Pedair blynedd ar ôl y cychwyn gwreiddiol, daeth y cwmni i ben. Roedd £150 000 yn ddyledus ganddo i'r banc ac i amrywiaeth o gyflenwyr. Ar ôl gwerthu asedau, roedd £50 000 yn dal i fod yn ddyledus.

1 Roedd Cwmni Mwyngloddio Cryfddyn yn 'gwmni cyfyngedig'. Beth yw ystyr hyn?
2 Sut yr aeth y cwmni i drafferthion ariannol?
3 (a) Faint oedd yn ddyledus gan y cwmni i'w fanc a'i gyflenwyr pan ddaeth i ben?
  (b) Awgrymwch asedau'r cwmni y gellid eu gwerthu i dalu ei ddyledion.
4 Beth gollodd y pum cyfranddaliwr pan ddaeth y cwmni i ben?
5 Pwy enillodd a phwy gollodd am fod Cwmni Mwyngloddio Cryfddyn yn fusnes atebolrwydd cyfyngedig yn hytrach na busnes atebolrwydd anghyfyngedig?

Uned 12 Cwmnïau cyfyngedig

Cofrestrydd Cwmnïau er mwyn sefydlu cwmni cyfyngedig.
- Mae'r **MEMORANDWM CYMDEITHASIAD** yn rhoi manylion am enw'r cwmni, cyfeiriad ei swyddfa gofrestredig, datganiad y bydd gan ei gyfranddalwyr atebolrwydd cyfyngedig, y math o gyfalaf cyfranddaliadau a faint sydd ohono a disgrifiad o weithgareddau busnes y cwmni (yn achos *The Original Propshop*, darparu dodrefn arddangos).
- Mae'r **ERTHYGLAU CYMDEITHASIAD** yn rhoi manylion am hawliau pleidleisio y cyfranddalwyr, sut y caiff yr elw ei ddosbarthu, beth yw dyletswyddau cyfarwyddwyr y cwmni a'r trefnau i'w dilyn yn y cyfarfod cyffredinol blynyddol.

Rhaid i'r Cofrestrydd Cwmnïau roi **tystysgrif gorffori** cyn y gall cwmni ddechrau masnachu, h.y. cychwyn fel busnes. Bob blwyddyn mae'n rhaid i gwmni cyfyngedig anfon cyfrifon archwiliedig a gwahanol ddogfennau eraill i'r Cofrestrydd Cwmnïau yn Nhŷ'r Cwmnïau. Gall unrhyw un sy'n gofyn weld y rhain. Felly, ni ellir cadw materion y busnes yn breifat yn yr un modd â busnes unig berchenogaeth neu bartneriaeth. Gall unrhyw un wybod beth oedd gwerthiant y cwmni a pha elw a wnaed yn ôl y cyfrifon diwethaf a anfonwyd i Dŷ'r Cwmnïau.

Cyf a ccc

Mae dau fath o gwmnïau cyfyngedig - **CWMNÏAU CYFYNGEDIG PREIFAT** a **CHWMNÏAU CYFYNGEDIG CYHOEDDUS**. Mae cwmnïau cyfyngedig preifat yn ychwanegu Cyf (*Ltd*) ar ôl eu henwau, e.e. *The Original Propshop Ltd*. Mae cwmnïau cyfyngedig cyhoeddus yn ychwanegu ccc (*plc*) ar ôl eu henwau, e.e. *Storehouse plc*.

Gwahaniaethau rhwng cwmnïau cyfyngedig preifat a chyhoeddus

Mae gwahaniaethau pwysig rhwng cwmnïau cyfyngedig preifat a chwmnïau cyfyngedig cyhoeddus.

Gwerthu cyfranddaliadau

Rhaid i gyfranddaliadau ccc fod yn werthadwy ar gyfnewidfa stoc. Mae *Storehouse plc*, er enghraifft, wedi'i **restru** ar Gyfnewidfa Stoc Llundain. Mae cccau newydd llai yn y DU yn tueddu i gael rhestriad yn y Farchnad Fuddsoddiant Amgen (*Alternative Investment Market*). Mae rhestriad yn golygu bod y gyfnewidfa stoc yn caniatáu i gyfranddaliadau'r cwmni gael eu prynu a'u gwerthu drwy'r gyfnewidfa stoc. Does dim marchnad agored ar gyfer cyfranddaliadau cwmnïau preifat fel *The Original Propshop*. Gallai hyn fod yn broblem iddynt os byddant am godi swm mawr o arian (☞ uned 30).

Cyfalaf cyfranddaliadau
Yn ôl y gyfraith mae'n rhaid i ccc fod â £50 000 o leiaf o gyfalaf cyfranddaliadau i gychwyn. Gall cwmni preifat gychwyn â £2 yn unig o gyfalaf cyfranddaliadau. Yn ymarferol mae'n rhaid i cccau newydd heddiw gael gwerth-y-farchnad o filiynau o bunnoedd er mwyn cael rhestriad ar gyfnewidfa stoc.

Maint a nifer y cyfranddalwyr
Mae nifer y cyfranddalwyr yn debygol o fod yn fwy o lawer mewn ccc na mewn cwmni cyfyngedig preifat. Dim ond dau gyfranddaliwr sydd gan *The Original Propshop*. Yn 1997 roedd gan *Storehouse* 40 020 o gyfranddalwyr. Mae cccau yn dueddol o gael mwy o gyfranddalwyr am eu bod yn gwmnïau mwy. Does dim marchnad agored ar gyfer cyfranddaliadau cwmnïau cyfyngedig preifat. Rhaid i unrhyw un sydd am brynu cyfranddaliadau mewn cwmni cyfyngedig preifat gael caniatâd y mwyafrif o'r cyfranddalwyr. Gall

---

Rydych wedi penderfynu sefydlu cwmni gyda'ch ffrind. Efallai bod gennych syniad busnes eisoes. Os na, tybiwch eich bod wedi penderfynu sefydlu cwmni sy'n gwerthu gemau yn eich ysgol/coleg.

1 Lluniwch Femorandwm Cymdeithasiad y cwmni fel a ganlyn:

Deddf Cwmnïau 1985:
Cwmni sy'n Gyfyngedig yn ôl Cyfranddaliadau
Memorandwm Cymdeithasiad _____ (enw eich cwmni)
Enw'r Cwmni yw _____
Swyddfa gofrestredig y Cwmni yw _____
(oni bai eich bod wedi penderfynu fel arall, rhowch gyfeiriad cartref un o'r cyfranddalwyr).
Nodau'r Cwmni yw _____
(disgrifiad o'ch gweithgaredd masnachu).
Mae atebolrwydd yr Aelodau yn gyfyngedig.
Cyfalaf Cyfranddaliadau y Cwmni yw £ _____
(ffigur ar gyfer eich cyfalaf cyfranddaliadau cychwynnol) wedi'i rannu'n _____ o gyfranddaliadau o £1 yr un.

2 Yna lluniwch yr Erthyglau Cymdeithasiad. Defnyddiwch y pennawd canlynol:

Deddf Cwmnïau 1985
Cwmni sy'n Gyfyngedig yn ôl Cyfranddaliadau
Erthyglau Cymdeithasiad _____ (enw eich cwmni)

Ysgrifennwch frawddeg am bob un o'r canlynol o dan eich pennawd: (a) pa rai o'r cyfranddalwyr sydd â phleidlais a faint o bleidleisiau sydd gan bob cyfranddaliwr; (b) pa gyfran o'r elw fydd yn mynd i bob cyfranddaliwr; (c) dyletswyddau cyfarwyddwyr y cwmni (e.e. mae ganddynt hawl i awdurdodi'r cwmni i gael benthyg arian); (ch) pwy fydd yn gadeirydd y cyfarfod cyffredinol blynyddol a ble fydd y cyfarfod.

43

Uned 12 Trefniadaeth gyfreithiol busnes

Mae Brian Owen a Siân Griffiths yn bartneriaid mewn busnes sy'n dylunio a gwneud cyfarpar ar gyfer yr anabl. Cychwynnon nhw'r busnes ddwy flynedd yn ôl a threulio'r flwyddyn gyntaf yn ymchwilio i gynhyrchion a'u datblygu. Dechreuodd y gwerthiant yn yr ail flwyddyn. Erbyn diwedd y flwyddyn honno roedd y busnes yn trosi gwerth £8 000 o archebion y mis. Credai'r partneriaid fod angen mwy o gyfalaf ar y busnes i ehangu. Credwyd y byddai £200 000 yn eu galluogi i symud i adeilad mwy, prynu mwy o beiriannau ac ymestyn eu hymdrechion marchnata. Dechreuasant chwilio am unigolyn neu fusnes arall a fyddai'n fodlon buddsoddi £200 000 yn y busnes.

1. Beth yw'r gwahaniaeth rhwng partneriaeth a chwmni cyfyngedig?
2. Mae'r ddau bartner yn credu y byddai angen iddynt fod yn gwmni cyfyngedig er mwyn denu'r cyfalaf ychwanegol sydd ei angen. (a) Pam y byddai atebolrwydd cyfyngedig yn atyniadol i'r unigolyn neu'r busnes a fyddai'n rhoi'r £200 000? (b) Byddai'n well gan Siân gael y £200 000 gan berthynas neu ffrind. Ydy hynny'n debygol yn eich barn chi? Eglurwch eich ateb yn ofalus.

hynny ei gwneud hi'n anodd gwerthu cyfranddaliadau i bobl y tu allan i'r busnes. Beth bynnag, mae'n debygol y bydd y prif gyfranddalwyr mewn cwmni cyfyngedig preifat yn gweithio yn y busnes ac ni fyddent am werthu. Mae'n annhebygol, er enghraifft, y bydd Chris a Martin yn dymuno gwerthu cyfranddaliadau yn *The Original Propshop* i bobl o'r tu allan.

Rheolaeth Yn ddamcaniaethol, y cyfranddalwyr sy'n rheoli cwmni cyfyngedig. Bob blwyddyn, yn y cyfarfod cyffredinol blynyddol, byddan nhw'n ethol CYFARWYDDWYR i gynrychioli buddiannau'r cyfranddalwyr. Bydd y bwrdd cyfarwyddwyr yn penodi RHEOLWYR i redeg y cwmni fel y dangosir yn Ffigur 12.1. Bydd y rheolwr pwysicaf, y rheolwr-gyfarwyddwr, hefyd yn awtomatig yn gyfarwyddwr y cwmni. Bydd rhai o'r rheolwyr eraill hefyd yn eistedd ar y bwrdd cyfarwyddwyr.

Yn aml yr un bobl fydd y cyfranddalwyr, y cyfarwyddwyr a'r rheolwyr mewn cwmni cyfyngedig preifat am fod y cwmni'n fach. Mewn ccc, fodd bynnag, bydd y cyfarwyddwyr a'r rheolwyr yn debygol o fod yn berchen cyfran fach yn unig o gyfranddaliadau'r cwmni. Felly, mae'r bobl sy'n gyfrifol am redeg y cwmni o ddydd i ddydd (y rheolwyr) a'r bobl sy'n gyfrifol am gyfarwyddo'r cwmni yn y tymor hir (y cyfarwyddwyr) yn wahanol i'r cyfranddalwyr.

Yn ddamcaniaethol, caiff y cyfarwyddwyr eu hethol gan y cyfranddalwyr yng nghyfarfod cyffredinol blynyddol y cwmni i amddiffyn buddiannau'r cyfranddalwyr. Yn ymarferol, gallai'r hyn y mae'r cyfranddalwyr am ei gael a'r hyn y mae'r cyfarwyddwyr am ei gael a'r hyn y bydd y rheolwyr yn penderfynu ei wneud fod yn wahanol. Mae **gwahaniaeth rhwng perchenogaeth a rheolaeth**. Gallai hynny effeithio ar **nodau** y cwmni (→ uned 17).

Manteision ac anfanteision cwmni cyfyngedig

Mantais fawr cwmni cyfyngedig yw ei bod hi'n haws denu cyfranddalwyr ychwanegol i fuddsoddi arian yn y busnes oherwydd atebolrwydd cyfyngedig. O ganlyniad gall y busnes dyfu'n fawr.

Un anfantais yw bod yn rhaid rhoi gwybodaeth am y cwmni i'r cyhoedd. Rhaid i ccc roi mwy o wybodaeth na chwmni cyfyngedig preifat. Mae rhoi gwybodaeth hefyd yn gostus. Mae'n costio o leiaf £700 y flwyddyn i baratoi adroddiad a chyfrifon ar gyfer cwmni cyfyngedig preifat. Y gost isaf ar gyfer ccc yw mwy na £100 000. Mae adroddiad a chyfrifon cyhoeddedig ccc yn costio degau o filoedd o bunnoedd i'w paratoi, eu hargraffu a'u dosbarthu.

Anfantais arall i ccc yw cost cydymffurfio â rheolau'r gyfnewidfa stoc. Mae Cyfnewidfa Stoc Llundain yn gosod amrywiaeth o reolau ar gwmnïau sy'n ceisio am restriad. Bwriad y rhain yw amddiffyn cyfranddalwyr y dyfodol drwy roi mwy o wybodaeth iddynt am y busnes. Mantais cael rhestriad yn y Farchnad Fuddsoddiant Amgen yw bod y rheoliadau'n llai caeth. Felly mae'n rhatach i gwmni gael rhestriad. Ar y llaw arall mae'r cyfranddaliadau'n cael eu hystyried yn fwy o risg a gallai fod yn fwy anodd codi arian drwy ddyroddiadau newydd o gyfranddaliadau.

Honnir weithiau hefyd nad yw'r cyfranddalwyr mewn ccc ond am wneud elw tymor byr. Dydyn nhw ddim am ystyried y sefyllfa dymor hir. Dydy'r cwmni, felly, ddim yn cael ei hybu i fuddsoddi arian mewn projectau a fydd yn broffidiol yn y tymor hir ond nid yn y tymor byr.

Ffynhonnell: addaswyd o wybodaeth a roddwyd gan *The Original Propshop*.

CYFRANDDALWYR
Perchenogion y cwmni

↑↑↑
↓↓↓

BWRDD CYFARWYDDWYR
Yn gyfrifol am ddiogelu buddiannau'r cyfranddalwyr

↓↓↓

RHEOLWYR
Fe'u penodir i redeg y busnes o ddydd i ddydd

Ffigur 12.1 Rheolaeth ar gwmni cyfyngedig

Uned 12 Cwmnïau cyfyngedig

? Mae Tabl 12.1 yn rhoi manylion am brisiau cyfranddaliadau adwerthwyr sy'n gwmnïau cyfyngedig cyhoeddus.
1 Ar 27 Hydref 1997 beth (mewn punnoedd a cheiniogau) oedd pris un cyfranddaliad yn y cwmnïau canlynol: (a) *Dixons*; (b) *Harvey Nichols*; (c) *Storehouse*?
2 Beth oedd pris uchaf y cyfranddaliadau yng nghwestiwn 1 yn 1997?
3 Mae cyfalafiad y farchnad ar gyfer y cwmni yn dangos gwerth y cwmni yn ôl pris ei gyfranddaliadau. Beth oedd gwerth y canlynol (mewn miliynau o bunnoedd) ar 27 Hydref 1997: (a) *Allied Carpets*; (b) *Body Shop*; (c) *Marks & Spencer*?
4 Nifer y cyfranddaliadau a ddyroddwyd x pris y cyfranddaliadau = cyfalafiad y farchnad ar gyfer cwmni. Defnyddiwch gyfrifiannell i ddarganfod faint o gyfranddaliadau oedd gan y canlynol yn Hydref 1997: (a) *Etam*; (b) *Laura Ashley*; (c) *MFI Furniture*; (ch) *Marks & Spencer*.

Tabl 12.1 Prisiau cyfranddaliadau cwmnïau mewn adwerthu cyffredinol, 27 Hydref 1997.

	Y PRIS HEDDIW ceiniogau	PRIS 1997 UCHAF ceiniogau	ISAF ceiniogau	CYFALAFIAD Y FARCHNAD £miliwn
Allied Carpets	225.5	320	200.5	203.9
Ashley (Laura)	52.5	208	49	125.3
Body Shop	167.5	224.5	148.5	324.8
Dixons	690	715	462	2 946
Etam	131.5	160.5	102.5	86.5
Harvey Nichols	268.5	353.5	227.5	147.7
Marks & Spencer	603	672.5	458.5	17 197
MFI Furniture	121	201.5	121	719.6
Storehouse	229	305.5	184	966.2

Ffynhonnell: addaswyd o'r *Financial Times*, 28 Hydref 1997.

termau allweddol

Atebolrwydd cyfyngedig - mae cyfranddalwyr cwmni yn rhwymedig i dalu dyledion cwmni hyd at werth eu cyfranddaliadau a dim mwy na hynny.
Cwmni - busnes sydd ag atebolrwydd cyfyngedig ac sy'n gorfforedig o dan Ddeddf Cwmnïau.
Cwmni cyfyngedig cyhoeddus - cwmni cydgyfalaf y bydd ei gyfranddaliadau'n cael eu masnachu'n agored ar gyfnewidfa stoc.
Cwmni cyfyngedig preifat - cwmni cydgyfalaf na fydd ei gyfranddaliadau'n cael eu masnachu ar gyfnewidfa stoc.
Cyfarwyddwyr - pobl sy'n cael eu hethol i fwrdd cwmni gan y cyfranddalwyr i gynrychioli buddiannau'r cyfranddalwyr.
Cyfranddalwyr - perchenogion cwmni.
Erthyglau Cymdeithasiad - y ddogfen sy'n rhoi manylion am y berthynas rhwng y cwmni, ei gyfranddalwyr a'i gyfarwyddwyr.
Memorandwm Cymdeithasiad - y ddogfen sy'n rhoi manylion am bwrpas cwmni a'i gyfranddalwyr. Rhaid llunio'r ddogfen hon er mwyn cofrestru'r cwmni cyn y gall ddechrau masnachu.
Rheolwyr - gweithwyr sy'n gyfrifol am redeg y cwmni o ddydd i ddydd. Maen nhw'n atebol i gyfarwyddwyr y cwmni. Efallai y bydd rhai rheolwyr yn gyfarwyddwyr hefyd. Fe'u gelwir yn gyfarwyddwyr gweithredol (*executive*).

ACHOS CRYNODOL

GREENALLS PLC

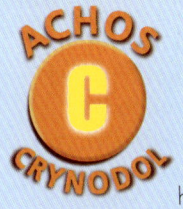

Un o'r prif adwerthwyr bwyd, diod, llety a hamdden yw *The Greenalls Group*. Mae'n berchen tafarnau, mannau hamdden, gwestai o safon a siopau diodydd arbenigol ac mae'n gweithgynhyrchu gwirodydd gwyn gan gynnwys jin a fodca. Edrychwch ar Dabl 12.2.

1 Faint o gyfranddalwyr oedd gan y cwmni?
2 Faint o gyfranddalwyr oedd yn berchen: (a) rhwng 1 a 1 000 o gyfranddaliadau; (b) mwy na 1 000 o gyfranddaliadau?
3 Faint oedd cyfanswm y cyfranddaliadau oedd gan y canlynol: (a) cyfranddalwyr bach oedd ag 1-1 000 o gyfranddaliadau; (b) cyfranddalwyr mawr oedd â mwy na 500 000 o gyfranddaliadau yr un?
4 'Er bod *Greenalls* yn eiddo i fwy na 20 000 o gyfranddalwyr, mae'n bennaf yn eiddo i ffracsiwn o'r nifer hwnnw.' Ydych chi'n cytuno â'r gosodiad hwn? Rhowch dystiolaeth o'r tabl.
5 Mae cyfarwyddwyr y cwmni yn berchen bron 50 miliwn o gyfranddaliadau. Mae tri o'r cyfarwyddwyr hyn yn aelodau o'r teulu a sefydlodd *The Greenalls Group*. Mae'r tri chyfarwyddwr hyn yn berchen 49.9 miliwn o'r 50 miliwn hynny o gyfranddaliadau. (a) Pa gyfran o gyfanswm cyfranddaliadau'r cwmni sy'n eiddo i'r cyfarwyddwyr? (b) I ba raddau, yn eich barn chi, y mae gwahaniaeth rhwng perchenogaeth a rheolaeth yn y cwmni hwn?

Tabl 12.2 *Greenalls plc* - nifer y cyfranddalwyr ar 27 Hydref 1996

Nifer y cyfranddaliadau a berchenogir	Nifer y cyfranddalwyr	% o'r cyfranddalwyr	Nifer y cyfanddaliadau (miliynau)	% o'r cyfranddaliadau
1-1 000	11 186	55	5	2
1 001-5 000	6 841	34	15	5
5 000-499 999	2 178	10	92	31
500 000 a mwy	115	1	183	62
Cyfanswm	20 320	100	295	100

Noder: mae'r ffigurau ar gyfer y tair golofn olaf wedi'u talgrynnu.
Ffynhonnell: Adroddiad Blynyddol a Chyfrifon *The Greenalls Group plc*.

Rhestr wirio ✓

1 Beth yw ystyr 'cyfyngedig' yng nghyswllt cwmni?
2 Mae cwmni'n mynd i'r wal gan adael dyledion o £100 miliwn. Faint fydd yn rhaid i gyfranddalwyr y cwmni ei dalu o ganlyniad?
3 Pwy sy'n berchen cwmni?
4 Pa ddogfennau y mae'n rhaid i gwmni eu rhoi i'r Cofrestrydd Cwmnïau cyn y gall ddechrau masnachu?
5 Pa ddogfen y bydd y Cofrestrydd Cwmnïau yn ei roi sy'n caniatáu i gwmni ddechrau masnachu?
6 Sut y gall cwmni wirio a wnaeth cwmni arall elw neu golled yn ddiweddar?
7 Beth yw swyddogaeth: (a) cyfarwyddwr cwmni; (b) rheolwr cwmni?
8 Os oes gan gwmni 'Cyf' ar ôl ei enw, beth mae hynny'n ei olygu?
9 Beth yw'r gwahaniaethau rhwng cwmni cyfyngedig preifat a chwmni cyfyngedig cyhoeddus?
10 Pam y mae'n haws denu cyfranddalwyr newydd i ccc nag i gwmni Cyf?
11 'Mae gwahaniaeth rhwng perchenogaeth a rheolaeth.' Beth yw ystyr hyn?

uned 13
BUSNESAU CYDWEITHREDOL

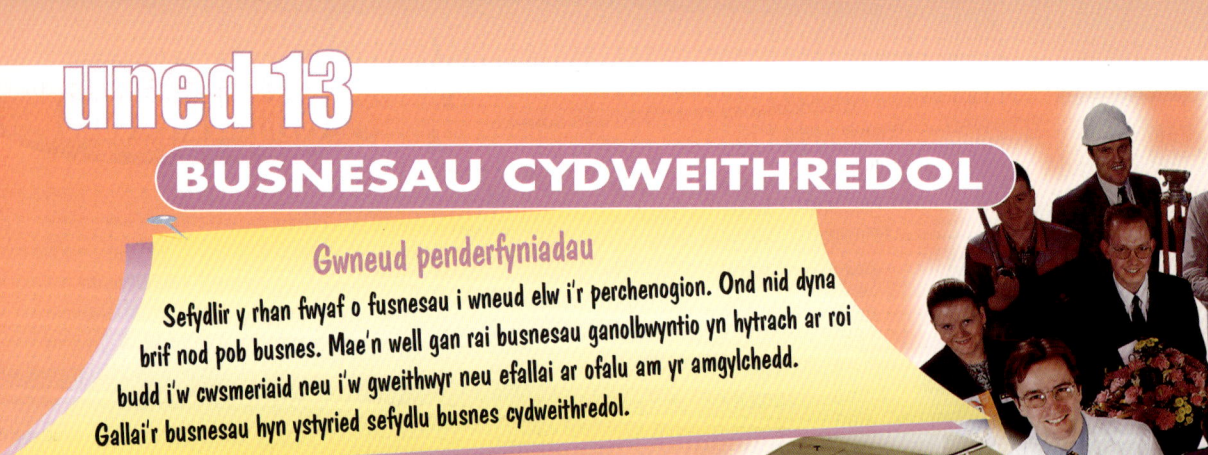

Gwneud penderfyniadau

Sefydlir y rhan fwyaf o fusnesau i wneud elw i'r perchenogion. Ond nid dyna brif nod pob busnes. Mae'n well gan rai busnesau ganolbwyntio yn hytrach ar roi budd i'w cwsmeriaid neu i'w gweithwyr neu efallai ar ofalu am yr amgylchedd. Gallai'r busnesau hyn ystyried sefydlu busnes cydweithredol.

Un o fusnesau mwyaf Gogledd-orllewin Lloegr yw *United Norwest Co-operatives Limited*. Yn 1998 £700 miliwn oedd y gwerthiant. Y brif adran yw'r adran fwyd sy'n rhedeg archfarchnadoedd, uwchfarchnadoedd a siopau cyfleus. Ond mae *United Norwest* hefyd yn rhedeg fferyllfeydd, busnes trefnu angladdau, asiantau teithio a busnes gwerthu ceir.

Y mudiad Cydweithredol

Mae *United Norwest Co-operatives* yn rhan o Fudiad Cydweithredol y DU. Mae'r mudiad hwn yn cynnwys:
- Cymdeithasau adwerthu cydweithredol a elwir yn FUSNESAU CYDWEITHREDOL DEFNYDDWYR am eu bod yn gwerthu nwyddau a gwasanaethau i ddefnyddwyr;
- Y Gymdeithas Gyfanwerthu Gydweithredol (*Co-operative Wholesale Society* - CWS), sydd dan berchenogaeth y cymdeithasau adwerthu ac sy'n darparu cynhyrchion ar eu cyfer, gan gynnwys 60% o nwyddau 'ei brand ei hun';
- amrywiaeth o weithrediadau Cydweithredol eraill fel yswiriant, bancio a theithio.

Mae Ffigur 13.1 yn dangos manylion am Fudiad Cydweithredol y DU.

Y cymdeithasau cyntaf

Ffurifwyd y gymdeithas adwerthu Gydweithredol gyntaf yn Rochdale, Swydd Gaerhirfryn. Ymunodd grŵp o weithwyr â'i gilydd i brynu bwyd a nwyddau eraill ar y cyd. Yna gwerthwyd y rhain i deuluoedd gweithio. Dosbarthwyd yr elw o'r siop, y fuddran (*dividend*), i'r gweithwyr yn unol â faint roedd pob un wedi'i wario. Erbyn diwedd y bedwaredd ganrif ar bymtheg roedd yna 1 400 o gymdeithasau Cydweithredol, gyda nwyddau'n cael eu darparu gan y Gymdeithas Gyfanwerthu Gydweithredol.

Cymharu busnesau Cydweithredol a cccau

Mae cymdeithasau Cydweithredol yn debyg mewn rhai ffyrdd i gwmnïau cyfyngedig cyhoeddus fel *Sainsbury's* neu *Tesco*. Mae gan fusnesau Cydweithredol ac cccau atebolrwydd cyfyngedig. Mae'r ddau yn unedau cyfreithiol gwahanol, yn gallu bod yn berchen eiddo, yn gallu cael eu herlyn, ayb. Mae yna wahaniaethau pwysig hefyd, fodd bynnag.

Tueddir i redeg cwmnïau cyfyngedig cyhoeddus i wneud elw i'w cyfranddalwyr. Bydd pob cyfranddaliwr yn derbyn cyfran o'r elw a bydd ganddo bleidlais yn y cyfarfod cyffredinol blynyddol yn ôl nifer y cyfranddaliadau y mae'n berchen arnynt. Mae cccau am fodloni eu cwsmeriaid am mai nhw sy'n gallu

---

1 Yn ôl y darn, beth oedd manteision siopa yng Nghymdeithas Rochdale?

2 (a) Sut y gweithiai system y fuddran?
  (b) Sut yr oedd y system hon yn annog pobl i ymaelodi â'r gymdeithas a siopa yno?

Siop wreiddiol 'The Rochdale Equitable Pioneers Society', mae'n amgueddfa erbyn hyn.

Y noson yr agorwyd ein siop daeth y 'dofferiaid' (*doffers*) allan yn llu i Toad Lane i weld y trefniadau prin o fenyn a blawd ceirch.

Ers hynny mae dwy genhedlaeth o 'ddofferiaid' wedi prynu eu menyn a'u blawd ceirch yn y siop ac wedi cael sawl pryd maethlon a sawl siaced gynnes o'r siop. Fyddai pethau fel hyn ddim wedi cyrraedd eu stumogau na'u hysgwyddau oni bai am y gwehyddion cydweithredol.

Cynigiodd Mr Charles Howarth y cynllun o rannu'r elw ymhlith yr aelodau yn unol â'u pryniant. Ar ddiwedd y chwarter cyntaf talodd Cymdeithas Rochdale fuddran o 3d yn y bunt. Yn 1844 nifer yr aelodau oedd 28, swm y cyfalaf oedd £28... Yn 1857 nifer yr aelodau oedd 1,850, swm y cyfalaf oedd £15,142.

Noder: bachgen ifanc a weithiai yn y melinau oedd 'doffer'.

George Holyoake, *The History of Co-operation in Rochdale*, 1878.

Uned 13 Busnesau cydweithredol

Mae United Norwest Co-operatives Limited yn darparu gwasanaethau trefnu angladdau, fferyllfeydd ac asiantau teithio.

creu elw i berchenogion y cwmni.

Sefydlwyd busnesau Cydweithredol yn wreiddiol i wasanaethu anghenion y cwsmeriaid. Roedd yr elw i gael ei roi yn ôl fel buddran i'r cwsmeriaid a oedd yn aelodau o'r gymdeithas. Talwyd y fuddran yn unol â faint roeddent wedi'i wario yn y Gymdeithas. Roedd elw'n llai pwysig na darparu gwasanaeth o safon uchel. Roedd gan bob aelod un bleidlais yng Nghyfarfod Cyffredinol Blynyddol y Gymdeithas, faint bynnag o gyfranddaliadau oedd ganddynt. Mae busnesau Cydweithredol dan berchenogaeth ddemocrataidd.

Y sefyllfa heddiw

Lle maen nhw'n cystadlu â busnesau tebyg o ran trefn, mae cymdeithasau Cydweithredol wedi gwneud yn dda dros y 50 mlynedd diwethaf. Er enghraifft, y cymdeithasau Cydweithredol yw'r busnes mwyaf ym maes trefnu angladdau yn y DU. Mae busnesau asiantau teithio y cymdeithasau yn llwyddiannus iawn. Adran deithio *United Norwest*, y gymdeithas Gydweithredol yng Ngogledd-orllewin Lloegr, yw'r seithfed ar restr trefnwyr teithiau mwyaf y DU. Y Gymdeithas Gyfanwerthu Gydweithredol yw'r cyfanwerthwr mwyaf a'r ffermwr mwyaf yn y DU. Mae'r Gymdeithas Yswiriant Gydweithredol a'r Banc Cydweithredol yn llwyddiannus iawn. Bu'r busnes bwydydd, fodd bynnag, yn llai llwyddiannus. Y cymdeithasau Cydweithredol gyda'i gilydd sy'n dal i fod yr adwerthwr bwydydd mwyaf yn y DU. Ond mae eu cyfran o'r farchnad (uned 18) wedi gostwng yn raddol oddi ar 1945. Y broblem oedd y cynnydd yn y gystadleuaeth gan gadwyni uwchfarchnadoedd fel *Sainsbury's* a *Tesco*.

- Mae cadwyni uwchfarchnadoedd wedi tyfu mor fawr fel y gallan nhw swmp brynu a gwerthu am yr un prisiau â'r cymdeithasau Cydweithredol os nad yn rhatach. Mae'r cymdeithasau Cydweithredol wedi'u dal â gormod o siopau groser lleol bach sy'n ddrud i'w

MUDIAD CYDWEITHREDOL Y DU FFEITHIAU A FFIGURAU	
CYMDEITHASAU ADWERTHU CYDWEITHREDOL	
Trosiant	£8 biliwn
Gwarged masnachu	£138 miliwn
Staff	69,000
Nifer y cymdeithasau	49
Budd-daliadau/buddran yr aelodau	£28 miliwn
Nifer y siopau	4,600 (77 Archfarchnad)
Nifer yr aelodau	9,132,000
Y GYMDEITHAS GYFANWERTHU GYDWEITHREDOL	
Trosiant	£3.0 biliwn
Staff	35, 000
Ffermydd	50,000 erw
Canolfannau dosbarthu	9
Nwyddau Brand y Co-op	4,500
Nifer siopau bwyd CWS	641
GRŴP Y BANC CYDWEITHREDOL	
Asedau	£4.5 biliwn
Staff	3,928
Allfeydd	158
Banciau cyfleus (*Handybanks*)	249
Cyfrifon cwsmeriaid	2 filiwn
Peiriannau arian parod (*Link*)	11,800
Y GYMDEITHAS YSWIRIANT GYDWEITHREDOL	
Cyfanswm yr Incwm (Incwm Premiymau + Incwm Buddsoddiadau)	£2.0 biliwn
Asedau (sy'n cael eu dal ar ran dalwyr polisïau)	£14.2 biliwn (gwerth y farchnad)
Nifer y teuluoedd a yswiriwyd	3.5 miliwn
Staff	11,800
Swyddfeydd Rhanbarthol, Hawliadau a Dosbarthiadau	196
Elw dros ben (1996) ar gyfer budd-daliadau dalwyr yswiriant bywyd a phensiynau	£627 miliwn
Disgowntiau premiymau i ddalwyr polisïau cartref a modur am y flwyddyn gyfredol	£14 miliwn
CO-OPERATIVE TRAVEL (pob cymdeithas gan gynnwys 250 CWS)	480 cangen
SHOE FAYRE	324 cangen
OPTEGWYR CYDWEITHREDOL	72 practis (57 CWS)
FFERYLLFEYDD CYDWEITHREDOL CENEDLAETHOL	238 cangen
CYDWEITHFEYDD GWEITHWYR (DU)	1,500 (Cyfeiriadur ICOM)

Ffigur 13.1 *Mudiad Cydweithredol y DU - ffeithiau a ffigurau.*

rhedeg oni bai eu bod yn agor am fwy o oriau.

- Wrth i gadwyni fel *Sainsbury's* a *Tesco* agor siopau mwy a mwy o ran maint, roedd y cymdeithasau Cydweithredol yn ei chael hi'n anodd agor digon o uwchfarchnadoedd i gystadlu. Allen nhw ddim codi symiau mawr o arian drwy ddyroddi cyfranddaliadau newydd ar y farchnad stoc i dalu am siopau newydd.

- Doedden nhw hefyd ddim am gau eu siopau bach lleol am eu bod yn teimlo bod y rhain yn darparu gwasanaeth ar gyfer y bobl leol. Roedd y gwasanaeth yn arbennig o ddefnyddiol i'r tlawd a'r henoed neu i bobl fel rhieni â phlant bach nad oeddent am deithio i'r uwchfarchnadoedd mawr. Doedd gan bobl fel hyn ddim ceir ac felly allen nhw ddim mynd i'r uwchfarchnadoedd newydd yn hawdd.

- Aeth y fuddran, a oedd wedi cadw cwsmeriaid yn deyrngar i'r cymdeithasau Cydweithredol yn y gorffennol, yn llai a llai pwysig wrth i siopwyr weld prisiau is yn y siop *KwikSave* neu *Tesco* agosaf. Mae angen, felly, i'r busnesau adwerthu

---

Tesco
- 155 600 o gyfranddalwyr
- Yn ethol gydag un bleidlais am bob cyfranddaliad
- Bwrdd cyfarwyddwyr 14 cyfarwyddwr (yn cynnwys gweithredol anweithredol ac adrannol)
- Yn penodi rheolwyr, mae rhai ohonynt yn gyfarwyddwyr
- Rheolwyr
- Yn rhedeg y cwmni i wneud elw, rhan o'r elw'n cael ei ddosbarthu yn fuddran am bob cyfranddaliad a berchenogir i
- 155 600 o gyfranddalwyr

United Norwest Co-operatives Limited
- 967 765 o aelodau
- Yn ethol gydag un bleidlais am bob aelod
- Byrddau Rhanbarthol
- Yn ethol
- Bwrdd cyfarwyddwyr 18 cyfarwyddwr
- Yn penodi swyddogion, mae 3 ohonynt yn gyfarwyddwyr
- Rheolaeth
- Yn rhedeg y busnes Cydweithredol i wasanaethu anghenion ei gwsmeriaid. Mae'r gwarged (= elw) yn rhannol yn cael ei ddosbarthu i'r aelodau fel llog sefydlog am bob cyfranddaliad
- Cwsmeriaid
- 967 765 o aelodau

Ffynhonnell: addaswyd o Adroddiad Blynyddol a Chyfrifon *Tesco plc* a *United Norwest Co-operatives Limited*.

Beth yw'r gwahaniaethau a ddangosir yn y diagram rhwng *Tesco plc* a *United Norwest Co-operatives Limited*?

47

Uned 13 Trefniadaeth gyfreithiol busnes

Cydweithredol gael hyd i rôl newydd i'w hunain. Yn ddiweddar mae llawer o gymdeithasau Cydweithredol wedi diwygio'u strategaeth fusnes. Maen nhw wedi symud i ffwrdd o agor archfarchnadoedd ac uwchfarchnadoedd mawr. Yn hytrach na hynny maen nhw wedi ailbwysleisio'u gwreiddiau cymunedol drwy ddatblygu uwchfarchnadoedd canolig a siopau bach cyfleus yn gwasanaethu cymunedau lleol. Yng Ngogledd-orllewin Lloegr, er enghraifft, y Co-op sy'n rhedeg y gadwyn fwyaf o siopau cyfleus, gyda mwy na 150 o ganghennau yn agor o 7 y bore tan o leiaf 11 yr hwyr.

Cydweithfeydd gweithwyr

Mae cydweithfeydd gweithwyr (*worker co-operatives*) yn wahanol i fusnesau adwerthu cydweithredol. Defnyddir y term CYDWEITHFA WEITHWYR am fusnes a berchenogir gan ei weithwyr, sef y **cynhyrchwyr** yn y busnes.

Mae *Edinburgh Bicycles* yn gydweithfa sy'n dylunio beiciau, yn trefnu iddynt gael eu gweithgynhyrchu dan gontract ac yna'n eu gwerthu o'i siop yng Nghaeredin. Yn 1998 roedd 20 perchennog/gweithiwr yn y busnes. Roedd llai na 1 500 o gydweithfeydd gweithwyr yn y DU yn 1997. Tueddai'r rhain i fod yn fusnesau cymharol fach.

Mae'r gweithwyr hefyd yn berchenogion y busnes ac felly mae'n rhaid iddynt wneud penderfyniadau ynglŷn â sut i'w redeg. O ganlyniad bydd mwy o gyfarfodydd fel rheol mewn cydweithfa weithwyr o'i chymharu â chwmni cyfyngedig. Mewn llawer o gydweithfeydd gweithwyr bydd gan bob gweithiwr un bleidlais pan fydd angen gwneud penderfyniadau, hyd yn oed os bydd gan weithwyr wahanol niferoedd o gyfranddaliadau yn y busnes. Mewn rhai eraill, yn debyg i gwmni cyfyngedig, bydd nifer y cyfranddaliadau sydd gan weithiwr yn penderfynu faint o bleidleisiau fydd ganddo. Yn *Edinburgh Bicycles*, mae gan bob gweithiwr un cyfranddaliad yn unig ac felly un bleidlais yn unig. Mae gan y gweithwyr/cyfranddalwyr atebolrwydd cyfyngedig.

Manteision ac anfanteision cydweithfeydd gweithwyr

Mae sawl mantais i gydweithfeydd gweithwyr, a phob un ohonynt yn gysylltiedig â'r ffaith mai'r gweithwyr sy'n berchen y busnes.

- Mae gwrthdaro buddiannau rhwng y perchenogion a'r gweithwyr yn llai tebygol am fod elw'r busnes yn mynd i'r gweithwyr neu'n cael ei fuddsoddi yn y busnes er mwyn sicrhau ei lwyddiant tymor hir. Er enghraifft, rhannwyd yr elw o £60 000 a wnaed gan *Edinburgh Bicycles* yn 1997 rhwng bonws i'r gweithwyr a chronfa'r elw cadw.
- Mae'r busnes yn debygol o fod yn ymwybodol o'i le yn y gymdeithas. Er enghraifft, mae *Edinburgh Bicycles* yn cynnig dosbarthiadau nos mewn cynnal a chadw beiciau i'w gwsmeriaid. Efallai y bydd cydweithfeydd eraill yn rhoi cyfran o'u helw i achosion da.

Ond gellir cael problemau gyda chydweithfeydd gweithwyr.

- Fel rheol mae'n anodd perswadio gweithwyr eraill i sefydlu cydweithfa weithwyr am ei bod hi'n haws o lawer sefydlu partneriaeth.
- Fel rheol mae'n rhaid i weithwyr newydd ddod yn berchenogion y busnes, ond gallen nhw gael trafferth i godi'r arian i brynu cyfranddaliad yn y busnes. Dydy hyn ddim yn broblem yn *Edinburgh*

Dafollt Cyf

Cydweithfa weithwyr fach sydd â 12 o aelodau yw Dafollt Cyf. Mae'r gydweithfa hefyd yn cyflogi 4 gweithiwr nad ydynt yn aelodau. Mae'n gweithgynhyrchu darnau sicrhau diwydiannol fel bolltau a nytiau.

Geraint yw'r rheolwr. Mae e'n gyfrifol am redeg y ffatri o ddydd i ddydd. Berwyn sy'n gyfrifol am y gwerthiant. Nid swydd llawn amser mo hon, felly bydd hefyd yn gweithio gyda'r aelodau eraill ar lawr y ffatri. Carol yw'r ysgrifenyddes. Dydy hi ddim yn aelod o'r gydweithfa, ond mae'n briod â Berwyn sydd yn aelod.

Mae'r holl aelodau, ar wahân i Geraint a Berwyn, yn cael eu talu yr hyn y byddent yn ei ennill mewn cwmni arferol. Yn ôl rheolau'r gydweithfa, ni ddylid talu i weithiwr sy'n aelod fwy na dwywaith cyflog y gweithiwr isaf ei dâl sy'n aelod. Mae Geraint yn cyfaddef y gallai ennill mwy mewn cwmni arferol. Mae Berwyn hefyd yn cael llai o gyflog na gwerthwr llawn amser ac mae'n rhaid iddo rannu'r unig gar sy'n eiddo i'r cwmni gydag aelodau eraill pan na fydd yn ei ddefnyddio at ddibenion y busnes.

Bob mis cynhelir cyfarfod o'r aelodau pan fydd materion polisi pwysig yn cael eu trafod. Mae'r rhan fwyaf o'r cyfarfodydd yn weddol annadleuol. Ond fel rheol bydd cryn dipyn o anghytuno pan fydd y gydweithfa'n penderfynu bob blwyddyn beth i'w wneud â'i helw. Mae Geraint yn dueddol o eisiau rhoi'r cwbl yn ôl i mewn i'r busnes i ariannu buddsoddiant. Ond mae rhai o'r aelodau am iddo gael ei ddosbarthu i'r aelodau.

1 Eglurwch: (a) pwy sy'n berchen Dafollt Cyf.; a (b) sut y gwneir penderfyniadau yn y busnes.
2 Gwelir Geraint yn edrych ar hysbysebion am reolwyr yn y papur lleol. (a) Pam y gallai gael ei demtio i newid swydd? (b) Pam y gallai ddymuno aros gyda'r gydweithfa?
3 Mae Berwyn am i Carol, ei wraig, fod yn aelod o'r gydweithfa. Ar hyn o bryd mae Carol yn cael ei thalu llai nag unrhyw un o'r gweithwyr yn y ffatri ac mae ei chyflog yn draean o gyflog Geraint. Yn ôl rheolau'r gydweithfa byddai'n rhaid iddi dalu £3 000 i brynu i mewn i'r gydweithfa, sef yr un swm ag a dalwyd gan bob aelod arall. Dim ond y swm hwn, h.y. £3 000, y byddai aelod yn ei gael pe bai'n ymadael â'r gydweithfa. Y llynedd talodd y gydweithfa £1 500 i bob aelod yn fonws allan o'r elw a wnaed. Gwerth cyfredol y busnes, o'i werthu, yw £200 000. Yn ôl rheolau'r gydweithfa gellid ei gwerthu pe bai tri chwarter o'r aelodau'n cytuno. Byddai enillion y gwerthiant yn cael eu dosbarthu'n gyfartal i bob aelod. Mae aelodaeth Carol i'w thrafod yn y cyfarfod nesaf. Pa ddadleuon y gallai'r aelodau eu rhoi, yn eich barn chi: (a) o blaid cais Carol; a (b) yn erbyn ei chais?

Uned 13 Busnesau cydweithredol

Bicycles gan na all unrhyw weithiwr brynu mwy nag un cyfranddaliad £1 yn y busnes. Bydd unrhyw weithiwr sydd wedi gweithio i'r gydweithfa am fwy na dwy flynedd yn cael yr hawl i fod yn aelod o'r gydweithfa.

- Yn aml bydd cydweithfeydd gweithwyr llwyddiannus iawn yn cael eu gwerthu i gwmnïau cyfyngedig, gyda'r gweithwyr/perchenogion yn falch o dderbyn yr arian am eu cyfranddaliadau.
- Os bydd angen arian ychwanegol i ehangu'r busnes, all cydweithfa weithwyr ddim dibynnu ar gyfranddalwyr newydd i ariannu'r ehangu. O ganlyniad bydd cydweithfeydd gweithwyr yn aml yn ei chael hi'n anodd tyfu. Yn *Edinburgh Bicycles*, mae'r gydweithfa'n dibynnu ar **orddrafftiau** a **benthyciadau banc** (uned 31) yn ogystal ag **elw cadw** (uned 30).
- Yn aml bydd cydweithfeydd gweithwyr yn gosod cyfyngiadau ar faint y gellir ei dalu i'r gweithwyr uchaf. Bydd y gweithwyr a sefydlodd y cydweithfeydd yn aml yn credu y dylai pob gweithiwr gael ei dalu tua'r un maint am yr un maint o waith. Yn *Edinburgh Bicycles*, er enghraifft, mae'r gweithiwr â'r cyflog mwyaf yn derbyn 3.8 gwaith y cyflog isaf a dim mwy na hynny. Gall fod yn anodd, felly, i recriwtio gweithwyr fel rheolwyr a allai fel arall gael cyflog uwch am weithio i fusnes nad yw'n gydweithfa. Gall hynny greu problemau i'r gydweithfa am na fydd efallai yn medru cael y gweithiwr gorau ar gyfer y swydd.

Ffynhonnell: gwybodaeth a roddwyd gan *United Norwest Co-operatives Limited*; *Co-operative Union Limited*; y *Financial Times*, 24 Chwefror 1998.

termau allweddol

Busnes cydweithredol defnyddwyr (neu adwerthu) - cyfundrefn fusnes sydd dan berchenogaeth cwsmeriaid sy'n gyfranddalwyr ac sy'n amcanu at gael y buddion uchaf i'w chwsmeriaid.

Cydweithfa weithwyr - cyfundrefn fusnes a berchenogir gan ei gweithwyr sy'n rhedeg y busnes ac yn rhannu'r elw ymhlith ei gilydd.

Rhestr wirio ✓

1. Eglurwch pam y trefnwyd y busnesau Cydweithredol cyntaf yn y DU.
2. Beth yw'r gwahaniaeth rhwng busnes cydweithredol defnyddwyr a chwmni cyfyngedig cyhoeddus?
3. Pam y mae busnesau cydweithredol defnyddwyr/adwerthu wedi'i chael hi'n anodd cystadlu â chadwyni mawr o uwchfarchnadoedd fel *Sainsbury's*?
4. Pa fathau eraill o fusnesau Cydweithredol sydd ar wahân i'r busnesau adwerthu?
5. Pwy sy'n berchen cydweithfa weithwyr?
6. Sut y gwneir penderfyniadau mewn cydweithfa weithwyr?
7. Beth yw manteision cydweithfeydd gweithwyr?
8. Beth yw problemau cydweithfeydd gweithwyr fel math o gyfundrefn fusnes?

ACHOS CRYNODOL

Y FFORDD YMLAEN

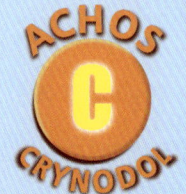

Mae busnesau cydweithredol yn dal yn bwysig yn y DU. Mae'r 51 cymdeithas Gydweithredol yn gwerthu nwyddau gwerth biliynau o bunnoedd bob blwyddyn. Maen nhw'n gwerthu 7% o'r holl fwyd a brynir yn y DU. Mae 15 %o'r gwyliau'n cael eu harchebu drwy asiantau teithio Cydweithredol. Maen nhw'n claddu un allan o bob pedwar person. Y broblem yw bod y busnesau cydweithredol yn dirywio. Yn yr 1950au, cyn i *Sainsbury's* a Tesco ddod i'r amlwg, roedden nhw'n gwerthu 11% o'r holl fwyd a werthwyd. Roedd yr ymerodraeth Gydweithredol yn enfawr, gyda busnesau Cydweithredol yn cynhyrchu a gwerthu amrywiaeth ehangach o nwyddau a gwasanaethau nag a wnânt heddiw.

Yn yr 1990au dechreuasant fynd i'r afael â'r dirywiad hwn o ddifrif. Roedd y cymdeithasau adwerthu'n barod i gau siopau amhroffidiol, hyd yn oed pan fyddai hynny'n golygu dileu gwasanaeth i gymuned leol. Cynyddodd buddsoddiant mewn adnewyddu siopau ac agor archfarchnadoedd. Maen nhw wedi gwrando ar eu cwsmeriaid drwy droi siopau bach yn siopau cyfleus sy'n agor yn hwyr ac ar y Sul. Gwnaed hyn er gwaethaf pryderon na ddylid disgwyl i weithwyr weithio oriau anghymdeithasol. Gwerthodd y Gymdeithas Gyfanwerthu Gydweithredol ei busnesau amhroffidiol yn y meysydd gweithgynhyrchu a phecynnu yn 1994. Erbyn hyn, ynghyd ag 16 cymdeithas arall, mae'n rhedeg cynghrair prynu sy'n ceisio cael y bargeinion gorau gan wneuthurwyr. Yn gyffredinol, mae'r cymdeithasau adwerthu cydweithredol yn fwy ymrwymedig i ennill elw y gallan nhw ei ddefnyddio i fuddsoddi yn eu busnesau.

Ond mae'n rhaid i fusnesau Cydweithredol ofyn i'w hunain sut y maent yn wahanol i unrhyw fusnes arall sy'n gwneud elw. Mae rhai'n dadlau mai ofer yw ceisio bod yn well na *Sainsbury's* neu Tesco o ran rhoi prisiau is neu well cynhyrchion. Pan ddechreuodd busnesau Cydweithredol 150 o flynyddoedd yn ôl, roedd defnyddwyr yn cael eu twyllo'n rheolaidd gan siopau. Bydden nhw'n talu prisiau uchel am fwyd o safon wael. Heddiw mae cadwyni uwchfarchnadoedd yn effeithlon iawn yn yr hyn a wnânt. Rhaid i fusnesau Cydweithredol fod cystal â nhw i oroesi ond maen nhw'n annhebygol o allu cynnig gwasanaeth llawer gwell.

Yn hytrach, gallen nhw edrych ar lwyddiant y Banc Cydweithredol a Body Shop. Mae'r busnesau hyn wedi llwyddo drwy fod yn foesegol. Maen nhw'n cymryd i ystyriaeth faterion fel hawliau lles anifeiliaid, y fasnach arfau a'r tlawd yn y Trydydd Byd wrth wneud penderfyniadau. Byddai hynny'n gwneud y busnesau Cydweithredol yn wahanol i fusnesau cyffredin. Byddai'n unol â'r egwyddorion Cydweithredol o wella'r byd yr ydym yn byw ynddo. Byddai'n denu cwsmeriaid sydd am wybod nad oedd eu pryniant o goffi neu esgidiau ymarfer yn achosi llygredd neu afiechyd i weithwyr eraill.

Ffynonellau: addaswyd o *The Sunday Times*, 16 Chwefror 1997; y *Financial Times*, 25 Ebrill 1997.

1. Pam y dechreuwyd busnesau Cydweithredol?
2. Awgrymwch pa broblemau y mae'r busnesau Cydweithredol wedi'u hwynebu dros y 30 mlynedd diwethaf.
3. 'Er mwyn goroesi mae'n rhaid i fusnesau Cydweithredol fod cystal â'r prif gadwyni uwchfarchnadoedd o ran cynnig prisiau isel a bwyd o safon uchel.' Eglurwch a ydych yn cytuno â'r gosodiad hwn ai peidio.
4. Trafodwch a fyddai cwsmeriaid yn cael eu denu i siopa mewn busnesau Cydweithredol pe baent yn mabwysiadu egwyddorion moesegol.

uned 14
TRWYDDEDU

Gwneud penderfyniadau

Rydych am sefydlu busnes. Ydych chi:
- yn dymuno lleihau gryn dipyn y siawns o fethu?
- am gael cymorth i sefydlu a rhedeg eich busnes?
- yn brin o arian i'w roi yn y busnes i'w gychwyn?
- yn dymuno bod yn rhan o gadwyn ranbarthol neu genedlaethol o fusnesau?

Ydych chi ddim yn poeni gormod:
- os na fydd gennych reolaeth lwyr ar eich busnes?
- os bydd yn rhaid i chi dalu ffi neu ran o'r elw i fusnes arall?

Os atebwch ie i bob un o'r cwestiynau hyn, efallai y dylech ystyried prynu i mewn i fusnes trwydded.

Sefydlwyd *Prontaprint* yn 1971. Roedd yn darparu gwasanaeth printio ffilmiau yr-un-diwrnod wedi'i seilio ar ansawdd, cyflymder a gwerth am arian. Mae'r gwerthoedd hyn yn dal yn wir heddiw, ond erbyn hyn mae *Prontaprint* yn cynnig gwasanaeth cyflawn o ddylunio a phrintio. Mae hyn yn cynnwys printio cyfnod byr ar alw mewn du a gwyn a lliw, yn ogystal â gwasanaeth disg-i-brint, gwaith dylunio creadigol, a gwasanaethau cyflwyno a chopïo. Mae gan *Prontaprint Limited* drosiant o £56 miliwn a bron 250 o ganolfannau a weithredir gan berchenogion yn y DU ac Iwerddon.

?
1. Mae'r busnesau hyn yn gweithredu masnachfreintiau/trwyddedau. Beth yw ystyr hyn?
2. Gwelir y nifer mwyaf o fusnesau trwydded yn y canlynol: mannau gwerthu bwyd, gofal am eiddo, gwasanaethau gofal yn y cartref, adwerthwyr cerdded-i-mewn a gwasanaethau i fodurwyr. Pa rai o'r busnesau a ddangosir yma sydd yn y diwydiannau hyn?
3. (a) Pe baech yn ystyried bod yn drwyddedai (*franchisee*), pa un o'r busnesau trwydded a ddangosir yn y lluniau fyddai'n apelio fwyaf atoch chi? Eglurwch pam. (b) Pa fath o berson fyddai'n drwyddedai llwyddiannus? Er enghraifft, a fyddai'n rhaid bod yn berson sy'n gweithio'n galed neu sy'n annibynnol? A fyddai angen profiad busnes a gallu i ddelio â phobl? Nodwch gynifer o nodweddion ag sy'n bosibl ac eglurwch pam y maent yn bwysig.

Trwyddedwyr a thrwyddedeion

Mae *Prontaprint* yn enghraifft o FUSNES TRWYDDED. Prontaprint yw'r TRWYDDEDWR (*franchisor*). Mae'n ennill derbyniadau drwy roi i fusnesau eraill, y TRWYDDEDEION (*franchisees*), yr hawl i werthu nwyddau neu wasanaethau gan ddefnyddio ei enw ef. Gallai'r busnesau eraill hyn, sy'n arwyddo cytundeb trwyddedu, fod yn fawr neu'n fach. Yn achos Prontaprint mae ei 250 o drwyddedeion naill ai'n unig fasnachwyr neu'n bartneriaethau neu'n gwmnïau cyfyngedig preifat.

Mae llawer o enghreifftiau o fusnesau trwydded, e.e. *Body Shop*, *Benetton*, *McDonald's*, *Pierre Victoire*, *Snappy Snaps* a *Dyno-Rod*. Mae'r trwyddedwr yn debygol o fod yn gwmni cenedlaethol neu ryngwladol. Mae wedi datblygu nwydd neu wasanaeth y mae am ei werthu. Yn hytrach na'i

Uned 14 Trwyddedu

Yn Prontaprint rhoddir hyfforddiant i'r staff i gychwyn y busnes yn ogystal â hyfforddiant wedi hynny.

?
1. Pa wasanaeth y mae'r busnes trwydded hwn yn ei gynnig i gwsmeriaid?
2. Pa fanteision y mae'r trwyddedwr yn eu rhoi i'r trwyddedai?
3. Beth yw'r costau i'r trwyddedai o brynu a gweithredu'r busnes trwydded?

Enw'r Busnes Trwydded: 1ST CALL
Disgrifiad: Siop un stop - 24 awr - Busnes atgyweirio brys a chynnal a chadw eiddo ar gyfer cwsmeriaid masnachol a chartref.
Blwyddyn sefydlu'r cwmni: 1986
Nifer y trwyddedeion: 35
Nifer y trwyddedeion a fwriedir: 100 a mwy
Cost trwydded - Cyfanswm: £15,000 - £30,000
Breindaliadau/Ffioedd sy'n daladwy: 12% ar y mwyaf
Y pecyn: Papur ysgrifennu - Llinell ffôn - Cynllun busnes - Gwerthiant a marchnata - Fan - Cyfrifiadur - Cyfalaf gweithio
Rhagamcan o'r trosiant: Blwyddyn 1 £60-£80k; Blwyddyn 2 £60-£120k
Cymorth ariannol sydd ar gael: Pob banc stryd fawr
Hyfforddiant: 1 wythnos yn y Brif Swyddfa - Hyfforddiant rheolaidd yn-y-maes neu gyda thrwyddedeion sy'n gweithredu eisoes
Gwasanaethau cymorth: Canolfan reoli genedlaethol 24 awr - Llinell frys - Datblygu busnes, gwerthiant a marchnata - Cymorth technegol - Bilio canoledig

Ffynhonnell: addaswyd o The United Kingdom Franchise Directory

werthu'n uniongyrchol i gwsmeriaid, mae'n dewis defnyddio busnesau eraill i wneud y gwerthu.

Beth mae'r trwyddedwr yn ei ddarparu

Dyma rai o'r manteision posibl i fusnes o fod yn drwyddedai:

- hyfforddiant i gychwyn y busnes. Yn *Prontaprint* mae cwrs sefydlu am bedair wythnos, yna hyfforddiant ar ôl cyflawni'r cwrs ac yna hyfforddiant rheolaidd ar ôl lansio'r busnes. Mae hyfforddiant y staff hefyd yn gynhwysfawr. Mae'r cyrsiau'n ymdrin â'r holl sgiliau y bydd eu hangen ar y tîm, gan gynnwys technegau gwerthu yn y siop a gwerthu allanol, sgiliau arlunio a dylunio, a rheol'r ystafell brintio;
- cyfarpar, fel ffitiadau'r siop neu fan. Bydd penseiri sydd wedi'u cymeradwyo gan *Prontaprint* yn helpu i ad-drefnu adeilad a bydd tîm technegol yn rhoi cyngor ynglŷn â chyfarpar newydd;
- defnyddiau i'w defnyddio wrth gynhyrchu nwydd neu wasanaeth. Mae *Prontaprint* yn gweithredu pwrcasu canolog ac mae'n defnyddio cyflenwyr wedi'u henwebu. Mae hyn yn rhoi grym prynu mawr i'r grŵp, gan alluogi gostyngiadau sylweddol yn y costau. Mae yna hefyd dîm rheoli eiddo i helpu ynglŷn â materion eiddo;
- cael hyd i gwsmeriaid. Mae *Prontaprint* yn darparu hysbysebu a hybu gwerthiant yn rheolaidd i fod yn gymorth i fusnes pob trwyddedai. Er enghraifft, 12 wythnos ar ôl i fusnes trwyddedai agor, bydd ymgyrch hybu gwerthiant amlwg ac ymgyrch cysylltiadau cyhoeddus lleol sylweddol yn cael eu lansio;
- amrywiaeth o wasanaethau cymorth, fel cyngor, benthyciadau a diogelwch yswiriant. Mae tîmau cymorth *Prontaprint* wrth law yn y tri mis cyntaf i helpu'r trwyddedai i ymgyfarwyddo â rhedeg y busnes o ddydd i ddydd. Yna bydd rheolwr datblygu busnes yn ymweld yn rheolaidd i roi cymorth a chyngor ynglŷn â chynllunio, datblygu a hyrwyddo'r busnes.
- enw brand a ategir â hysbysebu cenedlaethol. Mae *Prontaprint* yn hysbys ar raddfa genedlaethol oherwydd ei faint a'i hysbysebu. Gall brandio fod yn hanfodol i lwyddiant y trwyddedai;
- ardal ddethol i werthu cynnyrch ynddi.
- nwyddau neu wasanaethau i'w gwerthu. Mae *Prontaprint* yn datblygu nwyddau a gwasanaethau newydd yn gyson i'w trwyddedeion eu cynnig i gwsmeriaid.

Y gost i'r trwyddedai

Dydy'r trwyddedwr ddim yn darparu ei holl wasanaethau am ddim. Mae trwyddedwyr yn tueddu i godi swm sefydlog ar gychwyn y cytundeb trwyddedu i adennill costau cychwyn cangen newydd. Yna byddan nhw naill ai'n codi **ffi** (cyfran o werth popeth a werthir) neu'n codi prisiau uwch am y cynhyrchion a werthant i'r trwyddedai na'r prisiau mewn marchnad agored. Yn achos *Prontaprint* mae trwyddedeion yn talu swm cychwynnol o £10,000 am yr hawl i fasnachu dan yr enw *Prontaprint* mewn ardal benodol. Wedi hynny, mae'r trwyddedeion yn talu ffi reolaidd o 10% o werthiant y busnes.

Uned 14 Trefniadaeth gyfreithiol busnes

Dim ond canran bach o drwyddedeion sy'n methu yn eu busnes o'u cymharu â chyfradd methu o 50 y cant mewn busnesau cyffredin.

Manteision ac anfanteision i'r trwyddedai

I'r trwyddedai mae busnes trwydded yn ffordd gymharol ddiogel o gychwyn busnes. Dim ond 6-7 y cant o fusnesau trwydded sy'n methu. Mewn mathau eraill o fusnes mae cyfradd y methu tua 50 y cant o fewn y ddwy flynedd gyntaf. Dyma rai ffactorau sy'n achosi'r gwahaniaeth hwn yng nghyfradd y methu:

- mae'r trwyddedwr yn dewis pobl yn ofalus o blith y rhai sydd am brynu busnes trwydded; mae hyn yn tueddu i ddileu pobl sy'n anaddas i'r busnes.
- mae'r trwyddedwr yn nodi ar y cychwyn faint o arian y bydd yn rhaid i'r trwyddedai ei roi i mewn i'r busnes; mae llawer o fusnesau newydd yn methu am fod y perchenogion yn amcangyfrif yn rhy isel faint o arian y bydd ei angen arnynt i bara mewn busnes.
- mae fformiwla'r trwyddedu eisoes wedi'i rhoi ar brawf a llwyddo; does ond angen i'r trwyddedai ailadrodd llwyddiant trwyddedeion eraill.
- bydd y trwyddedwr yn darparu cymorth rheolaidd ac fe all helpu'r trwyddedai i ddatrys problemau fel rheoli ansawdd neu broblemau ynglŷn â threthi.

Ar y llaw arall, does gan y trwyddedai ddim yr un rhyddid i weithredu ag y byddai gan busnes cyffredin oherwydd y cytundeb trwyddedu. Yn arbennig, ni all y trwyddedai werthu'r busnes heb ganiatâd y trwyddedwr. Mewn rhai busnesau trwydded gall y trwyddedwr roi terfyn ar y drwydded heb reswm a heb orfod rhoi unrhyw iawndal. Mae'r trwyddedai hefyd yn glwm i wneud taliadau i'r trwyddedwr. Mae trwyddedeion llwyddiannus yn aml yn teimlo bod y trwyddedwr yn codi gormod arnynt.

Manteision i'r trwyddedwr

Mae dwy brif fantais i'r trwyddedwr:

- Mae'r trwyddedai'n rhoi arian i mewn ar gychwyn y busnes ac wrth redeg y busnes. O ganlyniad dydy'r trwyddedwr ddim yn gorfod cael hyd i'r arian hwnnw i redeg ei fusnes. Gall, felly, ehangu ar raddfa gyflymach o lawer.
- Mae'r trwyddedai yr un mor frwd a selog â'r trwyddedwr i wneud llwyddiant o'r busnes. Gallai hynny wneud y busnes cyfan yn fwy

ServiceMaster

Busnes trwydded llwyddiannus yn America a ddaeth i Brydain yn 1959 yw ServiceMaster. Mae 360 o fannau gwerthu dan drwydded yn y DU. Mae ServiceMaster yn cynnig tair trwydded wahanol. Mae *On Location* yn darparu gwasanaethau glanhau carpedi a chlustogwaith. *Merry Maids* yw arweinydd y farchnad ym maes gwasanaethau glanhau cartref. Mae *Furnishing Services* yn arbenigo mewn atgyweirio dodrefn gan gynnwys gwaith adfer, adfer lledr a sielacio (*French polishing*). Mae cost trwydded rhwng £11 000 a £20 500. Rhaid i'r trwyddedai dalu breindal o rhwng 4% a 10% o drosiant gwerthu. Mae'r trwyddedwr yn cynnig hyfforddiant cychwynnol. Mae'n cynnig cymorth cynhwysfawr rheolaidd gan gynnwys marchnata a chymorth gwerthiant.

Ffynhonnell: addaswyd o *Franchise World*, Ionawr/Chwefror 1998 a *The United Kingdom Franchise Directory*.

Mae Ioan a Delyth Thomas yn ystyried gweithredu busnes trwydded. Mae Ioan yn 50 oed ac mae newydd gael ei ddiswyddo o'i waith fel peiriannwr medrus mewn ffatri. Mae Delyth yn gweithio wrth y tiliau yn ei huwchfarchnad leol. Mae Ioan wedi cael pecyn ymddeoliad cynnar gan ei parod o £10 000 yn ogystal â thaliadau pensiwn rheolaidd.

1. Pa fanteision y byddai Ioan a Delyth yn eu cael o brynu trwydded gan ServiceMaster?
2. Beth fyddai'r gost iddynt o brynu a gweithredu'r busnes trwydded?
3. Pa un o'r tair trwydded a gynigir gan ServiceMaster fyddai'n fwyaf addas i Ioan a Delyth? Eglurwch eich rhesymau'n ofalus.

Uned 14 Trwyddedu

llwyddiannus na phe bai'r trwyddedwr yn gwneud dim mwy na chyflogi gweithwyr i redeg canghennau o'r busnes.

Ydy busnes trwydded yn gweithio?

Dydy pob busnes trwydded ddim yn gweithio. Efallai bod gan y trwyddedwr syniad busnes gwael a'i fod yn camarwain pobl i brynu trwydded. Wedyn byddai'r trwyddedwr a'r trwyddedeion yn mynd allan o fusnes.

Efallai hefyd nad ydy'r trwyddedeion yn darparu cynnyrch neu wasanaeth da am eu bod yn rhedeg y busnes yn wael. Mewn busnes trwydded sy'n cael ei redeg yn dda, bydd y trwyddedwr yn monitro safon ac fe allai ddweud wrth y trwyddedai i wella neu fod mewn perygl o golli'r drwydded.

Mewn busnes trwydded sy'n cael ei redeg yn wael, fodd bynnag, gallai safon wael fod yn broblem fawr, yn tynnu i lawr busnes y trwyddedai lleol a busnes cenedlaethol y trwyddedwr.

Ffynhonnell: addaswyd o wybodaeth a roddwyd gan *Prontaprint* a *Charles Barker plc*.

termau allweddol

Mansachfraint/Trwydded - yr hawl a roddir gan un busnes i fusnes arall i werthu nwyddau neu wasanaethau gan ddefnyddio'i enw ef.
Trwyddedai - busnes sy'n cytuno i weithgynhyrchu, dosbarthu neu ddarparu cynnyrch brand.
Trwyddedwr - y busnes sy'n rhoi i drwyddedeion yr hawl i werthu ei gynnyrch, yn gyfnewid am swm sefydlog o arian neu freindal.

Rhestr wirio ✓

1. Beth yw'r gwahaniaeth rhwng trwyddedwr a thrwyddedai?
2. Beth all y trwyddedwr ei ddarparu ar gyfer y trwyddedai?
3. Sut y mae'r trwyddedwr yn gwneud elw?
4. Beth yw manteision busnes trwydded i'r trwyddedai?
5. Pam y bydd person o bosibl yn penderfynu peidio â dod yn drwyddedai ond yn hytrach sefydlu ei fusnes/busnes ei hun mewn cystadleuaeth â busnes trwydded?
6. Pam y mae busnesau'n fodlon trwyddedu eu syniadau busnes gwerthfawr i fusnesau eraill?
7. Pam y gallai trwyddedu fod yn broblem: (a) i'r trwyddedai; a (b) i'r trwyddedwr?

French Connection

Mae *French Connection*, yr adwerthwr ffasiwn merched, yn symud i mewn i drwyddedu. Bydd yn agor tri man gwerthu dan drwydded yn y DU eleni yn dilyn prawf yn Efrog. Bydd hyn yn ychwanegol at wyth siop newydd yn y DU ac UDA, ei brif farchnadoedd, a fydd yn cynyddu'r lle adwerthu 30 y cant.

Dywedodd cadeirydd *French Connection* y byddai trwyddedu'n galluogi i'r cwmni ehangu ei frandiau a'i ddosbarthu yn gyflym ac am y gost leiaf. "O gymharu ein cadwyn ni â chadwyni ein cystadleuwyr, gwelwn faint o feysydd nad ydym ynddynt. Mae cyfle aruthrol i ehangu."

Bydd yr ehangu'n cynnwys datblygu cynhyrchion newydd fel dillad isaf ac amrywiaeth ehangach o gyfwisgoedd (accessories).

Ffynhonnell: addaswyd o'r *Financial Times*, 11 Ebrill 1997.

1 Beth y mae *French Connection* yn ei werthu?
2 (a) Pam y mae *French Connection* am ehangu ei fusnes? (b) Sut y mae'n bwriadu gwneud hyn?
3 (a) Beth yw'r manteision i *French Connection* o ddefnyddio trwyddedu i ehangu? (b) Beth allai fod yr anfanteision tymor hir?

FATTY ARBUCKLES

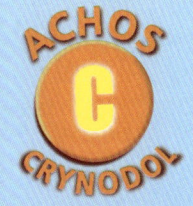

1 Beth y mae *Fatty Arbuckles* yn ei werthu?
2 Mae *Fatty Arbuckles* yn fusnes trwydded. Gan ddefnyddio gwybodaeth o'r hysbyseb, eglurwch 3 o nodweddion busnes trwydded.
3 Mae Rhian Gruffydd, 46 oed, newydd adael ei swydd fel rheolwraig siop esgidiau. Doedd hi ddim yn hoffi gweithio i bobl eraill. Credai eu bod yn aml yn gwneud y penderfyniadau anghywir. Mae ganddi £5 000 yn y banc. Mae ei ffrind wedi sefydlu busnes llwyddiannus dan drwydded ac mae Rhian yn credu y byddai hi'n drwyddedai delfrydol. Mae hi'n ymweld ag Arddangosfa Cenedlaethol y Busnesau Trwydded ac mae wedi cyrraedd stondin *Fatty Arbuckles*. A fyddech chi, fel cynrychiolydd *Fatty Arbuckles*, am annog Rhian i fod yn un o'ch trwyddedeion? Eglurwch eich rhesymau'n ofalus.

Fatty Arbuckles American Diners, Laser House, Waterfront Quay, Salford Quays, Manceinion M5 2XW.
Ffôn 0161 877 0881
Ffacs 0161 877 0882

Mae *Fatty Arbuckles American Diners* yn gadwyn o dai bwyta sy'n gysylltiedig â thema ac sy'n darparu gwasanaethu wrth fyrddau. Mae'n arbenigo mewn darparu dognau hael iawn o fwyd Americanaidd o safon am bris y gellir ei fforddio ar gyfer unrhyw grŵp oed neu unrhyw achlysur.

Mae'r awyrgylch yn hamddenol yn unol â'r cyweirnod mai "Hwyl yw bwyta allan yma". Nid oes angen profiad ym maes tai bwyta ar ddarpar drwyddedeion gan y rhoddir hyfforddiant llawn yn ogystal â chymorth gweithrediadol rheolaidd; marchnata helaeth ar raddfa leol a chenedlaethol; a disgowntiau gan gyflenwyr sydd wedi'u henwebu. Mae cyfanswm y buddsoddiad, sy'n cynnwys y ffi drwyddedu o £10,000, yn amrywio o £200,000 i £360,000.

uned 15
CWMNÏAU AMLWLADOL

Gwneud penderfyniadau

Wrth i fusnesau dyfu, efallai y gwelant fod eu marchnadoedd cenedlaethol yn rhy fach iddynt. Efallai y dechreuant allforio'u cynhyrchion. Yn ddiweddarach efallai y bydd yn fanteisiol iddynt symud peth o'u cynhyrchu i wledydd tramor. Pryd hynny gellir eu galw'n gwmnïau amlwladol (*multinational*). Rhaid i'r cwmnïau hyn benderfynu sut i weithredu'n llwyddiannus ar draws sawl gwlad, gan wynebu amrywiaeth o sefyllfaoedd lleol gwahanol o ran y gyfraith, y trethi a'r gymdeithas. Rhaid penderfynu ar y lleoliad mwyaf proffidiol ar gyfer cynhyrchu a lle mae'n broffidiol i werthu.

Mae *The BOC Group* (*British Oxygen Company* tan 10 Ebrill 1975) yn gwmni Prydeinig oedd â gwerthiant byd-eang o bron £4 biliwn yn 1997. Daw'r rhan fwyaf o hyn o werthu nwyon fel ocsigen a nitrogen. Mae ganddo hefyd dri busnes arall - gofal iechyd, technoleg gwactod a gwasanaethau dosbarthu - sy'n gyfrifol am tua chwarter o'r gwerthiant.

Cwmnïau amlwladol

Mae *The BOC Group* yn GWMNI AMLWLADOL, h.y. mae'n gweithredu nid yn unig yn y DU ond hefyd mewn gwledydd eraill ledled y byd. Mae'n berchen cwmnïau, ffatrïoedd a safleoedd ym mhobman o'r Unol Daleithiau i Dde Korea i Kenya ac Awstralia. Mae'n gwerthu ei gynhyrchion i fusnesau a llywodraethau ledled y byd.

Mae bron yn sicr y bydd cwmni amlwladol yn y DU yn **ccc** (☞ uned 12). Mae gan y prif wledydd diwydiannol i gyd eu cwmnïau amlwladol eu hunain, sydd dan berchenogaeth cyfranddalwyr yn eu gwledydd eu hunain ond sy'n gweithredu ar raddfa ryngwladol. Mae gan rai cwmnïau amlwladol gyfranddalwyr mawr mewn sawl gwlad arall hefyd.

Strwythur y cwmni

Yn aml mae gan gwmnïau amlwladol strwythurau cymhleth. Mae'n debyg y bydd RHIANT-GWMNI (*parent company*), h.y. cwmni sydd â chyfranddalwyr ac sy'n berchen cwmnïau eraill. Y term am y cwmnïau eraill hyn yw ISGWMNÏAU (*subsidiary companies*). Mae *The BOC Group plc* yn rhiant-gwmni. Yn 1997 roedd yn berchen 195 o gwmnïau eraill ledled y byd. Roedd hefyd yn berchen rhan o 264 o gwmnïau eraill. Yn Japan, er enghraifft, roedd yn berchen *BOC Japan* yn llwyr ac yn berchen 50% o *Osaka Sanso Kogyo Ltd*.

Un rheswm posibl pam y bydd gan gwmni amlwladol yn y DU isgwmnïau mewn gwledydd eraill yw bod trethi'n is yn y gwledydd hynny. Hefyd bydd gan bob isgwmni **atebolrwydd cyfyngedig** (☞ uned 12).

Manteision maint mwy

Yn aml bydd cwmnïau'n dod yn gwmnïau amlwladol oherwydd y gall maint eu helpu i gystadlu â chwmnïau eraill. Gall maint arwain at gostau is o

---

Derbyniadau fesul Rhanbarth 1996

25%
18%
57%

Gweithwyr fesul Rhanbarth 1996

20%
15%
65%

■ Ewrop
■ Cyfandiroedd America
■ Asia/Awstralasia/Affrica

Un o'r cwmnïau mwyaf yn y byd yw ABB. Yn 1996 roedd ei werthiant yn $36 biliwn (tua £22 biliwn). Mae'n cynhyrchu cyfarpar diwydiannol, yn amrywio o drenau i orsafoedd trydan i gyfarpar rheoli prosesau ar gyfer rigiau olew a melinau papur. Yn 1996 roedd yn cyflogi 215 000 o weithwyr dros bum cyfandir.

Ffynhonnell: Adroddiad Blynyddol a Chyfrifon *ABB Asea Brown Boveri*.

1. Beth sy'n gwneud ABB yn gwmni amlwladol?
2. Mae ABB wedi'i ffurfio drwy gydsoddiad nifer mawr o gwmnïau. Yn wreiddiol roedd y cwmnïau'n Ewropeaidd. Pa dystiolaeth sydd yn y siartiau cylch fod ABB yn gwmni amlwladol Ewropeaidd?
3. Yn ôl adroddiad a chyfrifon y cwmni yn 1996: 'ABB yw'r unig gwmni yn ei farchnadoedd a all gwrdd ag amrywiaeth gyfan anghenion peirianneg ei gwsmeriaid ... dim ond un cyflenwr y mae angen iddynt ddelio ag ef. Mae hynny'n golygu llai o gontractau i'w cyd-drefnu, prynu wedi'i symleiddio a dyddiadau cau projectau wedi'u trefnu'n ddiwastraff. Mantais arall yw'r perfformiad gwell sy'n deillio o gael cydrannau a thechnoleg sy'n cydweddu â'i gilydd oherwydd un cyflenwr ... Mae ABB gyda'i amrywiaeth helaeth o gynhyrchion, darbodion maint byd-eang mewn cyflenwi a chynhyrchu a'i bresenoldeb lleol ym mhob rhan o'r byd, mewn safle unigryw i ymateb i'r twf cynyddol yn y galw am atebion cost-effeithiol ac eco-effeithlon i broblemau defnyddio ynni.'

Sut y mae hyn yn egluro pam y mae maint y cwmni'n ei helpu i ennill archebion?

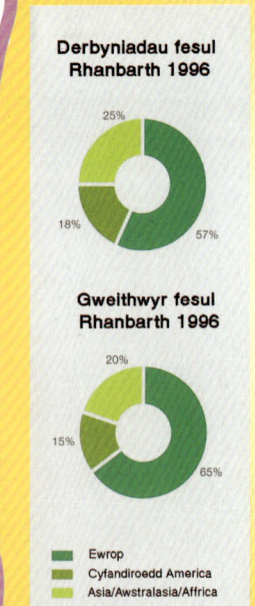

Uned 15 Cwmnïau amlwladol

gynhyrchu, efallai oherwydd **darbodion maint** (uned 18). Efallai hefyd y gall y cwmni leoli cynhyrchu yn fwy cost-effeithiol (uned 52). Yn bwysicach i *The BOC Group* yw'r ffaith y gall maint arwain at well cynhyrchion. Does gan lawer o fusnesau ddim yr arbenigedd i weithgynhyrchu a dosbarthu nwyon diwydiannol. Mae BOC hefyd yn y rheng flaen ym maes technoleg. Yn 1996, er enghraifft, ffeiliodd y grŵp 152 o **batentau** (uned 50) ledled y byd i warchod dyfeisiau a darganfyddiadau newydd.

Problemau sy'n wynebu cwmnïau amlwladol

Mae angen i gwmni amlwladol ddatblygu strategaethau i ymdopi â nifer o broblemau gwahanol.

Maint Ym mis Medi 1997 roedd *The BOC Group* yn cyflogi 41 374 o bobl. Dim ond 15 008 oedd yn gweithio yn Ewrop a llai byth yn y DU. Nid rhyfedd mo hyn o ystyried mai 31% yn unig o'r gwerthiant oedd yn Ewrop. Gyda rhyw 260 o isgwmnïau a miloedd o safleoedd ledled y byd, mae angen i *The BOC Group* gael hyd i ffyrdd o gael pawb i weithio gyda'i gilydd i gyflawni nodau'r cwmni. Mae maint y cwmni a'i ledaeniad daearyddol yn golygu bod cyfathrebu da yn hanfodol (uned 59).

Y gyfraith a gwleidyddiaeth Mae *The BOC Group* yn berchen busnesau mewn 52 gwlad ac mae'n gwerthu cynhyrchion mewn llawer mwy. O ganlyniad mae'n rhaid iddo ddeall o leiaf 52 system gyfreithiol wahanol. Mae'n delio'n gyson â llywodraethau ar raddfa leol a chenedlaethol. Rhaid iddo gael caniatâd i weithredu ffatrïoedd ac agor swyddfeydd. Efallai y bydd angen iddo gael sêl bendith y llywodraeth i gyflogi gweithwyr. Rhaid iddo dalu treth i'r llywodraeth leol. Efallai hefyd y bydd yn rhaid iddo gael caniatâd i fewnforio ac allforio ei gynhyrchion, yn ogystal â thalu biliau ac anfon elw o un wlad i wlad arall. Mae *The BOC Group* hefyd yn rhwym wrth amrywiaeth eang o reoliadau amgylcheddol am fod ei brosesau gweithgynhyrchu'n effeithio ar yr amgylchedd lleol.

Amrywiadau yn y gyfradd cyfnewid Efallai y bydd cwmnïau amlwladol yn gwerthu cynhyrchion ac yn ennill elw mewn nifer mawr o ariannau cyfred gwahanol (unedau 7 ac 8). Mae gwerthoedd ariannau cyfred, fodd bynnag, yn newid mewn perthynas â'i gilydd yn gyson. Os bydd gwerth y bunt mewn perthynas ag ariannau cyfred eraill yn newid, gall hynny gael effaith bwysig ar elw a gwerth gwerthiant tramor cwmni amlwladol. Yn 1997, er enghraifft, yn nhermau'r ariannau cyfred lleol cynyddodd gwerthiant BOC ledled y byd 6% ac roedd elw 7% yn uwch. Ond roedd gwerth y bunt hefyd yn cynyddu dipyn bryd hynny. O ganlyniad doedd fawr ddim cynnydd mewn elw o'i fesur yn nhermau punnoedd.

Ffynhonnell: adddaswyd yn rhannol o Adroddiad Blynyddol a Chyfrifon *The BOC Group*, 1997.

ACHOS CRYNODOL

CWMNÏAU OLEW

Dydy cwmnïau olew amlwladol byth yn bell o ddadl. Yn 1996 beirniadwyd *British Petroleum* (BP) am ei weithrediadau olew yn Casanare, Colombia. Roedd y beirniaid yn dadlau nad oedd wedi rhoi fawr ddim buddion economaidd i'r economi lleol yn y rhan dlawd iawn hon o Colombia. Roedd y bobl leol wedi gweld afonydd llygredig a physgod meirw a bu sôn am ollyngiadau olew a gorlifiadau cemegol. Dadleuwyd nad oedd BP wedi gwario digon ar wella ffyrdd lleol, tai, ysbytai ac ysgolion. Bu gwrthdaro hefyd rhwng y bobl leol a mudwyr a symudodd i'r ardal i chwilio am swyddi. Hefyd cyhuddwyd BP o helpu'r fyddin yn ei brwydr yn erbyn milwyr gerila a wrthwynebai lywodraeth Colombia.

Yn y DU yn 1995 Greenpeace oedd un o'r mudiadau a roddodd bwysau ar *Shell* i newid ei gynlluniau i suddo llwyfan olew Brent Spar yng Ngogledd yr Iwerydd. Dywedodd Greenpeace y byddai hynny'n llygru Gogledd yr Iwerydd.

Yn 1997 roedd *Total*, y cwmni olew o Ffrainc, mewn dadl â'r Unol Daleithiau. Roedd *Total* yn bwriadu datblygu meysydd nwy naturiol yn Iran. Roedd llywodraeth UDA yn bygwth gosod sancsiynau ar *Total*. Credai y gallai buddsoddiant yn niwydiannau olew a nwy Iran alluogi i'r wlad honno gael gafael ar 'arfau dinistrio'.

Ffynhonnell: addaswyd o'r *Independent*, 22 Mehefin 1995; y *Financial Times*, 8 Tachwedd 1996; a'r *Guardian*, 1 Hydref 1997.

1 Pam y gellid galw cwmnïau olew fel BP a *Shell* yn gwmnïau amlwladol?
2 Caiff cwmnïau olew eu beirniadu weithiau ynglŷn â'u gweithrediadau. Eglurwch 3 beirniadaeth wahanol a wneir yn y darn.
3 Awgrymwch pam y mae cwmnïau olew fel BP a *Shell* yn gweithredu mewn nifer mawr o wledydd ledled y byd.

Prosesu geiriau
4 Mae cwmni olew wedi cael ei feirniadu mewn papur newydd am ei hanes amgylcheddol. Ysgrifennwch lythyr yn ymateb i'r papur newydd gan nodi'r manteision y gall cwmni olew amlwladol eu dwyn i economi lleol.

Rhaid i gwmnïau olew fod yn ofalus i osgoi llygru wrth gael gwared â llwyfannau olew

termau allweddol

Cwmni amlwladol - busnes sy'n gweithredu mewn dwy wlad o leiaf, fel rheol yn gwerthu cynhyrchion ac yn eu cynhyrchu yn y gwledydd hynny.

Rhiant-gwmni - cwmni sy'n berchen cwmnïau eraill (a elwir yn isgwmnïau) ac yn eu rheoli.

Rhestr wirio ✓

1 Enwch 4 cwmni amlwladol.
2 Beth yw'r gwahaniaeth rhwng rhiant-gwmni ac isgwmni?
3 Pam o bosibl y bydd cwmnïau'n dod yn gwmnïau amlwladol?
4 (a) Pa broblemau y bydd cwmnïau amlwladol yn eu hwynebu a (b) sut y gallan nhw eu goresgyn?

uned 16
SEFYDLIADAU A'R SECTOR CYHOEDDUS

Gwneud penderfyniadau

Rhaid i'r llywodraeth benderfynu ar yr hyn sydd i'w ddarparu yn sector cyhoeddus yr economi a'r hyn sydd i'w gynhyrchu yn y sector preifat. Os caiff ei ddarparu gan y sector cyhoeddus, a ddylid ei gynhyrchu gan fusnesau sector preifat neu gan fusnesau dan berchenogaeth y wladwriaeth? Beth ddylid ei breifateiddio a beth ddylid ei gadw yn y sector cyhoeddus?

Mae Swyddfa'r Post yn gorff busnes mawr yn y DU. Yn 1996-7 roedd gan Grŵp Swyddfa'r Post werthiant o £6 370 miliwn, elw o £577 miliwn a 194 000 o weithwyr. Y rhan fwyaf o'r busnes yw'r Post Brenhinol, sy'n dosbarthu llythyrau. Ond mae Swyddfa'r Post hefyd yn trafod parseli drwy ei adran *Parcelforce* ac mae'n rhedeg 19 000 o swyddfeydd post drwy ei adran Cownteri Swyddfa'r Post.

Y sector cyhoeddus

Mae Swyddfa'r Post yn rhan o **sector cyhoeddus** yr economi (☞ uned 3). Y **wladwriaeth** sy'n berchen y sector cyhoeddus ac sy'n ei redeg. Y ddwy ran bwysicaf o'r wladwriaeth yw **llywodraeth ganolog** a **llywodraeth leol**.

Rheolir llywodraeth ganolog o Lundain, gyda'r Prif Weinidog yn ben arni. Mae'r dinasyddion yn ethol Aelodau Seneddol i oruchwylio llywodraeth ganolog. Yng Nghymru maen nhw hefyd yn ethol aelodau Cynulliad Cenedlaethol Cymru, lle trafodir materion sy'n ymwneud â Chymru. Llywodraeth leol yw llywodraeth y siroedd, y dosbarthiadau, y plwyfi a'r bwrdeistrefi ledled y DU.

Cynhyrchydd, darparwr a phrynwr

Mae'r sector cyhoeddus yn ddarparwr, yn gynhyrchydd ac yn brynwr.

Darparwr Mae'r sector cyhoeddus yn y DU yn darparu amrywiaeth helaeth o wasanaethau, a welir yn Ffigur 16.1, e.e. iechyd, addysg, amddiffyn a'r heddlu. Caiff rhan o hyn ei ddarparu'n rhad ac am ddim i ddefnyddwyr, e.e. addysg ysgol uwchradd. Codir prisiau am y gweddill, e.e. stampiau ar gyfer llythyrau.

Cynhyrchydd Mae'r sector cyhoeddus yn cynhyrchu rhai o'r nwyddau a'r gwasanaethau y mae'n eu darparu, e.e. amddiffyn, addysg a gofal iechyd. Am fod Swyddfa'r Post dan berchenogaeth y sector cyhoeddus mae hefyd, felly, yn cynhyrchu gwasanaethau post.

Prynwr Mae'r sector cyhoeddus yn prynu gweddill yr hyn y mae'n ei ddarparu gan fusnesau sector preifat, gan gynnwys tanciau, ffyrdd newydd a lleoedd mewn cartrefi henoed.

Corfforaethau cyhoeddus

Mae Swyddfa'r Post yn GORFFORAETH GYHOEDDUS. Mae'r math hwn o gyfundrefn fusnes yn cael ei gydnabod gan y gyfraith, fel y mae **cwmni cyfyngedig cyhoeddus** (☞ uned 12) neu fusnes **cydweithredol** (☞ uned 13). Y llywodraeth ganolog sy'n berchen corfforaeth gyhoeddus, h.y. y llywodraeth yw'r unig gyfranddaliwr. Yn debyg i gwmni cyfyngedig

---

? 1 Edrychwch ar Ffigur 16.1. Pwy sy'n darparu: (a) y fyddin; (b) casglu biniau sbwriel; (c) budd-dâl diweithdra; (ch) ysgolion cynradd; (d) llawdriniaethau yn ysbytai'r Gwasanaeth Iechyd Gwladol; (dd) gweithwyr cymdeithasol; (e) addysg uwch?

2 Cwmni yn sector preifat y DU yw *Williams Holdings*. Mae'n gwneud cyfarpar tân a diogelwch a chyfarpar adeiladu, gan gynnwys cloeon *Yale* a chadwolyn pren *Cuprinol*. Pa gyfleoedd busnes sydd i'r cwmni o ran gwerthu i'r sector cyhoeddus?

Llywodraeth ganolog: Amddiffyn, Gwasanaeth Iechyd Gwladol, Nawdd cymdeithasol, Carcharau, Heddlu, Prifysgolion, Ffyrdd

Llywodraeth leol: Addysg gynradd ac uwchradd, Gwasanaethau cymdeithasol, Llyfrgelloedd, Heddlu, Casglu sbwriel, Tai cyngor, Ffyrdd, Parciau

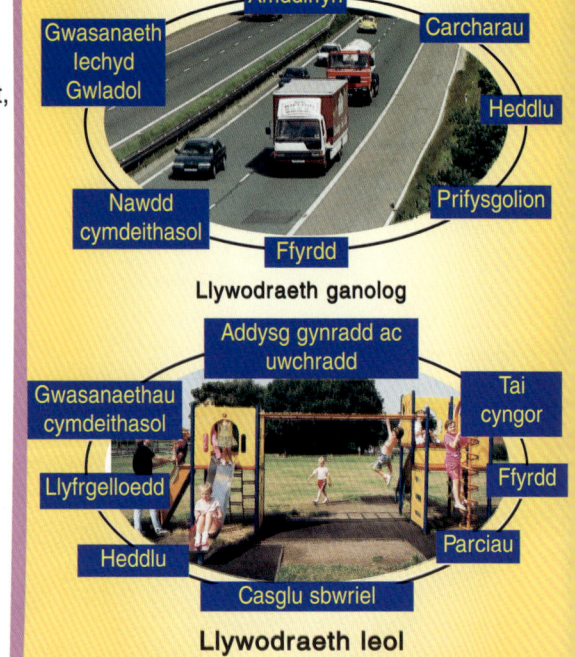

Ffigur 16.1

Uned 16 Sefydliadau a'r sector cyhoeddus

cyhoeddus, mae ganddi **fwrdd cyfarwyddwyr** (uned 12) sy'n goruchwylio rhedeg y gorfforaeth.

Mae'r llywodraeth yn gosod **nodau** (uned 17) i gorfforaethau cyhoeddus eu cyflawni. Mae'r rhain yn debygol o fod yn wahanol i nodau cwmni preifat. Y rheswm yw bod gan y llywodraeth ei hun lawer mwy o nodau na chwmni preifat sy'n debygol o ddymuno cael yr adenillion uchaf i berchenogion y busnes.

Yn 1979 roedd rhestr y corfforaethau cyhoeddus yn hirach o lawer nag y mae heddiw. Roedd yn cynnwys y diwydiant nwy, y diwydiant trydan, y rheilffyrdd, Telecom Prydain, ceir *Rover*, *British Aerospace*, *Rolls Royce*, *British Airways* a Dur Prydain.

Preifateiddio

Yn ystod yr 1980au cafodd y rhan fwyaf o'r corfforaethau cyhoeddus eu PREIFATEIDDIO, h.y. fe'u gwerthwyd gan y llywodraeth i brynwyr preifat. Erbyn hyn maen nhw'n **gwmnïau sector preifat** dan berchenogaeth cyfranddalwyr preifat. Y gwrthwyneb i breifateiddio yw GWLADOLI. Mae hyn yn digwydd pan fydd y wladwriaeth yn prynu cwmni gan ei gyfranddalwyr sector preifat. Roedd llawer o'r cwmnïau a breifateiddiwyd yn yr 1980au a'r 1990au, fel Dur Prydain a Rheilffyrdd Prydain, wedi cael eu gwladoli rhwng 1945 ac 1951.

Swyddfa'r Post yw'r unig gorfforaeth gyhoeddus fawr ar wahân i'r BBC (y Gorfforaeth Ddarlledu Brydeinig) i aros yn y sector cyhoeddus. A ddylid gwerthu Swyddfa'r Post i'r sector preifat? Mae nifer o faterion sy'n bwysig wrth benderfynu hyn.

Costau Mae'r rhan fwyaf o gwmnïau'r sector preifat yn amcanu at wneud elw. Mae mwy o elw yn well na llai o elw. Un ffordd y gallan nhw wneud mwy o elw yw trwy gadw eu costau mor isel ag sy'n bosibl. Dydy corfforaethau cyhoeddus, ar y llaw arall, ddim wedi cael llawer o gymhelliad i gadw costau mor isel ag sy'n bosibl gan mai dim ond un o'r nodau a osodwyd gan lywodraethau yw elw. Yn ymarferol, mae'r cwmnïau a'r diwydiannau a breifateiddiwyd, fel nwy a thrydan, wedi gweld gostyngiadau yn eu costau. Mae hynny'n golygu eu bod yn fwy **effeithlon** fel cynhyrchwyr. Felly, pe bai Swyddfa'r Post yn cael ei phreifateiddio, efallai y byddai ei chostau hi'n gostwng hefyd.

Prisiau Os bydd costau'n gostwng ar ôl preifateiddio, caiff cwmnïau gyfle i ostwng eu prisiau i gwsmeriaid. Mae rhai diwydiannau a chwmnïau a breifateiddiwyd yn gweithredu mewn marchnadoedd cystadleuol (uned 2). Mae cystadleuaeth rhwng busnesau yn aml yn gorfodi busnesau i osod prisiau isel. Fel arall bydden nhw'n colli cwsmeriaid a gwerthiant i fusnesau eraill. Mae costau defnyddio'r ffôn yn y DU, er enghraifft, wedi gostwng ers preifateiddio oherwydd y gorfodwyd Telecom Prydain i gystadlu â busnesau eraill fel *Mercury* ac *Orange*. Lle nad oes cystadleuaeth, fel yn y diwydiant dŵr, mae'r llywodraeth wedi sefydlu **cyrff rheoli** (*regulatory*). Dyma nhw:

- OFWAT ar gyfer y diwydiant dŵr;
- OFGAS ar gyfer y diwydiant nwy;
- OFFER ar gyfer y diwydiant trydan;
- ORR ar gyfer diwydiant y rheilffyrdd;
- OFTEL ar gyfer y diwydiant ffôn.

Mae'r cyrff rheoli hyn yn gosod rheolau ar gyfer sut y gall busnesau yn y diwydiant gystadlu. Maen nhw hefyd yn dueddol o bennu uchafswm i'r prisiau y gall cwmnïau eu codi fel na chodir gormod ar y defnyddiwr.

Pe câi Swyddfa'r Post ei phreifateiddio byddai'n debygol o gadw ei **monopoli** (uned 2) o'r gwasanaeth post. Ar hyn o bryd yn ôl y gyfraith ni all busnesau gasglu a dosbarthu llythyrau oni bai eu bod yn codi £1 o leiaf am bob llythyr. Ni all unrhyw fusnes, felly, gystadlu â'r Post Brenhinol sy'n codi chwarter y pris hwnnw. Pe câi Swyddfa'r Post ei phreifateiddio, byddai'n rhaid i'r llywodraeth sefydlu corff rheoli ar gyfer gwasanaethau post. Byddai hwnnw'n pennu uchafbrisiau ar gyfer Swyddfa'r Post. Pe bai Swyddfa'r Post yn gostwng costau, byddai'r corff rheoli yn debygol o'i gorfodi i ostwng ei phrisiau. Byddai hynny o fudd i'r cwsmeriaid.

Cystadleuaeth a Swyddfa'r Post

Mae Swyddfa'r Post yn y DU yn fonopoli. Ni chaniateir i unrhyw gwmni heblaw Swyddfa'r Post ddosbarthu llythyrau neu becynnau am lai na £1. Mae hynny'n golygu na all unrhyw gwmni gystadlu â gwasanaeth llythyrau Swyddfa'r Post. Mae Swyddfa'r Post, fodd bynnag, yn wynebu cystadleuaeth gref yn ei busnes parseli, lle mae cost anfon y parsel yn fwy na £1. Mae'n wynebu cystadleuaeth gref gan fathau eraill o gyfathrebu. Yn hytrach nag anfon llythyr, gallwch godi'r ffôn neu ddefnyddio'r e-bost. Mae peiriannau ffacs yn galluogi dosbarthu negesau a dogfennau ar unwaith. Mae hefyd wedi gorfod paratoi ar gyfer rhyddfrydoli gwasanaethau post yn Ewrop. Bydd hynny'n golygu y gallai unrhyw Swyddfa'r Post, fel Swyddfa'r Post Ffrainc, sefydlu gwasanaeth yn y DU. Yn yr un modd gallai Swyddfa'r Post y DU weithredu yn Ffrainc a chymryd busnes i ffwrdd o Swyddfa'r Post Ffrainc.

Hoffai rhai o'i chyfarwyddwyr weld Swyddfa'r Post yn cael ei phreifateiddio. Ar hyn o bryd mae'n rhaid iddi roi cyfran fawr o'i helw i'r llywodraeth, sy'n berchen arni. Mae hynny'n cyfyngu ar faint y gall Swyddfa'r Post ei gadw'n ôl i'w fuddsoddi yn y busnes. Ni chaniateir iddi gael benthyg arian ar gyfer buddsoddi. Mae'r llywodraeth hefyd yn gosod targed iddi ar gyfer gostwng ei chostau i'w gwneud hi'n fwy effeithlon.

Byddai hefyd yn dymuno 'addasu prisiau llythyrau o fewn fformiwla arbennig ar gyfer gwasanaethau llythyrau sy'n fonopoli ac ar gyfraddau cystadleuol ar gyfer gwasanaethau nad ydynt yn fonopoli.'

Ffynhonnell: addaswyd o wybodaeth ar Safle Swyddfa'r Post ar y We.

1. Beth yw ystyr: (a) preifateiddio; (b) monopoli; (c) cystadleuaeth?
2. Pa gystadleuaeth y mae Swyddfa'r Post yn ei hwynebu?
3. Eglurwch pam y gallai preifateiddio Swyddfa'r Post alluogi iddi gystadlu'n well yn erbyn ei chystadleuwyr?
4. Mae'n costio mwy o lawer i gasglu a dosbarthu llythyrau i ardaloedd gwledig nag i ardaloedd trefol. Yn eich barn chi, a ddylid caniatáu i Swyddfa'r Post addasu prisiau llythyrau i adlewyrchu'r gwahaniaethau hyn mewn costau? Eglurwch eich ateb yn ofalus gan nodi'r manteision a'r anfanteision i'r rhai sy'n gysylltiedig â hyn.

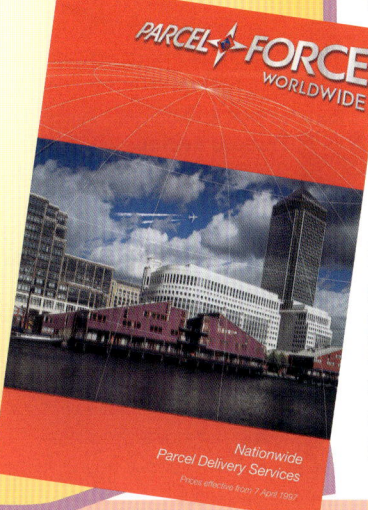

57

Uned 16 Trefniadaeth gyfreithiol busnes

Y cynnyrch Fel rheol roedd corfforaethau cyhoeddus yn fonopolyddion. Heb unrhyw gystadleuaeth, doedd ganddynt ddim cymhelliad cryf i ddarparu nwyddau a gwasanaethau yr oedd cwsmeriaid am eu cael. Gall preifateiddio newid hyn. Os bydd y cwmni'n dal i fod yn fonopolydd, un ffordd o ennill mwy o elw yw gwerthu mwy. Rhaid, felly, darganfod yr hyn y mae'r cwsmer am ei brynu a darparu hynny. Gellid dadlau y byddai Swyddfa'r Post breifateiddiedig yn darparu gwell gwasanaethau nag a ddarperir yn awr. Ar y llaw arall, gallai geisio cynyddu ei helw drwy ddileu rhai gwasanaethau. Mae dosbarthu llythyrau i ardaloedd gwledig yn gwneud colled. Mae llawer o swyddfeydd post pentrefi hefyd yn amhroffidiol. Ofnir y byddai Swyddfa'r Post breifateiddiedig yn dileu gwasanaethau mewn ardaloedd gwledig. A fyddai hynny o fudd i gwsmeriaid?

Mentrau eraill yn y sector cyhoeddus

Mae corfforaethau cyhoeddus fel Swyddfa'r Post yn un enghraifft o blith llawer o FENTRAU SECTOR CYHOEDDUS, sef busnesau dan berchenogaeth y wladwriaeth.

Y llywodraeth ganolog sy'n berchen corfforaethau cyhoeddus. Ond mae awdurdodau lleol hefyd yn berchen llawer o fentrau sector cyhoeddus, fel canolfannau hamdden lleol, mynwentydd, amlosgfeydd, meysydd awyr a neuaddau marchnadoedd.

Mae hefyd nifer cynyddol o fentrau sector cyhoeddus nad ydynt dan berchenogaeth llywodraeth ganolog na llywodraeth leol, e.e. Ysbytai Ymddiriedolaethau neu Ysgolion â Gynhelir â Grant. Os ydy'ch ysgol chi'n Ysgol â Gynhelir â Grant, mae'n fenter sector cyhoeddus. Gall berchen eiddo, gall gael ei herlyn, mae'n gyflogwr ac mae'n gallu gwerthu ei gwasanaethau.

Cyfleoedd i fusnesau

Mae preifateiddio wedi creu busnesau newydd. Cafodd y diwydiant trydan, er enghraifft, ei rannu'n fwy na deg cwmni gwahanol. Yna cafodd rhai busnesau preifateiddiedig eu **trosfeddiannu** (*taken over*) (☞ uned 19) gan fusnesau a oedd eisoes yn y sector preifat. Mae sawl ffordd arall, fodd bynnag, lle gall newidiadau a wneir gan y llywodraeth effeithio ar fusnesau.

Dadreoli Mae'r llywodraeth yn gwneud nifer mawr o reolau ynglŷn â sut y gall busnesau weithredu. Mae Deddfau fel **Deddfau Iechyd a Diogelwch** (☞ uned 62) yn amddiffyn gweithwyr rhag amodau gwaith anniogel. Mae deddfau fel **Deddfau Disgrifiadau Masnach** (☞ uned 45) yn amddiffyn defnyddwyr rhag nwyddau a gwasanaethau o ansawdd gwael.

Mae **dadreoli** yn digwydd pan fydd y llywodraeth yn cael gwared â rhai o'r rheolau hyn. Yn yr 1980au, er enghraifft, newidiodd y llywodraeth y rheolau ynglŷn â bysiau. Cyn hynny rhoddwyd monopolïau lleol i gwmnïau bysiau, a oedd yn bennaf dan berchenogaeth awdurdodau lleol. Allai cwmnïau bysiau eraill ddim cystadlu â nhw. Heddiw gall unrhyw gwmni bysiau ddarparu gwasanaethau lleol neu genedlaethol. Mae hyn wedi cynyddu cystadleuaeth yn y diwydiant bysiau cryn dipyn. Rhoddodd hyn gyfle i

---

Prisiau is am nwy

Preifateiddiwyd y diwydiant nwy yn 1986, ond fe'i preifateiddiwyd fel monopoli. Un cwmni, Nwy Prydain, oedd yn gwerthu bron y cyfan o'r nwy i fusnesau (defnyddwyr diwydiannol) a chartrefi yn y DU. Sefydlwyd corff rheoli, OFGAS, a roddod bwysau tuag i lawr ar brisiau nwy. Ond yr hyn a drawsffurfiodd y farchnad oedd cyflwyno cystadleuaeth i faes cyflenwi nwy. Yn 1992 collodd Nwy Prydain ei rym monopoli i werthu nwy i fusnesau. Yn awr gall unrhyw gwmni drefnu i werthu nwy i ddefnyddwyr diwydiannol. Y canlyniad oedd i bris nwy i'r cwsmer diwydiannol ostwng bron hanner dros y 5 mlynedd nesaf.

Yn 1998 rhoddwyd y rhyddid i'r holl gartrefi ddewis eu cyflenwr nwy. Mae'r gystadleuaeth hon hefyd yn gwthio prisiau i lawr i'r cwsmeriaid. Ond dydy'r cwsmeriaid i gyd ddim yn hapus. Mae gan rai o'r cwmnïau sydd yn awr yn cyflenwi nwy hanes o roi gwasanaeth gwael. Cafwyd cynnydd, er enghraifft, yn y cwynion am filiau anghywir ers cyflwyno cystadleuaeth. Hefyd mae llawer o gwmnïau nwy yn osgoi derbyn cwsmeriaid sydd ag incwm isel. Felly, *Centrica*, y cwmni a fu gynt yn Nwy Prydain, sy'n cyflenwi nwy i'r cwsmeriaid hyn. Mae *Centrica* wedi ymateb drwy ehangu'r defnydd a wneir o fesuryddion rhagdalu (*pre-payment meters*). Gosodir y rhain yn y cartrefi incwm isel hynny sydd â hanes o dalu biliau'n hwyr neu beidio â'u talu o gwbl. Rhaid i gwsmeriaid roi arian i mewn i'r mesurydd cyn y cyflenwir nwy, ond mae'r pris am bob uned o nwy yn uwch nag yw i'r cwsmeriaid cyffredin. Mae *Centrica* yn dweud bod hyn yn helpu cwsmeriaid â'u cyllidebu. Mae'n nodi hefyd fod cwsmeriaid rhagdalu yn prynu 5% yn unig o nwy *Centrica* ond eu bod yn cyfrif am 20% o'r costau. Mae elw *Centrica* yn cynyddu am fod llai o filiau sydd heb eu talu. Ond mae'r biliau nwy i gartefi tlawd hefyd yn cynyddu am fod yn rhaid iddynt dalu prisiau uwch am nwy.

Ffynhonnell: addaswyd o'r *Financial Times*, 12 Tachwedd 1997.

1 Beth yw ystyr: (a) preifateiddio; a (b) monopoli?
2 (a) Awgrymwch pam yr arweiniodd cystadleuaeth yn y farchnad nwy at brisiau is. (b) Ydy'r gystadleuaeth hon bob amser yn dda i gwsmeriaid?

Prosesu geiriau
3 Ysgrifennwch lythyr fel un o weithredwyr *Centrica* at y rheolydd nwy. Yn eich llythyr eglurwch pam ei bod hi'n annheg nad ydy cwmnïau nwy eraill yn derbyn cartrefi sydd ag incwm isel. Awgrymwch y dylai pob cwmni nwy dalu tâl ychwanegol yn seiliedig ar nifer y cwsmeriaid cyffredin sydd ganddo. Yna byddai'r arian hwn yn cael ei ddosbarthu i'r cwmnïau nwy yn ôl faint o'u cwsmeriaid sydd â mesuryddion rhagdalu. Eglurwch pam y byddai hyn o fudd i gwsmeriaid.

Ffigur 16.2 *Prisiau nwy diwydiannol*
Ffynhonnell: addaswyd o *Energy Trends*, Adran Masnach a Diwydiant

Uned 16 Sefydliadau a'r sector cyhoeddus

gwmnïau fel *Stagecoach* sefydlu busnes ac ehangu. Roedd hefyd yn creu bygythiad i gwmnïau bysiau a oedd eisoes yn bodoli. Y duedd oedd i'r cwmnïau bysiau dan berchenogaeth awdurdodau lleol golli cwsmeriaid.

Contractio allan Mae llawer o wasanaethau y mae'r llywodraeth yn talu amdanynt yn cael eu darparu gan fusnesau sector preifat. Er enghraifft, mae llawer o awdurdodau lleol yn gosod casglu sbwriel ar **dendr**. Rhoddir y contract i'r cwmni sy'n rhoi'r cynnig isaf - y pris rhataf - am ddarparu'r gwasanaeth. Mae hyn yn rhoi cyfle i fusnesau ennill archebion newydd. Mae popeth wedi'i osod ar dendr, o leoedd mewn cartrefi henoed i arlwyo mewn ysbytai.

Uwchdram (*Supertram*) Sheffield

Yn 1994 roedd pedwar awdurdod lleol, drwy is-gorff (*subsidiary*), y South Yorkshire Passenger Transport Executive, wedi dechrau adeiladu llinell uwchdram £240 miliwn yn Sheffield. Fe'i gorffennwyd yn 1995, ond bu'n fethiant masnachol. Mae wedi denu rhy ychydig o deithwyr ac mae wedi gwneud colled bob blwyddyn o'i gweithredu. Adeiladwyd system y tramiau ar y system ffyrdd a oedd eisoes yn Sheffield. Beiwyd y methiant ar y cystadlu brwd gan fysiau ar hyd y llwybr. Hefyd dydy tramiau ddim yn cael blaenoriaeth ar lwybrau y maent yn eu rhannu â cheir a bysiau ac felly maen nhw hefyd yn cael eu dal mewn tagfeydd traffig. Yn olaf, mae datblygiadau tai newydd ar hyd y llwybr wedi cael eu gohirio.

Yn 1998 arwyddodd y pedwar awdurdod lleol gytundeb gyda *Stagecoach* yn rhoi iddo'r hawl i weithredu system yr uwchdramiau. Byddai'r system yn dal i fod dan berchenogaeth yr awdurdodau lleol. Mae *Stagecoach* yn gwmni sector preifat sydd wedi tyfu'n aruthrol dros y deng mlynedd diwethaf. Erbyn hyn mae'n rhedeg cwmnïau bysiau ledled y DU a thramor ac mae hefyd yn rhedeg sawl cwmni trenau gan gynnwys *South West Trains*.

Ffynhonnell: addaswyd o'r *Financial Times*, 2 Rhagfyr 1997.

1 (a) Pwy sy'n berchen system uwchdramiau Sheffield?
  (b) Pwy sy'n gweithredu'r system erbyn hyn?
2 Pam, yn eich barn chi, y penderfynodd y pedwar awdurdod lleol roi'r gorau i redeg y system yn uniongyrchol a chael cwmni preifat i'w wneud drostynt?
3 Eglurwch 2 ffordd y gallai *Stagecoach* wneud yr uwchdram yn fwy llwyddiannus.

PENSIYNAU

Mae'r Wladwriaeth Les mewn argyfwng. Mae gwariant ar fudd-daliadau fel pensiynau'r wladwriaeth a budd-dal anabledd wedi bod yn cynyddu fel cyfran o gyfanswm gwariant y llywodraeth dros amser. Does dim atebion hawdd i'r broblem oherwydd does neb am weld gostyngiad yn eu budd-daliadau. Ond efallai mai rhan o'r ateb fyddai cynnwys y sector preifat fwy. Pe bai modd perswadio pobl i ddarparu ar eu cyfer eu hunain gyda chwmnïau preifat yn hytrach na dibynnu ar y wladwriaeth, gellid arbed arian.

Yn achos pensiynau, er enghraifft, un cynnig yw y dylai'r llywodraeth orfodi pawb i godi pensiwn nad yw'n bensiwn y wladwriaeth. Mae llawer o weithwyr eisoes mewn cynlluniau pensiwn a weithredir gan eu cyflogwr. Mae rhai'n talu i mewn i'w cynlluniau pensiwn preifat. Ond mae llawer mwy nad ydynt yn gwneud unrhyw ddarpariaeth o gwbl ar gyfer pensiwn. Maen nhw'n dibynnu'n llwyr ar gael pensiwn henoed y wladwriaeth. Trwy orfodi'r gweithwyr hyn i gynilo ar gyfer eu pensiwn, gallai'r llywodraeth gwtogi yn y dyfodol ar fudd-daliadau i bobl sydd wedi ymddeol.

Byddai'r cynnig hwn yn rhoi cyfleoedd busnes i'r cwmnïau sy'n trefnu pensiynau yn y sector preifat. Y cwmnïau yswiriant mawr yw'r rhain yn bennaf, cwmnïau fel *Prudential*, *Commercial Union* a *Scottish Widows*. Nhw fyddai'n gyfrifol am redeg y cynlluniau pensiwn gorfodol hyn. Byddai gweithwyr unigol yn gallu dewis pa gwmni yswiriant i'w ddefnyddio. Byddai'n rhaid i'r cwmnïau gystadlu ar sail pris - y tâl gweinyddol a godir ganddynt - a'u perfformiad buddsoddi tymor hir.

Ffynhonnell: addaswyd o'r *Financial Times*, 1997.

1 Beth yw'r broblem sy'n wynebu'r Wladwriaeth Les?
2 Pa gyfleoedd busnes y gallai diwygio pensiynau'r Wladwriaeth Les eu rhoi i gwmnïau preifat?
3 Awgrymwch pam y gallai fod yn well i gwmnïau preifat redeg y cynlluniau pensiwn hyn yn hytrach na bod y llywodraeth yn sefydlu ei chwmni pensiynau ei hun i redeg y cynllun.

termau allweddol

Corfforaeth gyhoeddus - menter sector cyhoeddus dan berchenogaeth y llywodraeth ganolog.
Gwladoli - y wladwriaeth yn prynu busnes sector preifat.
Menter sector cyhoeddus - busnes dan berchenogaeth y wladwriaeth sy'n gwerthu'r hyn a gynhyrchir ganddo i'r sector preifat.
Preifateiddio - gwerthu busnesau a berchenogir gan y wladwriaeth i'r sector preifat.

Rhestr wirio ✓

1 Beth yw'r sector cyhoeddus?
2 Beth yw'r gwahaniaeth rhwng llywodraeth ganolog a llywodraeth leol?
3 Rhowch 5 enghraifft o nwyddau a gwasanaethau a gynhyrchir gan y sector cyhoeddus.
4 Rhowch 2 enghraifft o wasanaethau y mae'r sector cyhoeddus yn eu prynu gan y sector preifat.
5 (a) Pa fentrau sector cyhoeddus y gallai awdurdod lleol eu rhedeg? (b) A oes enghreifftiau o'r rhain yn eich ardal chi?
6 Beth yw Ysgol a Gynhelir â Grant?
7 Beth yw'r gwahaniaeth rhwng gwladoli a phreifateiddio?
8 Beth yw corff rheoli mewn diwydiant sydd wedi'i breifateiddio?
9 Beth yw'r gwahaniaeth rhwng dadreoli a chontractio allan?

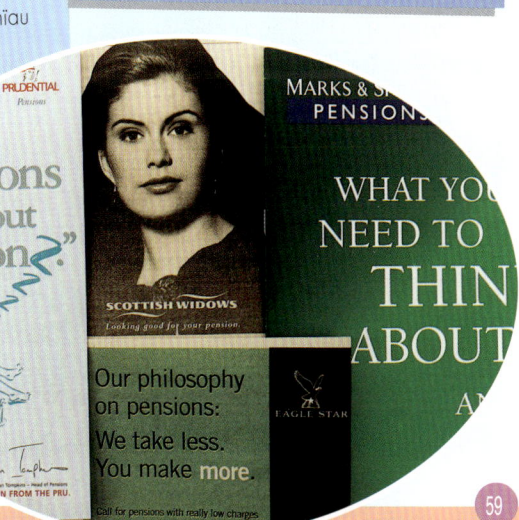

uned 17

AMCANION BUSNES

Gwneud penderfyniadau

Rhaid i fusnes benderfynu ar ei amcanion. Ai goroesi yn unig yw'r nod? Ydy'r busnes am wneud yr elw mwyaf posibl? Efallai ei fod wedi gosod nifer o dargedau iddo'i hun, e.e. twf gwerthiant neu gynyddu'r gyfran o'r farchnad. I ddarganfod yr amcanion hyn, mae'n bwysig deall pwy sy'n rheoli'r busnes. Os ydy'r perchenogion yn ei reoli, byddan nhw'n debygol o ddymuno uchafu elw. Os ydy'r gweithwyr a'r rheolwyr yn ei reoli, bydd ganddyn nhw fwy o ddiddordeb mewn cyflog da ac amodau da, a goroesiad y busnes.

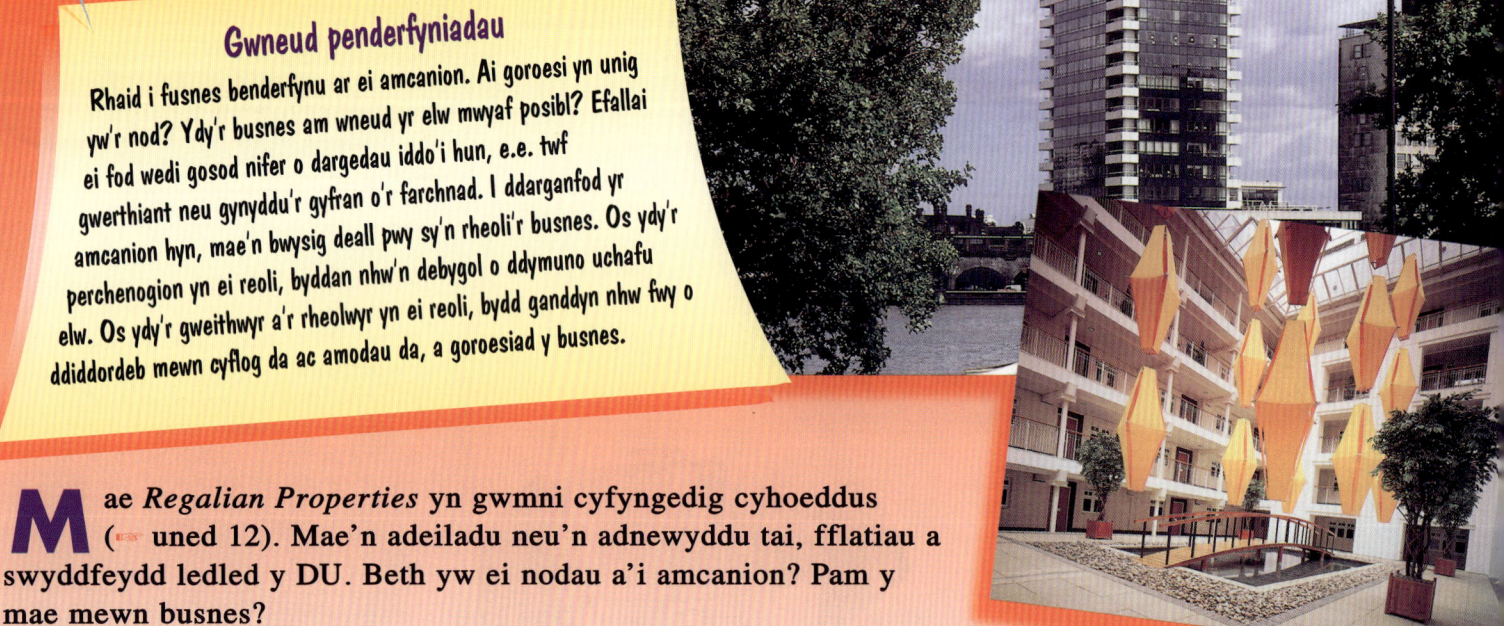

Mae *Regalian Properties* yn gwmni cyfyngedig cyhoeddus (☞ uned 12). Mae'n adeiladu neu'n adnewyddu tai, fflatiau a swyddfeydd ledled y DU. Beth yw ei nodau a'i amcanion? Pam y mae mewn busnes?

Goroesi

Un amcan pwysig sydd gan y rhan fwyaf o fusnesau yw goroesi. I oroesi mae'n rhaid i'r busnes o leiaf adennill costau (☞ uned 24) dros amser. Mae hynny'n golygu na fydd yn gwneud elw na cholled. Pe bai'n gwneud colled drwy'r amser, byddai bron yn sicr yn dod i ben. Wedi'r cyfan, pwy fyddai'n talu am y colledion diddiwedd hyn?

Yn 1992-93 amcan *Regalian Properties* oedd goroesi. O ganlyniad i ostyngiad sydyn ym mhrisiau eiddo, fe wnaeth golledion o £27 miliwn yn 1992 ac £84 miliwn yn 1993. Bu'n rhaid i *Regalian* gael hyd i ffordd o aros mewn busnes er gwaethaf colli mwy na £100 miliwn mewn dwy flynedd.

Uchafu elw

Roedd *Regalian Properties*, fodd bynnag, am wneud mwy na goroesi.

Yn ei Adroddiad Blynyddol a Chyfrifon yn 1993 nododd cyfarwyddwyr y cwmni mai 'prif amcan y Cwmni yw uchafu elw'. Erbyn 1994 roedd y cwmni'n gwneud elw eto. Yn 1997 fe wnaeth elw o £4 miliwn.

Dylai UCHAFU ELW fod o fudd i'r cyfranddalwyr, h.y. y perchenogion, gan y byddan nhw wedyn yn derbyn **buddran** fawr (buddran = rhan o'r elw, ☞ uned 30) ar ddiwedd y flwyddyn. Yn 1992 ac 1993, er enghraifft, pan wnaeth *Regalian Properties* golled, ni dderbyniodd y cyfranddalwyr unrhyw fuddran. Ni ddechreuodd y cwmni dalu buddran tan 1996, tair blynedd ar ôl dychwelyd i broffidioldeb. Dylai cynnydd yn yr elw arwain hefyd at gynnydd ym mhris y cyfranddaliadau. Y rheswm yw y bydd cynnydd yn y

---

Jacques Vert Plc

Yn 1996 cyhoeddodd Jacques Vert Plc iddo wneud colled weithredol o £4.6 miliwn yn ei flwyddyn ariannol 1995-96. Mae'r cwmni'n dylunio, gweithgynhyrchu, cyfanwerthu ac adwerthu dillad merched. Mae ganddo amrywiaethau gwahanol o ddillad gan gynnwys Jacques Vert a'r Casgliad Grace. Mae ei ddillad o safon uchel ac fe'u gwerthir drwy siopau adrannol a siopau annibynnol ar ben ucha'r farchnad.

Cyhoeddodd cadeirydd y cwmni, a benodwyd yn 1996, fod 'cyfarwyddwyr a gweithwyr Jacques Vert yn benderfynol o gyflawni'r adferiad a geisiwn.' Dywedodd mai'r prif reswm dros y golled oedd i'r cwmni fethu â chael dillad i'r siopau yn brydlon ac yn y meintiau cywir. Er enghraifft, roedd llawer o'r dillad yng Nghasgliad Hydref 1995 wedi cyrraedd yn hwyr o'r ffatrïoedd gweithgynhyrchu. Erbyn hynny roedd llawer o ferched eisoes wedi prynu eu dillad gaeaf. O ganlyniad roedd gan Jacques Vert lawer o stoc heb ei werthu yng ngwanwyn 1996.

Ffynhonnell: addaswyd o Adroddiad Blynyddol a Chyfrifon *Jacques Vert*, 1996.

1 Gwnaeth Jacques Vert golled (neu elw negyddol) yn 1995-96. Faint o golled?
2 Pam roedd gan Jacques Vert broblem?
3 Beth fu'n rhaid i Jacques Vert ei wneud yn ariannol er mwyn goroesi?
4 (a) Beth, yn eich barn chi, oedd amcan y busnes yn 1996? (b) Awgrymwch ffyrdd y gallai fod wedi cyflawni'r amcan hwnnw.

Uned 17 Amcanion busnes

Strategaeth *The Guinness Group*

'Strategaeth *The Guinness Group* yw buddsoddi yn natblygiad byd-eang ein portffolio digyffelyb (*unrivalled*) o frandiau diodydd meddwol, drwy gynyddu'n gyson lefelau cymorth marchnata wedi'i dargedu'n dda a thrwy ganolbwyntio ein hegni ar fod yn agos at ein cwsmeriaid a'n defnyddwyr.

Bydd gwerth cyfranddalwyr yn cael ei wella drwy dwf cyson cyfeintiau, derbyniadau a'r gyfran o'r farchnad, yn arwain at dwf elw a'r llif arian. Rydym yn ymrwymedig i ryddhau arian i'r cyfranddalwyr pan na fydd ei angen ar gyfer ei ailfuddsoddi yn y busnes.'

Ffynhonnell: Adroddiad Blynyddol a Chyfrifon *Guinness PLC*, 1996.

1. Beth mae *Guinness PLC* yn ei gynhyrchu?
2. Rhestrwch amcanion y cwmni yn ôl yr Adroddiad yn 1996.
3. Pa amcan yw'r pwysicaf i *Guinness* yn eich barn chi? Rhowch dystiolaeth o'r Adroddiad i gyfiawnhau eich ateb.

---

buddrannau yn denu pobl i brynu cyfranddaliadau'r cwmni.

I unig fasnachwr, elw yw'r arian a enillir o'r busnes. Yn amlwg, byddai'n well gan unig fasnachwr ennill £20 000 y flwyddyn yn hytrach na £10 000 am yr un maint o waith.

Amcanion gwerthiant

Un o amcanion *Regalian Properties* oedd uchafu ei elw. Ydy busnesau'n gosod amcanion eraill? Mae llawer yn gosod nifer o amcanion, gyda phob un yn dangos pa mor dda y mae'r busnes yn perfformio.

Twf elw Mae Paltran Ram yn berchen busnes carpedi. Y targed y mae wedi'i osod yw twf elw o 5%. Mae'n credu bod hynny'n amcan rhesymol gan fod yr economi'n ffynnu ar hyn o bryd.

Twf trosiant gwerthu Cwmni mwyngloddio aur yw Aml Aur Cyfyngedig. Ei amcan yw 'bod yn gynhyrchydd maint canolig o aur'. Mae am gynhyrchu mwy o aur bob blwyddyn o'i fwyngloddiau ac felly cynyddu gwerthiant. Dylai hynny arwain at elw uwch.

Cynnydd yn y gyfran o'r farchnad

Mae Catrin Owen yn rheolwraig werthiant ar gyfer brand blaenllaw o bowdr sebon. Rhoddwyd iddi'r targed o gynyddu cyfran y brand o'r farchnad o 7% i 10%. Fel rheol mae'r **gyfran o'r farchnad** (☞ uned 18) yn cael ei diffinio fel cyfran y gwerthiant a wnaed o'i gymharu â'r holl werthiant yn y farchnad. Ar hyn o bryd, er enghraifft, gwerthiant y brand yw £7 miliwn y mis a chyfanswm marchnad powdr sebon yw £100 miliwn:

([7 miliwn÷100 miliwn] x100 = 7%)

Ei nod hi yw cynyddu hyn i £10 miliwn y mis:

([10 miliwn÷100 miliwn] x100 = 10%)

Gallai cynyddu'r gyfran o'r farchnad arwain at fwy o elw.

Ehangu amrywiaeth y cynhyrchion

Gallai gwerthu amrywiaeth ehangach o gynhyrchion mewn mwy o farchnadoedd fod yn arwydd o gwmni llwyddiannus. Yn yr 1990au llwyddodd Richard Branson i ehangu'r enw brand *Virgin* o'i sail mewn recordiau ac yna teithiau hedfan i ddiodydd cola, gwasanaethau trên a chyfrifon banc.

Gwerthu mewn mwy o ardaloedd y wlad neu'r byd

Yn 1996, er enghraifft, agorodd *Regalian* swyddfeydd yn Hong Kong a Singapore. Mae'r rhain wedi cynyddu elw *Regalian*.

Gallai **amcanion gwerthiant** fod yn bwysicach nag amcanion elw. Fel rheol mae'n rhaid i fusnes wneud digon o elw i oroesi. Ond wedi iddo wneud hynny, gall benderfynu mai twf y busnes ei hun yw'r amcan pwysicaf. Gallai fod yn well ganddo fod yn gwmni sy'n tyfu'n gyflym gan wneud elw rhesymol na bod yn gwmni llai sy'n gwneud mwy o elw. I ddeall pam, mae angen ystyried cymhellion y bobl mewn busnes.

Amcanion busnesau mawr

Mewn busnes mawr, fel ccc, mae'r cyfranddalwyr, y cyfarwyddwyr, y rheolwyr a'r gweithwyr yn debygol o fod yn bobl wahanol gydag amcanion gwahanol.

- Bydd y cyfranddalwyr yn debygol o ddymuno cael yr enillion mwyaf o'u cyfranddaliadau yn y cwmni. Bydd hynny'n fwyaf tebygol o ddigwydd os bydd y cwmni'n uchafu ei elw.
- Bydd gan y gweithwyr, y rheolwyr a'r cyfarwyddwyr ddiddordeb yn eu henillion, eu hamodau gwaith, ayb. Bydd gwell cyflog a gwell amodau gwaith yn golygu cynnydd yng nghostau'r cwmni. Gallai hynny ostwng elw.
- Bydd y defnyddwyr am gael cynhyrchion o well ansawdd am brisiau is.
- Bydd grwpiau amgylcheddol am i fusnesau roi'r gorau i unrhyw weithgaredd sy'n debygol o wneud drwg i'r amgylchedd.

Felly, gallai fod gwrthdaro rhwng amcanion grwpiau gwahanol yn y cwmni a'r tu allan iddo. Gallai'r canlyniad terfynol fod yn gymysgedd o wahanol amcanion. Efallai, er enghraifft, y bydd yr ccc yn **bodloni elw** (*profit satisfice*), h.y. gwneud digon o elw i gadw'r cyfranddalwyr yn hapus ond nid amcanu at uchafu elw. Efallai wedyn y bydd yn rhoi i'r cyfarwyddwyr geir cwmni sy'n ddrutach na'r hyn sydd ei angen i'w cadw'n hapus. Gallai hefyd dalu cyflogau sy'n uwch na'r arfer yn y diwydiant i gadw'r gweithwyr yn hapus.

Rhaid i **bob** busnes gydbwyso amcanion y gwahanol **rai sy'n ymwneud â'r busnes** (*stakeholders*), e.e. perchenogion y busnes, y defnyddwyr, y gweithwyr. Mae *Regalian Properties*, er enghraifft, yn dweud mai 'prif amcan y Cwmni yw uchafu elw'. Ond mae'n dweud hefyd bod 'cydnabod cyfrifoldeb

61

Uned 17 Maint a threfniadaeth fewnol busnes

Gwneud caws

Mae Mair Lewis yn gwneud caws geifr. Dechreuodd ei busnes ar raddfa fach. Roedd hi a'i theulu newydd symud i dŷ lle roedd yr ardd yn llawn tyfiant. Gan mai merch fferm oedd hi, awgrymodd Mair eu bod yn prynu pâr o eifr i reoli'r broblem. Cyn hir roedd ganddi haid fach o eifr ac roedd hi'n gwerthu llaeth geifr i'r bobl leol. Ond fyddai llaeth ddim yn gwneud llawer o elw. Roedd angen ychwanegu gwerth ato ac felly trodd hi at wneud caws. Newidiodd ran o'i thŷ yn 'barlwr' gwneud caws am gost o £15 000 a phrynodd gwerth £10 000 o gyfarpar. Un o fanteision gwneud caws yn ei chartref oedd gallu cyfuno gwaith â magu ei phlant.

Ers cynhyrchu'r cawsiau cyntaf ddeng mlynedd yn ôl, mae'r busnes wedi tyfu'n raddol. Erbyn hyn mae hi'n gwerthu gwerth £12 000 y mis ar gyfartaledd ac mae'n cyflogi pedwar gweithiwr rhan-amser. Mae'n mwynhau gweithio gyda'i thîm ac mae'n eu hystyried yn ffrindiau yn hytrach nag yn weithwyr. Mae ei hamrywiaeth o gawsiau'n rhoi boddhad mawr iddi. Mae'r cawsiau'n amrywio o gawsiau mwg i gaws geifr meddal wedi'i orchuddio â chnau Ffrengig i gaws geifr plaen o wahanol gryfderau.

Er gwaetha'r twf, prin bod y busnes yn gwneud unrhyw elw wedi iddi dalu cyflog o £10 000 y flwyddyn iddi hi ei hun. Ond dydy hi ddim yn cwyno. Y peth mwyaf boddhaol iddi yw pan ddaw cwsmeriaid i'w llaethdy yn dweud nad ydynt yn hoffi caws geifr neu eu bod yn bwyta cawsiau Ffrengig yn unig ond maen nhw'n gadael wedi prynu nifer o'i chawsiau.

1. Beth yw amrywiaeth cynhyrchion y busnes?
2. Beth, yn eich barn chi, yw amcan(ion) y busnes? Rhowch dystiolaeth o'r erthygl ar gyfer eich ateb.

Prosesu geiriau

3. Mae dyn busnes lleol yn ymweld â'r siop ac mae'n frwd iawn ynglŷn â'r cawsiau. Mae'n cynnig prynu'r busnes am £30 000 os gadewir iddo barhau i ddefnyddio'r adeilad heb rent am y 30 mlynedd nesaf. Bydd yn cadw Mair ymlaen i redeg y busnes ac yn talu cyflog o £13 000 y flwyddyn iddi. Bydd hefyd yn rhoi £20 000 yn ychwanegol i brynu cyfarpar newydd.
   (a) Ysgrifennwch lythyr oddi wrth Mr Prys, y dyn busnes, at Mair yn cynnig prynu'r busnes. Yn y llythyr eglurwch fanteision y pryniant. Defnyddiwch becyn prosesu geiriau os yw'n bosibl.
   (b) Ysgrifennwch ateb gan Mair at Mr Prys yn gwrthod y cynnig. Rhowch resymau dros y gwrthod.

---

cymdeithasol y datblygwr a'r gallu i gysoni hyn â'r cyfrifoldeb i'w gyfranddalwyr, ei gwsmeriaid a'i weithwyr wedi bod yn sylfaenol wrth lunio polisi'r Cwmni'. Felly mae'r cwsmeriaid a'r gweithwyr yn ogystal â'r cyfranddalwyr yn bwysig i *Regalian*.

Amcanion busnes bach

Mewn busnes bach, fel busnes unig berchenogaeth neu bartneriaeth, mae'r perchenogion, y rheolwyr a'r gweithwyr yn debygol o fod yr un bobl. Mae llawer o fusnesau bach yn amcanu at uchafu eu helw. Ond efallai y byddan nhw'n hapus â gwneud rhywfaint o elw ac yna dilyn amcanion eraill fel twf gwerthiant.

Mae llawer o bobl yn berchen busnesau oherwydd yr hyblygrwydd y mae hynny'n ei roi iddynt o ran gweithio. Efallai y byddan nhw'n fodlon derbyn llai o elw os gallan nhw, er enghraifft, gymryd amser i ffwrdd pan fyddan nhw'n mynnu. Yn ymarferol, mae perchenogion busnesau bach yn tueddu i weithio llawer mwy o oriau na phe baen nhw'n gweithio i rywun arall. Ond yn aml bydd ganddyn nhw fwy o ddewis ynglŷn â phryd i weithio.

Mae ychydig o fusnesau'n rhoi gwerth mawr ar eu hannibyniaeth. Efallai, er enghraifft, na fyddai cydweithfa weithwyr a sefydlwyd i hyrwyddo cynhyrchion amgylcheddol am gymryd archeb i gyflenwi offer gwyddonol i'r diwydiant niwclear.

Amcanion mentrau sector cyhoeddus

Mae mentrau sector cyhoeddus, fel Swyddfa'r Post neu ganolfan hamdden cyngor lleol, yn annhebygol o fod yn amcanu at uchafu elw. Efallai, er enghraifft, y bydd eu perchenogion, sef y llywodraeth ganolog neu leol, yn disgwyl iddynt wneud lefel benodol o elw neu o leiaf adennill eu costau. Ond mae'n debygol y bydd ganddynt amcanion eraill hefyd, fel darparu gwasanaeth o safon uchel.

Yn aml fydd mentrau sector cyhoeddus ddim yn gwneud cymaint o elw â busnes sector preifat. Un rheswm dros hyn yw bod rhai o'r nwyddau a'r gwasanaethau a gynhyrchir ganddynt yn cael eu gwerthu am golled er lles y cyhoedd. Mae Swyddfa'r Post, er enghraifft, yn gwneud colled ar lythyrau sy'n cael eu casglu o ardaloedd gwledig a'u dosbarthu iddynt. Fyddai ddim am godi mwy am ddosbarthu i bentref yng Nghymru, er enghraifft, nag i Westminster yn Llundain oherwydd y byddai'r rhan fwyaf o bobl yn ystyried hynny'n annheg.

Ffynhonnell: addaswyd o Adroddiad Blynyddol a Chyfrifon *Regalian Properties PLC*.

Uned 17 Amcanion busnes

termau allweddol

Uchafu elw - amcanu at wneud y lefel uchaf bosibl o elw.

Rhestr wirio ✓

1. Rhaid i'r rhan fwyaf o fusnesau amcanu at adennill costau o leiaf. Pam y mae hynny'n wir?
2. Pam y gallai uchafu elw fod yn nod i fusnes?
3. (a) Beth yw ystyr 'uchafu gwerthiant'?
   (b) Pam y gallai busnes ddymuno uchafu ei werthiant?
4. Pa wrthdaro amcanion allai fod rhwng gwahanol grwpiau mewn cwmni mawr?
5. Beth yw'r gwahaniaeth rhwng uchafu elw a bodloni elw?
6. Pa amcanion allai fod gan fusnes bach?
7. Sut y gallai amcanion ccc fod yn wahanol i amcanion menter sector cyhoeddus?

'Mae *Inchcape* yn cynrychioli rhai o gwmnïau enwocaf y byd. Mae'n arbenigo mewn dosbarthu ar raddfa ryngwladol gerbydau modur, diodydd ysgafn, cynhyrchion traul a chynhyrchion diwydiannol a chyfarpar swyddfa. Ei fusnes gwasanaethau llongau yw'r rhwydwaith llongau annibynnol mwyaf yn y byd.'

Ffynhonnell: Adroddiad Blynyddol a Chyfrifon *Inchcape plc*, 1996.

1. 'Mae *Inchcape* yn rhan o'r sector gwasanaethu.' Gan ddefnyddio enghreifftiau, eglurwch ystyr hyn.
2. Eglurwch wahanol amcanion y cwmni a nodir yn ei Adroddiad Blynyddol.
3. Beth, yn eich barn chi, ddylai fod amcan pwysicaf y cwmni? Eglurwch eich rhesymau'n ofalus.

Gweledigaeth *Inchcape*
Gyda'n gilydd rydym yn dosbarthu'r brandiau y mae'r byd yn galw amdanynt.

Cenhadaeth *Inchcape*
I gael ein cydnabod yn arweinydd mewn dosbarthu'r brandiau y mae'r byd yn galw amdanynt, byddwn yn ychwanegu gwerth at nwyddau a gwasanaethau ein **Partneriaid** drwy'r canlynol:

Arbenigedd diguro mewn marchnata, gwerthiant a dosbarthu;

Rhagweld a diwallu anghenion y **Cwsmeriaid**;

Rhoi i'n **Partneriaid** ein gwybodaeth leol, datblygiadau newydd, a gallu i greu twf gwerth drwy ein rhwydwaith rhyngwladol;

Darparu amgylchedd gwaith sy'n hybu gwaith tîm, yn symbylu'r **Gweithwyr** ac yn darparu datblygiad parhaol o sgiliau a pherfformiad ein pobl;

Creu gwerth cyson a chynaliadwy ar gyfer y **Cyfranddalwyr**;

Ennill parch pob sector o'r **Cymunedau** lleol y byddwn yn gweithredu ynddynt.

Gwerthoedd *Inchcape*
Gwasanaeth, Gwaith Tîm, Datblygiadau Newydd, Parch, Canlyniadau.

ACHOS CRYNODOL

DRINGO I LWYDDIANT

Mae Prakash Raj a Jenny Baker yn credu eu bod yn cael y gorau o'r ddau fyd. Ar y naill law, am chwe mis o'r flwyddyn maen nhw allan yn dringo ym Mynyddoedd Himalaya. Ar y llaw arall, enillon nhw £80 000 rhyngddynt am yr anrhydedd o wneud hyn. Dringasant eu ffordd i mewn i'w busnes ddeng mlynedd yn ôl pan gynigiodd un o hen ffrindiau Jenny o'r brifysgol dalu holl gostau taith ddringo i Nepal i'r tri ohonynt. Ar sail y profiad hwnnw, credodd Prakash a Jenny y byddai eraill efallai yn cynnig talu am gael ymuno â'u teithiau dringo. Fe wnaethon nhw hysbysebu mewn cylchgrawn dringo arbenigol ac aeth deg person ar eu taith gyntaf, gan dalu £2 000 yr un.

Deng mlynedd yn ddiweddarach mae'r gwerthiant yn £1 filiwn gyda 600 o bobl wedi archebu lleoedd ar amrywiaeth o deithiau dros y flwyddyn. Erbyn hyn mae'r busnes yn cyflogi 18 arweinydd ar gyfer y teithiau.

I Jenny dydy arian ddim yn bwysig iawn er ei bod hi'n ennill £40 000 y flwyddyn, yn berchen y *Land Rover* diweddaraf ac yn berchen hanner busnes y gellid ei werthu am £300 000 yn ei barn hi. Iddi hi y peth pwysig yw y gall hi barhau i ddringo. Mae gan Prakash fwy o ddiddordeb yn yr ochr fusnes. 'Rwy'n mwynhau gweithio gyda thîm y swyddfa yn Kendal a gweld y cwmni'n cynyddu.' Ond mae yntau, fel Jenny, yn treulio chwe mis y flwyddyn yn arwain teithiau. 'Efallai y byddai'n fwy synhwyrol o ran y busnes i mi dreulio fy holl amser yn y swyddfa, ond ble fyddai'r hwyl wedyn?'

1. Yn ddiweddar galwyd busnes Prakash a Jenny yn 'gwmni teithiau parod'. Ydy hynny'n ddisgrifiad teg o'u busnes?
2. Cymharwch amcanion busnes Prakash a Jenny. Rhowch dystiolaeth o'r erthygl i ategu eich ateb.
3. Yn ddiweddar bu i un o'r arweinwyr teithiau a gyflogir gan y cwmni etifeddu swm mawr o arian. Mae e'n credu bod potensial mawr am dwf i'r cwmni pe bai'n cael ei reoli'n well. Mae wedi cynnig prynu traean o gyfranddaliadau'r cwmni gan Prakash a Jenny am £100 000. Ddylen nhw dderbyn? Yn eich ateb nodwch y manteision a'r anfanteision i Prakash a Jenny.

uned 18
MAINT BUSNES

Gwneud penderfyniadau

Mae busnesau'n amrywio o ran maint o'r bach iawn i'r mawr iawn. A oes maint gorau i fusnes os yw i oroesi mewn byd cystadleuol? I benderfynu hyn, mae'n rhaid i fusnesau ystyried:
- maint eu marchnad;
- faint o gyfarpar y bydd ei angen i gynhyrchu'r nwyddau neu'r gwasanaethau;
- beth fydd yn digwydd i'r costau am bob uned o gynhyrchu wrth i fwy gael ei gynhyrchu;
- pa mor hyblyg y bydd y busnes yn fodlon bod wrth wynebu newidiadau yn yr amgylchedd, fel cynnydd mewn cystadleuaeth, newidiadau ym mholisi'r llywodraeth a'r dechnoleg newydd.

Mae *Reckitt & Colman plc* yn gwmni amlwladol. Mae'n gwerthu nwyddau tŷ a nwyddau fferyllol mewn 120 o wledydd ledled y byd. Ymhlith ei frandiau yn y DU mae *Haze* (chwistrellydd arogleuo ystafell), *Mr Sheen* (chwistrellydd dodrefn), *Harpic* (glanhawr toiled), *Dettol* (antiseptig/diheintydd), *Lemsip* (meddyginiaeth annwyd a ffliw) ac *Immac* (cwyr). Mae'n gwmni mawr. Beth yw ystyr mawr?

Maint y busnes

Mae sawl ffordd o fesur **maint** busnes.

Gwerth y busnes Gall busnes sy'n werth cannoedd o filiynau o bunnoedd gael ei ddisgrifio fel busnes mawr. Gellir mesur gwerth busnes yn ôl y pris pe bai'n cael ei werthu i fusnes arall. Bydd pris gwerthu busnes yn dibynnu ar faint y bydd y perchenogion yn fodlon ei werthu amdano a faint fydd y prynwyr yn fodlon talu amdano. Os ydy'r cwmni'n cael ei ddyfynnu ar gyfnewidfa stoc, rhoddir syniad o'r pris tebygol gan **gyfalafiad y farchnad** (*market capitalisation*) y busnes, h.y. pris cyfredol pob cyfranddaliad wedi'i luosi â nifer y cyfranddaliadau a ddyroddwyd. Ffordd arall o'i fesur yw yn ôl gwerth y **cyfalaf a ddefnyddiwyd** (*capital employed*) (☞ uned 27) yn y busnes. Faint fyddai cost cychwyn y busnes? Mesur posibl o hyn fyddai gwerth cyfanswm asedau'r busnes (☞ uned 26), fel gwerth y peiriannau, y swyddfeydd, y ffatrïoedd, stociau'r defnyddiau a'r arian sy'n eiddo iddo. Pe bai busnes wedi cael benthyg arian, byddai'n rhaid didynnu hyn o gyfanswm ei asedau i gael gwerth y cyfalaf a ddefnyddiwyd. Ar 4 Ionawr 1997 y cyfalaf a ddefnyddiwyd gan *Reckitt & Colman* oedd £1.6 biliwn, yn ôl ei Adroddiad Blynyddol a Chyfrifon ar gyfer 1996.

Trosiant gwerthu Gellir defnyddio gwerth yr hyn y mae'r busnes yn ei werthu i fesur maint. Yn y deuddeg mis hyd at 4 Ionawr 1997 roedd gan *Reckitt & Colman* **dderbyniadau gwerthiant** neu **drosiant gwerthu** (☞ uned 23) o £2.3 biliwn, h.y. roedd wedi gwerthu gwerth £2.3 biliwn o'i gynhyrchion i'w gwsmeriaid dros y flwyddyn.

Cyfran o'r farchnad Fel rheol caiff y GYFRAN O'R FARCHNAD sydd gan fusnes ei mesur fel gwerthiant y busnes yn y farchnad o'i gymharu â

Tabl 18.1 *Maint busnesau mewn gweithgynhyrchu.*

	Nifer y gweithwyr		
	1-199	200-2 999	3 000 neu fwy
Nifer y busnesau fel canran o'r cyfanswm	96	3	1
Canran o gyfanswm y gweithwyr a gyflogir	45	44	11
Canran o gyfanswm gwerth y nwyddau a gynhyrchir	32	53	15

Ffynhonnell: addaswyd o *Business Monitor, PA 1002.*

? Prosesu geiriau a graffigwaith

Os oes modd, defnyddiwch brosesydd geiriau sydd â phecyn graffigwaith i gyflwyno'ch atebion i'r cwestiynau canlynol.

1. Lluniwch graff bloc ar sail y data yn Nhabl 18.1. Lluniwch dri bloc gyda'i gilydd ar gyfer pob un o'r tri maint o fusnes. Defnyddiwch dri lliw neu dri math o gysgod ar gyfer pob categori. Cofiwch roi allwedd ar y graff.
2. Pa ganran o'r busnesau mewn gweithgynhyrchu sy'n fach, yn cyflogi llai na 200 o weithwyr?
3. Pa un o'r meintiau busnes mewn gweithgynhyrchu sy'n: (a) cyflogi'r mwyaf o weithwyr; (b) cynhyrchu'r gwerth mwyaf o nwyddau?
4. Awgrymwch 2 reswm pam y mae'r rhan fwyaf o'r busnesau mewn gweithgynhyrchu yn fach.

Uned 18 Maint busnes

> * Grŵp o gwmnïau gweithgynhyrchu sy'n arbenigo mewn cynhyrchion arbenigol iawn (niche products) fel cynhyrchion canfod tân, cynhyrchion rheoli'r amgylchedd a chynhyrchion diogelwch yw *Halma*.
> * Mae *Reg Vardy* yn gwmni sy'n berchen cadwyn o fannau gwerthu ceir. Mae'n prynu ceir gan wneuthurwyr ac yn eu gwerthu i gwsmeriaid. Mae hefyd yn darparu gwasanaeth trin ac atgyweirio ceir o'i fannau gwerthu.
> * Cadwyn genedlaethol o siopau disgownt sy'n gwerthu bwyd yw *KwikSave*.
> * Cwmni dŵr sy'n gwasanaethu rhan o ardal Swydd Efrog yw *Yorkshire Water*. Mae hefyd yn gweithredu busnes amgylcheddol sy'n delio â gwastraff a dadansoddiad amgylcheddol.
> * Bragwr rhanbarthol yn Ne Lloegr yw *Greene King*. Mae'n berchen bragdai a mwy na 450 o dafarnai.
>
> 1 Pa un/rai o'r pum cwmni sydd ym maes
>   (a) cynhyrchu cynradd;
>   (b) cynhyrchu eilaidd;
>   (c) cynhyrchu trydyddol?
> 2 Rhestrwch y pum cwmni yn nhrefn maint. Rhowch resymau dros eich dewis.

Tabl 18.2 Maint cwmnïau[1]

	Halma	Reg Vardy	KwikSave	Yorkshire Water	Greene King
Gwerth y busnes (£miliwn)[2]	78	87	327	1414	255
Trosiant gwerthu (£miliwn)	173	677	3254	623	253
Nifer y gweithwyr	2 384	2 347	26 081	3 700	6 426

1 1996/7.
2 Cyfalaf a ddefnyddiwyd

Ffynhonnell: addaswyd o Adroddiad Blynyddol a Chyfrifon y pum cwmni.

chyfanswm y gwerthiant yn y farchnad. Yna rhoddir hyn fel canran. Ar gyfer *Reckitt & Colman* byddai fel a ganlyn:

Gwerthiant gan Reckitt & Colman
--------------------------------------- x 100
Cyfanswm y gwerthiant yn y farchnad

Mae *Reckitt & Colman* yn gwerthu cynhyrchion mewn nifer mawr o farchnadoedd gwahanol. Yn 1996, er enghraifft, roedd gan ei frandiau *Air Wick*, *Haze* a *Wizard* 25% o'r farchnad Ewropeaidd am gynhyrchion arogleuo ystafell. Yn UDA *Reckitt & Colman* sy'n gwneud 53% o'r holl hylifau glanhau toiledau a werthir.

Nifer y gweithwyr Mesur arall o faint busnes yw nifer y gweithwyr yn y busnes. Yn 1996 roedd *Reckitt & Colman* yn cyflogi cyfartaledd o 17 425 o weithwyr ledled y byd.

Ni ddylid defnyddio un o'r mesuriadau hyn ar ei ben ei hun. Er enghraifft, bydd cwmni ceir mawr fel *Ford* yn debygol o gael ffigurau uchel ar gyfer cyfalaf a ddefnyddiwyd a throsiant gwerthu ond ychydig o weithwyr o'u cymharu â'r cyfalaf a ddefnyddiwyd. Y rheswm yw bod ceir heddiw yn cael eu gwneud gan beiriannau yn bennaf yn hytrach na gweithwyr (h.y. mae'r diwydiant yn **gyfalaf-ddwys iawn**). Efallai, ar y llaw arall, y bydd gan gadwyn fawr o dai bwyta lawer o weithwyr o'u cymharu â'r cyfalaf a ddefnyddiwyd. Mae gweithwyr yn bwysicach wrth gynhyrchu stêc a sglodion nag wrth gynhyrchu ceir.

Mae ffyrdd eraill o fesur maint mewn diwydiannau penodol. Ym maes adwerthu (☞ uned 43), caiff maint ei fesur yn aml yn ôl nifer y mannau gwerthu neu'r siopau sy'n eiddo i'r busnes. Gellid ei fesur hefyd yn ôl faint o fetrau sgwâr o arwynebedd llawr siop sy'n eiddo i'r busnes.

Dylid cofio bod maint busnesau'n newid drwy'r amser. Gallai cwmni bach sy'n tyfu'n gyflym ddyblu ei faint o fewn tair blynedd. Gallai busnes mawr ddod yn llai o lawer drwy werthu ei is-gwmnïau.

Rhesymau dros faint busnesau

Mae *Reckitt & Colman* yn gwmni mawr. Roedd ganddo drosiant gwerthu o £2.3 biliwn yn 1996. A oes raid iddo fod yn gwmni mawr er mwyn goroesi yn ei farchnadoedd?

Darbodion maint Gall rhai busnesau fod yn fach iawn a dal i fod yn gystadleuol o ran cost. Er enghraifft, bydd cwmni fel *Reckitt & Colman* yn hurio tacsis ledled y byd i fynd â gweithwyr allweddol i gyfarfodydd neu i feysydd awyr. Yn nodweddiadol busnesau bach yw busnesau tacsis. Y rheswm yw bod gan fusnesau tacsis mawr a bach gostau tebyg iawn am bob taith a wneir. Gall *Reckitt & Colman*, fodd bynnag, gyflawni costau is ar lawer o'r nwyddau y mae'n eu gweithgynhyrchu nag y gall llawer o wneuthurwyr llai. Er enghraifft, mae'n prynu gwerth £30 miliwn o beraroglau bob blwyddyn i'w rhoi mewn gwahanol nwyddau fel *Harpic* a *Haze* a *Mr Sheen*. Mae'n prynu'r rhain gan bum cyflenwr yn unig ledled y byd. Trwy brynu swmp mor fawr mae'n debygol o gael prisiau is na gwneuthurwr sydd, dyweder, yn prynu gwerth £50 000 yn unig o beraroglau. Ffordd arall y gall ostwng costau yw trwy weithgynhyrchu meintiau mawr. Yn aml gall ddefnyddio arwynebedd y ffatrïoedd a'r peiriannau yn fwy effeithlon na gwneuthurwr bach. Y term a ddefnyddir am ostyngiadau yng **nghostau cyfartalog** cynhyrchu pan fydd cynhyrchu'n cynyddu yw DARBODION MAINT. Gall *Reckitt & Colman* fanteisio ar ddarbodion maint am fod ei fusnes mor fawr ac wedi'i ledaenu dros bum cyfandir. Gwelir manylion am y mathau o ddarbodion maint yn yr astudiaeth achos am adwerthu nwyddau groser ar dudalen 66.

Cyfalaf a ddefnyddiwyd Mae llawer o gwmnïau bach ledled y byd sy'n gwneud y math o gynhyrchion a wneir gan *Reckitt & Colman*. Ond dydy'r cwmnïau 'bach' hyn ddim yn unig fasnachwyr sy'n gweithio o sied ar waelod yr ardd. I wneud cynnyrch sy'n cystadlu â *Dettol* mae angen peiriannau ac arwynebedd ffatri sy'n costio o leiaf cannoedd o filoedd o bunnoedd. Bydd sefydlu rhwydwaith byd-eang o gyfleusterau cynhyrchu a dosbarthu ar gyfer amrywiaeth o gynhyrchion yn costio miliynau o bunnoedd. Y perygl i gwmni bach sy'n

Yn 1996 roedd gan y brandiau Air Wick, Haze a Wizard 25% o'r farchnad Ewropeaidd am gynhyrchion arogleuo ystafell.

Uned 18 Maint a threfniadaeth fewnol busnes

Adwerthu nwyddau groser

Mae'r siop groser fach leol wedi cael amser anodd dros yr ugain mlynedd diwethaf. Wrth i'r cadwyni mawr o uwchfarchnadoedd ehangu, mae siopau bach lleol wedi cau. Un o'r prif resymau pam y mae'r uwchfarchnadoedd wedi ennill y frwydr groser yw pris. Gallan nhw werthu nwyddau groser am brisiau is na'r siop gornel oherwydd darbodion maint.

- Darbodion prynu a marchnata. Mae darbodion prynu yn golygu y gall yr uwchfarchnadoedd brynu meintiau mawr ac o ganlyniad dalu prisiau is am swmp brynu. Mae darbodion marchnata yn golygu bod cost gyfartalog hyrwyddo yn isel iawn pan fo'r cadwyni uwchfarchnadoedd yn gwerthu cyfeintiau mawr iawn.
- Darbodion rheoli. Gall cost rheoli uwchfarchnad fawr am bob eitem a werthir fod yn isel iawn. Gall cadwyni uwchfarchnadoedd fforddio cyflogi gweithwyr arbenigol, fel cynorthwywyr wrth y mannau talu, rheolwyr siopau, cyfrifwyr a chyfreithwyr. Efallai y bydd perchenogion siopau bach lleol yn gwneud y tasgau hyn eu hunain neu efallai y byddan nhw'n hurio arbenigedd drud i wneud y tasgau na allan nhw eu gwneud.
- Darbodion ariannol. Gall cadwyn fawr o uwchfarchnadoedd gael benthyg yn rhad iawn gan y banciau. Gall hefyd gael hyd at dri mis o gredyd rhad ac am ddim gan ei gyflenwyr. Bydd yn rhaid i'r siop gornel leol dalu cyfraddau llawer uwch o log ar arian y caiff hi ei fenthyg. Yn aml hefyd bydd yn rhaid iddi dalu ar unwaith am yr hyn a gyflenwir iddi.
- Darbodion maint technegol. Gall uwchfarchnadoedd mawr brynu cyfarpar, fel peiriant torri cig, a ddefnyddir drwy'r amser yn hytrach nag am beth o'r amser yn unig fel sy'n digwydd mewn siop groser fach. Mae cyfradd trosiant uwchfarchnadoedd mawr yn fwy o lawer na chyfradd trosiant siop fach. Mae hyn yn golygu y gwerthant nwyddau yn gynt o lawer, sy'n lleihau'r amser y mae'n rhaid cadw stoc drud.

1 Beth sydd wedi digwydd i nifer y siopau groser bach yn y blynyddoedd diwethaf?
2 Eglurwch pam y gall uwchfarchnadoedd mawr werthu nwyddau am bris is na'r siop gornel leol.

CBG

3 Mae uwchfarchnad newydd yn agor hanner milltir i ffwrdd o'ch siop groser leol. Lluniwch boster i'w roi yn ffenestr eich siop yn dweud wrth eich cwsmeriaid pam y dylent barhau i siopa gyda chi. Gallech ddefnyddio pecyn cyhoeddi bwrdd gwaith ar gyfer hyn.

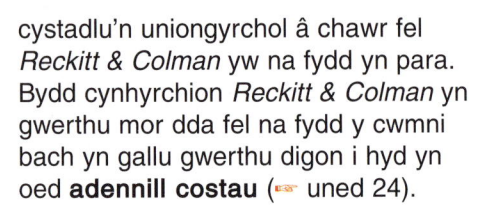

---

cystadlu'n uniongyrchol â chawr fel *Reckitt & Colman* yw na fydd yn para. Bydd cynhyrchion *Reckitt & Colman* yn gwerthu mor dda fel na fydd y cwmni bach yn gallu gwerthu digon i hyd yn oed **adennill costau** (☞ uned 24).

Maint y farchnad Mae *Reckitt & Colman* yn gwerthu cynhyrchion sy'n apelio at gwsmeriaid yng Nghaerdydd, Efrog Newydd, Cape Town a Rio de Janeiro. Mae ei farchnad yn fyd-eang. Felly gall *Reckitt & Colman* fod yn gwmni mawr. Mae maint y farchnad am beli criced, ar y llaw arall, yn fach iawn. Dim ond mewn ychydig o wledydd y caiff criced ei chwarae. Felly does dim angen i wneuthurwyr peli criced fod yn gwmnïau sy'n werth biliynau o bunnoedd. Gall busnes bach iawn sydd â chynnyrch da gystadlu'n llwyddiannus yn y farchnad am beli criced.

Hyblygrwydd Mae rhai busnesau bach yn cael eu ffurfio pan fydd gweithwyr cwmni mawr yn ymadael â'r busnes ac yn cychwyn eu busnes eu hunain. Yn aml gwelan nhw 'fwlch' yn y farchnad nad yw'r cwmni mawr yn ei fodloni. Neu efallai y gwelan nhw nad yw'r cwmni mawr yn darparu gwasanaeth digon da mewn maes penodol. Weithiau gall busnesau mawr fod yn araf i weld newidiadau yn y farchnad ac i ymateb iddynt. Yn aml gall busnesau llai eu maint fod yn fwy hyblyg, gan symud yn gynt i greu marchnadoedd newydd a chwsmeriaid newydd. Mae *Reckitt & Colman* yn ymwybodol iawn o beryglon bod yn fawr. I ddatrys hyn, mae ganddo strwythur lle mae gan bob gwlad y mae'n gwerthu ynddi gyfarwyddwr sydd â'r dasg o gadw mewn cysylltiad â'r cwsmeriaid a gwrando ar eu hanghenion. Yn Ne Affrica, er enghraifft, gwelwyd nad oedd siopau bach yn awyddus i brynu *Preen*, codwr staen, mewn bocsys o 24. Nid oedd ganddynt ddigon o le yn eu siopau ac ni allent werthu 24 yn gyflym iawn. Felly aeth *Reckitt & Colman* ati i ailbecynnu *Preen* mewn bocsys o 12. Y canlyniad oedd cynnydd o 27% yn y gwerthiant i'r siopau hyn yn 1996.

Dulliau cynhyrchu Mae cynhyrchu ar raddfa fawr yn addas ar gyfer gweithgynhyrchu cwyr dodrefn neu nwyddau glanhau'r tŷ. Mae'n gwneud synnwyr, felly, i wneuthurwr y nwyddau hyn fod yn fawr. Ond mae rhai diwydiannau lle mae'r dull cynhyrchu yn hawlio raddfa fach o gynhyrchu. Er enghraifft, dim ond nifer bach o gwsmeriaid y gall tŷ bwyta safonol eu gwasanaethu os yw i gadw safon uchel i'r bwyd a'r gwasanaeth. Mae unrhyw fusnes crefft yn debygol o fod yn fach oherwydd natur unigol y gwaith a wneir.

Menter Person sy'n berchen a rhedeg busnes yw MENTRWR. Mae llawer o bobl a hoffai berchen a rhedeg eu busnes eu hun. Yn aml gallant weld bylchau yn y farchnad a gallant ymateb i hyn yn fwy hyblyg na busnesau mawr. Mae mentrwyr hefyd yn fodlon gweithio'n hirach ac am lai o dâl yr awr na phe baent yn gweithio i rywun arall. Mae hyn yn helpu i ostwng eu costau ac mae'n golygu y gallan nhw gystadlu'n llwyddiannus â busnesau mawr.

Mae *Reckitt & Colman* yn gwmni mawr llwyddiannus am fod darbodion maint helaeth y gall eu hennill o'i fusnes rhyngwladol ehangach ac am fod cost cychwyn i gystadleuwyr newydd yn fawr. Enghreifftiau eraill o farchnadoedd a ddominyddir gan ffyrmiau mawr yw bancio, gweithgynhyrchu dur a cheir a darparu dŵr. Ond mewn marchnadoedd fel gwasanaethau tacsi, ffermio, gweithgynhyrchu dodrefn arbenigol, tai bwyta neu weithgynhyrchu peli criced busnesau bach sy'n dominyddu'r farchnad. Gallai hyn fod oherwydd eu bod yn gwasanaethu marchnadoedd bach, rhai lleol fel rheol, neu oherwydd bod cost cychwyn yn y diwydiant yn isel. Posibilrwydd arall yw y gallai llawer o bobl gael eu denu i fod yn fentrwyr yn y marchnadoedd hyn.

Ffynhonnell: addaswyd o Adroddiad Blynyddol a Chyfrifon *Reckitt & Colman*, 1996.

Uned 18 Maint busnes

Gwneud llwyddiant o rewfwyd

Mae *Hillsdown Holdings* yn gwmni mawr ym maes gweithgynhyrchu a phrosesu bwyd. Prynodd fusnes teuluol y teulu Hannaford yn 1988 ac o fewn pum mis roedd wedi cau ei ffatri yn Buckfastleigh, Dyfnaint. Diswyddwyd Ali Hannaford yn 27 oed. Ond fe frwydrodd yn ôl. Cafodd £80 000 gan ei banc a'r cyngor lleol i rentu rhan o'r hen ffatri ar brydles ac ailgychwyn y busnes bwydydd môr rhewedig, *Paramount 21 Ltd*.

Naw mlynedd yn ddiweddarach mae'r cwmni'n gwerthu gwerth £2.5 miliwn o gynhyrchion y flwyddyn. Mae wedi arbenigo mewn paratoi a chyflenwi prydau rhewedig, yn bennaf yn seiliedig ar fwyd môr, i gadwyni o westai a thai bwyta. Mae hefyd yn paratoi prydau rhewedig i ddau gwmni arall eu gwerthu o dan labeli eu brand eu hun.

Dydy'r cwmni ddim yn ceisio cystadlu â chwmnïau mawr yn y diwydiant sy'n cynhyrchu cyfeintiau mawr o gynhyrchion safonol. Yn hytrach mae'n cynhyrchu meintiau bach o amrywiaeth eang o gynhyrchion. Rhaid i'r bwyd edrych a blasu'n arbennig, fel pe bai newydd gael ei baratoi gan gogydd da.

Ffynhonnell: addaswyd o'r Financial Times, 18 Hydref 1997.

1 Beth mae *Paramount 21 Ltd* yn ei wneud?
2 Eglurwch 3 rheswm pam y mae *Paramount 21* wedi bod yn llwyddiannus fel busnes bach.
3 Mae cyfle'n codi i Ali Hannaford brynu gwneuthurwr arall o rewfwyd sydd â gwerthiant o £10 miliwn y flwyddyn. A ddylai hi ei brynu? Yn eich ateb mae angen ystyried: (a) manteision bod yn fusnes mwy; a (b) pa wybodaeth y byddai angen iddi ei chael cyn gwneud penderfyniad terfynol.

termau allweddol

Cyfran o'r farchnad - cyfran y gwerthiant gan un busnes mewn marchnad o'i gymharu â maint y farchnad.
Darbodion maint - y gostyngiad yn y costau cynhyrchu am bob uned wrth i gynhyrchu gynyddu.
Derbyniadau gwerthiant neu drosiant gwerthu - gwerth ariannol gwerthiant cynhyrchion gan fusnes.
Mentrwyr - pobl sy'n berchen ac yn rhedeg eu busnesau eu hun.

Rhestr wirio ✓

1 Eglurwch 4 ffordd wahanol o fesur maint busnes.
2 Mae gan Fusnes A 60% o'r farchnad. Cyfran Busnes B o'r un farchnad yw 15%. Eglurwch y gwahaniaeth rhwng y ddau fusnes yma.
3 Mae cadwyn uwchfarchnadoedd yn debygol o gael trosiant uwch a mwy o weithwyr na chwmni gweithgynhyrchu sydd â'r un maint o gyfalaf a ddefnyddiwyd. Pam?
4 Awgrymwch 3 rheswm pam y gall fod yr un mor rhad i redeg gwesty unigol ag yw i redeg gwesty o'r un maint sy'n rhan o gadwyn fawr.
5 Eglurwch 5 rheswm pam y gallai busnes bach oroesi er bod busnesau mwy yn ei farchnad.
6 Mae darbodion maint mawr i weithgynhyrchu ceir. Awgrymwch 3 rheswm pam y mae adeiladu 10 car y flwyddyn yn debygol o fod yn ddrutach o lawer am bob car nag adeiladu 10 miliwn o geir y flwyddyn â'r un dyluniad.
7 Awgrymwch 3 rheswm pam y mae *McDonald's*, y gadwyn hamburgyrs, wedi bod yn llwyddiannus fel cwmni mawr, a pham nad oes mwy o fusnesau bach ym maes gwerthu hambyrgyrs.
8 Beth all mentrwr ei roi i fusnes a allai fod ar goll o fusnes mwy sy'n cael ei redeg gan reolwyr?

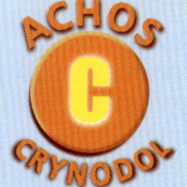

ACHOS CRYNODOL

1 Edrychwch ar Ffigur 18.1 Yn y diwydiant amaethyddiaeth y mae un o bob pum partneriaeth. Dim ond 1.8% o gwmnïau cyfyngedig sydd mewn amaethyddiaeth. Rhowch 4 gwahaniaeth mawr arall yn y mathau o fusnesau sydd mewn diwydiannau penodol.
2 Rydych yn ystyried cychwyn busnes unig berchennog, yn adeiladu tai. Hyd yma buoch yn gweithio i gwmni adeiladu, yn gyntaf yn gwneud amrywiaeth o swyddi safle gan gynnwys gosod brics, ac yna yn oruchwyliwr safle.
(a) Ydy Ffigur 18.1 yn awgrymu y gallech lwyddo yn hyn?
(b) Pam, yn eich barn chi, y gallai eich busnes gystadlu â chwmnïau adeiladu cenedlaethol mawr fel Wimpey?

Yr holl fusnesau
Masnachau moduro (4.5%)
Adeiladu (10.9%)
Cynhyrchu (10.2%)
Cyfanwerthu (7.4%)
Amaethyddiaeth (9.8%)
Adwerthu (13.6%)
Gweinyddu cyhoeddus a gwasanaethau eraill (8.8%)
Gwestai ac arlwyo (6.6%)
Iechyd (0.6%)
Cludiant (4.1%)
Post a thelathrebu (0.5%)
Cyllid (0.8%)
Addysg (0.4%)
Gwasanaethau eiddo a busnes (21.6%)

Unig berchenogion
Masnachau moduro (5.5%)
Adeiladu (14.6%)
Cynhyrchu (6.5%)
Cyfanwerthu (5.3%)
Adwerthu (15.5%)
Amaethyddiaeth (11.1%)
Gwestai ac arlwyo (6.7%)
Gweinyddu cyhoeddus a gwasanaethau eraill (9.9%)
Cludiant (5.2%)
Iechyd (0.6%)
Post a thelathrebu (0.5%)
Cyllid (0.2%)
Addysg (0.3%)
Gwasanaethau eiddo a busnes (18.2%)

Partneriaethau
Masnachau moduro (4.9%)
Adeiladu (8.5%)
Cynhyrchu (7.1%)
Cyfanwerthu (4.8%)
Amaethyddiaeth (20.0%)
Adwerthu (20.2%)
Gweinyddu cyhoeddus a gwasanaethau eraill (6.1%)
Iechyd (0.7%)
Gwestai ac arlwyo (10.9%)
Addysg (0.2%)
Cludiant (2.9%)
Post a thelathrebu (0.3%)
Cyllid (0.2%)
Gwasanaethau eiddo a busnes (13.3%)

Cwmnïau a chorfforaethau cyhoeddus
Masnachau moduro (3.4%)
Adeiladu (9.2%)
Cynhyrchu (16.9%)
Cyfanwerthu (11.9%)
Adwerthu (7.4%)
Amaethyddiaeth (1.8%)
Gwestai ac arlwyo (3.0%)
Gweinyddu cyhoeddus a gwasanaethau eraill (7.4%)
Cludiant (4.0%)
Iechyd (0.5%)
Post a thelathrebu (0.6%)
Cyllid (1.6%)
Addysg (0.6%)
Gwasanaethau eiddo a busnes (31.7%)

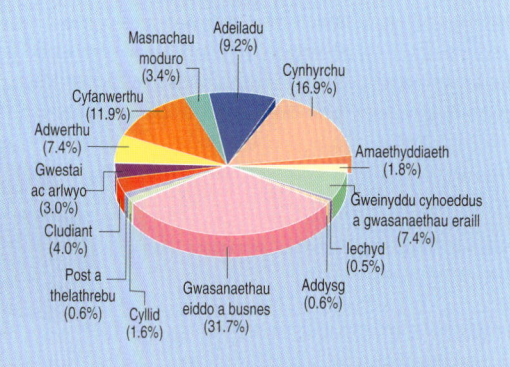

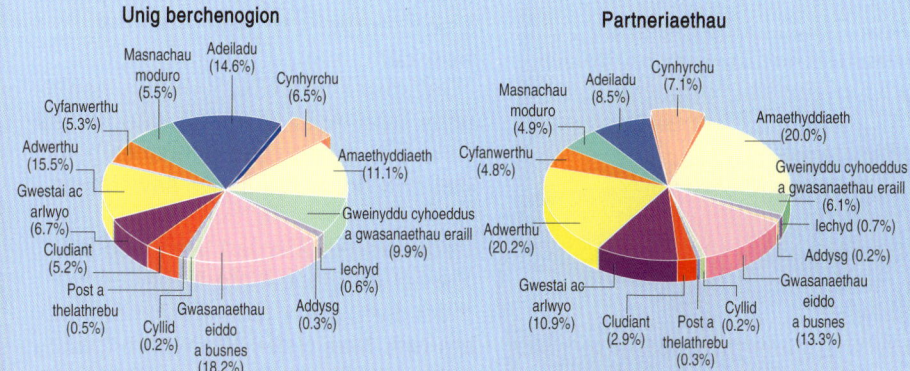

Ffigur 18.1 Dosbarthiad y mathau o fusnesau mewn gwahanol ddiwydiannau
Ffynhonnell: addaswyd o *Business Monitor*, PA1003.

uned 19

TWF BUSNES

Gwneud penderfyniadau
Pa faint yr hoffai busnes fod? Rhaid i'r rhai sy'n rheoli busnes benderfynu ai'r maint presennol sydd orau neu a ddylid ehangu'r busnes neu efallai ei leihau. Yn aml bydd ehangu'n digwydd er mwyn cynyddu'r elw neu'r gwerthiant. Rhaid i fusnes benderfynu a fydd twf yn broffidiol.

Mae *Tomkins PLC* yn grŵp rhyngwladol o gwmnïau sy'n gweithgynhyrchu amrywiaeth o gynhyrchion, gan gynnwys ffitiadau plymwaith, beltiau trawsyrru pŵer a brêcs disg diwydiannol. Yn yr Unol Daleithiau mae ei gynhyrchion yn cynnwys ffenestri a drysau yn ogystal â beiciau. Mae ganddo ddau 'sector' bwyd. Mae'r sector Melino a Phobi yn cynnwys cynhyrchu blawd a phobi brandiau enwog o fara fel *Hovis*, *Mothers Pride* a *Nimble*. Mae'r sector cynhyrchion bwyd yn gwneud cacennau *Mr Kipling*, *Bisto*, *Paxo* a sawsiau *Sharwood*. Cyfanswm y gwerthiant yn 1996-7 oedd £4.6 biliwn. Gelwir y grŵp yn gyd-dyriad (*conglomerate*) am ei fod yn gwneud cynhyrchion sydd mor wahanol i'w gilydd.

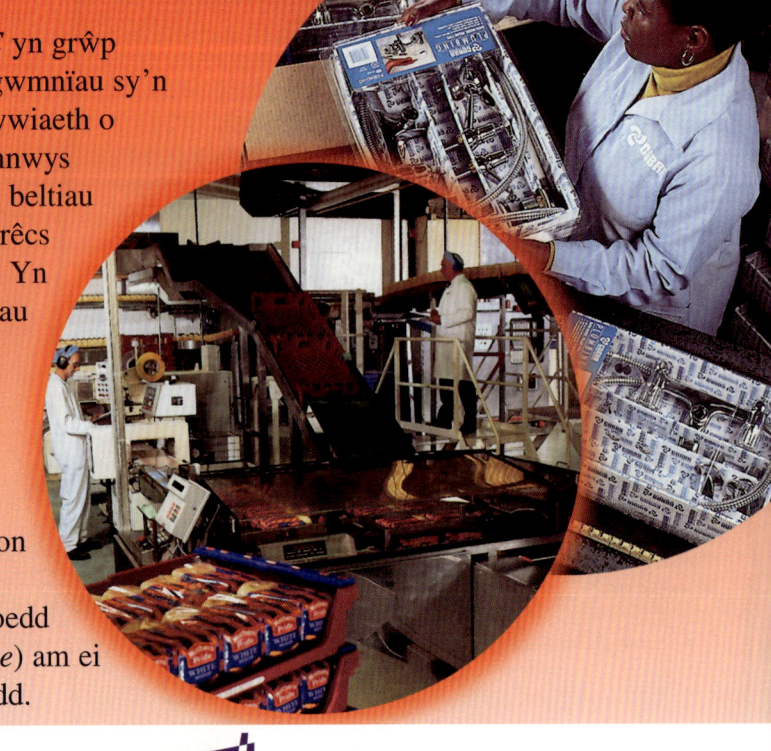

❓ Stagecoach

Cwmni cludiant yw *Stagecoach plc*. Mae'n berchen mwy na 20 cwmni yn y DU a thramor. Mae hefyd yn gweithredu trwydded *South West Trains* ac yn rhedeg *Porterhouse*, cwmni sy'n prydlesu trenau.

Marchnad fysiau y DU
'Rydym wedi llwyddo i gynyddu nifer y teithwyr am y bedwaredd flwyddyn yn olynol.'
'Prynwyd 770 o gerbydau ychwanegol. Yn 1996/7 cyflwynwyd mwy o fysiau â llawr isel gyda chyfleusterau gwyro seddau, gan wella mynediad a chysur ar gyfer yr henoed a'r anabl yn ogystal â rhieni â chadair wthio.'
'Cwblhawyd caffaeliadau (*acquisitions*) *Burnley & Pendle* a *Hyndburn Transport* yn ystod y flwyddyn ac mae'r busnesau hyn yn cael eu hintegru â '*Stagecoach Ribble*.'

Y farchnad fysiau dramor
'Roedd *Stagecoach* wedi prynu *Swebus*, y mwyaf ymhlith gweithredwyr bysiau Sgandinafia, ar 2 Hydref 1996.'
'Yn Seland Newydd roedd gweithrediadau Wellington yn dangos twf organig cryf parhaol o 4% ers y flwyddyn flaenorol ac roedd gweithrediadau Hutt Valley yn dangos twf o 5%. Y prif resymau dros hyn oedd cynnydd ym mynychder y gwasanaethau a chyflwyno cerbydau newydd.'

South West Trains
'Roedd trosiant yn £283.4 miliwn o'i gymharu â £262.5 miliwn am y cyfnod cyfatebol o 12 mis, cynnydd o 8%. Atgyfnerthwyd canlyniadau'r flwyddyn gan dderbyniadau da, yn enwedig ar y llwybrau maestrefol mewnol o ganlyniad i gynnydd mewn cyflogaeth yn Llundain, y gwellhad cyffredinol mewn amodau economaidd a mwy o ganolbwyntio ar gasglu taliadau. Cynyddodd teithiau teithwyr 6.5% a milltiroedd teithwyr 8.1% o'u cymharu â'r cyfnod cyfatebol.'

Ffynhonnell: addaswyd o Adroddiad Blynyddol a Chyfrifon *Stagecoach*, 1997.

Eglurwch sut y mae *Stagecoach* wedi tyfu, gan roi enghreifftiau o'r canlynol: (a) twf mewnol; (b) twf allanol.

Ffyrdd y mae busnesau'n tyfu

Mae'r rhan fwyaf o fusnesau'n cynyddu o ran maint drwy DWF MEWNOL, h.y. maen nhw'n cynhyrchu mwy. O ganlyniad gallant gyflogi mwy o weithwyr, prynu mwy o gyfarpar ac efallai symud i adeilad mwy. Mae *Tomkins* wedi tyfu'n fewnol ers iddo gael ei gynnwys gyntaf ar Farchnad Stoc Llundain yn 1952. Yn 1996/7, er enghraifft, cynyddodd gwerthiant ei sector cynhyrchion bwyd i £1 115 miliwn o £1 058 miliwn yn y flwyddyn flaenorol. Yn 1997 roedd yn bwriadu adeiladu ffatri newydd gwerth £30 miliwn ar gyfer ei gwmni *R F Brookes* sy'n gwneud pasteiod, *pizzas* a seigiau rysáit ar gyfer *Marks & Spencer*.

Gall maint busnesau gynyddu hefyd drwy DWF ALLANOL, h.y. dau fusnes yn uno â'i gilydd i ffurfio busnes mwy. Gall hyn ddigwydd mewn sawl ffordd.

Cydsoddiad (*Merger*) Pan fydd dau fusnes yn cytuno i uno â'i gilydd, fel rheol defnyddir y term CYDSODDIAD am hyn. Mae cydsoddiadau yn tueddu i gynnwys busnesau o faint tebyg.

Uned 19 Twf busnes

Trosfeddiant (*Takeover*) Pan fydd un busnes yn prynu busnes arall, fel rheol defnyddir y term TROSFEDDIANT am hyn. Efallai y bydd yn **drosfeddiant cytunedig**, lle mae'r busnes a brynir yn fodlon â thelerau'r cynnig. Er enghraifft, yn 1996 roedd *Tomkins* wedi prynu *Gates*, gwneuthurwr beltiau trawsyrru pŵer a pheipiau a chysylltwyr yn UDA am £745 miliwn. Efallai, fodd bynnag, y caiff y trosfeddaint ei **herio**. Mae hyn yn digwydd pan na fydd y busnes sy'n cael ei drosfeddiannu am gael ei brynu neu pan fydd cynigiwr arall. Mae trosfeddiannau'n tueddu i fod o fusnesau llai gan fusnesau mwy am fod y rhain yn gallu fforddio prynu busnesau llai.

Caffaeliad (*Acquisition*) Mae rhai caffaeliadau'n drosfeddiannau. Ond mae eraill yn digwydd pan fydd un busnes yn prynu rhan o fusnes arall. Yn 1996, er enghraifft, prynodd *Tomkins* fusnes peipiau *Nationwide Enterprises Pty Limited* am £0.8 miliwn. Gall busnes hefyd werthu rhan o'i weithrediadau. Yn yr un flwyddyn roedd *Tomkins* wedi gwerthu *Ferraris Piston Service Limited*, cwmni dosbarthu.

Bydd busnesau'n gwerthu rhai o'u hasedau am eu bod yn gallu cael pris da amdanynt neu am eu bod yn credu nad ydy'r asedau hynny'n cynhyrchu digon o elw.

Menter ar y cyd Gall busnes ymuno â busnesau eraill i werthu cynnyrch ar y cyd. Gallen nhw, er enghraifft, sefydlu **is-gwmni** (☞ uned 15) lle mae pob un ohonynt yn berchen cyfran o'r cyfranddaliadau.

Mathau o integru

Yn 1992 fe wnaeth *Tomkins* brynu *Rank Hovis McDougall*. Roedd y cwmni hwn yn cynnwys *Rank Hovis*, un o'r prif gwmnïau melino blawd. Defnyddir peth o'r blawd hwn i wneud cacennau *Mr Kipling*. Dyma enghraifft o INTEGRU FERTIGOL YN ÔL (*backward vertical integration*). Mae'n integru fertigol am ei fod yn prynu busnes sydd ar gam gwahanol o'r un **gadwyn gynhyrchu** (☞ uned 4). Mae'n integru yn ôl am ei fod yn prynu busnes sydd ymhellach i fyny'r gadwyn gynhyrchu.

Yn 1995 fe wnaeth *Tomkins* brynu *Lyons Cakes*. Dyma enghraifft o INTEGRU LLORWEDDOL am fod *Tomkins* eisoes yn berchen *Manor Bakeries*, gwneuthurwyr cacennau *Mr Kipling*. Integru llorweddol yw lle mae dau fusnes sy'n gwneud fwy neu lai yr un cynhyrchion yn uno â'i gilydd neu'n integru.

Mae INTEGRU FERTIGOL YMLAEN yn digwydd pan fydd busnes yn prynu busnes arall sydd ymhellach ymlaen yn ei gadwyn gynhyrchu. Enghraifft fyddai *Tomkins* yn prynu cadwyn o uwchfarchnadoedd sy'n gwerthu ei fwydydd.

Mae CYDSODDIAD CYD-DYRIAD (*conglomerate merger*) yn digwydd pan fydd dau fusnes yn cydsoddi sydd heb unrhyw fuddiannau'n gyffredin.

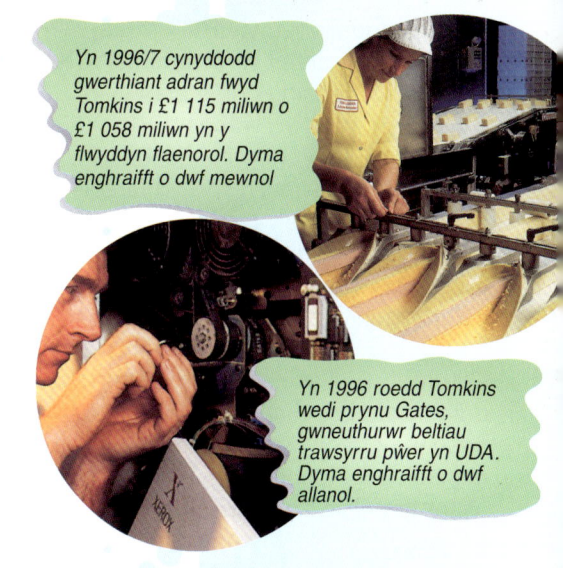

Yn 1996/7 cynyddodd gwerthiant adran fwyd Tomkins i £1 115 miliwn o £1 058 miliwn yn y flwyddyn flaenorol. Dyma enghraifft o dwf mewnol

Yn 1996 roedd Tomkins wedi prynu Gates, gwneuthurwr beltiau trawsyrru pŵer yn UDA. Dyma enghraifft o dwf allanol.

Cwmni peirianneg oedd *Tomkins* yn wreiddiol. Felly, gallai prynu cwmnïau bwyd fel *Rank Hovis McDougall* fod yn enghraifft o gydsoddiad cyd-dyriad.

Pam y mae busnesau'n tyfu

Dechreuodd *Tomkins* fel busnes bach. Erbyn 1984 roedd ganddo werthiant o £26 miliwn a gwerth y cwmni oedd £8 miliwn yn nhermau cronfeydd y cyfranddalwyr. Yn y flwyddyn ariannol 1996/7 roedd y gwerthiant wedi cynyddu i £4.6 biliwn ac roedd cronfeydd y cyfranddalwyr yn £1.4 biliwn. Beth allai wneud i fusnes fel *Tomkins* ddymuno tyfu?

Adenillion uwch i'r perchenogion

Mae gwneud arian yn gymhelliad pwysig i berchenogion busnesau. Po fwyaf yw'r busnes, mwyaf tebygol yw y bydd y perchenogion yn ennill mwy o elw ac yn berchen mwy o asedau. Mae'r un peth yn wir lle nad y cyfranddalwyr oedd sefydlwyr y busnes. Mae'r cyfranddalwyr am i'r cwmni dyfu'n fwy byth os bydd hynny'n golygu mwy o elw a phris uwch am eu cyfranddaliadau. Un o **amcanion busnes** (☞ uned 17) *Tomkins* yw rhoi buddrannau uwch ac uwch i'r cyfranddalwyr.

Mwy o wobrau i'r cyfarwyddwyr a'r rheolwyr

Mewn cwmni mawr mae'n debygol y bydd y cyfranddalwyr yn bobl wahanol i'r rheolwyr a'r cyfarwyddwyr. Yn *Tomkins* roedd cyfarwyddwyr y cwmni yn berchen 1%

? Eglurwch pa fath o integru sy'n digwydd ym mhob un o'r cydsoddiadau neu'r trosfeddiannau hyn.

ICI, y gwneuthurwr cemegau, yn trosfeddiannu busnes cemegau arbenigol *Unilever* am £4.9 biliwn yn 1997.

Milk Marque, cydweithfa ffermwyr sy'n casglu a gwerthu bron 60% o'r llaeth crai a gynhyrchir yng Nghymru a Lloegr, yn prynu *Aeron Valley Cheese*, gwneuthurwr caws yng Nghymru am £10 miliwn yn 1997.

Nomura, cwmni ariannol Japaneaidd, yn prynu *Phoenix Inns*, cadwyn o 1 800 o dafarnau yn y DU yn 1995. Yna mae'n prynu *Intrepreneur* a *Spring Inns*, dwy gadwyn o 4 300 o dafarnau yn y DU ym mis Medi 1997.

Etam, yr adwerthwr dillad merched yn y DU, yn cael ei brynu ym mis Tachwedd 1997 gan *Etam Development*, yr adwerthwr dillad Ffrengig, cwmni cwbl wahanol er i'r ddau gwmni gael eu sefydlu gan yr un person.

Uned 19 Maint a threfniadaeth fewnol busnes

o'r cyfranddaliadau yn 1997. Mae hynny'n uchel yn ôl safonau'r DU. Mae hyn yn golygu bod y bobl sy'n rhedeg y cwmni yn wahanol i berchenogion y cwmni (☞ uned 17). Mae gweld y cwmni'n tyfu yn fanteisiol i'r uwch-reolwyr a'r cyfarwyddwyr. Po fwyaf yw'r cwmni, mwyaf i gyd fydd y ffïoedd a'r cyflogau a gaiff y cyfarwyddwyr a'r uwch-reolwyr.

Goroesi Efallai mai twf y busnes yw'r unig ffordd i sicrhau ei barhad. Mae busnesau bach dan anfantais gystadleuol i fusnesau mawr am na allant fanteisio ar **ddarbodion maint** (☞ uned 18). Os ydy eu costau-yr-uned yn rhy uchel am nad ydynt yn cynhyrchu digon, un ateb i'r broblem yw cynyddu'r cynhyrchu, h.y. tyfu. Efallai hefyd y bydd rhai cwmnïau bach mewn perygl o gael eu prynu gan gwmnïau mwy. Gall twf leihau'r perygl hwn.

Cyfleoedd buddsoddi Efallai y bydd busnes yn gweld bod cyfle am fuddsoddiad da wrth ehangu. Roedd *Tomkins* yn gweld prynu *Gates*, gwneuthurwr beltiau trawsyrru, yn ffordd o gynyddu ei elw a'i adenillion i'r cyfranddalwyr.

Lledaenu risg Gall y risg o farchnadoedd yn diflannu fod yn gymhelliad i fusnesau **amrywiaethu** (*diversify*). Mae *Tomkins* yn gweithredu mewn nifer o farchnadoedd gwahanol. Pe bai masnach yn y diwydiant peirianneg yn dioddef, efallai am fod yr economi mewn **enciliad** (☞ uned 6), gallai elw ddal i gynyddu oherwydd gweithrediadau bwyd y cwmni.

Aros yn fach Dydy pob busnes ddim am dyfu. I unig fasnachwr neu bartneriaeth, gallai busnes mwy ei faint olygu mwy o waith a mwy o gyfrifoldeb. Mae rhai unig fasnachwyr, er enghraifft, am weithio ar eu pen eu hun.
  Gallai busnes mwy olygu cyflogi gweithwyr, ond efallai nad yw'r unig fasnachwr am boeni â hynny. Dydy rhai perchenogion ddim am golli rheolaeth ar y busnes y maent wedi'i greu ac felly wnân nhw ddim gwerthu na chydsoddi â busnes arall. Mae rhai perchenogion yn ddigon bodlon gwerthu eu busnesau ac ymddeol wedi i'w busnes gyrraedd maint arbennig. Gall chwarae golff neu fynd ar wyliau fod yn bwysicach iddynt na gweithio a rhedeg busnes.

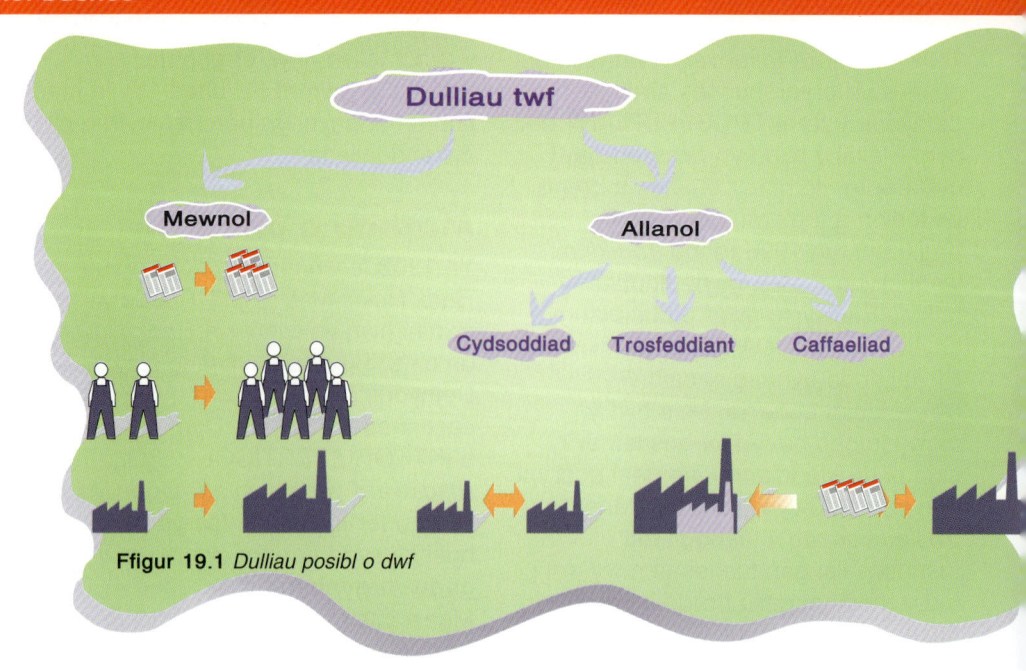

Ffigur 19.1 *Dulliau posibl o dwf*

Ffynhonnell: addaswyd yn rhannol o Adroddiad Blynyddol a Chyfrifon *Tomkins PLC*.

Telecom Prydain

Yn 1996 cyhoeddwyd y byddai Telecom Prydain ac *MCI Communications* yn cydsoddi. MCI yw un o'r cwmnïau ffôn mwyaf yn yr Unol Daleithiau. Prynodd Telecom Prydain 20% o gyfranddaliadau MCI ac arwyddodd gytundeb yn manylu sut y byddai'r cydsoddiad yn digwydd yn y dyfodol.

Roedd Telecom Prydain am fod yn fusnes sy'n gweithredu ledled y byd yn y farchnad delathrebu. Roedd mynediad i farchnad yr Unol Daleithiau yn hanfodol am mai'r Unol Daleithiau yw'r farchnad delathrebu fwyaf yn y byd. Trwy gyfuno ag MCI, gallai ennill marchnadoedd newydd ar unwaith. Yn y tymor hirach byddai'r ddau gwmni wedi'u huno â'i gilydd yn ei chael hi'n haws torri i mewn i farchnadoedd eraill yn Ewrop, De America ac yn enwedig Asia. Gallen nhw ddefnyddio'u helw i ariannu buddsoddiant yn y rhannau hyn o'r byd sy'n datblygu.

Byddai'r cydsoddiad hefyd yn rhoi'r darbodion maint sydd eu hangen i ymdopi â chystadleuaeth. Credai llawer o ddadansoddwyr y byddai'r darbodion maint y byddent yn eu hennill yn fach am fod Telecom Prydain yn gweithredu yn y DU yn bennaf a bod MCI yn UDA yn bennaf. Ond dadleuodd Telecom Prydain y byddai arbedion cost sylweddol ar alwadau rhyngwladol.

Roedd llawer yn dadlau hefyd fod Telecom Prydain yn talu pris rhy uchel am ei gydsoddiad ag MCI. Eu dadl oedd bod cyfranddalwyr Telecom Prydain yn cael bargen wael gan y byddai eu buddrannau'n gostwng. Dadleuodd Telecom Prydain y byddai'r fargen yn rhoi gwerth da i gyfranddalwyr oherwydd posibiliadau twf mewn marchnadoedd newydd.

Ffynhonnell: addaswyd o'r *Financial Times*, 11 Tachwedd 1997.

1 Beth yw 'marchnad delathrebu'?
2 Roedd Telecom Prydain ac MCI yn gweithredu mewn marchnadoedd gwahanol. Beth oedd y rhain?
3 Pa ddadleuon a roddwyd o blaid y cydsoddiad?
4 Yn 1997 fe wnaeth cwmni telathrebu arall yn UDA, sef *WorldCom*, gynnig i drosfeddiannu MCI. Llwyddodd y cynnig a gwerthodd Telecom Prydain ei 20% o gyfranddaliadau MCI.
  (a) Awgrymwch UN rheswm pam roedd *WorldCom* am brynu MCI.
  (b) Trafodwch sut y gallai Telecom Prydain fod yn gwmni byd-eang yn y dyfodol.

Uned 19 Twf busnes

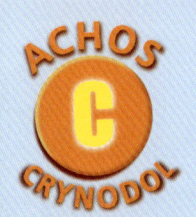

ACHOS C CRYNODOL

CHWIMRAI CCC

Gwneuthurwr esgidiau chwaraeon, esgidiau ymarfer a chyfarpar chwaraeon yw Chwimrai. Mae ei frand enwog yn ei wneud yn un o'r prif wneuthurwyr esgidiau ymarfer yn y byd. Bu'r flwyddyn ddiwethaf yn anodd i'r cwmni. Mae wedi penderfynu bod angen iddo dyfu drwy gaffael os yw i wella'i berfformiad yn sylweddol.

Chiwmrai ccc, ystadegau ariannol diweddar

	1994	1995	1996	1997	1998
Trosiant gwerthu (£miliwn)	66	84	120	129	106
Elw (£miliwn)	7	6	8	9	(8)
Asedau net (£miliwn)	19	21	22	25	26
Pris cyfranddaliadau (cyfartalog, ceiniogau)	83	84	96	109	70
Nifer y cyfranddaliadau a ddyroddwyd (miliwn)	35	35	35	35	46

Ffigurau minws yw'r ffigurau mewn cromfachau
Asedau net = mesur o werth y cwmni

TROEDA CCC

Adwerthwr esgidiau â mwy na 400 o siopau ledled y DU. Mae'n canolbwyntio ar ddarparu esgidiau sy'n rhoi gwerth am arian. Mae'r grŵp wedi bod trwy gyfnod anodd yn ddiweddar. Mae wedi wynebu cystadleuaeth frwd gan gadwyni newydd o esgidiau rhad. Mae cwsmeriaid hefyd yn ymddangos yn fwy parod nag erioed i dalu prisiau uwch am esgidiau ffasiwn o gadwyni tua phen ucha'r farchnad. Mae Troeda yn gobeithio y bydd ei berfformiad masnachu yn gwella. Ond dydy'r cyfranddalwyr ddim wedi bod yn hapus â'r gostyngiad ym mhris cyfranddaliadau'r cwmni.

Troeda ccc, ystadegau ariannol diweddar

	1994	1995	1996	1997	1998
Trosiant gwerthu (£miliwn)	91	92	98	85	82
Elw (£miliwn)	7	4	3	(8)	(11)
Asedau net (£miliwn)	47	44	42	42	22
Pris cyfranddaliadau (cyfartalog, ceiniogau)	188	160	140	87	66
Nifer y cyfranddaliadau a ddyroddwyd (miliwn)	25	25	25	25	25

Ffigurau minws yw'r ffigurau mewn cromfachau
Asedau net = mesur o werth y cwmni

CWLWISG CCC

Gwneuthurwr esgidiau chwaraeon ac esgidiau ymarfer gydag enw brand adnabyddus yn y DU. Mae'r grŵp hefyd yn gweithgynhyrchu dillad hamdden a dillad chwaraeon dan drwydded gan nifer o grwpiau rhyngwladol adnabyddus sydd am ehangu i farchnad y DU. Mae'r grŵp wedi gwrthsefyll dau gynnig trosfeddiannu yn y 5 mlynedd diwethaf.

Cwlwisg ccc, ystadegau ariannol diweddar

	1994	1995	1996	1997	1998
Trosiant gwerthu (£miliwn)	47	54	60	70	64
Elw (£miliwn)	3	1	4	4	(1)
Asedau net (£miliwn)	7	7	9	16	11
Pris cyfranddaliadau (cyfartalog, ceiniogau)	26	25	35	46	41
Nifer y cyfranddaliadau a ddyroddwyd (miliwn)	32	32	32	32	32

Ffigurau minws yw'r ffigurau mewn cromfachau
Asedau net = mesur o werth y cwmni

PRINT CCC

Mae'r cwmni'n arbenigo mewn darparu delweddau ffotograffig arbennig, yn cysylltu â chamerâu, llungopïwyr, disgiau fideo a thechnolegau cysylltiedig. Y busnes sy'n tyfu gyflymaf ganddo yw systemau adnabod - e.e. printio cardiau adnabod â delwedd. Mae yna si yr hoffai'r grŵp gael hyd i bartner mwy a fyddai'n ariannu buddsoddiant sylweddol yn ei dechnolegau.

Print ccc, ystadegau ariannol diweddar

	1994	1995	1996	1997	1998
Trosiant gwerthu (£miliwn)	50	49	54	58	67
Elw (£miliwn)	8	8	9	8	9
Asedau net (£miliwn)	26	25	23	24	29
Pris cyfranddaliadau (cyfartalog, ceiniogau)	28	26	24	31	32
Nifer y cyfranddaliadau a ddyroddwyd (miliwn)	60	60	60	60	60

Asedau net = mesur o werth y cwmni

Mae Chwimrai am drosfeddiannu cwmni arall.

1 Pa un o'r tri chwmni a ddisgrifiwyd y dylai ei drosfeddiannu yn eich barn chi? Yn eich ateb ystyriwch yn ofalus: (a) pa gwmni fyddai'n cyd-fynd orau â buddiannau busnes Chwimrai ccc; (b) pa gwmni sydd â'r rhagolygon ariannol gorau yn ôl yr ystadegau ariannol diweddar.
2 Awgrymwch uchafswm ar gyfer y pris y dylai Chwimrai ei dalu am y cwmni hwn. Eglurwch eich rhesymu'n ofalus.

termau allweddol

Cydsoddiad - lle mae dau fusnes neu fwy yn uno â'i gilydd i ffurfio busnes mwy ei faint.

Cydsoddiad cyd-dyriad - lle mae dau fusnes yn cydsoddi sydd heb unrhyw fuddiannau busnes yn gyffredin.

Integru fertigol ymlaen - lle mae un busnes ymhellach yn ôl yn y gadwyn gynhyrchu yn prynu busnes arall sydd ymhellach ymlaen yn y gadwyn, e.e. cwmni papurau newydd yn prynu siop bapurau newydd.

Integru fertigol yn ôl - lle mae un busnes ymhellach ymlaen yn y gadwyn gynhyrchu yn prynu busnes arall sydd ymhellach yn ôl yn y gadwyn, e.e. cwmni papurau newydd yn prynu cwmni print.

Integru llorweddol - lle mae dau fusnes sy'n gwneud yr un cynhyrchion ar yr un cam yn y gadwyn gynhyrchu yn uno â'i gilydd drwy gydsoddiad neu drosfeddiant, e.e. cwmni tecstilau â chwmni tecstilau arall.

Trosfeddiant - lle mae un busnes yn prynu busnes arall ac yn ei drosfeddiannu.

Twf allanol - cynnydd ym maint busnes a gyflawnir drwy brynu busnesau eraill.

Twf mewnol - cynnydd ym maint busnes a gyflawnir drwy gynyddu elw, gwerthiant a chyflogaeth y busnes ei hun yn hytrach na throsfeddiannu busnesau eraill.

Rhestr wirio ✓

1 Beth yw'r gwahaniaeth rhwng twf mewnol ac allanol?
2 'Cytunodd Nodiant ccc ac Alaw ccc ar gydsoddiad' Beth yw ystyr hyn?
3 Beth sy'n digwydd pan fydd un cwmni'n trosfeddiannu cwmni arall?
4 Beth yw 'menter ar y cyd'?
5 Pa fath o integru fyddai'r canlynol: (a) J Sainsbury yn prynu gwneuthurwr grawnfwyd; (b) Telecom Prydain yn prynu banc; (c) cwmni ceir Ford yn prynu gwaith dur; (ch) cydsoddiad Banc Lloyds â Banc Barclays; (d) popty yn prynu siop fara.
6 Eglurwch 5 rheswm pam y byddai busnes yn tyfu.
7 Pam y mae rhai busnesau'n dewis aros yn fach?

uned 20

TREFNIADAETH FEWNOL BUSNES

Gwneud penderfyniadau

Rhaid i bob busnes benderfynu sut i'w drefnu ei hun. Mewn busnes mawr gallai fod cannoedd o filoedd o weithwyr i'w trefnu. Rhaid i'r busnes benderfynu:
- pa weithwyr i'w rhoi mewn grwpiau i weithio gyda'i gilydd;
- pwy fydd mewn awdurdod, yn rhoi gorchmynion;
- faint o weithwyr fydd yn goruchwylio gwaith pobl eraill a faint fydd yn cynhyrchu cynnyrch y busnes;
- sut y caiff negesau eu trosglwyddo trwy'r busnes i roi gwybod i'r gweithwyr am bethau.

Gwneuthurwr arbenigol o ffabrigiadau a phibellau dur gwrthstaen yw *Bender Forrest*. Mae wedi'i leoli yn Heywood, Swydd Gaerhirfryn. Mae'n is-gwmni i *Bender Machine Service Limited*. Nid yn unig y mae'n cynhyrchu cynhyrchion dur gwrthstaen ond hefyd mae'n dylunio cynhyrchion gan ddefnyddio'r systemau cyfrifiadurol diweddaraf yn unol â gofynion y cwsmer.

Trefniadaeth

Yn *Bender Forrest* mae'r gweithwyr yn arbenigo (☞ uned 4). Mae pob un yn cael RÔL (SWYDDOGAETH), gwaith penodol. Mae rhai gweithwyr yn arolygwyr, eraill yn glerciaid, rhai'n grefftwyr medrus ac eraill yn rheolwyr. Rhaid i weithwyr wybod:
- pa dasgau sydd ganddynt i'w gwneud;
- pwy sy'n eu rheoli nhw;
- pwy maen nhw'n eu rheoli;
- sut y maent yn gysylltiedig â'r DREFNIADAETH ehangach.

Gellir dangos hyn ar SIART TREFNIADAETH.

Siartiau trefniadaeth

Mae Ffigur 20.1 yn dangos siart trefniadaeth syml ar gyfer Bender Forrest. Ar frig yr HIERARCHAETH, y gyfres o haenau yn y drefniadaeth, mae Rheolwr-Gyfarwyddwr y Grŵp. Y nesaf yn yr hierarchaeth yw pum rheolwr, gan gynnwys y Rheolwr Projectau/Gwerthiant a'r Rheolwr Gwaith. Ar waelod yr hierarchaeth mae'r gweithwyr llawr ffatri (*shop floor*). Mae RHEOLWR LLINELL gan bob gweithiwr, heblaw am Reolwr-Gyfarwyddwr y Grŵp, h.y. rhywun yn union uwchben y gweithiwr, y bydd y gweithiwr yn adrodd wrtho/wrthi.

Mae'r busnes wedi'i drefnu yn ôl SWYDDOGAETH, h.y. yn ôl yr hyn y mae'r bobl yn y gyfundrefn yn ei wneud. Felly, mae'r adran sy'n gyfrifol am gynhyrchu nwyddau yn cael ei harwain gan y Rheolwr Gwaith. Mae'r Rhelowr Projectau/Gwerthiant yn arwain y tîm o weithwyr sy'n gyfrifol am weinyddu swyddfa'r cwmni yn

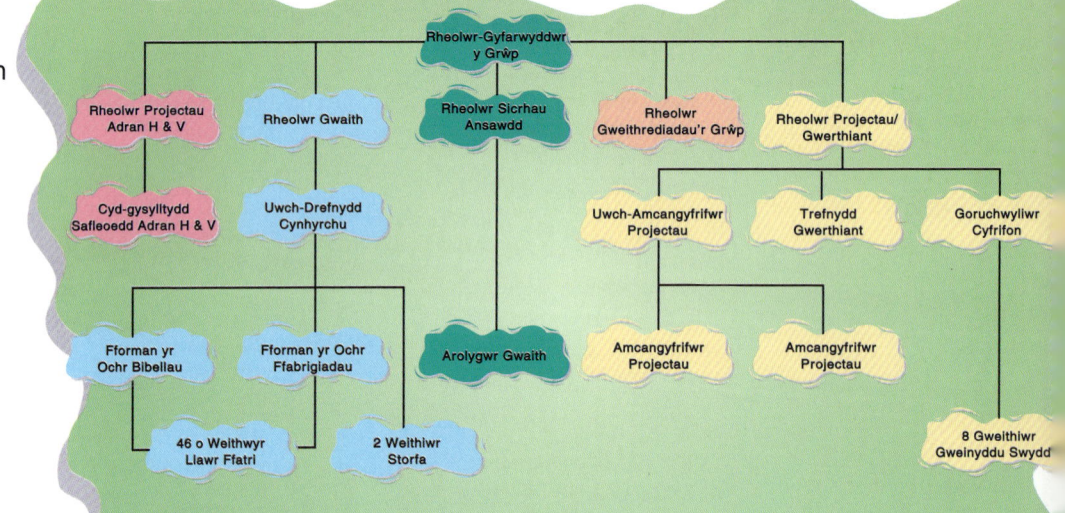

Ffigur 20.1 Siart trefniadaeth ar gyfer Bender Forrest

Lluniwch siart trefniadaeth ar gyfer eich ysgol/coleg. Bydd angen i chi ddarganfod sut y mae eich sefydliad wedi'i drefnu. Bydd y siart trefniadaeth yn debygol o fod yn gymhleth gan fod nifer o swyddogaethau gwahanol yn cael eu cyflawni gan wahanol weithwyr yn yr hierarchaeth. Efallai y bydd angen rhoi'r un athro/darlithydd mewn dau fan gwahanol ar y siart, e.e. fel athro pwnc ac fel tiwtor.

Uned 20 Trefniadaeth fewnol busnes

Bydd dirprwyo tasgau i weithwyr yn fwy tebygol o roi cymhelliant iddynt

ogystal â'r tîm gwerthu.

Y duedd yw i gael mwy o bobl po isaf yr ewch yn y drefniadaeth. Felly, yn aml dywedir mai **pyramid** yw hierarchaeth.

Y gadwyn awdurdod

Mae'r person ar frig y pyramid trefniadaethol mewn safle o AWDURDOD dros weithwyr ar safleoedd is yn y pyramid. Felly mae Rheolwr-Gyfarwyddwr y Grŵp mewn awdurdod dros y rheolwyr. Gall roi gorchmynion i weithwyr ar lefelau is yn yr hierarchaeth, sef ei IS-WEITHWYR (*subordinates*). Gallai, er enghraifft, ddweud wrth y Rheolwr Gwaith i gynyddu'r cynhyrchu yr wythnos hon. Yn y pyramid trefniadaethol, felly, mae

Andrew Sykes

Yn 1994 roedd *Andrew Sykes* mewn trafferth, yn wynebu colled o £4.6 miliwn ac â benthyciadau o £17 miliwn. Roedd y cwmni'n arbenigo mewn llogi, gosod a gwerthu cyfarpar diwydiannol a masnachol. Er enghraifft, pe baech am logi gwresogydd cludadwy neu gyfarpar aerdymheru am wythnos, gallech wneud hynny o Andrew Sykes.

Penodwyd rheolwyr newydd. Aethant ati i lilinio (*streamline*) y busnes. Gostyngwyd nifer y gweithwyr o 750 i 540 heb gau'r storfeydd (*depots*) ledled y wlad. Gostyngwyd nifer y gweithwyr yn y brif swyddfa i 46 yn unig. Cafodd y gwaith penderfynu ei wthio i lawr o'r brif swyddfa, lle collodd nifer o weithredwyr eu swyddi, i lefel y storfeydd, lle roedd y gwerthu'n digwydd.

Ffynhonnell: addaswyd o *Management Today*, Ionawr 1998.

1 Beth fyddech chi'n ei gael yn un o storfeydd Andrew Sykes?
2 'Gellid dweud bod Andrew Sykes wedi defnyddio dihaenu i ymdrin â'i broblemau.' Eglurwch ystyr hyn.
3 Pa fanteision ac anfanteision y gallai Andrew Sykes fod wedi'u cael wrth ostwng hyd y gadwyn awdurdod yn y cwmni?

CADWYN AWDURDOD (*chain of command*) o'r top i'r gwaelod.

Hyd y gadwyn awdurdod

Mae **hyd** y gadwyn awdurdod yn *Bender Forrest* yn nodweddiadol o gwmnïau gweithgynhyrchu. Mae Ffigur 20.2 yn dangos bod pum haen yn yr hierarchaeth o'r Rheolwr-Gyfarwyddwr i'r gweithwyr llawr ffatri neu'r gweithwyr gweinyddu.

Po hiraf yw'r gadwyn awdurdod, mwyaf i gyd o anawsterau y gall busnes eu hwynebu.
- Gall negesau gael eu colli neu eu hystumio (*distort*) wrth iddynt fynd i fyny ac i lawr y gadwyn awdurdod.
- Gall rheoli newid fod yn broblem arall. Mewn busnes unig berchennog (☞ uned 10) mae newid yn syml. Bydd yr unig fasnachwr yn penderfynu newid ac yn gweithredu hynny. Mewn cyfundrefn fawr, gallai'r cadeirydd benderfynu ar newid ond gallai hynny gael ei wrthwynebu ymhellach i lawr yr hierarchaeth. Po hiraf yw'r gadwyn awdurdod, mwyaf i gyd o grwpiau y bydd i wrthwynebu'r newid.

Dihaenu

Bydd rhai busnesau'n ceisio datrys problemau cadwyn awdurdod hir drwy ei gwastatáu. Defnyddir y term DIHAENU (*delayering*) am hyn. Maen nhw'n cael gwared â nifer mawr o reolwyr canol, gan wthio cyfrifoldeb a gwneud penderfyniadau i lawr y llinell. Mewn ffatri, er enghraifft, gellir cael gwared â goruchwylwyr ac arolygwyr rheolaeth ar ansawdd os caiff y gweithwyr eu trefnu'n grwpiau a'u gwneud yn gyfrifol am eu gwaith eu hunain o ran cynnyrch ac ansawdd.

Gall RHOI GRYM i'r gweithwyr fel hyn roi mwy o **gymhelliant** iddynt (☞ uned 54). Ond mae fel rheol yn golygu bod angen hyfforddi'r gweithwyr yn well i ymdopi â'r cyfrifoldebau ychwanegol. Efallai y bydd yn rhaid i'r gweithwyr gael mwy o dâl am eu bod yn gwneud gwaith mwy cyfrifol. Dylai dihaenu achosi i weithwyr fod yn fwy **cynhyrchiol**. Bydd angen llai o weithwyr i wneud yr un

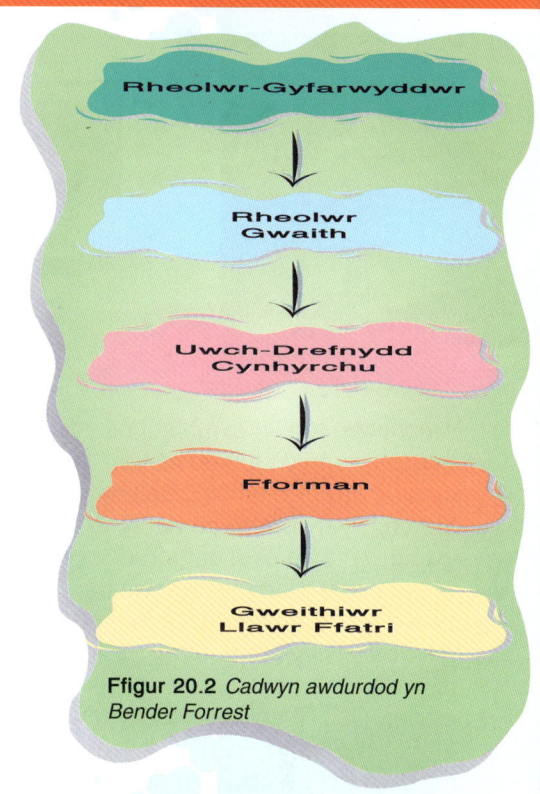

Ffigur 20.2 *Cadwyn awdurdod yn Bender Forrest*

Rheolwr-Gyfarwyddwr → Rheolwr Gwaith → Uwch-Drefnydd Cynhyrchu → Fforman → Gweithiwr Llawr Ffatri

maint o waith. Yna gall busnesau LEIHAU EU MAINT (*downsize*), gan ddiswyddo gweithwyr ond cynhyrchu cymaint ag o'r blaen.

Rhychwant rheoli

Ni ellir disgwyl i'r Rheolwr Projectau/Gwerthiant yn *Bender Forrest* drefnu neu oruchwylio pob gwerthwr a chyfrifydd. Byddai'r dasg honno'n rhy fawr. Yn hytrach, mae e'n rheoli gwaith ei dri is-weithiwr uniongyrchol, sef yr uwch-amcangyfrifwr projectau, y trefnydd gwerthiant a'r goruchwyliwr cyfrifon fel y gwelir yn Ffigur 20.1.

Defnyddir y term RHYCHWANT RHEOLI (*span of control*) am nifer y bobl y bydd gweithiwr yn eu rheoli'n uniongyrchol. Felly, rhychwant rheoli y Rheolwr Projectau/Gwerthiant yw tri gweithiwr. Rhychwant rheoli y Goruchwyliwr Cyfrifon yw'r wyth gweithiwr gweinyddu swyddfa.

Y rhychwant rheoli: pa mor fawr?

Mae'r rhychwant rheoli yn amrywio yn dibynnu ar yr amgylchiadau.
- Po fwyaf cymhleth yw'r dasg oruchwylio, lleiaf i gyd fydd y rhychwant rheoli. Gall y dasg

73

Uned 20 Maint a threfniadaeth fewnol busnes

Mae gweithwyr yn Bender Forrest yn arbenigo

oruchwylio fod yn gymhleth os ydy gwirio gwaith yn anodd ac yn cymryd llawer o amser. Gall hefyd fod yn fwy cymhleth os nad yw'r gweithwyr sy'n cael eu goruchwylio yn arbennig o dda yn eu gwaith.

- Rhaid i'r rhychwant rheoli fod yn fach os ydy cyfathrebu ag is-weithwyr yn cymryd llawer o amser. Gall Rheolwr-Gyfarwyddwr y Grŵp yn *Bender Forrest* oruchwylio'r rheolwyr yn fwy effeithiol am eu bod wedi'u lleoli yn Heywood na phe baent wedi'u gwasgaru ledled y byd.
- Gorau oll yw'r goruchwyliwr, mwyaf i gyd o bobl y gall eu goruchwylio.
- Po fwyaf y bydd y goruchwyliwr yn DIRPRWYO ei waith, mwyaf i gyd y gall y rhychwant rheoli fod. Mae dirprwyo'n golygu trosglwyddo cyfrifoldeb i is-weithwyr i gwblhau tasgau. Mae dirprwyo'n rhyddhau amser y goruchwyliwr i oruchwylio gwaith mwy o weithwyr. Mae hefyd yn rhoi grym i is-weithwyr. Bydd gweithwyr ymhellach i lawr y gadwyn awdurdod yn debygol o fod â mwy o gymhelliant. Y rheswm yw bod mwy o ymddiriedaeth yn cael ei dangos ynddynt a gallan nhw ddefnyddio'u doniau a'u sgiliau fwy.

Grwpiau ffurfiol

Mae gweithwyr *Bender Forrest* yn cael eu trefnu'n adrannau, enghreifftiau o GRWPIAU FFURFIOL. Mae'r grwpiau hyn yn cael eu sefydlu gan y gyfundrefn i gyflawni tasgau.

Mae llawer o fanteision i drefnu gwaith drwy grwpiau ffurfiol.

- Gall pob grŵp ac efallai hyd yn oed pob gweithiwr o fewn grŵp arbennig, gan arwain at gynnyrch uwch a chostau is.
- Mae gan y grŵp le pendant yn strwythur trefniadaethol y busnes. Bydd grwpiau eraill yn gwybod at ba grŵp i droi pan fydd angen cymorth, e.e. gall materion ariannol gael eu cyfeirio at y Rheolwr Projectau/Gwerthiant. Mae gwybod pwy sy'n gwneud beth mewn cyfundrefn yn arbed amser ac felly yn sicrhau costau is.
- Mae cyfathrebu yn y gyfundrefn yn cael ei helpu, eto am fod yna strwythur pendant.
- Gall gweithwyr weithio fel tîm, cael cymorth gan eraill yn y grŵp a hefyd cael eu gwaith wedi'i oruchwylio.

Grwpiau anffurfiol

GRŴP ANFFURFIOL yw grŵp na chafodd ei sefydlu gan y gyfundrefn ond a ddaeth i fodolaeth ar ei ben ei hun. Enghraifft fyddai grŵp o ffrindiau yn *Bender Forrest* sy'n chwarae sboncen gyda'i gilydd.

Gall grwpiau anffurfiol fod yn dda i'r busnes. Bydd pobl sy'n ffurfio grŵp yn tueddu i fod ar delerau da â'i gilydd ac efallai o ganlyniad yn gweithio'n well. Weithiau gall grwpiau anffurfiol achosi i wybodaeth gael ei throsglwyddo a fyddai fel arall yn cael ei dal mewn cadwyn awdurdod aneffeithlon.

Gall grwpiau anffurfiol hefyd fod yn wael i'r busnes. Yn y rhan fwyaf o fusnesau canolig neu fawr bydd yna grwpiau o bobl sy'n treulio'u hamser gyda'i gilydd yn cwyno ynglŷn â gweithwyr eraill a phenderfyniadau gwael gan eu rheolwyr. Gall y grŵp geisio rhwystro newid yn y busnes am nad yw aelodau o'r grŵp am gael y newid hwnnw.

P'un ai eu bod yn dda neu'n wael, all y busnes ddim atal grwpiau anffurfiol rhag cael eu ffurfio. Rhaid, felly, i'r busnes gymryd y grwpiau hyn i ystyriaeth wrth reoli newid a gwneud penderfyniadau.

Ffynhonnell: addaswyd o wybodaeth a roddwyd gan *Bender Forrest*.

Buckingham Foods

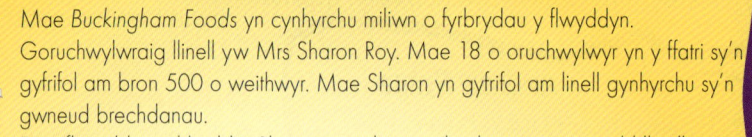

Mae *Buckingham Foods* yn cynhyrchu miliwn o fyrbrydau y flwyddyn. Goruchwylwraig llinell yw Mrs Sharon Roy. Mae 18 o oruchwylwyr yn y ffatri sy'n gyfrifol am bron 500 o weithwyr. Mae Sharon yn gyfrifol am linell gynhyrchu sy'n gwneud brechdanau.

Dwy flynedd yn ôl byddai Sharon yn ei hystyried ei hun yn arweinydd llinell a wnai frechdanau. Bob dydd byddai hi'n codi taflen a ddangosai faint o frechdanau oedd i'w cynhyrchu a pha amrywiaeth. 'Doedd gen i ddim dylanwad ar faint o weithwyr roedd eu hangen ar y llinell, dim mewnbwn i benderfyniadau ynglŷn â hyd y prosesau nac unrhyw reolaeth uniongyrchol ar y peiriannau.' Pe bai rhywbeth yn mynd o'i le, byddai hi'n rhoi gwybod i'r ferch oedd yn bennaeth arni a gadael iddi hi ddatrys y broblem.

Erbyn hyn mae ei swyddogaeth wedi newid. Meddai hi, 'Rwy'n rheolwraig ganol. Rwy'n gwneud fy mhenderfyniadau fy hun ynglŷn â sut y bydda i'n cyflawni'r targedau cynhyrchu ac rwy'n gyfrifol am reoli ansawdd. Os bydd y llinell yn torri i lawr mae gen i'r awdurdod i gael y peiriannydd i wneud y gwaith angenrheidiol. Mae gen i dargedau cynhyrchu ac rwy am eu cyflawni.' O'r blaen 'doeddwn i byth yn ystyried elw.' Mae yn ei ystyried erbyn hyn.

Mae newid yr hyn y gall ac na all goruchwylwyr ei wneud wedi helpu i roi grym i'r goruchwylwyr yn *Buckingham Foods*. Mae hefyd wedi helpu'r cwmni i arbed £800 000 y flwyddyn gan fod cynhyrchedd wedi cynyddu.

Ffynhonnell: addaswyd o'r *Financial Times*.

1. Beth yw 'goruchwylwraig llinell'?
2. Lluniwch ddiagram syml yn dangos rhan o gadwyn awdurdod *Buckingham Foods*. Dylai ddangos Mrs Roy, y bobl sy'n gweithio oddi tani a'r person sy'n uniongyrchol uwch ei phen hi.
3. Pa mor fawr yw rhychwant rheoli Mrs Roy?
4. Sut y mae swydd Mrs Roy wedi newid yn ôl yr erthygl?
5. Pam, yn eich barn chi, y mae'r newid wedi achosi cynnydd yn y canlynol: (a) boddhad gwaith i Mrs Roy; a (b) cynhyrchedd yn *Buckingham Foods*??

Uned 20 Trefniadaeth fewnol busnes

Mae Ffigur 20.3 yn dangos cadwyn awdurdod *KwikSave*, y gadwyn genedlaethol o siopau disgownt sy'n gwerthu nwyddau groser.

1 (a) Pwy sydd ar frig cadwyn awdurdod *Kwiksave*? (b) Pwy sydd ar waelod y gadwyn?
2 I bwy y bydd rheolwr siop yn rhoi gorchmynion?
3 Pwy fyddai'n is na goruchwyliwr?
4 Mae *KwikSave* yn penderfynu ei fod am leihau'r gadwyn awdurdod yn y gyfundrefn drwy ddileu un o'r haenau rheolaeth. Mae'n penderfynu dileu swydd y rheolwr siop cynorthwyol. (a) Eglurwch fanteision posibl hyn i *KwikSave*. (b) Beth yw'r anfanteision posibl?

BWRDD CYFARWYDDWYR
CYFARWYDDWYR
RHEOLWR RHANBARTHOL
RHEOLWR ARDAL
RHEOLWR SIOP
RHEOLWR CYNORTHWYOL
GORUCHWYLIWR
GWEITHWYR

Ffigur 20.3 *Cadwyn awdurdod KwikSave*

ACHOS CRYNODOL

LEC

Yn 1996 roedd *Lec Refrigeration* yn cael ei drawsnewid. Sefydlwyd y cwmni yn 1942 gan Charles Pursey. Rhedodd hwnnw'r cwmni ag arddull unbenaethol. Byddai'n dweud wrth ei is-weithwyr beth i'w wneud ac ni fyddai'n caniatáu i neb ddadlau ynglŷn â'i benderfyniadau.

Yn fuan ar ôl ei farwolaeth trosfeddiannwyd *Lec* gan *Sime Darby*, cwmni o Malaysia. Roedd hwnnw am newid *Lec* yn gynhyrchydd Ewropeaidd mawr. Gwariodd £30 miliwn yn buddsoddi mewn ffatri newydd i'r cwmni yn ymyl safle'r hen ffatri. Roedd hefyd am drawsnewid arferion gwaith.

Cyflogwyd Sid Joynson i ad-drefnu'r ffordd roedd pobl yn gweithio. Roedd tri-chwarter o'r 1 000 o weithwyr oedd gan Lec yn gweithio ar lawr y ffatri yn gwneud a chydosod oergelloedd. Yn gweithio gyda grwpiau bach, mae Joynson wedi eu hannog i ailystyried eu ffordd o weithio. O ganlyniad gall y gadwyn awdurdod draddodiadol gael ei throi ar ei phen. Er enghraifft, bu'n rhaid i'r goruchwylwyr addasu i swyddogaeth newydd o hyfforddi gweithwyr i wneud awgrymiadau ynglŷn ag ad-drefnu gwaith yn hytrach na rhoi cyfarwyddiadau. Yn ôl Vernon Jones, prif weithiwr (charge hand) sy'n goruchwylio tua 30 o bobl: 'Roeddwn i'n arfer rhedeg o gwmpas fel rhywun gwirion yn dweud wrth bobl beth i'w wneud. Yn awr rwy wedi arafu. Rwy'n ceisio arwain pobl i weld lle mae'r problemau, ac mae'r gwaith yn haws.'

Un enghraifft o'r dull newydd oedd yr ateb a gafwyd i broblem ynglŷn ag offer. Roedd gweithiwr yn cael trafferthion a gofynnodd i wneuthurwr offer newid mowld yr oedd yn ei ddefnyddio. Yn y gorffennol byddai wedi gorfod mynd at uwch beiriannydd i sicrhau hyn.

Ffynhonnell: addaswyd o'r *Financial Times*, 28 Mai 1996.

1 Beth mae *Lec* yn ei weithgynhyrchu?
2 Pwy fyddai is-weithwyr: (a) Charles Purley; (b) Vernon Jones?
3 Sut yr effeithiodd newidiadau Sid Joynson ar y canlynol: (a) y gadwyn awdurdod; (b) swyddogaeth y gweithwyr; (c) rhoi grym i'r gweithwyr?
4 Beth, yn eich barn chi, fyddai (a) manteision posibl a (b) anfanteision posibl y newidiadau hyn i'r cwmni?

termau allweddol

Awdurdod - yr hawl i benderfynu ar yr hyn i'w wneud mewn sefyllfa a chymryd rheolaeth ar hyn.
Cadwyn awdurdod - llwybr (neu gadwyn) trosglwyddo gorchmynion, Mewn cwmni mae hyn yn mynd o'r bwrdd cyfarwyddwyr i lawr i'r gweithwyr llawr ffatri.
Dihaenu - cael gwared â haenau o reolwyr a gweithwyr mewn hierarchaeth fel bo llai o weithwyr yn y gadwyn awdurdod.
Dirprwyo - trosglwyddo awdurdod ar gyfer gwaith i weithiwr arall ymhellach i lawr hierarchaeth y gyfundrefn.
Grŵp anffurfiol - grŵp o bobl sy'n ymuno â'i gilydd y tu allan i strwythur ffurfiol cyfundrefn.
Grŵp ffurfiol - grŵp sy'n cael ei greu gan gyfundrefn i gyflawni tasg benodol.
Hierarchaeth - strwythur o wahanol lefelau awdurdod mewn cyfundrefn fusnes, un ar ben y llall.
Is-weithwyr - gweithwyr yn yr hierarchaeth sy'n gweithio o dan reolaeth uwch weithiwr.
Lleihau maint - pan fydd busnes yn cyflogi llai o weithwyr i gynhyrchu'r un maint drwy gynnydd mewn cynhyrchedd y gellir ei gyflawni drwy ddihaenu.
Rôl (swyddogaeth) - gwaith a roddir i weithiwr y disgwylir iddo ei gyflawni.
Rheolwr llinell - gweithiwr sy'n gyfrifol am oruchwylio gwaith gweithwyr eraill ymhellach i lawr hierarchaeth cyfundrefn.
Rhoi grym - rhoi mwy o gyfrifoldeb i weithwyr ymhellach i lawr y gadwyn awdurdod mewn hierarchaeth.
Rhychwant rheoli - nifer y bobl sy'n adrodd yn uniongyrchol wrth weithiwr arall mewn swydd uwch.
Siart trefniadaeth - diagram sy'n dangos strwythur mewnol cyfundrefn.
Swyddogaeth - tasgau neu waith. Mae trefniadaeth yn ôl swyddogaeth yn golygu bod busnes yn cael ei drefnu yn ôl y tasgau sydd i'w cyflawni, fel cynhyrchu neu gyllid.
Trefniadaeth - y ffordd y mae busnes wedi'i strwythuro er mwyn cyflawni ei amcanion.

Rhestr wirio ✓

1 Lluniwch siart trefniadaeth ar gyfer cwmni sydd â 32 o weithwyr, bwrdd cyfarwyddwyr, rheolwr-gyfarwyddwr a phedwar rheolwr. Mae gan bob un o'r pedwar rheolwr ddau reolwr cynorthwyol. Mae pob rheolwr cynorthwyol yn rheoli'r un nifer o weithwyr.
2 Eglurwch ystyr y term 'reolwyr canol'.
3 'Mae'r gadwyn awdurdod yn hir iawn.' Eglurwch hyn.
4 Beth yw problemau cael cadwyn awdurdod hir?
5 Mewn ccc pwy sydd ag awdurdod ar y canlynol: (a) y rheolwr-gyfarwyddwr; (b) rheolwr; (c) gweithiwr llawr ffatri?
6 'Mae rhychwant rheoli y rheolwr-gyfarwyddwr yn fach iawn.' Beth yw ystyr hyn?
7 Pa ffactorau sy'n penderfynu'r nifer gorau ar gyfer rhychwant rheoli rheolwr?
8 Beth yw manteision trefnu gwaith drwy grwpiau ffurfiol?
9 Pam y gall grwpiau anffurfiol fod (a) yn fantais, a (b) yn anfantais i fusnes?

75

uned 21

DULLIAU TREFNU

Gwneud penderfyniadau

Rhaid i fusnes benderfynu sut y bydd yn ei drefnu ei hun yn fewnol. Mae'r rhan fwyaf o fusnesau wedi'u trefnu yn ôl swyddogaeth. Rhaid i fusnes, fodd bynnag, benderfynu a fyddai'n well ei drefnu ei hun yn ôl rhanbarth, cynnyrch neu farchnad. Mewn cwmni mawr iawn gallai fod fwyaf effeithlon i'r busnes gael ei drefnu mewn dwy neu fwy o'r ffyrdd hyn.

Cwmni technoleg yw *Intelek plc* sy'n arbenigo yn y marchnadoedd byd-eang am eletroneg ac awyrofod. Mae angen i unrhyw fusnes sydd â mwy nag ychydig o weithwyr gael trefniadaeth. Mae gan *Intelek plc* gwmnïau yn y DU ac UDA sy'n cyflogi mwy na 500 o weithwyr ac mae angen iddo ddefnyddio strwythurau trefniadaethol fydd yn gweddu orau i'w amcanion. Bydd ei strwythur trefniadaethol yn fwy cymhleth o lawer na strwythur trefniadaethol busnes bach sy'n cyflogi ychydig yn unig o weithwyr.

Trefniadaeth ar sail cynnyrch

Un ffordd y mae *Intelek plc* wedi'i drefnu yw ar **sail cynnyrch**. Trefnwyd *Intelek* yn ddwy adran gynnyrch, sef electroneg ac awyrofod. Mae'r ddwy adran wedi'u trefnu'n **is-gwmnïau** (☞ uned 15), gyda phob un yn arbenigo mewn amrywiaeth o gynhyrchion. Mae *Labtech Ltd*, er enghraifft, yn yr adran electroneg, yn gweithgynhyrchu byrddau cylched microdonnau.

Wrth drefnu ar sail cynnyrch gall is-gwmnïau *Intelek* **arbenigo**. Mae gan bob cwmni arbenigedd mewn gweithgynhyrchu amrywiaeth benodol o gynhyrchion.

Mae'r math hwn o drefniadaeth hefyd yn cynyddu atebolrwydd. Rhaid i bob is-gwmni egluro'i berfformiad. Mae hyn yn rhoi i'r rheolwyr a'r gweithwyr gymhelliant i berfformio'n well. Mae hefyd yn helpu cyfarwyddwyr *Intelek* i nodi'r rhannau o'r busnes sy'n gwneud yn dda a'r rhannau nad ydynt yn gwneud cystal. Yna gellir gwneud penderfyniadau ar sail y wybodaeth hon.

Trefniadaeth swyddogaethol

Caiff is-gwmni nodweddiadol sydd gan *Intelek* ei drefnu yn ôl **swyddogaeth**, h.y. yn wahanol adrannau fel cynhyrchu, marchnata a phersonél (☞ uned 20).

Mae dwy fantais bwysig i'r math hwn o drefniadaeth.
- Mae'n caniatáu **arbenigo**.
- Mae strwythur y drefniadaeth yn **eglur**. Bydd gweithwyr yn gwybod at bwy i droi pan fydd angen gwneud rhyw waith.

Ond mae yna anfanteision a all arwain at ANNARBODION MAINT (*diseconomies of scale*), h.y. lle bydd costau cyfartalog cynhyrchu yn cynyddu wrth i faint y busnes gynyddu.
- Efallai y bydd y busnes yn rhy fawr i'w reoli'n effeithiol. Gallai'r rheolwyr ei chael hi'n anodd dylanwadu ar yr hyn sy'n digwydd ar lefelau is yn y drefniadaeth.

Chloride Group PLC

Mae *Chloride* yn grŵp electronig rhyngwladol sy'n gweithredu mewn tri sector gwahanol ond sydd â chysylltiad rhyngddynt - Cyflenwadau Pŵer Di-dor (CPD), Systemau Diogelwch a Thrawsnewid Pŵer. Mae ganddo hefyd weithrediad gwarchod sy'n rhan o'i sector systemau diogelwch. 'Tua diwedd y flwyddyn buddsoddwyd adnoddau ychwanegol i gynyddu ein gwerthiant rhyngwladol. Yn arbennig, cafodd ein rheolaeth yn y Dwyrain Pell ei had-drefnu a'i chryfhau ac agorwyd swyddfeydd gwerthu newydd yn Singapore ac Ariannin. Bydd y buddsoddiant hwn yn ein galluogi i gyflymu datblygiad ein busnes ym marchnadoedd mwyfwy pwysig y Dwyrain Pell a De America.'

Ffynhonnell: Adroddiad Blynyddol a Chyfrifon *Chloride Group PLC*, 1997.

1 Sut y mae *Chloride* wedi'i drefnu?
2 Awgrymwch yr anfanteision posibl i *Chloride*: (a) pe bai'n cael ei drefnu'n un adran gynnyrch yn unig; a (b) pe bai'r holl benderfyniadau pwysig yn cael eu gwneud ym mhencadlys *Chloride* yn y DU.

CHLORIDE GROUP PLC

- CPD
  - Awstralia
  - Y Dwyrain Pell
    - Singapore
    - Thailand
  - Ffrainc
  - Yr Eidal
  - Portiwgal
  - De America
    - Ariannin
  - Sbaen
  - Y Deyrnas Unedig
  - UDA
- Systemau Diogelwch
  - Y Deyrnas Unedig
  - UDA
- Gwarchod
  - Y Deyrnas Unedig
- Trawsnewid Pŵer
  - Y Deyrnas Unedig
  - UDA

Ffigur 21.2 Siart trefniadaeth *Chloride Group PLC*

Uned 21 Dulliau trefnu

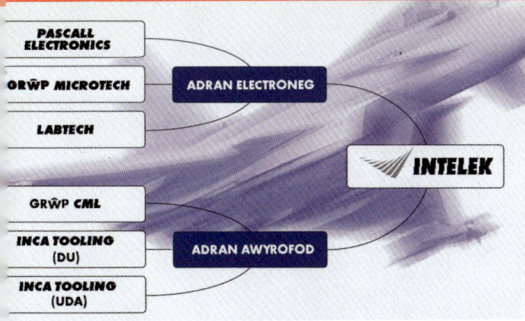

- Efallai y bydd gan adrannau unigol fwy o ddiddordeb mewn hybu eu buddiannau eu hunain yn hytrach na buddiannau'r busnes. Efallai na fyddant am weithio gyda'i gilydd ar brojectau newydd.
- Gall y drefniadaeth gyfan ddod yn rhy fiwrocrataidd, gydag adrannau'n disgwyl i bobl o'r tu allan lenwi ffurflenni ac adroddiadau os bydd angen cymorth arnynt yn hytrach na rhoi'r cymorth ar unwaith.

Mae *Intelek* wedi osgoi'r problemau hyn drwy ei drefnu ei hun yn nifer o is-gwmnïau, gyda phob is-gwmni â'i strwythur swyddogaethol ei hun. Gwnaed hyn yn hytrach na rhedeg *Intelek* fel un gyfundrefn gydag un strwythur swyddogaethol ar gyfer 500 o weithwyr.

Trefniadaeth ddaearyddol

Trefnir rhai cwmnïau mawr ar sail ranbarthol. Er enghraifft, gallai'r holl fusnesau yng Ngogledd America fod wedi'u trefnu'n adran Ogledd America. Efallai y bydd cwmnïau sy'n eu trefnu eu hun ar sail ddaearyddol yn gwerthu amrywiaeth weddol gul o gynhyrchion. Bydd yn synhwyrol felly i'r gweithrediadau mewn rhanbarth penodol gydweithredu. Gallan nhw, er enghraifft, rannu eu gwybodaeth am y farchnad yn y rhanbarth, ei hamgylchedd economaidd a rheoliadau'r llywodraeth.

Mae gan *Intelek* weithrediad *Inca Tooling*, sy'n arbenigo mewn gweithgynhyrchu offer ar gyfer bwrw llafnau tyrbinau nwy a chydrannau adeileddol awyrennau. Penderfynodd *Intelek* rannu'r gweithrediad hwn yn ddau is-gwmni. Mae'r naill yn y DU ac yn cyflenwi pob marchnad ac mae'r llall yn UDA ac yn cyflenwi'r farchnad Americanaidd yn unig. Felly, gall y cwmni yn UDA arbenigo mewn gwerthu i farchnad UDA.

Trefniadaeth ar sail marchnad

Trefnir rhai busnesau ar sail marchnad. Gallai cyhoeddwr, er enghraifft, fod â nifer o adrannau, fel addysg a thechnegol. Bydd llyfrau'n cael eu cynhyrchu gan un adran. Ond gallai'r un llyfr gael ei gynnwys yng nghatalogau gwerthu adrannau eraill. Gellid hyd yn oed ei werthu dan deitl gwahanol gan adran arall os credir y bydd hynny'n gwella'r gwerthiant.

Canoli

Mae *Intelek*, yn rhannol, yn drefniadaeth GANOLEDIG, h.y. caiff llawer o'r penderfyniadau ynglŷn â'r cwmni eu gwneud yn y brif swyddfa yn Swindon. Yn y brif swyddfa y penderfynir ar amcanion y cwmni cyfan, yno hefyd y llunnir strategaethau i gyflawni'r amcanion hyn. Caiff systemau a threfnau cyffredin eu gosod fel y gellir cael y darbodion maint mwyaf. Y drafferth gyda threfniadaethau canoledig yw y gallan nhw fod yn araf yn gwneud penderfyniadau ac yn ymateb i anghenion y farchnad.

Felly, mae *Intelek* hefyd yn rhannol yn drefniadaeth DDATGANOLEDIG. Mae'r gallu i wneud penderfyniadau yn cael ei roi i rannau llai o'r drefniadaeth. Er enghraifft, byddai penderfyniadau ynglŷn â phrisio llafnau tyrbinau nwy yn UDA yn cael eu gadael i'r is-gwmni Americanaidd, *Inca Tooling Inc*. Mae datganoli'n hybu gweithwyr i newid yn gynt wrth i'r amgylchedd busnes newid. Mae'n rhoi grym i'r rhai hynny sydd agosaf at y cwsmeriaid, y cyflenwyr a'r farchnad. Rhaid i fusnes fel *Intelek* gael y cydbwysedd cywir rhwng canoli a datganoli.

Ffynhonnell: addaswyd o Adroddiad Blynyddol a Chyfrifon *Intelek plc*, 1997.

Rhestr wirio ✓

1. Beth yw manteision ac anfanteision trefniadaeth swyddogaethol?
2. Beth yw'r gwahaniaeth rhwng trefniadaeth swyddogaethol a threfniadaeth ar sail marchnad?
3. Eglurwch sut y gallai busnes gael trefniadaeth swyddogaethol a daearyddol.
4. Beth yw ystyr 'biwrocrataidd'?
5. Beth yw'r gwahaniaeth rhwng trefniadaeth ganoledig a threfniadaeth ddatganoledig?
6. Beth yw: (a) manteision; a (b) anfanteision trefniadaeth ddatganoledig?

ACHOS CRYNODOL: McDONALD'S I AILSTRWYTHURO

Mae *McDonald's*, y gadwyn Americanaidd sy'n gwerthu bwydydd cyflym, wedi penderfynu ailstrwythuro'i fusnes yn UDA. Yn ddiweddar mae wedi cael problemau am fod gwerthiant wedi gwanhau ar adeg pan fu cystadleuwyr fel *Burger King* a *Wendy's International* yn cynyddu eu cyfran nhw o'r farchnad. Mae'r busnes i gael ei ad-drefnu'n bum adran ddaearyddol, fydd yn amrywio o ran nifer o dai bwyta o 2 210 i 2 820. Bydd pob adran yn gweithredu'n annibynnol. Bydd gan lywyddion adrannol yr awdurdod i arloesi (*innovate*) er mwyn cwrdd ag amcanion busnes, ond byddai'n rhaid iddynt gynnal ymrwymiad cyson i egwyddorion sylfaenol *McDonald's*. Y bwriad yw dod â gwneud penderfyniadau ac atebolrwydd yn agosach at y cwsmeriaid, y tai bwyta a'r trwyddedeion. Meddai Jack Greenburg, cadeirydd *McDonald's*: 'Dylid pwysleisio nad gostwng costau yw un o amcanion yr ad-drefnu yma. Gwella perfformiad yw'r amcan.'

Ffynhonnell: addaswyd o'r *Financial Times*, 10 Gorffennaf 1997.

1. (a) Sut roedd strwythur busnes *McDonald's* yn UDA i newid? (b) Pam y mae hyn yn enghraifft o ddatganoli?
2. Eglurwch pam y mae *McDonald's* yn newid ei strwythur?
3. Mae pâr sy'n berchen un o fusnesau trwydded *McDonald's* yn Florida yn darllen am y newid yn y strwythur busnes. Trafodwch 2 fesur y gallai eu hadran newydd eu cyflwyno a fyddai'n helpu'r pâr i gynyddu gwerthiant.

termau allweddol

Annarbodion maint - y cynnydd yn y costau cyfartalog wrth i raddfa'r cynhyrchu gynyddu.
Canoli - math o drefniadaeth fusnes lle caiff penderfyniadau eu gwneud yng nghanol neu graidd y drefniadaeth a'u trosglwyddo i lawr y gadwyn awdurdod.
Datganoli - math o drefniadaeth fusnes lle caiff gwneud penderfyniadau ei wthio i lawr yr hierarchaeth ac i ffwrdd o ganol y drefniadaeth.

uned 22

Y CYNLLUN BUSNES

Gwneud penderfyniadau

Mae llawer o fusnesau newydd yn methu yn fuan ar ôl dechrau masnachu. Mae llawer o'r methiant hwn yn ganlyniad i ddiffyg cynllunio. Dylai unrhyw fusnes newydd felly dreulio amser yn paratoi cynllun busnes da. Mae angen i'r cynllun busnes ddangos:
- beth fydd yn cael ei gynhyrchu;
- sut a ble y caiff ei gynhyrchu;
- sut y caiff y cynnyrch ei farchnata;
- sut y cânt arian i gychwyn y busnes;
- pwy fydd yn gweithio yn y busnes;
- gwerthiant, costau ac elw tebygol y busnes.

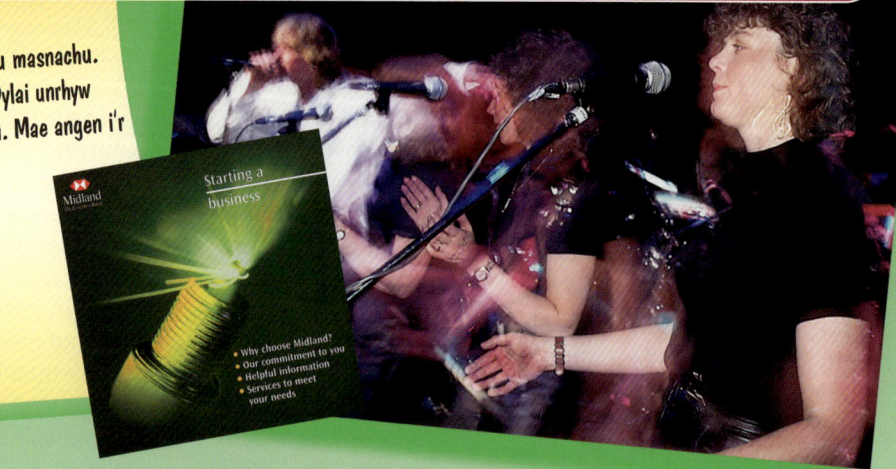

Bu Alun Evans a Carys Taylor mewn grwpiau ers blynyddoedd maith. Sylweddolon nhw fod llawer o fandiau yn ddeuawdau erbyn hyn, yn chwarae neu'n canu gyda thraciau cyfeilio (*backing tracks*). Byddai'n rhaid cael peiriannau chwarae tâpiau a disgiau, cyfrifiaduron, samplwyr, desgiau cymysgu a systemau PA i chwarae'r traciau. Penderfynodd Alun a Carys gychwyn siop yn gwerthu'r cyfarpar hyn. Roedden nhw'n gobeithio rhoi peth o'u harian nhw i mewn a chael peth gan fanc. Roedden nhw hefyd yn gobeithio cael hyfforddiant ac arian fel rhan o gynllun Cychwyn Busnes. Byddai hynny'n golygu llunio cynllun busnes.

Pwrpas y cynllun busnes

Roedd angen i Alun a Carys gael benthyg arian gan y banc i gychwyn eu busnes. Roedd gan reolwr y banc ddiddordeb yn y cyfarpar y bydden nhw'n ei werthu. Ond roedd hefyd yn pryderu ynglŷn â chwsmeriaid, costau, llif arian a gwarant gyfochrog (*collateral*). Roedd y rheolwr am weld CYNLLUN BUSNES, h.y. dogfen sy'n rhoi'r holl wybodaeth sy'n dangos sut y gallai busnes oroesi mewn byd cystadleuol.

Roedd dwy swyddogaeth i'r cynllun. Yn gyntaf roedd llunio'r cynllun wedi gorfodi Alun a Carys i ystyried pob agwedd ar eu busnes yn hytrach na meddwl am ddim mwy na'r cyfarpar arbennig y bydden nhw'n ei stocio. Roedd angen ystyried, er enghraifft, a oedd ganddynt ddigon o arian, a oedd ganddynt y sgiliau angenrheidiol i redeg y busnes a pha stoc y byddai ei angen. Efallai bod hyn wedi'u harbed rhag gwneud camgymeriadau costus ynglŷn â materion fel yswiriant a threthi na fyddent wedi'u hystyried fel arall.

Yn ail roedd yn helpu rheolwr y banc ac eraill a'u cynorthwyodd nhw i gychwyn y busnes i weld a oedd gan y busnes obaith o lwyddo. Wedi'r cyfan dim ond os bydd rheolwr banc yn credu y gall y busnes ad-dalu'r benthyciad a'r llog y bydd yn fodlon rhoi benthyg arian iddo. Pe bai'r busnes yn methu, gallai'r banc golli'r arian a fenthycwyd.

Y cynllun busnes

Rhoddodd rheolwr y banc lyfryn i Alun a Carys ynglŷn â'r hyn y dylid ei gynnwys mewn cynllun busnes. Roedd yn cynnwys manylion am y canlynol:
- enw'r busnes, hanes cryno, ei leoliad, ei strwythur cyfreithiol (e.e. ai partneriaeth ydyw) a phwy fyddai'r perchenogion;
- y personél allweddol yn y busnes gan gynnwys eu swydd a'u cyflog;
- y cynnyrch, ydy e wedi cael ei brawf farchnata (*test marketed*) a pha ymchwil marchnata a gynhaliwyd (☞ uned 36);

Teilwng

Mae Amanda (rheolwraig-gyfarwyddwraig), Meilir (rheolwr cynhyrchu), Sara (ysgrifenyddes) a Rhian (rheolwraig gwerthiant) wedi penderfynu gwneud teis lledr a sidan i ferched. Mae deg o gyfranddaliadau £5 yn y cwmni wedi cael eu dyroddi, un yr un i bedwar aelod bwrdd y cwmni a'r chwech sy'n weddill i rieni. Mae samplau o'r teis wedi'u gwneud. Cymerodd Bethan 40 munud i wneud tei sidan a 50 munud i wneud tei lledr. Mae'n ddechrau mis Hydref yn awr ac mae'r cwmni'n bwriadu gwerthu ei deis yn yr ysgol yn ystod saith wythnos ym mis Tachwedd a mis Rhagfyr.

Mae'r cwmni wedi cael benthyg cyfarpar fel sisyrnau a thâpiau yn ogystal ag adeilad am bris sefydlog o £20. Cost y defnyddiau crai yw £8.00 am fetr o sidan. Gellir gwneud chwe thei o fetr o ddefnydd. Prynir lledr mewn darnau. Mae'n costio tua £2.00 i brynu'r lledr i wneud un tei. Gellir prynu bocsys cyflwyno am 50c yr un.

1 Gan ddefnyddio'r enghraifft a welir yn Ffigur 22.1 a'r disgrifiad yn y testun, NAILL AI lluniwch gynllun busnes ar gyfer eich mini-gwmni eich hun NEU lluniwch gynllun busnes ar gyfer Teilwng.
2 Pa broblemau a gawsoch wrth lunio'r cynllun busnes a pha wybodaeth ychwanegol yr hoffech fod wedi'i chael?

Uned 22 y cynllun busnes

- pa gyfarpar fyddai'n angenrheidiol a'i gost;
- pa adeilad fyddai'n angenrheidiol;
- pwy fyddai'r cyflenwyr i'r busnes;
- pa ddulliau cynhyrchu (☞ uned 47) fyddai'n cael eu defnyddio (os ydy'r busnes yn gweithgynhyrchu cynnyrch);
- beth fyddai cyfanswm costau'r busnes (☞ uned 23);
- pa dderbyniadau (☞ uned 23) y byddai'r busnes yn eu disgwyl;
- y trothwy elw (*break-even point*)

(☞ uned 24), rhagolwg y llif arian am y 12 mis cyntaf (☞ uned 28) ac elw disgwyliedig y busnes;
- pa ariannu y byddai ei angen ar y busnes a pha asedau y gallai eu defnyddio yn warant. Yna lluniodd Alun a Carys eu cynllun busnes. Dangosir rhan ohono yn Ffigur 22.1.

termau allweddol

Cynllun busnes - cynllun ar gyfer datblygu busnes yn rhoi rhagolygon ynglŷn â phethau fel gwerthiant, costau a'r llif arian.

Y busnes

a	Enw	Y Cerddfocs
b	Cyfeiriad	6 Stryd Fawr, Aberdylan
c	Cwmni Cyfyngedig/Partneriaeth/Unig Fasnachwr	Partneriaeth
ch	Beth mae eich busnes yn ei wneud?	Gwerthu peiriannau chwarae tâpiau a disgiau, cyfarpar cyfrifiadurol, cyfarpar samplau, cymysgu a PA i'r cyhoedd drwy siop adwerthu.
d	Dyddiad cychwyn masnachu	Gobeithio cychwyn yn y Gwanwyn 2002 (y dyddiad y byddwch yn cychwyn os oes gennych fusnes newydd)
dd	Nodau	Gwerthu cyfarpar o safon uchel ar gyfer cerddorion amatur, lled-broffesiynol a phroffesiynol am elw

- Partneriaethau ac Unig Fasnachwyr

Enw	Swm y cyfalaf	% o'r cyfanswm
Alun Evans	£1000	50
Carys Taylor	£1000	50

Ffigur 22.1 *Rhan o gynllun busnes Alun a Carys*

Rhestr wirio ✓

1 Pam y byddai banc am weld cynllun busnes cyn rhoi benthyg arian i fusnes newydd?
2 Rhowch grynodeb o'r hyn y dylid ei gynnwys mewn cynllun busnes.
3 (a) Rhagolwg yw cynllun busnes. Rhagolwg ar beth? (b) Pam y gallai fod yn synhwyrol llunio amrywiaeth o ragolygon posibl ar gyfer busnes?

ACHOS CRYNODOL

GÊMAU BWRDD

Mae Ffion Clarke ac Angharad Huws yn hoff iawn o gêmau bwrdd. Ar ôl ymadael â'r brifysgol penderfynon nhw gychwyn cwmni yn gwneud gêmau bwrdd. Cymerodd fwy o amser na'r disgwyl i ddyfeisio'u gêm gyntaf am iddyn nhw dreulio llawer o amser yn ymchwilio i'r farchnad, yn sicrhau arian ac yn sefydlu cysylltiadau â chyflenwyr ac adwerthwyr. Gwelson nhw fod y farchnad yn cael ei dominyddu gan ychydig o gwmnïau mawr Amercanaidd fel *Mattel*, *Milton-Bradley* a *Hasbro*, y cwmni sy'n gwneud *Monopoly*. Yr allwedd i unrhyw lwyddiant oedd perswadio siopau i stocio'r gêmau. Roedd hynny'n golygu siarad â siopau cadwyn fel *W H Smith*, siopau adrannol fel *Harrods* a channoedd o siopau teganau unigol ledled y wlad.

Byddai'r farchnad yn dymhorol, gyda'r rhan fwyaf o gêmau'n cael eu prynu yn y cyfnod cyn y Nadolig. Byddai hynny'n effeithio ar y llif arian. Byddai costau hysbysebu yn uchel. Roedd y rhan fwyaf o gwsmeriaid yn gwybod beth oedden nhw am ei brynu cyn mynd i'r siop. Gallai hyn fod yn rhannol am iddynt chwarae'r gêm eisoes gyda ffrind. Ond gallai fod yn rhannol am fod y gêm yn ymddangos yn gyffrous pan gafodd ei hysbysebu.

Byddai'n rhaid gweithgynhyrchu'r gêmau. Fe wnaethon nhw nodi nifer o gyflenwyr posibl ar gyfer y cardiau, y darnau plastig, y byrddau a'r bocsys y byddai eu hangen. Roedd cynllun busnes manwl yn bwysig ar gyfer cael arian. Fe wnaethon nhw berswadio dau gyfalafwr menter i brynu gwerth £80 000 o gyfranddaliadau ac fe wnaethon nhw eu hunain roi £20 000 i mewn. Amcangyfrifwyd y byddai angen gwerthu 20 000 o gêmau i dalu eu costau disgwyliedig yn y flwyddyn gyntaf. Pris y gêmau yn y siopau oedd £19.99 yr un.

1 Lluniodd Ffion ac Angharad gynllun busnes ar sail eu hymchwil. Beth fyddai'n cael ei gynnwys yn eu cynllun busnes?
2 Yn eu cynllun busnes amcangyfrifwyd y bydden nhw'n gwneud elw o £5 000 yn y flwyddyn gyntaf. Ond fe wnaethon nhw golled o £10 000. Awgrymwch DDAU reswm pam y gwnaethon nhw golled yn hytrach nag elw.
3 Ar ddiwedd y flwyddyn gyntaf, maen nhw wedi llunio cynllun busnes arall. Trafodwch DDWY strategaeth y gallen nhw fod wedi'u cynllunio i gael eu busnes i wneud elw.

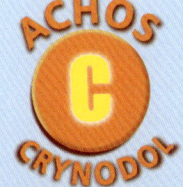

uned 23
DERBYNIADAU A CHOSTAU

Gwneud penderfyniadau
Bydd costau a derbyniadau busnes yn pennu'r elw a wneir. Os bydd y busnes am uchafu elw, bydd angen ennill y derbyniadau uchaf posibl a gostwng costau i'r isaf posibl. I wneud hyn rhaid gwybod o ble y daw ei dderbyniadau a beth yw ei gostau.

Cwmni cyfyngedig preifat bach sy'n gweithgynhyrchu batiau criced yw Cwmni Batiau Criced Dabren. Mae'r tri chyfranddaliwr, Gwion Harris, Siôn Williams a Prys Bowen, yn gweithio'n llawn amser yn y busnes. Maen nhw hefyd yn cyflogi dau weithiwr rhan-amser. Bu Gwion a Siôn yn gweithio i'r perchennog blaenorol, ond roedd gwerthiant isel wedi gorfodi'r busnes i'w ddiddymu ei hun. Ynghyd â Prys prynodd y ddau y busnes gan y derbynnydd.

Elw

Mae tri pherchennog y cwmni am i'w busnes dyfu a gwneud elw. Yr ELW yw'r gwahaniaeth rhwng gwerth yr hyn y bydd y cwmni'n ei werthu (DERBYNIADAU GWERTHIANT neu DROSIANT GWERTHU [sales *turnover*]) a'r COSTAU CYNHYRCHU. Cyfrifir hyn dros gyfnod penodol fel chwe mis neu flwyddyn.

Elw = Derbyniadau gwerthiant - costau

Yn ymarferol mae sawl ffordd o fynegi **elw**, e.e. elw crynswth, elw net, elw cyn treth ac elw ar ôl treth (☞ uned 25). Mae diffiniad pendant i bob un. Ond mae pob un yn mesur rhyw fath o dderbyniadau minws rhyw fath o gost.

Derbyniadau gwerthiant neu drosiant gwerthu

Mae gan dri pherchennog y busnes ddiddordeb mawr yn **nerbyniadau gwerthiant** neu **drosiant gwerthu** y cwmni, h.y. gwerth gwerthiant y busnes. Gwerthiant isel oedd un o'r prif resymau pam y gwnaeth perchennog blaenorol y busnes golledion. Ers i'r tri brynu'r cwmni mae derbyniadau gwerthiant wedi cynyddu. Roedd hyn yn arwydd bod y cwmni'n gwneud yn well.

Mae'r cwmni'n codi £60 ar gyfartaledd am bob bat criced. Pe bai'n gwerthu 100 o fatiau criced mewn wythnos, ei drosiant gwerthu wythnosol fyddai £60 x 100, sy'n hafal i £6 000. Pe bai'n gwerthu 4 000 o

Tabl 23.1 *Stakis plc, trosiant a chostau ar gyfer pob blwyddyn hyd at 29 Medi*

£miliwn

	1992	1993	1994	1995	1996
Trosiant gwerthu	154.1	139.0	145.9	173.4	205.6
Costau	202.7	129.6	125.7	147.6	176.4

Tabl 23.2 *Thistle Hotels plc, trosiant ac elw ar gyfer pob blwyddyn hyd at 29 Rhagfyr*

£miliwn

	1992	1993	1994	1995	1996
Trosiant gwerthu	217.3	214.1	241.2	267.5	290.3
Elw[1]	1.0	7.4	23.2	34.8	(27.7)

Noder Mae cromfachau o amgylch rhif mewn cyfrifon yn golygu mai rhif minws ydyw. Felly mae elw o (27.7) miliwn yn golygu y gwnaeth y cwmni golled o £27.7 miliwn.
1 Elw ar weithgareddau cyffredin cyn treth.

?
1. Cyfrifwch elw *Stakis plc* ar gyfer pob blwyddyn rhwng 1992 ac 1996.
2. Cyfrifwch gostau *Thistle Hotels* ar gyfer pob blwyddyn rhwng 1992 ac 1996.
3. Yn eich barn chi, pa gwmni berfformiodd orau dros y cyfnod 1992-1996 a pham?
4. Yn 1992 roedd yr economi yn dal i fod mewn enciliad dwfn. Roedd gwariant yn yr economi yn isel iawn. O 1993 dechreuodd yr economi wella ac erbyn 1996 roedd yna ffyniant. Sut y gall hyn egluro'r newidiadau yn y ffigurau a ddangosir yn y ddau dabl?

fatiau y flwyddyn, ei drosiant gwerthu blynyddol fyddai £60 x 4 000, sef £240 000.

Mae'r cwmni'n gwneud amrywiaeth o fatiau criced. Pris yr un drutaf yw £120, ond mae hefyd yn gwerthu batiau eraill am £40, £60 ac £80. Ni werthir meintiau mawr o'r batiau criced rhad oherwydd cystadleuaeth gan wneuthurwyr mawr sydd â **mwy o ddarbodion maint** (uned 18). Dim ond 500 o'r batiau hyn y flwyddyn a werthir ganddynt. Felly trosiant gwerthu y batiau rhad £40 yw £40 x 500, sy'n hafal i £20 000.

Mae hyn yn dangos bod dwy ffordd o leiaf o gyfrifo trosiant gwerthu.
- Mae trosiant gwerthu yn hafal i **bris cyfartalog** y cynhyrchion wedi'i **luosi** â'r nifer (neu'r **cyfaint**) a werthir. Pe bai 4000 o fatiau'n cael eu gwerthu am bris cyfartalog o £60, y trosiant fyddai £240 000.
- Mae trosiant gwerthu yn hafal i **gyfanswm trosiant gwerthu** pob cynnyrch gwahanol a werthir. Yn achos Cwmni Batiau Criced Dabren y ffigur yw £240 000, sy'n hafal i drosiant gwerthu'r batiau £40 ynghyd â'r batiau £60, ynghyd â'r batiau £80 ynghyd â'r batiau £120.

Un defnydd a wneir gan y cwmni o bris cyfartalog yw cyfrif derbyniadau posibl yn y dyfodol. Pe bai'n gallu gwerthu 5 000 o fatiau y flwyddyn yn hytrach na 4 000 am bris cyfartalog o £60, gallai gynyddu ei drosiant gwerthu o £240 000 i £300 000. Dewis arall fyddai gwerthu 500 yn fwy o'r batiau £120 a rhoi'r gorau i gynhyrchu'r batiau rhataf £40 - fyddai cyfanswm y gwerthiant ddim yn newid ond byddai'r pris cyfartalog yn codi. Gyda'r pris cyfartalog newydd yn £80, byddai derbyniadau gwerthu 4 000 o fatiau yn cynyddu i £320 000.

Costau sefydlog a newidiol

Rhaid i Gwmni Batiau Criced Dabren dalu nifer o gostau gwahanol. Rhaid talu am yr helyg i wneud y batiau. Mae cyflog yn cael ei dalu i'r tri pherchennog a'r ddau weithiwr rhan-amser. Mae rhent i'w dalu am y ffatri yn ogystal â chostau fel ffôn a thrydan. Mae Siôn yn teithio 30 000 o filltiroedd y flwyddyn yn ymweld â siopau chwaraeon i werthu batiau'r cwmni ac felly mae car y cwmni yn gost fawr hefyd. Bob tymor mae Cwmni Batiau Criced Dabren yn noddi 10 chwaraewr sy'n cytuno i roi logo'r cwmni ar eu batiau criced. Rhaid talu llog hefyd ar orddrafft y cwmni yn y banc.

Bydd rhai o'r costau'n aros yr un fath faint bynnag a gynhyrchir. Er enghraifft, yr un fydd y rhent p'un ai y cynhyrchir 100 o fatiau criced yr wythnos neu 20 yn unig. Defnyddir y term COSTAU SEFYDLOG am gostau nad ydynt yn amrywio gyda'r nifer a gynhyrchir.

Un pwynt pwysig iawn ynglŷn â chostau sefydlog yw bod yn rhaid eu talu hyd yn oed os na chynhyrchir dim. Pe bai'r cwmni'n cau am chwe wythnos dros gyfnod y Nadolig oherwydd diffyg archebion, byddai'n dal i orfod talu ei gostau sefydlog i gyd yn ystod y cyfnod hwn. Dangosir llinell costau sefydlog Cwmni Batiau Criced Dabren yn Ffigur 23.1. Mae'n dangos bod yn rhaid i'r cwmni dalu £120 000 bob blwyddyn faint bynnag a gynhyrchir.

Bydd rhai costau'n amrywio'n uniongyrchol â'r maint a gynhyrchir. Er enghraifft, bydd cyfanswm cost y pren a ddefnyddir yn cynyddu os gwneir mwy o fatiau. Defnyddir y term COSTAU NEWIDIOL am gostau sy'n amrywio â'r cynnyrch. Dangosir cromlin costau newidiol y busnes yn Ffigur 23.2. Mae'n dangos, er enghraifft, mai cost newidiol 4 000 o fatiau yw £80 000. Felly y **gost newidiol gyfartalog** (cyfanswm y costau newidiol wedi'i rannu â'r nifer a gynhyrchir) yw £20 (£80 000 ÷ 4 000 o fatiau).

CYFANSWM Y COSTAU yw cyfanswm y mathau gwahanol hyn o gostau. Mae'n arferol tybio bod y costau i gyd yn sefydlog neu'n newidiol. Felly:

Cyfanswm y costau = costau sefydlog + costau newidiol

Dangosir llinell cyfanswm y costau yn Ffigur 23.3. Fe'i tynnir drwy adio llinellau'r costau sefydlog a'r costau newidiol at ei gilydd.

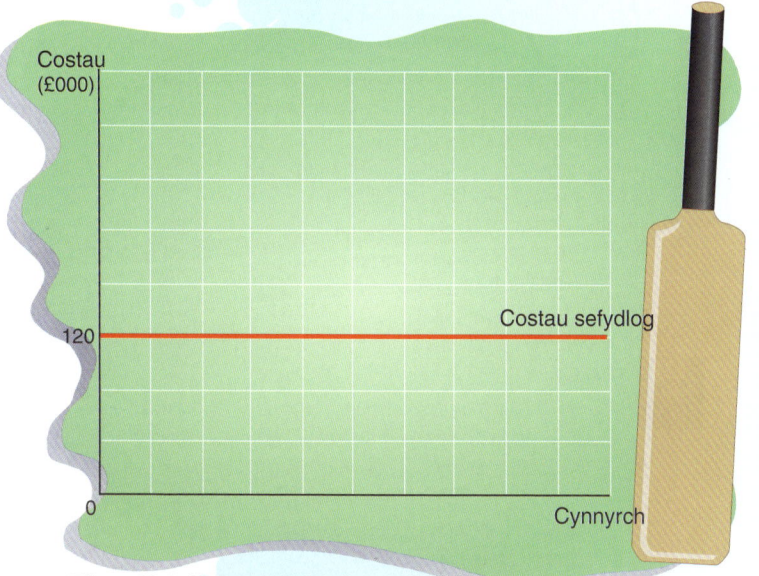

Ian Afosti

Mae Ian Afosti yn rhedeg busnes sy'n gwerthu esgidiau i siopau. Yntau sy'n eu dylunio ac mae'n cael cyflenwyr yn Yr Eidal i'w gwneud. Yn 1998 gwerthodd werth £500 000 o esgidiau, sef 20 000 o barau.
1. (a) Beth oedd derbyniadau gwerthiant Ian Afosti yn 1998?
   (b) Faint o barau o esgidiau a werthodd?
   (c) Cyfrifwch bris cyfartalog pob pâr o esgidiau a werthwyd.
2. Faint o barau o esgidiau y byddai'n rhaid iddo eu gwerthu i gael derbyniadau gwerthiant o: (a) £250 000; (b) £750 000; (c) £1 000 000?
3. Eglurwch pam y mae derbyniadau gwerthiant yn bwysig i Ian Afosti.

Ffigur 23.1 *Costau sefydlog Cwmni Batiau Criced Dabren. Beth bynnag y bydd lefel y cynnyrch, bydd y costau sefydlog yr un fath. Dyna pam y mae llinell y costau sefydlog yn llorweddol yn y diagram.*

Uned 23 Cyfrifydda

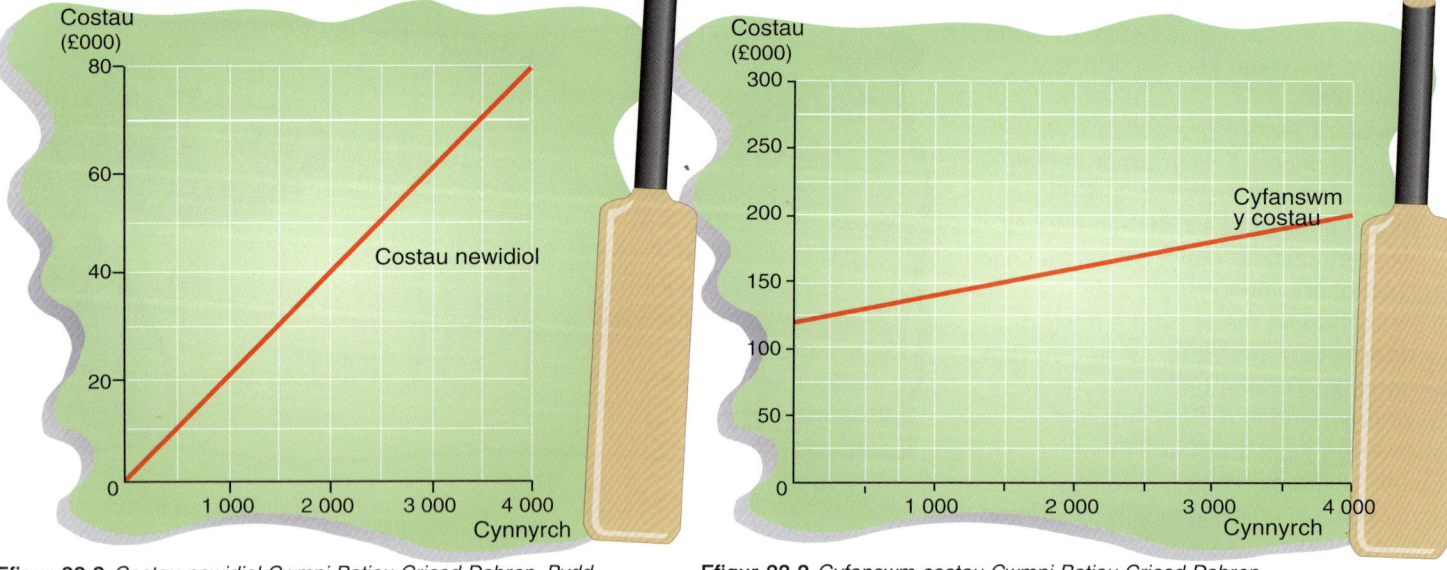

Ffigur 23.2 *Costau newidiol Cwmni Batiau Criced Dabren. Bydd costau newidiol yn codi wrth i'r maint a gynhyrchir gynyddu.*

Ffigur 23.3 *Cyfanswm costau Cwmni Batiau Criced Dabren*

Os cynhyrchir 4 000 o fatiau:
Cyfanswm y costau = £120 000 + (£20 x 4 000) = £200 000.

Costau uniongyrchol ac anuniongyrchol

Gelwir rhai costau sefydlog yn **gostau gorbenion** (*overhead costs*) neu'n **gostau anuniongyrchol**. Yna gelwir costau newidiol yn gostau uniongyrchol. Mewn busnes bach mae'r costau sefydlog a'r gorbenion yn debygol o fod yr un fath. Ond mewn gwirionedd mewn busnes mawr fel cwmni cyhoeddus neu gwmni amlwladol, mae ystyr gwahanol i gostau sefydlog a gorbenion. Y costau cynhyrchu fel pren mewn batiau yw'r costau uniongyrchol. Yr holl gostau eraill fel costau swyddfa neu hysbysebu yw'r costau anuniongyrchol.

Mae Cwmni Batiau Criced Dabren yn cadw golwg barcud ar gostau. Os bydd costau'n cynyddu pan fydd derbyniadau gwerthiant yn ddigyfnewid, bydd elw'r busnes yn cael ei wasgu. Ar y llaw arall, bydd gostwng costau a chael derbyniadau cyson yn arwain at gynnydd yn yr elw.

Bydd y cwmni'n defnyddio costau wrth brisio cynhyrchion. Mae'n gwybod bod angen gosod prisiau fydd yn talu cyfanswm y costau yn y tymor hir. Roedd cynberchennog y cwmni yn fodlon derbyn archebion am fatiau am lai na phris cyfanswm y costau. Pan oedd busnes yn wael, roedd yn fodlon gwerthu am bris oedd o leiaf yn talu'r costau newidiol ond nad oedd yn talu'r holl gostau sefydlog. Rhesymodd ei bod hi'n werth derbyn unrhyw archeb a fyddai o leiaf yn talu peth o'r gost sefydlog os oedd hynny'n golygu osgoi cael ei weithwyr yn segur am beth o'r amser. Gelwir hyn yn **brisio cyfraniad at y costau** (*contribution cost pricing*) (☞ uned 39).

Cwmni Teisenide

Chi yw cyfarwyddwr cyllid Cwmni Teisenide. Eich syniad ar gyfer minigwmni yw gwneud teisennau a'u gwerthu i oedolion mewn gwahanol weithgareddau yn yr ysgol fel cyngherddau, ffeiriau sborion a nosweithiau agored.

Rydych yn gwneud rhagamcaniadau (*projections*) ariannol ynglŷn â derbyniadau ar gyfer ffair haf yr ysgol.

1 Faint fyddai'r derbyniadau pe baech yn gwerthu:
(a) 60 teisen fechan am 5c yr un?
(b) 20 *gateau* siocled mawr am £2 yr un?
(c) 30 teisen sbwnj am £1 yr un?
(ch) 50 teisen gri am 20c yr un?
(d) y cyfan o (a) i (ch)?

Taenlen

2 Fe wyddoch y byddai eich tasg fel cyfarwyddwr cyllid yn rhagamcanu derbyniadau, costau ac elw yn symlach pe baech yn defnyddio pecyn taenlen. Cofnodwch y data ar gyfer pris a gwerthiant pob math o deisen ar daenlen er mwyn cyfrifo cyfanswm y derbyniadau. Cyfrifwch beth fyddai'n digwydd i gyfanswm y derbyniadau pe bai'r prisiau'n newid i'r canlynol: (a) teisen fechan 10c, *gateau* siocled £3, teisen sbwnj £1.50 a theisen gri 30c; (b) teisen fechan 3c, *gateau* siocled £1.50, teisen sbwnj 75c a theisen gri 15c.
3 Pe bai'n costio 2.5c i wneud teisen fechan, £1.25 i wneud *gateau* siocled, 60c i wneud teisen sbwnj ac 12c i wneud teisen gri, beth fyddai cyfanswm cost gwneud y teisennau ar gyfer y ffair haf?
4 Beth fyddai'r elw ar bob un o'r tair lefel o brisiau?
5 A thybio y gallech werthu'r teisennau i gyd, pa lefel o brisiau y byddech chi'n ei dewis a pham?

Uned 23 Derbyniadau a chostau

? Mae llawer o fusnesau'n cynnig cyfleusterau hamdden i'w cwsmeriaid. Weithiau dim ond am ran o'r dydd y bydd sinemâu, theatrau a neuaddau cyngerdd ar agor. Edrychwch ar y lluniau.
1. Beth fydd costau sefydlog y busnesau hyn yn eich barn chi?
2. Beth fydd eu costau newidiol?
3. Sut y bydd y busnesau hyn yn ennill derbyniadau?
4. (a) Awgrymwch 2 ffordd y gallai'r busnesau gynyddu eu derbyniadau.
   (b) Beth fydd effeithiau tebygol yr awgrymiadau hyn: (i) ar gostau sefydlog; (ii) ar gostau newidiol?

Rhestr wirio ✓

1. Sut y caiff elw ei gyfrifo?
2. Mae busnes yn cynyddu ei elw ond mae'r costau hefyd wedi cynyddu. Beth sydd wedi digwydd?
3. Mae busnes yn gwerthu gwisgoedd am bris cyfartalog o £10. Beth yw trosiant gwerthu'r busnes os yw ei werthiant wythnosol yn: (a) 10 gwisg; (b) 100 o wisgoedd; (c) 898 o wisgoedd?
4. Trosiant misol cwmni arbennig yw £2 filiwn. Trosiant ei adran dractorau yw £$\frac{1}{2}$ miliwn. Beth oedd trosiant misol gweddill y cwmni?
5. Beth yw'r gwahaniaeth rhwng cost sefydlog a chost newidiol?
6. Rhestrwch 2 o gostau sefydlog siop gerddoriaeth a 2 o'i chostau newidiol.
7. Pa rai o'r canlynol sy'n debygol o fod ymhlith (i) costau sefydlog a (ii) costau newidiol canolfan arddio: (a) gwrtaith; (b) maes parcio newydd; (c) hufen iâ; (ch) potiau planhigion; (d) cyflog y rheolwr; (dd) sied botiau newydd; (e) byrddau a chadeiriau newydd ar gyfer y tŷ bwyta?

termau allweddol

Costau newidiol - costau sy'n amrywio'n uniongyrchol â lefel cynhyrchu y busnes.
Costau sefydlog - costau sy'n aros yr un fath beth bynnag fydd lefel cynhyrchu y busnes.
Cyfanswm y costau - yr holl gostau sydd gan fusnes dros gyfnod penodol, h.y. costau sefydlog + costau newidiol.
Derbyniadau gwerthiant neu drosiant gwerthu - gwerth ariannol gwerthiant cynhyrchion y busnes.
Elw - y gwahaniaeth rhwng derbyniadau gwerthiant a'r costau.

ACHOS CRYNODOL

PRIODWEDDAU

Mae Mared Smart yn rhedeg busnes yn gwneud a gwerthu creadigaethau unigryw - gwisgoedd priodas yn bennaf. Dechreuodd hi'r busnes bedair blynedd yn ôl gyda chymorth tâl diswyddo mawr. Ar ôl gwerthu ei thŷ hefyd gallai symud i mewn i'r adeilad mawr Sioraidd a fyddai'n adeilad busnes ac yn gartref iddi. Er hynny, bu'n rhaid cael benthyg arian i newid rhan o'r adeilad ac i roi iddi y cyfalaf gweithio angenrheidiol ar gyfer cychwyn.

Bob mis mae'n rhaid iddi wneud ad-daliadau ar y benthyciad. Rhaid talu hefyd y biliau trydan, nwy a ffôn. Mae hi'n hysbysebu mewn cylchgronau cenedlaethol. Mae cyfrifydd yn cadw ei chofnodion ac yn trefnu ei materion trethi. Mae hi hefyd yn rhedeg car ar gyfer y busnes i nôl defnyddiau ac i ddosbarthu gwaith i'w gweithwyr allanol (outworkers). Mae costau eraill yn cynnwys atgyweirio'r adeilad, prynu gosodiadau a ffitiadau (fixtures and fittings) ac arddangos mewn sioeau.

Mae pob gwisg a wneir ganddi yn gread unigryw a gynlluniwyd yn ôl gofynion y cwsmer. Pan gychwynnodd hi'r busnes, rhoddodd samplau o ddefnydd yn y siop. Ond dydy hi'n cadw fawr ddim stoc o ddefnydd. Bydd y defnydd ar gyfer gwisg benodol yn cael ei archebu'n arbennig. Hefyd does ganddi ddim gweithwyr parhaol. Gwneir yr holl waith gwnïo a thorri gan weithwyr allanol sy'n cael eu talu yn ôl y gwaith.

Pris y wisg gyfartalog yw £1 500. Eleni gwerthodd hi 100 o wisgoedd. Cost y defnyddiau a thalu ei gweithwyr allanol oedd £60 000. Cyfanswm ei chostau eraill oedd £70 000.

1. Gwnewch restr o'r (a) costau sefydlog a'r (b) costau newidiol sydd gan fusnes Mared Smart.
2. (a) Faint o wisgoedd a werthodd hi eleni? (b) Beth oedd y pris cyfartalog a dalwyd gan y cwsmeriaid am bob gwisg? (c) Beth oedd cyfanswm ei derbyniadau gwerthiant am y flwyddyn?
3. (a) Nodwch werth cyfanswm ei chostau newidiol. (b) Cyfrifwch gost newidiol gyfartalog gwneud pob gwisg.
4. Nodwch werth cyfanswm ei chostau sefydlog.
5. Cyfrifwch werth cyfanswm ei chostau - cyfanswm ei chostau newidiol ynghyd â chyfanswm ei chostau sefydlog.
6. Faint o elw a wnaeth hi drwy werthu 100 o wisgoedd?
7. Fyddai hi wedi gwneud elw pe bai wedi gwerthu 50 yn unig o wisgoedd yn ystod y flwyddyn? Eglurwch eich ateb.
8. Mae ffrind yn awgrymu y dylai hi gyflogi o leiaf un o'i gweithwyr allanol fel gweithiwr llawn amser. Beth fyddai'r manteision a'r anfanteision posibl i Mared Smart?

83

uned 24
ADENNILL COSTAU

Gwneud penderfyniadau

Rhaid i fusnesau benderfynu faint i'w gynhyrchu. Bydd bron pob busnes yn gorfod o leiaf adennill costau (*break even*) er mwyn goroesi. Un ffordd y gall busnesau gynllunio yw llunio cyllidebau. Ar ôl llunio cyllideb ddrafft, mae'n rhaid i'r busnes benderfynu a fydd yn newid ei gynlluniau oherwydd yr hyn a ddangosir gan y gyllideb. Ffordd arall yw i fusnesau gyfrifo'r lefel cynhyrchu lle mae'r trothwy elw (*break-even point*). Fydd lefelau gwerthiant yn ddigon uchel i'r busnes dalu ei gostau a gwneud elw?

Mae Cerys Parri yn cynllunio'i gwariant. Mae ei thad, Rhidian, yn gwneud yr un fath. Mae yntau'n sefydlu busnes sy'n mewnforio lampau ac mae'n amcangyfrif a fydd yn gwneud elw ai peidio. Maen nhw'n gwneud hyn ar ddiwrnod y Gyllideb, y diwrnod pan fydd Canghellor y Trysorlys, sy'n gyfrifol am gyllid y llywodraeth, yn cyhoeddi cynlluniau'r llywodraeth ynglŷn â threthi a gwariant am y flwyddyn. Maen nhw i gyd yn cyfrifo cyllideb.

Cyllidebau

Rhagolwg ar yr hyn a allai ddigwydd yw cyllideb. Mae Tabl 24.1 yn dangos cyllideb Cerys Parri. Mae hi'n cael £50 y mis gan ei rhieni ac mae'n ennill £50 y mis o'i swydd ran-amser. Ei hincwm misol, felly, yw £100. Mae hi'n bwriadu gwario hyn ar ddillad, bwyd a mynd allan. Mae'n gobeithio y bydd ganddi £10 yn weddill i'w gynilo.

Mae'r gyllideb a ddangosir yn Nhabl 24.2 ar gyfer Goleuadau Parri yn fwy cymhleth. Roedd Rhidian Parri wedi dotio ar ddyluniad lamp arbennig a welodd tra ar wyliau yn Rwsia. Credodd ei bod yn ddigon anarferol i sefyll allan ym marchnad y DU ac y byddai pobl yn ei phrynu. Mae Rhidian yn rhagfynegi y gall werthu 5 000 o lampau yn ystod ei flwyddyn gyntaf. Pris pob lamp fydd £15. Felly y trosiant gwerthu fydd £75 000 (£15 x 5 000).

Mae ganddo wahanol gostau i'w talu. Mae cwmni o Rwsia yn cyflenwi'r lampau am £10 yr un, gan gynnwys cost y cludiant i'r DU. Cost y lampau, felly, yw £10 x 5 000 = £50 000. Mae Rhidian yn bwriadu talu £10 000 i'w hun am weithio'n llawn amser yn y busnes. Ar y cychwyn bydd yn treulio llawer o amser yn ymweld â siopau goleuadau a siopau dodrefn i werthu'r lampau iddynt. Felly, mae angen car a chostau teithio. Mae'n amcangyfrif mai cost hyn fydd £4 000. Mae'n bwriadu gwario £2 000 ar hysbysebu, gan ddechrau gyda chylchgronau masnach arbenigol y diwydiant goleuadau. Bydd angen storio stoc o'r lampau. Dydy Rhidian ddim am gadw'r stoc mewn garej rhad am fod y costau yswiriant mor uchel. Hefyd byddai perygl bod heb stoc i'w werthu pe bai yna ladrad. Ond mae'n costio £1 000 i drefnu warws diogel gan gynnwys yswiriant. Bydd hefyd angen cael benthyg arian gan y banc i ariannu gwahanol gostau cychwyn y busnes, fel prynu car stad ail-law. Mae'n cadw'r costau hyn mor isel â phosibl ond bydd yr ad-daliadau ar y benthyciad yn £1 000 y flwyddyn. Bydd y costau eraill yn cynnwys costau ffôn, defnyddiau ysgrifennu a chymorth ysgrifenyddol. Yr amcangyfrif ar gyfer y rhain yw £2 000.

Yn ôl y gyllideb yr amcangyfrif ar gyfer yr elw am y flwyddyn yw £5 000.

Ansicrwydd

Dim ond rhagolwg yw cyllideb. Gall llawer o bethau ddigwydd i beri i'r gwir ganlyniad fod yn wahanol i'r hyn a gyllidebwyd. Efallai, er enghraifft, na fydd Rhidian yn gwerthu 5 000 o lampau y flwyddyn. Efallai y bydd y cyflenwr yn Rwsia yn codi'r pris fel bo'r

Tabl 24.1 *Cyllideb fisol Cerys Parri.*

Incwm (£)		Gwariant (£)	
Lwfans	50	Dillad	45
Swydd	50	Bwyd	10
		Mynd allan	35
		Cynilo	10
	100		100

Tabl 24.2 *Cyllideb 12 mis ar gyfer Goleuadau Parri.*

Derbyniadau (£)		Costau (£)	
Gwerthiant	75 000	Lampau	50 000
		Cyflog	10 000
		Costau teithio	4 000
		Hysbysebu	2 000
		Warws	1 000
		Ad-daliadau benthyciad	1 000
		Costau eraill	2 000
	75 000		70 000
		Elw	5 000
			75 000

Uned 24 Adennill costau

Roedd Rhidian Parri'n teimlo'n rhwystredig iawn ar ddiwedd ei flwyddyn gyntaf. Roedd ei lamp wedi cael derbyniad da iawn a hyd yn oed wedi cael sylw yng nghylchgrawn penwythnos un o'r papurau cenedlaethol. Ond roedd ei gyflenwr yn Rwsia yn annibynadwy. Doedd hwnnw byth yn dosbarthu mewn pryd. Archebwyd 5 000 o lampau, dim ond 2 000 oedd wedi'u dosbarthu erbyn Gorffennaf. Ym mis Awst derbyniodd Rhidian addewid cadarn y byddai'r 3 000 arall yn cyrraedd ar 30 Medi. Treuliodd lawer o amser ym misoedd Medi a Hydref yn teithio a derbyn archebion ar gyfer y cyfnod prysur cyn y Nadolig. Gwthiodd y cyflenwr yn Rwsia y dyddiad yn ôl i ganol mis Hydref, yna ar ddiwedd y mis dim ond 1 000 a gyrhaeddodd. Felly dim ond 3 000 a werthwyd dros y flwyddyn. Achosodd y problemau hyn gynnydd yn rhai o gostau Rhidian nad oedd wedi'u rhagfynegi.

1. Mae Tabl 24.1 yn dangos yr hyn a ddigwyddodd i Goleuadau Parri yn ystod y flwyddyn gyntaf. Cymharwch hyn â chyllideb y rhagolygon yn Nhabl 24.2.
   (a) Beth yw'r gwahaniaeth rhwng yr hyn a gyllidebwyd a'r hyn a ddigwyddodd mewn gwirionedd?
   (b) Awgrymwch pam roedd y canlyniadau'n wahanol i'r rhagolwg.
2. Ydy Goleuadau Parri mewn trafferthion? Mae angen i chi ystyried:
   (a) ei gyllid; (b) y berthynas â'r cyflenwr; (c) y berthynas â'r cwsmeriaid.
3. Mae Rhidian Parri wedi llunio cyllideb ar gyfer y 12 mis nesaf. Ysgrifennwch y gyllideb hon a thybio:
   (a) bod Rhidian yn cael hyd i gyflenwr newydd yn Lloegr fydd yn copïo'r dyluniad ac yn cyflenwi 6 000 o lampiau, ond am y gost uwch o £11 yr un;
   (b) ei fod yn gwerthu'r cyfan y bydd yn ei brynu;
   (c) ei fod yn talu i'w hun £10 000 ynghyd â gweddill y cyflog yr oedd wedi gobeithio ei gael yn y flwyddyn gyntaf;
   (ch) ei fod yn gostwng ei hysbysebu i £1 000;
   (d) bod yr holl gostau eraill yn aros yr un fath ag yn y canlyniadau ar gyfer y flwyddyn gyntaf.
4. (a) Yn ôl cyllideb yr ail flwyddyn, a fydd Goleuadau Parri mewn trafferthion ariannol? Eglurwch eich ateb.
   (b) Awgrymwch DDWY ffordd y gallai Rhidian Parri wella'i sefyllfa ariannol.

Taenlen

5. Defnyddiwch becyn taenlen i lunio amrywiaeth o ragolygon cyllideb ar gyfer yr ail flwyddyn yn seiliedig ar ganlyniadau'r flwyddyn gyntaf yn Nhabl 24.3. Rhowch lefel y cynhyrchu yn y rhes gyntaf a derbyniadau, costau ac elw neu golled yn y golofn gyntaf.
   (a) Mynnwch allbrint yn dangos y cyllidebau ar gyfer gwerthiant o 2 000, 3 000, 4 000, 5 000, 6 000, 7 000 ac 8 000 o lampau. Tybiwch mai'r pris i'r cwsmeriaid yw £15, cost y lamp yw £10 a bod y costau eraill i gyd yr un fath ag yn Nhabl 24.3. Cyfrifwch yr elw neu'r golled ar bob un o'r lefelau cynhyrchu.
   (b) Cynhyrchwch dair taenlen newydd yn dangos y cyllidebau ar gyfer gwerthiant o 2 000, 3 000, 4 000, 5 000, 6 000, 7 000 ac 8 000 o lampau am y prisiau canlynol i'r cwsmeriaid: (i) £16; (ii) £17; (iii) £18. Tybiwch mai cost y lamp yw £10 a bod y costau eraill i gyd yr un fath ag yn Nhabl 24.3. Cyfrifwch yr elw neu'r golled ar bob un o'r lefelau cynhyrchu. Ar gyfer pob taenlen nodwch rhwng pa lefelau cynhyrchu y byddai'r busnes yn adennill costau.

Tabl 24.3 *Canlyniadau 12 mis ar gyfer Goleuadau Parri.*

Derbyniadau (£)		Costau (£)	
Gwerthiant	45 000	Lampau	30 000
		Cyflog	5 000
		Costau teithio	6 000
		Hysbysebu	4 500
		Warws	1 000
		Ad-daliadau benthyciad	1 000
		Costau eraill	1 500
	45 000		49 000

---

costau'n cynyddu. Gallai Canghellor y Trysorlys gynyddu'r dreth ar betrol fel bo'r costau teithio yn fwy na'r disgwyl. Gallai Rhidian benderfynu hanner ffordd drwy'r flwyddyn i beidio â gwario cymaint ar hysbysebu. Gallai **cyfradd cyfnewid** (☞ uned 7) y bunt mewn perthynas â'r rwbl (arian cyfred Rwsia) godi, gan wneud pris y lampau yn nhermau punnoedd yn rhatach.

Mae cyllidebau, fodd bynnag, yn hanfodol i fusnes am eu bod yn helpu'r busnes i gynllunio'i gyllid. Pe bai Rhidian wedi llunio cyllideb yn dangos y byddai'n gwneud colled o £10 000 yn hytrach nag elw o £5 000, byddai wedi gorfod ystyried a ddylai fynd ymlaen â'r busnes. A fyddai'r golled am y flwyddyn gyntaf yn unig? Byddai'r gyllideb yn ei helpu i benderfynu a oedd gobaith gwneud elw yn y tymor hir.

Adennill costau

Roedd Rhidian Parri wedi amcangyfrif elw o £5 000 ar gyfer ei flwyddyn gyntaf. Ond gallai'r elw gwirioneddol fod yn llai na hyn pe bai'n gwerthu llai o lampau neu pe bai'r costau'n uwch. Mae am wybod ar ba bwynt y byddai'n ADENNILL COSTAU. Y trothwy elw yw'r pwynt lle na fydd yn gwneud elw na cholled. Mae'n mynd i ddefnyddio'r ffigurau yn ei gyllideb ddrafft yn Nhabl 24.2 yn sail ar gyfer ei ragamcaniadau (*projections*).

Mae'r ffordd symlaf o gyfrifo'r trothwy elw yn cynnwys cyfanswm y derbyniadau, cyfanswm y costau

Cyllidebu yn Ysgol Gyfun Trefwyn

Mae'r adran economeg ac astudiaethau busnes yn Ysgol Gyfun Trefwyn wedi cael £3 000 gan bennaeth yr ysgol i'w wario ar lyfrau ac adnoddau eraill. Hoffai'r adran brynu'r gwerslyfrau canlynol: 100 copi o *Astudiaethau Busnes TGAU* am £13 yr un; 100 copi o *Economics for GCSE* gan Alain Anderton am £13 yr un; 10 copi o *Business Studies* gan Hall, Jones, Raffo a Chambers am £16 yr un; 20 copi o *Economics* gan Alain Anderton am £18 yr un. Mae'r prisiau hyn yn cynnwys unrhyw ddisgownt a roddir. Mae angen i'r adran wario £500 ar bapur a llyfrau ysgrifennu. Hoffai brynu gwerth £300 o ategolion (*accessories*) cyfrifiadur gan gynnwys disgiau. Bydd angen gosod £500 o'r neilltu ar gyfer llungopïo dros y flwyddyn. Hoffai hefyd gael £300 ar gyfer prynu llyfrau unigol a phecynnau adnoddau. Mae pennaeth yr adran yn falch nad oes raid i'w chyllideb o £3 000 dalu costau ei chyrsiau newydd CGCC sy'n cael cyllideb wahanol.

1. Lluniwch gyllideb ddrafft ar gyfer yr adran a'i threfnu yn debyg i Dablau 24.1 a 24.2.
2. Ni all yr adran wario mwy na'r £3 000 a roddwyd iddi gan bennaeth yr ysgol. Eglurwch ydy'r gyllideb yn dangos bod yna broblem i'r adran.
3. Sut y gallai pennaeth yr adran ddatrys unrhyw broblem?

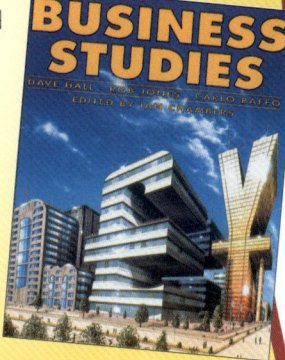

Uned 24 Cyfrifydda

sefydlog a chyfanswm y costau newidiol (☞ uned 23).

Cyfanswm y derbyniadau Gellir cyfrifo hwn drwy luosi'r derbyniadau cyfartalog â'r maint a werthir. Yn ein henghraifft ni y derbyniadau cyfartalog yw pris y lamp, sef £15. Mae Tabl 24.4 yn dangos sut y bydd cyfanswm y derbyniadau yn cynyddu wrth i nifer y lampau a werthir gynyddu. Pan werthir 2 000, mae'n £30,000. Pan werthir 3 000, mae'n £45 000. Pan werthir 4 000, mae'n £60 000.

Cyfanswm y costau newidiol Yr unig gost newidiol ar gyfer Goleuadau Parri yw cost prynu'r lampau gan y cyflenwr o Rwsia, h.y. £10 y lamp.

Felly, pe bai'n gwerthu 2 000 o lampau, cyfanswm y costau newidiol fyddai 2 000 x £10 = £20 000. Pe bai'n gwerthu 3 000 o lampau, y costau newidiol fyddai 3 000 x £10 = £30 000.

Cyfanswm y costau sefydlog Mae ei gostau eraill i gyd yn gostau sefydlog. Fyddan nhw ddim yn amrywio p'un ai y bydd yn gwerthu 20 000 o lampau neu 60 000. Felly cyfanswm y costau sefydlog yw £20 000.

Mae Tabl 24.4 yn dangos mai'r **trothwy elw**, lle mae cyfanswm y costau yn gyfartal â chyfanswm y derbyniadau, yw gwerthiant o 4 000 o lampau y flwyddyn. Os bydd gwerthiant yn fwy na hyn, bydd yn gwneud elw. Os bydd gwerthiant yn llai na'r lefel yma, bydd yn gwneud colled.

Siartiau adennill costau

Gellir dangos y wybodaeth yn Nhabl 24.4 ar graff, a elwir yn SIART ADENNILL COSTAU. Yn Ffigur 24.1 mae llinell cyfanswm y derbyniadau yn dechrau yn 0, oherwydd heb werthiant does dim derbyniadau. Mae'r llinell yn codi wrth i bob gwerthiant ychwanegol greu £15 yn ychwanegol o dderbyniadau.

Dydy llinell cyfanswm y costau ddim yn dechrau yn 0, oherwydd beth bynnag fydd y gwerthiant, bydd yna bob amser gostau sefydlog o £20 000. Felly, mae llinell cyfanswm y costau sefydlog yn llinell lorweddol syth ar draws y siart. Bydd cyfanswm y costau newidiol, fodd bynnag, yn cynyddu wrth i'r gwerthiant gynyddu. Mae hyn yn hafal i'r pellter rhwng llinell cyfanswm y costau a llinell cyfanswm y costau sefydlog. Yn yr enghraifft hon mae'n hafal i gyfanswm y costau minws £20 000. Felly, mae llinell cyfanswm y costau (sy'n hafal i gyfanswm y costau sefydlog + cyfanswm y costau newidiol) yn dechrau ar £20 000 ac yna'n codi.

Gwelir y TROTHWY ELW lle mae llinellau cyfanswm y costau a chyfanswm y derbyniadau yn croesi. Yma mae gwerthiant yn 4 000 ac mae

Tabl 24.4 Dadansoddiad adennill costau ar gyfer Goleuadau Parri.

£ y flwyddyn

Gwerthiant	Cyfanswm y derbyniadau (pris cyfartalog, £15, x gwerthiant)	Cyfanswm y costau sefydlog	Cyfanswm y costau newidiol (£10 x gwerthiant)	Cyfanswm y costau (costau sefydlog + costau newidiol)	Elw/colled (cyfanswm y derbyniadau -cyfanswm y costau)[1]
2 000	30 000	20 000	20 000	40 000	(10 000)
3 000	45 000	20 000	30 000	50 000	(5 000)
4 000	60 000	20 000	40 000	60 000	0
5 000	75 000	20 000	50 000	70 000	5 000
6 000	90 000	20 000	60 000	80 000	10 000

[1] Dangosir colledion drwy roi'r rhif mewn cromfachau.

Ffigur 24.1 Siart adennill costau ar gyfer Goleuadau Parri.

Gwesty Glaslyn

Mae Mr a Mrs Tudur yn rhedeg Gwesty Glaslyn. Mae ganddynt 15 ystafell a lle i hyd at 25 o ymwelwyr. Mae'r gwestai cyfartalog yn talu £50 y nos am wely a brecwast. Hefyd byddan nhw'n gwario £10 ar bryd nos. Bydd y rhan fwyaf o'r costau yr un fath p'un ai bod y gwesty'n llawn neu'n hanner gwag. Y costau hyn yw cyflogau'r gweithwyr, ardrethi busnes (business rates), atgyweirio, ayb. a'u cyfanswm yw £750 y dydd. Bydd rhai biliau, fodd bynnag, yn amrywio yn ôl nifer yr ystafelloedd a ddefnyddir, e.e. biliau gwres a golau a golchi dillad gwely. Ar gyfartaledd £6 y gwestai yw'r costau newidiol hyn. Cost y bwyd i'r gwesty ar gyfer pryd nos yw £4 y pryd.

1 Cwblhewch Dabl 24.5, gan ddangos y derbyniadau a'r costau'n newid wrth i nifer y gwesteion y nos newid.
2 Lluniwch siart adennill costau ar sail eich cyfrifiadau yn Nhabl 24.5. Cofiwch roi maint (h.y. nifer y gwesteion y nos) ar yr echelin lorweddol a chostau a derbyniadau ar yr echelin fertigol. Rhaid cael llinell cyfanswm y derbyniadau, llinell cyfanswm y costau sefydlog a llinell cyfanswm y costau ar y graff.
3 Marciwch y trothwy elw ar y siart.
4 Mae'n fis Mehefin. Nifer cyfartalog y gwesteion y nos hyd yma eleni yw 10.
 (a) Eglurwch a oes gan Mr a Mrs Tudur broblem yn eich barn chi.
 (b) Sut y gallai Mr a Mrs Tudur ostwng eu trothwy elw?

Tabl 24.5

£ y nos

Nifer y gwesteion	Cyfanswm y derbyniadau	Cyfanswm y costau sefydlog	Cyfanswm y costau newidiol	Cyfanswm y costau
5				
10				
15				
20				
25				

cyfanswm y costau a chyfanswm y derbyniadau yn £60 000. I'r dde o'r pwynt hwn bydd Goleuadau Parri yn gwneud elw; i'r chwith o'r pwynt bydd yn gwneud colled.

Defnyddir y term FFIN DIOGELWCH am faint y gwerthiant gwirioneddol sy'n uwch na'r trothwy elw. Dros yr amrediad hwn o gynhyrchu y gellir gwneud elw.

Defnyddio siartiau adennill costau

Gall siartiau adennill costau gael eu llunio i ddangos trothwy elw y cynhyrchu yn y gorffennol. Mae hyn yn rhoi syniad o'r pwynt a allai fod yn drothwy elw ar hyn o bryd. Roedd Rhidian Parri, fodd bynnag, yn defnyddio dadansoddiad adennill costau i gael rhagolwg ar elw. Bydd unrhyw ragolwg yn debygol o fod yn anghywir am fod y ffigurau y seilir y rhagolwg arnynt yn newid mewn gwirionedd.

I Rhidian Parri roedd y rhagolwg yn bwysig iawn. Roedd yn galluogi iddo weld pa risg yr oedd yn ei gymryd wrth gychwyn y busnes. Wrth i'r flwyddyn gyntaf fynd yn ei blaen, roedd ganddo ddealltwriaeth dda o'r hyn roedd yn ei wneud ac a oedd ar ei ffordd i elw neu golled. Roedd rheolwr y banc a roddodd y benthyciad iddo hefyd am weld cynllun busnes Rhidian (☞ uned 22). Roedd hwnnw'n cynnwys rhagolwg y trothwy elw. Defnyddiodd rheolwr y banc hwn i drafod a fyddai Rhidian yn debygol o gwrdd â'r targedau gwerthiant ar gyfer adennill costau.

termau allweddol

Adennill costau - lle mae'r derbyniadau yn gyfartal â'r costau.
Cyllideb - rhagolwg ar incwm a gwariant dros gyfnod penodol fel wythnos neu flwyddyn.
Ffin diogelwch - y nifer a werthir uwchlaw'r trothwy elw lle mae'r busnes yn gwneud elw.
Siart adennill costau - graff sy'n dangos cyfanswm y costau a chyfanswm y derbyniadau a'r trothwy elw lle mae cyfanswm y derbyniadau yn gyfartal â chyfanswm y costau.

ACHOS CRYNODOL — POPTY BARAPARA

Mae Popty Barapara yn pobi bara ac yn ei werthu i gyfanwerthwyr. Ar gyfartaledd gwerthir pob torth am 50c. Mae Ffigur 24.2 yn dangos lefelau'r cynhyrchu yn nhermau miliynau o dorthau o fara.

1. Ar ba werthiant y mae'r trothwy elw?
2. Beth yw'r ffin diogelwch ar hyn o bryd (yn nhermau nifer y torthau) os yw lefel y cynhyrchu yn 1.2 miliwn o dorthau?
3. Faint o elw y mae'r busnes yn ei wneud ar hyn o bryd?

Lluniwch yr echelinau ar gyfer siart adennill costau yn rhedeg o 0 i 1.5 miliwn o dorthau ar yr echelin lorweddol ac o 0 i £750 000 ar yr echelin fertigol. (Bydd yn haws os defnyddiwch bapur graff.)

4. Mae Popty Barapara yn rhoi codiad cyflog i'w weithwyr ac mae'n prynu peiriannau newydd. Felly mae'r costau sefydlog yn cynyddu £50 000 y flwyddyn. Plotiwch linell newydd y costau sefydlog ar eich diagram.
5. Mae cost blawd yn cynyddu. Mae hynny'n cynyddu cost newidiol torth o fara 8%, o 25c i dorth i 27c. Plotiwch linell newydd cyfanswm y costau ar eich diagram.
6. Mae Popty Barapara yn codi ei brisiau 4% o 50c i 52c y dorth i dalu am y cynnydd yn y costau. Plotiwch linell newydd y derbyniadau ar eich diagram.
7. Beth sydd wedi digwydd: (a) i'r trothwy elw; (b) i'r elw ar werthiant o 1.2 miliwn o dorthau?
8. Nod y cwmni yw gwneud elw o £50 000 y flwyddyn. Awgrymwch sut y gallai'r busnes wneud hyn.

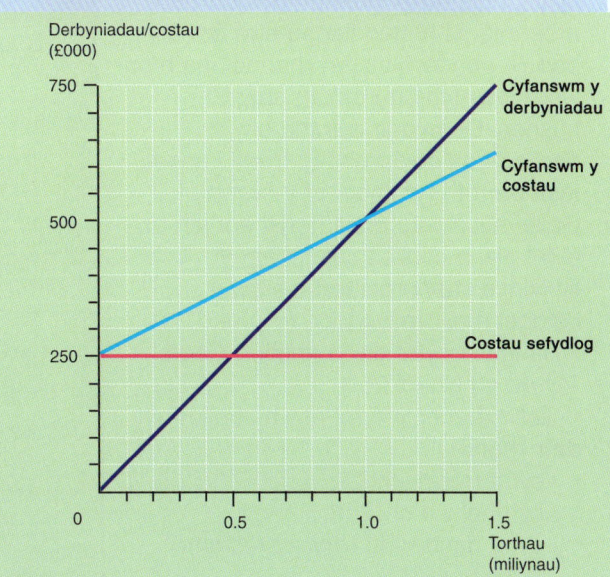

Ffigur 24.2 Siart adennill costau ar gyfer Popty Barapara.

Rhestr wirio ✓

1. 'Rhagolwg yw cyllideb.' Beth yw ystyr hyn?
2. Bob mis Mawrth bydd Canghellor y Trysorlys yn cyhoeddi ei gyllideb. Beth sydd yn y gyllideb?
3. Mae busnes yn llunio cyllideb sy'n dangos y bydd ei gostau dros y mis nesaf yn £1 000 a'i dderbyniadau'n £900. Mae am wneud elw yn ystod y mis. Sut y gall y wybodaeth hon ei helpu yn ei gynllunio?
4. Pam y gallai cyllid gwirioneddol busnes fod yn wahanol i'r hyn a gynlluniwyd ganddo yn ei gyllideb am y cyfnod?
5. Fel rheol tynnir tair llinell ar siart adennill costau. Beth ydyn nhw?
6. Pam y mae llinell y costau sefydlog ar siart adennill costau yn llorweddol?
7. Faint o elw y bydd busnes yn ei wneud ar ei drothwy elw?
8. Mae busnes ar hyn o bryd yn cynhyrchu 1 000 o unedau yr wythnos ac mae'n gwneud elw. Ei drothwy elw yw 600 o unedau yr wythnos. (a) Beth yw ei ffin diogelwch? (b) Sut y byddai ei ffin diogelwch yn newid pe bai'r trothwy elw: (i) yn codi i 800 o unedau; (ii) yn gostwng i 300 o unedau?
9. Pam y bydd busnesau'n cyfrifo eu trothwyau elw?

uned 25

Y CYFRIF ELW A CHOLLED

Gwneud penderfyniadau

Sut y bydd busnes a'i gystadleuwyr yn asesu a yw'n masnachu'n llwyddiannus? Sut y bydd unigolyn neu reolwr cronfa bensiwn yn gwybod ym mha gwmnïau i fuddsoddi ar y Gyfnewidfa Stoc? Sut y bydd yr awdurdodau trethi yn gwybod faint o dreth i'w chodi ar gwmni mewn perthynas â'i elw? Un ffordd yw iddynt edrych ar gyfrif elw a cholled y busnes. Gall y busnes ei hun hefyd ddefnyddio'i gyfrif elw a cholled i'w helpu i wneud penderfyniadau yn awr ac i gynllunio ar gyfer y dyfodol.

Y busnes tecstilau mwyaf yn y DU yw *Coats Viyella*. Mae'n gwerthu amrywiaeth o gynhyrchion fel edau, i wneuthurwyr tecstilau eraill ac yn uniongyrchol i ddefnyddwyr, yn ogystal â dillad a defnyddiau dodrefnu. Mae ganddo hefyd adran beirianneg drachywir. Yn ôl y gyfraith mae'n rhaid iddo gynhyrchu set o gyfrifon bob blwyddyn. Un o'r cyfrifon yw'r cyfrif elw a cholled.

Defnyddio cyfrifon elw a cholled

Cofnod o dderbyniadau a chostau y busnes dros gyfnod penodol fel blwyddyn yw'r CYFRIF ELW A CHOLLED. Mae'n dangos faint o elw y mae'r busnes wedi'i wneud dros y flwyddyn ddiwethaf a'r hyn sydd wedi digwydd i'r elw.

Cofnod o gostau a derbyniadau yn y **gorffennol** yw'r cyfrif elw a cholled. Ond gall helpu pobl yn y busnes i wneud penderfyniadau ynglŷn â'r dyfodol am fod y cyfrif yn dangos hanes y busnes yn y gorffennol diweddar. Ar y cyfan, fodd bynnag, bydd data ariannol eraill, fel rhagolygon llif arian (☞ uned 28) yn fwy defnyddiol o lawer na'r cyfrif elw a cholled o ran helpu busnesau i wneud y penderfyniadau hyn.

Yn bwysicach na hyn, mae'r cyfrif elw a cholled yn grynodeb o ddigwyddiadau busnes diweddar ar gyfer perchenogion y busnes ac unrhyw un arall sy'n ystyried buddsoddi yn y busnes. Mae gan gyfranddalwyr mewn cwmnïau cyfyngedig, er enghraifft, ddiddordeb arbennig yn nhueddiadau elw, am eu bod yn penderfynu, yn rhannol, pa mor werthfawr fydd eu cyfran nhw o'r busnes. Defnyddir cyfrifon elw a cholled gan awdurdodau trethi i asesu faint o dreth i'w chodi ar y cwmni. Gallai busnesau eraill hefyd edrych ar gyfrif elw a cholled cwmni am y flwyddyn flaenorol i farnu a yw'n ddiogel rhoi credyd iddo (☞ uned 31).

Dangosir cyfrif elw a cholled *Coats Viyella* yn Nhabl 25.1.

Gellir rhannu'r cyfrif elw a cholled yn **dair** rhan:
- y cyfrif masnachu;
- y cyfrif elw a cholled;
- y cyfrif dosbarthu (*appropriation*).

Tabl 25.1 *Cyfrif elw a cholled Coats Viyella, 1996.*[1]

	£miliwn
Trosiant gwerthu	2 455.1
Cost gwerthiant	(1 739.7)
Elw crynswth	715.4
Costau gweithredu	(603.8)
Arall	(17.2)
Elw net[2]	94.4
Trethi	(34.1)
Buddrannau	(72.9)
Elw cadw	(12.6)

1 Mae rhif mewn cromfachau yn dangos mai ffigur minws ydyw.
2 Elw ar weithgareddau cyffredin cyn treth.

?

Mae Tablau 25.2 a 25.3 yn dangos cyfrifon masnachu dau fusnes sy'n gweithgynhyrchu cydrannau electronig a chylchedau printiedig.

1 Cyfrifwch elw crynswth: (a) Cynhyrchion M&P; a (b) Techfarc.
2 Yn eich barn chi, pa fusnes berfformiodd orau rhwng 1993 ac 1997? Eglurwch eich ateb yn ofalus.

Tabl 25.2 *Cynhyrchion M&P, cyfrif masnachu, 1993-1997.*

£miliwn

	1993	1994	1995	1996	1997
Trosiant	60	100	200	210	210
Cost gwerthu	40	80	150	160	170

Tabl 25.3 *Techfarc, cyfrif masnachu, 1993-1997.*

£miliwn

	1993	1994	1995	1996	1997
Trosiant	100	90	100	110	120
Cost gwerthu	70	65	70	75	80

Uned 25 Y cyfrif elw a cholled

Elw crynswth

Y rhan **gyntaf** o'r cyfrif elw a cholled yw'r CYFRIF MASNACHU, a ddangosir yn Nhabl 25.5. Cofnod o drosiant gwerthu a chost gwerthiant yw'r cyfrif masnachu.

- **Trosiant gwerthu** - gwerth gwerthiant y busnes (☞ uned 23). Yn 1996 gwerthodd *Coats Viyella* gynhyrchion oedd yn werth ychydig dros £2 455 miliwn.
- COST GWERTHIANT - bron £1 740 miliwn yn achos *Coats Viyella* yn 1996. Dyma gost y cynhyrchu. I *Coats Viyella* roedd hyn yn cynnwys prynu defnyddiau crai yn ogystal â chyflogi gweithwyr i weithgynhyrchu cynhyrchion fel dillad.

Mae'r cyfrif masnachu yn dangos ELW CRYNSWTH (*gross profit*) y busnes, h.y. yr elw a wnaed cyn cymryd gorbenion y busnes i ystyriaeth. Diffinnir elw crynswth fel trosiant gwerthu (un mesur o'r derbyniadau) minws cost gwerthiant (un mesur o'r costau):

Elw crynswth =
Trosiant gwerthu - cost gwerthiant

Yn 1996 roedd gan *Coats Viyella* elw crynswth o fwy na £715 miliwn.

Tabl 25.5 Cyfrif masnachu Coats Viyella, 1996.[1]

	£miliwn
Trosiant gwerthu	2 455.1
Cost gwerthiant	(1 739.7)
Elw crynswth	715.4

1 Mae rhif mewn cromfachau yn golygu mai ffigur minws ydyw.

Tabl 25.6 Cyfrifo elw net Coats Viyella, 1996.[1]

	£miliwn
Elw crynswth	715.4
Costau dosbarthu	(412.7)
Costau gweinyddu	(191.1)
Llog a dderbyniwyd	17.0
Llog a dalwyd	(53.3)
Elw ar werthu asedau sefydlog	11.6
Arall	7.5
Elw net[2]	94.4

1 Mae rhif mewn cromfachau yn dangos mai ffigur minws ydyw.
2 Elw ar weithgareddau cyffredin cyn treth.

Tabl 25.4 Cyfrif elw a cholled a masnachu Popty Criws Tyn Cyf am y flwyddyn yn diweddu 31 Mawrth.

	1995 £000	1996 £000	1997 £000
Trosiant gwerthu	2 038	2 372	2 216
llai Cost Gwerthiant	1 689	1 903	1 854
Elw crynswth	?	?	?
llai Costau gweithredu			
Cyflogau	195	224	?
Costau faniau	70	94	60
Dibrisiant	12	17	14
Arall	?	84	159
Elw net	32	?	(108)

Noder: mae rhif mewn cromfachau yn golygu mai ffigur minws ydyw.

Popty Criws Tyn

1 Copïwch y cyfrifon elw a cholled ar gyfer 1995-1997 a llenwch y bylchau.
2 Beth ddigwyddodd i'r canlynol dros y tair blynedd: (a) trosiant gwerthu; (b) cost gwerthiant; (c) elw crynswth; (ch) elw net?
3 Yn eich barn chi, ydy'r cwmni'n gwneud yn dda neu'n wael? Rhowch resymau dros eich ateb.

Elw net

Yr **ail** ran yw'r gwir gyfrif elw a cholled. Mae hyn yn golygu cyfrifo'r elw net. Dangosir hyn yn Nhabl 25.6. Ystyr ELW NET yw'r elw a wneir gan fusnes ar ôl cymryd i ystyriaeth ei holl gostau. Yr elw net yw'r derbyniadau minws cost gwerthiant a holl gostau eraill y busnes, sef y gorbenion.

Nid derbyniadau gwerthiant mo holl dderbyniadau busnes. Mae Tabl 25.6 yn dangos, er enghraifft, fod *Coats Viyella* wedi derbyn llog ar arian yr oedd wedi'i adneuo yn y banc ac mewn mannau eraill. Derbyniodd arian hefyd o werthu asedau fel ffatrïoedd a thir. Gallai incwm arall fod yn elw **is-gwmnïau** (☞ uned 15), er enghraifft. Rhaid ychwanegu'r derbyniadau na ddaethant o werthiant at dderbyniadau gwerthiant er mwyn medru cyfrifo'r elw net.

Yn yr un modd nid costau gwerthiant mo'r holl gostau. **Costau gweithredu** neu **orbenion** yw'r costau nad ydynt yn gysylltiedig yn uniongyrchol â chynhyrchu. Mae Tabl 25.6 yn dangos dau fath gwahanol o gostau gweithredu ar gyfer *Coats Viyella*.

Costau dosbarthu Mae'r rhain yn cynnwys costau **marchnata** (☞ uned 34) a gwerthu cynhyrchion. Er enghraifft, mae *Coats Viyella* yn berchen y label *Dorma* ar gyfer dillad gwely. Mae'n gwario arian ar hysbysebu cynhyrchion *Dorma* mewn cylchgronau.

Costau gweinyddu Mae'r rhain yn cynnwys costau gweithwyr na chânt eu defnyddio'n uniongyrchol mewn cynhyrchu. Er enghraifft, byddai cyflogau cyfarwyddwyr y cwmni yn gost gweinyddu. Mae hefyd yn cynnwys holl gostau eraill gweinyddu'r cwmni, e.e. cost rhedeg pencadlys y cwmni yn Llundain.

89

Uned 25 Cyfrifydda

Tabl 25.7 *Cyfrif dosbarthu Coats Viyella, 1996*[1]

	£miliwn
Elw net[2]	94.4
Trethi	(34.1)
Buddrannau	(72.9)
Elw cadw	(12.6)

1 Mae rhif mewn cromfachau yn dangos mai ffigur minws ydyw.
2 Elw ar weithgareddau cyffredin cyn treth.

Gellir cyfrifo'r elw net naill ai fel:

elw crynswth
+ derbyniadau na ddaethant o werthiant
- cost gweithredu

neu, gan ddefnyddio diffiniad elw crynswth:

derbyniadau gwerthiant
+ derbyniadau na ddaethant o werthiant
- cost gwerthiant
- cost gweithredu

Yn 1996 elw net *Coats Viyella* cyn treth oedd £94.4 miliwn.

Y cyfrif dosbarthu

Os ydy'r busnes yn gwmni, bydd y cyfrif elw a cholled yn terfynu â ffigurau sy'n dangos ble aeth yr elw net. Dyma **drydedd** ran y cyfrif elw a cholled, sef y CYFRIF DOSBARTHU.
  Gall elw net gael ei ddosbarthu mewn tair ffordd. Yn gyntaf, rhaid i ran ohono gael ei thalu i'r llywodraeth mewn trethi, treth gorfforaeth yn bennaf, sef treth ar elw cwmnïau. Yn ail, efallai y bydd y cwmni'n dosbarthu rhan o'r elw i'w gyfranddalwyr ar ffurf buddrannau. Yn drydydd, gall y cwmni gadw peth o'r elw i dalu am fuddsoddiant newydd yn y cwmni. Yr **elw cadw** yma yw'r brif ffordd y bydd busnesau'n tueddu i dalu am fuddsoddiant newydd yn y DU.
  Mae Tabl 25.7 yn dangos cyfrif dosbarthu *Coats Viyella* ar gyfer 1996. Talodd y cwmni £34.1 miliwn mewn trethi ar elw a dosbarthu £72.9 miliwn i'w gyfranddalwyr. Talodd mwy mewn trethi a buddrannau nag a enillodd mewn elw. Felly, yn hytrach na chadw elw, cymerwyd peth o'r arian a gadwyd mewn blynyddoedd blaenorol a'i ddefnyddio i dalu am ran o'r trethi a'r buddrannau.

Dibrisiant

Mae *Coats Viyella* yn berchen adeiladau, peiriannau, ceir a chyfarpar swyddfa. Bydd y rhain yn treulio dros amser ac o ganlyniad yn colli gwerth. Y term a ddefnyddir am y colli gwerth yw DIBRISIANT. Fe'i hystyrir yn gost oherwydd y gostyngiad yn y gwerth yw'r hyn y mae'n ei gostio i'r busnes berchen a gweithredu'r asedau hyn. Bydd rhai busnesau'n cynnwys dibrisiant yn y costau gwerthiant yn y cyfrif masnachu. Weithiau fe gaiff ei gynnwys ymhlith y gorbenion.
  Mae gwahanol ffyrdd o gyfrifo dibrisiant. Un ffordd yw **dull y gweddill lleihaol** (*reducing balance method*), sef tynnu canran o werth unrhyw ased fel peiriant. Mae *Coats Viyella* yn defnyddio'r dull hwn. Er enghraifft, mae'n tynnu rhwng 5% a 25% o werth ei beiriannau bob blwyddyn, yn dibynnu ar faint o amser y mae'n disgwyl i'r peiriannau bara. Pe bai peiriant yn costio £100 000 ac yn cael ei ddibrisio 10% y flwyddyn, y dibrisiant fyddai £10 000 (£100 000 x 10%) yn ei flwyddyn gyntaf. Ei werth wedyn fyddai £90 000.
  Dull arall yw **dull y llinell syth**. Tybiwch fod cwmni'n prynu peiriant am £110 000 ac yn amcangyfrif y bydd yn ei werthu am £10 000 ymhen pum mlynedd. Byddai'r busnes, felly, yn defnyddio gwerth £100 000 o'r peiriant dros 5 mlynedd. Yn ôl y dull hwn, byddai'n dibrisio'r peiriant £20 000 y flwyddyn am 5 mlynedd.

Cost gynhyrchu a stoc

Mae'r gost gynhyrchu a ddefnyddir mewn cyfrif elw a cholled yn cynnwys nid yn unig pryniant a wnaed gan y busnes ond hefyd NEWIDIADAU YN Y STOC.

? Dibrisiant ceir cwmni

Busnes sy'n gweithgynhyrchu sebon yw Grŵp Drewbant. Mae'n cyflogi dau werthwr sy'n teithio ledled y wlad yn ceisio cael archebion. Eleni prynwyd car cwmni £16 000 ar gyfer y prif werthwr a char £12 000 ar gyfer yr is-werthwr. Polisi'r cwmni yw cadw ceir am dair blynedd ac yna eu gwerthu'n ail-law.
1 Mae'r cyfarwyddwr cyllid yn amcangyfrif y bydd car y prif werthwr yn werth £4 000 a char yr is-werthwr yn werth £3 000 ar ddiwedd y tair blynedd. Cyfrifwch (i) y dibrisiant a (ii) gwerth y naill gar a'r llall ar ddiwedd pob blwyddyn a chofnodwch eich ateb yn Nhabl 25.8. Defnyddiwch ddull y llinell syth i gyfrifo dibrisiant.
2 Yna defnyddiwch ddull y gweddill lleihaol i ddibrisio'r ceir yn hytrach na dull y llinell syth. Mae'r cwmni'n dibrisio ceir ei werthwyr 35% y flwyddyn. Eto cofnodwch eich atebion yn Nhabl 25.8. Bydd yn haws os defnyddiwch gyfrifiannell.
3 Beth yw'r gwahaniaeth rhwng gwerthoedd y ceir yn ôl y ddau ddull ar ddiwedd y flwyddyn gyntaf?

Taenlen
4 Defnyddiwch becyn taenlen i ddangos y dibrisiant a'r gwerthoedd ar bapur (*book values*) ar gyfer car £20 000 os defnyddir dull y gweddill lleihaol. Cyfrifwch eich ateb ar gyfer dibrisiant blynyddol o 10 y cant, 11 y cant a phob rhif cyfan y cant hyd at 40 y cant.

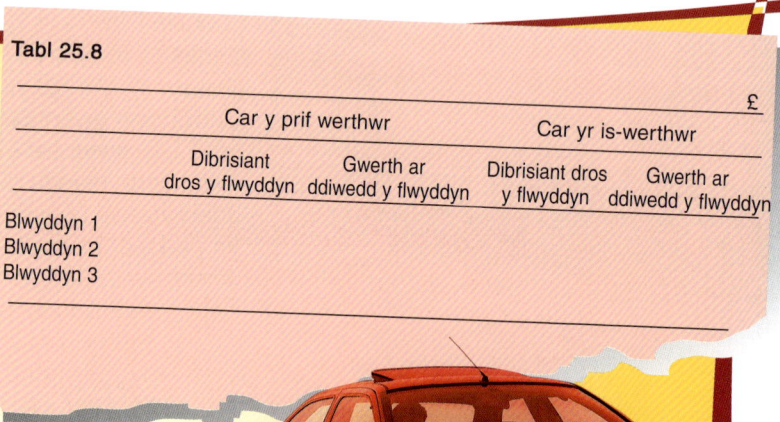

Tabl 25.8

	Car y prif werthwr		Car yr is-werthwr	£
	Dibrisiant dros y flwyddyn	Gwerth ar ddiwedd y flwyddyn	Dibrisiant dros y flwyddyn	Gwerth ar ddiwedd y flwyddyn
Blwyddyn 1				
Blwyddyn 2				
Blwyddyn 3				

Uned 25 Y cyfrif elw a cholled

Defnyddir y term stoc am y defnyddiau crai a'r cynhyrchion gorffenedig fel edau neu ddillad y mae'r cwmni'n eu storio. Mae'r defnyddiau crai yn aros i gael eu defnyddio i wneud cynhyrchion. Mae'r cynhyrchion yn aros i gael eu gwerthu i gwsmeriaid. Ar ddechrau ei flwyddyn ariannol yn 1995 roedd gan *Coats Viyella* £512.7 miliwn o stoc. Ar ddiwedd ei flwyddyn ariannol yn 1996 ei stoc terfynol oedd £474.4 miliwn. Felly, roedd lefel ei stoc wedi gostwng £38.3 miliwn.

Gan fod y stoc wedi gostwng, roedd peth o'r hyn a werthwyd yn 1996 wedi cael ei wneud gan ddefnyddio defnyddiau a brynwyd mewn blynyddoedd blaenorol. Felly, mae'n rhaid ychwanegu maint y gostyngiad yn y stoc (stoc agoriadol - stoc terfynol) at gost gwerthiant i gyfrifo gwir gost gwerthiant. Ar y llaw arall, pe bai'r stoc wedi cynyddu byddai'n rhaid tynnu maint y cynnydd hwn o gost gwerthiant i gyfrifo gwir gost gwerthiant. Dyma'r fformiwla:

Cost gwerthiant = cost pryniant + stoc agoriadol - stoc terfynol

Ffynhonnell: addaswyd o Adroddiad Blynyddol a Chyfrifon *Coats Viyella plc*, 1996.

Canadian Pizza

Mae *Canadian Pizza plc* yn gwmni sy'n gwneud a chyflenwi crystiau *pizzas* a *pizzas* gorffenedig i'r farchnad fyd-eang am *pizzas*. Mae hefyd yn gweithgynhyrchu sawsiau coginio, past ffrwythau ac amrywiaeth o gynhwysion ar gyfer y sectorau adwerthu a bwydydd iach drwy ei is-gwmni *Meridian Foods* a brynwyd yng nghanol 1996.

Ffynhonnell: addaswyd o Adroddiad Blynyddol a Chyfrifon *Canadian Pizza plc*, 1996.

1 Mae cwmni'n dosbarthu ei elw mewn tair ffordd. Beth yw'r rhain?
2 Cyfrifwch elw cadw *Canadian Pizza plc* ar gyfer 1995 ac 1996.
3 Awgrymwch pam y digwyddodd y canlynol dros y cyfnod 1995 i 1996: (a) cynyddodd trethi ar elw; (b) dewisodd y cwmni gynyddu ei fuddrannau i'r cyfranddalwyr; (c) cadwodd y cwmni ran o'r elw yn hytrach na'i dosbarthu i'r cyfranddalwyr.

Tabl 25.9 *Cyfrif dosbarthu Canadian Pizza plc*[1]

	1995	£miliwn 1996
Elw net (elw ar weithgareddau cyffredin cyn treth)	1 410	2 125
Trethi ar elw	431	639
Buddrannau	782	875

1 Cyfrifon am y flwyddyn yn diweddu 31 Rhagfyr

Rhestr wirio ✓

1 Pwy fyddai am edrych ar gyfrif elw a cholled cwmni a pham?
2 Beth sy'n cael ei gynnwys yn y cyfrif masnachu?
3 Pa gostau a gymerir i ystyriaeth wrth gyfrifo'r elw net?
4 Eglurwch 2 ddull o gyfrifo dibrisiant.
5 Disgrifiwch 3 math o gostau gweithredu.
6 Pam y byddai cynnydd yn y derbyniadau na ddaethant o werthiant yn cynyddu'r elw net ond nid yr elw crynswth, a thybio bod y costau a'r derbyniadau eraill i gyd heb newid?
7 Eglurwch sut y bydd cwmni'n defnyddio'i elw net.
8 Sut y bydd newidiadau yn y stoc yn effeithio ar y canlynol: (a) cost gwerthiant; (b) elw crynswth?

termau allweddol

Cost gwerthiant - costau cynhyrchu fel costau'r defnyddiau crai, costau cyflogau uniongyrchol a newidiadau yn y stoc.
Cyfrif dosbarthu - y rhan o'r cyfrif elw a cholled sy'n dangos yr hyn a ddigwyddodd i'r elw net.
Cyfrif elw a cholled - cofnod o dderbyniadau a chostau busnes dros gyfnod penodol fel chwe mis neu flwyddyn.
Cyfrif masnachu - y rhan o'r cyfrif elw a cholled sy'n dangos trosiant gwerthu, cost gwerthiant a newidiadau yn y stoc.
Dibrisiant - y gostyngiad yng ngwerth cyfarpar sefydlog ac adeiladau dros amser wrth iddynt dreulio.
Elw crynswth - trosiant gwerthu minws cost gwerthiant.
Elw net - yr elw a wnaed ar ôl cymryd i ystyriaeth yr holl gostau a'r derbyniadau, h.y. elw crynswth + derbyniadau na ddaethant o werthiant - costau gweithredu.
Newid yn y stoc - y stoc terfynol minws y stoc agoriadol.

ACHOS CRYNODOL — GWAITH COED P RENSYCH

Tabl 25.10 *Cyfrif elw a cholled Gwaith Coed P Rensych am y flwyddyn yn diweddu 31 Mehefin*

	1994 £000	1995 £000	1996 £000	1997 £000
Trosiant gwerthu	196	193	196	316
llai Cost gwerthiant	100	119	?	175
Elw crynswth	?	?	90	?
llai Costau gweithredu				
Cyflogau'r cyfarwyddwyr	18	18	18	34
Llogi cyfarpar a cherbydau	18	14	?	19
Costau moduro	8	5	8	13
Arall	42	?	35	47
Elw net	?	11	11	?
Treth gorfforaeth	0	0	0	3
Buddrannau	2	3	3	15
Elw cadw	?	?	?	?

1 Copïwch gyfrif elw a cholled y cwmni a llenwch y bylchau.
2 Beth ddigwyddodd i'r canlynol rhwng 1994 ac 1997: (a) gwerthiant; (b) costau; (c) elw net?
3 Sut y mae'r cwmni wedi dosbarthu ei elw net?
4 Pa mor dda oedd perfformiad y cwmni yn 1997 o'i gymharu ag 1994?

uned 26

MANTOLENNI

Gwneud penderfyniadau

Yn ôl y gyfraith mae'n rhaid i gwmni cyfyngedig gynhyrchu mantolen yn dangos asedau a rhwymedigaethau y cwmni ar ddiwrnod olaf ei flwyddyn gyfrifyddol. Yn aml dywedir bod y fantolen yn adlewyrchu gwerth y busnes. Gellir ei defnyddio gan fusnesau eraill ac unigolion i farnu, er enghraifft, ydy'r busnes yn ddigon diogel i roi benthyg arian iddo, i fuddsoddi ynddo neu i'w brynu. Gall y busnes ei hun hefyd ei defnyddio i benderfynu a all gwrdd â'i ddyledion cyfredol ac i wneud penderfyniadau ynglŷn â'r dyfodol.

Grŵp o gwmnïau sy'n gwneud nwyddau ceramig yw *Beauford PLC*. Mae'r rhain yn cynnwys cydrannau ceramig ar gyfer y diwydiant cyfrifiaduron, powdrau ceramig i'w gwerthu i wneuthurwyr eraill a boncyffion ceramig i'w defnyddio fel boncyffion ffug ar danau nwy. Mae'r cwmni hefyd yn gwneud amrywiaeth eang o grochenwaith, gan gynnwys costrelau diod, modelau bach a dodrefn ystafelloedd ymolchi. Yn 1996 trosiant gwerthu y cwmni o werthu nwyddau ceramig oedd £27.5 miliwn ac fe wnaeth elw net o £1 filiwn.

Y fantolen

I weithredu fel busnes, mae'n rhaid i *Beauford* gael ASEDAU, h.y. yr hyn y mae'r busnes yn ei **berchen**, fel adeiladau, swyddfeydd, peiriannau, stoc ac arian parod. Heb asedau ni allai busnes gynhyrchu dim. I brynu'r asedau hyn bydd angen i'r busnes godi arian o wahanol **ffynonellau**. Efallai, er enghraifft, bod *Beauford* wedi cael benthyg arian neu efallai bod arian yn ddyledus ganddo i fusnesau eraill am ddefnyddiau y mae wedi'u derbyn ond heb dalu amdanynt eto. Y term a ddefnyddir am arian sy'n **ddyledus** i eraill yw RHWYMEDIGAETHAU (*liabilities*) y busnes.

Mae'r FANTOLEN (*balance sheet*) yn gofnod o asedau a rhwymedigaethau y busnes ar adeg benodol. **Rhaid** iddi fantoli (*balance*). Rhaid i asedau'r busnes, yr hyn y mae'r busnes yn ei berchen, fod yn gyfartal â'i rwymedigaethau, yr hyn sy'n ddyledus ganddo. Mae'r hyn sy'n ddyledus ganddo yn cynnwys yr arian sy'n ddyledus i berchenogion y busnes, fel elw.

Yn ôl y gyfraith mae'n rhaid i gwmni cyfyngedig gynhyrchu mantolen ar gyfer ei gyfranddalwyr. Mae hon yn dangos ei asedau a'i rwymedigaethau ar ddiwrnod olaf ei flwyddyn gyfrifyddol - 31 Rhagfyr bob blwyddyn yn achos *Beauford*. Ond gall cwmnïau ddewis unrhyw ddyddiad ar gyfer diweddu eu blwyddyn ariannol. Gallai cwmni, er enghraifft, ddewis blwyddyn ariannol a

Tabl 26.1 *Mantolen Beauford PLC ar gyfer 31 Rhagfyr 1996.*

	£000
Asedau sefydlog	
Asedau dirweddol (*tangible*)	10 254
Buddsoddiadau	3
	10 257
Asedau cyfredol	
Stoc	3 351
Dyledwyr	6 241
Arian yn y banc	71
	9 663
Rhwymedigaethau cyfredol	
Credydwyr: symiau sydd i'w talu o fewn blwyddyn	(6 800)
Asedau cyfredol net	2 863
Cyfanswm yr asedau llai rhwymedigaethau cyfredol	13 120
Rhwymedigaethau tymor hir	
Credydwyr: symiau sydd i'w talu ar ôl mwy na blwyddyn	(4 947)
Darpariaethau ar gyfer rhwymedigaethau a thaliadau (*charges*)	(98)
Asedau net	8 075
Cyfalaf a chronfa wrth gefn	
Cyfalaf cyfranddaliadau	10 737
Elw cadw a chronfa wrth gefn	(2 718)
	8 075

Roedd siop Lewis yn gwerthu nwyddau metel a nwyddau trydanol ac roedd bob amser yn brysur. Ond roedd Mr Lewis am ymddeol ac felly rhoddodd y siop ar werth am £50 000. Gwerth yr asedau sefydlog oedd £15 000 a gwerth y stoc oedd £20 000. Pennwyd gwerth yr ewyllys da yn £15 000, sef 1 1/2 gwaith yr elw net.

1. Gwnewch restr o'r asedau sefydlog a allai fod gan siop o'r fath.
2. Talodd y perchennog newydd £15 000 am ewyllys da y busnes. Fyddech chi wedi talu cymaint pe baech chi wedi prynu'r busnes? I ateb hyn, gwnewch restr o gostau denu cwsmeriaid pe baech yn gorfod sefydlu busnes newydd yn yr ardal. Amcangyfrifwch neu ceisiwch ddarganfod ffigurau ar gyfer y costau hyn.

Uned 26 Mantolenni

> **?** 1 (a) Edrychwch ar Dabl 26.2. Beth yw'r math unigol mwyaf o asedau cyfredol *Tesco*?
> (b) Rhowch 4 enghraifft o'r ased cyfredol hwn.
> (c) Pam mai hwn sy'n debygol o fod yr ased cyfredol mwyaf sydd gan gadwyn uwchfarchnadoedd fel *Tesco*?
> 2 (a) Ar 22 Chwefror 1997 faint oedd gan *Tesco* ar ffurf arian yn y banc ac mewn llaw?
> (b) Pam y mae angen i *Tesco* gadw'r math hwn o asedau cyfredol?
> 3 Mae dyledwyr yn gyfran gymharol fach o asedau cyfredol *Tesco*. Y dyledwyr yn bennaf yw banciau a chwmnïau cardiau credyd sydd ag arian yn ddyledus i *Tesco* o sieciau a thrafodion cardiau credyd a ddefnyddiwyd gan gwsmeriaid wrth dalu am eu nwyddau. Pam y mae dyledwyr *Tesco* yn debygol o fod yn gyfran lawer llai o'r asedau cyfredol na, dyweder, *Unilever* sy'n cyflenwi powdrau golchi fel *Persil* i *Tesco*?

Tabl 26.2 *Tesco plc, asedau cyfredol, 22 Chwefror 1996 ac 1997.*

	1996 £miliwn	1997 £miliwn
Stoc	559	550
Dyledwyr	80	78
Arian yn y banc ac mewn llaw	38	65
Arall	54	80
Asedau cyfredol	731	773

Ffynhonnell: addaswyd o Adroddiad Blynyddol a Chyfrifon *Tesco plc*, 1997.

fyddai'n mynd o 1 Chwefror i 31 Ionawr.

Asedau sefydlog

Mae'r fantolen yn dechrau gyda chofnod o ASEDAU SEFYDLOG y busnes. Mae'r rhain yn cynnwys tir yn ogystal ag adeiladau fel ffatrïoedd a swyddfeydd. Mae'r asedau sefydlog hefyd yn cynnwys yr holl beiriannau a'r cyfarpar sy'n eiddo i'r busnes, fel offer peiriannau, cyfrifiaduron, ceir a thryciau. Mae Tabl 26.1 yn dangos mai gwerth yr ASEDAU DIRWEDDOL (*tangible*) hyn oedd bron £10.3 miliwn ar 31 Rhagfyr 1996. Dydy pob ased ddim yn ddirweddol, h.y. asedau y gallwch eu cyffwrdd. Un enghraifft o **ased annirweddol** (*intangible*) yw **buddsoddiadau**. Buddsoddiadau (fel rheol cyfranddaliadau) mewn cwmnïau eraill yw'r rhain. Gallen nhw hefyd fod yn fenthyciadau i'r llywodraeth (bondiau) sy'n ennill llog i'r cwmni. Gallen nhw hefyd fod yn fathau eraill o fuddsoddiant ariannol tymor hir gan y cwmni. Mae Tabl 26.1 yn dangos bod gan *Beauford* werth £3 000 o fuddsoddiadau. Roedd y rhain yn sector preifat y DU.

Mae rhai busnesau hefyd yn cynnwys mathau eraill o asedau annirweddol. Y mwyaf cyffredin yw EWYLLYS DA, sef fel rheol gwerth y cysylltiadau â chwsmeriaid sydd gan y busnes. Er enghraifft, pe bai'r busnes yn gorfod cychwyn o'r newydd, efallai y byddai'n gorfod gwario ar hysbysebu er mwyn adeiladu ei sylfaen o gwsmeriaid. Felly un ffordd o fesur ewyllys da yw amcangyfrif cost sefydlu'r busnes gyda'i gwsmeriaid.

Asedau cyfredol

ASEDAU CYFREDOL yw'r term am asedau'r busnes y gellir eu newid yn arian parod yn hawdd neu sy'n arian parod, h.y. ASEDAU HYLIFOL (*liquid*) y busnes. Mae Tabl 26.1 yn dangos bod tri phrif fath o asedau cyfredol.

Stoc Y stoc yw'r defnyddiau crai a'r nwyddau sy'n aros i gael eu prosesu a'r nwyddau gorffenedig sy'n aros i gael eu gwerthu. Byddai *Beauford*, er enghraifft, yn cadw stoc o glai a phaentiau i wneud nwyddau ceramig. Byddai hefyd yn cadw stoc o nwyddau gorffenedig fel boncyffion yn aros i gael eu dosbarthu i'r cwsmer. Ar 31 Rhagfyr 1996 gwerth stoc *Beauford* oedd bron £3.4 miliwn.

Dyledwyr Y bobl a'r busnesau sydd ag arian yn ddyledus i'r cwmni yw'r DYLEDWYR. Mewn busnes mae'n arferol dosbarthu nwyddau i fusnesau eraill ac yna rhoi o leiaf 30 diwrnod iddynt dalu. Yn achos y rhan fwyaf o fusnesau, gan gynnwys *Beauford*, busnesau eraill yw'r dyledwyr bron i gyd. Roedd tua £6.2 miliwn yn ddyledus i *Beauford* gan ei ddyledwyr ar 31 Rhagfyr 1996.

Arian parod Yr ased mwyaf hylif yw arian parod. Roedd gan *Beauford* £71 000 yn arian parod mewn cyfrifon banc ar 31 Rhagfyr 1996.

Rhwymedigaethau cyfredol

Yr hyn sy'n ddyledus gan y busnes ac y bydd yn rhaid ei dalu o fewn y 12 mis nesaf yw'r RHWYMEDIGAETHAU CYFREDOL. Yn achos y rhan fwyaf o fusnesau y rhwymedigaeth gyfredol bwysicaf yw'r arian sy'n ddyledus ganddo i'w GREDYDWYR.

Yn union fel y mae'n rhaid i fusnes roi credyd i fusnesau eraill, gall hefyd gael credyd gan fusnesau eraill. Pan fydd *Beauford* yn prynu paent, er enghraifft, ni fydd yn rhaid iddo dalu amdano tan o leiaf 30 diwrnod ar ôl iddo gyrraedd. Ar 31 Rhagfyr 1996 roedd tua £2.6 miliwn yn ddyledus gan *Beauford* i'w **gredydwyr masnach**.

Mae llawer o fusnesau hefyd wedi cael benthyg arian gan y banc ar ffurf **gorddrafft** (☞ uned 31). Yn ddamcaniaethol, gall y banc fynnu bod yr arian yn cael ei ad-dalu ar unwaith. Felly mae gorddrafftiau'n rhwymedigaeth gyfredol. Roedd gan Beauford orddrafft o £348 000 ar 31 Rhagfyr 1996.

Rhwymedigaeth gyfredol bwysig arall yw treth sy'n ddyledus i'r **llywodraeth**. Efallai bod y cwmni wedi ennill elw yn y gorffennol ac felly yn gorfod talu treth gorfforaeth a blaen-dreth gorfforaeth (*advanced corporation tax*) yn y dyfodol. Roedd £470 000 o dreth ar elw yn ddyledus gan *Beauford* ar 31 Rhagfyr 1996.

Y cyfanswm oedd yn ddyledus gan *Beauford* i gredydwyr oedd i gael eu had-dalu o fewn blwyddyn i 31 Rhagfyr 1996 oedd £6.8 miliwn.

Asedau cyfredol net neu gyfalaf gweithio

Asedau cyfredol minws rhwymedigaethau cyfredol = ASEDAU CYFREDOL NET (neu'r cyfalaf gweithio). Mae **cyfalaf gweithio** y busnes yn bwysig iawn, fel y gwelwch yn uned 29. Gwerth asedau cyfredol net *Beauford* ar 31 Rhagfyr 1996 oedd tua £2.9 miliwn.

Rhwymedigaethau tymor hir

Y RHWYMEDIGAETHAU TYMOR HIR yw'r hyn sy'n ddyledus gan y busnes ac sy'n gorfod cael ei ad-dalu ar ôl mwy na 12 mis. Mae'r rhain yn cynnwys benthyciadau tymor hir sydd, er enghraifft, i'w had-dalu dros 5 mlynedd. Gallai hefyd gynnwys **morgeisiau** (uned 31), sef benthyciadau lle rhoddir tir neu adeiladau yn WARANT (*security*). Mae hynny'n golygu os bydd y cwmni'n mynd i'r wal, bydd yr un a roddodd fenthyg yr arian (banc fel rheol) yn gallu gwerthu'r gwarant, yn yr achos hwn y tir neu'r adeilad, a gobeithio cael ei arian yn ôl. Yn achos cwmnïau llai gallai fod **cytundebau hurbwrcas** (*hire purchase*) uned 31), sydd yn y bôn yn fath arall o gael benthyg. Enghraifft arall o rwymedigaethau yw trethi sy'n ddyledus (a ohiriwyd) o flynyddoedd blaenorol. Roedd gan *Beauford* tua £3.4 miliwn o fenthyciadau banc a £0.3 miliwn o rwymedigaethau hurbwrcas ymhlith ei £4.9 miliwn o gredyd tymor hir.

Cyfalaf a chronfa wrth gefn

Y math olaf o rwymedigaethau busnes yw'r arian sy'n ddyledus i'w berchenogion. Mae *Beauford* yn ccc ac felly ei gyfranddalwyr yw ei berchenogion. Rhoddodd y cyfranddalwyr arian i mewn i'r busnes pan werthwyd y cyfranddaliadau gyntaf. Felly mae'r arian hwn yn ddyledus gan y busnes i'w gyfranddalwyr. Ar 31 Rhagfyr 1996 gwerth **cyfalaf cyfranddaliadau** *Beauford* oedd tua £10.7 miliwn.

Noder nad oes a wnelo'r gwerth hwn ddim â gwerth cyfredol y cyfranddaliadau ar farchnad stoc. Mae gwerth cyfalaf cyfranddaliadau cwmni yn adlewyrchu eu gwerth pan gawsant eu dyroddi gyntaf. Mae gwerth cyfredol y cyfranddaliadau yn adlewyrchu gwerth cyfredol y busnes.

Bydd y rhan fwyaf o fusnesau hefyd yn debygol o fod wedi cadw peth o'u **helw** yn ôl o flynyddoedd blaenorol. Arian sy'n ddyledus i berchenogion y busnes yw hwn. Felly mae'n rhwymedigaeth i'r busnes. Yn hytrach na'i ddosbarthu (ei roi) i'r perchenogion, mae'r busnes wedi penderfynu ei osod o'r neilltu i ariannu buddsoddiant yn y dyfodol neu i gwrdd â phroblemau posibl.

Gwelir yn Nhabl 26.1 fod gan *Beauford* **gronfa wrth gefn** (*reserves*) negyddol ar 31 Rhagfyr 1996 (mae ffigurau mewn cromfachau yn ffigurau minws). Mae hynny'n anarferol i gwmni. Mae'n dangos bod cyfanswm yr hyn a dalodd cyfranddalwyr am eu cyfranddaliadau yn y gorffennol yn fwy nag asedau net y busnes ar 31 Rhagfyr 1996. Y rheswm dros hyn oedd bod *Beauford* wedi prynu cwmnïau eraill yn y gorffennol ac wedi talu mwy amdanynt na'u hasedau net, h.y. roedd wedi talu am 'ewyllys da' (gweler uchod). Yn hytrach na rhoi ewyllys da fel ased, mae wedi penderfynu dangos cronfa wrth gefn negyddol ar ei fantolen.

Mae mantolen busnes unig berchennog neu bartneriaeth yn wahanol i fantolen cwmni cyfyngedig. Y **prif** wahaniaeth yw nad oes yna gyfalaf cyfranddaliadau am nad oes yna gyfranddalwyr. Felly bydd gwerth yr arian a roddwyd i mewn i'r busnes gan yr unig fasnachwr neu'r partneriaid yn cael ei ddangos lle mae'r cyfalaf cyfranddaliadau i'w weld yn Nhabl 26.1.

Ffynhonnell: addaswyd o Adroddiad Blynyddol a Chyfrifon *Beauford PLC*, 1996.

De La Rue plc

Mae *De La Rue* yn gwmni mawr yn y DU. Yn y flwyddyn ariannol 1996/7 roedd ganddo werthiant o £768 miliwn. Ei fusnes yw gweithgynhyrchu arian papur, sieciau teithio, pasportiau, cardiau credyd a chardiau adnabod, a pheiriannau trafod arian ar gyfer didoli a chyfrif arian. Mae ei brif gwsmeriaid yn cynnwys banciau, cymdeithasau adeiladu a llywodraethau.

1 Copïwch Dabl 26.3 a llenwch y bylchau lle gwelir '?'.
2 Pwy allai fod yn gredydwyr masnach y cwmni?
3 (a) Beth yw 'buddran'? (b) Pam, yn eich barn chi, y dangosir buddrannau fel rhwymedigaeth gyfredol ar gyfer *De La Rue*?
4 Ysgrifennwch adroddiad cryno yn amlygu 3 newid pwysig yn asedau a rhwymedigaethau cyfredol *De La Rue* rhwng 1994 ac 1997.

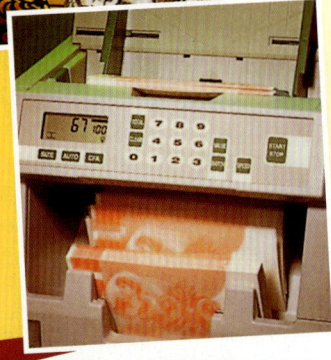

Tabl 26.3 *Asedau a rhwymedigaethau cyfredol De La Rue plc ar gyfer 31 Mawrth*

£ miliwn

	1994	1995	1996	1997
Asedau cyfredol	568.8	533.0	?	?
Benthyciadau banc a gorddrafft	63.6	166.6	85.1	62.6
Credydwyr masnach	33.4	41.2	49.4	?
Treth ar elw sy'n ddyledus	34.1	47.4	47.1	39.0
Buddran arfaethedig	27.0	35.7	37.0	37.1
Credydwyr eraill	152.1	202.3	180.2	147.4
Rhwymedigaethau cyfredol	?	?	?	337.2
Asedau cyfredol net	?	?	14.3	16.3

Ffynhonnell: addaswyd o Adroddiad Blynyddol a Chyfrifon *De La Rue plc*, 1995 ac 1997.

Uned 26 Mantolenni

Emap plc

Grŵp cyfryngau sy'n cyhoeddi amrywiaeth eang o gylchgronau ac sy'n berchen gorsafoedd radio yw *Emap*.

Tabl 26.4 *Emap*, cyfalaf a chronfa wrth gefn ar gyfer 31 Mawrth.

£ miliwn

	1994	1995	1996	1997
Cyfalaf cyfranddaliadau	123.3	201.4	242.6	242.4
Elw cadw a chronfa wrth gefn	67.4	63.5	73.7	116.8

Ffynhonnell: addaswyd o Adroddiad Blynyddol a Chyfrifon *Emap*, 1995 ac 1997.

1 Cyfrifwch y cyfalaf a'r gronfa wrth gefn ar gyfer *Emap* rhwng 1994 ac 1997.
2 Yn 1995 dyroddodd y cwmni gyfranddaliadau newydd yn y busnes. Sut y gallwch weld hyn o'r rhan honno o'r fantolen a ddangosir yn Nhabl 26.4?
3 Mae *Emap* wedi tyfu yn rhannol drwy brynu cwmnïau eraill. Pe bai wedi talu £100 miliwn am gwmni yn 1998, sut y gallai hynny effeithio: (a) ar elw cadw a chronfa wrth gefn y cwmni yn 1998; (b) ar elw'r cwmni yn y dyfodol?

termau allweddol

Asedau - yr hyn y mae'r busnes yn ei berchen.
Asedau cyfredol - asedau hylifol y busnes.
Asedau cyfredol net neu gyfalaf gweithio - asedau cyfredol minws rhwymedigaethau cyfredol.
Asedau dirweddol - asedau sy'n bodoli yn yr ystyr ffisegol, fel adeiladau neu beiriannau, yn hytrach nag asedau annirweddol, fel ewyllys da, nad ydynt yn bodoli yn yr ystyr ffisegol.
Asedau hylifol - asedau'r busnes y gellir eu newid yn arian parod yn hawdd neu sy'n arian parod.
Asedau sefydlog - yr hyn y mae'r busnes yn ei berchen ac y mae'n ei ddefnyddio dros gyfnod hir, fel adeiladau neu beiriannau. Mae asedau sefydlog yn cynnwys asedau dirweddol ac annirweddol.
Credydwyr - unigolion, busnesau eraill a llywodraethau sydd ag arian yn ddyledus iddynt gan y busnes dan sylw.
Dyledwyr - pobl, busnesau eraill neu lywodraethau sydd ag arian yn ddyledus ganddynt i'r busnes dan sylw.
Ewyllys da - gwerth y cysylltiadau â chwsmeriaid sydd gan y busnes.
Gwarant - ased, fel eiddo, y gellir ei werthu os bydd un sy'n cael benthyg arian yn methu ad-dalu'r benthyciad, a defnyddir yr arian i ad-dalu gweddill y benthyciad.
Mantolen - y rhan o gyfrifon y busnes lle cofnodir asedau a rhwymedigaethau y busnes.
Rhwymedigaethau - yn achos busnes, gwerth ariannol yr hyn sy'n ddyledus ganddo, er enghraifft, i fusnesau eraill neu i'r llywodraeth.
Rhwymedigaethau cyfredol - yr hyn sy'n ddyledus gan y busnes ac y bydd yn rhaid iddo ei dalu o fewn y 12 mis nesaf.
Rhwymedigaethau tymor hir - yr hyn sy'n ddyledus gan y busnes ac y bydd yn rhaid iddo ei dalu ar ôl mwy na 12 mis.

Rhestr wirio ✓

1 Beth yw'r gwahaniaeth rhwng asedau a rhwymedigaethau busnes?
2 Rhestrwch 5 o asedau sefydlog busnes garej.
3 Beth yw'r gwahaniaeth rhwng asedau sefydlog busnes a'i asedau cyfredol?
4 Pwy allai fod yn ddyledwyr busnes sy'n gwneud jîns?
5 I bwy efallai y mae'r arian yn ddyledus sy'n cael ei gynnwys fel rhwymedigaeth gyfredol ym mantolen busnes?
6 Pam y mae morgais yn rhwymedigaeth dymor hir i fusnes?
7 Pam y mae cyfalaf cyfranddaliadau yn rhwymedigaeth i fusnes?
8 Ar gyfer beth y gallai busnes ddefnyddio'i elw cadw?

ACHOS CRYNODOL

TIAFI CYF

Clwb nos ffasiynol yn un o ardaloedd crand Casnewydd yw Tiafi. Sefydlwyd y cwmni gan 4 person. Rhoddodd pob un ohonynt £50 000 i ariannu'r 200 000 o gyfranddaliadau yn y cwmni am bris o £1 yr un. Fe wnaethon nhw brynu clwb nos crand ac erbyn hyn, ynghyd â'r gosodiadau, y ffitiadau a'r cyfarpar, gwerth yr adeilad yw £320 000. Bu'n rhaid iddynt gael morgais i ariannu prynu'r clwb ac mae £110 000 yn ddyledus o hyd. Mae ganddynt hefyd fenthyciad banc tymor hir o £20 000 a ddefnyddiwyd i brynu rhai o'r gosodiadau a'r ffitiadau.

Mae'r clwb nos yn llwyddiannus iawn. Eleni roedd y perchenogion wedi gallu cadw £70 000 o'r elw ar gyfer buddsoddi yn y busnes. Hefyd mae gan y cwmni £55 000 yn y banc. Mae diod yn boblogaidd ymhlith y cwsmeriaid bob amser a diod yw'r rhan fwyaf o stoc y cwmni sy'n werth £90 000. Mae rhai cwsmeriaid yn rhedeg cyfrifon credyd ac mae £20 000 yn ddyledus ganddynt i'r clwb. Cyfanswm y rhwymedigaethau cyfredol yw £85 000.

1 Lluniwch fantolen ar gyfer Tiafi.
2 Blwyddyn yn ôl roedd y morgais yn £120 000, gwerth yr adeilad, y gosodiadau a'r ffitiadau a'r cyfarpar oedd £300 000, roedd gan y clwb stoc o ddiod oedd yn werth £100 000 ac roedd £30 000 yn ddyledus iddo gan ei gwsmeriaid credyd. Eglurwch pa rai o'r ffigurau hyn sy'n dangos bod y cwmni'n gwneud (a) yn well; a (b) yn waeth heddiw nag yr oedd flwyddyn yn ôl.

95

uned 27

PERFFORMIAD BUSNES

Gwneud penderfyniadau

Pa mor dda y mae busnes yn perfformio? Mae sawl ffordd o ateb y cwestiwn hwn, e.e. edrych ar ffigurau elw a cholled neu astudio'r fantolen. Ffordd arall yw defnyddio cymarebau ariannol. Ar ôl edrych ar y ffigurau mae angen i'r busnes benderfynu a fydd yn newid ei strategaeth. A allai berfformio'n well?

Hamleys yw un o'r adwerthwyr teganau mwyaf adnabyddus ym Mhrydain. Mae ei brif siop, yn Regent Street, Llundain, yn enwog yma a thramor am amrywiaeth a safon ei theganau. Mae ganddo nifer o ganghennau yn y DU ac mae'n fusnes sy'n tyfu. Yn y flwyddyn ariannol 1997 ei drosiant gwerthu oedd £30.5 miliwn ac fe wnaeth elw net o £6.6 miliwn.

Elw crynswth

Mae Tabl 27.1 yn dangos bod *Hamleys* wedi cynyddu ei **drosiant gwerthu** o £17.9 miliwn i £30.5 miliwn rhwng 1993 ac 1997. Felly, o edrych ar drosiant gwerthu yn unig, roedd *Hamleys* wedi perfformio'n dda iawn dros y cyfnod.

Ond mae **cost gwerthiant** hefyd wedi codi o £8.8 miliwn i £14.5 miliwn. Oedd angen i *Hamleys* bryderu ynglŷn â'r cynnydd hwn yng nghost gwerthiant?
- Nac oedd. Roedd cynnydd o 70% yn y trosiant gwerthu yn ystod y cyfnod o bum mlynedd. Felly roedd bron yn sicr y byddai cynnydd yng nghost gwerthiant.
- Oedd. Gallai'r ffigurau ddangos bod cost gwerthiant wedi bod yn cynyddu'n gyflymach na'r trosiant gwerthu. Felly, er bod yna gynnydd yn y gwerthiant, ni fydd cynnydd tebyg yn yr **elw crynswth**.

Un ffordd o ddarganfod yr hyn a ddigwyddodd i drosiant o'i gymharu â chost gwerthiant yw cyfrifo CYMHAREB ELW CRYNSWTH I DROSIANT GWERTHU (a elwir yn aml yn FAINT YR ELW CRYNSWTH [*gross profit margin*]):

Cymhareb elw crynswth i werthiant neu faint yr elw crynswth (fel %)

$$= \frac{\text{Elw crynswth}}{\text{Trosiant gwerthu}} \times 100$$

Cofiwch mai elw crynswth yw trosiant gwerthu minws costau gwerthiant.

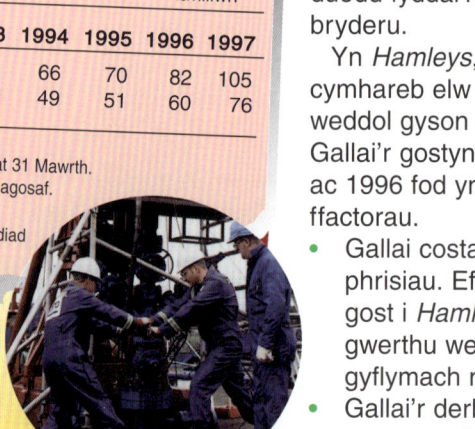

Tabl 27.1 *Hamleys* plc: cyfrif masnachu.[1]

£miliwn

	1993	1994	1995	1996	1997
Trosiant gwerthu	17.9	20.9	26.2	30.1	30.5
Cost gwerthiant	8.8	10.2	13.1	15.1	14.5
Elw crynswth	9.1	10.7	13.1	15.0	16.0
Cymhareb elw crynswth i werthiant	51%	51%	50%	50%	52%

[1] Y ffigurau wedi'u talgrynnu i'r £0.1 miliwn agosaf.

Felly, os ydy maint yr elw crynswth yn cynyddu, mae'n rhaid bod costau'n gostwng o'u cymharu â gwerth gwerthiant. Mae hyn fel rheol yn arwydd da i'r cwmni. Os ydy'r gymhareb yn gostwng, mae costau gwerthiant yn codi o'u cymharu â gwerth gwerthiant. Gallai hynny fod yn duedd fyddai'n achosi i'r busnes bryderu.

Yn *Hamleys*, yn ôl Tabl 27.1, roedd cymhareb elw crynswth i werthiant yn weddol gyson rhwng 1993 ac 1997. Gallai'r gostyngiad bach rhwng 1994 ac 1996 fod yn ganlyniad i nifer o ffactorau.
- Gallai costau fod wedi codi fwy na phrisiau. Efallai, er enghraifft, fod y gost i *Hamleys* o brynu teganau i'w gwerthu wedi codi ychydig yn gyflymach na'u pris gwerthu.
- Gallai'r derbyniadau fod wedi gostwng. Gallai cynnydd yn y

Expro International Group PLC

Mae *Expro International Group* yn darparu amrywiaeth o wasanaethau a chynhyrchion arbenigol i gwmnïau sy'n ymwneud â chwilio am olew a nwy a'u cynhyrchu.

1 Edrychwch ar Dabl 27.2. Ydy ffigurau'r derbyniadau gwerthiant yn dangos bod perfformiad y cwmni'n dda neu'n wael? Eglurwch eich ateb.

2 Yna edrychwch ar gost gwerthiant yn ogystal â'r derbyniadau.
(a) Ar gyfer pob blwyddyn cyfrifwch: (i) yr elw crynswth; (ii) maint yr elw crynswth.
(b) Yn eich barn chi, oedd perfformiad y cwmni'n dda? Eglurwch eich ateb.

Tabl 27.2 Derbyniadau gwerthiant a chost gwerthiant.[1]

£miliwn[2]

	1993	1994	1995	1996	1997
Derbyniadau gwerthiant	51	66	70	82	105
Cost gwerthiant	37	49	51	60	76

[1] Am y flwyddyn ariannol hyd at 31 Mawrth.
[2] Wedi'u talgrynnu i'r £miliwn agosaf.

Ffynhonnell: addaswyd o Adroddiad Blynyddol a Chyfrifon *Expro International Group PLC*, 1997.

Uned 27 Perfformiad busnes

Danka Business Systems PLC

Cyflenwr cyfarpar swyddfa yw *Danka Business Systems PLC*. Mae'n fwyaf adnabyddus am brydlesu llungopïwyr i gwsmeriaid. Mae'n gweithredu mewn mwy na 30 o wledydd gan gynnwys y DU ac UDA. Ar 31 Rhagfyr 1996 prynodd fusnes dosbarthu llungopïo *Kodak* am £438 miliwn. Roedd gan weithrediad *Kodak* werthiant o bron £1.2 biliwn y flwyddyn ar y pryd.

Ffynhonnell: Adroddiad Blynyddol a Chyfrifon *Danka*, 1997.

1. O edrych ar ffigurau'r trosiant gwerthu yn unig, a berfformiodd *Danka* yn dda rhwng 1993 ac 1997?
2. (a) Disgrifiwch sut y newidiodd (i) elw crynswth a (ii) elw net dros y cyfnod hwn.
   (b) Pa mor dda oedd perfformiad y cwmni yn ôl y ffigurau hyn?
3. (a) Cyfrifwch faint yr elw net ar gyfer *Danka* rhwng 1993 ac 1997.
   (b) Beth mae'r ffigurau hyn yn ei awgrymu ynglŷn â pherfformiad y cwmni?
4. Awgrymwch 2 ffordd y gallai'r cwmni gynyddu proffidioldeb yn y blynyddoedd nesaf.

Tabl 27.3 *Danka Business Systems PLC: cyfrif elw a cholled.*[1]

£ miliwn

	1993	1994	1995	1996	1997
Trosiant gwerthu	186	347	516	793	1 324
Elw crynswth	69	132	197	297	489
Gorbenion	51	100	152	243	460
Elw net[2]	18	32	45	54	29

[1] Y ffigurau wedi'u talgrynnu i'r £miliwn agosaf.
[2] Elw ar weithgareddau cyffredin cyn treth.

gystadleuaeth fod wedi gorfodi *Hamleys* i ostwng ei brisiau yn fwy nag y dymunai ei wneud. Neu gallai'r cwmni fod wedi ceisio cynyddu ei gyfran o'r farchnad drwy gynnig prisiau oedd yn is na phrisiau ei gystadleuwyr.

- Pe bai gwerthiant teganau â maint-yr-elw isel yn cynyddu ond bod gwerthiant teganau â maint-yr-elw uchel yn gostwng, byddai'r elw cyfartalog yn gostwng.

Cynyddodd maint yr elw crynswth yn 1997. Roedd hyn yn arwydd da i'r cwmni. Gallai fod yn arwydd ei fod yn rheoli costau'n well neu ei fod wedi gallu cynyddu ei brisiau neu ei fod wedi gwerthu cyfran uwch o deganau â maint-yr-elw uwch.

Elw net

Mae'r elw crynswth yn bwysig ond nid yw'n cynnwys gorbenion. I berchenogion busnes mae'r ffigur terfynol ar gyfer yr elw net yn bwysicach. Mae Tabl 27.4 yn dangos bod elw net *Hamleys* wedi cynyddu rhwng 1993 ac 1997. Caiff llwyddiant y cwmni ei ategu gan ddangosydd arall, sef CYMHAREB ELW NET I DROSIANT GWERTHU neu FAINT YR ELW NET (*net profit margin*).

Cymhareb elw net i werthiant neu faint yr elw net (fel %)

$$= \frac{\text{Elw net}}{\text{Trosiant gwerthu}} \times 100$$

Mae'n dangos faint o elw net y mae'r cwmni'n ei wneud am bob £ o werthiant. Po uchaf yw'r elw am bob £ ac felly po uchaf yw'r gymhareb, mwyaf proffidiol y mae'r busnes yn debygol o fod. Ar y llaw arall, mae cymhareb is yn aml yn arwydd nad yw perffomiad y busnes yn dda. Rhwng 1993 ac 1995 cododd cymhareb elw net *Hamleys* o 7% i 23%.

Roedd hynny'n gynnydd sylweddol. Gallai fod yn arwydd bod *Hamleys* wedi bod yn gostwng gorbenion am bob uned a werthwyd. Byddai hynny'n awgrymu y bu *Hamleys* yn fwy **effeithlon** dros y cyfnod. Roedd cadw maint yr elw net yn uchel yn 1996 ac 1997 yn arwydd da hefyd. Perygl posibl i *Hamleys* yw methu rheoli ei orbenion wrth i'r cwmni dyfu. Gallai hynny achosi gostyngiad ym maint yr elw net - arwydd bod y cwmni'n llai effeithlon.

Adenillion ar y cyfalaf a ddefnyddiwyd

Cymhareb arall sy'n ddefnyddiol wrth ystyried perfformiad busnes yw CYFRADD YR ADENILLION AR Y CYFALAF A DDEFNYDDIWYD (*rate of return on capital employed* - ROCE). Tybiwch eich bod wedi derbyn £10 o log ar arian a roddwyd mewn cyfrif banc flwyddyn yn ôl. Allwch chi ddim dweud a oeddech wedi buddsoddi'r arian yn dda nes gwybod faint o arian oedd gennych yn y cyfrif (eich **cyfalaf**). Pe baech wedi rhoi £20 yn y cyfrif, byddech wedi ennill 50% ar eich arian - cyfradd dda iawn o adenillion. Pe baech wedi rhoi £1 filiwn yn y cyfrif, byddech wedi gwneud yn wael iawn.

Yn yr un modd, all busnes ddim dweud pa mor dda oedd ei berfformiad nes iddo gymharu ei elw â maint y cyfalaf sydd yn y busnes. Dyma a ddangosir gan ROCE.

Tabl 27.4 *Hamleys plc: cyfrif elw a cholled.*[1]

£ miliwn

	1993	1994	1995	1996	1997
Trosiant gwerthu	17.9	20.9	26.2	30.1	30.5
Elw crynswth	9.1	10.7	13.1	15.0	16.0
Gorbenion[2]	7.9	8.0	7.4	8.6	9.1
Elw net[3]	1.2	2.7	5.7	6.4	6.9
Cymhareb elw net i drosiant gwerthu	7%	13%	22%	21%	23%

[1] Y ffigurau wedi'u talgrynnu i'r £0.1 miliwn agosaf.
[2] Costau dosbarthu, costau gweinyddu, eitemau eithriadol a llog net.
[3] Elw ar weithgareddau cyffredin cyn treth.

$$\text{ROCE (\%)} = \frac{\text{Elw net}}{\text{Cyfalaf a ddefnyddiwyd}} \times 100$$

Diffinnir y **cyfalaf a ddefnyddiwyd** fel yr **asedau sefydlog** a'r **asedau cyfredol net** minws **unrhyw symiau sy'n gorfod cael eu had-dalu (gan gynnwys benthyca) ar ôl mwy na blwyddyn** (a ddangosir yn y **fantolen** uned 26).

Uned 27 Cyfrifydda

Tabl 27.5 *Hamleys plc: cyfradd yr adenillion ar y cyfalaf a ddefnyddiwyd.*[1]

£ miliwn

	1993	1994	1995	1996	1997
Elw net	1.2	2.7	5.7	6.4	6.9
Cyfalaf a ddefnyddiwyd	(12.6)	(10.7)	4.1	6.6	9.1
Cyfradd yr adenillion – ar y cyfalaf a ddefnyddiwyd	–	–	139%	97%	76%

Mae'r ffigurau mewn cromfachau yn rhifau minws.
1 Y ffigurau wedi'u talgrynnu i'r £0.1 miliwn agosaf.

Yn ôl Tabl 27.5 roedd gan *Hamleys* feintiau negyddol o gyfalaf a ddefnyddiwyd yn y busnes, h.y. roedd yr hyn oedd yn ddyledus ganddo yn fwy nag asedau'r busnes. Felly, doedd hi ddim yn bosibl cyfrifo'r ROCE. Yn 1995, fodd bynnag, y ROCE oedd 139%, ffigur arbennig o uchel. Yn 1996 roedd yn 97% ac yn 1997 roedd yn 76%.

Cymharu

Hyd yma yn yr uned hon rydym wedi cymharu ffigurau *Hamleys* ar gyfer un flwyddyn â'i ffigurau ar gyfer blwyddyn arall. Mae cymharu dros amser o gymorth mawr i fusnes a'i gyfrifydd rheoli (*management accountant*). Ond gall busnes hefyd ei gymharu ei hun â busnes arall tebyg i weld ydy ei berfformiad yn ddau neu'n wael.

Mae Tabl 27.6 yn dangos cyfrifon *Hamleys* a dau adwerthwr arall. Grŵp o siopau adrannol yw *House of Fraser*. Yn 1995 ac 1996 gwerthodd *Hamleys* deganau drwy *House of Fraser* o dan yr enw *House of Toys*. Mae *Moss Bros* yn gadwyn o siopau sy'n arbenigo mewn hurio dillad ar gyfer achlysuron arbennig fel priodasau. Mae hefyd yn adwerthwr pwysig o ddillad i ddynion. Sut roedd y cwmnïau hyn yn cymharu â'i gilydd?

Gwelir yn Nhabl 27.6 fod trosiant *House of Fraser* yn uwch na throsiant *Moss Bros* a *Hamleys*. Mewn gwirionedd roedd derbyniadau gwerthiant *House of Fraser* fwy na 25 gwaith maint derbyniadau gwerthiant *Hamleys*. Ond roedd cost gwerthiant hefyd yn uwch o lawer yn *House of Fraser*. Yn ôl ffigur yr elw crynswth, mae'n ymddangos bod *House of Fraser* yn fwy proffidiol na'r ddau gwmni arall. Ond mae cymhareb elw crynswth i drosiant gwerthu yn dangos rhywbeth gwahanol. *House of Fraser* sydd â'r ffigur isaf o'r tri.

Tabl 27.6 *Cyfrifon*

	House of Fraser hyd at 25 Ion	Moss Bros Group plc hyd at 25 Ion	Hamleys plc hyd at 1 Chwef
	£miliwn	£miliwn	£miliwn
Trosiant gwerthu	781.4	121.9	30.5
Cost gwerthiant	559.4	59.6	14.5
Elw crynswth	222.0	62.3	16.0
Costau gweithredu	260.4	46.4	9.4
Elw net	(38.4)	15.9	6.9
Cyfalaf a ddefnyddiwyd	211.9	51.2	9.1
Cymhareb elw crynswth i drosiant gwerthu	28%	51%	52%
Cymhareb elw net i drosiant gwerthu	-5%	13%	23%
Adenillion ar y cyfalaf a ddefnyddiwyd	-18%	31%	76%

Mae'r ffigurau mewn cromfachau yn rhifau minws.
Ffynhonnell: addaswyd o Adroddiad a Chyfrifon 1997 *House of Fraser* plc, *Moss Bros Group* plc a *Hamleys* plc.

Mae cymarebau elw crynswth *Moss Bros* a *Hamleys* yn debyg. Yn ôl ffigurau'r elw net, mae *House of Fraser* yn gwneud colled. Er bod *Hamleys* yn gwneud llai na hanner elw net *Moss Bros*, mae ei gymhareb elw net bron ddwywaith yn fwy. *Hamleys* hefyd yw'r gorau yn nhermau'r adenillion ar y cyfalaf a ddefnyddiwyd, gyda chyfradd o 76% o'i chymharu â 31% yn achos *Moss Bros* a -18% yn achos *House of Fraser*. Byddai'r ystadegau hyn yn awgrymu bod problemau gan *House of Fraser*. Mae angen iddo ddod yn broffidiol os yw i

Capital Radio

Grŵp radio masnachol yn darlledu yn Llundain, Birmingham, Caint, Sussex, Hampshire a Rhydychen yw *Capital Radio*. Mae'n ymwneud â darlledu ar y radio yn ogystal â hysbysebu, lle mae'n gwerthu amser cleientiaid ar y radio i hysbysebwyr cenedlaethol.

1. Sut y perfformiodd y cwmni dros y cyfnod 1992 i 1996 yn ôl ffigurau:
   (a) trosiant gwerthu;
   (b) elw net?
2. (a) Beth oedd cyfradd yr adenillion ar y cyfalaf a ddefnyddiwyd (ROCE) ar gyfer pob blwyddyn rhwng 1992 ac 1996?
   (b) Pa mor dda oedd perfformiad y cwmni dros y cyfnod yn ôl ei ROCE?
3. Yn 1995 gwerthodd *Capital Radio* ei gyfranddaliadau mewn cwmni yr oedd yn rhannol yn ei berchen, sef *Metro Radio Group*. Derbyniodd £13.4 miliwn a ychwanegwyd at ei elw am y flwyddyn ariannol honno. Beth fyddai'r manteision a'r anfanteision posibl i'r cyfranddalwyr pe bai *Capital Radio* yn gwerthu cyfranddaliadau cwmnïau eraill yr oedd yn rhannol yn eu perchen.

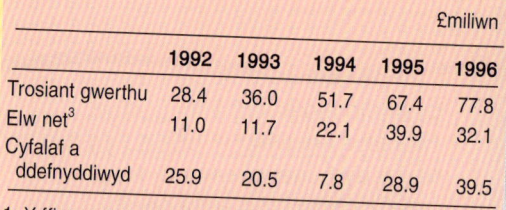

Tabl 27.7 *Capital Radio plc: cyfrif elw a cholled.*[1, 2]

£miliwn

	1992	1993	1994	1995	1996
Trosiant gwerthu	28.4	36.0	51.7	67.4	77.8
Elw net[3]	11.0	11.7	22.1	39.9	32.1
Cyfalaf a ddefnyddiwyd	25.9	20.5	7.8	28.9	39.5

1 Y ffigurau wedi'u talgrynnu i'r £0.1 miliwn agosaf.
2 Y flwyddyn ariannol hyd at 30 Medi.
3 Elw ar weithgareddau cyffredin cyn treth.

Ffynhonnell: Adroddiad Blynyddol a Chyfrifon *Capital Radio*, 1996.

Uned 27 Perfformiad busnes

gael dyfodol tymor hir. Mae'n ymddangos bod *Hamleys* yn perfformio'n well na *Moss Bros*. Ond mae *Moss Bros* yn perfformio'n dda gydag adenillion da ar y cyfalaf a ddefnyddiwyd.

Gan fod pob un o'r cwmnïau hyn yn ccc, gall buddsoddwyr y farchnad stoc edrych ar yr ystadegau hyn wrth benderfynu a ddylent brynu neu werthu cyfranddaliadau. Roedd pris cyfranddaliadau *House of Fraser* yn 1996 yn debygol o fod yn gymharol isel oherwydd proffidioldeb gwael y cwmni. Ar 25 Ionawr 1997 roedd cyfranddaliadau *House of Fraser* yn cael eu gwerthu am bris is na chyfranddaliadau *Hamleys*, a hynny er gwaetha'r ffaith fod *House of Fraser* yn gwmni mwy ei faint yn ôl y rhan fwyaf o fesuriadau. Os ydy pris cyfranddaliadau cwmni yn isel, gallai hynny ddenu cwmni arall i'w brynu a'i wneud yn fwy effeithlon.

Ffynhonnell: addaswyd o Adroddiad Blynyddol a Chyfrifon *Hamleys* 1997; Adroddiad Blynyddol a Chyfrifon *Moss Bros Group PLC*, 1996-7; Adroddiad Blynyddol a Chyfrifon *House of Fraser*, 1996-7.

termau allweddol

Cyfradd yr adenillion ar y cyfalaf a ddefnyddiwyd - elw net wedi'i rannu â'r cyfalaf a ddefnyddiwyd yn y busnes.
Maint yr elw crynswth neu gymhareb elw crynswth i werthiant - elw crynswth wedi'i rannu â throsiant gwerthu y busnes a'i fynegi fel canran.
Maint yr elw net neu gymhareb elw net i werthiant - elw net wedi'i rannu â throsiant gwerthu y busnes a'i fynegi fel canran.

Rhestr wirio ✓

1 Roedd trosiant gwerthu cwmni cyfyngedig preifat oedd yn mewnforio cydrannau beiciau wedi cynyddu o £2 filiwn i £5 miliwn ac roedd cost gwerthiant wedi cynyddu o £1 filiwn i £2 filiwn. Beth ddigwyddodd i: (a) elw crynswth; (b) maint yr elw crynswth?
2 Eglurwch ydy cynnydd ym maint yr elw crynswth yn debygol o fod yn arwydd da neu wael ynglŷn â pherfformiad busnes?
3 Beth yw'r gwahaniaeth rhwng elw crynswth ac elw net?
4 Cynyddodd elw net un ccc o £2 filiwn i £5 miliwn a chynyddodd trosiant gwerthu o £20 miliwn i £100 miliwn. (a) Beth ddigwyddodd i faint yr elw net? (b) Eglurwch ydy hyn yn arwydd da ar gyfer y busnes.
5 Gan ddefnyddio enghreifftiau, eglurwch yr hyn y mae cyfradd yr adenillion ar gyfalaf yn ei ddangos ynglŷn â pherfformiad busnes.
6 Mae cyfradd yr adenillion ar gyfalaf yn uwch ar gyfer Andrews Cyf nag yw ar gyfer Meillion Cyf. Pwy fyddai â diddordeb yn y wybodaeth hon?

Mae'r ddau gwmni yn y tabl yn ddosbarthwyr cerbydau sy'n gweithredu mannau gwerthu ceir newydd ac ail-law a cherbydau masnachol. Maen nhw hefyd yn trin (service) ceir. Mae Tabl 27.8 yn dangos eu canlyniadau yn 1996 hyd at 31 Rhagfyr. Ysgrifennwch adroddiad yn cymharu'r ddau gwmni. Ar sail y wybodaeth gyfyngedig a roddir yma, pa gwmni sy'n perfformio orau yn eich barn chi?

Table 27.8

	Dagenham Motors Group £miliwn	Dixons Motors £miliwn
Trosiant gwerthu	291.8	262.6
Cost gwerthiant	252.8	223.6
Elw crynswth	39.0	39.0
Costau gweithredu a llog	33.9	33.5
Elw net	5.1	5.5
Cyfalaf a ddefnyddiwyd	41.4	44.3
Cymhareb elw crynswth i drosiant gwerthu	13.4%	14.9%
Cymhareb elw net i drosiant gwerthu	1.7%	2.1%
Adenillion ar y cyfalaf a ddefnyddiwyd	12.3%	12.4%

Ffynhonnell: addaswyd o Adroddiad a Chyfrifon *Dixons Motors PLC* a *Dagenham Motors Group PLC*, 1996.

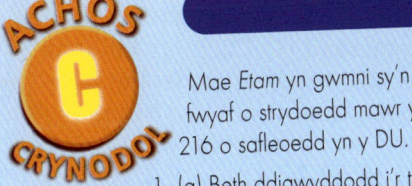

ACHOS CRYNODOL - ETAM

Mae *Etam* yn gwmni sy'n gweithredu cadwyn o siopau dillad a welir yn y rhan fwyaf o strydoedd mawr y DU. Ym mis Ionawr 1997 roedd yn gweithredu o 216 o safleoedd yn y DU.

1 (a) Beth ddigwyddodd i'r trosiant gwerthu rhwng 1993 ac 1997?
 (b) Ydy'r ffigurau hyn yn debygol o fod yn arwydd bod y cwmni'n perfformio'n dda neu'n wael? Pam?
2) (a) Disgrifiwch yr hyn a ddigwyddodd i elw crynswth ac elw net dros y cyfnod.
 (b) Rhowch sylwadau ar hyn.
3 (a) Cyfrifwch gymhareb elw net i werthiant ar gyfer pob blwyddyn.
 (b) Beth mae'r ffigurau hyn yn ei awgrymu ynglŷn â pherfformiad y cwmni?
4 Cyfrifwch gyfradd yr adenillion ar y cyfalaf a ddefnyddiwyd ar gyfer pob blwyddyn a rhowch sylwadau ar arwyddocâd hyn.
5 Yn ôl y Canlyniadau Dros Dro (*Interim*) hyd at 9 Awst 1997, 'roedd masnach yn y rhan gyntaf o 1997/98 yn anfoddhaol'. Nodwyd y byddai dau gwmni arall o bosibl yn cynnig prynu *Etam*. Tybiwch fod cwmni'n trosfeddiannu *Etam* a thrafodwch 2 ffordd y gallai'r cwmni hwn wella perfformiad *Etam*.

Tabl 27.9 *Etam plc: cyfrif elw a cholled.*[1,2]

£ miliwn

	1993	1994	1995	1996	1997
Trosiant gwerthu	221	220	218	202	187
Elw crynswth	17	19	17	7	2
Elw net[3]	11	14	11	0	(5)
Cyfalaf a ddefnyddiwyd	18	32	45	54	29

1 Y ffigurau wedi'u talgrynnu i'r £miliwn agosaf.
2 Y flwyddyn ariannol hyd at 25 Ionawr.
3 Elw ar weithgareddau cyffredin cyn treth.

Ffynhonnell: Adroddiad Blynyddol a Chyfrifon *Etam*, 1997.

uned 28
LLIF ARIAN

Gwneud penderfyniadau

Mae angen i fusnesau wneud elw er mwyn goroesi yn y tymor hir. Yn y tymor byr mae angen iddynt hefyd reoli eu llif arian o ddydd i ddydd. Rhaid penderfynu sut y gallan nhw reoli eu derbyniadau a'u taliadau fel y bydd digon o arian bob amser i dalu biliau'r busnes. Mae ystyried sut y llifodd arian drwy'r busnes yn y gorffennol a rhagfynegi sut y gwna hynny yn y dyfodol yn ddau gymorth pwysig i wneud penderfyniadau effeithiol.

Graddiodd Ioan Bowen o'r Coleg Dylunio 8 mlynedd yn ôl. Ers hynny bu'n gweithio yn y diwydiant tecstilau, yn aml gan ddefnyddio'r dechnoleg ddiweddaraf. Mae'n credu, fodd bynnag, ei fod wedi gweld bwlch yn y farchnad am waith gweu. Mae hefyd am sefydlu ei fusnes ei hun, Sanamrywiol, yn gwneud sannau traddodiadol o safon uchel. Bydd y rhan fwyaf o'r parau'n cael eu gwerthu drwy'r post. Mae wedi llunio cynllun busnes (uned 22). Yn hwnnw mae wedi cynnwys RHAGOLWG LLIF ARIAN (*cash flow forecast*).

Hy-Ddisg

Gwneuthurwr disgiau caled yw Hy-Ddisg. Dyma'i ragfynegiadau ar gyfer y flwyddyn nesaf:
- bydd ei fil cyflogau yn £1 filiwn;
- bydd gwerthiant cynhyrchion yn £7 miliwn;
- bydd cost cydrannau a defnyddiau crai yn £3 miliwn;
- bydd hysbysebu a chostau marchnata eraill yn £1 filiwn;
- bydd yr holl gostau eraill yn £1 filiwn;
- bydd y llog a dderbynnir ar fuddsoddiadau yn £0.2 miliwn.

1 (a) Pa rai o'r rhain sy'n dderbyniadau i'r busnes? (b) Beth fydd cyfanswm y derbyniadau yn ôl y rhagfynegiadau?
2 (a) Pa rai o'r uchod sy'n daliadau gan y busnes? (b) Beth fydd cyfanswm y taliadau yn ôl y rhagfynegiadau?
3 Beth yw rhagolwg y llif arian net ar gyfer Hy-Ddisg?
4 Pe bai gan Hy-Ddisg £1 filiwn o arian ar ddechrau'r flwyddyn, faint fyddai ganddo ar ddiwedd y flwyddyn?

Goroesi'r mis cyntaf

Mae Ioan wedi ystyried cychwyn ei fusnes ei hun ers tipyn. Mae wedi cynilo £14 000 i'w fuddsoddi yn y busnes. Mae hyn yn DDERBYNIAD i'r busnes yn y mis cyntaf. Arian sy'n llifo i mewn i fusnes yw derbyniadau. Yn y dyfodol ei dderbyniadau fydd yr arian a ddaw o werthu stoc.

Yr arian y mae'n rhaid iddo ei dalu yw GWARIANT (*outgoings*) neu DALIADAU. Yn y mis cyntaf mae'n rhaid iddo ddod o hyd i adeilad i weithio ynddo a dodrefn i'w rhoi yn yr adeilad. Bydd angen prynu defnyddiau crai er mwyn gwneud y sanau. Bydd angen recriwtio gweithwyr allanol rhan-amser i weu'r sanau a bydd angen treulio amser yn eu hyfforddi i wneud y patrymau a ddyluniwyd ganddo eisoes. (Gweithwyr sy'n gweithio yn eu cartrefi eu hunain yw gweithwyr allanol. Yn y diwydiant tecstilau maen nhw'n dueddol o gael cyflog isel iawn.)

Felly yn ei fis cyntaf, Gorffennaf, rhagwelodd Ioan y byddai ei daliadau'n £3 300, yn cynnwys:
- £2 000 ar gyfer costau cychwyn fel prynu dodrefn;
- £800 ar gyfer costau cynhyrchu fel rhent yr adeilad a defnyddiau fel gwlân;
- £500 ar gyfer costau eraill fel teithio a phostio.

Mae Tabl 28.1 yn dangos rhagolwg y llif arian am y mis cyntaf, Gorffennaf. Rhoddir ei dderbyniadau gyntaf, yna ei daliadau. Y **llif arian net**, £10 700 yw'r gwahaniaeth rhwng y **derbyniadau** (£14 000) a'r **taliadau** (£3 300). Mae llif arian net positif yn dangos y daw mwy o arian i mewn i'r busnes yn y mis cyntaf nag a fydd yn mynd allan.

Tabl 28.1 Rhagolwg llif arian Sanamrywiol, Gorffennaf (£).

	Gorffennaf
Derbyniadau	
Chwistrelliad arian	14 000
Cyfanswm	14 000
Taliadau	
Costau cychwyn	2 000
Costau cynhyrchu	800
Costau eraill	500
Cyfanswm	3 300
Llif arian net	10 700
Gweddill banc agoriadol	0
Gweddill banc terfynol	10 700

Blawd a Chwaer

Popty sy'n cael ei redeg gan ddau bartner yw Blawd a Chwaer. Maen nhw'n arbenigo mewn pobi bara o safon uchel i'w werthu i westai, tai bwyta a siopau bwydydd. Yn Nhabl 28.2 gwelir eu llif arian am fis Chwefror.

1 (a) Copïwch Dabl 28.2 a llenwch ffigurau mis Mawrth a thybio bod: cyflogau'n £21 000; costau'r faniau yn £2 000; gwerthiant bara yn £110 000; tyniadau (*drawings*) y partneriaid (yr arian y maent yn ei dalu i'w hunain o'r busnes) yn £5 000; cost y blawd a'r defnyddiau eraill yn £55 000; rhent a threthi lleol yn £5 000; a'r costau eraill yn £18 000.

2 Llenwch y tabl ar gyfer Ebrill a thybio bod: cyflogau'n £22 000; costau'r faniau yn £1 500; gwerthiant bara yn £105 000; rhent a threthi lleol yn £5 000; tyniadau'r partneriaid yn £5 000; cost y blawd a'r defnyddiau eraill yn £52 000; a'r costau eraill yn £26 000.

Tabl 28.2 *Rhagolwg llif arian Blawd a Chwaer (£)*

	Chwefror	Mawrth	Ebrill
Derbyniadau			
Gwerthiant bara	100 000		
Cyfanswm	100 000		
Taliadau			
Blawd a defnyddiau eraill	50 000		
Cyflogau	20 000		
Rhent a threthi lleol	5 000		
Costau'r faniau	1 000		
Costau eraill	15 000		
Tyniadau'r partneriaid	5 000		
Cyfanswm	96 000		
Llif arian net	4 000		
Gweddill agoriadol	22 000		
Gweddill terfynol	26 000		

Y **gweddill agoriadol** (*opening balance*) fydd £0. Dyma faint o arian sydd yn y busnes ar ddechrau'r mis. Yn ystod y mis ei lif arian net yw £10 700. Felly erbyn diwedd y mis bydd ganddo £10 700 (y gweddill agoriadol, £0, ynghyd â'r llif arian net, £10 700) yn weddill yn y busnes. Dyma'r **gweddill terfynol** (*closing balance*).

Ei ail fis

Yn yr ail fis mae'n bwriadu archebu ei stoc o gatalogau archebu drwy'r post (*mail order*). Bydd y rhain yn ddrud oherwydd ei fod am iddynt amlygu safon uchel y sanau y mae'n eu gwneud ac yn eu gwerthu. Ond ni fydd yn rhaid iddo dalu amdanynt tan yn ddiweddarach. Mae hefyd yn gorfod talu ei weithwyr allanol sy'n dechrau cynhyrchu'r sanau. Bydd angen prynu mwy o ddefnyddiau crai a thalu costau eraill fel rhent. Ond bydd yn dal heb werthu un pâr o sanau. Mae Tabl 28.3 yn dangos rhagolwg ei lif arian am yr ail fis.

Does ganddo ddim derbyniadau am y mis gan nad yw wedi gwerthu dim hyd yma. Cyfanswm ei daliadau yw £1 300. Felly ei lif arian net, sef y gwahaniaeth rhwng y derbyniadau a'r taliadau, yw - £1 300. Bydd arian, felly, yn llifo allan o'r busnes. Ei weddill agoriadol am y mis yw £10 700 (h.y. gweddill terfynol y mis blaenorol). Ei weddill terfynol y mis hwn yw £9 400 (£10 700 - £1 300).

Medi - Rhagfyr

Ar ddechrau mis Medi bydd y catalogau'n cyrraedd. Dyma'r mis cyntaf y mae'n bwriadu hysbysebu ei sanau. Mae hysbysebion mewn cylchgronau a phapurau newydd cenedlaethol yn gostus. Dim ond pedair hysbyseb fach y gall eu fforddio. Ond mae'n rhagweld y byddant yn achosi i rai pobl ofyn am gatalogau ac y bydd hynny'n arwain at archebion ym mis Hydref. Bydd yn rhaid talu am y catalogau ar ddechrau mis Hydref. Bydd mwy o hysbysebu ym misoedd Hydref a Thachwedd yn arwain at fwy o gatalogau'n mynd allan ac archebion yn dod i mewn. Bydd ei weithwyr allanol yn gwneud y sanau wrth i Ioan ddelio â'r archebion a gwneud popeth arall sy'n gysylltiedig â rhedeg y busnes. Ym mis Rhagfyr bydd yn rhoi'r gorau i'r hysbysebu, ond bydd archebion yn dal i gyrraedd o'r catalogau a anfonwyd eisoes.

Mae Tabl 28.4 yn dangos rhagolwg y llif arian am y cyfnod cyfan Gorffennaf-Rhagfyr. O dan 'Derbyniadau' gwelir gwerthiant sanau ym misoedd Hydref, Tachwedd a Rhagfyr. O dan 'Taliadau' rhaid iddo barhau i dalu am y rhent, y defnyddiau newydd a chyflogau ei weithwyr allanol. Mae'n tybio y bydd y rhain yr un fath bob mis, sef £800. Y costau mwyaf yw'r catalogau a'r hysbysebu. Amcangyfrifir mai £500 y mis fydd y costau eraill.

Mae'r llif arian net yn negyddol rhwng Awst a Thachwedd, h.y. bydd arian yn llifo allan o'r busnes yn y misoedd hyn. Erbyn diwedd Tachwedd mae ei arian wedi dod i ben - mae ei weddill terfynol yn negyddol. Rhaid iddo gael hyd i'r arian hwn o rywle. Mae'n bwriadu cael benthyg arian drwy gael **gorddrafft** (uned 31). Ym mis Rhagfyr mae'r gweddill terfynol yn bositif eto yn dilyn mewnlif positif o arian yn ystod y mis hwnnw.

Tabl 28.3 *Rhagolwg llif arian Sanamrywiol, Awst (£).*

	Awst
Derbyniadau	0
Cyfanswm	0
Taliadau	
Costau cynhyrchu	800
Costau eraill	500
Cyfanswm	1 300
Llif arian net	-1 300
Gweddill banc agoriadol	10 700
Gweddill banc terfynol	9 400

Tabl 28.4 *Rhagolwg llif arian Sanamrywiol, Gorffennaf - Rhagfyr (£)*

	Gorff	Awst	Medi	Hyd	Tach	Rhag
Derbyniadau						
Chwistrelliad arian	14 000	0	0	0	0	0
Gwerthiant	0	0	0	2 000	2 500	2 500
Cyfanswm	14 000	0	0	2 000	2 500	2 500
Taliadau						
Costau cychwyn	2 000	0	0	0	0	0
Costau cynhyrchu	800	800	800	800	800	800
Catalogau archebu drwy'r post a hysbysebu	0	0	2 000	6 500	2 000	0
Costau eraill	500	500	500	500	500	500
Cyfanswm	3 300	1 300	3 300	7 800	3 300	1 300
Llif arian net	10 700	- 1 300	- 3 300	- 5 800	- 800	1 200
Gweddill agoriadol	0	10 700	9 400	6 100	300	- 500
Gweddill terfynol	10 700	9 400	6 100	300	- 500	700

Uned 28 Cyfrifydda

Roedd Steffan Williams, dyn di-waith, wedi cychwyn busnes yn masnachu hynafolion (*antiques*). Mae Tabl 28.5 yn dangos ei berfformiad yn y saith mis cyntaf. Cafodd grant o £1 000 gan Gyngor Cenedlaethol Cymru dros Addysg a Hyfforddiant i gychwyn y busnes. Trefnodd hefyd orddrafft a fyddai'n caniatáu iddo gael benthyg hyd at £300 o'i gyfrif banc. Bob mis ei dyniadau o'r busnes, h.y. ei gyflog, oedd £200. Astudiwch y ffigurau'n fanwl.

1 (a) Beth ddigwyddodd i'r canlynol dros y saith mis: (i) gwerthiant; (ii) costau?
(b) Yn ôl y ffigurau hyn, oedd y busnes yn gwneud yn dda neu'n wael?
2 (a) Beth ddigwyddodd i'r llif arian yn ystod y cyfnod hwn?
(b) Yn ôl y ffigurau hyn, oedd y busnes yn gwneud yn dda?
3 Pryd y bu'n rhaid i Steffan Williams ddefnyddio trefniant y gorddrafft?
4 Eglurwch; (a) a wnaeth y busnes elw dros y 7 mis cyntaf; (b) ydy'r busnes yn debygol o wneud elw yn y dyfodol.

Tabl 28.5 *Rhagolwg llif arian Steffan Williams (£).*

	Meh	Gorff	Awst	Medi	Hyd	Tach	Rhag
Derbyniadau							
Grant	1 000	0	0	0	0	0	0
Gwerthiant	500	600	700	800	900	1 000	1 000
Cyfanswm	1 500	600	700	800	900	1 000	1 000
Taliadau							
Cychwyn	300	0	0	0	0	0	0
Rhent	120	120	120	120	120	120	120
Stoc	500	350	400	450	500	550	500
Tyniadau	200	200	200	200	200	200	200
Costau eraill	100	110	120	130	140	150	150
Cyfanswm	1220	780	840	900	960	1020	970
Llif arian net	280	-180	-140	-100	-60	-20	30
Gweddill banc agoriadol	0	280	100	-40	-140	-200	-220
Gweddill banc terfynol	280	100	-40	-140	-200	-220	-190

Y flwyddyn nesaf

Roedd Ioan wedi rhoi £14 000 o'i arian ei hun i mewn i'r busnes. Dim ond £700 o hynny oedd yn weddill erbyn 31 Rhagfyr. Hefyd mae wedi gweithio am chwe mis heb dalu dim i'w hun. Gallai hyn ymddangos yn drychinebus. Ond mae Ioan yn gwybod y gall fod yn anodd sefydlu busnes dillad. Y flwyddyn nesaf mae'n bwriadu datblygu ei fusnes archebu drwy'r post.

Mae'n gwybod bod cwsmeriaid sy'n archebu yn debygol o ailarchebu. Bydd cwsmeriaid yn dweud wrth eu ffrindiau a bydd hynny'n arwain at fwy o archebion. Felly, mewn blwyddyn gyfan mae'n gobeithio gwerthu gwerth £30 000 o sanau drwy'r post. Mae hefyd yn bwriadu dechrau gwerthu i dai dylunio a siopau. Mae'n rhagfynegi y bydd y gwerthiant masnach hwn yn £20 000. Bydd **maint yr elw** (☞ uned 27) yn is nag a fydd ar archebu drwy'r post, ond bydd yn helpu i gynyddu'r elw.

Bydd hysbysebu ac argraffu mwy o gatalogau yn parhau i fod yn gost fawr. Bydd cost y defnyddiau a'r cyflogau yn cynyddu gan y bydd yn gwneud mwy o sanau. Mae hefyd yn bwriadu talu £6 000 i'w hun (h.y. tyniadau o'r busnes). Felly mae'n rhagfynegi y bydd cyfanswm y taliadau hefyd yn cynyddu ers y flwyddyn gyntaf.

Mae'n rhagfynegi y bydd ei lif arian net dros y flwyddyn yn bositif (£2 000) ac felly y bydd ganddo £2 700 o arian ar ddiwedd y flwyddyn. Dangosir hyn yn Nhabl 28.6.

Defnyddio rhagolwg llif arian

Roedd angen i Ioan wneud rhagolwg llif arian am sawl rheswm.
- Roedd arno ei angen ar gyfer ei gynllunio ei hun. Ar sail ei ragolwg, gall weld na all dalu cyflog i'w hun ar y cychwyn. Bydd hefyd wedi gwario £14 000 o'i arian ei hun ar y busnes, ond £2 700 yn unig fydd ganddo ar ôl 18 mis. Bydd gwerthiant, fodd bynnag, wedi cynyddu. Pe bai'n gallu dyblu'r gwerthiant yn y drydedd flwyddyn, byddai ganddo lif arian positif cadarn a byddai'n gallu talu cyflog uwch o lawer i'w hun.
- Roedd arno ei angen ar gyfer y banc. Ym mis Tachwedd y flwyddyn gyntaf roedd angen cael benthyg arian. Roedd hi'n bwysig i'r banc weld sut y cai arian ei reoli yn y busnes er mwyn gweld a oedd gan y busnes obaith o lwyddo. Heb ragolwg llif arian fyddai Ioan ddim wedi cael gorddrafft gan y banc.
- Byddai arno ei angen pe bai'n gwneud cais am grant i gychwyn y busnes gan, dyweder, **Gyngor Cenedlaethol Cymru dros Addysg a Hyfforddiant** (☞ uned 52 a 58).

Cyfriflenni llif arian

Lluniodd Ioan ragolwg llif arian cyn cychwyn y busnes. Wedi iddo ddechrau gweithredu, bu'n cadw CYFRIFLENNI LLIF ARIAN (*cash flow statements*) bob mis. Roedd y rhain yn dangos faint o arian mewn gwirionedd a lifodd i mewn i'r busnes ac allan ohono bob mis. Cadwodd Ioan y rhain am sawl rheswm.
- Dyma un ffordd o fonitro perfformiad y busnes. Pe bai'r gwerthiant yn gostwng, er enghraifft, gallai hynny gael ei amlygu gan waethygiad yn y llif arian.
- Roedd hyn yn ei helpu i nodi mannau argyfwng. Pe bai'r arian yn y busnes yn gostwng yn fwy cyflym o lawer nag a ragwelwyd gan y

Tabl 28.6 *Rhagolwg llif arian Sanamrywiol, Ionawr-Rhagfyr yr ail flwyddyn o weithredu (£)*

Derbyniadau	
Gwerthiant drwy'r post	30 000
Gwerthiant masnach	20 000
Cyfanswm	50 000
Taliadau	
Costau cynhyrchu	24 000
Catalogau archebu drwy'r post a hysbysebu	12 000
Costau eraill	6 000
Tyniadau	6 000
Cyfanswm	48 000
Llif arian net	2 000
Gweddill banc agoriadol	700
Gweddill banc terfynol	2 700

rhagolwg llif arian, byddai'n gwybod bod angen gwneud rhywbeth ar unwaith i atal y gostyngiad.
- Defnyddiodd hyn i gymharu perfformiad o fis i fis ac o flwyddyn i flwyddyn, e.e gallai weld fod ei lif arian yn well ym mis Rhagfyr (llif positif) nag a fu ym mis Tachwedd (llif negyddol). Yn ei ail flwyddyn o fasnachu cynyddodd gwerthiant. Gallai weld gwelliant fis ar ôl mis o'i gymharu â'r deuddeg mis blaenorol.

Llif arian ac elw

Mae elw a llif arian yn wahanol. Er enghraifft, roedd Ioan yn anelu at wneud **maint yr elw** (ei werthiant wedi'i rannu â'i gostau cynhyrchu, uned 27) o tua 100%. Roedd hynny'n golygu bod pris gwerthu'r nwyddau ddwywaith gymaint â chost y defnyddiau crai a'r cyflogau a ddefnyddiwyd wrth eu gwneud. Aeth y rhan fwyaf o'r gweddill ar ei orbenion, e.e. cost y catalog. Yr hyn oedd yn weddill oedd ei elw.

Roedd sefyllfa'r llif arian, fodd bynnag, yn wahanol. Roedd yn rhaid iddo dalu am y defnyddiau a'r cyflogau cyn derbyn arian am y nwyddau a werthwyd. Roedd hefyd yn gorfod talu ei **orbenion**. Heb ddigon o arian yn y busnes, ni fyddai wedi goroesi i ennill yr elw. Byddai'r busnes wedi dod i ben oherwydd y dyledion cyn iddo fedru casglu'r arian o'i werthiant.

Mae hyn yn dangos bod busnesau sydd â'r potensial i fod yn broffidiol yn gallu methu oherwydd problemau llif arian. Hefyd gall llif arian busnes fod yn sefydlog o fis i fis. Ond os na fydd y derbyniadau'n fwy na'r taliadau, fydd y busnes ddim yn gwneud elw.

PARINDER KAUR

Mae Parinder Kaur am sefydlu busnes yn gwneud llenni ac ati ar gyfer cwsmeriaid yn ôl eu gofynion unigol. Yn ei chynllun busnes mae'n rhagfynegi y bydd bron y cyfan o'i harchebion ar y cychwyn am lenni a phelmetau. Yn ddiweddarach mae'n gobeithio ehangu i waith mwy cymhleth.

Bydd hi'n gweithio o'i chartref ac felly bydd ei chostau sefydlog yn isel - dim ond £200 y mis. Un o'r prif gostau sefydlog fydd hysbysebion yn y papur lleol. Y brif gost newidiol fydd cost y defnyddiau ar gyfer y llenni. Ar gyfartaledd mae'n disgwyl i'w chost newidiol fod yn hanner y swm y bydd yn ei godi ar ei chwsmeriaid. Er enghraifft, am waith lle mae'n codi £200, bydd hi'n disgwyl mai cost newidiol y defnyddiau fydd £100.

Bydd pob archeb yn unigol ac felly ni fydd hi'n cadw unrhyw stoc. Pan fydd hi'n prynu defnydd, bydd hi'n ei ddefnyddio ar unwaith i wneud yr hyn a archebwyd. Mae'n disgwyl i'w chleientiaid dalu cyn gynted ag y derbyniant y cynnyrch.

Taenlen
(Byddai'n haws defnyddio pecyn taenlen i baratoi'r rhagolwg llif arian yng nghwestiynau 1-5.)
1. Mae hi'n fodlon rhoi £200 i mewn i'r busnes yn y mis cyntaf i'w gychwyn. Mae'n rhagfynegi mai £200 fydd y gwerthiant yn y mis cyntaf, Mawrth, a £100 fydd costau'r defnyddiau. Lluniwch ragolwg ei llif arian am fis Mawrth yn Nhabl 28.7.
2. Ym mis Ebrill mae'n disgwyl cael mwy o archebion. Mae'n credu y bydd gwerthiant yn £300 a chostau'r defnyddiau'n £150. Lluniwch ragolwg ei llif arian am Ebrill.
3. Ym misoedd Mai, Mehefin a Gorffennaf mae'n disgwyl gwerthiant o £400 y mis gyda chostau'r defnyddiau yn hanner y swm hwnnw. Lluniwch ragolwg ei llif arian am y misoedd hyn.
4. Yn Awst, gyda llawer o bobl ar eu gwyliau, mae'n disgwyl gwerth £200 o archebion a £100 o gostau defnyddiau. (a) Lluniwch ragolwg ei llif arian am y mis. (b) Pa broblem bwysig y mae hi'n ei hwynebu y mis hwn?
5. Yn ystod pedwar mis olaf y flwyddyn mae'n rhagfynegi mai £600 y mis fydd y gwerthiant a £300 y mis fydd costau'r defnyddiau. Cwblhewch Dabl 28.7 am y misoedd hyn.
6. Ydy'r broblem yn Awst yn bwysig o wybod yr hyn y mae'n ei ragfynegi ar gyfer pedwar mis olaf y flwyddyn?
7. Mae Parinder yn disgwyl gweithio 20 awr yr wythnos yn y busnes rhwng Medi a Rhagfyr. Yr unig arian y bydd yn ei dderbyn fydd yr elw a wneir gan y busnes.
(a) Ydy'r busnes yn llwyddiannus yn eich barn chi?
(b) Awgrymwch DDWY ffordd y gallai Parinder gynyddu ei helw.

Tabl 28.7 Rhagolwg llif arian busnes llenni Parinder (£).

	Maw	Ebr	Mai	Meh	Gorff	Awst	Medi	Hyd	Tach	Rhag
Derbyniadau										
Mewnlif arian	200									
Gwerthiant										
Cyfanswm										
Taliadau										
Costau sefydlog										
Costau defnyddiau										
Cyfanswm										
Gweddill agoriadol										
Gweddill terfynol										

Rhestr wirio ✓

1. (a) Mae gwerthwr papurau newydd yn cael arian gan ei gwsmeriaid. Rhestrwch 5 eitem sy'n dod ag arian i mewn i'r busnes.
(b) Mae gwerthwr papurau newydd yn talu arian. Rhestrwch 5 person neu sefydliad y bydd efallai yn eu talu.
2. Mae busnes yn dechrau'r mis gyda £200 o arian. Ar ddiwedd y mis mae ganddo £300 o arian. Faint o arian sy'n cael ei ddwyn ymlaen i'r mis nesaf?
3. Beth yw'r gwahaniaeth rhwng cyfriflen llif arian a rhagolwg llif arian?
4. Mae gan fusnes lif arian negyddol ar ddiwedd mis penodol. (a) Beth yw ystyr hyn? (b) Sut y gallai hyn fod yn broblem i'r busnes?
5. Pam y gall busnes fod yn broffidiol yn y bôn ond eto i gyd ddod i ben oherwydd problem llif arian?

termau allweddol

Cyfriflen llif arian - cyfriflen sy'n dangos sut y llifodd arian drwy fusnes dros gyfnod penodol. Mae'n cynnwys crynodeb o'r derbyniadau a'r taliadau yn ystod pob cyfnod.
Derbyniadau - yr arian sy'n llifo i mewn i fusnes.
Rhagolwg llif arian - rhagfynegiad o sut y bydd arian yn llifo drwy fusnes dros gyfnod penodol yn y dyfodol.
Taliadau - yr arian sy'n llifo allan o fusnes.

uned 29

CYFALAF GWEITHIO

Gwneud penderfyniadau

Mae angen asedau ar fusnesau i gynhyrchu nwyddau a gwasanaethau. Mae angen asedau sefydlog fel swyddfeydd, ffatrïoedd a cherbydau. Mae angen hefyd asedau cylchredol (neu gyfalaf gweithio) fel arian parod, stoc neu daliadau sy'n ddyledus cyn hir. Dydy busnes ddim am gael gormod yn glwm wrth gyfalaf gweithio. Gallai arian sydd wedi'i fuddsoddi mewn stoc fod wedi cael ei ddefnyddio i ennill llog mewn buddsoddiad tymor hir, er enghraifft, neu i brynu peiriant newydd. Ar y llaw arall, os oes rhy ychydig o gyfalaf gweithio, gallai hynny beri i'r busnes fynd i'r wal. Dydy siop heb stoc ddim yn mynd i ennill elw. Rhaid i'r busnes benderfynu, felly, faint o gyfalaf gweithio sydd ei angen i fod yn llwyddiannus.

Mae *Spirax-Sarco* yn gwmni peirianneg sy'n arbenigo mewn darparu gwybodaeth, gwasanaeth a chynhyrchion ar gyfer rheoli ager a hylifau diwydiannol a'u defnyddio'n effeithlon. Defnyddir pŵer ager mewn llawer o ddiwydiannau. Mae *Spirax-Sarco* yn gwneud amrywiaeth o gynhyrchion fel falfiau, rheolyddion boeleri a mesuryddion llif sy'n galluogi i ager gael ei ddefnyddio'n ddiogel ac yn effeithlon.

Cyfalaf gweithio

Mae angen **asedau sefydlog** ar *Spirax-Sarco* i weithgynhyrchu cynhyrchion. Dyma'r peiriannau, y ffatrïoedd, y swyddfeydd ayb sy'n eiddo i'r cwmni. Ond mae arno hefyd angen CYFALAF GWEITHIO i dalu am y costau o ddydd i ddydd, fel biliau. Cyfalaf gweithio yw'r hyn y mae'r busnes yn ei berchen ac sydd naill ai'n arian parod neu'n gallu cael ei droi'n arian parod yn hawdd minws yr hyn sy'n ddyledus ganddo ac sydd i'w dalu cyn hir. Yn achos *Spirax-Sarco*, cyfalaf gweithio yw:

- gwerth yr arian parod yn y busnes yn ogystal â'r arian sydd yn y banc;
- stoc (☞ uned 46) y cwmni, e.e. dur sy'n aros i gael ei droi'n falfiau a falfiau gorffenedig sy'n aros i gael eu hanfon at gwsmeriaid;
- dyledwyr (☞ uned 26) y cwmni, y busnesau sydd wedi cael nwyddau gan *Spirax-Sarco* ond sydd heb dalu amdanynt hyd yma;

minws

- arian sy'n ddyledus i'r banc ac y gellid ei ad-dalu o fewn y 12 mis nesaf;
- yr hyn sy'n ddyledus i fusnesau eraill am nwyddau a gwasanaethau a dderbyniwyd ond na thalwyd amdanynt hyd yma (ei gredydwyr ☞ uned 26);
- arian arall sy'n ddyledus ganddo ac sydd i'w dalu o fewn blwyddyn, e.e. treth i'r llywodraeth neu fuddrannau i'r cyfranddalwyr.

Mae yna fformiwla i gyfrifo cyfalaf gweithio. Fe'i diffinnir fel y gwahaniaeth rhwng yr **asedau cyfredol** a'r **rhwymedigaethau cyfredol** (termau a welir ym mantolen y busnes ☞ uned 26). Felly cyfalaf gweithio yw:

asedau cyfredol - rhwymedigaethau cyfredol

neu

(arian parod + dyledwyr + stoc) - (gorddraft banc + credydwyr + arian arall sy'n ddyledus ganddo)

Cyfalaf gweithio yw gwerth yr **asedau cyfredol net**, h.y. yr asedau cyfredol sy'n weddill ar ôl tynnu rhwymedigaethau cyfredol y busnes.

Cylchred cyfalaf gweithio

Mae gan bob busnes gylchred cyfalaf gweithio. Edrychwch ar Ffigur 29.1. Mae *Spirax-Sarco* yn gweithgynhyrchu cynhyrchion gan ddefnyddio defnyddiau a chydrannau. Prynir rhai ag arian parod. Bydd rhai'n cael eu dosbarthu yn awr gan **gredydwyr** a bydd y cwmni'n talu amdanynt 30 diwrnod yn ddiweddarach. Gwerthir y cynhyrchion i gwsmeriaid sydd fel rheol yn cael 30 diwrnod i dalu amdanynt. Felly mae'r cwsmeriaid yn **ddyledwyr** i *Spirax-Sarco*. Yna bydd y cwsmeriaid yn talu'r cwmni. Rhaid i'r arian a ddaw i mewn i'r cwmni dalu am y defnyddiau crai a brynwyd yn wreiddiol. Rhaid iddo hefyd dalu am gyflogau'r gweithwyr, y gorbenion,

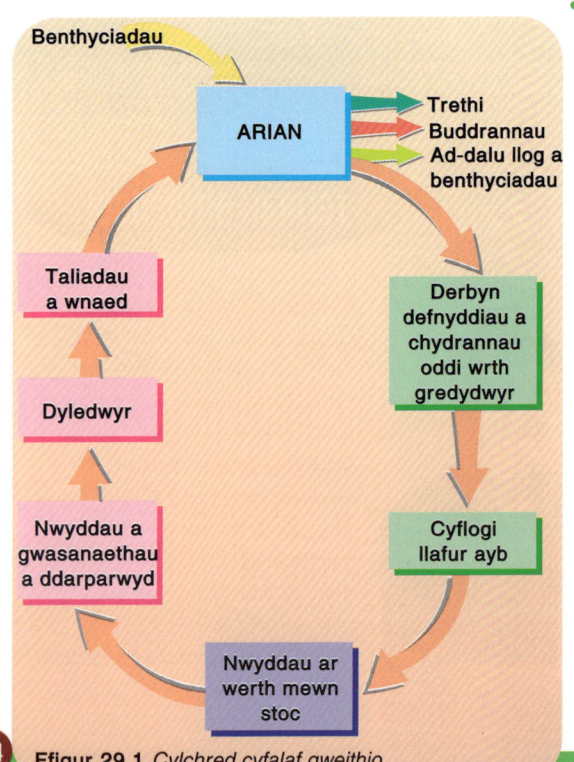

Ffigur 29.1 *Cylchred cyfalaf gweithio*

Uned 29 Cyfalaf gweithio

Bisco

NAILL AI lluniwch siart yn dangos llif y cyfalaf gweithio yn mynd o amgylch eich busnes chi ac amcangyfrifwch neu cofnodwch lefel y cyfalaf gweithio yn y busnes ar adeg benodol, NEU cyflawnwch yr astudiaeth achos ganlynol.

Bisco yw eich minigwmni. Rydych yn bwriadu gwneud bisgedi a'u gwerthu yn eich ysgol. Ar eich diwrnod cyntaf rydych yn bwriadu gwneud 90 o fisgedi. Mae pedwar aelod y busnes wedi rhoi 50c yr un i mewn i'r minigwmni fel cyfalaf cychwyn, ond fydd hynny ddim yn ddigon i dalu am y cynhwysion ar gyfer y swp cyntaf o fisgedi. Rydych, felly, wedi perswadio'ch rhieni i fenthyca'r holl arian i chi i brynu'r cynhwysion. Rydych wedi addo ad-dalu'r arian ar ôl i chi werthu'r bisgedi. I wneud y bisgedi mae angen 350 gm o fargarin, 350 gm o siwgr mân, 3 wy bach, 700 gm o flawd plaen a 2 gm o sinamon mâl. Yn anffodus allwch chi ddim prynu 350 gm o fargarin, 350 gm o siwgr mân ayb - rhaid prynu pecynnau mwy. Dangosir maint y pecynnau a'u prisiau yn Ffigur 29.2. Rydych yn gwerthu'r bisgedi am 5c yr un. Ar eich diwrnod cyntaf rydych yn gwerthu 80 o'r 90 o fisgedi. Mae dau berson yn prynu bisged ac yn addo eich talu drannoeth.

Tabl 29.1 *Asedau cyfredol Bisco.*

Arian	(£)
Cyfalaf cychwyn	?
Derbyniadau'r diwrnod cyntaf	?
Cyfanswm yr arian	?
Dyledwyr	?
Stoc	
Bisgedi heb eu gwerthu	?
Cynhwysion	?
Cyfanswm y stoc	?
Cyfanswm yr asedau cyfredol	?

Ffigur 29.2

1 Cyfrifwch eich asedau cyfredol ar ddiwedd y diwrnod cyntaf. Cofnodwch eich atebion drwy gopïo Tabl 29.1.
2 Cyfrifwch eich rhwymedigaethau cyfredol ar ddiwedd y diwrnod cyntaf.
3 Ar ddiwedd y diwrnod cyntaf, beth yw gwerth: (a) eich cyfalaf gweithio; (b) cyfanswm yr arian sydd gennych?
4 Pam y mae angen cyfalaf gweithio ar eich busnes i barhau i fasnachu?

Ar y llaw arall, gallai busnes fod â £100 miliwn yn y banc heddiw. Mae ganddo ddigon o arian heddiw a does dim problem llif arian. Ond os bydd yn gorfod talu bil o £200 miliwn ymhen wythnos a bod ei asedau cyfredol eraill, fel stoc, yn werth £50 miliwn yn unig, mae ganddo broblem gyfalaf gweithio heddiw. Does ganddo ddim digon o asedau cyfredol i dalu ei rwymedigaethau cyfredol. O ganlyniad bydd yn debygol o gael trafferthion ariannol yn y dyfodol.

Cymhareb gyfredol

Ffordd arall y gall *Spirax-Sarco* ddarganfod a oes ganddo ddigon o gyfalaf gweithio yw cyfrifo'i GYMHAREB GYFREDOL (*current ratio*), sef cymhareb yr asedau cyfredol i'r rhwymedigaethau cyfredol:

$$\text{Cymhareb gyfredol} = \frac{\text{Asedau cyfredol}}{\text{Rhwymedigaethau cyfredol}}$$

Po uchaf yw'r gymhareb hon, uchaf i gyd fydd y cyfalaf gweithio yn y busnes. Felly, po uchaf yw'r gymhareb, mwyaf diogel yw'r busnes.

Yn Nhabl 29.2 gwelir y rhan o'r fantolen sy'n dangos cyfalaf gweithio *Spirax-Sarco*. Ar 31 Rhagfyr 1996 cymhareb gyfredol y cwmni oedd £162.7 miliwn ÷ £64.2 miliwn, sef 2.5:1 Fel y nodwyd eisoes, mae cyfrifyddion

trethi, ad-daliadau ar fenthyciadau a buddrannau i'r cyfranddalwyr. Felly, bydd asedau a rhwymedigaethau cyfredol fel arian, stoc, dyledion, credydau ac ad-daliadau benthyciad banc yn mynd o amgylch system ariannol y busnes yn gyson.

Yr angen am gyfalaf gweithio

I oroesi, mae angen cyfalaf gweithio ar fusnesau. Mae angen cael digon o asedau cyfredol yn weddill, ar ôl gwneud lwfans ar gyfer rhwymedigaethau cyfredol, i dalu am filiau'r busnes o ddydd i ddydd.

Mae'n cael ei ystyried yn arfer da yn y busnes cyffredin i'r asedau cyfredol fod rhwng 1½ gwaith a dwywaith gymaint â gwerth y rhwymedigaethau cyfredol. Mae hyn yn caniatáu i fusnes ymdopi ag argyfwng sydyn, e.e. y banc yn sydyn yn penderfynu 'galw i mewn' ei orddrafft (h.y. gofyn am iddo gael ei ad-dalu) neu gwsmer mawr yn mynd yn fethdalwr gyda biliau'n ddyledus ganddo i *Spirax-Sarco*. Os bydd gan *Spirax-Sarco* ddigon o asedau cyfredol o'u cymharu â'i rwymedigaethau cyfredol, bydd yn gallu parhau i dalu ei filiau pob dydd er bod ei gyfalaf gweithio wedi gostwng.

Cyfalaf gweithio a phroblemau llif arian

Gall problemau prinder cyfalaf gweithio fod yn wahanol i broblemau llif arian (☞ uned 28). Er enghraifft, gallai busnes fod â chryn dipyn o gyfalaf gweithio os yw lefelau'r stoc yn uchel a fawr ddim yn ddyledus i'r banc. Ond os nad oes ganddo ddigon o arian i dalu ei filiau pob dydd, bydd yn wynebu problem llif arian.

Tabl 29.2 *Cyfalaf gweithio, Spirax-Sarco Engineering plc, 31 Rhagfyr 1996.*

	£	£
Arian	35.6	
Dyledwyr	75.2	
Stoc	51.8	
Asedau cyfredol		162.7
Gorddrafft banc	3.9	
Benthyciadau banc	4.7	
Credydwyr masnach	13.8	
Credydwyr eraill	41.8	
Rhwymedigaethau cyfredol		64.2
Cyfalaf gweithio		98.5

Uned 29 Cyfrifydda

? Dydy Arwel Carna ddim yn cael pethau'n iawn bob tro. Dydy ei fusnes bach ym maes peirianneg ddim yn gwneud cystal â'r disgwyl. Roedd Arwel am i'r busnes wneud digon o arian fel y gallai brynu car *Mercedes*. Ond mae'n rhaid iddo yn hytrach yrru'r fan ddeg oed sy'n eiddo i'r busnes. Mae wedi ysgrifennu atoch i ddweud ei fod wedi cael yr ateb i'w broblemau - cynyddu cyfalaf gweithio y busnes. I gyflawni hyn mae'n bwriadu cael mwy o arian yn y busnes drwy'r canlynol:
(i) cynyddu ei orddrafft gyda'r banc;
(ii) gostwng ei stoc 50%;
(iii) gohirio talu ei filiau (ei gredydwyr) am fis.

Prosesu geiriau
Ysgrifennwch lythyr ato yn egluro:
(a) y gwahaniaeth rhwng arian parod a chyfalaf gweithio;
(b) pam na fydd unrhyw un o'r tri mesur yma yn cynyddu ei gyfalaf gweithio;
(c) effeithiau posibl y mesurau: (i) ar gostau'r busnes a (ii) ar dderbyniadau'r busnes ac felly (iii) ar elw'r busnes.

---

fel rheol yn cynghori y dylai busnes nodweddiadol gael cymhareb gyfredol rhwng 1.5:1 a 2:1. Os yw'n llai na hyn, mae yna berygl y bydd y busnes yn methu talu ei filiau ac yn dod i ben. Mae *Spirax-Sarco* yn ymddangos yn fusnes diogel iawn â chymhareb gyfredol o 2.5:1. Ond dydy'r busnes ddim am gael cymhareb gyfredol rhy uchel gan nad yw asedau cyfredol yn ennill llawer o log, neu efallai dim llog o gwbl, a gallai'r arian gael ei ddefnyddio'n well mewn man arall.

Cymhareb brawf asid

Mae stoc yn rhan o gyfalaf gweithio y busnes. Ond gallai fod yn anodd gwerthu stoc yn gyflym pe bai'r busnes yn wynebu argyfwng arian parod. Er enghraifft, pe bai gan *Spirax-Sarco* stoc oedd yn werth £51.8 miliwn a bod angen arian arno, gallai gael trafferth i werthu hanner y stoc hwn yn gyflym am £25 miliwn.

Hyd yn oed pe bai'n llwyddo i'w werthu, efallai y byddai'n gorfod gwneud hynny am bris mor isel fel na fyddai'n cael yn agos at £25 miliwn am y gwerthiant.

Efallai, felly, mai gwell mesur o sefyllfa busnes o ran cyfalaf gweithio fyddai'r GYMHAREB BRAWF ASID (*acid test ratio*). Dydy hon ddim yn cynnwys stoc yn yr asedau cyfredol wrth gyfrifo cymhareb yr asedau cyfredol i'r rhwymedigaethau cyfredol:

Cymhareb brawf asid =

$$\frac{\text{Asedau cyfredol - stoc}}{\text{Rhwymedigaethau cyfredol}}$$

Yn debyg i'r gymhareb gyfredol, po uchaf fydd y gymhareb brawf asid, mwyaf diogel fydd y busnes a lleiaf tebygol y bydd o fethu talu. Ar 31 Rhagfyr 1996 asedau cyfredol *Spirax-Sarco* minws stoc oedd £162.7 miliwn - £51.8 miliwn = £110.9 miliwn. Y gymhareb brawf asid oedd £110.9 miliwn ÷ £64.2 miliwn, sef 1.7:1. Mae hyn yn wahanol iawn i'r gymhareb gyfredol (2.5:1). Dylai busnes nodweddiadol fod â chymhareb brawf asid rhwng 0.5:1 ac 1:1. Eto mae *Spirax-Sarco* yn ymddangos yn fusnes diogel iawn gyda'i gymhareb brawf asid yn uwch na norm y gwerslyfrau.

Ffynhonnell: addaswyd yn rhannol o Adroddiad Blynyddol a Chyfrifon *Spirax-Sarco*, 1996.

Walker Greenbank PLC

Walker Greenbank PLC yw un o brif wneuthurwyr papur wal y DU. Mae'n dylunio, yn gweithgynhyrchu, yn marchnata ac yn dosbarthu gorchuddion wal, ffabrig dodrefnu, defnyddiau arddangos a charpedi moethus ar gyfer y farchnad fasnachol a rhan ucha'r farchnad ddefnyddwyr.

Tabl 29.3 Walker Greenbank PLC, cyfalaf gweithio ar 31 Ionawr[1].

	1996	1997
	£miliwn	
Stoc	18.1	20.4
Dyledwyr	21.9	22.7
Arian yn y banc ac mewn llaw	2.0	2.2
Gorddrafft banc	0.3	3.4
Credydwyr masnach	9.5	10.0
Credydwyr eraill	12.9	11.9

[1] Y ffigurau wedi'u talgrynnu i'r £0.1 miliwn agosaf.

Ffynhonnell: addaswyd o Adroddiad Blynyddol a Chyfrifon *Walker Greenbank plc*, 1997.

1. Beth yw'r gwahaniaeth rhwng: (a) dyledwr a chredydwr; (b) 'arian yn y banc ac mewn llaw' a gorddrafft?
2. Cyfrifwch y canlynol ar gyfer y cwmni yn 1996 ac 1997: (a) yr asedau cyfredol; (b) y rhwymedigaethau cyfredol; (c) y cyfalaf gweithio.
3. (a) Beth ddigwyddodd i gyfalaf gweithio y cwmni rhwng 1996 ac 1997?
(b) O ystyried Tabl 29.3, oedd sefyllfa ariannol y cwmni yn well yn 1997 nag yn 1996? Rhowch o leiaf 2 reswm i ategu eich ateb.

Uned 29 Cyfalaf gweithio

Tabl 29.4 *Cyfalaf gweithio dau gwmni adeiladu*

	Galliford plc[2]		Alfred McAlpine[3]	
	1995	1996	1995	1996
Asedau cyfredol				
Stoc	35.2	35.1	157.9	143.7
Dyledwyr	33.2	29.2	172.6	150.3
Arian	3.1	4.4	28.1	27.6
Rhwymedigaethau cyfredol	51.7	48.0	181.7	168.2

£miliwn[1]

[1] Y ffigurau wedi'u talgrynnu i'r £0.1 miliwn agosaf.
[2] ar 30 Mehefin
[3] ar 31 Rhagfyr

Ffynhonnell: addaswyd o Adroddiad Blynyddol a Chyfrifon *Galliford plc* ac *Alfred McAlpine*, 1997.

Galliford ac Alfred McAlpine yw dau o brif gwmnïau adeiladu y DU.

1 Ar sail Tabl 29.4, cyfrifwch y canlynol ar gyfer y ddau gwmni yn 1995 ac 1996: (a) cyfanswm yr asedau cyfredol; (b) y gymhareb gyfredol; (c) y gymhareb brawf asid.

2 (a) Pa gwmni sydd â'r (i) gymhareb gyfredol uchaf a (ii) y gymhareb brawf asid uchaf?
(b) Mae dirywiad sydyn yn economi'r DU yn effeithio'n wael ar y diwydiant adeiladu drwy golli archebion. Trafodwch pa un o'r ddau gwmni yn Nhabl 29.4 fyddai'n ei chael hi'n hawsaf i oroesi'r sefyllfa hon.

Rhestr wirio ✓

1 Beth yw'r gwahaniaeth rhwng asedau cyfredol busnes a'i rwymedigaethau cyfredol?
2 Beth fyddai'n digwydd i gyfalaf gweithio busnes pe bai: (a) ei arian yn cynyddu; (b) ei stoc yn cynyddu; (c) ei gredydwyr yn cynyddu; (ch) ei ddyledwyr yn gostwng; (d) y gorddrafft banc yn cynyddu £1 000 a'r busnes yn defnyddio'r arian i brynu mwy o stoc; (dd) y busnes yn gwerthu gwerth £1 000 o stoc am arian parod; (e) y gorddrafft banc yn gostwng am fod y busnes wedi codi prisiau gwerthu ei gynhyrchion?
3 Beth yw'r gwahaniaeth rhwng arian parod a chyfalaf gweithio?
4 Beth yw'r gwahaniaeth rhwng y gymhareb gyfredol a'r gymhareb brawf asid?
5 Mae busnes gweithgynhyrchu yn gweld bod ei gymhareb gyfredol wedi gostwng o 2.5:1 i 1:1. (a) Pam y mae hyn yn awgrymu bod y busnes mewn trafferth? (b) Beth allai fod wedi achosi'r gostyngiad hwn?
6 Mae gan fusnes gweithgynhyrchu penodol gymhareb gyfredol o 3:1 ond cymhareb brawf asid o 0.5:1. (a) Ar sail hyn, beth yw'r math pwysicaf o'i asedau cyfredol? (b) Pam y gallai'r busnes wynebu problemau yn y dyfodol?

termau allweddol

Cyfalaf gweithio - yr asedau cyfredol minws y rhwymedigaethau cyfredol.
Cymhareb brawf asid - cymhareb yr asedau cyfredol minws y stoc i'r rhwymedigaethau cyfredol.
Cymhareb gyfredol - cymhareb yr asedau cyfredol i'r rhwymedigaethau cyfredol.

ACHOS CRYNODOL: Vitec Group

Mae gan *Vitec Group plc* ddau brif grwpiau o fusnesau. Yn gyntaf mae'n berchen nifer o fusnesau yn y diwydiant ffotograffig, gan gynnwys prif wneuthurwyr y byd ym maes cyfarpar goleuo a mowntio camerâu ar gyfer ffotograffwyr proffesiynol. Yn ail, mae ganddo fusnesau mewn gwasanaethau darlledu, gan gynnwys rhentu cyfarpar darlledu a darparu'r We.

1 (a) Beth yw 'ased cyfredol'? (b) Rhowch 4 enghraifft o stoc y bydd *Vitec Group* yn debygol o'i gadw. (c) Mae dyledwyr *Vitec* yn cynnwys cwmnïau teledu. Pam? (ch) Ar sail Tabl 29.5, cyfrifwch werth yr asedau cyfredol yn: (i) 1995; (ii) 1996.
2 (a) Beth yw 'rhwymedigaeth gyfredol'? (b) Pe bai gan y cwmni fenthyciad i'w ad-dalu ymhen 6 mis a benthyciad i'w ad-dalu ymhen 5 mlynedd, pa un o'r rhain sydd yn rhwymedigaeth gyfredol a pham? (c) Mae cwmnïau trydan ymhlith credydwyr masnach *Vitec Group*. Pam? (ch) Ar sail Tabl 29.5, cyfrifwch gyfanswm gwerth y rhwymedigaethau cyfredol yn: (i) 1995; (ii) 1996.
3 Cyfrifwch y canlynol ar gyfer *Vitec Group* yn 1995 ac 1996: (a) cyfalaf gweithio; (b) cymhareb gyfredol; (c) cymhareb brawf asid.
4 Eglurwch pam y byddai cymhareb gyfredol a chymhareb brawf asid *Vitec Group* yn awgrymu bod y cwmni'n gwmni diogel i brynu cyfranddaliadau ynddo.
5 Mae *Vitec Group* yn gyson yn ehangu ac yn lansio cynhyrchion newydd. Yn 1997, er enghraifft, agorodd y cwmni ffatri newydd i gynhyrchu cyfarpar ffotograffig. Eglurwch pam y mae angen mwy o gyfalaf gweithio ar *Vitec Group* os yw i ehangu ei fusnes.

Tabl 29.5 *Vitec Group plc, asedau a rhwymedigaethau cyfredol.*

	1995	1996
Asedau cyfredol		
Stoc	32.0	25.5
Dyledwyr	31.0	27.1
Arian[2]	21.0	54.5
Rhwymedigaethau cyfredol		
Benthyciadau	10.2	16.3
Credydwyr masnach	11.1	8.4
Credydwyr eraill	20.3	17.5

£miliwn[1]

[1] Y ffigurau wedi'u talgrynnu i'r £0.1 miliwn agosaf.
[2] yn cynnwys buddsoddiadau

Ffynhonnell: addaswyd o Adroddiad Blynyddol a Chyfrifon *Vitec Group plc*, 1997.

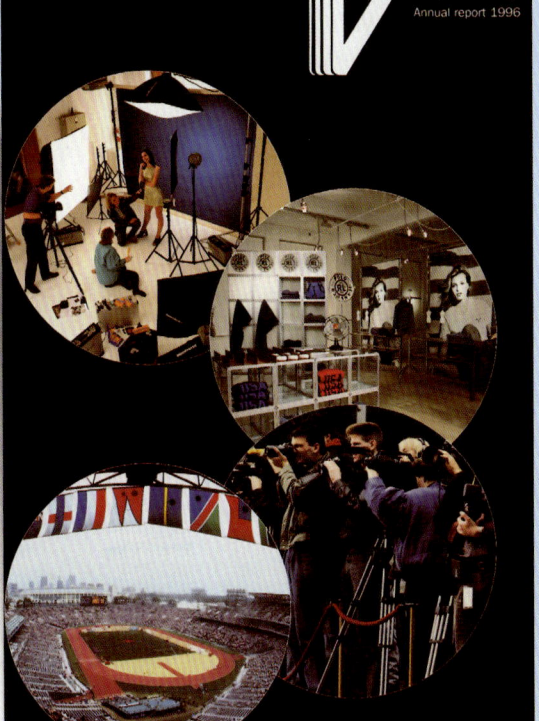

uned 30

ARIANNU'R BUSNES DRWY GYFALAF

Gwneud penderfyniadau

Mae angen arian ar fusnesau i gychwyn ac i redeg eu gweithrediadau. Un ffordd o gael yr arian yw i'r busnes ddenu cyfalaf – lle bydd busnes arall neu unigolyn yn rhoi arian i mewn i'r busnes yn gyfnewid am ran o'r berchenogaeth. Os ydy'r busnes yn bodoli eisoes, gall roi unrhyw elw a wneir yn ôl i mewn i'r busnes i dalu am fuddsoddiant. Rhaid i'r busnes benderfynu ar y ffordd orau o gael arian. Er enghraifft, a ddylai unig fasnachwr roi cynilion i mewn? Os derbynnir partner neu gyfranddaliwr newydd, beth fydd ei gyfran o'r elw a faint o reolaeth fydd yn aros yn nwylo'r partneriaid neu'r cyfranddalwyr gwreiddiol?

Mae Dan Tofal yn ddeintydd. Bu'n gweithio am chwe mlynedd mewn dau bractis deintyddol ac erbyn hyn mae am gael ei bractis ei hun. Mae'r rhan fwyaf o ddeintyddion yn ymuno â phractisiau sy'n bodoli eisoes ac yn rhoi arian i mewn iddynt. Ond mae Dan am gychwyn o'r cychwyn er mwyn cael rheolaeth lwyr ar y cyfarpar a'r adeilad. Y perygl, fodd bynnag, oedd na fyddai'n cynyddu ei restr o gleifion yn ddigon cyflym i wneud elw. Gwyddai y byddai arno angen llawer o gyfalaf ariannol i gychwyn y busnes.

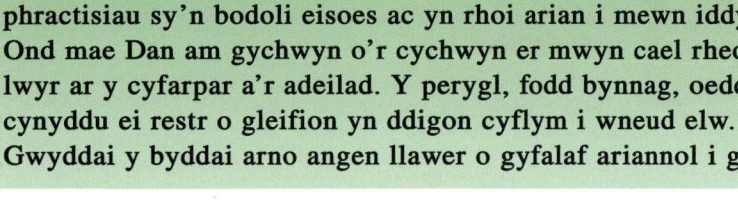

Cychwyn

Lluniodd Dan **gynllun busnes** (☞ uned 22). Cyfrifodd y byddai angen cyfanswm o £150 000 arno. Byddai'r cyfarpar deintyddol yn costio £60 000. Byddai addurno ac addasu'r adeilad yn costio £30 000. Yna byddai angen £60 000 o **gyfalaf gweithio** i dalu costau pob dydd fel cyflog y derbynnydd, biliau'r labordy a'r rhent.

Roedd Dan yn gobeithio cael benthyg £50 000 o hyn gan y banc. Gobeithiai gael y £100 000 arall drwy godi cyfalaf ar gyfer y busnes. Mae codi cyfalaf (a elwir weithiau yn GYFALAF SODDGYFRANNAU [*equity capital*]) yn golygu:

- Dan yn rhoi ei arian ei hun i mewn i'r busnes;
- cael hyd i bobl sy'n fodlon bod yn gydberchenogion y busnes. Gallen nhw fod naill ai'n **bartneriaid** (mewn partneriaeth ☞ uned 11) neu'n **gyfranddalwyr** (mewn cwmni cyfyngedig ☞ uned 12).

Codi cyfalaf ar gyfer busnes bach

Weithiau mae'n anodd iawn i fusnesau bach a chanolig eu maint (fel partneriaethau neu gwmnïau cyfyngedig preifat) gael hyd i rywun sy'n fodlon bod yn gydberchenogion. Os ceir hyd i rywrai, byddan nhw'n aml o blith y canlynol:

- aelodau o'r teulu, e.e. rhiant neu ewythr;
- ffrindiau sy'n gallu gweld cyfle busnes da;
- pobl a welir drwy'r gwaith;

Sychlan

Roedd Nia wedi gweithio yn y siop lanhau dillad am bum mlynedd. Roedd hi'n 23 oed ac yn teimlo nad oedd hi am weithio i rywun arall am weddill ei hoes. Credai y gallai hi wneud popeth yr oedd ei chyflogwraig bresennol, Delyth, yn ei wneud wrth redeg busnes bach. Allai hi ddim prynu ei siop lanhau dillad ei hun. Byddai'n costio degoedd o filoedd o bunnoedd. Ond pe bai'n gallu rhentu lle, amcangyfrifodd Nia y byddai angen £10 000 yn unig arni i gychwyn y busnes. Roedd hi wedi cynilo £5 000. Roedd ei mam yn fodlon rhoi benthyg £1 500 iddi. Ond roedd angen mwy na hynny arni.

Clywodd Delyth am ei chynlluniau. Er syndod i Nia, awgrymodd Delyth y gallen nhw fynd hanner a hanner â'i gilydd ar gyfer siop newydd. Byddai Delyth yn rhoi £5 000 i mewn a bydden nhw'n bartneriaid cyfartal. Byddai hi'n rhoi cyngor i Nia ynglŷn â rheoli'r busnes. Roedd hi hefyd yn ystyried adnewyddu ei siop bresennol. Roedd y rhan fwyaf o'r cyfarpar yn werth bron dim o'i werthu'n ail law, ond roedd yn dal i weithio'n dda. Yna byddai'r siop lanhau dillad newydd yn dechrau gyda'r cyfarpar yma a byddai hynny'n gostwng y gost gychwynnol o £10 000. Hefyd roedd Delyth yn fodlon benthyca arian i'r busnes newydd yn y misoedd cyntaf nes iddo'i sefydlu ei hun.

1 (a) Pa sgiliau oedd gan Nia a fyddai o gymorth iddi yn ei busnes newydd?
    (b) Pa sgiliau y byddai'n rhaid iddi eu dysgu pe bai'n agor y busnes?
2 Pa broblemau ariannol a wynebai Nia wrth iddi geisio cychwyn ar ei phen ei hun?
3 Pam, yn eich barn chi, roedd gan Delyth ddiddordeb mewn helpu Nia i sefydlu siop newydd?
4 Beth fyddai'r manteision a'r anfanteision i Nia o gael Delyth yn bartner?
5 A ddylai Nia dderbyn cynnig Delyth? Eglurwch eich ateb.

Uned 30 Ariannu'r busnes drwy gyfalaf

Streamline

Mae *Streamline Holdings* i gael ei lansio (*floated*) ar Gyfnewidfa Stoc Llundain. Y cwmni hwn yw'r cyflenwr mwyaf o arwyddion traffig a defnyddiau marcio ffyrdd yn y DU a Ffrainc. Mae hefyd yn rheoli contractau cynnal a chadw'r priffyrdd ar gyfer awdurdodau lleol. Bydd 22 miliwn o gyfranddaliadau'n cael eu gwerthu am 180c yr un. Bydd gweddill y 40 miliwn o gyfranddaliadau'n cael eu cadw gan y buddsoddwyr presennol, gan gynnwys cyfarwyddwyr y cwmni sy'n dal 14.4% o gyfanswm y cyfranddaliadau.

Bydd £20 miliwn o'r derbyniadau o werthu'r cyfranddaliadau yn cael ei ddefnyddio gan y cwmni i dalu dyledion. Defnyddir y gweddill i ariannu ehangu. Dywedodd y prif weithredwr fod y cwmni'n agos at brynu dau gwmni. 'Bydd hyn yn ein galluogi i barhau i adeiladu ein busnes o ddarparu atebion i reolaeth ar draffig.'

Ffynhonnell: addaswyd o'r *Financial Times*, 23 Chwefror 1996.

1. Beth mae *Streamline Holdings* yn ei wneud?
2. Beth yw ystyr 'lansio'?
3. Faint o arian y bydd y cwmni'n ei godi drwy ddyroddi cyfranddaliadau newydd?
4. Beth mae'r cwmni'n bwriadu ei wneud â'r arian a godir?
5. (a) Beth fydd yn digwydd i'r gyfran o gyfanswm yr elw sy'n mynd i'r cyfarwyddwyr sy'n berchen cyfranddaliadau yn y cwmni ar ôl y lansio?
   (b) Awgrymwch pam, er gwaethaf hyn, y byddan nhw'n dewis peidio â gwerthu dim o'u cyfranddaliadau adeg y lansio.

- pobl sydd am sefydlu busnes ac sydd hefyd yn chwilio am rywun sy'n fodlon buddsoddi yn y busnes.

Roedd tad Dan yn ddeintydd ac yn berchen practis ddeg milltir i ffwrdd o leoliad practis Dan. Roedd yn fodlon rhoi £50 000. Roedd un o ffrindiau Dan o'i amser yn yr ysgol ddeintyddol wedi gwneud yn dda iawn yn ei chwe blynedd cyntaf o waith. Roedd hi'n fodlon rhoi £30 000 i mewn ar yr amod y gallai hi weithio yn y practis yn y dyfodol pe bai'n denu digon o gleifion. Rhoddodd Dan ei fflat ar werth gan obeithio cael £20 000 ar ôl talu'r morgais.

Yna byddai Dan yn berchen 20% o'r practis, byddai ei ffrind yn berchen 30% a'i dad 50%. Y rheswm dros hyn oedd mai cymhareb y cyfalaf a gai ei roi i mewn i'r busnes fyddai £20 000 i £30 000 i £50 000. Dan fyddai â'r llais lleiaf yn y mater o redeg y busnes pe bai unrhyw anghytuno. Roedd e'n anfodlon â hyn.

Yn y diwedd, perswadiodd ei dad i fenthyca'r £50 000 iddo. Yna byddai ei ffrind yn berchen 30% (gyda £30 000) a byddai Dan yn berchen 70%

(benthyciad o £50 000 + ei £20 000 ei hun = £70 000). Fel deintyddion, sefydlodd Dan a'i ffrind bartneriaeth. Bu'n rhaid iddynt dderbyn risg atebolrwydd anghyfyngedig. Ond weithiau gall fod yn haws cael hyd i gyfalaf newydd ar gyfer busnes bach os yw'n gwmni cyfyngedig preifat, lle mae gan y cyfranddalwyr atebolrwydd cyfyngedig.

Cyfalaf cyfranddaliadau ar gyfer busnes mwy

Roedd problemau Dan Tofal yn nodweddiadol o'r problemau a wynebir gan fusnesau bach sy'n cychwyn neu sydd am dyfu. Un o'r rhesymau pam y bydd busnesau mawr yn **gwmnïau cyfyngedig cyhoeddus** yw ei bod hi'n haws gwerthu (neu **lansio** [*float*]) cyfranddaliadau newydd yn y busnes. Gall busnes, er enghraifft, godi arian newydd drwy **fynd yn gyhoeddus** (h.y. dod yn gwmni cyfyngedig cyhoeddus). Yn ddiweddarach gall wneud **dyroddiad cyfranddaliadau** (*share issue*), h.y. gwerthu cyfranddaliadau ychwanegol yn y cwmni, er mwyn codi mwy o arian.

Bydd dyroddiad cyfranddaliadau newydd gan gwmni cyfyngedig cyhoeddus yn debygol o gael ei drefnu gan fanc neu fanc masnachol (*merchant bank*). Gallai gynnig y cyfranddaliadau ar werth i'r cyhoedd neu gallai eu gwerthu i'r cyfranddalwyr presennol. Gallai hefyd **osod** (*place*) y cyfranddaliadau (h.y. eu gwerthu) â sefydliadau ariannol eraill fel cwmnïau yswiriant, cwmnïau buddsoddi (*unit trusts*) neu gronfeydd pensiwn sy'n buddsoddi mewn cyfranddaliadau ar ran eu cynilwyr.

Un rheswm pam y mae buddsoddwyr yn fwy parod o lawer i brynu cyfranddaliadau mewn cwmni cyfyngedig cyhoeddus na mewn, dyweder, cwmni cyfyngedig preifat yw bod yna farchnad drefnedig ar gyfer prynu a gwerthu cyfranddaliadau ail-law. Y farchnad hon yw'r **farchnad stoc**.

Mathau o gyfranddaliadau

Mae'r rhan fwyaf o'r cyfranddaliadau a ddyroddir gan gwmnïau cyfyngedig **preifat** a **chyhoeddus** yn GYFRANDDALIADAU CYFFREDIN. Mae gan berchenogion y cyfranddaliadau, sef cyfranddalwyr y cwmni, hawl i dderbyn rhan o'r elw. Y term a ddefnyddir am y rhan hon o'r elw yw BUDDRAN. Gall y fuddran fynd

Caiff cyfranddaliadau ail-law eu masnachu ar y farchnad stoc.

Uned 30 Cyfrifydda

i fyny neu i lawr o flwyddyn i flwyddyn, yn dibynnu ar faint o elw y bydd y cwmni wedi'i wneud a faint y bydd yn penderfynu ei roi i'w gyfranddalwyr.

Gall cwmnïau cyfyngedig hefyd ddyroddi BLAENGYFRANDDALIADAU (*preference shares*). Mae cyfradd sefydlog o fuddran i'r rhain ac felly dydy'r cyfranddalwyr ddim yn elwa o unrhyw gynnydd mewn elw a wneir gan y cwmni. Fyddan nhw ddim, fodd bynnag, yn dioddef gymaint os caiff y cwmni flwyddyn wael. Efallai na chaiff cyfranddalwyr cyffredin unrhyw fuddran y flwyddyn honno, ond efallai y caiff blaengyfranddalwyr eu talu am mai nhw sydd â'r hawl i gael y rhan gyntaf o unrhyw elw a wneir gan y cwmni.

Cyfalaf menter

Byddai busnes Dan Tofal yn rhy fach i fod o dddiddordeb i GYFALAFWR MENTER (*venture capitalist*). Mae cwmnïau cyfalaf menter yn arbenigo mewn prynu rhan o fusnesau bach sy'n tyfu, gyda'r rhan fwyaf o'r rhain yn gwmnïau cyfyngedig preifat.

Mae'r cyfalafwr menter yn gobeithio y bydd y busnes wedi tyfu ymhen pum mlynedd ac yna gall werthu ei ran ef o'r busnes gan wneud elw.

Elw cadw

Mewn unrhyw flwyddyn dim ond canran bach o'r arian i ariannu buddsoddiant yn y DU a ddaw o godi cyfalaf newydd. Ffynhonnell bwysicaf cyllid yw ELW CADW, h.y. elw a wnaed gan y busnes ond sydd heb gael ei ddosbarthu i berchenogion y busnes. Yn hytrach, mae'n cael ei gadw'n ôl.

Mae Dan Tofal yn gobeithio medru ehangu ei fusnes wedi iddo ddod yn broffidiol drwy gael deintydd arall i weithio gydag ef. Felly, bydd angen mwy o gyfarpar, addasu ystafell arall a mwy o gyfalaf gweithio. Mae hyn yn wir hefyd am gwmni cyfyngedig cyhoeddus mawr. Bydd yn ailfuddsoddi elw i ariannu twf y busnes.

Mae elw cadw yn FFYNHONNELL FEWNOL O GYLLID gan y daw'r arian o'r tu mewn i'r busnes. Mae cyfalaf newydd yn FFYNHONNELL ALLANOL O GYLLID gan y daw'r arian o'r tu allan i'r busnes.

Y fantais fawr i Dan o ddefnyddio elw cadw i ariannu buddsoddiant yw na fydd yn rhaid talu llog na buddrannau ar yr arian. Mae hefyd yn golygu na fydd yn rhaid cael hyd i fanciau, partneriaid newydd neu gyfranddalwyr neu unrhyw un arall sy'n fodlon benthyca arian i'r busnes neu fuddsoddi ynddo.

Ffynonellau mewnol eraill o gyllid

Ffordd arall i fusnes godi arian yn fewnol yw gwerthu asedau. Er enghraifft, ymhen deng mlynedd efallai y bydd Dan wedi prynu ei adeilad ei hun. Efallai y bydd yn penderfynu symud i adeilad mwy. Yna gallai werthu ei adeilad presennol i godi arian i dalu am yr adeilad newydd.

Efallai y bydd busnesau mawr yn gallu trefnu cynllun **gwerthu ac ailgymryd ar brydles** (*sale and leaseback*). Yma bydd y busnes yn gwerthu rhan neu'r cyfan o'i eiddo i gwmni arall, e.e. cwmni eiddo. Ar yr un pryd mae'n arwyddo cytundeb i ailgymryd yr eiddo ar brydles (h.y. ei rentu) am rent blynyddol sefydlog. Bydd y busnes yn derbyn swm sylweddol o arian y gellir ei ddefnyddio i dalu am ehangu. Yr anfantais yw y bydd yn rhaid i'r busnes wedyn dalu rhent am yr eiddo.

Codi cyllid - Y Cwmni Printiau

Minigwmni sy'n bwriadu gwerthu ffotograffau o'i ysgol yw Y Cwmni Printiau. Mae ganddo brint o awyrlun o'r adeiladau ac mae un o gyfarwyddwyr y cwmni, sy'n ffotograffydd brwd, yn bwriadu tynnu sawl llun arall o'r ysgol. Bydd chwe ffotograff yn cael eu rhoi mewn ffrâm a wneir gan ddau o gyfarwyddwyr eraill y cwmni gyda chymorth yr athro technoleg. Byddan nhw'n codi £5.99 am set o ffotograffau ynghyd â'r ffrâm. Am £7.99 byddan nhw'n cynnwys ffotograff o unrhyw ddisgybl neu grŵp o ddisgyblion, gyda ffotograffydd y cwmni yn tynnu'r llun.

Yn ei gynllun busnes mae bwrdd y cyfarwyddwyr yn dweud y caiff y rhan fwyaf o'r fframiau eu cynhyrchu ar gais. Bydd pobl yn talu eu harian ac fe gaiff y fframiau eu dosbarthu yn ddiweddarach. Ond mae'n rhaid cynhyrchu o leiaf un ffrâm er mwyn ei harddangos. Maen nhw hefyd am gynhyrchu 10 arall i'w gwerthu yn y noson rieni nesaf. Maen nhw'n cyfrifo y bydd angen £40 ar gyfer hyn ac i dalu costau hysbysebu. Maen nhw'n pendefynu dyroddi 40 o gyfranddaliadau £1.

Darllenwch yr astudiaeth achos hon. NAILL AI defnyddiwch hi i ystyried sut y byddech yn codi cyfalaf ar gyfer eich minifenter chi NEU atebwch y cwestiynau canlynol.

1. Pwy allai'r cwmni eu cael i brynu'r cyfranddaliadau?
2. Pam y byddai pobl yn dymuno prynu'r cyfranddaliadau?
3. Mae'r cwmni'n gwerthu nifer o ffotograffau ac yn gwneud elw o £50. Mae noson rieni arall ar y gorwel ac mae'r cwmni'n penderfynu yr hoffai wneud 10 ffrâm arall i'w gwerthu yno.
   (a) Ble allai gael yr arian i ariannu hyn?
   (b) Trafodwch beth fyddai'r ffordd orau o ariannu hyn.

Uned 30 Ariannu'r busnes drwy gyfalaf

Games Workshop

Mae *Games Workshop* yn gwmni sy'n gweithgynhyrchu a gwerthu modelau milwyr a ddefnyddir ar gyfer chwarae 'gêmau rhyfel'. Mae'r cwmni'n llwyddiannus iawn ac mae'n bwriadu symud i mewn i bob un o brif wledydd y byd i werthu ei gynhyrchion.

Prosesu geiriau/Graffigwaith

Mae cyfranddaliwr wedi ysgrifennu at *Games Workshop* i ofyn pam y cadwyd mwy o elw yn 1996 nag a dalwyd allan mewn buddrannau. Ysgrifennwch lythyr at y cyfranddaliwr (gan ddefnyddio pecyn prosesu geiriau os oes modd), yn egluro pam y mae angen i *Games Workshop* gadw elw a pham y gallai hynny fod yn fanteisiol i'r cyfranddalwyr yn y tymor hir. Strwythurwch eich llythyr fel a ganlyn:

1. Diolchwch i'r cyfranddaliwr am ei lythyr.
2. Eglurwch pam yr oedd yn gywir i ddweud bod elw cadw yn fwy na buddrannau yn 1996. Lluniwch NAILL AI siart cylch NEU siart bar yn darlunio'r pwynt hwn. Os oes modd, defnyddiwch becyn graffigwaith i wneud hyn.
3. Eglurwch y defnydd a wneir o elw cadw.
4. Nodwch y bydd buddsoddiant yn y cwmni yn galluogi i'r cwmni dyfu a thalu buddrannau mwy sylweddol yn y dyfodol.
5. Gorffennwch y llythyr drwy ddiolch i'r cyfranddaliwr am ei diddordeb a nodi eich gobaith y bydd y llythyr yn tawelu ei meddwl.

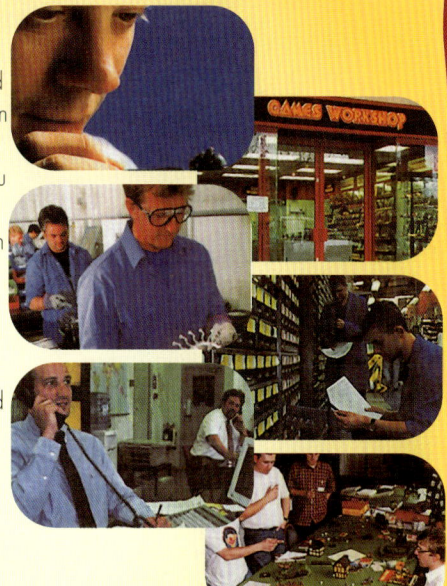

Tabl 30.1 *Games Workshop Group PLC* - ble aeth yr elw

	1996
Elw treth cyn treth	8 865
wedi'i ddosbarthu fel	
Treth ar elw ar weithgareddau cyffredin	3 200
Buddrannau	2 113
Elw cadw	3 552

Ffynhonnell: addaswyd o Adroddiad Blynyddol a Chyfrifon *Games Workshop Group PLC*, 1996

termau allweddol

Blaengyfranddaliadau - cyfranddaliadau mewn cwmni cyfyngedig lle mae'r cyfranddalwyr yn cael swm sefydlog mewn buddrannau bob blwyddyn. Gall y cwmni ddewis peidio â thalu buddran un flwyddyn os yw'n credu nad yw wedi gwneud digon o elw. Os caiff buddrannau eu talu, mae'r blaengyfranddalwyr â blaenoriaeth ar gyfranddalwyr cyffredin.

Buddran - rhan o elw cwmni a dderbynnir gan bobl sy'n berchen cyfranddaliadau.

Cyfalaf menter - arian a ddefnyddir gan gyfalafwr menter i brynu rhan o fusnes y mae'n gobeithio fydd yn tyfu.

Cyfalaf soddgyfrannau - gwerth ariannol busnes sy'n eiddo i berchenogion y busnes. Mewn cwmni gwerth eu cyfranddaliadau yw hyn.

Cyfranddaliadau cyffredin - cyfranddaliadau mewn cwmni cyfyngedig lle gall y cwmni amrywio'r fuddran i'w thalu i'r cyfranddalwyr bob blwyddyn yn dibynnu ar yr elw a wneir.

Elw cadw - elw sy'n cael ei gadw'n ôl gan fusnes a'i ddefnyddio i dalu am fuddsoddiant yn y busnes.

Ffynonellau mewnol ac allanol o gyfalaf - cyllid a geir o'r tu mewn i'r busnes (mewnol) neu o'r tu allan i'r busnes (allanol).

Rhestr wirio ✓

1. Pam y gallai fod angen cyfalaf i gychwyn a rhedeg busnes?
2. Pwy allai fod yn fodlon rhoi cyfalaf i mewn i fusnes bach?
3. Mae ffrind i'r teulu yn dweud ei fod yn chwilio am rywun i fod yn berchen 40% o gwmni cyfyngedig y mae'n ei sefydlu. Yn eich cyfrif cymdeithas adeiladu mae gennych y £10 000 y mae'n ei geisio. Pe baech yn buddsoddi arian yn y cwmni newydd beth fyddai (a) y manteision posibl a (b) yr anfanteision posibl i chi?
4. Eglurwch ystyr: (a) dyroddiad cyfranddaliadau; (b) mynd yn gyhoeddus; (c) gosod cyfranddaliadau.
5. Pam y mae buddsoddwyr yn fwy parod o lawer i fuddsoddi yng nghyfranddaliadau cwmni cyfyngedig cyhoeddus nag mewn cwmni cyfyngedig preifat?
6. Beth yw'r farchnad stoc?
7. Beth yw'r gwahaniaeth rhwng cyfranddaliad cyffredin a blaengyfranddaliad?
8. Sut y gallai cyfalafwr menter fod o gymorth i gwmni sy'n tyfu?
9. (a) Beth yw elw cadw? (b) Beth yw'r manteision i fusnes o ddefnyddio elw cadw i ariannu buddsoddiant?

ACHOS CRYNODOL C

INNOVATIVE TECHNOLOGIES GROUP PLC

Mae *Innovative Technologies*, y cwmni gofal iechyd, i ddyroddi 10.4 miliwn o gyfranddaliadau newydd am 70c yr un. Bydd hyn yn cynyddu nifer cyfranddaliadau dyroddedig y cwmni i 31.2 miliwn.

Mae'r cwmni meddygol ifanc hwn am symud ymlaen o ymchwil i gam y gweithgynhyrchu. Mae wedi rhoi patent ar nifer o gynhyrchion gofal am glwyfau gan gynnwys *Hollister* a *Bioderm*. Bydd yr arian yn cael ei ddefnyddio i ddarparu cyfalaf gweithio ar gyfer y cam nesaf hwn yn natblygiad y cwmni.

Ffynhonnell: addaswyd o'r *Financial Times*, 23 Ionawr 1996.

1. Faint o gyfranddaliadau newydd yr oedd *Innovative Tech* yn eu dyroddi?
2. Cyfrifwch faint o arian yr oeddent yn ei godi fel cyfalaf soddgyfrannau newydd.
3. Beth oedd *Innovative Tech* yn bwriadu ei wneud â'r arian a godwyd?
4. Pam y byddai rhywun yn dymuno prynu cyfranddaliadau yn y cwmni?
5. (a) Nodwch 2 ffordd arall y gallai'r cwmni fod wedi codi arian.
   (b) Ysgrifennwch adroddiad cryno yn awgrymu pam y gallai dyroddi cyfranddaliadau newydd fod yn well i'r cwmni na'r ddwy ffynhonnell arall o gyllid a awgrymwyd gennych.

111

uned 31
ARIANNU'R BUSNES DRWY GAEL BENTHYG

Gwneud penderfyniadau

Mae angen arian ar fusnesau i gychwyn ac i redeg eu gweithrediadau. Gallan nhw ddewis cael yr arian drwy ei fenthyca. Rhaid i'r busnes benderfynu ar y ffordd fwyaf priodol i fenthyca'r arian. Yn arbennig, mae angen ystyried y gyfradd llog, pryd y bydd yn rhaid ad-dalu'r arian, ydy hi'n bosibl trefnu'r cyllid a beth fyddai'r goblygiadau pe bai'r busnes yn cael trafferth i ad-dalu'r benthyciad.

Gwneuthurwr defnydd pacio ar gyfer y diwydiant bwyd yw Horobin Cyf. Mae'n gwneud cynwysyddion plastig ar gyfer amrywiaeth o bethau, e.e. cacennau, bisgedi, llysiau, siocled. Mae angen arian arno i dalu am redeg y busnes o ddydd i ddydd, e.e. talu'r biliau a'r cyflogau. Mae angen arian hefyd ar gyfer cyllid tymor hir. Mae'n gwmni sy'n tyfu ac mae angen arian i dalu am gyfarpar newydd ac estyniadau i'w ffatri.

Ffynonellau allanol a mewnol o gyllid

Yn uned 30 eglurwyd dwy ffordd o godi cyllid, sef **cyfalaf soddgyfrannau** (ffynhonnell allanol o gyllid) a defnyddio **elw cadw** (ffynhonnell fewnol o gyllid). Yn yr uned hon byddwn yn ystyried ffynonellau allanol eraill o gyllid.

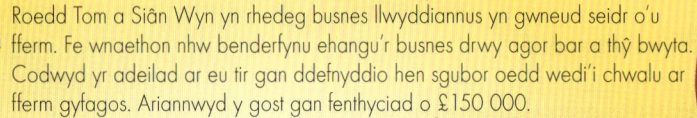

Wyn

Roedd Tom a Siân Wyn yn rhedeg busnes llwyddiannus yn gwneud seidr o'u fferm. Fe wnaethon nhw benderfynu ehangu'r busnes drwy agor bar a thŷ bwyta. Codwyd yr adeilad ar eu tir gan ddefnyddio hen sgubor oedd wedi'i chwalu ar fferm gyfagos. Ariannwyd y gost gan fenthyciad o £150 000.

Agorwyd y lle ym mis Medi, gyda chogydd ac is-gogydd wedi'u cyflogi. Roedd llawer o ddiddordeb ar y cychwyn ond gostyngodd busnes yn sydyn ym misoedd Tachwedd a Rhagfyr. Dyma'r union adeg y dylai'r tŷ bwyta fod yn llawn gyda phartïon Nadolig. Dechreuodd y bar a'r tŷ bwyta golli £3 000 y mis ar gyfartaledd. O fewn chwe mis roedd ganddyn nhw orddrafft o £18 000.

Gyda therfyn o £20 000 ar eu gorddrafft bu'n rhaid iddynt wneud rhywbeth. Gadawodd y ddau gogydd a daeth un arall yn eu lle. Newidiodd yntau y fwydlen yn sylweddol a'i chysylltu fwy â gweithgareddau ffermio organig a seidr y teulu Wyn. Dyblodd nifer y cwsmeriaid yn fuan iawn a daeth y tŷ bwyta'n broffidiol.

1. Beth yw gorddrafft?
2. Ar beth, yn eich barn chi, roedd Tom a Siân yn gwario'r arian yr oeddent yn ei fenthyca drwy eu gorddrafft?
3. Eglurwch pam y 'bu'n rhaid i iddynt wneud rhywbeth' pan oedd eu gorddrafft yn £18 000 ac yn dal i godi.
4. Yn eich barn chi, wnaethon nhw weithredu'n ddigon cyflym i ddatrys eu problemau? Eglurwch eich dadleuon yn ofalus.

Gorddrafftiau banc

Yn debyg i bron pob busnes, mae gan Horobin gyfrif cyfredol mewn banc. Mae'n defnyddio'r arian yn y cyfrif i dalu ei filiau o ddydd i ddydd gan ddefnyddio **sieciau**. Efallai hefyd y bydd y banc yn rhoi GORDDRAFFT i'r busnes, h.y. gadael iddo dynnu allan mwy o arian nag sydd ganddo yn ei gyfrif. Y term am yr uchafswm y gellir ei orgodi (h.y. ei fenthyca) yw **terfyn y gorddrafft** (*overdraft limit*). Terfyn gorddrafft Horobin gyda'i fanc yw £400 000. Mae'n defnyddio hyn i dalu am redeg y busnes o ddydd i ddydd, gan gynnwys talu am ddefnyddiau. Mae gwerthiant yn uwch ym misoedd y gaeaf nag yw ym misoedd yr haf, yn rhannol am fod gwerthiant bwyd yn arbennig o uchel adeg y Nadolig. Mae cyfrif cyfredol Horobin yn dueddol o fod mwy o lawer **yn y coch** (h.y. wedi'i orgodi) ym misoedd y gaeaf nag yw ym misoedd yr haf.

Mantais fawr gorddrafft yw na fydd yr arian yn cael ei fenthyca ond pan fydd ei angen. Mae hynny'n gostwng bil y llog. Mae Horobin yn benthyca llawer mwy ym misoedd y gaeaf nag a wna ym misoedd yr haf. Nid yw am fenthyca yn ystod yr haf arian nad oes

Uned 31 Ariannu'r busnes drwy gael benthyg

arno ei angen a thalu llog ar y benthyciad.

Gall gorddrafftiau, fodd bynnag, fod yn ddrutach nag y maent yn ymddangos, yn enwedig i fusnesau bach. Yn aml bydd banciau'n codi ffi trefnu i roi'r gorddrafft ac yna'n codi tâl bob chwarter (tri mis) i gadw terfyn y gorddrafft. Efallai y bydd banciau'n codi mwy o dâl am sieciau a ddefnyddir pan fydd y cyfrif wedi'i orgodi.

Anfantais arall yw bod gorddrafft yn ad-daladwy ar alw. Gall y banc **alw i mewn** y gorddrafft (h.y. mynnu bod yr arian yn cael ei ad-dalu ar unwaith). Felly mae risg ynghlwm wrth y math hwn o fenthyca.

Credyd masnach

Mae Horobin yn cael **credyd masnach** gan y busnesau sy'n ei gyflenwi. Does dim rhaid i Horobin dalu am y nwyddau tan mis o leiaf ar ôl iddynt gael eu dosbarthu. Y fantais yw bod busnesau eraill yn benthyca arian i Horobin am fis o leiaf 'yn rhad

Cwmni cyfyngedig preifat yn y diwydiant peirianneg yw Pice. Ar hyn o bryd mae'n cyflogi gweithiwr llawn amser i gasglu arian o anfonebau gwerthiant. Hoffai gynyddu'r arian parod a'r stoc yn y busnes am ei fod yn tyfu.

1. Sut y gallai *Lombard NatWest* helpu Pice?
2. Beth fyddai'r anfanteision i Pice pe bai'n defnyddio gwasanaethau *Lombard NatWest*?
3. Ffordd arall o gynyddu'r arian parod yn y busnes fyddai i Pice gynyddu ei orddrafft gyda'i fanc. Yn eich barn chi, fyddai hynny'n well i'r cwmni na defnyddio gwasanaethau *Lombard NatWest*? Eglurwch eich rhesymau'n ofalus.

KeyCash

Key*Cash* - wedi'i gynllunio i ddarparu cyllid a gwasanaeth llyfr gwerthiant (*sales ledger*) sylfaenol i fusnesau sy'n tyfu ac sy'n rhagfynegi gwerthiant o rhwng £50,000 a £300,000 y flwyddyn ac sy'n creu dyledion masnach priodol drwy werthu ar delerau credyd i fusnesau eraill (nid yn uniongyrchol i'r cyhoedd).

Key*Cash* - yn cynnig ateb i'r problemau a achosir gan dwf cyflym. Bydd y cleient yn gwerthu dyledion masnach sydd heb eu talu i *Lombard NatWest*, fydd yn rhoi ar unwaith gyllid o hyd at 80% o werth pob anfoneb gydnabyddedig. Caiff y gweddill, minws y ffi, ei dalu wrth i bob dyledwr dalu anfoneb.

Ffïoedd a chyfnod terfynu

Mae *Lombard NatWest* yn codi ffi trefnu gychwynnol o £200 a ffi gwasanaeth, sydd fel rheol yn 1% o werth yr holl anfonebau (lleiafswm o £1200 y flwyddyn). Maent hefyd yn codi tâl disgowntio ar yr holl gyllid a dynnir gan y cleient ar gyfradd sy'n debyg i'r llog a godir ar orddrafft busnes. Gellir terfynu cytundeb **Key***Cash* drwy roi 3 mis o rybudd yn ysgrifenedig (gall gwasanaethau tebyg olygu 6 neu 12 mis o rybudd terfynu).

Manteision defnyddio KeyCash

- Chwistrelliad di-oed o gyllid yn seiliedig ar werth y dyledwyr masnach ar ddydd cychwyn eich cytundeb **Key***Cash*.
- Cyfle i ddefnyddio cyllid parhaol yn seiliedig ar werth cyfredol eich dyledwyr masnach.
- Ein gwasanaeth llyfr gwerthiant cyfrifiadurol, a fyddai'n eich helpu gyda'r dasg o hel cwsmeriaid am dâl.
- Cyswllt cyfrifiadurol â *Lombard NatWest*, sy'n galluogi i chi weld, ar eich cyfrifiadur chi, faint o gyllid sydd ar gael gennym, tynnu cyllid, a gweld manylion cyfrifon cwsmeriaid unigol ac adroddiadau am y llyfr gwerthiant cyfan.

Ffynhonnell: addaswyd o **Key***Cash*, *Accelerated Cash Flow for Growing Businesses*, Lombard NatWest.

ac am ddim'. Po fwyaf y mae Horobin yn ei gynhyrchu, mwyaf i gyd o gredyd masnach y mae'n debygol o'i gael am fod angen mwy o ddefnyddiau arno. Felly, mae credyd masnach yn fodd i gynyddu'r arian parod yn y busnes (uned 28).

Ond dydy credyd masnach ddim bob amser yn rhad ac am ddim. Bydd rhai busnesau'n rhoi disgowntiau os bydd eu cwsmeriaid yn talu eu biliau ar unwaith. Un o anfanteision eraill credyd masnach yw y gallai cyflenwyr beidio â gwerthu nwyddau i fusnes os bydd gormod o arian yn ddyledus ganddo drwy gredyd masnach. Bydd y cyflenwr yn ofni bod gormod o arian yn ddyledus gan y busnes a bod perygl iddo fynd yn fethdalwr neu ymddiddymu (*go into liquidation*), heb dalu ei ddyled.

Ffactorio

Mae Horobin yn defnyddio FFACTOR er mwyn sicrhau na fydd yn gorfod benthyca cymaint ar orddrafft. Cwmni cyllid arbenigol yw ffactor. Mae'n casglu'r arian sy'n ddyledus i Horobin gan fusnesau eraill ac yn codi ffi. (Cofiwch fod Horobin yn gorfod rhoi credyd masnach i'w gwsmeriaid, fel uwchfarchnadoedd a gwneuthurwyr bwyd.)

Bydd y ffactor yn talu Horobin hyd yn oed os na fydd **anfoneb** (bil) wedi cael ei thalu gan gwsmer. Felly mae Horobin yn sicrhau taliad rheolaidd o'i anfonebau. Does dim rhaid iddo gyflogi staff i hel a chasglu'r biliau hynny. Ond canran o'r bil y bydd ffactor yn ei roi i'r busnes, fel rheol 80%. Caiff y 20% arall ei dalu i Horobin pan fydd ei gwsmeriaid yn talu'r ffactor. Mantais fawr defnyddio ffactor yw ei fod yn cyflymu'r llif arian drwy'r busnes.

Benthyciadau banc

Mae gorddrafftiau, credyd masnach a ffactorio yn ffyrdd gwahanol y gall busnesau fel Horobin gynyddu'r arian a'r cyfalaf gweithio sy'n llifo o gwmpas y busnes. Ond dydyn nhw ddim yn ffordd addas o godi arian ar gyfer, er enghraifft, disodli gwerth £200 000 o hen beiriannau. Ar gyfer hyn mae angen rhyw fath o gyllid tymor hirach

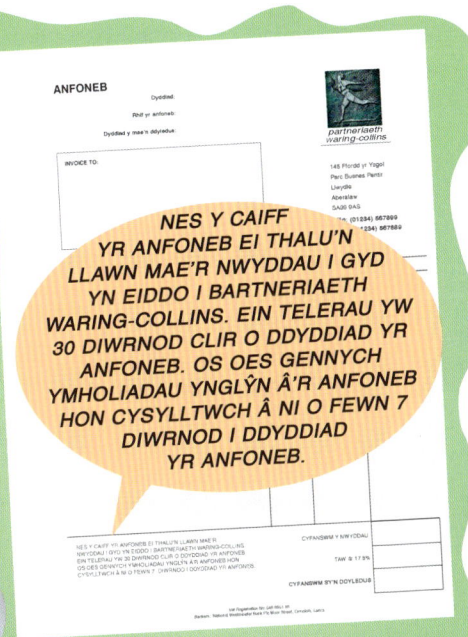

Anfoneb yn dangos credyd masnach. Mae credyd masnach yn caniatáu i fusnes dalu am nwyddau neu wasanaethau yn ddiweddarach.

Uned 31 Cyfrifydda

fel BENTHYCIAD banc.

Yn achos benthyciad banc, bydd y busnes fel rheol yn benthyca swm penodol o arian ac yna'n ei ad-dalu mewn rhandaliadau sefydlog rheolaidd. Bydd yr ad-daliadau hyn yn cynnwys y llog ar y swm sy'n ddyledus. Efallai y bydd y banc yn mynnu gwarant ar y benthyciad, h.y. rhaid i'r busnes wystlo (*pledge*) asedau i'r banc y gall y banc eu gwerthu os na fydd y busnes yn ad-dalu'r benthyciad. Gallai Horobin, er enghraifft, gynnig ei ffatri yn **warant gyfochrog** (*collateral*).

Mae MORGAIS yn fath o fenthyciad tymor hir. Fel rheol defnyddir yr arian a fenthycir i dalu am brynu eiddo fel adeiladau newydd neu dir. Yna defnyddir yr eiddo fel gwarant ar gyfer y benthyciad.

Rhentu ar brydles a hurbwrcas

Mae gan Horobin nifer o lungopïwyr yn ei swyddfeydd. Gallai fod wedi'u prynu, ond byddai'n rhaid iddo gael benthyg yr arian i wneud hynny. Yn hytrach, mae wedi RHENTU y llungopïwyr AR BRYDLES (*leased*) gan gwmni prydlesu. Mae llawer o gontractau prydlesu hefyd yn cynnwys contractau cynnal a chadw, lle bydd y cwmni prydlesu yn cynnal a chadw'r peiriannau a'u hatgyweirio yn rhan o bris y rhentu. Fel rheol bydd rhentu cyfarpar ar brydles yn ddrutach dros oes y peiriant na'i brynu. Ar y llaw arall, gallai fod yn rhatach os gall y cwmni prydlesu swpbrynu peiriannau a throsglwyddo'r disgownt i'w gwsmeriaid. Gall hefyd fod yn fanteisiol o ran trethi i rentu cyfarpar yn hytrach na'i brynu. Yn aml bydd contractau cynnal a chadw sydd wedi'u cynnwys mewn cytundebau prydlesu yn ddrud, ond maen nhw'n lleihau'r risg o gael biliau mawr annisgwyl a sydyn am fod y peiriant wedi torri i lawr.

Ffordd arall o gael benthyg arian yw HURBWRCAS (*hire purchase*). Pe bai Horobin yn prynu llungopïwr ar hurbwrcas, byddai'n talu nifer penodol o randaliadau i'w brynu. Yn ôl y gyfraith, taliad rhent yw pob rhandaliad a'r cwmni ariannu (math o fanc sy'n arbenigo mewn cytundebau hurbwrcas) fydd yn berchen y llungopïwr tan i'r rhandaliad olaf gael ei dalu.

Dyledebau

Gall cwmnïau cyfyngedig cyhoeddus mawr gael benthyg arian drwy Ddinas Llundain drwy ddyroddi DYLEDEBAU (*debentures*) (a elwir fel rheol yn **stociau** neu'n **fondiau**). Benthyciadau tymor hir yw'r rhain, fel rheol am gyfnod rhwng 5 a 25 mlynedd. Rhaid talu llog ar y benthyciad. Os bydd yr arian a fenthycir yn arian cyfred arall, gelwir y ddyledeb yn Ewrobond. Er enghraifft, gallai ICI, cwmni yn y DU, gael benthyg marciau'r Almaen i ariannu adeiladu ffatri gemegol yn Yr Almaen. Gall cwmnïau cyfyngedig preifat, fel Horobin, hefyd ddyroddi dyledebau sy'n cael eu prynu yn nodweddiadol gan fanciau.

Grantiau

Rhoddir grantiau i fusnesau gan nifer helaeth o gyrff gan gynnwys llywodraeth y DU (e.e. drwy Gyngor Cenedlaethol Cymru dros Addysg a Hyfforddiant) a'r Undeb Ewropeaidd.

Mae Cyngor Cenedlaethol Cymru dros Addysg a Hyfforddiant yn cynnig grantiau i bobl ddi-waith sy'n sefydlu eu busnesau eu hun. Bydd y Cyngor yn darparu hyfforddiant a chymorth. Os bydd y person yn llunio cynllun busnes sy'n dangos bod y busnes yn debygol o lwyddo, efallai y caiff 'grant' ei roi am gyfnod penodol.

Crysau taclus

Mae John Pease yn rhedeg *The Stuffed Shirt Company*. Bu'n weithredwr (*executive*) yn y diwydiant olew gan fynd yn gyson o safleoedd olew i gyfarfodydd busnes. Roedd dillad glân a thaclus yn hanfodol, ond roedd siwtcesys a bagiau cyffredin yn tueddu i grychu dillad. Felly dyluniodd John set o fframiau fyddai'n sicrhau dillad, yn enwedig crysau, heb grychau.

Yn 1993 sefydlodd ef ei gwmni i weithgynhyrchu'r fframiau a'r bagiau, gan roi £100 000 o'i arian ei hun i mewn. Y flwyddyn ganlynol ymunodd dau ffrind ag ef, gan roi £75 000 yr un i mewn. Defnyddiwyd £120 000 o hyn i roi patent ar y dyluniadau a'r nodau masnach (*trademarks*) mewn 26 gwlad. Gwariwyd y gweddill ar rentu adeilad ar brydles yn Sedbergh, Cumbria, talu cyflogau a thalu costau cychwyn eraill y busnes.

Prin oedd llif arian yn broblem. Bu'n rhaid i gwsmeriaid tramor dalu wrth dderbyn. Defnyddiodd *The Stuffed Shirt Company* gwmni ffactorio ar gyfer ei gwsmeriaid yn y DU. Cynhyrchwyd y fframiau gan wneuthurwr yn Bradford a chynhyrchwyd gorchuddion y fframiau yn China a'r Aifft. Rhoddai'r cyflenwyr hyn 30 diwrnod o gredyd masnach i'r cwmni.

Gyda'r busnes yn ehangu, cafodd y cwmni fenthyciad cyfalaf gweithio o £50 000 yn Ebrill 1996 gan y Comisiwn Datblygu Cefn Gwlad, un o sefydliadau'r llywodraeth. Yn ddiweddarach yn y flwyddyn prynodd buddsoddwr arall werth £150 000 o gyfranddaliadau yn y busnes, gan gynyddu'r cyfalaf cyfranddaliadau i £400 000.

Ffynhonnell: addaswyd o'r *Financial Times*, 18 Ionawr 1997.

1 Faint o arian a ddefnyddiodd John Pease i gychwyn ei fusnes?
2 Ar gyfer beth y defnyddiodd y cyfalaf cychwynnol?
3 Defnyddiodd *The Stuffed Shirt Company* gwmni ffactorio. Hefyd cafodd fenthyciad gan y Comisiwn Datblygu Cefn Gwlad. Awgrymwch pam y defnyddiodd y ddwy ffynhonnell yma o gyllid.
4 Mae gan y cwmni fenthyciadau cymharol isel. Dewisodd yn hytrach gael cyllid drwy ddyroddi cyfalaf cyfranddaliadau newydd. Awgrymwch yr anfanteision posibl i'r cwmni pe bai wedi ariannu ehangu drwy gael benthyciadau mawr gan fanc.

Uned 31 Ariannu'r busnes drwy gael benthyg

Bliss Bridal Wear

Ar ôl cael cymorth gan *Business Link*, llwyddodd dwy wraig fusnes yn Doncaster i drefnu i'w cwmni gwisgoedd priodas ehangu - gan fuddsoddi mwy na £250 000 a chreu 14 swydd newydd. Dros y chwe blynedd diwethaf mae Anita Coates a'i merch Amanda Carr wedi cyfuno eu doniau busnes a dylunio i redeg y cwmni adwerthu *Bliss Bridal Wear* yn llwyddiannus. Yn ddiweddar yn dilyn cyngor gan *Business Link Doncaster* maen nhw wedi gallu cyfuno nifer o grantiau a benthyciadau â'r adnoddau sydd gan y cwmni eisoes i ddatblygu eu busnes ymhellach. Mae'r cyfuniad hwn o wahanol ffynonellau ariannu wedi caniatáu i Bliss sefydlu canolfan weithgynhyrchu yn Doncaster. Erbyn hyn mae ganddynt y gallu i gynhyrchu 3 500 o wisgoedd priodferched a morwynion priodas yn y flwyddyn gyntaf a byddant yn cyflenwi'r tri man gwerthu sydd gan *Bliss* yn Swydd Efrog. Mae cynlluniau ar y gweill hefyd i ddatblygu cysylltiadau â 20 o adwerthwyr eraill ledled y wlad. Mae'r ddwy bartneres yn teimlo bod *Business Link* wedi'u helpu i wireddu eu syniadau ynglŷn â strategaeth y cwmni ar gyfer y dyfodol. Meddai Amanda: 'Roeddem yn gwybod lle yr hoffem fod ac fe droesom at *Business Link Doncaster* i'n helpu i fynd yno. Buon nhw'n gymorth bob cam o'r ffordd - gan helpu i roi bywyd i'n cynllun busnes a sicrhau'r cyllid i'w gael i weithio.'

Pwysigrwydd cyllid

Mae cyllid yn bwysig iawn i fusnes. Dyma enaid unrhyw gwmni, yn rhoi'r adnodd mwyaf hanfodol ar gyfer datblygiad. Gall *Business Link* eich helpu i ddarganfod eich anghenion busnes a llunio pecyn o gymorth cwbl addas i gwrdd â'r anghenion hynny, boed yn ariannol neu fel arall. Gall *Business Link* gynghori ynglŷn â grantiau lleol a rhanbarthol a chymorth ariannol.

Ffynhonnell: *Helping You Get The Best From Your Businsess* gan *Business Link*.

1 Pam roedd angen cyllid ychwanegol ar *Bliss Bridal Wear*?
2 Eglurwch y 3 math o gyllid a ddefnyddiodd y perchenogion i ehangu'r busnes.
3 Sut y bu *Business Link Doncaster* o gymorth i'r busnes?
4 Trafodwch 3 risg a wynebwyd gan y busnes am iddo ehangu.

Rhestr wirio ✓

1 Eglurwch y canlynol yn achos busnes sydd â chyfrif banc: (a) mae ganddo derfyn gorddraft o £5 000; (b) galwyd ei orddrafft i mewn.
2 Eglurwch sut y gall busnes gael benthyg arian heb log gan fusnesau eraill.
3 Sut y gall ffactor helpu busnes i gynyddu'r arian parod sydd ganddo?
4 (a) Amlinellwch y gwahaniaethau rhwng benthyciad banc, morgais a gorddrafft. (b) Mae busnes am wneud y canlynol: (i) ehangu'r trosiant drwy brynu mwy o stoc i'w werthu; (ii) prynu peiriant newydd; (iii) prynu swyddfa newydd. Eglurwch pa un o'r dulliau ariannu yn (a) fyddai fwyaf addas ar gyfer pob un o'r projectau hyn.
5 (a) Beth yw'r gwahaniaeth rhwng rhentu ar brydles a hurbwrcas? (b) Eglurwch pa rai o'r canlynol y gallai busnes ystyried eu hariannu drwy gytundeb rhentu ar brydles: (i) llungopïwr; (ii) car cwmni; (iii) cynnydd yn y stoc; (iv) system gyfrifiadurol; (v) cynnydd yn y credydwyr.
6 Beth yw'r gwahaniaeth rhwng dyledeb a chyfranddaliad?
7 Pwy fyddai o bosibl yn rhoi grant i fusnes?

termau allweddol

Benthyciad - cael benthyg swm o arian y mae'n rhaid ei ad-dalu ynghyd â llog dros gyfnod fel 1-5 mlynedd, yn nodweddiadol mewn rhandaliadau misol sefydlog.
Dyledeb - benthyciad tymor hir i fusnes.
Ffactor - busnes sy'n casglu dyledion busnesau eraill, gan godi ffi am hynny.
Gorddrafft - cael benthyg arian gan fanc drwy dynnu mwy o arian nag sydd yn y cyfrif cyfredol. Codir llog ar y swm a ordynnwyd.
Hurbwrcas - yn ôl y gyfraith, rhentu cyfarpar cyn ei brynu. Mewn gwirionedd mae'n fath o fenthyciad.
Morgais - benthyciad lle defnyddir eiddo yn warant.
Rhentu ar brydles - rhentu cyfarpar neu adeilad.

ACHOS CRYNODOL

CYLLID BUSNES BACH

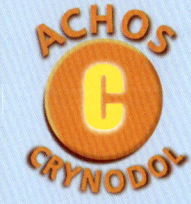

Prosesu Geiriau

Ysgrifennwch adroddiad i'w ddarllen gan gleientiaid sydd â diddordeb mewn sefydlu eu busnes eu hun. Yn yr adroddiad eglurwch sut y gall busnesau bach godi cyllid. Rhowch sylwadau ar fanteision ac anfanteision posibl y prif fathau o gyllid. Defnyddiwch y data yn Ffigurau 31.1 a 31.2 i ategu eich ateb. Os oes modd, defnyddiwch becyn prosesu geiriau.

Math o gyllid (% o atebwyr)

Math	%
Gorddrafft	79.9%
Benthyciad tymor	39.7%
Rhentu ar brydles	38.1%
Hurbwrcas	32.8%
Ffactorio a disgowntio anfonebau	6.3%
Dyroddiadau cyfranddaliadau	5.8%
Eraill	5.8%

Ffynhonnell: addaswyd o *Business Banking Review*.
Ffigur 31.1 Sut y mae busnesau bach yn codi cyllid.

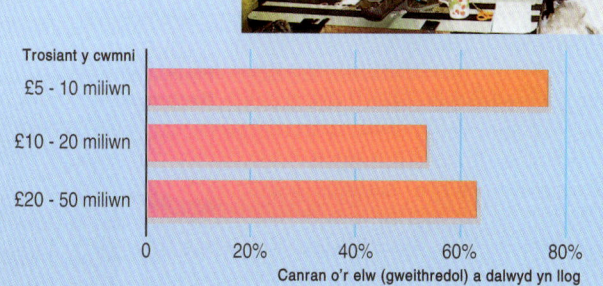

Trosiant y cwmni

Trosiant	
£5 - 10 miliwn	~75%
£10 - 20 miliwn	~55%
£20 - 50 miliwn	~65%

Canran o'r elw (gweithredol) a dalwyd yn llog

Ffynhonnell: addaswyd o *Touche Ross*.
Ffigur 31.2 Cost dibynnu ar ddyled.

uned 32
PA FFYNHONNELL GYLLID?

Gwneud penderfyniadau

Mae angen i fusnesau gael hyd i'r math iawn o ariannu ar gyfer eu sefyllfa. Pa fath fyddai'r rhataf? Pa fath fyddai'r mwyaf addas? A fyddai'n creu risg i'r busnes? Pa ffynonellau cyllid sydd ar gael?

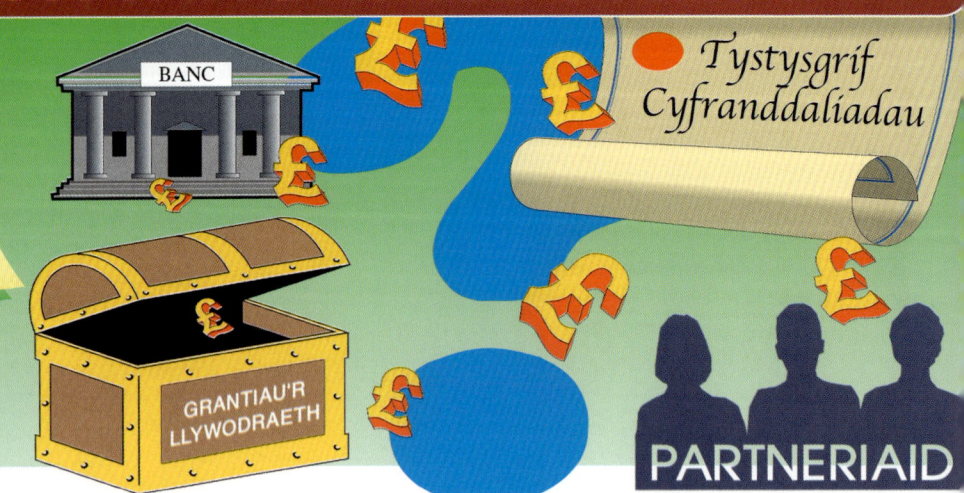

Pam y mae angen yr arian?

Fyddai Dan Tofal, y deintydd a ddisgrifiwyd yn uned 30, ddim yn trefnu benthyciad 5 mlynedd i dalu am gynnydd yn y bil trydan. Fyddai Horobin Cyf, y gwneuthurwr defnydd pacio ar gyfer y diwydiant bwyd a ddisgrifiwyd yn uned 31, ddim yn ariannu adeiladu ffatri newydd drwy gael gorddrafft. Yn gyffredinol, defnyddir cyllid tymor byr i dalu am gynnydd yn yr **arian parod** a'r **cyfalaf gweithio**. Er enghraifft, pan fydd Horobin yn cael cynnydd yn yr archebion, bydd yn debygol o gynyddu ei orddrafft a'i gredyd masnach i dalu am hyn.

Yn gyffredinol bydd prynu cyfarpar neu adeiladau (**cyfalaf sefydlog** y busnes) yn cael ei ariannu drwy ddefnyddio dulliau tymor hirach. Efallai y bydd cael benthyciad yn addas ar gyfer prynu car cwmni neu gadair ddeintydd newydd. Gallai dyroddi cyfranddaliadau newydd fod yn addas ar gyfer project ehangu mawr gan Horobin.

Cost

Mae costau gwahanol i'r gwahanol fathau o ariannu. Os benthycir arian, bydd yn rhaid talu llog. Os bydd car cwmni yn cael ei rentu ar brydles, bydd yn rhaid talu am hurio'r brydles. Os dyroddir cyfranddaliadau newydd, bydd yn rhaid talu buddrannau ychwanegol. I Dan Tofal a Horobin byddai cost yn elfen bwysig wrth benderfynu ar y math o gyllid i'w ddewis.

Risg

Gall Horobin, cwmni cyfyngedig, ddyroddi cyfranddaliadau newydd a chadw elw i gynyddu ei gyfalaf. Yn wahanol i fenthyciad, lle mae'n rhaid talu llog, ni fydd yn rhaid rhoi buddrannau i'r cyfranddalwyr os bydd yr elw'n gostwng neu os bydd y cwmni'n gwneud colled. Efallai, felly, fod mwy o risg i fenthyca nag sydd i gynyddu cyfalaf y busnes. Un ffordd o fesur y risg hwn yw cyfrifo'r GYMHAREB GERIAD (*gearing ratio*), cymhareb y benthyciadau i'r cyfalaf cyfranddaliadau. Byddai cwmni sydd â mwy o fenthyciadau na chyfalaf cyfranddaliadau (h.y. cymhareb geriad o fwy na 100%) mewn sefyllfa beryglus. Mae benthyciadau Horobin yn hafal i 25% o'r cyfalaf cyfranddaliadau (cymhareb geriad o 25%) ac felly mae'n gwmni cymharol ddiogel.

Argaeledd cyllid

Mae rhai mathau o gyllid ar gael i'r rhan fwyaf o fusnesau.
- Gall busnesau, heblaw am rai sy'n cychwyn, ddefnyddio elw cadw.
- Defnyddir gorddrafftiau a benthyciadau banc yn aml. Ond mae busnesau bach fel busnesau unig berchennog yn cwyno yn aml y codir cyfraddau llawer uwch o log arnynt hwy nag ar fusnesau mawr. Mae'r banciau'n cyfiawnhau hyn

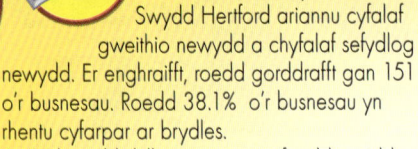

Mae'r tabl yn dangos sut y gwnaeth sampl o 189 o fusnesau bach yn Essex a Swydd Hertford ariannu cyfalaf gweithio newydd a chyfalaf sefydlog newydd. Er enghraifft, roedd gorddrafft gan 151 o'r busnesau. Roedd 38.1% o'r busnesau yn rhentu cyfarpar ar brydles.

1. Beth oedd dull ariannu mwyaf poblogaidd y busnesau?
2. Beth yw'r gwahaniaeth rhwng rhentu ar brydles a hurbwrcas?
3. Pa ddulliau 'eraill' o ariannu sydd, a ddefnyddiwyd gan 11 o'r busnesau yn yr arolwg?
4. Mae angen arian ar gyfranddalwyr cwmni cyfyngedig preifat bach sy'n gweithgynhyrchu dodrefn er mwyn ariannu ehangu. Roedden nhw'n ystyried dyroddi mwy o gyfranddaliadau. Ond wedyn fe welson nhw'r adroddiad yn y *Business Banking Review* a'r tabl uchod a sylweddoli nad oedd fawr ddim o fusnesau yn defnyddio dyroddiadau cyfranddaliadau fel dull ariannu. Ysgrifennwch adroddiad (a) yn egluro rhesymau posibl pam mae hyn yn wir a (b) yn dadlau bod llawer o fanteision i ddyroddiadau cyfranddaliadau o'u cymharu â dulliau eraill o ariannu.

Tabl 32.1 *Dulliau ariannu.*

Math o gyllid	Nifer	Canran
Gorddrafft	151	79.9
Benthyciad	75	39.7
Rhentu ar brydles	72	38.1
Hurbwrcas	62	32.8
Dyroddiadau cyfranddaliadau	11	5.8
Ffactorio	5	2.6
Eraill	11	5.8

Ffynhonnell: Arolwg o gwmnïau bach yn Essex a Swydd Hertford, *Business Banking Review*.

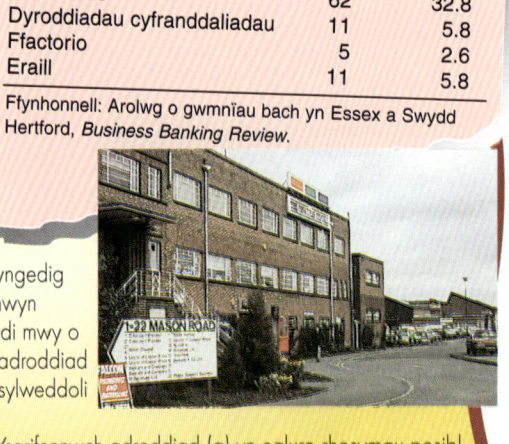

Uned 32 Pa ffynhonnell gyllid?

drwy ddadlau bod busnesau bach yn fwy tebygol na busnesau mawr o fynd yn fethdalwyr neu ymddiddymu. Felly mae mwy o risg i fenthyca i fusnesau bach ac mae'n rhaid iddynt godi cyfraddau uwch o log i wneud yr un gyfradd o elw yn gyffredinol o'i gymharu â benthyca i fusnesau mawr.

- Mae credyd masnach, hurbwrcas, rhentu ar brydles a ffactorio hefyd yn bosibiliadau.
- Mae busnesau bach fel unig fasnachwyr neu bartneriaethau yn cael trafferth i ddod o hyd i bobl neu fusnesau eraill a allai chwistrellu arian i mewn i'w busnes yn gyfalaf soddgyfrannau. Felly, tueddant i ddibynnu ar gael benthyg arian yn hytrach na chodi soddgyfrannau (☞ uned 30).
- Gall cwmnïau cyfyngedig preifat ddyroddi cyfalaf soddgyfrannau ar ffurf cyfranddaliadau, ond tueddir i werthu'r rhain i nifer bach o bobl, yn aml teulu neu ffrindiau. Gall ccc ddyroddi cyfranddaliadau ar gyfnewidfa stoc, sy'n rhoi nifer mawr o fuddsoddwyr posibl mewn cyswllt â'r busnesau.

Termau allweddol

Cymhareb geriad - cymhareb benthyciadau tymor hir cwmni i'w gyfalaf cyfranddaliadau

Rhestr wirio ✓

1 Mae gan fusnes yr anghenion cyllid canlynol. Eglurwch pa fath o gyllid fyddai fwyaf addas ar gyfer: (a) ffatri newydd; (b) car cwmni; (c) cynnydd ym mhryniant cydrannau; (ch) trosfeddiannu cwmni arall; (d) cynnydd yn nifer y gweithwyr a gyflogir; (dd) sefydlu is-gwmni newydd.
2 Eglurwch pam y gallai'r canlynol gael eu hystyried yn arfer busnes gwael. (a) Busnes bach yn prynu peiriant newydd am £50 000 ac yn ariannu hyn drwy gynyddu ei orddrafft. (b) Gwesty yn cael benthyciad o £30 000 i'w ad-dalu dros 5 mlynedd i dalu am gynnydd yng nghostau gweithwyr yn ystod cyfnod prysur gwyliau'r haf; (c) Busnes yn cael morgais ar ei ffatri yn ad-daladwy dros 15 mlynedd i dalu am gar cwmni £30 000 ar gyfer y cadeirydd; (ch) Busnes sydd wedi gwneud colledion am y tair blynedd diwethaf ac sy'n agos at ymddiddymu yn cael benthyciad 5 mlynedd i dalu peth o'i ddyledion eraill.
3 Pam na fyddai'r canlynol yn digwydd? (a) Unig fasnachwraig yn gwerthu cyfranddaliadau yn ei busnes i ariannu cynnydd yn y cyfalaf gweithio. (b) Partneriaeth yn dyroddi dyledebau ar y Gyfnewidfa Stoc. (c) Cwmni cyfyngedig cyhoeddus yn trefnu cael benthyciad o £400 gan ei fancwyr.
4 Eglurwch pam y bydd busnesau mawr yn debygol o gael mwy o ddewis o gyllid na busnesau bach.

Tabl 32.2 *Ffynonellau cyllid*

	Elw cadw	Gorddrafft banc	Benthyciad banc	Rhentu ar brydles a hurbwrcas	Dyledebau	Cyfranddaliadau	Cyfranddaliadau ar farchnad stoc Llundain
Unig berchenogaeth	✓	✓	✓	✓	x	x	x
Partneriaeth	✓	✓	✓	✓	x	x	x
Cwmni cyfyngedig preifat	✓	✓	✓	✓	✓	✓	x
Cwmni cyfyngedig cyhoeddus	✓	✓	✓	✓	✓	✓	✓
Busnes adwerthu cydweithredol	✓	✓	✓	✓	✓	✓	x
Cydweithfa weithwyr	✓	✓	✓	✓	✓	✓	x
Corfforaeth gyhoeddus	✓	✓	✓	✓	✓	x	x

ACHOS CRYNODOL — MANGLO CORGIMYCHIAID

Mae Aled Morris wedi mwynhau potsian â pheiriannau erioed. Mae drwy'r amser yn addasu darnau i wneud iddynt weithio'n well. Cafodd ei syniad am fanglo corgimychiaid (*prawns*) ar ôl siarad â physgotwyr tra ar ei wyliau. Y broblem oedd sut i blicio corgimychiaid ar raddfa fawr. Ar y pryd roedd yn rhaid cymryd y corgimwch a'i chwistrellu â phistylliad o ddŵr. Yna byddai cig y corgimwch yn cael ei wthio allan o'r gragen. Ond roedd y broses yn lafurddwys a chyda cymaint o ddŵr yn cael ei ddefnyddio, roedd yr amodau gwaith yn wael. Buddsoddodd Aled mewn peiriant a weithiai fel mangl, yn gwthio'r cig allan yn fecanyddol yn hytrach na chwistrellu dŵr.

Ar ôl llawer o waith, sefydlodd Aled gwmni, Môrfwyd Morris Cyf, i elwa ar y ddyfais. Ymunodd dau ffrind ag ef. Rhoddodd y tri gyfanswm o £30 000 mewn cyfalaf cyfranddaliadau. Trefnodd y cwmni orddrafft banc o £50 000 a chafodd grant arloesi o £20 000 gan Awdurdod Datblygu Cymru. Yn y flwyddyn gyntaf bu'n rhaid i'r cwmni wario £20 000 yn rhoi patent ar y peiriant. Cyflogwyd gweithiwr i gydosod peiriannau ac i fod yn dechnegydd am gyflog o £15 000. Cost y cydrannau i wneud y peiriannau oedd £10 000. Cost rhentu adeilad oedd £5 000. Y llog ar y gorddrafft oedd £2 000. Cyfanswm costau marchnata a chostau eraill oedd £15 000. Ni thalodd y tri pherchennog ddim i'w hunain ar ffurf cyflogau na buddrannau.

Ond ni werthwyd un peiriant yn y flwyddyn gyntaf. Roedd proseswyr bwyd môr, h.y. y cwsmeriaid posibl, yn amheus iawn o'r peiriant. Roedden nhw wedi prynu peiriannau yn seiliedig ar dechnoleg debyg yn y gorffennol a doedden nhw ddim wedi gweithio. Felly, yn yr ail flwyddyn penderfynodd y cwmni osod peiriannau yn rhad ac am ddim yn ffatrïoedd y cwsmeriaid posibl. Bydden nhw'n rhoi cynnig arnynt a, gobeithio, yn gweld y gellid arbed llawer o arian drwy eu defnyddio. Yna bydden nhw'n eu prynu.

1 Faint o'r canlynol oedd gan Môrfwyd Morris Cyf ar gychwyn y busnes: (i) soddgyfrannau; (ii) benthyciadau; (iii) grantiau?
2 Yn yr ail flwyddyn ni chafodd y cwmni un archeb am ei beiriannau. Pam roedd yn wynebu argyfwng?
3 Mae Aled Morris yn siŵr y bydd cwsmeriaid yn archebu'r peiriannau cyn hir. Maen nhw wedi bod yn gweithio'n dda iawn yn y ffatrïoedd y gosodwyd nhw ynddynt. Fyddai'n well i'w gwmni godi soddgyfrannau newydd neu gael benthyciad? Eglurwch eich rhesymau'n ofalus.

uned 33
SWYDDOGAETH ELW

Gwneud penderfyniadau

Rhaid i fusnesau roi llawer o sylw i ffigurau elw. Os gwnân nhw golledion dros gyfnod, byddan nhw'n debygol o gael eu gorfodi i ddod i ben. Pan wnân nhw elw, mae'n rhaid penderfynu sut i'w ddefnyddio. Gallen nhw, er enghraifft, ei dalu i'r cyfranddalwyr neu brynu peiriant newydd neu gaffael busnes arall. Os oes modd gwneud elw mawr mewn marchnad benodol, efallai y caiff busnes ei demtio i fynd i mewn i'r farchnad honno neu i ehangu'r cynhyrchu.

Gwneud 3000 o brofion ansawdd y dydd.

Mae *United Utilities PLC* yn grŵp sy'n cynnwys *North West Water*, cwmni dŵr, a *NORWEB*, cwmni trydan. Mae'r ddau gwmni yma yn gwasanaethu cwsmeriaid yng Ngogledd-Orllewin Lloegr. Mae gan y grŵp hefyd adran ryngwladol lle mae'n cystadlu â chwmnïau eraill am waith. Yn 1997 trosiant gwerthu y grŵp oedd £2 377 miliwn a'i elw cyn treth oedd £284 miliwn.

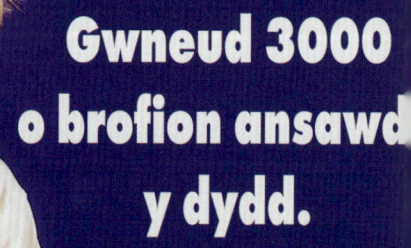

Ffonau

Mae ffonau bron yn gan mlwydd oed, ond mae'r farchnad ffonau yn dal i ehangu. Yn y DU mae gan bron bob cartref ffôn llinell sefydlog. Dim ond un o bob pum cartref, fodd bynnag, sydd â ffôn symudol. Felly mae cwmnïau ffonau symudol yn dal i fuddsoddi cannoedd o filiynau o bunnoedd bob blwyddyn i ehangu eu rhwydweithiau proffidiol iawn.

Ond mae elw mawr i'w wneud hefyd o ffonau traddodiadol llinell sefydlog. Mae cwmnïau cebl wedi bod yn cynnig dewis arall i linellau Telecom Prydain ers tipyn, gan anfon negesau ffôn ar hyd eu llinellau ceblau teledu. Mae'r Rhwydwaith Cenedlaethol (*National Grid*) wedi gosod rhwydwaith ar hyd ei rwydwaith o beilonau, a reolir gan *Energis*. Mae holl gystadleuwyr Telecom Prydain yn rhentu llinellau Telecom Prydain i gwblhau eu rhwydweithiau o ddrws i ddrws.

Mae yna deleffoni lloeren hefyd. Mae'r cwmni *Ionica* yn y DU yn gosod dysgl ar eich tŷ ac yn anelu eich neges ffôn i'r gofod ac yn ôl eto cyn iddi gael ei chymryd gan ddysgl arall neu linell dir i ben ei thaith.

1 Mae cost galwadau ffôn wedi bod yn gostwng dros y deng mlynedd diwethaf ac mae nifer y galwadau ffôn wedi cynyddu. Eglurwch: (a) pwy sydd wedi cael budd o'r tueddiadau hyn; (b) pam y mae wedi hybu busnesau fel Ionica i fynd i mewn i'r farchnad ffonau.
2 Trafodwch a fydd cyfranddalwyr Telecom Prydain, y cwmni ffonau mwyaf yn y DU, yn debygol o ennill neu golli o ganlyniad i'r gystadleuaeth ychwanegol yn y dyfodol.

Diffinio elw

Elw yw'r gwahaniaeth rhwng y derbyniadau a'r costau (☞ uned 23). Ond mae llawer o fathau gwahanol o elw, yn dibynnu ar ba fesur o dderbyniadau a pha fesur o gostau a ddefnyddir. Er enghraifft:

- **elw crynswth** (☞ uned 25) yw'r gwahaniaeth rhwng derbyniadau gwerthiant a chost uniongyrchol gwerthiant;
- **elw net** yw'r gwahaniaeth rhwng y derbyniadau a chost gwerthiant a'r gorbenion;
- **elw cyn treth** yw elw net cyn talu treth gorfforaeth, treth ar elw cwmnïau.

Pwy sy'n cael elw?

Elw yw'r wobr sy'n cael ei thalu i berchenogion busnes am fentro eu harian. Gallai cyfranddalwyr *United Utilities*, er enghraifft, roi eu harian mewn cyfrif banc ac ennill llog yn hytrach na phrynu cyfranddaliadau. Mae angen **cymhelliad taliadau buddrannau** (☞ uned 30) a phosibilrwydd cynnydd ym mhris y cyfranddaliadau i'w perswadio i fod yn berchen cyfranddaliadau.

Bydd y busnes hefyd yn cadw elw yn ôl i ariannu buddsoddiant (☞ uned 30). Yn 1997, er enghraifft, cadwodd *United Utilities* £40 miliwn i'w fuddsoddi yn ei fusnesau.

Dyrannu adnoddau

Mewn **economi marchnad** (☞ uned 3), mae elw'n gweithredu fel arwydd wrth ddyrannu adnoddau. Bydd busnesau sy'n gwneud colledion yn dod i ben yn y tymor hir. Yna bydd y gweithwyr, y ffatrïoedd a'r swyddfeydd a ddefnyddiwyd ganddynt yn cael eu prynu gan fusnesau eraill sy'n fwy llwyddiannus.

Ar y llaw arall bydd busnesau sy'n gwneud elw mawr yn debygol o ehangu. Yn 1995, er enghraifft, ehangodd *North West Water* drwy brynu *NORWEB*. Cafodd ei ddenu gan y posibilrwydd o ennill mwy o elw. Mae gwneud mwy o elw yn gymhelliad pwysig i ehangu. Gallai busnesau eraill hefyd gael eu denu i'r diwydiant os gwelan nhw fusnes sydd yno eisoes yn ennill elw mawr. Felly, yn 1998 ehangodd *NORWEB* ei fusnes drwy gynnig cyflenwi trydan i gartrefi y tu allan i'w ardal draddodiadol yng Ngogledd-Orllewin Lloegr.

Effeithlonrwydd

Mae busnesau sy'n gwneud elw yn gallu parhau i weithredu. Dyma'r busnesau sy'n gwerthu cynnyrch i gwsmeriaid am bris y gellir ei fforddio. Mewn **marchnad gystadleuol** (marchnad lle mae nifer o fusnesau'n cystadlu â'i gilydd am yr un cwsmeriaid), mae'n rhaid bod y busnesau hyn yn darparu ar gyfer y cwsmeriaid gynnyrch sy'n rhoi cystal gwerth am arian, os nad gwell gwerth, na busnesau eraill yn y farchnad. Mae cynnydd yn yr elw yn arwydd:

- naill ai fod y busnes yn gwerthu cynnyrch y mae cwsmeriaid am ei brynu ac yn fodlon talu pris uchel amdano;
- neu fod y busnes wedi llwyddo i ostwng ei gostau.

Mae'r ddau'n awgrymu bod elw'n gysylltiedig ag **effeithlonrwydd** busnes. Mae busnesau rhyngwladol *United Utilities* yn gweithredu mewn marchnad gystadleuol. Oddi ar 1998 bu *NORWEB* yn gweithredu mewn marchnad gystadleuol hefyd. Mae cwmnïau trydan eraill yn cystadlu am ei gwsmeriaid yn Ngogledd-Orllewin Lloegr. Bydd *NORWEB* ar y llaw arall yn cynnig cyflenwi trydan i gartrefi y tu allan i'r Gogledd-Orllewin. Mae elw'n ddangosydd allweddol o effeithlonrwydd y busnesau hyn.

Grym yn y farchnad

Daeth tua thraean o dderbyniadau gwerthiant *United Utilities* yn 1997 o gyflenwi dŵr a'i weithrediadau carthffosiaeth. Mae llawer o'r busnes hwn yn **ddi-gystadleuaeth**. Rhaid i gartrefi yn y Gogledd-Orllewin brynu eu dŵr gan *United Utilities*. Mae gan y cwmni, felly, lawer iawn o **rym yn y farchnad**. Yn ddamcaniaethol, gall godi pa brisiau bynnag a ddymuna gan nad oes gan gwsmeriaid ddewis arall ond prynu dŵr gan *United Utilities*.

Yn ymarferol, mae *United Utilities* yn gyfyngedig o ran y pris y gall ei godi am ddŵr a gwasanaethau carthffosiaeth. Y rheswm yw bod OFWAT (Swyddfa Gwasanaethau Dŵr - *Office of Water Services*) wedi'i sefydlu pan gafodd *North West Water* ei **breifateiddio** (☞ uned 16). Mae gan OFWAT ddyletswydd i bennu uchafswm ar gyfer cynnydd ym mhrisiau dŵr. Mynegir y cynnydd mewn prisiau yn nhermau ffactorau 'K'. K yw'r gyfradd chwyddiant, h.y. y cynnydd cyfartalog ym mhrisiau'r holl gynhyrchion yn y DU dros flwyddyn. Bu i OFWAT ganiatáu i *North West Water* gynyddu prisiau ar y mwyaf K + 2.5% ar gyfer y cyfnod Ebrill 1998-99 (2.5% uwchlaw'r gyfradd chwyddiant o 3.7%).

Mae cael uchafswm fel hyn ar gyfer prisiau yn hybu *North West Water* i ostwng costau, gan mai dyma'r unig ffordd y gall gynyddu elw. Mae gostwng costau yn arwain at fwy o effeithlonrwydd. Mae OFWAT yn cymryd hyn i ystyriaeth wrth benderfynu ar uchafswm ar gyfer prisiau dŵr yn y dyfodol. Mae rheoli prisiau dŵr o fudd i'r cwsmeriaid yn y tymor hir.

Mae OFWAT nid yn unig yn gyfrifol am bennu uchafswm ar gyfer prisiau. Mae hefyd yn gyfrifol am fonitro'r gwasanaeth a roddir gan gwmnïau dŵr i'w cwsmeriaid. Hefyd mae'r Arolygiaeth Dŵr Yfed yn monitro ansawdd dŵr yfed ac mae'r Awdurdod Afonydd Cenedlaethol yn gyfrifol am fonitro ansawdd carthffrwd (*effluent*). Mae ansawdd dŵr a charthffrwd *North West Water* ymhlith yr uchaf yn y DU a Gorllewin Ewrop.

Ffynhonnell: addaswyd o Adroddiad Blynyddol a Chyfrifon *United Utilities PLC*, 1997.

ACHOS C CRYNODOL

PRIS PETROL

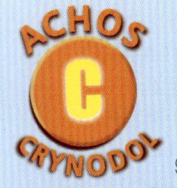

Yn 1997 lansiodd y llywodraeth ymchwiliad i bris petrol. Yn yr 1990au mae mwy a mwy o betrol yn cael ei werthu gan gadwyni uwchfarchnadoedd. Maen nhw wedi gwerthu petrol am brisiau isel iawn. Gallan nhw ddal i wneud elw arno oherwydd y gallan nhw werthu cyfeintiau uchel o safleoedd sy'n gymharol rhad i'w sefydlu a'u gweithredu. Gallan nhw wneud elw ychwanegol o gwsmeriaid a fyddai'n penderfynu gwneud eu siopa yr un pryd.

Yn 1996 penderfynodd *Esso* ymladd yn ôl. Lansiodd *Price Watch*, yn addo y byddai pris petrol *Esso* mor isel â phris unrhyw gystadleuydd yn yr ardal leol. Pam y gwnaeth *Esso* ostwng prisiau?

Yn gyntaf, mae cynlluniau fel *Price Watch* yn gyrru gorsafoedd petrol annibynnol allan o fusnes am na allan nhw gystadlu. Yn 1996 ac 1997 amcangyfrifwyd bod 3 000 o orsafoedd petrol ledled y wlad wedi rhoi'r gorau i werthu petrol. Mae rhai o'u cwsmeriaid yn prynu petrol *Esso* erbyn hyn. Yn ail, mae perchenogion gorsafoedd petrol sy'n gwerthu petrol *Esso* yn cwyno mai nhw sy'n talu am y prisiau isel. Mae *Esso* wedi codi'r rhent ar y safleoedd sy'n eiddo iddo. Mae hefyd wedi gorfodi'r gorsafoedd petrol i dalu am ran o'r cynllun *Price Watch* drwy ostwng yr elw maen nhw'n ei wneud ar bob litr a werthir. Os gall *Esso* werthu llawer mwy o betrol i'w orsafoedd petrol am brisiau ychydig yn is, bydd ei elw'n cynyddu.

Ffynhonnell: addaswyd o'r *Financial Times*, 12 Mehefin 1997.

1. Yn ôl yr erthygl, pam y mae uwchfarchnadoedd yn gwerthu petrol am brisiau isel?
2. Mae *Esso* wedi ymateb i'r uwchfarchnadoedd drwy ostwng prisiau yng ngorsafoedd petrol *Esso*. Eglurwch sut y gall y gostyngiadau hyn mewn prisiau arwain at elw uwch i *Esso*.
3. Rydych yn berchen gorsaf betrol annibynnol. Ysgrifennwch lythyr at eich papur newydd lleol yn egluro pam y mae'r rhyfel prisiau rhwng yr uwchfarchnadoedd a'r prif gwmnïau olew fel *Esso* yn gyrru gorsafoedd petrol annibynnol allan o fusnes a pham y gallai hyn fod yn wael i'r modurwr yn y tymor hir.

Rhestr wirio ✓

1. Disgrifiwch 3 mesur gwahanol o elw.
2. Pwy sy'n derbyn rhan o'r elw mewn cwmni cyfyngedig?
3. Eglurwch sut y mae elw'n gweithredu fel arwydd wrth ddyrannu adnoddau mewn economi.
4. Mae Busnes W, cwmni hamdden, yn gwneud elw mawr iawn. Mae Busnes Y, adeiladwr llongau, yn gwneud colled. Eglurwch yr hyn sy'n debygol o ddigwydd: (a) yn y diwydiant hamdden; (b) yn y diwydiant adeiladu llongau.
5. Pam y gallai elw uchel ddangos bod busnes yn ecsbloetio ei gwsmeriaid?

uned 34

MARCHNATA

Gwneud penderfyniadau

Rhaid i fusnesau werthu'r hyn a gynhyrchant. Rhaid iddynt, felly, wneud penderfyniadau marchnata. Mae'r rhain yn cynnwys:

- pa gynnyrch i'w werthu;
- am ba bris i'w werthu;
- sut y daw'r cwsmer i wybod am y cynnyrch;
- ble fydd y lle gorau i werthu'r cynnyrch i'r cwsmer.

Yn 1989 bu i *PepsiCo*, y gwneuthurwr diodydd a byrbrydau yn UDA, brynu *Walkers* a *Smiths*, dau wneuthurwr creision yn y DU. Trwy farchnata'n ofalus yn yr 1990au llwyddodd i drawsnewid *Walkers*. Yn 1997 roedd twf uchel ac elw uchel gan y brand hwn o greision o safon.

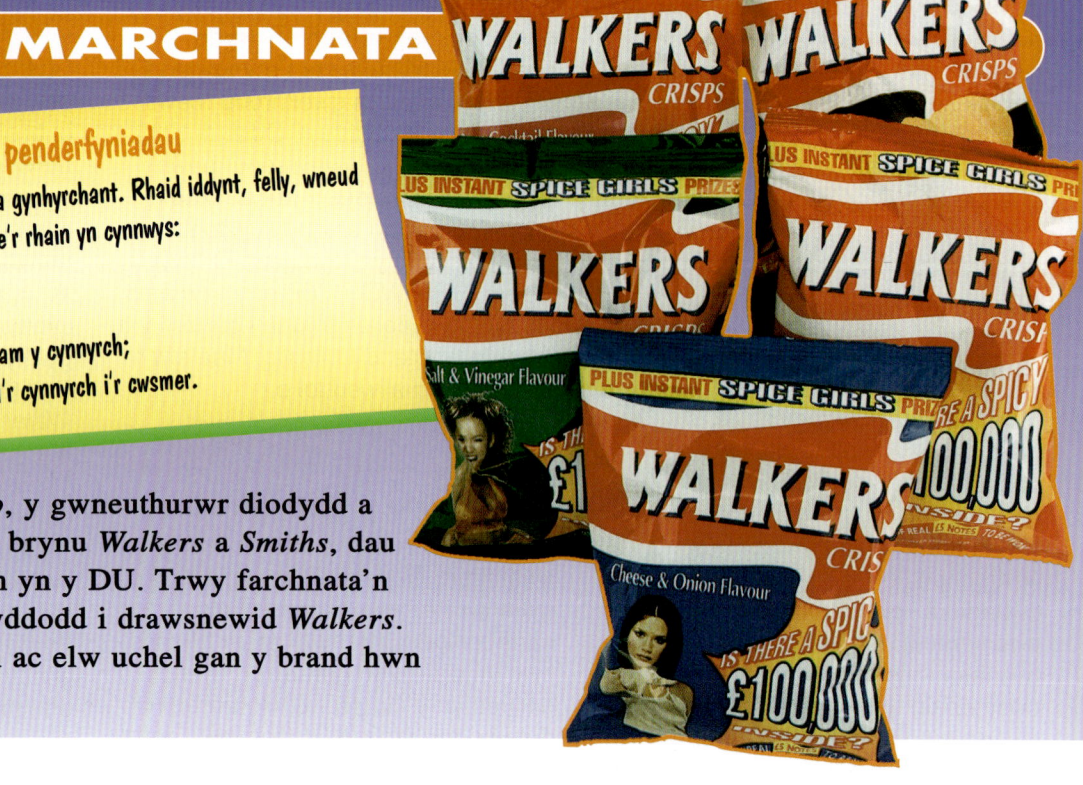

Marchnata

Mae MARCHNATA yn ymwneud â mwy na gwerthu. Mae'n cynnwys:
- ymchwilio i'r farchnad a darganfod yr hyn y mae cwsmeriaid am ei brynu (☞ unedau 35 a 36);
- datblygu a dylunio **cynnyrch** sy'n diwallu anghenion a chwant cwsmeriaid (☞ unedau 37 a 38);
- cynhyrchu'r maint iawn ac o'r ansawdd iawn (☞ uned 38);
- cael y **pris** yn iawn fel bo'r cynnyrch yn un y gall cwsmeriaid ei fforddio ond sydd hefyd yn creu elw i'r busnes (☞ uned 39 a 40);
- sicrhau bod y cwsmer yn gwybod am y cynnyrch drwy **hyrwyddo** (*promotion*) (☞ uned 41);
- sicrhau bod y cynnyrch ar werth mewn **lleoliadau** cyfleus i'r cwsmer gael ei brynu (☞ unedau 42 a 43).

Weithiau defnyddir y term CYMYSGEDD MARCHNATA (*marketing mix*) am y rhestr hon. Pedair elfen y cymysgedd yw cynnyrch, pris, hyrwyddo a lleoliad.

Yr angen am farchnata

Bob blwyddyn caiff miliynau o gynhyrchion newydd eu lansio ledled y byd. Mae'r rhan fwyaf yn aflwyddiannus a rhoddir y gorau i'w cynhyrchu ymhen ychydig. Trwy brynu busnes oedd yn berchen brandiau adnabyddus fel creision *Walkers*, gallai *PepsiCo* osgoi'r risg o geisio lansio cynnyrch newydd a fyddai wedyn yn methu.

Yn 1989, fodd bynnag, doedd *Walkers* ddim yn agos at fod mor llwyddiannus ag y mae heddiw. Roedd

?
1. Pam, yn eich barn chi, y mae angen marchnata'r cynhyrchion hyn?
2. (a) Beth yw ystyr 'y cymysgedd marchnata'?
   (b) Sut, yn eich barn chi, y gallai'r cynhyrchion hyn gael eu marchnata? (Yn eich ateb dylech roi sylwadau ar bob un o elfennau'r cymysgedd marchnata.)

Uned 34 Marchnata

yn frand rhanbarthol nad oedd ar werth ym mhobman yn y DU. Dim ond amrywiaeth gul o flasau a phecynnau oedd i greision *Walkers*. Roedd gwerthiant i fannau adwerthu fel siopau cornel lleol yn wan.

Aeth *PepsiCo* ati i drawsnewid y brand. Dangosodd ymchwil marchnata fod cwsmeriaid am gael creision mwy cras. Yn 1992, felly, newidiwyd o fagiau plastig i fagiau ffoil a fyddai'n helpu i gadw aer allan o'r pecynnau. Yn 1996 dechreuwyd pacio creision mewn bagiau wedi'u llenwi â nitrogen. Parhawyd hefyd i ymchwilio i'r math gorau o datws ar gyfer gwneud creision.

Roedd *PepsiCo* yn ofalus ynglŷn â phrisio'r cynnyrch. Rhwng 1992 ac 1995, er enghraifft, ni chynyddodd ei bris. Y rheswm oedd bod yr economi'n symud yn raddol allan o enciliad (☞ uned 6) ac roedd cwsmeriaid yn ofalus ynglŷn â gwario'u harian. Cynyddwyd y gwariant ar hysbysebu a mathau eraill o hyrwyddo. Er enghraifft cynyddodd y gwariant gymaint â chwarter rhwng 1992 ac 1995 ar adeg pan oedd pris pecyn o greision heb newid.

Yn olaf, bu i *PepsiCo* droi *Walkers* yn frand cenedlaethol. Cynyddodd ei lu gwerthu i sicrhau bod creision *Walkers* yn cael eu gwerthu mewn siopau cornel yn ogystal ag yn yr uwchfarchnadoedd.

Mae angen i fusnesau farchnata'u cynhyrchion am fod cymaint o ddewis yn y farchnad. Mae cynifer o ffyrdd gwahanol y gall cwsmeriaid wario'u harian. Byddai busnes yn hoffi bod mewn **marchnad gwerthwyr** (*sellers' market*) lle nad oes gan gwsmeriaid fawr ddim o ddewis ond i brynu ganddyn nhw. Mewn **marchnad prynwyr**, fodd bynnag, mae'n rhaid i fusnesau gystadlu â busnesau eraill am werthiant. Po fwyaf yw'r gystadleuaeth, mwyaf i gyd y bydd yn rhaid i fusnes fod yn **gyfeiriedig at y farchnad** (*market orientated*) (☞ uned 36) a mwyaf i gyd fydd yr angen am farchnata effeithiol.

Ffynhonnell: addaswyd o'r *Financial Times*, 5 Chwefror 1996 ac wedi'i ddiweddaru i 1998.

termau allweddol

Cymysgedd marchnata - y cyfuniad o ffactorau sy'n helpu busnes i werthu cynnyrch - pris, cynnyrch, hyrwyddo a lleoliad.

Marchnata - y broses reoli sy'n gyfrifol am nodi cynhyrchion sydd â'r potensial i wneud elw ac yna eu gwerthu i gwsmeriaid.

ACHOS CRYNODOL — MARCHNATA

Am bob $3 y mae'n ei gostio i wneud ffilm, bydd stiwdio yn Hollywood yn disgwyl gorfod gwario $2 yn hyrwyddo'i dosbarthu. Oes fer sydd i ffilm. Bydd y rhan fwyaf o'r derbyniadau i dalu am y costau yn cael eu hennill yn y chwe mis cyntaf o'i dosbarthu. Mae derbyniadau swyddfeydd tocynnau yn bwysig. Ond gall breindaliadau (*royalties*) ar drwyddedau cynhyrchion fod hyd yn oed yn bwysicach ar gyfer ffilmiau mawr poblogaidd iawn. Cafodd Disney, er enghraifft, $135 miliwn gan fusnesau eraill ynglŷn â'i fersiwn 1996 o *101 Dalmations*. Talodd McDonald's $35 miliwn am yr hawl i hysbysebu'r ffilm ar y teledu gyda'i enw wedi'i gysylltu â hynny. Yna hyrwyddodd y ffilm yn ei dai bwyta. Treuliodd Dreamworks, gwneuthurwyr *Jurassic Park*, ddwy flynedd yn casglu trwyddedeion cyn lansio'r ffilm ddilynol, *The Lost World*. Talodd 800 o fusnesau freindaliadau i werthu bwyd, crysau T, teganau a byrgyrs yn gysylltiedig â'r ffilm.

Ffynhonnell: addaswyd o'r *Financial Times*, 4 Chwefror 1997.

1. Pam y mae angen marchnata ffilm fel *101 Dalmations* neu *Jurassic Park*?
2. Mae McDonald's yn fusnes sy'n hyrwyddo ffilmiau yn rheolaidd.
   (a) Sut y mae'n defnyddio ffilmiau fel rhan o'i farchnata?
   (b) Pam y mae McDonald's yn fodlon talu stiwdios ffilmiau am yr hawl i ddefnyddio ffilmiau wrth hyrwyddo'i fwyd?
3. Mae gwneuthurwr teganau wedi ennill yr hawl i werthu teganau yn gysylltiedig â *Batman*. Gan ddefnyddio elfennau'r cymysgedd marchnata, trafodwch sut y gallai farchnata'i gynhyrchion.

Rhestr wirio ✓

1. Rhestrwch 4 agwedd wahanol ar farchnata cynnyrch.
2. Beth yw pedair elfen y cymysgedd marchnata?
3. Pam y mae'n rhaid i fusnesau farchnata eu cynhyrchion?
4. Beth yw'r gwahaniaeth rhwng marchnad prynwyr a marchnad gwerthwyr?

uned 35
DADANSODDI'R FARCHNAD

Gwneud penderfyniadau

Rhaid i fusnesau benderfynu ar yr hyn i'w wneud a'i werthu. Rhaid, felly, darganfod pwy fydd cwsmeriaid tebygol y busnes, e.e. fyddan nhw'n hen neu'n ifanc, yn gyfoethog neu'n dlawd, yn byw yn y gogledd neu'r de? Bydd busnesau sydd â'r math hwn o wybodaeth yn fwy tebygol o lawer o lwyddo na busnesau nad ydynt yn gwybod llawer am eu marchnad.

Sky Television yw'r unig wasanaeth darlledu lloeren yn y DU. Ym mis Mawrth 1998 roedd ganddo 4.1 miliwn o danysgrifwyr. Roedd 2.5 miliwn o wylwyr teledu cebl hefyd yn tanysgrifio i sianelau *Sky*. Mae *Sky* yn ennill derbyniadau yn rhannol drwy godi tâl ar wylwyr ond hefyd drwy werthu amser hysbysebu i fusnesau. Mae'n hanfodol ar gyfer llwyddiant y ddau yma fod *Sky* yn dadansoddi ei farchnad wylio.

Dream Team - fe'i comisiynwyd gan *Sky 1* yn rhan o'i ymrwymiad adloniant a gynhyrchir yn y DU

Segmentau'r farchnad

Mae *Sky* yn gwybod bod gwylwyr gwahanol am weld rhaglenni gwahanol. Efallai y bydd dynion ifanc 18-25 oed am weld chwaraeon. Efallai y bydd plant am weld cartwnau. Efallai y bydd merched 40-50 oed am weld ffilm. Mae *Sky*, felly, yn ceisio darparu ar gyfer gwahanol SEGMENTAU O'R FARCHNAD. Rhan o'r farchnad sy'n cynnwys grŵp o brynwyr sydd â nodweddion tebyg yw segment o'r farchnad.

Er enghraifft, dynion yn bennaf sydd yn gwylio *Sky Sports 1*. Rhwng Mawrth 1997 a Mawrth 1998 dynion oedd 71% o'r gwylwyr. O'r dynion hyn, roedd 39% yn 16-34 oed a 38% yn 35-54 oed. Mae *Sky Sports 1*, felly, yn apelio yn bennaf at segment gwrywaidd y farchnad.

Mae rhai busnesau'n gwneud cynhyrchion y gobeithiant y byddan nhw'n apelio at y farchnad gyfan. Mae *Birds Eye Wall's*, er enghraifft, yn gobeithio y bydd pawb, boed yn ifanc neu'n hen, yn ddynion neu'n ferched, yn gyfoethog neu'n dlawd, yn dymuno prynu hufen iâ *Cornetto*. Ond mae llawer o gynhyrchion yn cael eu hanelu at segment o'r farchnad, e.e. mae'r sianel *Nickelodeon* ar *Sky* wedi'i hanelu at blant.

Mae gwybod pwy yw ei gwsmeriaid posibl yn helpu *Sky* i benderfynu ar y rhaglenni ar gyfer y sianelau sydd eisoes ar gael. Mae hefyd yn ei helpu i farchnata ei sianelau. Er enghraifft, mae'n annhebyg y bydd *Sky* yn hysbysebu *Sky Sports 1* mewn cylchgrawn a ddarllenir yn bennaf gan ferched dros 60 oed. Gallai yn hytrach dargedu cylchgronau fel *FHM* a ddarllenir gan ddynion ifanc.

Oed, rhyw, incwm, ardal, grŵp ethnig a galwedigaeth

Gall marchnadoedd gael eu segmentu yn ôl nodweddion y prynwyr.

Oed Mae *Sky* yn cynnig sianelau fydd yn apelio at bobl o oedrannau penodol. Gall plant wylio *Nickelodeon* neu'r *Cartoon Network*. Gall pobl hŷn wylio *Sky News*, sianel newyddion 24-awr. Mae *MTV* yn sianel gerddoriaeth wedi'i hanelu at bobl ifanc ac mae *VH1* yn targedu oedolion sy'n hoff o gerddoriaeth.

---

1 (a) Rhestrwch gynifer o gylchgronau a chomics ag y medrwch a brynir gan neu ar gyfer plant a phobl yn eu harddegau.
(b) Gyferbyn â phob un, nodwch y segment o'r farchnad y mae'n ei dargedu.
2 Mae cwmni cyhoeddi am lansio cylchgrawn newydd proffidiol ar gyfer plant neu bobl ifanc yn eu harddegau. Pa segment o'r farchnad y byddech chi'n ei awgrymu a pham?

Uned 35 Dadansoddi'r farchnad

Tabl 35.1 *Grwpiau economaidd gymdeithasol*

Gradd gymdeithasol	Statws cymdeithasol	Galwedigaeth pen y cartref	% o boblogaeth y DU (yn fras)
A	Dosbarth canol uwch	Uwch reolaethol, gweinyddol neu broffesiynol fel doctoriaid, cyfreithwyr a chyfarwyddwyr cwmnïau	3.5%
B	Dosbarth canol	Canolradd reolaethol, gweinyddol neu broffesiynol fel athrawon, nyrsys a rheolwyr	12-13%
C_1	Dosbarth canol is	Goruchwyliol neu waith clerc ac is reolaethol, gweinyddol neu broffesiynol fel dynion/merched siop, clercod a chwnstabliaid yr heddlu	22%
C_2	Dosbarth gwaith medrus	Gweithwyr llaw medrus fel seiri, cogyddion a gyrwyr trenau	32-33%
D	Dosbarth gwaith	Gweithwyr llaw lled fedrus a di-grefft fel ffitwyr a stôr-geidwaid	19-20%
E	Y tlotaf yn y gymdeithas	Pensiynwyr y wladwriaeth neu weddwon, gweithwyr ysbeidiol neu weithwyr y graddau isaf, neu'r di-waith tymor hir	10%

Mae Sky Scottish wedi'i hanelu at wylwyr yn yr Alban.

cwmnïau fel rheol yn fodlon ei dalu am slotiau hysbysebu.

Rhyw Mae dynion deirgwaith yn fwy tebygol na merched o wylio *Sky Sports 1*. Ar y llaw arall, mae merched yn fwy tebygol o wylio *Sky 1*, sianel sy'n darlledu dangosiadau cyntaf o gyfresi poblogaidd fel *Friends*, *ER* a *The X Files*. Mae'n dangos amrywiaeth o raglenni gan gynnwys comedi, drama a rhaglenni dogfen.

Incwm Mae incwm uwch na'r cyfartaledd gan gartrefi sydd â theledu cebl a lloeren. Maen nhw'n 23% yn fwy tebygol o fod mewn cyflogaeth lawn-amser. Mae'r ystadegau hyn yn bwysig pan fydd *Sky* am werthu cyfleoedd hysbysebu i gwmnïau fel *Ford* neu *Kelloggs*. Po uchaf yw incwm y gwylwyr, mwyaf i gyd y bydd

Ardal Gallai fod chwaeth siopwyr yng Ngogledd-Ddwyrain Lloegr yn wahanol i chwaeth siopwyr yn ardal Llundain. Mae pobl yn Swydd Efrog a Glannau Humber, er enghraifft, yn bwyta mwy o bysgod na phobl mewn unrhyw ranbarth arall yn y DU. Mae angen i fusnesau fod yn ymwybodol o'r gwahaniaethau hyn wrth benderfynu ar yr hyn i'w werthu a sut i'w werthu, e.e. mae'r sianel *Sky Scottish* wedi'i hanelu at wylwyr yn yr Alban.

Grwpiau ethnig, diwylliannol a chrefyddol Yn 1997 doedd *Sky* ddim yn cynnig sianel wedi'i hanelu at

Cardiau teyrngarwch yr uwchfarchnadoedd

Yn Chwefror 1995 lansiodd *Tesco Clubcard*, cerdyn teyrngarwch ar gyfer cwsmeriaid Tesco. Am bob £1 y byddai cwsmer yn ei gwario bydden nhw'n cael ceiniog yn ôl ar y cerdyn. Roedd y cardiau'n llwyddiannus iawn a chyn hir roedd pob un o'r cadwyni mawr o uwchfarchnadoedd wedi lansio cardiau.

Eu prif bwrpas oedd annog cwsmeriaid i siopa gydag un uwchfarchnad yn unig ac i wario mwy o arian. Ond gallan nhw gyflawni pwrpas arall. Yn awr gall yr uwchfarchnadoedd gael gwybodaeth am arferion gwario pob cwsmer unigol sydd â cherdyn teyrngarwch. Pe baech yn prynu dwy botel o win bob wythnos, neu dri *pizza* rhewedig, byddai'r uwchfarchnad yn gwybod, am fod manylion eich bil yn cael eu cofnodi ar ei system gyfrifiadurol ynghyd â gwybodaeth am eich cerdyn teyrngarwch. Gall wybod lle y gwnaethoch siopa a phryd a sut y gwnaethoch dalu.

Mae'r uwchfarchnadoedd yn cael eu gorlwytho â gwybodaeth ar hyn o bryd. Sut y gallan nhw wneud y defnydd gorau o'r holl wybodaeth sydd ar gael iddynt? Mae *Tesco*, er enghraifft, wedi arbrofi â nodi gwahanol fathau o gwsmeriaid. Mewn rhai o'u siopau mae cwsmeriaid sy'n gwario llawer yno ac sy'n prynu gwin yn rheolaidd wedi cael eu gwahodd i nosweithiau caws a gwin. Mae hefyd wedi anfon taflenni drwy'r post yn targedu llysieuwyr, pobl sydd â chlefyd siwgr, myfyrwyr, pensiynwyr ac eraill a nodwyd o ddata *Clubcard*. Yn y dyfodol efallai y bydd uwchfarchnadoedd yn nodi pobl sy'n siopa gyda nhw yn afreolaidd ac yn anfon tocynnau disgownt atynt i'w denu i'r siop yn rheolaidd. Neu efallai y byddan nhw'n targedu pensiynwyr sy'n siopa ar adegau pan fo'r siop yn brysur iawn ac yn cynnig gostyngiad iddynt ar eu bil siopa os gwnân nhw siopa ar adegau llai prysur.

Ffynhonnell: addaswyd o'r *Financial Times*, 18 Mai 1995.

1 Beth yw cerdyn teyrngarwch uwchfarchnad?
2 Sut y gall uwchfarchnadoedd wybod a wnaethoch brynu pecyn o greision ŷd yr wythnos hon os oes gennych gerdyn teyrngarwch?
3 Gellir defnyddio cardiau teyrngarwch i ddarparu gwybodaeth am wahanol segmentau o'r farchnad, e.e. oedran cyfartalog y siopwyr mewn uwchfarchnad benodol neu gyfran y siopwyr mewn uwchfarchnad benodol sydd dros 60 oed.
(a) Rhowch 4 enghraifft arall o wybodaeth y gall cardiau teyrngarwch ei rhoi.
(b) Ar gyfer pob enghraifft, eglurwch sut y gallai uwchfarchnad dargedu'r siopwyr hyn i'w perswadio i wario mwy o arian yn y siop.
4 Mae rhai uwchfarchnadoedd yn llawn iawn ar rai adegau o'r wythnos. Mae uwchfarchnad yn cynnig pwyntiau ychwanegol i gwsmeriaid sydd bob amser yn siopa ar adegau tawel. Mae'n nodi cwsmeriaid sydd weithiau'n siopa ar adegau prysur ac weithiau ar adegau tawel ac mae'n anfon taflen atynt i egluro'r cynnig. Beth fyddai: (a) y manteision; a (b) yr anfanteision i'r uwchfarchnad o wneud hyn?

Uned 35 Marchnata

grwpiau crefyddol. Ond roedd .*[tv]* wedi'i hanelu at bobl â diddordeb mewn cyfrifiaduron ac roedd *CMT* ar gyfer pobl sy'n mwynhau canu gwlad a gwerin. Gallai cyflwyno teledu digidol achosi i fwy o sianelau arbenigol iawn (*niche*) fod ar gael. Erbyn hyn, er enghraifft, mae *Sky* yn cynnig *GOD Channel* ar gyfer pobl grefyddol.

Mae yna raglenni radio a rhaglenni ar S4C sydd wedi'u hanelu at grwpiau crefyddol, e.e. *Dechrau Canu, Dechrau Canmol*. Roedd *NWK*, gorsaf radio wedi'i hanelu at grwpiau Affro-Caribïaidd, wedi darlledu tan 1994.

Gall grwpiau gwahanol roi cyfleoedd i fusnesau werthu nwyddau a gwasanaethau. Ond hefyd mae'n rhaid i fusnesau ofalu wrth werthu cynhyrchion, e.e. ni fyddai Iddew uniongred yn prynu porc ac ni fyddai Hindw yn prynu cig eidion.

Grwpiau economaidd gymdeithasol

Un o'r ffyrdd pwysicaf o rannu'r farchnad yw rhannu defnyddwyr yn GRWPIAU ECONOMAIDD GYMDEITHASOL. Mae hyn yn rhannu pobl yn ôl eu galwedigaeth (swydd) neu alwedigaeth pen y cartref, e.e. y fam neu'r tad mewn teulu.

Mae Tabl 35.1 yn dangos bod pum categori o A i E. Mae categori C yn cael ei rannu'n C1, dosbarth canol is, a C2, gweithwyr llaw medrus. Felly mae *Sky*, er enghraifft, yn gwybod ar sail ei danysgrifiadau fod 47% o'r bobl yn y grwpiau economaidd gymdeithasol A, B a C1 yn tanysgrifio i *Sky Sports 1*. Mae hyn yn disgyn i 23% o'r bobl yn y grŵp C2 ond mae'n cynyddu i 30% o grwpiau D ac E (amcangyfrifon BARB/RSMB).

Ffyrdd eraill o segmentu'r farchnad

Gall busnesau ddadansoddi eu marchnadoedd mewn llawer o ffyrdd ar wahân i'r mathau o ddefnyddwyr. Un ffordd yw p'un ai bod cwsmeriaid yn prynu'r cynnyrch dro ar ôl tro ynteu unwaith yn unig. Mae gan gwsmeriaid sy'n prynu'r cynnyrch dro ar ôl tro deyrngarwch i'r brand. Bydd cwsmer unwaith-yn-unig yn prynu'r cynnyrch unwaith ond yn annhebygol o'i brynu eto. Yn achos *Sky*, er enghraifft, cwsmer dro-ar-ôl-tro fyddai person sydd wedi talu i dderbyn pob digwyddiad talu-i-wylio ym myd chwaraeon dros y ddwy flynedd ddiwethaf. Cwsmer unwaith-yn-unig fyddai person sydd wedi talu i wylio un digwyddiad o'r fath yn ystod y cyfnod hwn.

Ffordd arall o ddadansoddi'r farchnad yw darganfod a brynodd cwsmeriaid y cynnyrch yn fyrbwyll (*on impulse*) neu a fwriadwyd ei brynu. Efallai, er enghraifft, bod un o danysgrifwyr *Sky* yn gwybod bod digwyddiad penodol yn mynd i gael ei ddarlledu fis nesaf ac mae'n bwriadu talu i'w wylio. Efallai bod cwsmer arall yn gweld hysbyseb y diwrnod cyn y digwyddiad ac mae'n penderfynu ar unwaith i dalu i'w wylio.

Bancio dros y ffôn

Mae bancio dros y ffôn yn rhan o ddyfodol bancio. Bydd llai a llai o bobl am fynd i gangen banc ar y stryd fawr gan y byddan nhw'n delio â'u hanghenion bancio dros y ffôn. Eisoes gwneir dwy filiwn o drafodion (*transactions*) y flwyddyn dros y ffôn a disgwylir i'r nifer gynyddu i bron 10 miliwn erbyn y flwyddyn 2000.

Ar hyn o bryd mae'r cwsmer nodweddiadol sy'n bancio dros y ffôn yn ddyn, yn berchen ei gartref ei hun ac yn 24-54 oed. Mae'n ennill o leiaf £20 000 y flwyddyn. Os ydy bancio dros y ffôn i gynyddu, mae'n rhaid denu cwsmeriaid newydd sydd â phroffiliau gwahanol. Mae'r Banc Cydweithredol, arweinydd y farchnad ar hyn o bryd gyda 750 000 o gwsmeriaid, yn hyderus mai 'bancio dros y ffôn yw'r dyfodol ac mae yma i aros'. Gyda changhennau ar y stryd fawr yn ddrutach i'w rhedeg am bob cwsmer na chanolfannau galw rhanbarthol sy'n delio a chwsmeriaid dros y ffôn, mae gan y banciau gymhelliad mawr i wneud yn siŵr y bydd hyn yn digwydd.

Ffynhonnell: addaswyd o *The Times*, 10 Chwefror 1996.

1. Beth yw bancio dros y ffôn?
2. Pwy yw cwsmer nodweddiadol gwasanaethau bancio dros y ffôn?
3. Awgrymwch pam NAD yw cwsmer nodweddiadol gwasanaethau bancio dros y ffôn: (a) dros 70 oed; (b) yn ennill llai na £6 000 y flwyddyn; (c) yn rhentu tŷ; (ch) yn fenyw.

Prosesu geiriau

4. Rydych yn gweithio i'r Banc Cydweithredol. Gofynnwyd i chi lunio adroddiad cryno am fancio dros y ffôn a chwsmeriaid sy'n ferched. Yn eich adroddiad:
   (a) eglurwch pam y mae'n bwysig i'r banc gael mwy o ferched i ddefnyddio gwasanaethau bancio dros y ffôn;
   (b) Trafodwch 2 awgrym ynglŷn â denu mwy o ferched i ddefnyddio'r gwasanaeth.

Ffynhonnell: addaswyd o wybodaeth a roddwyd gan *British Sky Broadcasting Ltd.*

Naseem Hamed yn erbyn Kevin Kelly - digwyddiad talu-i-wylio ar Sky Box Office

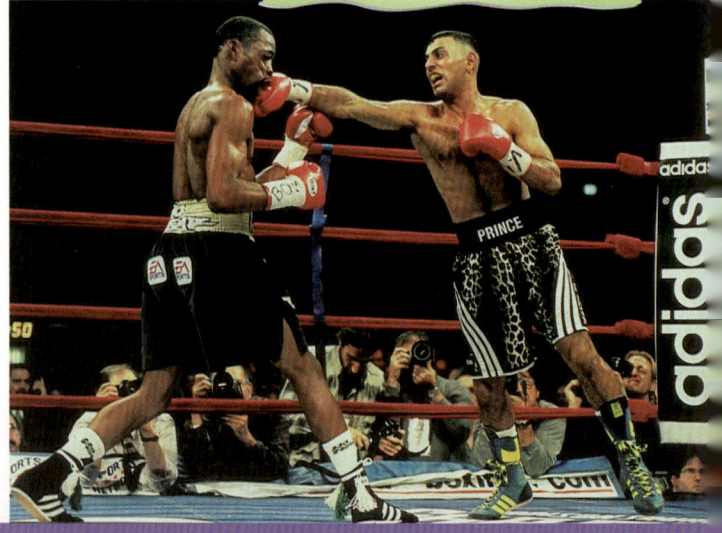

Uned 35 Dadansoddi'r farchnad

NAILL AI atebwch gwestiynau 1 a 2 ar gyfer eich minigwmni NEU atebwch y cwestiynau i gyd ar gyfer Cwmni Blodau Sych.

Cwmni Blodau Sych

Eich syniad busnes yw gwneud trefniadau blodau sych. Mae rhiant un aelod o'r cwmni yn arbenigwraig leol ar drefniadau blodau sych. Mae hi wedi dangos i chi sut i'w gwneud ac mae wedi addo helpu os cewch drafferth. Mae hi hefyd wedi dweud wrthych lle i gael y blodau sych a'r basgedi ar gyfer y trefniadau.

Mae'n dymor yr Hydref. Pris eich cynnyrch fydd £4.99 ac rydych wedi penderfynu ei werthu mewn dwy ffordd. Yn gyntaf rydych wedi argraffu taflenni yn hysbysebu'r trefniadau blodau sych. Rydych wedi gofyn i'ch athrawon/darlithwyr roi taflen i bob myfyriwr yn eu grŵp i'w dangos i'w rhieni. Yn ail, cawsoch ganiatâd i gael stonin yn y Ffair Nadolig ym mis Tachwedd syn boblogaidd iawn gyda'r rhieni.

1 Pa gynnyrch yr ydych yn ei werthu?
2 Pwy fydd eich cwsmeriaid tebygol? Ydyn nhw, er enghraifft, yn debygol o fod yn ddynion neu'n ferched, yn bobl hŷn neu'n bobl ifanc, yn bobl ag incwm uchel neu'n bobl ag incwm isel?
3 Pa ddull, yn eich barn chi, sydd fwyaf tebygol o arwain at werthiant i'r cwsmeriaid a dargedwyd gennych - y daflen neu'r Ffair Nadolig? Eglurwch eich ateb.
4 Rydych wedi penderfynu eich bod am gael ail gynnyrch i'w werthu gyda'ch cynnyrch presennol.
(a) Sut y gallech addasu eich cynnyrch presennol i wneud iddo apelio at segment gwahanol o'r farchnad?
(b) Eglurwch pam y gallai apelio at segment gwahanol o'r farchnad.

termau allweddol

Grwpiau economaidd gymdeithasol - rhannu pobl o A i E yn ôl galwedigaeth (swydd) pen y cartref lle maen nhw'n byw.
Segment o'r farchnad - rhan o farchnad sy'n cynnwys grŵp o brynwyr â nodweddion tebyg, fel oed neu incwm.

Rhestr wirio ✓

1 Pam y mae'n bwysig i fusnes wybod at ba segment o'r farchnad i anelu ei gynhyrchion?
2 Eglurwch y math o berson yn ôl (i) oed, (ii) rhyw, a (iii) incwm sy'n debygol, yn eich barn chi, o brynu: (a) dillad yn *Tammy Girl*; (b) pâr o esgidiau merched yn *Marks & Spencer*; (c) peint o gwrw mewn tafarn; (ch) rhifyn o'r *Financial Times*; (d) car *Porsche*; (dd) gwyliau am fis yn Sbaen yn Chwefror.
3 Beth yw'r gwahaniaeth rhwng unigolion yn y grwpiau economaidd gymdeithasol A a C1?
4 Dydy'r grŵp economaidd gymdeithasol E ddim fel rheol yn darged gwerthu i fusnesau. Pam?
5 Efallai y bydd person yng ngrŵp economaidd gymdeithasol B yn mynd i deithio yn Ffrainc yn yr haf. Efallai y bydd person yng ngrŵp C neu D yn mynd i Benidorm ar wyliau parod. Pam y mae gwahaniaeth yng nghyrchfan gwyliau y ddau grŵp?
6 Beth yw'r gwahaniaeth rhwng cwsmer dro-ar-ôl-tro a chwsmer unwaith-yn-unig?
7 Beth yw prynu byrbwyll?

ACHOS CRYNODOL

CYFARPAR CHWARAEON

Mae gwneuthurwr cyfarpar chwaraeon yn astudio'i farchnad.
1 Beth yw ystyr 'grwpiau economaidd gymdeithasol'?
2 Mae am dargedu'r hysbysebu ar gyfer ei amrywiaeth o'r canlynol: (i) cyfarpar dartiau; (b) cyfarpar pêl-droed; (iii) cyfarpar golff. Sut y gallai'r wybodaeth am grwpiau economaidd gymdeithasol yn Nhabl 35.2 fod yn ddefnyddiol?
3 Mae'r gwneuthurwr yn lansio dwy amrywiaeth newydd: dillad nofio a chyfarpar cadw'n ffit/ioga. (a) Pwy fydd ei gwsmeriaid tebygol? (b) Sut y byddai'n marchnata'r cynhyrchion i dargedu'r cwsmeriaid hyn?
Seiliwch eich ateb ar bedair elfen y cymysgedd marchnata.

Tabl 35.2 *Cymryd rhan mewn chwaraeon a gêmau.*
Y canran ym mhob grŵp a gymerodd ran ym mhob gweithgaredd yn y 4 wythnos cyn y cyfweliad

	Proffesiynol	Cyflogwyr a rheolwyr	Canolradd ac is broffesiynol	Gweithwyr llaw medrus a'r hunangyflogedig nad ydynt yn broffesiynol	Gweithwyr llaw lled fedrus a gwasanaeth personol	Gweithwyr llaw di-grefft
Snwcer, pŵl a biliards	11	12	8	17	10	9
Dartiau	6	5	4	8	6	6
Nofio	27	19	18	10	11	8
Cadw'n ffit, ioga	13	12	18	6	9	8
Pêl-droed	6	3	3	6	3	3
Golff	9	10	5	6	2	2

Ffynhonnell: addaswyd o ONS, *Social Trends*.

125

uned 36

YMCHWIL MARCHNATA

Gwneud penderfyniadau

Mae angen gwybodaeth ar fusnesau er mwyn gwneud penderfyniadau da. Un ffordd o gael y wybodaeth honno yw cynnal ymchwil marchnata. Mae gwahanol fathau o ymchwil marchnata. Rhaid i fusnesau benderfynu pa ddulliau sydd fwyaf tebygol o roi iddynt y wybodaeth y mae arnynt ei hangen.

Un o isadrannau *Cadbury Schweppes*, y cwmni amlwladol mawr sy'n gwneud bwyd a diodydd, yw *Cadbury Limited*. Dyma'r isadran sy'n gweithgynhyrchu siocled yn y DU. Yn 1996 roedd gan *Cadbury Limited* 30% o'r farchnad siocled yn y DU, marchnad oedd yn werth £3.4 biliwn. Mae'n lansio cynhyrchion newydd yn rheolaidd. Cynhelir ymchwil manwl cyn pob lansio i leihau'r risg o fethu. Ym mis Medi 1996 lansiodd bar siocled newydd, *Fuse*, gyda llwyddiant mawr.

Cyfeiriadaeth at gynnyrch a'r farchnad

Mae llawer o fusnesau yn GYFEIRIEDIG AT GYNNYRCH (*product orientated*), h.y. maen nhw'n dylunio a gwneud cynnyrch ac yna'n ceisio argyhoeddi prynwyr i'w brynu. Enghraifft fyddai cwmni cyffuriau fel *Glaxo* yn datblygu cynnyrch i helpu defnyddwyr gyda salwch penodol ac yna'n ei hysbysebu.

Gall busnesau hefyd fod yn GYFEIRIEDIG AT Y FARCHNAD (*market orientated*), h.y. maen nhw'n ceisio darganfod yr hyn y mae defnyddwyr am ei gael cyn gwneud y cynnyrch terfynol. Yn 1996 lansiodd *Cadbury* far siocled newydd, *Fuse*. Cyn hynny ceisiodd *Cadbury* ddarganfod y math o gynnyrch roedd defnyddwyr am ei gael. Y term am ddarganfod yr hyn y mae defnyddwyr am ei gael a'r hyn sy'n gwneud iddynt brynu yw YMCHWIL MARCHNATA (*market research*).

Pam ymchwilio i'r farchnad?

Mae busnesau sydd yn bennaf yn gyfeiriedig at gynnyrch mewn perygl o ddefnyddio cryn dipyn o adnoddau yn lansio cynnyrch sydd wedyn yn fethiant. Bydd ymchwilio i'r farchnad yn lleihau'r risg hwn. Dylai ganolbwyntio ymdrech ymchwil a dylunio ar gynhyrchion sydd â gobaith o lwyddo yn y farchnad. Bydd gan gynnyrch yr ymchwiliwyd iddo'n fanwl lai o siawns o fethu ar ôl ei lansio.

Camau ymchwil marchnata

Mae ymchwil marchnata yn ceisio darganfod yr atebion i gwestiynau busnes ynglŷn â'i farchnad. Dechreuodd datblygiad *Fuse*, er enghraifft, gyda'r cwestiwn sut y gallai *Cadbury* ehangu'r farchnad am felysion siocled a'i gyfran ei hun o sector byrbrydau'r farchnad.

Yna mae'n rhaid i'r ymchwiliwr marchnata benderfynu pa wybodaeth allai fod o gymorth i ateb y cwestiwn

---

Mae cwmni electroneg yn ystyried mynd i mewn i sector nwyddau gwynion y farchnad (h.y. gweithgynhyrchu nwyddau fel rhewgelloedd, peiriannau golchi a pheiriannau golchi llestri).

1 Yn ôl Tabl 36.1, roedd 96% o weithwyr llaw medrus yn berchen peiriant golchi yn 1995. Nodwch 3 ffaith arall a ddangosir gan y tabl.
2 Mae dyluniad y cynnyrch a'i hysbysebu wedi'u hanelu at bobl broffesiynol a chyflogwyr a rheolwyr. Ai strategaeth dda yw hon yn eich barn chi? Rhowch ddadleuon o blaid ac yn erbyn, gan ddefnyddio tystiolaeth o'r tabl.
3 Mae un rheolwr wedi awgrymu y dylai'r cwmni dargedu gweithwyr llaw di-grefft a chartrefi lle mae pen y cartref yn ddi-waith.

(a) Pam, yn eich barn chi, yr awgrymwyd hyn?
(b) Eglurwch a fyddai hyn, yn eich barn chi, yn syniad da neu beidio.

Tabl 36.1 *Cartrefi sydd â nwyddau para: yn ôl grŵp economaidd gymdeithasol pen y cartref, 1995.*

Prydain — Canrannau

	Proff-esiynol	Cyflogwyr a rheolwyr	Eraill nad ydynt yn weithwyr	Gweithwyr llaw medrus	Gweithwyr llaw di-grefft	Pen y cartref yn economaidd anweithredol
cartrefi sydd â:						
Rhewgell	96	95	92	94	86	83
Peiriant golchi	98	98	94	96	88	83
Peiriant sychu dillad	65	71	57	61	44	37
Ffwrn ficrodon	84	83	75	82	65	55
Peiriant golchi llestri	45	45	27	19	5	9

Ffynhonnell: addaswyd o *General Household Survey*.

hwn. Roedd *Cadbury* am gael gwybodaeth am batrwm cyfredol gwerthiant yn y farchnad a sut roedd y farchnad yn newid. Roedd am nodi **segment** o'r farchnad (☞ uned 35) y gallai werthu iddo. Roedd hefyd am i ddefnyddwyr ddweud wrtho am y math o gynnyrch newydd roedden nhw am ei brynu. Bydd yr ymchwiliwr marchnata yn penderfynu sut orau i gasglu'r wybodaeth hon.

Yna caiff y wybodaeth ei chasglu a'i dadansoddi. Yn olaf, mae'n rhaid i'r busnes benderfynu ar yr hyn i'w wneud yng ngoleuni'r wybodaeth a gafwyd. Penderfynodd *Cadbury* lansio cynnyrch newydd ar raddfa genedlaethol.

Ymchwil desg

Mae YMCHWIL DESG yn cynnwys defnyddio DATA EILAIDD, h.y. gwybodaeth sydd eisoes ar gael y tu mewn i'r busnes a'r tu allan iddo.

Gwybodaeth y tu mewn i'r busnes

Bydd busnesau'n casglu gwybodaeth fel mater o drefn, e.e. bydd anfonebau'n dangos faint maen nhw'n ei werthu ac i bwy. Gwyddai *Cadbury* ffigurau gwerthiant ei fyrbrydau, gan gynnwys barrau siocled. Gallai weld y tueddiadau yn y gwerthiant a ddangosai gynnydd yn y galw am fyrbrydau 'bwydaidd' a allai gymryd lle pryd o fwyd.

Gwybodaeth o'r tu allan i'r busnes

Gall busnesau hefyd gasglu gwybodaeth sydd ar gael gan ffynonellau y tu allan i'r busnes. Dangosir rhai o'r ffynonellau hyn yn Ffigur 36.1. Defnyddiodd *Cadbury* adroddiadau ymchwil marchnata oedd yn trafod tueddiadau yn y farchnad byrbrydau ac yn rhoi ffigurau gwerthiant cynhyrchion ei gystadleuwyr fel *Mars* a *Nestlé*. Mae Tabl 36.2, er enghraifft, yn dangos y 20 brand o siocled â'r gwerthiant mwyaf fis cyn lansio *Fuse*.

Ymchwil maes

Mae YMCHWIL MAES yn cynnwys casglu DATA GWREIDDIOL (*primary*) - gwybodaeth na chasglwyd gan neb eto. Mae'n cael ei chasglu'n arbennig ar gyfer yr ymchwil penodol dan sylw. Caiff data gwreiddiol eu casglu drwy ymchwiliad uniongyrchol, fel rheol drwy arsylwi, arolwg neu arbrawf.

Arsylwi

Gall fod yn bwysig gwylio a chofnodi yr hyn y bydd pobl yn ei wneud a **sut** y byddan nhw'n ymddwyn. Efallai, er enghraifft, y bydd uwchfarchnad yn gweld bod y gwerthiant mewn un eil yn y siop yn wael iawn. Trwy arsylwi, gallai weld a oedd siopwyr yn osgoi'r eil honno. Ond all arsylwi ddim dangos **pam** y mae'r cwsmeriaid yn ymddwyn fel hyn.

Arolygon

Fel rheol bydd AROLWG yn cynnwys gofyn cwestiynau i ATEBWYR (*respondents*) - pobl neu sefydliadau. Defnyddiodd *Cadbury* arolwg i ddarganfod arferion a dewisiadau defnyddwyr ynglŷn â byrbrydau. Dangosodd yr arolwg fod byrbrydau yn aml yn cael eu defnyddio yn lle prydau. O'u cymharu â melysion traddodiadol, fel bar siocled pur, ystyriwyd byrbrydau yn bethau oedd â chynhwysion 'bwydaidd' fel grawnfwyd, waffer, bisgedi, cnau mwnci a ffrwythau.

Mae gwahanol ffyrdd o gynnal arolygon. Mae **arolwg post**, lle anfonir HOLIADURON drwy'r post, neu **arolwg papur newydd**, lle gwahoddir darllenwyr i lenwi a dychwelyd holiadur

---

Ffigur 36.1 *Ffynonellau data eilaidd*

- **Ffynonellau mewnol** - e.e. anfonebau gwerthiant, adroddiadau, cyfrifon.
- **Y llywodraeth** - ystadegau cyhoeddedig, e.e. ffigurau gwariant defnyddwyr; adroddiadau, e.e. Adroddiadau'r Comisiwn Cystadleuaeth.
- **Y cyfryngau** - adroddiadau mewn papurau newydd, mewn cylchgronau, ar y radio ac ar y teledu.
- **Cymdeithasau masnach** - ystadegau neu adroddiadau a gyhoeddwyd gan sefydliadau cenedlaethol, e.e. Cyngres yr Undebau Llafur (TUC), Cydffederasiwn Diwydiant Prydain (CBI) neu siambrau masnach, neu gan gymdeithasau diwydiannau, e.e. Undeb Cenedlaethol y Ffermwyr.
- **Sefydliadau ymchwil** - adroddiadau gan sefydliadau arbenigol ym maes ymchwil marchnata, e.e. *Mintel* a *Mori*; erthyglau mewn cyfnodolion (*journals*) academaidd, e.e. cyfnodolion prifysgolion.

Uned 36 Ymchwil marchnata

Yn 1993 bu i'r asiantaeth hysbysebu *Ogilvy and Mather* gynnal arolwg ynglŷn â merched. Trefnodd i ddeuddeg grŵp o ferched gadw dyddlyfr am wythnos. Yn eu dyddlyfr byddai'r merched yn nodi'r hysbysebion a wyliwyd ganddynt a'u hymateb iddynt. Yna mewn grwpiau fe wnaethon nhw drafod eu barn am eu hunain, eu bywydau a'r hyn oedd yn bwysig iddynt. Trafodwyd hefyd eu barn am frandiau a hysbysebu.

Gwelodd yr arolwg fod merched fel winwns, yn cynnwys nifer o haenau. Yn y canol mae 'fi oddi mewn'. Wrth i'r ferch symud o ferch ifanc sengl sy'n gweithio i fam a gwraig tŷ ac yna yn ôl i ferch hŷn sy'n gweithio, mae'r 'fi' yn aros yr un fath. Dyma rai o'r agweddau 'fi' ar ferched:

- y ferch rydd - yn annibynnol, yn hapus, ac yn rheoli;
- y ferch yn ben - bod yn feistres, hyd yn oed pan na ddisgwylir hynny;
- y ferch wedi'i maldodi - yn rhamantaidd, yn ymbleseru, wedi ymlacio;
- y ferch wyllt - yn feiddgar, yn wrthryfelgar ac yn rhywiol.

Roedd yn rhaid i hysbysebion llwyddiannus ar gyfer merched apelio at y 'fi'. Roedd hysbysebion oedd yn trin merched yn nawddoglyd, e.e. llawer o hysbysebion powdrau golchi, yn gwylltio'r merched yn yr arolwg.

Ffynhonnell: addaswyd o'r *Financial Times*, 3 Chwefror 1994.

1 (a) Beth yw ymchwil maes? (b) Pam oedd yr arolwg hwn yn enghraifft o ymchwil maes?

2 Cynhaliwch eich ymchwil desg eich hun. Darganfyddwch a disgrifiwch 4 hysbyseb fyddai'n apelio at: (a) y ferch rydd; (b) y ferch yn ben; (c) y ferch wedi'i maldodi; (ch) y ferch wyllt.

CBG

3 Lluniwch 2 hysbyseb (gan ddefnyddio pecyn cyhoeddi bwrdd gwaith os oes modd), (i) fel lluniad ar gyfer hysbyseb mewn cylchgrawn, (ii) fel rhediad stori ar gyfer hysbyseb ar y teledu. Gallwch ddewis unrhyw gynnyrch a fynnwch. Dylai'r hysbysebion dargedu merched. (a) Dylai'r un gyntaf fod yn hysbyseb fyddai, yn eich barn chi, yn llwyddiannus, yn apelio at y 'fi' mewn merched. (b) Dylai'r ail fod yn hysbyseb fyddai, yn eich barn chi, yn fethiant, yn achosi i ferched beidio â phrynu'r cynnyrch. (c) Eglurwch yn gryno pam y byddai eich hysbysebion yn cael yr effeithiau hyn yn eich barn chi. (ch) Sut y gallech ddarganfod a fyddai eich hysbyseb gyntaf yn llwyddo i apelio at ferched?

Uned 36 Marchnata

mewn papur newydd, yn rhad. Mae **arolygon ffôn**, **cyfweliadau personol** a **phaneli defnyddwyr** yn ddrutach am fod yn rhaid cyflogi cyfwelydd i gynnal cyfweliadau â chwsmeriaid. Dim ond ffracsiwn, fodd bynnag, o'r cwsmeriaid sy'n derbyn arolwg post fydd yn ateb. Bydd cyfran uwch o lawer o'r bobl y cysylltir â nhw yn cymryd rhan mewn cyfweliadau ffôn a chyfweliadau personol. Hefyd gall y cyfwelydd helpu'r atebwyr i ddeall ystyr cwestiynau a sut y dylid eu hateb.

Os cynhelir y cyfweliad yng nghartref yr atebwr, gellir dangos cynhyrchion, pecynnu, ayb er mwyn gallu cofnodi'r ymateb. Yn achos paneli defnyddwyr, lle bydd grŵp o bobl yn cyfarfod, gall ymchwilwyr weld sut y bydd pobl yn ymateb mewn sefyllfa grŵp i gynnyrch neu syniad. Defnyddiodd *Cadbury* ddwy set sylweddol o brofion 'gosod yn y cartref' ar gyfer y cynnyrch, *Fuse*. Gofynnwyd i ddefnyddwyr ddefnyddio'r cynnyrch yn eu cartrefi dros gyfnod penodol. Cafodd eu gweithredoedd a'u barn eu monitro a'u cofnodi. Yna defnyddiodd *Cadbury* ganlyniadau'r profion i gyfrifo tebygolrwydd **prynu eto** (a fyddai defnyddwyr yn prynu *Fuse* arall ar ôl rhoi un cynnig arno) ac **amlder prynu** (pa mor aml y byddai defnyddwyr yn prynu bar *Fuse*).

Dim ond os bydd y cwestiynau a ofynnir yn addas y gall arolygon fod yn ddefnyddiol at ddibenion ymchwil marchnata. Weithiau, er enghraifft, mae'n bwysig gofyn **cwestiynau caeedig**, h.y. cwestiynau sydd ag ateb pendant. Enghraifft fyddai: 'Sawl bar siocled a brynwyd gennych yr wythnos diwethaf?' Ar adegau eraill efallai y bydd yr ymchwilydd marchnata am ddarganfod barn a bydd yn gadael i'r atebwr ddatblygu ateb. Yma mae'n well gofyn **cwestiynau agored** sydd â llawer o atebion posibl. Enghraifft o gwestiwn agored yw 'Pam rydych yn hoffi'r ffordd y paciwyd *Fuse*?'

Samplu

Ni all arolwg ofyn i bob cwsmer am ei farn. Dim ond cyfran neu SAMPL o'r cwsmeriaid y gellir eu holi mewn arolwg. I fod yn ddefnyddiol, mae'n rhaid i'r sampl a ddewisir gynrychioli'r holl ddefnyddwyr (y **boblogaeth**).

Mewn **hap-sampl** (*random sample*) mae gan bob atebwr posibl gyfle cyfartal o gael ei ddewis. Gellir defnyddio haprifau i wneud hyn neu gellir 'dewis pobl allan o het'. Mae'n aml yn go anodd llunio gwir hap-sampl. Felly, dull rhatach a chyflymach yw defnyddio **sampl systematig**, e.e. dewis pob 100fed neu 1 000fed person ar restr fel cyfeiriadur ffôn neu restr etholiadol. Ond dydy sampl systematig ddim yn wir ar hap ac efallai, felly, y bydd y canlyniadau'n llai dibynadwy.

Mewn **sampl cwota**, mae'r sampl yn haenedig (*stratified*). Roedd *Cadbury* am dargedu pobl 16-24 oed yn arbennig a phobl 16-34 *oed* yn fwy cyffredinol gyda'i far *Fuse*. Efallai ei fod yn gwybod bod 2 allan o bob 10 o bobl a brynai barrau siocled yn 0-15 oed, 7 o bob 10 yn 16-34 oed a'r gweddill dros 34 oed. Felly, allan o sampl o 100 byddai *Cadbury* yn holi 70 o bobl sy'n 16-34 oed yn yr arolwg.

Un broblem gyda sampl cwota yw y gellir gofyn i unrhyw bobl sy'n cyfateb i'r disgrifiad gymryd rhan yn yr arolwg. Pe bai *Cadbury* am ddod o hyd i 70 o bobl sy'n 16-34 oed i'w holi, gallen nhw holi'r 70 cyntaf o bobl 16-34 oed a fyddai'n dod allan o dŷ bwyta *McDonald's* yn Llundain. Ond efallai na fyddai'r rhain yn wir gynrychioli'r bobl 16-34 oed ledled y wlad.

Efallai y bydd **hap-sampl haenedig** yn datrys y broblem hon. Sampl cwota yw hwn lle mae'n rhaid dewis ar hap yr holl atebwyr. Er mwyn i'r sampl fod yn hap-sampl, byddai'n rhaid i *Cadbury* ddod o hyd i ryw ffordd o ddewis 70 o bobl 16-34 oed ar hap.

Arbrofion

Gall ymchwilwyr marchnata ddefnyddio technegau arbrofi. Mae lansio cynnyrch newydd yn aml yn gostus iawn. Costiodd *Fuse*, er enghraifft,

Tabl 36.2 *Y brandiau siocled â'r gwerthiant mwyaf cyn lansio Fuse.*

1.	Cadbury's Dairy Milk Megabrand	11.	Cadbury's Wispa
2.	Kit Kat	12.	Cadbury's Time out
3.	Mars	13.	Smarties
4.	Galaxy	14.	Cadbury's Crunchie
5.	Cadbury's Roses	15.	Cadbury's Milk Tray
6.	Snickers	16.	Cadbury's Creme Egg
7.	Quality Street	17.	Bounty
8.	Twix	18.	Milky Way
9.	Maltesers	19.	Cadbury's Caramel
10.	Aero	20.	Yorkie

Ffynhonnell: addaswyd o *General Household Survey*.

Cronfa ddata a phrosesu geiriau

Cynhaliwch arolwg ynglŷn â chreision.

1. Cyn dechrau gofyn cwestiynau, rhaid i chi wneud dau beth. (a) Lluniwch eich holiadur. Dylai hyn ymwneud â: (i) sawl paced y bydd pobl yn ei fwyta; (ii) beth yw eu hoff flasau a brandiau; (iii) ble maen nhw'n prynu creision; (iv) pa ffactorau sy'n dylanwadu arnynt i brynu blas a brand penodol; (v) ydyn nhw'n credu bod creision yn rhan iachus o'u harferion bwyta. Gallech ddefnyddio pecyn prosesu geiriau i ysgrifennu'r holiadur. (b) Penderfynwch ar ba fath o sampl i'w ddefnyddio. Bydd angen holi pobl o wahanol oedrannau ac o'r ddwy ryw.
2. Ewch ati i gynnal yr arolwg.
3. Rhaid dadansoddi'r canlyniadau. Gallech eu cofnodi ar gronfa ddata gyfrifiadurol ac yna byddai'r rhaglen yn gwneud llawer o'r gwaith drosoch.
4. Ysgrifennwch adroddiad cryno. Gallech ddefnyddio pecyn prosesu geiriau ar gyfer hyn. (a) Dylai'r adroddiad amlinellu yn gryno'r holiadur a'r sampl a ddefnyddiwyd. Gawsoch chi unrhyw broblemau gyda'r arolwg? (b) Cyflwynwch yn gryno brif ganlyniadau'r arolwg. (c) Mae cadwyn fach o uwchfarchnadoedd sy'n tyfu yn ystyried lansio creision ei brand ei hun. Beth mae eich arolwg yn awgrymu sy'n bwysig os ydy'r gwerthiant i fod yn uchel?

£10 miliwn i'w ddatblygu a chost ymgyrch hysbysebu'r lansio oedd £4 miliwn. Bydd gwneuthurwyr fel *Cadbury*, felly, yn profi cynhyrchion wrth iddynt gael eu datblygu i wirio eu bod yn debygol o lwyddo. Cafodd mwy na 250 o gynhwysion eu profi cyn cwblhau'r rysáit ar gyfer *Fuse*. Profwyd y cynnyrch yn y profion 'gosod yn y cartref' a ddisgrifiwyd yn gynharach.

Hefyd fel rheol caiff barrau siocled eu **prawf farchnata** (*test marketed*) mewn ardal benodol cyn cael eu lansio ar raddfa genedlaethol. Ond penderfynodd *Cadbury* fod canlyniadau gweddill ei ymchwil marchnata mor bositif fel y byddai'n lansio ar raddfa genedlaethol ar unwaith. Roedd hynny'n cynyddu'r risg pe bai'r cynnyrch yn fethiant. Ar y llaw arall, byddai'n ennill o gael gwerthiant uwch ar unwaith yn hytrach na gorfod aros a lansio ar raddfa genedlaethol yn ddiweddarach.

Penderfyniadau

Pwrpas ymchwil marchnata yw helpu busnes i benderfynu. Roedd *Cadbury* yn credu bod yna botensial i lansio cynnyrch siocled newydd. Casglodd wybodaeth am yr hyn y byddai defnyddwyr am ei gael o gynnyrch newydd. Yna creodd y cynnyrch. Dangosodd profion defnyddwyr y byddai'r cynnyrch newydd yn llwyddiant. Yn olaf, cymerodd *Cadbury* y risg o lansio'r cynnyrch ar raddfa genedlaethol ym mis Medi 1996. Bu'r holl ymchwil marchnata manwl yn werth chweil - bu llwyddiant *Fuse* yn fwy na'r disgwyl.

Ffynhonnell: addaswyd o *Launching a New Product into a Developed Market* gan *Cadbury Schweppes*.

Unned 36 Ymchwil marchnata

termau allweddol

Arolwg - ymchwil sy'n cynnwys gofyn cwestiynau i bobl neu sefydliadau.
Atebwr - person neu sefydliad sy'n ateb cwestiynau mewn arolwg.
Busnes sy'n gyfeiriedig at gynnyrch - busnes sy'n datblygu cynhyrchion heb fawr ddim o ymchwil marchnata neu ddim o gwbl ac yn gobeithio y byddant yn llwyddiannus yn y farchnad.
Busnes sy'n gyfeiriedig at y farchnad - busnes sy'n datblygu cynhyrchion yr ymchwiliwyd iddynt ac sydd wedi'u dylunio i gwrdd ag anghenion defnyddwyr.
Data eilaidd - gwybodaeth sy'n bodoli eisoes, megis cyfrifon a chofnodion gwerthiant, ystadegau'r llywodraeth, erthyglau papur newydd neu adroddiadau gan asiantaethau hysbysebu.
Data gwreiddiol - gwybodaeth a gasglwyd at ddiben penodol drwy ymchwiliad uniongyrchol fel arsylwi, arolygon a thrwy arbrofi.
Holiadur - rhestr o gwestiynau sydd i'w hateb gan atebwyr ac sydd wedi'u llunio i roi gwybodaeth am chwaeth defnyddwyr.
Sampl - grŵp bach allan o boblogaeth gyfan sy'n cael ei ddewis i gymryd rhan mewn arolwg.
Ymchwil desg - casglu gwybodaeth o ddata eilaidd.
Ymchwil maes - y broses o gasglu data gwreiddiol.
Ymchwil marchnata - y broses o gael gwybodaeth am gwsmeriaid, cystadleuwyr a thueddiadau'r farchnad drwy gasglu data gwreiddiol ac eilaidd.

ACHOS C CRYNODOL

DEFFROAD MARCHNATA

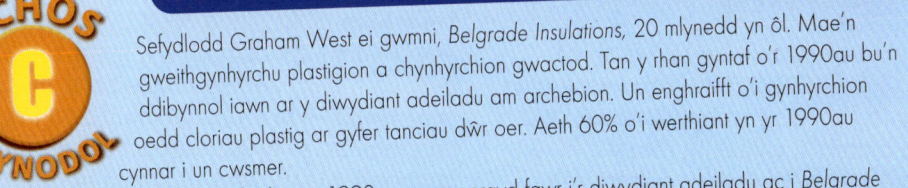

Sefydlodd Graham West ei gwmni, *Belgrade Insulations*, 20 mlynedd yn ôl. Mae'n gweithgynhyrchu plastigion a chynhyrchion gwactod. Tan y rhan gyntaf o'r 1990au bu'n ddibynnol iawn ar y diwydiant adeiladu am archebion. Un enghraifft o'i gynhyrchion oedd cloriau plastig ar gyfer tanciau dŵr oer. Aeth 60% o'i werthiant yn yr 1990au cynnar i un cwsmer.

Rhoddodd yr enciliad yn yr 1990au cynnar ergyd fawr i'r diwydiant adeiladu ac i *Belgrade Insulations*. Roedd angen i'r cwmni gael hyd i farchnadoedd newydd. Dyna pryd y cymerodd y cwmni ran yn y cynllun Buddsoddwyr mewn Pobl. Rhoddodd ymgynghorydd marchnata allanol gymorth i'r cwmni i nodi ei gryfderau a'i wendidau a'r hyn y gallai ei gynnig yn well na'i gystadleuwyr. Yr ateb oedd 'fawr ddim'. Un canlyniad i hyn oedd targedu'r diwydiant cydrannau ceir. Cynhaliwyd arolwg ffôn ynglŷn â chynhyrchion y byddai gan wneuthurwyr cydrannau ceir ddiddordeb yn eu prynu. Rhoddwyd sylw i bob ymholiad, hyd yn oed rhai bach. Dechreuodd y cwmni gynhyrchu prototeipiau ar sail ceisiadau cwsmeriaid. Roedd llawer o'r archebion wedi creu ychydig yn unig o elw neu ddim elw o gwbl. Ond roedd yna gromlin ddysgu serth, gyda'r cwmni yn y pen draw yn gallu cynhyrchu prototeip mewn wythnos neu lai o'i gymharu â'r mis neu ddau a gymerwyd cyn hynny.

Yn 1996 cyflogodd y cwmni weithredwr marchnata llawn-amser i chwilio am ddiwydiannau twf lle gellid defnyddio sgiliau'r cwmni, gan gynnwys eu galluoedd ymchwil a datblygu.

Yn ogystal â chydrannau ceir, mae *Belgrade Insulations* erbyn hyn yn gwerthu i'r diwydiant hamdden, i gwmnïau gwresogi ac awyru ac i'r sector peirianneg cyffredinol. Yn ddiweddar mae wedi canolbwyntio ar waredu gwastraff fel maes twf arall.

Ffynhonnell: addaswyd o'r *Financial Times*, 3 Mehefin 1997, a gwybodaeth a roddwyd gan *Belgrade Insulations Limited*.

1. Beth mae *Belgrade Insulations* yn ei wneud?
2. Pam roedd angen iddo ymchwilio i'w farchnadoedd yn yr 1990au cynnar?
3. (a) Beth yw 'arolwg ffôn'? (b) Beth wnaeth *Belgrade Insulations* ei ddarganfod ar sail ei arolwg ffôn? (c) Sut y gweithredodd yn dilyn yr arolwg ffôn?
4. Awgrymwch 3 ffordd y gallai *Belgrade Insulations*, drwy ddefnyddio ymchwil desg neu ymchwil maes, gael gwybod am 'feysydd twf' eraill ar gyfer ei gynhyrchion.

Rhestr wirio ✓

1. Eglurwch y gwahaniaeth rhwng busnes sy'n gyfeiriedig at y farchnad a busnes sy'n gyfeiriedig at gynnyrch.
2. Beth yw pwrpas ymchwil marchnata?
3. Rhestrwch gamau ymchwil marchnata.
4. Pa ffynonellau gwybodaeth sydd ar gael i rywun sy'n cynnal ymchwil desg?
5. Gwahaniaethwch rhwng ymchwil maes ac ymchwil desg.
6. Mae canolfan siopa am ddarganfod faint o bobl sy'n mynd yno. Sut y gallai gasglu'r wybodaeth hon?
7. Pa wahaniaethau sydd rhwng arolwg post a chyfweliadau personol mewn arolygon?
8. Mae busnes am gymryd hap-sampl o bobl yn ardal Caerdydd. Sut y gallai wneud hyn?
9. Mae gwneuthurwr siocled am ddarganfod a fydd bar newydd o siocled yn gwerthu'n dda yn y DU. Sut y gallai ddarganfod hyn heb fynd i'r gost o lansio'r cynnyrch ar raddfa genedlaethol?

uned 37

Y CYNNYRCH

Gwneud penderfyniadau

Rhaid i fusnesau benderfynu pa gynnyrch neu pa amrywiaeth o gynhyrchion i'w gwerthu. Rhaid penderfynu hefyd pa safon o gynnyrch y dymunant ei gwneud a'i gwerthu, pa enw i'w roi ar y cynnyrch a sut i'w becynnu. Penderfyniad arall fydd a ddylid ceisio brandio'r cynnyrch.

Nestlé yw un o'r cwmnïau mwyaf yn y byd ym maes gweithgynhyrchu bwyd. Yn 1996 roedd ei werthiant yn fwy na £25 biliwn. Roedd ganddo fwy na 221 000 o weithwyr ledled y byd a 489 o ffatrïoedd.

Amrywiaeth y cynnyrch

Mae *Nestlé* yn gwerthu AMRYWIAETH (*range*) o goffi. Yn 1938 roedd wedi dyfeisio *Nescafé*, sy'n dal i fod y brand coffi â'r gwerthiant mwyaf yn y byd.

1 Sut y caiff y pedwar cynnyrch yma eu gwahaniaethu oddi wrth ei gilydd?
2 Pa anghenion a chwant defnyddwyr y mae pob cynnyrch yn eu diwallu?
3 Awgrymwyd y dylai cadwyni byrgyrs fel *McDonald's* neu *Burger King* werthu bwyd ethnig, e.e. cyri Indiaidd. Eglurwch a fyddai'r rhain, yn eich barn chi, mor boblogaidd a phroffidiol â'r bwyd yn eu cymysgedd cynnyrch presennol.

Vegebyrgyr £1.74
Big Mac £0.57
Byrgyr Caws £0.69
Byrgyr £0.57

Mae'r amrywiaeth hon yn rhan o GYMYSGEDD CYNNYRCH y cwmni. *Nestlé* yw'r cynhyrchydd mwyaf yn y byd o ddŵr mwynol fel *Perrier*. Mae hefyd yn gwerthu mwy o ddiodydd siocled nag unrhyw wneuthurwr arall yn y byd. Rhannau pwysig eraill o gymysgedd cynnyrch *Nestlé* yw cynhyrchion llaeth a hufen iâ, siocled a melysion, cynhyrchion coginio a nwyddau fferyllol.

Mae *Nestlé* yn cynhyrchu amrywiaeth o goffi am fod defnyddwyr gwahanol am gael cynhyrchion gwahanol. Yna gall *Nestlé* werthu mwy a gwneud mwy o elw drwy ddiwallu chwant defnyddwyr (☞ uned 1).

Gwahaniaethu cynnyrch

Gan fod *Nestlé* yn cynhyrchu amrywiaeth o goffi, mae'n gallu GWAHANIAETHU ei gynhyrchion. Mae pob coffi'n wahanol. *Nescafé*, er enghraifft, yw'r prif frand ac fe'i prynir gan amrywiaeth eang o bobl. Mae *Gold Blend*, fodd bynnag, wedi'i anelu at ddefnyddwyr sydd am gael coffi mwy aeddfed. Mae coffi sydyn *Alta Rica* a *Cap Colombie* yn ddrutach ac ar gyfer rhan ucha'r farchnad. Maent wedi'u hanelu at ddefnyddwyr sydd am gael coffi sy'n blasu fwy fel coffi ffres. Prynir *Nescafé* digaffein gan ddefnyddwyr sydd am yfed llai o gaffein, y symbylydd mewn coffi. Mae *Nespresso* yn goffi espreso ar gyfer rhan ucha'r farchnad ac mae *Caffèpresso* ar gyfer swyddfeydd fel y gall gweithwyr baratoi cwpanau unigol o goffi.

Ffyrdd o wahaniaethu'r cynnyrch

Mae nifer o ffyrdd pwysig y gall busnesau wneud eu cynhyrchion yn wahanol i gynhyrchion busnesau eraill.

Dyluniad a fformiwleiddiad Mae pob coffi a gynhyrchir gan *Nescafé* wedi'i fformiwleiddio'n wahanol. Mae'n defnyddio cymysgedd gwahanol o ffa ac mae'r broses rostio'n wahanol. Mae *Nescafé 1+2*, a werthir yn Japan, yn wahanol i bob coffi arall am ei fod yn cyfuno coffi, llaeth a siwgr. Yn yr un

Uned 37 Y cynnyrch

Diodydd
Coffi sydyn a hydawdd: e.e. *Nescafé*
Dŵr mwyn a dŵr ffynnon: e.e. *Perrier*
Diodydd siocled a brag (*malted*):
e.e. *Nesquik/Nestlé Quik*
Coffi rhost: e.e. *Nespresso*
Suddion ffrwythau: e.e. *Libby's*
Diodydd te: e.e. *Nestea*

Cynhyrchion llaeth, dieteg a hufen iâ
Llaeth cyddwysedig, llaeth anwedd a llaeth powdr:
e.e. *Carnation*
Bwyd ar gyfer plant bach: e.e. *Petits Pots*
Cynhyrchion llaeth oer: e.e. iogyrtiau ffrwythau *Nestlé*
Maeth oedolion: e.e. *Nestlé Slender*
Hufen iâ: e.e. *Maxibon*

Seigiau parod a chymhorthion coginio
Cynhyrchion rhewedig: e.e. *Findus*
Cynhyrchion tun: e.e. *Buitoni*
Pasta: e.e. *Buitoni*
Nwdls dwyreiniol: e.e. *Maggi*
Sawsiau oer: e.e. *Thomy*
Bwyd cath a chi: e.e. *Friskies*

Amrywiaeth y cynnyrch

Siocled a melysion
Siocled: e.e. *KitKat*
Melysion siwgr:
e.e. *Fruit Pastilles*
Bisgedi: e.e. *São Luiz*

Cynhyrchion fferyllol
Mae tair adran i *Alcan Laboratories*
Cyffuriau therapiwtig offthalmig: e.e. *Betopic*
Gofal am lensys cyffwrdd: e.e. *Opticlean*
Offer ar gyfer llawdriniaeth lygadol a chymysgeddau ar gyfer llawdriniaeth ddeintyddol: e.e. *Legacy*

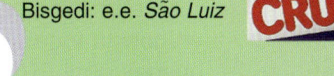

Ffigur 37.1 *Cymysgedd Cynnyrch Nestlé*.

Sellotape

Cyn canol yr 1990au roedd problem gan *Sellotape Ltd*. Yn y DU mae *Sellotape* nid yn unig yn enw brand ar gyfer tâp clir gludiog sy'n cael ei gynhyrchu gan *Sellotape Ltd*. Dyma hefyd yw'r enw Saesneg y mae defnyddwyr yn tueddu i'w roi ar unrhyw dâp clir gludiog a gynhyrchir gan unrhyw gwmni. Os caiff enw eich brand ei ddefnyddio fel enw'r cynnyrch, dylai hyn wireddu breuddwyd y cwmni. Ond yn yr achos hwn roedd gormod o ddefnyddwyr yn prynu selotep na chafodd ei wneud gan *Sellotape Ltd*. Hefyd roedd *Sellotape Ltd* yn cael trafferth i gael defnyddwyr i brynu cynhyrchion eraill a wnaed gan y cwmni ac a werthwyd dan yr enw *Sellotape*. Roedd defnyddwyr yn dueddol o feddwl y byddai unrhyw beth oedd â *Sellotape* ar y pecyn yn cynnwys tâp clir gludiog.

I ddatrys y problemau hyn mae'r cwmni wedi defnyddio nifer o strategaethau. Mae wedi newid enw'r cwmni o *Sellotape Ltd* i *The Sellotape Company*. Bwriad hyn yw dangos ei fod yn gwneud mwy na thâp clir gludiog. Mae pecynnau â lliwiau gwahanol i gael eu defnyddio ar gyfer cynhyrchion nad ydynt yn selotep, gyda llythrennau bras i bwysleisio'r cynnyrch. Bydd logo'r cwmni yn cael llai o amlygrwydd ar becynnau heblaw am becynnau selotep. Gwnaed hyn ar gyfer *Elephant Tape*, tâp brethyn llwyd wedi'i anelu at y farchnad 'eich gwaith eich hun' (DIY). Yn 1995 dyma'r cynnyrch oedd â'r gwerthiant gorau o blith cynhyrchion newydd y cwmni. Mae dyluniad pecynnau cynhyrchion y cwmni yn y farchnad hon yn wahanol i'r hyn sydd yn y farchnad ddefnyddiau swyddfa. Mae amrywiaeth o gynhyrchion is-frand (*sub-branded*) ar gyfer plant wedi'u cyflwyno dan yr enw *Stick It!*

Ffynhonnell: addaswyd o'r *Financial Times*, 23 Tachwedd 1995.

1 Pam roedd gan *Sellotape* Ltd broblem o ran gwahaniaethu ei gynhyrchion?
2 Sut y gallai'r canlynol helpu i wahaniaethu cynhyrchion *Sellotape*:
 (a) ailbecynnu; (b) ailenwi;
 (c) dyluniadau newydd?
3 Trafodwch a fyddai (a) cyfanswm y gwerthiant a (b) cyfanswm yr elw yn cynyddu pe bai enw'r cwmni *Sellotape* yn cael ei dynnu oddi ar ei holl gynhyrchion ar wahân i selotep.

---

modd, mae gwneuthurwyr ceir yn cynhyrchu amrywiaeth o geir. Gall pob model o'r ceir fod â channoedd o gyfuniadau gwahanol o nodweddion, e.e. lliw'r car, maint y peiriant, to haul neu beidio. Mae *McDonald's* yn gwerthu amrywiaeth o fwydydd, e.e. *Big Mac*, *Chicken Nuggets*, coffi. Mae cynhyrchion drutach ar gyfer **rhan ucha'r farchnad** yn debygol o fod o well safon na chynnyrch rhatach ar gyfer y **farchnad dorfol** sydd â mwy o werthiant.

Enw Mae enwau gwahanol ar gynhyrchion gwahanol. Mae enw'r cynnyrch yn bwysig iawn ar gyfer gwerthiant. Byddai galw coffi yn *Yuckoff* neu'n *Cafe Stink* yn debygol o fod yn drychinebus i'r gwerthiant. Yn gyffredinol mae gan gynhyrchion newydd enwau byr sy'n hawdd eu dweud a'u cofio. Dylen nhw ddweud rhywbeth positif am y cynnyrch. Mae *Gold Blend*, er enghraifft, yn cysylltu rhywbeth gwerthfawr (aur) â gair meddal (*blend*) sy'n creu argraff o esmwythder ac aeddfedrwydd. Mae dwy 'o' yn yr enw *Polo*, enw melysion mint a gynhyrchir gan *Nestlé*. Mae hyn yn cysylltu'r enw â'r twll yn y cynnyrch.

Dim ond rhan fach o gymysgedd marchnata'r cynnyrch yw'r enw, fodd

Uned 37 Marchnata

Ffa pob: brandiau yn erbyn ein brand ein hun

Eich tasg yw cymharu ffa pob sydd ag enw brand arnynt â ffa pob 'ein brand ein hun' (own brand) ac ysgrifennu adroddiad. Eich nod yw darganfod ydy cynhyrchion brand yn werth y pris uwch a godir amdanynt fel rheol. Gallai fod yn haws i chi weithio mewn grŵp.

Yn yr ysgol
1. Rhestrwch y gwahanol frandiau o ffa pob; yna rhestrwch enghreifftiau o ffa pob 'ein brand ein hun'.
2. Pa un yw'r prif frand yn y DU a pham?
3. Penderfynwch ar y siopau i'w cynnwys yn eich arolwg o brisiau tuniau ffa pob. Dylech gynnwys o leiaf un uwchfarchnad ac un siop fach leol. Po fwyaf o siopau ac uwchfarchnadoedd a gynhwyswch, gorau oll.
4. Mae angen i chi brynu gwahanol frandiau ar gyfer sesiwn blasu. Rhannwch y gwaith prynu rhyngoch.

Yn y siopau
1. Nodwch brisiau'r ffa pob sydd ar eich rhestr. Bydd gwahanol feintiau i'r tuniau. Bydd angen nodi'r pwysau a'r prisiau.
2. Os gwelwch frandiau eraill, cofnodwch y rheini hefyd.
3. Prynwch y brandiau a'r ffa pob 'ein brand ein hun' sydd i'w defnyddio yn y sesiwn blasu.

Yn ôl yn yr ysgol
1. Trefnu 'blasu dall' gyda gweddill y grŵp. Bydd angen i un person baratoi'r bwyd a'i roi mewn powlenni, gyda rhif ar bob powlen. Dylai'r blaswyr gofnodi'r hyn roeddent yn ei hoffi a'r hyn roeddent yn ei gasáu ynglŷn â phob powlen, e.e. rhy felys, 'yr union liw cywir'. Rhowch farc allan o 5 (5 yw'r marc uchaf) ar gyfer pob powlen.
2. Ar ôl y blasu gellir rhoi'r tuniau gyferbyn â'u powlenni. A ddewisoch chi eich hoff frand?
3. Yna edrychwch ar y pecynnu ar y tuniau. Rhowch sylwadau ar ba mor effeithiol y mae.
4. Cymharwch y cynhwysion drwy edrych ar y labeli.
5. A oedd ffa pob ag enw brand yn well na ffa pob 'ein brand ein hun'? Yn eich adroddiad cymharwch y pris â'r blas, y pecynnu a'r cynhwysion.

Cronfa ddata/Taenlen/Graffigwaith/CBG
Gall canlyniadau'r arolwg a'r blasu dall gael eu cofnodi a'u dadansoddi ar gronfa ddata. Gall y canlyniadau hefyd gael eu cofnodi ar daenlen a gellir cynhyrchu graffiau a siartiau ar sail y data gyda rhaglen graffigwaith. Gellir defnyddio pecyn cyhoeddi bwrdd gwaith i gynhyrchu'r adroddiad terfynol.

---

bynnag. Ni fyddai unrhyw gwmni marchnata wedi cynghori gwneuthurwr ffa pob yn y DU i ddefnyddio'r enw brand *Heinz*, ond dyma'r enw brand mwyaf llwyddiannus ar gyfer ffa pob yn y DU heddiw.

Pecynnu Defnyddir pecynnu i ddosbarthu cynhyrchion yn ddiogel i'r defnyddwyr, e.e. rhoi ffoil o amgylch *KitKat*, cynnyrch arall gan *Nestlé*, i gadw'r bar yn fwy ffres ac i atal dirywiad. Tueddir i werthu coffi sydyn mewn jariau i atal colli'r coffi ac am fod gwydr yn ddefnydd cadarn. Gwerthir *Nescafé Espresso Roast* gyda 'chaead clo clic' sy'n gwneud y jar yn hawdd ei hagor.

Dylai pecynnu hefyd helpu busnesau a defnyddwyr i storio'r cynnyrch, e.e. mae angen gwaelod fflat i boteli er mwyn sefydlogrwydd. Mae pecynnu'n rhoi gwybodaeth i'r cwsmer am y cynnyrch. Ar gynhyrchion rhewedig *Findus*, un o frandiau eraill *Nestlé*, rhoddir amserau coginio yn ogystal â gwybodaeth am ba hyd y gellir cadw'r pecyn yn ddiogel.

Gellir defnyddio pecynnu at bwrpasau eraill hefyd. Mae'n ffordd o **hyrwyddo** y cynnyrch (☞ uned 41). Mae lliwiau, dyluniadau a llythrennau yn denu sylw'r cwsmeriaid. Mae pecynnau *Smarties*, er enghraifft, yn lliwgar am eu bod yn cael eu gwerthu i blant yn bennaf.

Brandio

Byddai pob busnes yn dymuno i'w gynhyrchion fod yn frandiau cadarn. BRAND yw cynnyrch sydd ym marn cwsmeriaid yn wahanol i gynhyrchion eraill sydd yn aml yn debyg. Mae cwsmeriaid, er enghraifft, yn ystyried *Nescafé* a *Necafé Gold Blend* yn ddau gynnyrch gwahanol er mai coffi sydyn yw'r ddau.

Y gwrthwyneb i gynnyrch brand yw CYNNYRCH GENERIG. Mae tatws yn gynhyrchion generig. Yn gyffredinol dydy cwsmeriaid ddim yn gweld unrhyw wahaniaeth rhwng y tatws a gynhyrchir ar un fferm â'r un math o datws a gynhyrchir ar fferm arall. Enghreifftiau eraill o gynhyrchion generig yw glo, dur, llaeth a bananas.

Mae brandio cadarn yn golygu y gall busnes godi PRIS PREMIWM am y cynnyrch, h.y. pris sy'n uwch na'r pris a godir am gynhyrchion tebyg yn y farchnad. Ym mis Hydref 1997, er enghraifft, pris jar o *Nescafé* yn Kwik Save oedd £3.89. Pris pecyn tebyg o goffi *No Frills Kwik Save* oedd £1.29.

Mae dau reswm pam y bydd cwsmeriaid yn fodlon talu prisiau premiwm am gynhyrchion brand. Yn gyntaf, mae ansawdd y cynnyrch fel rheol yn uwch. Byddai *Nestlé*, er enghraifft, yn honni bod blas gwell o lawer i *Nescafé* nag i goffi *No Frills*. Yn ail, tueddir i hysbysebu brandiau yn sylweddol. Mae hysbysebu a mathau eraill o hyrwyddo yn golygu bod cwsmeriaid yn fwy ymwybodol o fanteision honedig y cynnyrch nag y byddent fel arall.

Gwahaniaethu drwy becynnu a chynhwysion. Mae jar sydd â chaead 'clo clic' ar gyfer Nescafé Espresso Roast. Cyfunir coffi, llaeth a siwgr ar gyfer Nescafé 1+2.

Uned 37 Y cynnyrch

Ein brand ein hun

Mae cynnal y brand drwy hyrwyddo a gwella'r cynnyrch yn hanfodol os ydy'r brand i oroesi. Erbyn hyn mae llawer o frandiau'n wynebu cystadleuaeth gref gan gynnyrch 'EIN BRAND EIN HUN', h.y. cynnyrch sydd â labeli brand yr adwerthwyr arnynt, e.e. *Sainsbury's*, *Dixons* neu *Woolworths*. Mae *Nestlé* yn wynebu cystadleuaeth gan goffi 'ein brand ein hun' yn yr uwchfarnadoedd, e.e. brand *Sainsbury's* neu *Tesco*. Mae cynnyrch 'ein brand ein hun' fel rheol yn rhatach na chynhyrchion brand y gwneuthurwyr.

Y perygl mawr i fusnesau fel *Nestlé* yw y gallai cwsmeriaid ystyried bod cynhyrchion 'ein brand ein hun' o'r un safon â chynhyrchion brand y gwneuthurwyr sy'n ddrutach. Pe bai hynny'n digwydd gallai'r cwsmeriaid ddewis cynhyrchion 'ein brand ein hun' am eu bod yn rhatach.

Ffynhonnell: addaswyd yn rhannol o Adroddiad Blynyddol a Chyfrifon *Nestlé*.

Ydych chi erioed wedi prynu bisged *Puffin* gan *Asda*? Cynnyrch 'ein brand ein hun' yw hwn gan *Asda*, yn cyfateb i'r bisgedi brand *Penguin*. Yn 1997 enillodd *United Biscuits*, gwneuthurwyr *Penguin*, achos llys yn erbyn *Asda*. Cyhoeddodd y llys fod pecynnu *Puffin* yn rhy debyg i becynnu *Penguin*. Gallai hynny ddrysu cwsmeriaid. Gallai rhywun godi *Puffin* a meddwl ei fod yn codi *Penguin*. Roedd *United Biscuits* hefyd am i'r llys wahardd *Asda* rhag defnyddio'r enw *Puffin*. Ond penderfynodd y llys nad oedd *Puffin* yn troseddu yn erbyn yr enw masnach *Penguin* ac felly gallai *Asda* barhau i'w ddefnyddio. Mae'r achos hwn yn amlygu problemau cynhyrchion sydd â golwg debyg arnynt. Mae cadwyni uwchfarchnadoedd yn fwyfwy wedi rhoi cynhyrchion 'ein label ein hun' mewn pecynnau sy'n debyg i becynnau cynhyrchion brand. Mae'r enwau hefyd yn debyg iawn.

Ffynhonnell: addaswyd o'r *Financial Times*, 25 Mawrth 1997 ac 19 Mai 1997.

1. Beth yw'r gwahaniaeth rhwng brand ac 'ein brand ein hun'?
2. Dewiswch 3 chynnyrch 'ein label ein hun' mewn uwchfarchnadoedd sydd â golwg tebyg arnynt i gynnyrch brand. Disgrifiwch y pethau sy'n debyg.
3. (a) Pam y mae uwchfarchnadoedd yn cynhyrchu cynhyrchion 'ein label ein hun' sydd â golwg tebyg arnynt i gynhyrchion brand? (b) Pam y mae gwneuthurwyr yn gwrthwynebu hyn?

ACHOS CRYNODOL – ESTYN Y BRAND

Daeth *Persil*, y powdr golchi, yn *Persil* yr hylif golchi llestri. Daeth *Virgin* y label recordiau, yn *Virgin* y siop recordiau, *Virgin* y cwmni hedfan, *Virgin* y pensiwn, *Virgin* y cola, *Virgin* y sinema a *Virgin* y cwmni rheilffyrdd. Daeth *Sainsbury's* yr uwchfarchnad yn *Sainsbury's* yr adwerthwr petrol a *Sainsbury's* y banc. Pam cymryd enw brand un cynnyrch a'i ehangu i gynhyrchion eraill? Un rheswm yw ei bod hi mor anodd sefydlu brand newydd llwyddiannus yn y farchnad. O'r 50 o frandiau nwyddau groser â'r gwerthiant uchaf ym Mhrydain, lansiwyd 4 cyn 1900, 16 rhwng 1900 ac 1950, 21 rhwng 1950 ac 1975 a 9 yn unig ers hynny.

Mae ehangu enw dros amrywiaeth o gynhyrchion yn strategaeth beryglus. Dychmygwch fod gennych frand llwyddiannus o siocled o safon ac yna eich bod yn lansio hufen iâ rhad o safon isel gyda'r enw brand arno. Nid yn unig y gallai'r hufen iâ fod yn fethiant, ond gallai hefyd leihau gwerthiant y siocled. Ond gall fod yn ffordd rad o ehangu'r cymysgedd cynnyrch. Roedd hylif golchi llestri *Persil* yn llwyddiant am fod defnyddwyr yn adnabod yr enw ac yn ei gysylltu â chynnyrch golchi o safon. Fe wnaethon nhw barhau i'w brynu am ei fod yn gynnyrch o safon uchel.

Ffynhonnell: addaswyd o *The Sunday Times*, 3 Tachwedd 1996.

1. Disgrifiwch gymysgedd cynnyrch *Virgin*.
2. Yn 1997 roedd *Heinz* yn cynhyrchu 15 math o ffa pob. Pam y mae ei amrywiaeth o ffa pob mor fawr?
3. Beth oedd y manteision i *Unilever*, gwneuthurwr *Persil*, o estyn yr enw brand *Persil* i hylif golchi llestri? Eglurwch eich ateb gan gyfeirio at yr effeithiau ar y canlynol: (a) gwerthiant; (b) costau; (c) elw.
4. Mae ymgynghorydd yn awgrymu y dylai *Nestlé*, gwneuthurwr *Nescafé*, gynhyrchu 'powdr golchi *Nescafé*'. Eglurwch a fyddai hyn yn llwyddiant i *Nestlé* yn eich barn chi.

---

termau allweddol

Amrywiaeth o gynhyrchion - grŵp o gynhyrchion tebyg a wneir gan fusnes, e.e. nifer o bowdrau golchi gwahanol.
Brand - cynnyrch ag enw y mae cwsmeriaid yn ei ystyried yn wahanol i gynhyrchion eraill.
Cymysgedd cynnyrch - y cyfuniad o gynhyrchion y mae busnes yn eu gwerthu, e.e. powdrau golchi, cosmetigau a meddyginiaethau.
Cynnyrch ein brand ein hun - cynnyrch a werthir dan enw brand cadwyn uwchfarchnadoedd neu adwerthwr arall yn hytrach nag enw'r busnes sy'n gweithgynhyrchu'r cynnyrch.
Cynnyrch generig - cynnyrch a wneir gan nifer o fusnesau gwahanol ond dydy'r cwsmeriaid ddim yn gweld gwahaniaeth rhwng cynnyrch un busnes a chynnyrch busnes arall.
Gwahaniaethu cynnyrch - gwneud un cynnyrch yn wahanol i un arall, e.e. drwy ansawdd y cynnyrch, ei ddyluniad, ei becynnu neu ei hysbysebu.
Pris premiwm - pris sy'n uwch na'r cyfartaledd ar gyfer cynhyrchion o fath penodol.

Rhestr wirio ✓

1. Nodwch 3 enghraifft yr un o gynhyrchion:
   (a) yn amrywiaeth *Birds Eye Wall's* o hufen iâ;
   (b) yn amrywiaeth *Vauxhall* o geir;
   (c) yn amrywiaeth *Cadbury* o siocled.
2. Pam y bydd busnesau fel rheol yn gwerthu amrywiaethau o gynhyrchion yn hytrach nag un cynnyrch unigol?
3. Sut y bydd y busnesau canlynol yn gwahaniaethu eu cynhyrchion: (a) sinema amlsgrin; (b) cwmni recordiau; (c) gwneuthurwr creision?
4. Pam y mae'r enwau brand canlynol yn helpu i werthu eu cynnyrch: (a) *Cadbury's Flake*; (b) *Kellogg's Frosties*; (c) *Bold* a gynhyrchir gan *Proctor & Gamble*?
5. Pam y mae gwneuthurwyr yn defnyddio pecynnu?
6. Beth yw'r gwahaniaeth rhwng cynnyrch brand a chynnyrch generig?
7. 'Caiff brandiau eu gwerthu am brisiau premiwm.' Eglurwch ystyr hyn.
8. Pam y mae cynhyrchion 'ein brand ein hun' yn cystadlu'n llwyddiannus â chynhyrchion brand?

uned 38

CYLCHRED OES CYNNYRCH

Gwneud penderfyniadau

Mae busnesau'n gwerthu cynhyrchion. Mae cylchred oes i'r cynhyrchion. Ym mhob cyfnod gwahanol o'r gylchred oes mae'n rhaid i'r busnes wneud penderfyniadau ynglŷn â phrisio'r cynnyrch, ei hyrwyddo a'i ddosbarthu. Rhaid ystyried hefyd sut y gallai'r cynnyrch gael ei ddatblygu i estyn oes y cynnyrch.

Yn 1994 roedd BMW wedi prynu *Rover Group*, gwneuthurwr ceir yn y DU. Wrth wneud hynny prynodd BMW un o geir mwyaf arloesol y byd - y Mini. Cynhyrchwyd y Mini cyntaf yn 1959. Parhawyd i gynhyrchu'r ceir yma am bedair degawd. Gwerthodd BMW *Rover* yn y flwyddyn 2000 a daeth cynhyrchu'r Mini i ben ym mis Hydref 2000. Mae'r Mini'n gar 'clasurol'.

Cylchred oes cynnyrch

Mae CYLCHRED OES CYNNYRCH yn dangos y cyfnodau y bydd cynnyrch, mae'n debyg, yn mynd trwyddynt dros amser. Gwelir cylchred oes cynnyrch arferol yn Ffigur 38.1. Mae cylchred oes cynnyrch y Mini, yn Ffigur 38.2, yn debyg iawn i hyn.

Y cyfnod datblygu

Mae oes cynnyrch yn dechrau yn y cyfnod **datblygu**. Dechreuodd oes y Mini, er enghraifft, yn 1956. Rhoddodd Syr Leonard Lord, Cadeirydd y *British Motor Corporation* (BMC), orchymyn i'w ddylunwyr i gynllunio car bach newydd. Cymerodd y dylunydd, Syr Alec Issigonis, a'i dîm dair blynedd i gwblhau'r gwaith **ymchwil a datblygu** (☞ uned 46). Roedd hyn yn cynnwys yr amser i addasu ffatrïoedd ceir Longbridge a Cowley i weithgynhyrchu'r Mini. Heddiw byddai **ymchwil marchnata** (☞ uned 36) yn dylanwadu'n helaeth ar ddatblygu car newydd.

Lansio'r cynnyrch

Yna mae'r cynnyrch yn barod i gael ei lansio. Bydd y rhan fwyaf o gynhyrchion a ddaw ar y farchnad yn cael eu cefnogi gan hysbysebu a mathau eraill o hyrwyddo. Daeth y Mini ar y farchnad yn Awst 1959. Fe'i hysbysebwyd yn y papurau newydd ac mewn cylchgronau ceir arbenigol. Rhoddwyd deunydd hyrwyddo yn y **man gwerthu** (☞ uned 41) i rwydwaith BMC o werthwyr ceir. Rhoddwyd modelau o'r car mewn ystafelloedd arddangos fel y gallai cwsmeriaid weld y car.

Cyfnod y twf

Yn ystod cyfnod y **twf** yn y gylchred, bydd gwerthiant ac elw'n cynyddu. Yn 1960, blwyddyn lawn gyntaf y cynhyrchu, cynhyrchwyd 116 677 o geir Mini. Yn 1961 cynyddodd hyn i 157 059.

Aeddfedrwydd y cynnyrch

Yn ystod cyfnod yr **aeddfedrwydd**, bydd y cynnyrch yn cyrraedd uchafbwynt y gwerthiant. Mae'n debygol y bydd costau ymchwil a datblygu wedi'u talu. Mae'r cynnyrch yn ddigon proffidiol i ariannu datblygu cynhyrchion newydd. Yn achos y Mini,

---

Yn y rhan gyntaf o'r 1990au y peiriant gêmau pennaf yn y byd oedd y *Nintendo Super Famicon*. Roedd yn defnyddio technoleg 8 did. Erbyn 1994 roedd y cynnyrch wedi cyrraedd pwynt dirlawnder ac roedd yn agored i ymosodiad. Roedd yn ymddangos y gallai *Sega*, cystadleuwyr *Nintendo* ers tipyn, ennill y frwydr. Fe wnaethon nhw lansio peiriant gwell 32 did yn 1994. Gallai'r *Sega Saturn* chwarae gêmau cyflymach a gwell na thechnoleg 8 did *Nintendo*.

Ond mis ar ôl i'r *Saturn* gael ei lansio, lansiodd *Sony* ei *PlayStation*. Roedd hwn hefyd yn defnyddio technoleg 32 did. Ond llwyddodd *Sony* i fynd ar y blaen yn y farchnad, i raddau helaeth oherwydd rhagoriaeth y gêmau a gynigiwyd. Cynhyrchir y rhan fwyaf o gêmau gan wneuthurwyr annibynnol sy'n trwyddedu technoleg peiriant gêmau. Cynigiai *Sony* well telerau o lawer na *Nintendo* na *Sega* gyda'r canlyniad y dechreuodd llawer o wneuthurwyr annibynnol wneud gêmau ar gyfer y *PlayStation* yn hytrach na'r ddau gynhyrchydd mwy sefydledig. Pan drosneidiodd *Nintendo* y ddau gynhyrchydd arall drwy gynnig peiriant 64 did, gwelodd fod diffyg meddalwedd yn ffactor holl bwysig yn ei fethiant i ddisodli *Sony* fel arweinydd y farchnad.

Ffynhonnell: addaswyd o'r *Financial Times*, 7 Mawrth 1997.

1. Gan ddefnyddio diagram, disgrifiwch gylchred oes cynnyrch debygol y *Sony PlayStation*.
2. Eglurwch pam y bydd cynnyrch fel y *Nintendo Super Famicon* yn agored i ymosodiad pan fydd yn cyrraedd pwynt dirlawnder yn y farchnad.
3. Gellid ystyried lansio gêmau meddalwedd newydd yn strategaeth estyn ar gyfer y *PlayStation*. Eglurwch pam.
4. Sut y gallai *Nintendo* adennill safle arweinydd y farchnad gêmau yn y dyfodol?

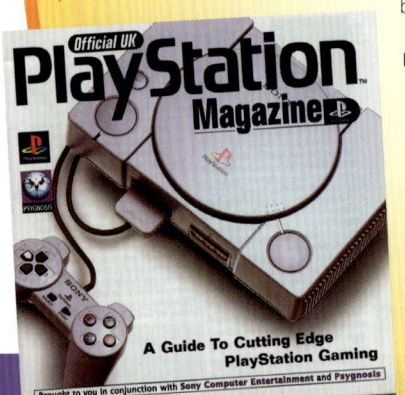

Uned 38 Cylchred oes cynnyrch

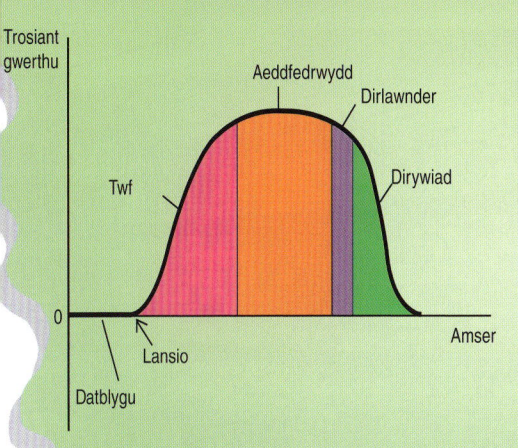

Ffigur 38.1 Cylchred oes cynnyrch.

Ffigur 38.2 Cylchred oes cynnyrch y Mini.

Dirlawnder

Tua diwedd cyfnod yr aeddfedrwydd, bydd y farchnad yn **ddirlawn** (*saturated*). Bydd cystadleuwyr yn lansio cynhyrchion i geisio dwyn gwerthiant i ffwrdd. Yn achos y Mini efallai mai yn yr 1970au y cafwyd dirlawnder. Dechreuodd gwneuthurwyr ceir eraill gynhyrchu eu fersiwn nhw o gar bach i gystadlu â'r Mini.

mae'n debyg y parhaodd cyfnod yr aeddfedrwydd am y rhan fwyaf o'r 1960au a rhan gyntaf yr 1970au.

Bydd gwneuthurwyr yn debygol o geisio estyn cyfnod aeddfedrwydd y cynnyrch am gyhyd ag sy'n bosibl. Byddai cynhyrchu cynnyrch newydd sbon yn golygu wynebu'r holl gostau cychwyn eto. Bydd busnesau, felly, yn gwneud defnydd o **strategaethau estyn** (*extension strategies*). Mae hyn yn golygu newid y cynnyrch ychydig i roi apêl ffres iddo i'w farchnad dargedol. Gall strategaeth estyn hefyd helpu cynnyrch i apelio at **segment** newydd (☞ uned 35) o'r farchnad.

Cafodd y Mini ei newid yn gyson yn ystod ei oes. Yn 1961, er enghraifft, lansiwyd fersiwn o'r enw *Mini Cooper* oedd â pheiriant mwy pwerus. Yn 1964 rhoddwyd ar werth fersiwn oedd yn debyg i jîp, sef y *Mini Moke*. Yn 1967 rhoddwyd gweddnewidiad i'r amrywiaeth o geir Mini gyda'r Minis newydd yn cael yr enw *Mark II*. Mewn gwirionedd cafodd amrywiadau newydd eu lansio yn y rhan fwyaf o flynyddoedd bodolaeth y Mini.

Dirywiad

Yn y pen draw bydd cynnyrch yn cyrraedd cyfnod y **dirywiad**. Y digwyddiad allweddol a achosodd ddirywiad y Mini oedd lansio'r Metro yn 1980. Math o oruwch-fini oedd hwn a gynhyrchwyd gan y *Rover Group*, y cwmni ceir a fyddai ymhen amser yn cynhyrchu'r Mini ac yn olynydd i BMC. Cymerodd y car newydd lawer iawn o werthiant i ffwrdd o'r Mini. Ond parhaodd y *Rover Group* i gynhyrchu amrywiadau newydd o'r Mini er mwyn estyn oes y cynnyrch.

Ffynhonnell: addaswyd o wybodaeth a roddwyd gan Kevin Jones, *Rover Group Ltd*.

ACHOS CRYNODOL: COCA COLA

Mae hanes Coca Cola yn un o lwyddiant rhyfeddol. Ar ôl tua 100 mlynedd, mae'r ddiod hon yn parhau i werthu mwy bob blwyddyn. Dyma ddiod cola bennaf y byd a diod garbonedig bennaf y byd. Pam nad aeth y ddiod hon i gyfnod o ddirywiad ddegawdau yn ôl?

Un rheswm yn nhermau byd-eang yw bod Coca Cola yn gyson yn gwthio'i ddiod i feysydd newydd. Yn China, er enghraifft, does dim llawer yn yfed Coca Cola. Roedd hyn yn rhannol am fod llywodraeth China wedi gwahardd Coca Cola tan yn ddiweddar. Rheswm arall yw bod llawer o China yn dal i fod yn dlawd heb fedru fforddio nwyddau moeth fel diodydd ffisiog. Ond mae Coca Cola yn y farchnad yn China, yn manteisio ar ba gyfleoedd marchnata bynnag a welir. Gyda chwarter o boblogaeth y byd yn byw yn China, mae'r potensial am dwf yn enfawr.

Rheswm arall dros barhad llwyddiant Coca Cola yw ei barodrwydd i arloesi. Dros 30 mlynedd yn ôl, er enghraifft, rhoddwyd Coca Cola mewn tuniau am y tro cyntaf. Yn 1993 rhoddwyd Coke mewn poteli plastic 20 owns oedd â siâp tebyg i'r botel wydr adnabyddus a ddefnyddiwyd gan Coca Cola. Cynyddodd hyn werthiant Coke. Yn 1997 lansiwyd tun oedd eto â siâp tebyg i'r botel wydr.

Efallai nad ydy rhoi Coke mewn cynwysyddion o fathau a meintiau gwahanol yn ymddangos yn bwysig. Ond mae pecynnu yn rhan holl bwysig o gymysgedd marchnata unrhyw ddiod ysgafn. Rhaid i Coca Cola ymateb i'r hyn y mae'r farchnad am ei gael neu bydd cystadleuydd yn dwyn cyfran o'r farchnad i ffwrdd o arweinydd y farchnad.

Ffynhonnell: addaswyd o'r *Financial Times*, 10 Rhagfyr 1996 a 3 Mawrth 1997.

1. (a) Lluniwch a labelwch ddiagram o gylchred oes cynnyrch.
   (b) Eglurwch ym mha ran o gylchred oes cynnyrch y mae Coca Cola yn:
      (i) China; a (ii) yr Unol Daleithiau.
2. Pa strategaethau estyn y mae Coca Cola wedi'u defnyddio?
3. Trafodwch 2 strategaeth estyn arall a allai, yn eich barn chi, gynyddu gwerthiant Coca Cola.

termau allweddol

Cylchred oes cynnyrch - y cyfnodau y bydd cynnyrch yn mynd trwyddynt o'i ddatblygiad i'r adeg y caiff ei dynnu oddi ar y farchnad.

Rhestr wirio ✓

1. Beth sy'n digwydd yn ystod y cyfnod datblygu yn oes cynnyrch?
2. Pam y mae'n debygol y bydd angen hysbysebu a hyrwyddo wrth lansio cynnyrch?
3. Mae elw cynnyrch sy'n arweinydd y farchnad yn ystod cyfnod ei aeddfedrwydd yn tueddu i fod yn uchel iawn. Pam?
4. Beth yw strategaeth estyn?
5. Beth sy'n digwydd i gynnyrch yn ystod cyfnod dirywiad y gylchred oes?

135

uned 39

PRISIO

Gwneud penderfyniadau

Pris yw un o elfennau'r cymysgedd marchnata. Rhaid i fusnes benderfynu sut i brisio ei gynnyrch. Wrth wneud y penderfyniad hwn, mae'n rhaid ystyried:
- pa brisiau a godir gan ei gystadleuwyr;
- sut y gellir defnyddio pris i gynyddu gwerthiant y cynnyrch;
- a fydd y pris yn talu'r costau cynhyrchu.

Mae'r diwydiant recordiau yn fusnes mawr. Gwerthwyd 71 miliwn o recordiau sengl yn 1996. Roedd gwerthiant cryno-ddisgiau bron yn 140 miliwn. Yn 1996 roedd 52% o'r boblogaeth yn berchen chwaraewr cryno-ddisgiau o'i gymharu â 27% yn 1992. Bydd cwmni recordiau fel *EMI* neu *Sony* yn gwerthu ei gryno-ddisgiau i adwerthwyr (siopau), lle bydd pobl yn eu prynu. Sut y bydd cwmni recordiau yn penderfynu ar y pris i'w godi ar yr adwerthwr am ei gryno-ddisgiau? Sut y bydd adwerthwr yn penderfynu ar y pris i'w godi ar y defnyddwyr?

Prisio ar sail cystadleuaeth

Un ffordd y bydd cwmnïau recordiau yn penderfynu ar bris gwerthu eu cryno-ddisgiau yw edrych ar y prisiau a godir gan gwmnïau eraill. Y term am hyn yw PRISIO AR SAIL CYSTADLEUAETH. Os bydd cwmni'n gwerthu cryno-ddisg i adwerthwr am £20 pan fydd pris cryno-ddisgiau eraill tua £10, bydd yn debygol o golli gwerthiant. Ar y llaw arall, gallai gwerthu cryno-ddisg newydd am £3 roi'r neges nad yw'r cryno-ddisg o ansawdd da.

Bydd gosod y pris yn ôl cyfartaledd y farchnad yn osgoi cystadleuaeth brisiau ac mae'n strategaeth ddiogel. Yna gall y cwmni recordiau ddefnyddio strategaethau eraill i gystadlu, e.e. hysbysebu neu ddarparu cryno-ddisgiau gan fandiau newydd y mae'n tybio y byddant yn boblogaidd.

Prisio sy'n gyfeiriedig at y farchnad

Dewis arall yw PRISIO SY'N GYFEIRIEDIG AT Y FARCHNAD. Yma bydd y pris a godir yn seiliedig ar ddadansoddiad o'r farchnad a'i nodweddion.

Disgowntiau, cynigion arbennig a sêls

Gallai cwmni recordiau roi disgownt arbennig ar gryno-ddisgiau penodol am gyfnod i gynyddu'r gwerthiant. O Awst tan ddiwedd y flwyddyn, er enghraifft, gallai adwerthwyr gael disgownt ar archebion mawr am gryno-ddisgiau hŷn gan artistiaid enwog. Yn yr haf ac ym mis Ionawr, bydd adwerthwyr yn aml yn cynnal sêls. Mae'r rhain yn ffordd o gael gwared â stoc na werthodd yn dda am ei bris arferol ar adegau eraill o'r flwyddyn. Efallai hefyd y bydd adwerthwyr yn cynnig nwyddau **ar golled** (*loss leader*), h.y. nwyddau sydd wedi'u prisio mor rhad fel na fydd yr adwerthwr yn gwneud elw arnynt a gall hyd yn oed wneud colled ar bob gwerthiant. Ond mae'r rhain yn denu cwsmeriaid i mewn i'r siop a byddan nhw wedyn yn prynu nwyddau eraill am y pris llawn.

? Awgrymwch pam y gallai'r diodydd a welir yn y ffotograff i gyd fod â phris tebyg.

Uned 39 Prisio

Telecom Prydain

Mae gan Telecom Prydain strwythur prisio cymhleth ar gyfer ei gwsmeriaid busnes a'i gwsmeriaid preswyl. Mae'r tablau isod yn dangos yr hyn a godir am alwadau lleol, rhanbarthol a chenedlaethol yn y dydd, yn yr hwyr ac ar benwythnosau. Rhaid ychwanegu TAW o 17.5% at bob pris yn y tablau.

Gall cartrefi ddewis talu rhent llinell sefydlog uwch a chael costau is am alwadau. Mae'r cynllun Ffrindiau a Theulu yn cynnig 25% oddi ar gostau galwadau a wneir i hyd at 10 rhif dynodedig (*designated*). Gall cwsmeriaid sydd â biliau ffôn isel iawn gael ad-daliad.
(Y prisiau ar 31 Hydref 1997)

1. Faint fyddai'n ei gostio i fusnes bach yn Llundain ffonio Abertawe am 10 munud heb gynnwys TAW?
2. Heb gynnwys TAW, faint fyddai'n ei gostio i gwsmer preswyl yn Llanelli ffonio rhywun ychydig o strydoedd i ffwrdd: (a) 10 a.m. ddydd Llun; (b) 7 p.m. nos Fawrth; (c) 1 p.m. ddydd Sul?
3. Awgrymwch pam y mae gan Telecom Prydain strwythur prisiau mor gymhleth.
4. Gorfodir Telecom Prydain gan ei reolydd i ostwng ei brisiau 5% ar gyfartaledd. Mae cwmni ffôn arall newydd ostwng ei brisiau i'w gwsmeriaid busnes 10%. Trafodwch a ddylai Telecom Prydain ostwng ei holl brisiau 5%, neu ostwng ei brisiau i gwsmeriaid busnes fwy na 10% ac i'w gwsmeriaid preswyl lai na 5%, neu i'r gwrthwyneb.

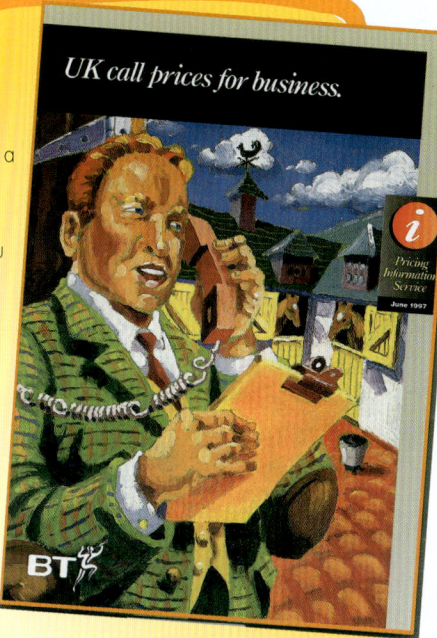

Tabl 39.1 *Pris galwadau yn y DU ar gyfer defnyddwyr busnes. Rhent llinell am linell sengl £35.84 y chwarter (3 mis). Mae pob galwad yn agored i gost isaf o 4.2c.*

dydd (Llun i Gwe 8am-6pm)

	lleol	rhanbarthol (hyd at 35 milltir)	cenedlaethol (mwy na 35 milltir)
Ceiniogau y munud	3.36c	6.73c	6.73c

yr hwyr a'r nos (Llun i Gwe cyn 8am ac ar ôl 6pm)

	lleol	rhanbarthol (hyd at 35 milltir)	cenedlaethol (mwy na 35 milltir)
Ceiniogau y munud	1.4c	3.36c	3.95c

penwythnos (Canol nos Gwe - Canol nos Sul)

	lleol	rhanbarthol (hyd at 35 milltir)	cenedlaethol (mwy na 35 milltir)
Ceiniogau y munud	0.85c	2.80c	2.80c

Ffynhonnell: addaswyd o *UK Call Prices for Business*, Telecom Prydain.

Tabl 39.2 *Pris galwadau yn y DU ar gyfer defnyddwyr preswyl. Rhent llinell am linell sengl £26.62 y chwarter (3 mis). Mae pob galwad yn agored i gost isaf o 5c.*

dydd (Llun i Gwe 8am-6pm)

	lleol	rhanbarthol (hyd at 35 milltir)	cenedlaethol (mwy na 35 milltir)
Ceiniogau y munud	3.95c	7.91c	7.91c

yr hwyr a'r nos (Llun i Gwe cyn 8am ac ar ôl 6pm)

	lleol	rhanbarthol (hyd at 35 milltir)	cenedlaethol (mwy na 35 milltir)
Ceiniogau y munud	1.65c	3.95c	4.18c

penwythnos (Canol nos Gwe - Canol nos Sul)

	lleol	rhanbarthol (hyd at 35 milltir)	cenedlaethol (mwy na 35 milltir)
Ceiniogau y munud	1c	3.29c	3.29c

Ffynhonnell: addaswyd o *UK Call Prices*, Telecom Prydain.

Mae gwerthu disgiau un gân am £1.99 ar y cychwyn yn enghraifft o brisio treiddio

Priswahaniaethu Mae cwmnïau recordiau yn gwerthu cryno-ddisgiau am brisiau gwahanol mewn rhannau gwahanol o'r byd. Y term am werthu'r un cynnyrch am brisiau gwahanol i **segmentau gwahanol o'r farchnad** (☞ uned 35) yw PRISWAHANIAETHU (*price discrimination*). Gallai'r cwmni recordiau geisio codi yr hyn y bydd y farchnad yn ei 'oddef' er mwyn ennill yr elw mwyaf posibl ym mhob marchnad. Gallai, er enghraifft, godi mwy yn y DU nag yn UDA pe bai'r prynwyr ym Mhrydain yn fodlon talu prisiau uwch na phrynwyr yn America. Mae gan lawer o gwmnïau recordiau hefyd amrywiaeth bris is neu 'bris canol' h.y. byddan nhw'n codi pris is am grynoddisgiau hŷn gan artistiaid enwog ond bydd cryno-ddisgiau mwy diweddar yn aros ar y pris llawn.

Uned 39 Marchnata

Chwyldro yswiriant ceir

Yn y gorffennol bu yswiriant ceir yn fusnes gweddol gysglyd. Tueddai modurwyr teyrngar i adnewyddu eu hyswiriant flwyddyn ar ôl blwyddyn heb wirio a oedd dewisiadau eraill yn rhatach.

Newidiodd Peter Wood hyn drwy sefydlu *Direct Line*. Fe wnaeth hynny chwyldroi'r diwydiant yswiriant mewn dwy ffordd. Yn gyntaf, roedd yn cystadlu ar sail prisiau, gan geisio rhoi'r pris isaf i yrwyr diogel. Yn ail roedd yn gwerthu ei yswiriant yn uniongyrchol i'r modurwr dros y ffôn. Cyn hyn tueddai cwmnïau yswiriant i ddefnyddio brocerwyr, h.y. busnesau yn y canol rhwng y cwsmeriaid a'r yswirwyr, oedd fel rheol â changhennau yn y stryd fawr.

Gallai *Direct Line* fforddio cynnig prisiau is. Fyddai ddim yn yswirio gyrwyr risg uchel. Doedd dim rhaid iddo dalu comisiwn i frocerwyr am werthu ei yswiriant i fodurwyr. Roedd ei gostau trefniadaethol yn isel iawn. Gyda chostau isel, gallai fforddio codi ychwanegiad at y pris cost (*mark-up*) oedd yn galluogi iddo fod yn broffidiol iawn. Cafodd ei gystadleuwyr eu gorfodi i newid, gan ostwng eu costau a sefydlu eu cyfundrefnau gwerthu uniongyrchol eu hun.

Ffynhonnell: addaswyd o *The Sunday Times*, 17 Tachwedd 1996.

1 Pa gynnyrch y mae *Direct Line* yn ei werthu?
2 Awgrymwch beth yw (a) costau newidiol *Direct Line*; a (b) ei gostau sefydlog.
3 'Mae *Direct Line* yn defnyddio polisi prisio cost lawn.' Beth yw ystyr hyn?
4 Gorfodwyd cwmnïau yswiriant eraill i ostwng eu premiymau (eu prisiau) i fodurwyr. Eglurwch y math o bolisi prisio y maent wedi'i ddefnyddio.
5 Mae gaeaf gwael iawn yn cynyddu hawliadau damwain car 30%. Pa bremiymau (prisiau) y dylai *Direct Line* eu gosod yn awr? Eglurwch eich ateb.

Prisio treiddio Erbyn hyn yn nodweddiadol caiff disgiau un gân eu disgowntio yn ystod wythnos gyntaf y gwerthu. Efallai y caiff disg £3.99 ei werthu am £1.99. Y rheswm yw bod y cwmnïau recordiau am uchafu'r gwerthiant cynnar fel y gall y gân fynd i mewn i'r siartiau. Os digwydd hynny, caiff y gân ei chwarae'n amlach ar y radio a bydd hynny'n arwain at fwy o werthiant. Y term am godi pris is am gynnyrch ar y cychwyn er mwyn ennill cyfran o'r farchnad (☞ uned 18) yw PRISIO TREIDDIO (*penetration pricing*). Un broblem gyda'r strategaeth hon yw y gallai defnyddwyr wrthod prynu am y pris uwch tymor hir. Gallen nhw ystyried y pris cychwynnol yn un 'teg' a'r pris drutach yn un nad yw'n cynrychioli gwerth am arian.

Ffigur 39.1 *Prisio cryno-ddisgiau: lle mae'r arian yn mynd.*

Pris gwerthu cryno-ddisg £13.99

- Elw cyn llog a threth £0.65
- TAW £2.08
- Maint elw'r adwerthwr £4.67
- Gorbenion eraill £1.32
- Costau artistiaid eraill a *repertoire* £1.61
- Cyfansoddwr/cyhoeddwr £0.68
- Breindal artistiaid £1.61
- Costau ffisegol gweithgynhyrchu £0.65
- Costau dosbarthu £0.72

Ffynhonnell: addaswyd o *Media Research Publishings Ltd*.

Hufennu (*Creaming*) HUFENNU neu SGIMIO yw'r gwrthwyneb i brisio treiddio. Caiff pris uchel ei osod am y cynnyrch ar y cychwyn a'i ostwng yn ddiweddarach. Fe'i defnyddir, er enghraifft, gyda chynhyrchion *hi-fi*. Pan gafodd chwaraewyr cryno-ddisgiau eu marchnata gyntaf yn yr 1980au cynnar eu pris nodweddiadol oedd £200-£300. Erbyn hyn, er gwaethaf chwyddiant (☞ uned 6), pris nodweddiadol chwaraewr cryno-ddisgiau â gwell nodweddion yw £100-£200. Yn y dyddiau cynnar roedd pobl oedd yn frwd ynglŷn â *hi-fi* yn fodlon talu pris uchel i gael cynnyrch newydd. Ond i greu marchnad dorfol am chwaraewyr cryno-ddisgiau bu'n rhaid i'r gwneuthurwyr ostwng eu prisiau er eu bod yn rhoi mwy o nodweddion i'r peiriannau.

Prisio ar sail costau

Mae cwmnïau recordiau yn ceisio gwneud elw. Mae codi pris sy'n debyg i bris y cystadleuwyr yn un ffordd o osod prisiau, ond gallai arwain at golledion. Ffordd arall fyddai seilio'r pris ar gostau cynhyrchu.

Gallai adwerthwr sy'n gwerthu cryno-ddisgiau ddefnyddio PRISIO COST PLWS. Gallai gyfrifo cost gwerthu'r cryno-ddisg ac yna ychwanegu YCHWANEGIAD AT Y PRIS COST (*mark-up*) neu FAINT YR ELW (☞ uned 27 am drafodaeth ar faint yr elw crynswth a maint yr elw net). Yna byddai pris y cryno-ddisg yn hafal i'r gost ynghyd ag elw'r adwerthwr.

Y gost yw'r gost gyfartalog. Mae'n cynnwys:
- y gost newidiol - yn bennaf cost prynu'r cryno-ddisg gan y cwmni recordiau;
- y gost sefydlog, e.e. cyflogau'r staff, rhent y siop a gwres a golau.

Pan fydd y pris yn ddigon i dalu cost sefydlog gyfartalog y cynnyrch a'i gost newidiol cyfartalog, bydd y busnes yn defnyddio **prisio cost lawn** (*full-cost pricing*).

Weithiau mae'n anodd gwerthu rhai cryno-ddisgiau. Mae rhai'n cymryd yn hirach i'w gwerthu na'i gilydd. Nifer bach o bobl fydd yn prynu cryno-ddisgiau rhai artistiaid. Gall chwaeth newid a gall artist penodol golli ei boblogrwydd. Efallai y bydd yr

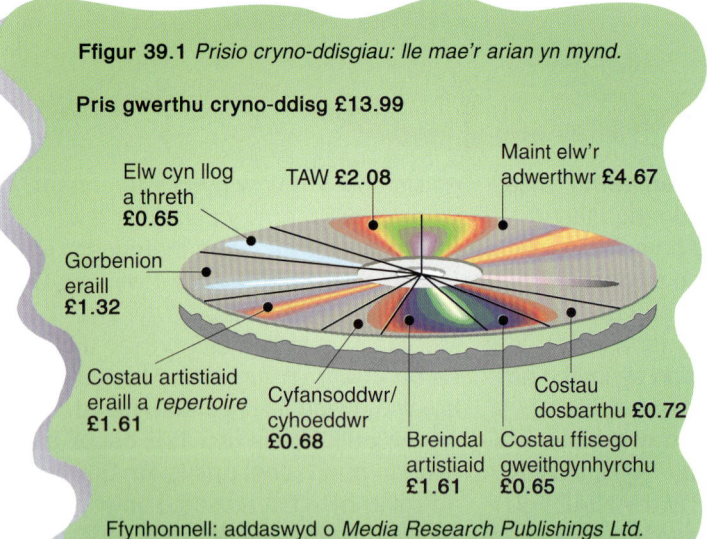

Uned 39 Prisio

adwerthwr yn gorfod gostwng y pris yn is na phris y gost lawn er mwyn gwerthu'r cryno-ddisgiau hyn. Cyhyd ag y bydd y pris newydd yn ddigon i dalu mwy na'r gost newidiol bydd o leiaf yn gwneud rhyw **gyfraniad** (uned 23) at gostau sefydlog y busnes. Yn y tymor hir mae'n rhaid i'r adwerthwr dalu ei holl gostau i oroesi. Yn y tymor byr, gallai fod yn synhwyrol codi pris sy'n uwch na'r gost newidiol.

Ffynhonnell: addaswyd o'r *Financial Times*, 12 Ebrill 1997; Paul Quirk, *Quirk's Records*, Ormskirk.

Cwmni Teisennau Blasus

Mae Cwmni Teisennau Blasus yn gwmni minifenter. Mae'r bwrdd cyfarwyddwyr wedi penderfynu y bydd y busnes yn gwneud teisennau a *gateaux* ac yn cynnig gwasanaeth cludo am ddim i ddrws y cwsmer.

Mae'r bwrdd yn cyfarfod yn awr i benderfynu pa bris i'w godi am y teisennau. Y deisen gyntaf ar eu rhestr yw *gateau* gydag eisin ar y top. Cost cynhwysion un *gateau* yw £1.36. Bydd y bocs yn costio 15c. Mae'r ysgol yn codi ffi sefydlog o £20 am ddefnyddio ystafelloedd ayb tra bo'r cwmni'n gweithredu. Mae'r rhieni wedi cytuno i roi benthyg tuniau pobi a chyfarpar arall yn rhad ac am ddim. Mae'r rhieni hefyd wedi cytuno i beidio â chodi tâl am ddefnyddio ffyrnau i bobi'r teisennau. Amcangyfrifir y bydd yn cymryd awr i wneud teisen. Dydyn nhw ddim wedi gweithio allan eto sut i drefnu'r cludo i'r drws.

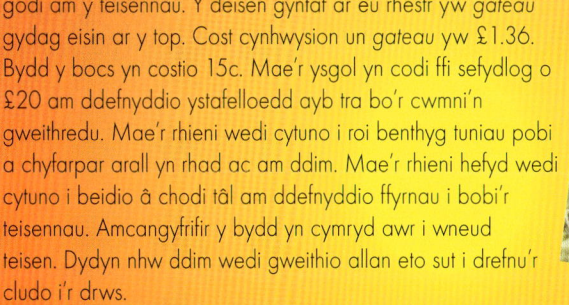

1. Pa bris y dylai'r cwmni ei godi, yn eich barn chi, am ei *gateaux*? Eglurwch eich rhesymau'n fanwl.
2. Mae'r cwmni'n anfon rhestr o brisiau ei deisennau at rieni. Mae hefyd yn hysbysebu mewn siopau lleol. Mae'n gweld nad yw ei deisennau'n gwerthu'n dda ond ei fod yn gwneud elw sylweddol ar bob teisen. Yn eich barn chi, ddylai'r cwmni ostwng ei brisiau? Ystyriwch gynifer o ddadleuon o blaid ac yn erbyn ag sy'n bosibl.

termau allweddol

Hufennu neu sgimio - gwerthu cynnyrch am bris uchel, gan aberthu gwerthiant uchel er mwyn ennill elw uchel.
Maint yr elw - yr ychwanegiad at gost y cynnyrch i dalu am yr elw sydd i'w wneud.
Prisio ar sail cystadleuaeth - gosod pris ar sail y prisiau a godir gan gystadleuwyr am gynhyrchion tebyg.
Prisio cost plws - gosod pris drwy ychwanegu maint yr elw canrannol at gost cynhyrchu'r nwydd neu'r gwasanaeth.
Prisio sy'n gyfeiriedig at y farchnad - gosod pris ar sail dadansoddiad o'r farchnad.
Prisio treiddio - gosod pris isel cychwynnol am gynnyrch newydd fel y bydd yn atyniadol i gwsmeriaid. Bydd y pris yn debygol o gael ei gynyddu yn ddiweddarach wrth i'r cynnyrch ennill cyfran o'r farchnad.
Priswahaniaethu - gosod pris gwahanol am yr un cynnyrch mewn segmentau gwahanol o'r farchnad.
Ychwanegiad at y pris cost neu faint yr elw - y canran a ychwanegir at gost y cynhyrchu sy'n hafal i'r elw ar y cynnyrch.

ACHOS CRYNODOL

HANES FFASIWN

Mae cyhoeddwr cylchgronau yn bwriadu cyhoeddi cyfres ar hanes ffasiwn mewn 60 rhan. Bydd yn cysylltu ffasiwn y gorffennol â'r syniadau ffasiwn diweddaraf. Bydd pob rhifyn yn costio £2.99 ac yn cynnwys patrwm am ddim ar gyfer eitem ddiweddar sy'n seiliedig ar y syniadau ffasiwn yn y rhifyn hwnnw. Bydd rhwymellau (binders) hefyd ar gael. Gall y darllenwyr roi pob rhifyn yn y rhwymell fel bo'r cylchgrawn yn ffurfio arweinlyfr cynhwysfawr i fyd ffasiwn.

1. Pa strategaeth brisio y gallai'r cyhoeddwr fod wedi'i defnyddio wrth osod pris y cylchgrawn? Yn eich ateb rhowch y manteision a'r anfanteision o safbwynt y cyhoeddwr.
2. Sut y dylid prisio'r rhwymellau?
3. Y gost derfynol i'r cwsmer o brynu'r 60 rhan fydd £179.40 ynghyd â'r rhwymellau. Trafodwch pam nad ydy'r cyhoeddwr yn cyhoeddi cyfres o lyfrau gyda'r holl ddeunydd ynddynt am £179 yn hytrach na'r gyfres 60 rhan.

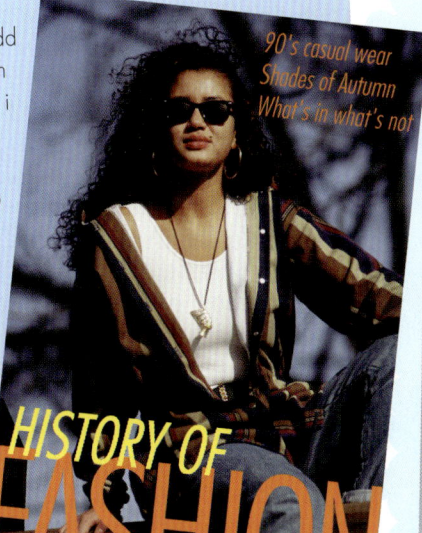

90's casual wear Shades of Autumn What's in what's not

HISTORY OF FASHION

Rhestr wirio ✓

1. Gan ddefnyddio cylchgronau pobl yn eu harddegau fel enghraifft, eglurwch ystyr 'prisio cystadleuol'.
2. Pam y mae siopau'n cael sêls?
3. Sut y gallai person trin gwallt briswahaniaethu?
4. Pam y gallai prisio treiddio fod yn strategaeth brisio dda i'w defnyddio wrth lansio brand newydd o iogwrt?
5. 'Mae rhwydweithiau ffonau symudol wedi defnyddio strategaethau hufennu wrth osod prisiau.' Eglurwch ystyr hyn.
6. Cyfrifwch bris cynnyrch os yw ei gost cynhyrchu yn: (a) £10 a'r ychwanegiad at y pris cost yn 50%; (b) £100 a'r ychwanegiad at y pris cost yn 10%; (c) £5 a'r ychwanegiad at y pris cost yn 100%.
7. Beth yw ystyr 'cyfraniad' yng nghyswllt prisio?

139

uned 40
PRIS, GALW A CHYFLENWAD

Gwneud penderfyniadau
Rhaid i fusnesau benderfynu ar y pris am eu cynhyrchion. Po uchaf fydd y pris, isaf i gyd fydd y galw am eu cynnyrch a lleiaf i gyd fydd y gwerthiant. Rhaid i rai busnesau dderbyn pris y farchnad am eu cynnyrch os ydynt i werthu o gwbl. Does ganddynt ddim rheolaeth ar y pris. Caiff eu prisiau eu gosod yn llwyr gan rymoedd galw a chyflenwad. Gyda phris gosodedig, mae'n rhaid i'r busnesau hyn benderfynu a fydd eu costau'n ddigon isel i'w gwneud hi'n werth chweil parhau â'r busnes.

Cwmni mwyngloddio Prydeinig sy'n arbenigo mewn twngsten ac aur yw *Meridian Mining*. Mae'n berchen mwynglawdd aur yn Ghana. Mae'r elw a wneir ganddo yn dibynnu ar y pris byd-eang am aur.

Cymerwyr prisiau
Mae *Meridian Mining* yn **gymerwr prisiau** (*price taker*), h.y. ni all osod pris yr aur y mae'n ei werthu. Un rheswm dros hyn yw nad yw aur yn gynnyrch brand. Mae'n **nwydd** (*commodity*) neu'n **gynnyrch generig** (☞ uned 37). Dydy busnesau sy'n prynu aur ddim yn gweld unrhyw wahaniaeth rhwng aur o fwynglawdd *Meridian* yn Ghana ac aur o fwynglawdd yn Ne Affrica.

Mae *Meridian Mining* hefyd yn cystadlu â miloedd o gwmnïau mwyngloddio aur ledled y byd. Nid yw ei fusnes yn debyg i fusnes *Proctor & Gamble*, er enghraifft, sy'n gwerthu tua hanner y powdr golchi a brynir yn y DU. Pe bai *Meridian Mining* yn codi pris uwch am ei aur na'r cwmnïau mwyngloddio eraill, fyddai neb yn prynu ei aur. Naill ai mae'n derbyn pris y farchnad neu ni fydd yn gwerthu dim o gwbl.

Galw
Mae PRIS Y FARCHNAD am aur yn cael ei osod gan rymoedd galw a chyflenwad. Ystyr GALW yw faint y bydd cwsmeriaid yn ei brynu am bris penodol. Po uchaf fydd pris aur, lleiaf i gyd fydd maint y galw am aur. Dangosir y berthynas rhwng galw a phris yn Ffigur 40.1.

Un ffactor sy'n effeithio ar y galw am nwydd fel aur yw pris. Mae yna ffactorau eraill. Er enghraifft, wrth i incwm godi ledled y byd bydd mwy o emwaith aur yn cael ei brynu ac felly bydd y galw am aur yn cynyddu. Pe bai pris cynnyrch sy'n cystadlu ag aur, e.e. arian, yn gostwng, byddai aur yn llai atyniadol. Byddai gostyngiad ym mhris gemwaith arian yn debygol o achosi i lai o emwaith aur gael ei brynu. Bydd cynnydd ym mhoblogaeth y byd yn golygu bod mwy o gwsmeriaid posibl ar gyfer aur.

Mae newidiadau mewn ffactorau ar wahân i bris yn achosi symudiadau yng nghromlin y galw. Yn Ffigur 40.2, er enghraifft, mae cromlin y galw wedi symud i'r dde. Felly am unrhyw bris bydd y galw'n fwy. Yn y farchnad aur gallai hyn fod yn ganlyniad i gynnydd mawr yn incwm Japaneaid, sy'n brynwyr mawr o emwaith aur. Neu efallai bod defnydd diwydiannol newydd wedi'i ddarganfod ar gyfer aur a'i weithredu.

Cyflenwad
Ystyr CYFLENWAD yw'r maint y bydd cynhyrchwyr yn fodlon ei werthu am bris penodol. Po uchaf fydd y pris, mwyaf i gyd fydd y cymhelliad i gynhyrchwyr wneud a gwerthu. Felly bydd codiad yn y pris yn cynyddu maint y cyflenwad. Dangosir hyn yn Ffigur 40.3. Mae ffactorau eraill hefyd yn effeithio ar gyflenwad. Er enghraifft, pe bai cyflogau mwyngloddwyr ledled y byd yn cynyddu, byddai cost mwyngloddio aur yn cynyddu. Byddai angen prisiau uwch ar gwmnïau mwyngloddio aur fel *Meridian Mining* i dalu am hyn. Ar y llaw arall, gallai newidiadau mewn technoleg alluogi i gwmnïau mwyngloddio gynhyrchu mwy o aur gyda llai o gyfarpar. Bydden nhw wedyn yn fodlon gwerthu aur am bris is.

Cnau mwnci
Mae cnau mwnci yn dod yn fwyfwy poblogaidd ledled y byd. Wrth i incwm byd-eang godi, mae defnyddwyr yn bwyta mwy o gnau bob blwyddyn.

Ond gallai'r prisiau yn y siopau fod ar fin cynyddu. Mae sychder yn Ariannin wedi achosi cnwd gwael iawn o gnau mwnci, gyda'r cynnyrch draean yn is. O ganlyniad cynyddodd pris cnau mwnci mewn arwerthiant o $700 y dunnell fetrig ym mis Ionawr i $900 y dunnell fetrig ym mis Mai. I Billy Carter, fferwmr cnau mwnci yn Georgia, UDA, gallai hyn fod yn newyddion da. Efallai na fydd y cwsmeriaid yn ei uwchfarchnad leol mor hapus.

Ffynhonnell: addaswyd o'r *Financial Times*, 1 Mai 1997.

1 Pam y mae'r galw am gnau mwnci yn cynyddu ledled y byd?
2 (a) Beth ddigwyddodd i gyflenwad cnau mwnci o Ariannin?
  (b) Beth oedd effaith hyn ar y canlynol: (i) cyflenwad byd-eang cnau mwnci; (ii) pris byd-eang cnau mwnci?
3 Beth fydd yn debygol o ddigwydd i brisiau cnau mwnci y flwyddyn ganlynol?

140

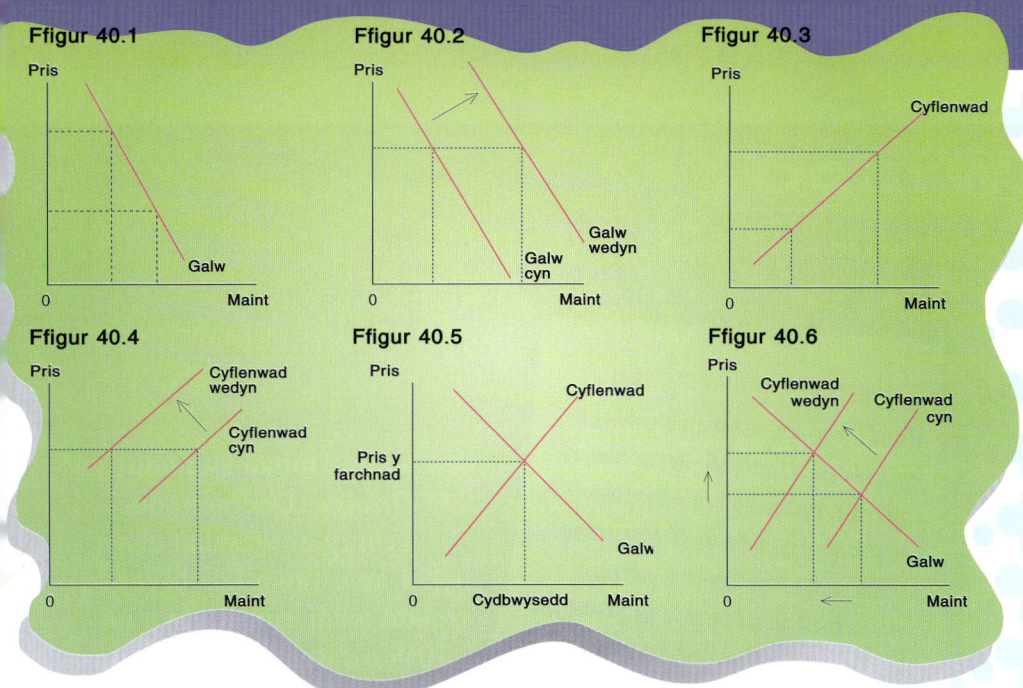

Ffigur 40.1 Pris / Galw / Maint

Ffigur 40.2 Pris / Galw cyn / Galw wedyn / Maint

Ffigur 40.3 Pris / Cyflenwad / Maint

Ffigur 40.4 Pris / Cyflenwad wedyn / Cyflenwad cyn / Maint

Ffigur 40.5 Pris / Cyflenwad / Pris y farchnad / Galw / Cydbwysedd / Maint

Ffigur 40.6 Pris / Cyflenwad wedyn / Cyflenwad cyn / Galw / Maint

Uned 40 Pris, galw a chyflenwad

Pris

Caiff y pris byd-eang am aur ei osod gan alw a chyflenwad. Yn Ffigur 40.5 gwelir pris y farchnad lle mae cromlin y galw a chromlin y cyflenwad yn croestorri. Dyma'r pris lle mae'r maint a gynigir ar werth yn hafal i'r maint y mae'r cwsmeriaid am ei brynu.

Mae pris aur yn newid o ddydd i ddydd ac o flwyddyn i flwyddyn. Gall hyn gael ei achosi naill ai gan newidiadau yn y galw neu gan newidiadau yn y cyflenwad. Er enghraifft, pe bai costau cynhyrchu y cwmnïau sy'n mwyngloddio aur yn cynyddu, byddai cromlin y cyflenwad yn symud i'r chwith, fel y gwelir yn Ffigur 40.6. Byddai'r gostyngiad yn y cyflenwad yn arwain at brisiau byd-eang uwch am aur gyda llai ohono'n cael ei brynu a'i werthu.

Mae newidiadau mewn ffactorau ar wahân i bris yn symud cromlin y cyflenwad. Yn Ffigur 40.4 mae cromlin y cyflenwad wedi symud i'r chwith. Am unrhyw bris bydd llai yn cael ei gyflenwi. Yn y diwydiant mwyngloddio aur gallai hyn fod oherwydd i gostau cynhyrchu gynyddu neu oherwydd i streic gan y gweithwyr ostwng y cynnyrch.

termau allweddol

Cyflenwad - faint o'r cynnyrch y bydd cynhyrchwyr yn ei werthu am bris penodol.
Galw - y maint a brynir o'r cynnyrch am bris penodol.
Pris y farchnad - y pris lle mae'r galw am y cynnyrch yn hafal i'r cyflenwad ohono.

ACHOS CRYNODOL

Y MANOR HOTEL

Jill Baldwin yw perchennog y *Manor Hotel* yng nghanol Llundain. Mae bron 1 000 o westai, motelau a lleoedd gwely a brecwast wedi'u cofrestru'n aelodau o'r London Tourist Board a llawer mwy nad ydynt wedi'u cofrestru. Mae bron 137 000 o ystafelloedd ar gael mewn sefydliadau cofrestredig. Cafodd Jill flwyddyn dda yn 1997. Roedd y pris y gallai ei godi am bob ystafell wedi cynyddu am y bedwaredd blwyddyn yn olynol. Gyda'r economi'n tyfu'n gadarn, roedd gan bobl fwy o arian i'w wario ar bethau fel gwyliau ac egwyl fer. Oherwydd gwerth isel y bunt rhwng 1994 ac 1996 cafwyd y nifer mwyaf erioed o dwristiaid o wledydd tramor. Roedd cof am yr adegau gwael yn y diwydiant gwestai yn yr 1990au cynnar wedi atal llawer o gadwyni gwestai rhag ehangu ac adeiladu gwestai newydd. Felly ni wnaeth y gystadleuaeth gynyddu lawer.

Yn 1998 roedd Jill yn gofidio am fod caniatâd cynllunio wedi'i roi i drawsnewid y tŷ mawr drws nesaf yn westy. Fe'i hagorwyd ym mis Mai 1998. Roedd eisoes tri gwesty yn y stryd, gan gynnwys gwesty Jill. Roedd hi'n gofidio hefyd am ei bod hi'n anodd iawn cael gweithwyr. Ym mis Mawrth collodd hi forwyn ystafell ragorol a symudodd i westy arall oedd yn talu gwell cyflog. Penderfynodd Jill y byddai'n rhaid iddi roi cynnydd cyflog sylweddol yn ddiweddarach yn y flwyddyn am ei bod hi'n ofni colli mwy o weithwyr.

Ffynhonnell: addaswyd o'r *Financial Times*, 18 Rhagfyr 1996; *British Tourist Authority*, 1997.

Ffigur 40.7 Pris cyfartalog ystafell am noson yn Llundain.

Pris cyfartalog ystafell am noson (£)
100 / 80 / 60 / 40 / 20 / 0
1988 89 90 91 92 93 94 95 96 97

1 Beth ddigwyddodd i'r prisiau cyfartalog am ystafelloedd gwestai yn Llundain rhwng 1988 ac 1997?
2 Nodwch 2 reswm pam y cynyddodd y galw am ystafelloedd gwestai yn Llundain rhwng 1994 ac 1997.
3 Eglurwch 2 ffactor a all effeithio ar gyflenwad ystafelloedd.
4 (a) Gan roi rhesymau, awgrymwch yr hyn a allai fod wedi digwydd i brisiau ystafelloedd yn Llundain yn 1998.
(b) Yn eich barn chi, oedd Jill Baldwin yn gallu codi ei phrisiau yn 1998? Rhowch resymau dros eich ateb.

Rhestr wirio ✓

1 Beth yw ystyr 'cymerwr prisiau'?
2 (a) Beth yw'r gwahaniaeth rhwng cynnyrch brand a chynnyrch generig?
(b) Pam y mae gwneuthurwyr cynhyrchion generig yn ei chael hi'n fwy anodd o lawer na gwneuthurwyr cynhyrchion brand i osod pris y farchnad am eu cynhyrchion?
3 Beth sy'n digwydd i faint y galw am gynnyrch os bydd ei bris yn codi?
4 (a) Beth fydd yn digwydd i'r galw am afalau os: (i) caiff gweithwyr gynnydd cyflog o 10%; (ii) bydd pris orennau a gellyg yn gostwng; (iii) cyhoeddir adroddiad iechyd sy'n dweud y dylai pawb fwyta afalau?
(b) Lluniwch ddiagramau yn dangos sut y bydd cromlin y galw am afalau yn symud o ganlyniad i (i) - (iii).
5 (a) Beth fydd yn digwydd i gyflenwad afalau os: (i) rhoddir cynnydd cyflog o 10% i weithwyr ar ffermydd sy'n tyfu afalau; (ii) cyflwynir math newydd o goeden sy'n cynhyrchu 50% yn fwy o afalau am bob erw o berllan afalau; (iii) bydd pris gellyg yn dyblu ac yn aros yn uchel iawn am sawl blwyddyn; (iv) caiff y cnwd afalau ei ddifrodi gan dywydd gwael.
(b) Lluniwch ddiagramau yn dangos sut y bydd cromlin cyflenwad afalau yn symud o ganlyniad i (i) - (iv).
6 Ar gyfer pob sefyllfa yng nghwestiynau 4 a 5, lluniwch ddiagram galw a chyflenwad yn dangos symudiad cromlin y galw (C4) neu gromlin y cyflenwad (C5). Ar bob diagram dangoswch sut y mae pris afalau wedi newid.

141

uned 41

HYRWYDDO

the future's **bright**

the future's **Orange**

Gwneud penderfyniadau

Rhaid i fusnesau benderfynu sut orau i hyrwyddo eu cynhyrchion. Ddylen nhw, er enghraifft, hysbysebu neu ddefnyddio hyrwyddo yn y man gwerthu? Mae angen pwyso a mesur cost gymharol pob math o hyrwyddo a sut orau i dargedu eu cwsmeriaid posibl. Rhaid penderfynu hefyd p'un ai i drefnu'r hyrwyddo eu hunain neu ddefnyddio corff allanol fel asiantaeth hysbysebu.

Cwmni ffonau symudol yw *Orange*. Dechreuodd gynnig ei wasanaeth yn 1994 ac o fewn tair blynedd roedd wedi ennill mwy na 10% o farchnad y ffonau symudol. Mae'r cwmni'n cystadlu â chwmnïau ffonau symudol eraill, e.e. *Vodafone*, *Cellnet* a *One2One*. Er mwyn ei sefydlu ei hun yn y farchnad mae wedi hyrwyddo'i wasanaethau yn helaeth.

Cyfathrebu

Rhaid i fusnesau gyfathrebu â'u cwsmeriaid. Mae HYRWYDDO (*promotion*) yn ymwneud â'r canlynol:
- hysbysu cwsmeriaid fod y cynnyrch ar werth;
- egluro'r cynnyrch iddynt;
- hysbysu cwsmeriaid sut y bydd y cynnyrch yn ateb eu hanghenion;
- eu perswadio i'w brynu am y tro cyntaf neu i'w brynu eto.

Hyrwyddo yw'r math mwyaf uniongyrchol o gyfathrebu yn y **cymysgedd marchnata** (☞ uned 34).

Mae nifer o dechnegau hyrwyddo: hysbysebu, post uniongyrchol; gwerthu personol; cysylltiadau cyhoeddus; hyrwyddo gwerthiant; a brandio.

Hysbysebu drwy'r cyfryngau

Yn debyg i fusnesau eraill, mae *Orange* yn hysbysebu drwy'r **cyfryngau**. Mae hyn yn cynnwys:
- y teledu, y radio a'r sinema;
- cylchgronau;
- papurau newydd cenedlaethol a lleol;
- cylchgronau masnach - cyhoeddiadau arbenigol ar gyfer busnesau neu weithwyr mewn diwydiant penodol;
- posteri a chludiant, e.e. byrddau posteri wrth ymyl y ffordd a hysbysebion ar fysiau neu faniau;
- cyfeiriaduron (*directories*), e.e. Tudalennau Melyn, ond dydy *Orange* ddim yn defnyddio'r cyfrwng hwn.

Mae *Orange* am gyrraedd nifer mawr o ddefnyddwyr ac mae ganddo gyllideb hysbysebu fawr. Gall fforddio hysbysebu ar y teledu, sy'n gyfrwng drud. Ond mae hefyd yn defnyddio cylchgronau, papurau newydd a byrddau posteri. Bwriedir i'w slogan hysbysebu, *The future's bright, the future's Orange*, annog defnyddwyr i ddymuno defnyddio ffôn symudol, technoleg y dyfodol i'r mwyafrif o bobl.

Mae pob un o'r lluniau'n dangos math gwahanol o gyfrwng hysbysebu.
1. Enwch bob un ohonynt.
2. Mae'r canlynol am hysbysebu eu cynhyrchion. Eglurwch pa rai/un o'r cyfryngau hysbysebu yn y lluniau fyddai fwyaf addas. Yn eich ateb ystyriwch gost hysbysebu, y gynulleidfa dargedol ac effaith yr hysbyseb ar y cwsmer posibl.
   (a) Mae *Boots* am hysbysebu ei amrywiaeth o gosmetigau *Number 7*.
   (b) Mae Elin Rees am hysbysebu ei busnes paentio a phapuro.
   (c) Carddel yw'r deiliad trwydded lleol ar gyfer ceir *Toyota*. Mae am hysbysebu ei amrywiaeth o gynhyrchion, yn cynnwys trin ceir, atgyweirio ceir a gwerthu ceir newydd ac ail-law.

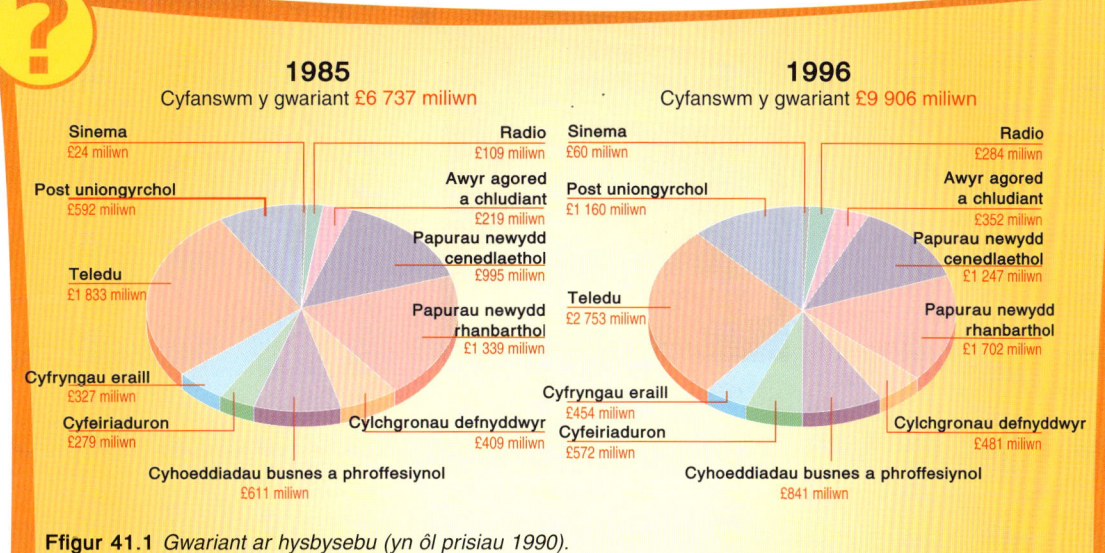

Uned 41 Hyrwyddo

1985
Cyfanswm y gwariant £6 737 miliwn
- Sinema £24 miliwn
- Radio £109 miliwn
- Post uniongyrchol £592 miliwn
- Awyr agored a chludiant £219 miliwn
- Teledu £1 833 miliwn
- Papurau newydd cenedlaethol £995 miliwn
- Papurau newydd rhanbarthol £1 339 miliwn
- Cyfryngau eraill £327 miliwn
- Cyfeiriaduron £279 miliwn
- Cylchgronau defnyddwyr £409 miliwn
- Cyhoeddiadau busnes a phroffesiynol £611 miliwn

1996
Cyfanswm y gwariant £9 906 miliwn
- Sinema £60 miliwn
- Radio £284 miliwn
- Post uniongyrchol £1 160 miliwn
- Awyr agored a chludiant £352 miliwn
- Teledu £2 753 miliwn
- Papurau newydd cenedlaethol £1 247 miliwn
- Papurau newydd rhanbarthol £1 702 miliwn
- Cyfryngau eraill £454 miliwn
- Cyfeiriaduron £572 miliwn
- Cylchgronau defnyddwyr £481 miliwn
- Cyhoeddiadau busnes a phroffesiynol £841 miliwn

Ffigur 41.1 Gwariant ar hysbysebu (yn ôl prisiau 1990).
Ffynhonnell: addaswyd o *Advertising Statistics Yearbook 1997* gan *The Advertising Association*.

1. Astudiwch Ffigur 41.1. Faint a wariwyd yn 1996 ar hysbysebu: (a) mewn papurau newydd; (b) ar y radio; (c) trwy gyfeiriaduron?
2. Rhwng 1985 ac 1996 cynyddodd cyfrannau'r canlynol o gyfanswm y gwariant ar hysysebu: y sinema, y radio, cyfeiriaduron a'r teledu. Ar yr un pryd gostyngodd cyfrannau'r canlynol: papurau newydd cenedlaethol a rhanbarthol a chylchgronau defnyddwyr. Awgrymwch resymau dros hyn.
3. (a) Beth ddigwyddodd i gyfanswm y gwariant ar hysbysebu rhwng 1985 ac 1996? (b) Pam, yn eich barn chi, y digwyddodd hyn?

Ond mae hefyd yn awgrymu mai *Orange* yw rhwydwaith y dyfodol yn hytrach na'r rhwydweithiau ffonau symudol eraill fel *Cellnet* neu *Vodafone*.

Pe bai *Orange* am recriwtio cyfrifydd, fodd bynnag, byddai'n wastraffus iawn defnyddio'r teledu. Hefyd byddai arddull yr hysbyseb yn wahanol i arddull hysbyseb gwerthu ffôn. Gallai ddefnyddio'r adran swyddi mewn papur cenedlaethol o safon fel y *Financial Times* neu *The Sunday Times*. Dewis arall fyddai hysbysebu mewn cylchgrawn masnach arbenigol fel *Accountancy Age*, a ddarllenir gan gyfrifwyr. Allai busnes bach ddim fforddio'r teledu na phapur newydd cenedlaethol. Byddai am ganolbwyntio'i hysbysebu, gan ddefnyddio cyfryngau y gallai eu fforddio ac a fyddai'n cyrraedd ei gwsmeriaid targedol.

Asiantaethau hysbysebu

Busnesau sy'n arbenigo mewn trefnu hysbysebu busnesau eraill yw ASIANTAETHAU HYSBYSEBU. Mae *Orange*, er enghraifft, yn defnyddio'r asiantaeth WCRS i drefnu ei ymgyrchoedd hysbysebu.

Mewn asiantaeth hysbysebu caiff **gweithredwr cyfrif** (*account executive*) ei benodi i redeg ymgyrch penodol. Yna, fel y gwelir yn Ffigur 41.2, bydd pedwar grŵp o bobl yn gysylltiedig â'r gwaith.

- Mae'r adran ymchwil marchnata yn trefnu ymchwilio i'r farchnad am y cynnyrch (☞ uned 36). Defnyddir y wybodaeth a gasglwyd i gynllunio'r ymgyrch hysbysebu.
- Mae'r adran greadigol yn dyfeisio'r hysbyseb, o'r geiriau sydd i'w defnyddio (y copi) i'r lluniau a'r sŵn.
- Mae'r adran prynu celf yn trefnu gwneud hysbysebion ffilm, tynnu lluniau, ayb.
- Mae'r adran prynu cyfryngau yn prynu slotiau hysbysebu ar y teledu, ar y radio, mewn papurau newydd a chylchgronau, ayb.

Mae asiantaeth hysbysebu yn holl bwysig i lwyddiant unrhyw ymgyrch hysbysebu. Ni fydd hysbysebion diflas yn denu sylw. Roedd yr ymgyrch, *The future's bright, the future's Orange*, yn llwyddiannus iawn am iddo gydio yn nychymyg y bobl. Nid syndod, felly, ei fod wedi ennill nifer o wobrau gan gynnwys Brand y Flwyddyn gan ITV yn 1996.

Post uniongyrchol

Yn achos POST UNIONGYRCHOL bydd busnes yn anfon taflenni hysbysebu yn uniongyrchol i gartrefi neu fusnesau drwy'r post. I gadw'r costau i lawr, mae angen i'r hysbysebwr gael rhestr o gwsmeriaid posibl. Gallai, er enghraifft, dargedu'r cartrefi mewn ardal benodol a chael yr enwau a'r cyfeiriadau o'r rhestr etholiadol. Efallai bod ganddo restr o gleientiaid sydd wedi prynu cynhyrchion yn y gorffennol. Defnyddir hyn yn aml gan fusnesau gwasanaethau ariannol fel banciau a chwmnïau yswiriant a busnesau archebu drwy'r post.

Mae *Orange* yn defnyddio post uniongyrchol. Efallai, er enghraifft, y bydd un o gwsmeriaid *Orange* yn cymeradwyo ffrind i'r cwmni. Yna bydd y cwmni'n anfon deunydd hyrwyddo at y person hwnnw gan obeithio y bydd yntau'n tanysgrifio hefyd.

Pecynnu

Mae pecynnu'n bwysig i lawer o gynhyrchion. Mae angen iddo fod yn hawdd ei adnabod ar unwaith fel na fydd pobl yn prynu brand arall drwy gamgymeriad neu, yn waeth na hynny, na fyddant yn adnabod y cynnyrch ar y silffoedd. Mae angen i liw a dyluniad y pecyn adlewyrchu delwedd y cynnyrch. Rhaid hefyd iddo roi unrhyw wybodaeth sy'n ofynnol yn ôl y

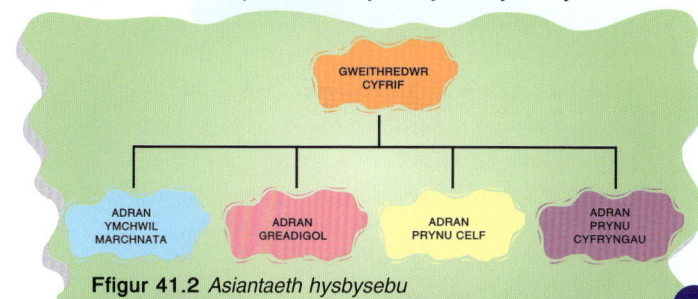

Ffigur 41.2 *Asiantaeth hysbysebu*

GWEITHREDWR CYFRIF
- ADRAN YMCHWIL MARCHNATA
- ADRAN GREADIGOL
- ADRAN PRYNU CELF
- ADRAN PRYNU CYFRYNGAU

143

Uned 41 Marchnata

gyfraith.
  Mae pecynnu'n bwysig hefyd i *Orange* er ei fod yn darparu gwasanaeth. Mae pecynnu'r bil misol, er enghraifft, yn gyfle i hyrwyddo. Mae logo *Orange* ar yr amlen yr anfonir y bil ynddi.

Gwerthu personol

Gwerthir rhai cynhyrchion o ddrws i ddrws. Gallai gwerthwr ffenestri dwbl neu werthwr yswiriant drefnu i alw yn nhŷ rhywun. Gallai gwerthwr fynd i wahanol fusnesau lleol yn ceisio gwerthu cynnyrch. Enghreifftiau o werthu personol yw'r rhain. Y fantais yw y gall gwerth y cynnyrch gael ei gyfleu yn uniongyrchol i'r cwsmer. Ar y llaw arall, dydy llawer o bobl ddim am gael eu rhoi dan bwysau i brynu cynnyrch na chael gwerthwyr yn gwastraffu eu hamser. Dydy *Orange* ddim yn defnyddio'r math hwn o werthu.

Cysylltiadau cyhoeddus

Mae CYSYLLTIADAU CYHOEDDUS (*public relations*) yn ffordd arall y bydd busnesau'n ceisio cyfathrebu â'u cwsmeriaid. Mae'r adran gysylltiadau cyhoeddus yn ceisio cael newyddion da am y cynnyrch ar y cyfryngau, e.e. rhoi datganiad i'r wasg ynglŷn â lansio cynnyrch newydd.
  Mae *Orange* wedi llwyddo i sefydlu'r math gorau o gysylltiadau cyhoeddus: sylw ar y cyfryngau na ofynnwyd amdano. Yn 1996, er enghraifft, mewn gêm bêl-droed rynglwadol sgoriodd un o chwaraewyr Yr Iseldiroedd gôl yn erbyn Y Swistir. Meddai Barry Davies, sylwebydd y BBC, fel jôc: '*The future's bright, the future's Orange.*' Mae defnyddio *Orange* fel astudiaeth achos yn y llyfr hwn yn fath o gysylltiadau cyhoeddus hefyd.

Hyrwyddo gwerthiant

Mae hyrwyddo gwerthiant yn ceisio rhoi hwb tymor byr i werthiant. Gellir defnyddio nifer o ddulliau.

Gostyngiad yn y pris Mae rhwydweithiau ffonau symudol fel *Orange* yn defnyddio adwerthwyr i werthu eu gwasanaethau i gwsmeriaid. Mae comisiwn yn cael ei dalu i'r adwerthwyr am bob cwsmer newydd a enillir ganddynt ar gyfer *Orange* a'r cwmnïau ffonau symudol eraill. Mae'r adwerthwr yn aml yn defnyddio rhan o'r comisiwn i gynnig bargeinion 'gostyngiad yn y pris' i gwsmeriaid, e.e. cynnig ffôn symudol am bris isel os bydd y cwsmer yn arwyddo cytundeb â'r cwmni neu gynnig cysylltiad am ddim gyda rhai cytundebau.

Cynigion gwell gwerth Yn aml mae gan *Orange* gynigion ar gyfer ei gwsmeriaid. Pan ddechreuodd, er enghraifft, cynigiodd alwadau lleol am ddim i'w danysgrifwyr. Y bwriad oedd denu llawer iawn o gwsmeriaid i'r rhwydwaith.

Cystadlaethau Gallai adwerthwr mawr o ffonau symudol gynnig lotri wobrau i gwsmeriaid newydd gan roi gwyliau neu ffonau symudol yn wobrau.

Rhoddion am ddim Gallech, er enghraifft, gael cas cludo am ddim pe baech yn prynu ffôn symudol.

Tocynnau disgownt Fel rheol mae'r rhain yn rhoi gostyngiad yn y pris y tro nesaf y byddwch yn prynu un o gynhyrchion y gwneuthurwr.

Hyrwyddiadau cysylltiadau cyhoeddus Weithiau, er enghraifft, gwerthir cynhyrchion gyda'r gwneuthurwr yn addo rhoi arian i elusen am bob eitem a werthir.
  Ffordd arall o roi hwb tymor byr i'r gwerthiant yw drwy ddefnyddio

Mae rhwydweithiau ffonau symudol yn defnyddio adwerthwyr i werthu eu gwasanaethau. Gall adwerthwyr gynnig gostyngiad yn y pris i gwsmeriaid.

Mae cynigion gwell gwerth am arian yn hybu pobl i danysgrifio.

Estrys

Ym mis Medi 1997 cyhoeddodd *Tesco* y byddai'n rhoi'r gorau i werthu cig cangarŵ a chig estrys. Ond dywedodd *Sainsbury's* y byddai'n parhau i werthu 'cigoedd egsotig' mewn siopau dethol.
  Yn ôl *Tesco* gwnaed y penderfyniad i beidio â gwerthu am resymau masnachol. Yn sgil yr ofn ynglŷn â BSE, roedd llawer wedi credu y byddai pobl yn troi o gig eidion i gigoedd fel cig estrys. Roedd y galw, fodd bynnag, yn siomedig. Llai nag un dunnell fetrig yr wythnos oedd cyfanswm gwerthiant *Tesco* o gig estrys a chig cangarŵ o'i gymharu â 200 000 o dunelli metrig o gig eidion, cig oen a phorc.
  Gellid dadlau bod grwpiau lles anifeiliaid wedi dylanwadu ar benderfyniad *Tesco*. Maen nhw wedi ymgyrchu ers amser maith yn erbyn gwerthu cig cangarŵ a chig estrys. Meddai Dr Martin Potter, pennaeth adran anifeiliaid fferm yr RSPCA: 'Maen nhw'n dal i fod yn anifeiliaid gwyllt ac rwy'n amau nad yw hi'n iawn i ffermio yn ein hinsawdd ni anifail sydd wedi esblygu ar wastadeddau Affrica.'

Ffynhonnell: addaswyd o'r *Financial Times*, 27 Medi 1997.

1 Awgrymwch pam y dechreuodd *Tesco* a *Sainsbury's* werthu cigoedd egsotig.
2 Roedd *Tesco* a *Sainsbury's* mewn perygl o niweidio'u cysylltiadau cyhoeddus drwy werthu'r cigoedd. Eglurwch pam.
3 Mae gwneuthurwr dillad wedi ysgrifennu at yr holl grwpiau o uwchfarchnadoedd yn cynnig nwydd newydd: menyg wedi'u gwneud o ffwr llwynog go iawn. Trafodwch a ddylai uwchfarchnad dderbyn y cynnig a rhoi'r menyg hyn ar werth yn ei siopau.

Uned 41 Hyrwyddo

DEUNYDD YN Y MAN GWERTHU (*point of sale material*). Caiff yr hyrwyddo hyn ei gynnal yn y man lle gwerthir y cynnyrch. Bydd *Orange* yn rhoi posteri a thaflenni i'r adwerthwyr sy'n gwerthu cysylltiadau ffonau symudol. Efallai hefyd y bydd yn rhoi arddangosiadau cardbord tri dimensiwn i'w gosod yn ffenestr y siop.

Mewn uwchfarchnad, efallai y rhoddir cynnyrch fel sebon mewn **biniau arbennig** ar ben pellaf yr eiliau. Bydd y rhain yn denu sylw'r cwsmeriaid.

Brandio

Canlyniad pwysicaf yr hyrwyddo i *Orange* yn y tymor hir yw adeiladu a chynnal y **brand** *Orange* (☞ uned 37). Mae *Orange* am i'w enw gael ei gysylltu â gwerth am arian, gwasanaeth o safon a ffordd syml o ddelio â chwsmeriaid. Bwriedir i'w hysbysebion bwysleisio mai *Orange* yw'r diweddaraf ym maes technoleg ffonau symudol a bod cwsmeriaid yn prynu gwasanaeth blaengar. Mae *Orange* eisoes wedi bod yn llwyddiannus iawn yn sefydlu delwedd frand o ddim yn 1994. Y wobr am y brandio llwyddiannus yma yw bod nifer y bobl sy'n dewis *Orange* yn parhau i gynyddu.

Ffynhonnell: addaswyd o Adroddiad Blynyddol a Chyfrifon *Orange plc*, 1996.

Rhestr wirio ✓

1 Beth yw ystyr 'hysbysebu ar y cyfryngau'?
2 (a) Beth yw 'cyfeiriadur'?
   (b) Rhowch 2 enghraifft o gyfeiriaduron gwerthu a ddefnyddir gan fusnesau.
3 Sut y gall asiantaeth hysbysebu fod o gymorth i fusnes?
4 Sut y gall post uniongyrchol gynyddu gwerthiant cynnyrch?
5 Beth all y pecynnu ei fynegi i gwsmeriaid ynglŷn â chynnyrch?
6 Rhowch 1 fantais ac 1 anfantais i fusnes o werthu personol.
7 Pam y mae cysylltiadau cyhoeddus da yn bwysig i fusnes?
8 Pa ddeunydd yn y man gwerthu y gellid ei gael mewn uwchfarchnad fawr?
9 Beth yw'r manteision i fusnes o fod yn berchen cynhyrchion sydd wedi'u brandio'n gryf?

---

termau allweddol

Asiantaeth hysbysebu - busnes sy'n arbenigo mewn mewn trefnu hyrwyddo ar gyfer busnesau eraill.
Cysylltiadau cyhoeddus - hybu delwedd bositif ynglŷn â chynnyrch neu fusnes drwy roi gwybodaeth am y cynnyrch i'r cyhoedd, i fusnesau eraill neu i'r wasg.
Deunydd yn y man gwerthu - hyrwyddo cynnyrch lle mae'n cael ei werthu, e.e. arddangosiadau arbennig neu ddosbarthu taflenni mewn siopau.
Hyrwyddo - cyfathrebu rhwng busnes a chwsmeriaid, yn hysbysu'r cwsmeriaid bod y cynnyrch ar werth, yn egluro'r cynnyrch iddynt, yn dangos iddynt sut y bydd y cynnyrch yn ateb eu hanghenion ac yn eu perswadio i'w brynu am y tro cyntaf neu i'w brynu eto.
Post uniongyrchol - taflenni hysbysebu a anfonir at gwsmeriaid posibl, fel rheol drwy'r post.

Byddai'n haws pe baech yn gwneud yr arolwg hwn mewn grŵp. Rhaid i chi gasglu gwybodaeth am hyrwyddiadau sy'n cael eu cynnig ar hyn o bryd. Gallech wneud hyn drwy:

- edrych yn eich papurau newydd lleol, gan gynnwys papurau am ddim;
- nodi unrhyw hyrwyddiadau a gynigir mewn hysbysebion ar y teledu neu ar y radio;
- edrych drwy'r bwyd sydd gennych yn eich cartref, yn enwedig tuniau a phecynnau;
- ymweld â siopau lleol, fel yr uwchfarchnad agosaf, a nodi'r hyrwyddiadau sy'n cael eu cynnig.

1 Nodwch 10 enghraifft o hyrwyddiadau gwahanol a welwyd gennych.
2 (a) Ar gyfer pob un, eglurwch pam y gallai, yn eich barn chi, gynyddu gwerthiant y cynnyrch.
   (b) Yn eich barn chi, pa hyrwyddiad fydd y mwyaf effeithlon a pham?

ACHOS CRYNODOL

WYAU

Mae Cyngor Diwydiant Wyau Prydain yn cynrychioli miloedd o ffermwyr bach ac ychydig o fusnesau mwy sy'n cyflenwi wyau i uwchfarchnadoedd a chwsmeriaid eraill. Mae'r Cyngor am gynnal ymgyrch hyrwyddo ar gyfer wyau. Mae treuliant wyau wedi bod yn gostwng dros y 50 mlynedd diwethaf wrth i ddefnyddwyr droi at fwydydd eraill. Yn 1996 roedd pobl ar gyfartaledd yn bwyta 169 o wyau y flwyddyn. Deng mlynedd yn gynharach 220 oedd y ffigur.

Mae arolygon yn dangos bod rhai defnyddwyr yn poeni am y lefel uchel o golesterol mewn wyau. Ond dydy colesterol uchel ynddo'i hun ddim yn wael mewn bwyd. Ei gysylltu â lefelau uchel o fraster dirlawn sy'n gallu achosi problemau gyda'r galon. Mae lefel braster dirlawn yn isel mewn wyau.

Mae arolygon yn dangos hefyd fod rhai defnyddwyr yn poeni am les anfeiliaid, gydag 86% o wyau yn dal i ddod o ieir mewn cewyll. Mae defnyddwyr yn cael eu denu at fwydydd y maent yn eu hystyried yn 'naturiol'. Maen nhw hefyd yn fwyfwy am gael bwyd cyflym - bwyd y gellir ei fwyta ar unwaith neu nad yw'n cymryd llawer o amser i'w baratoi.

CBG

Lluniwch ymgyrch hyrwyddo ar gyfer wyau. Mae angen ystyried pob agwedd gan gynnwys llunio hysbyseb, braslunio sgript ar gyfer hysbyseb ar y teledu ac awgrymu syniadau ar gyfer hyrwyddo. Ystyriwch hefyd sut y gellid defnyddio cysylltiadau cyhoeddus am fod arian y Cyngor ar gyfer hyrwyddo yn gyfyngedig. Gallech ddefnyddio pecyn cyhoeddi bwrdd gwaith i gyflwyno'ch syniadau.

uned 42

LLEOLIAD

Gwneud penderfyniadau

Mae'n annhebyg y bydd cynnyrch yn llwyddiannus os bydd cwsmeriaid yn ei chael hi'n anodd ei brynu. Felly, mae 'lleoliad' yn rhan holl bwysig o'r cymysgedd marchnata. Rhaid i'r cynhyrchwyr benderfynu sut i fynd â'r cynnyrch i'r cwsmer. Rhaid i'r sianelau dosbarthu fod yn effeithlon ac effeithiol.

Sefydlwyd *Isle of Wight Glass* yn 1973. Mae'n arbenigo mewn gweithgynhyrchu pethau gwydr addurnol fel ffiolau, gwaelodion lampau, chwistrellau persawr a phethau i'r bwrdd. Defnyddir dulliau traddodiadol i gynhyrchu'r pethau gwydr, gyda'r rhan fwyaf â gorffeniad llaw. Mae prisiau eitemau unigol yn amrywio o £10 i £400.

Lleoliad yn y cymysgedd marchnata

Os ydy cynnyrch i gael ei werthu, mae'n rhaid iddo fod yn y man iawn ar yr adeg iawn i gwsmeriaid ei brynu. Mae'n annhebyg, er enghraifft, y bydd gwerthiant da i nwyddau rhoddion (*gift ware*) mewn siop fara gan na fydd cwsmeriaid fel rheol yn mynd i siop fara i chwilio am roddion. Mae angen i nwyddau rhoddion fod mewn mannau lle bydd cwsmeriaid yn debygol o brynu rhodd i rywun arall neu iddyn nhw eu hun. Byddai siopau mewn lleoedd gwyliau, siopau rhoddion neu fannau gwerthu mewn maes awyr yn fannau gwerthu da ar gyfer *Isle of Wight Glass*.

Mae hyn yn wir am wasanaethau yn ogystal â nwyddau. Fydd trydanwr nad yw'n fodlon teithio mwy na dwy filltir i weithio ddim yn cael llawer o waith mewn ardal wledig. Bydd siop drin gwallt yn y stryd fawr yn debygol o gael mwy o gwsmeriaid na siop mewn stryd gefn.

Felly mae lleoliad yn bwysig iawn yn y **cymysgedd marchnata** (☞ uned 34). Os na fydd cynhyrchion *Isle of Wight Glass* ar werth yn Llandudno, fydd yna ddim gwerthiant yn Llandudno. Po fwyaf o fannau gwerthu sy'n cadw'r cynhyrchion, mwyaf i gyd fydd y gwerthiant.

Sianelau dosbarthu

Mae yna SIANEL DDOSBARTHU rhwng gwneuthurwr cynnyrch a'r cwsmer. Dyma'r llwybr a gymerir i fynd â chynhyrchion o'r cynhyrchwyr i'r defnyddwyr.

Yn uniongyrchol i adwerthwyr Mae traean o'r nwyddau rhoddion a werthir gan *Isle of Wight Glass* yn cael ei werthu'n uniongyrchol i adwerthwyr. Bob blwyddyn ym mis Chwefror mae gan y cwmni stondin mewn ffair roddion yn y Ganolfan Arddangos Genedlaethol yn Birmingham. Mae adwerthwyr yn mynd i'r ffair ac yn archebu stoc y byddan nhw wedyn yn ei werthu i gwsmeriaid. Ar ôl derbyn yr archebion, mae *Isle of Wight Glass* yn anfon y stoc yn uniongyrchol at yr adwerthwyr.

Trwy gyfanwerthwyr Math o fusnes sy'n arbenigo mewn gwerthu i siopau bach a masnachwyr eraill yw CYFANWERTHWR (*wholesaler*). All siopau bach ddim prynu llawer o

Wystrys

Mae Christopher von Meister yn dwli ar wystrys, ond yn Llundain maen nhw yn draddodiadol wedi bod yn ddrud iawn o'i chymharu â Ffrainc. Roedd e'n benderfynol o werthu wystrys i'r cyhoedd am brisiau Ffrainc. Ymchwiliodd i'r farchnad a sylwodd ar y term 'adwerthu teithiol' (*transit retailing*). Ystyr hyn yw gwerthu i gwsmeriaid mewn meysydd awyr a gorsafoedd terfynol y rheilffyrdd. Roedd y syniad yn apelio ato. Cysylltodd â Rheilffyrdd Prydain. Yn dilyn trafodaethau prynodd ef ferfa farchnad (*market barrow*) a'i lleoli yng ngorsaf Fenchurch Street yn Llundain. Mae hon yn orsaf brysur iawn ac fe'i defnyddir gan lawer o weithwyr sydd â swyddi pwysig yn Ninas Llundain. Dechreuodd y ferfa fasnachu ym mis Rhagfyr 1996. Mae'r gwerthiant wedi bod yn dda. Y tywydd yw'r prif ffactor sy'n penderfynu faint o wystrys a werthir bob dydd. Mae von Meister yn bwriadu ehangu'r syniad drwy gael berfa symudol a'i lleoli mewn mannau prysur eraill fel meysydd chwaraeon a gorsafoedd rheilffyrdd eraill.

Ffynhonnell: addaswyd o'r *Financial Times*, 5 Ebrill 1997.

1 Beth yw 'berfa farchnad'?
2 Mae von Meister yn cael ei wystrys o bysgodfa wystrys ger Belfast yng Ngogledd Iwerddon. Disgrifiwch sianel ddosbarthu yr wystrys.
3 Pam, yn eich barn chi, y penderfynodd von Meister leoli ei ferfa yng ngorsaf Fenchurch Street?
4 Awgrymwch pam y mae'r tywydd yn cael effaith ar y gwerthiant?
5 Yn eich barn chi, fydd von Meister yn llwyddiannus yn ehangu ei fusnes i leoliadau eraill? Eglurwch eich ateb yn ofalus.

nwyddau yn uniongyrchol gan y gwneuthurwr am fod eu harchebion yn rhy fach. Dydy *Kellogg's*, er enghraifft, ddim yn fodlon talu cost dosbarthu ychydig o becynnau o greision ŷd i siop fach. Yn hytrach, mae'n gwerthu meintiau mawr i gyfanwerthwr. Yna mae'r cyfanwerthwr yn gwerthu meintiau bach i'r adwerthwr bach.

Mae'r cyfanwerthwr, felly, yn gweithredu fel PWYNT LLEIHAU SWMP. Caiff nwyddau eu dosbarthu i'r man hwn ac yna fe gân nhw:
- naill ai eu rhoi mewn meintiau llai ar gyfer eu gwerthu fel y mae yn achos cyfanwerthwr;
- neu eu cyfuno â chynhyrchion tebyg eraill a'u cludo mewn maint mwy i fan arall, e.e. grawn yn cael ei gludo i borthladd mewn loriau ac yna'n cael ei lwytho ar long i'w allforio.

Dydy *Isle of Wight Glass* ddim yn gwerthu drwy gyfanwerthwyr am nad yw ei gynhyrchion yn cael eu masgynhyrchu. Does dim angen i gyfanwerthwr leihau'r swmp am fod y cwmni'n fodlon gwerthu meintiau bach yn uniongyrchol i adwerthwyr.

Trwy asiantau Mae *Isle of Wight Glass* yn defnyddio **asiantau** i werthu dramor. Pobl neu fusnesau yw'r rhain sy'n dod â phrynwyr a gwerthwyr at ei gilydd. Felly bydd asiant Ffrengig *Isle of Wight Glass* yn trefnu gwerthiant i adwerthwyr yn Ffrainc. Yna bydd *Isle of Wight Glass* yn anfon y cynhyrchion yn uniongyrchol at yr adwerthwr yn Ffrainc. Bydd yr asiant yn cael comisiwn am bob archeb, fel rheol

Dosbarthu llyfrau

Sut y daeth y llyfr hwn atoch chi? Mae cyhoeddwyr yn defnyddio dwy brif sianel ddosbarthu. Un dull yw trwy siopau llyfrau. Mae ysgolion a cholegau yn rhoi archeb am werslyfrau i siop lyfrau. Yna mae'r siop yn archebu'r llyfrau gan y cyhoeddwr. Mae rhai siopau llyfrau yn rhoi disgownt i ysgolion a cholegau ar archebion am werslyfrau i'w hannog i brynu ganddyn nhw.

Efallai hefyd y bydd siopau llyfrau yn cadw ychydig o gopïau o'r gwerslyfrau mwyaf llwyddiannus ar eu silffoedd. Yna daw cwsmeriaid i mewn i'r siop i brynu copi unigol.

Dewis arall yw i ysgolion a cholegau archebu'n uniongyrchol gan y cyhoeddwr. Mae hynny'n torri allan y siop lyfrau. Weithiau bydd cyhoeddwyr yn rhoi disgownt ar werslyfrau a archebir yn uniongyrchol ganddyn nhw.

1 Pa sianelau dosbarthu a ddefnyddir gan gyhoeddwr?
2 Gallai cyhoeddwr llyfrau werthu copi unigol o lyfr naill ai i siop lyfrau neu yn uniongyrchol i ysgol neu goleg. Pam, yn eich barn chi, y mae'n well ganddo werthu setiau dosbarth o lyfrau?
3 Mae uwchfarchnadoedd yn gwerthu rhai llyfrau a chylchgronau. Fyddai uwchfarchnad yn sianel ddosbarthu dda ar gyfer y llyfr hwn, *Astudiaethau Busnes TGAU*, o safbwynt y cyhoeddwr? Eglurwch eich ateb.

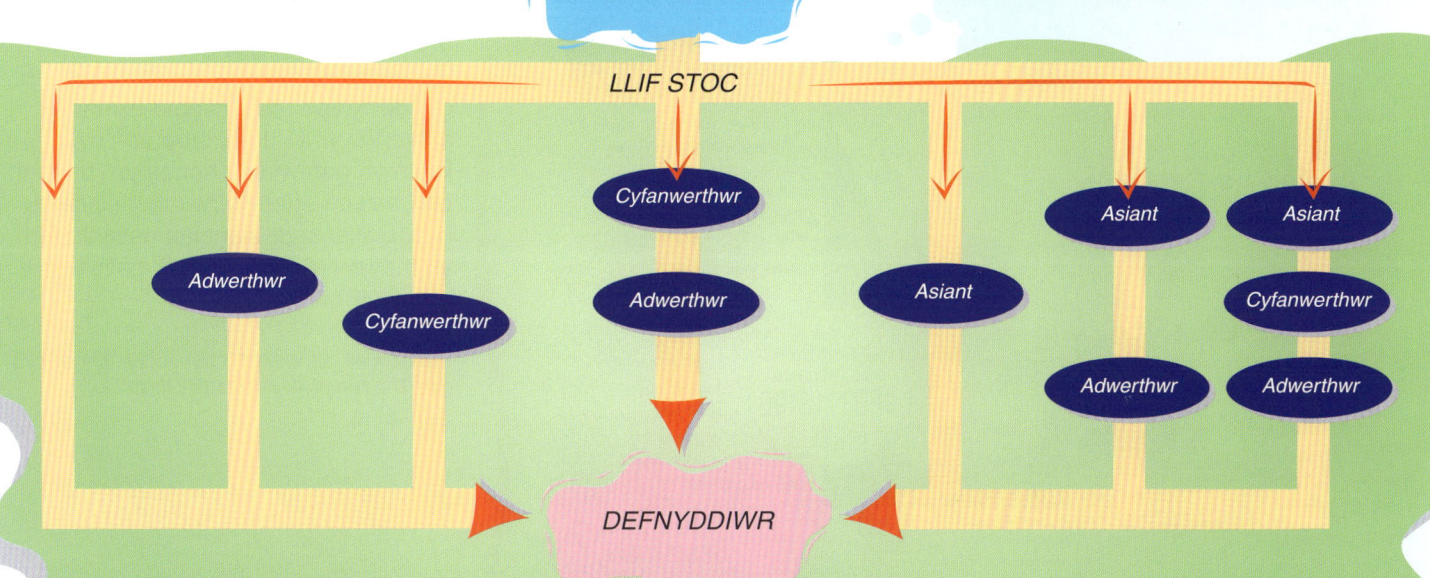

Ffigur 42.1 *Sianelau dosbarthu*

canran o werth y gwerthiant. Mae asiantau'n bwysig i *Isle of Wight Glass* am eu bod yn gwerthu traean o gynnyrch y cwmni. Gall asiantau gael eu defnyddio hefyd i werthu nwyddau yn uniongyrchol i ddefnyddwyr. Yn y DU mae *Avon*, sy'n gwerthu cosmetigau, a *Betterware*, sy'n gwerthu nwyddau tŷ, yn defnyddio asiantau. Mae'r rhain yn mynd o dŷ i dŷ yn casglu archebion. Mae'r asiantau yn cael canran o werth pob gwerthiant a wneir ganddynt.

Yn uniongyrchol i'r defnyddiwr Caiff y traean olaf o gynnyrch *Isle of Wight Glass* ei werthu'n uniongyrchol i'r defnyddiwr. Mae gan y cwmni siop yn ei bencadlys yn St Lawrence ar Ynys Wyth. Mae ganddo hefyd siop yn Shanklin, un o'r prif drefi ar yr ynys. Mae llawer o dwristiaid yn ymweld â'r ddwy siop. Mae mathau eraill o fusnes yn gwerthu'n uniongyrchol i'r defnyddiwr. Gallai cwmni yswiriant anfon gwerthwyr i ymweld â phobl yn eu cartrefi i werthu cynhyrchion ariannol iddynt. Efallai y bydd gwneuthurwr yn gwerthu **drwy'r post**. Gallai gwneuthurwr diodydd fel *Coca Cola* werthu drwy beiriannau gwerthu.

Dewis y sianel ddosbarthu

Pam y mae *Isle of Wight Glass* yn dewis dosbarthu ei gynhyrchion drwy rai sianelau dosbarthu yn hytrach nag eraill?

Y cynnyrch Dydy nwyddau rhoddion ddim yn gynnyrch darfodus (*perishable*) fel letys. Rhaid i gynhyrchion darfodus gyrraedd y defnyddiwr yn fuan ac felly rhaid i'w sianelau dosbarthu fod yn gyflym ac yn effeithlon. Dydy nwyddau rhoddion ddim ychwaith yn gynnyrch cymhleth fel gwres canolog neu ffenestri dwbl. Yn aml gwerthir cynhyrchion cymhleth yn uniongyrchol am fod yn rhaid i'r gwneuthurwr fedru delio ag unrhyw broblemau gosod a gweithredu. Dydy nwyddau rhoddion ddim yn anodd eu cludo. Yn aml bydd cynhyrchion sy'n drwm iawn neu sydd o feintiau rhyfedd yn cael eu gwerthu'n uniongyrchol i gwsmeriaid am fod y cynhyrchwyr yn darparu cludiant arbenigol ar gyfer dosbarthu. Bydd cynhyrchion sydd â phris isel a chyfaint uchel, fel ffa pob neu ddiodydd ysgafn, yn cael eu cyflenwi mewn swmp naill ai i adwerthwyr mawr fel y prif uwchfarchnadoedd neu i gyfanwerthwyr. Gall y ddau yma dderbyn cyfeintiau mawr ac yna leihau'r swmp. Mae nwyddau rhoddion yn gynnyrch sydd â chyfaint isel a phris cymharol uchel ac felly maen nhw'n debygol o gael eu dosbarthu drwy sianelau arbenigol - yn achos *Isle of Wight Glass*, yn uniongyrchol i'r adwerthwr, yn uniongyrchol i'r defnyddiwr a thrwy asiantau.

Y farchnad Tueddir i werthu cynhyrchion marchnad dorfol naill ai i gyfanwerthwyr neu i adwerthwyr mawr. Mae'r farchnad am nwyddau rhoddion yn llai gyda nifer mawr o gynhyrchion gwahanol yn cael eu gwerthu. Mae'r sianelau dosbarthu sy'n addas ar gyfer cynhyrchion marchnad dorfol yn annhebygol o fod yn addas ar gyfer y farchnad hon. Felly, gwerthir nwyddau rhoddion drwy amrywiaeth o sianelau.

Effeithiolrwydd Does gan lawer o fusnesau fawr ddim dewis ynglŷn â'r sianelau dosbarthu a ddefnyddiant. Bydd y patrymau gwerthu a phrynu cyfredol yn penderfynu pa sianel ddosbarthu a ddefnyddir. Mae *Isle of Wight Glass* yn defnyddio tair sianel ddosbarthu. Gallai o bosib ddefnyddio eraill. Gallai gwerthu drwy'r post fod yn llwyddiannus dan rai amodau. Mae ei benderfyniad i ddefnyddio asiantau, adwerthwyr a'i ddwy siop ar Ynys Wyth yn ganlyniad i hanes yn rhannol ond hefyd i effeithiolrwydd y sianelau hyn. Gallai agor sianelau newydd fod yn fethiant. Ar y llaw arall, gallen nhw ehangu'r busnes.

Ffynhonnell: addaswyd o wybodaeth a roddwyd gan *The Isle of Wight Studio Glass Ltd.*

Rhoddwyd yr hysbysebion isod yn *TV Times* a *Yours - for the young at heart*.
1 Pa sianel ddosbarthu y mae'r busnesau sy'n gwerthu'r cynhyrchion hyn yn ei defnyddio?
2 Pam, yn eich barn chi, y maent yn defnyddio'r sianel ddosbarthu hon?
3 Yn eich barn chi, fyddai siop yn sianel ddosbarthu addas ar gyfer y cynhyrchion hyn?

Uned 42 Lleoliad

Teganifail

Syniad busnes y minigwmni, Teganifail, yw gwneud a gwerthu teganau meddal. Mae ganddo dri dyluniad - cwningen, i'w gwerthu am £7, tedi-bêr, i'w werthu am £5, a broga i'w werthu am £3. NAILL AI ysgrifennwch adroddiad am sianelau dosbarthu eich minigwmni chi NEU atebwch y cwestiynau canlynol.

1 Nodwch 3 sianel ddosbarthu y gallai geisio eu defnyddio i fynd â'i gynnyrch i'r cwsmer.
2 (a) Beth yw manteision ac anfanteision pob un o'r sianelau dosbarthu hyn i'r minigwmni?
  (b) Pa sianel ddosbarthu fyddai orau iddo ei defnyddio a pham?

termau allweddol

Cyfanwerthwr - busnes sy'n prynu swmp gan wneuthurwr ac yna'n gwerthu'r stoc i adwerthwyr mewn meintiau llai.
Pwynt lleihau swmp - lle, fel warws neu borthladd, lle caiff nwyddau eu dadlwytho. Yna cânt eu hail-lwytho, yn aml mewn meintiau llai neu feintiau mwy, a'u cludo i rywle arall i'w gwerthu.
Sianel ddosbarthu - y llwybr a gymerir i fynd â chynhyrchion o'r gwneuthurwr neu ddarparwr y gwasanaeth i'r cwsmer.

Rhestr wirio ✓

1 Beth yw ystyr 'lleoliad' yn y cymysgedd marchnata?
2 Beth yw'r gwahaniaeth rhwng cyfanwerthwr ac adwerthwr?
3 'Mae adwerthwr yn gweithredu fel pwynt lleihau swmp.' Beth yw ystyr hyn?
4 Sut y gall asiantau helpu i ddosbarthu cynhyrchion?
5 Pam y caiff llongau ac awyrennau newydd eu gwerthu'n uniongyrchol i gwsmeriaid yn hytrach na thrwy sianelau eraill o ddosbarthu?
6 Pam y mae busnesau fel *Kellogg's* yn dewis dosbarthu eu cynhyrchion drwy gyfanwerthwyr ac adwerthwyr yn hytrach nag yn uniongyrchol i'r cwsmer?
7 Pryd y gallai busnes bach ddefnyddio asiant i ddosbarthu ei gynhyrchion?

ACHOS C CRYNODOL

YSWIRIANT

- Yn draddodiadol, mae cwmnïau yswiriant wedi gwerthu polisïau yswiriant yn uniongyrchol i'r defnyddiwr drwy werthwyr. Bydd darpar gwsmeriaid yn ffonio'r cwmni yswiriant i holi ynglŷn â chynhyrchion yswiriant. Yna bydd y gwerthwyr yn ymweld â'r bobl hyn, yn aml yn eu cartref, i egluro'r polisïau sydd ar gael ac yna i sicrhau gwerthiant.

- Dull traddodiadol arall o werthu yw trwy froceriaid. Busnesau yw'r rhain sy'n delio'n uniongyrchol â chwsmeriaid gan gynnig cyngor a chymorth. Maen nhw'n trefnu i gwsmeriaid brynu yswiriant gan gwmnïau yswiriant. Mae'r cwmni yswiriant yn talu comisiwn i'r brocer am bob polisi a werthir.

- Yn fwy diweddar, mae nifer cynyddol o bolisïau yswiriant wedi cael eu gwerthu dros y ffôn. Bydd cwsmeriaid yn ffonio a bydd gweithiwr telewerthiant (*telesales*) yn egluro'r polisi ac yn rhoi pris am yr yswiriant. Mae yswiriant cerbydau yn arbennig yn cael ei ddominyddu gan werthu uniongyrchol dros y ffôn. Denir darpar gwsmeriaid gan hysbysebu mewn papurau newydd, cylchgronau a'r Tudalennau Melyn.

- Ffordd arall o werthu yswiriant yn uniongyrchol yw trwy bost-dafliadau (*mail shots*). Mae gan gwmnïau yswiriant restri o gwsmeriaid cyfredol. Gallan nhw hefyd brynu rhestri gan gwmnïau eraill. Anfonir taflenni hysbysebu at bawb ar y rhestr yn eu gwahodd i brynu'r yswiriant sydd ar gynnig.

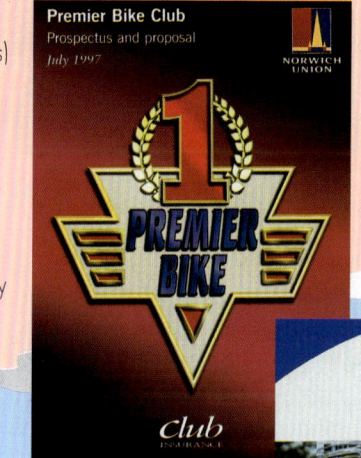

Mae cwmnïau yswiriant yn defnyddio amrywiaeth o sianelau dosbarthu i werthu yswiriant.

1 (a) Rhestrwch 4 ffordd y mae cwmnïau yswiriant yn gwerthu yswiriant.
  (b) Beth, yn eich barn chi, yw manteision ac anfanteision pob un o'r ffyrdd hyn i gwmni yswiriant?
2 Erbyn hyn mae uwchfarchnadoedd yn cynnig rhai gwasanaethau bancio. Fyddai'n syniad da iddynt werthu yswiriant hefyd? Yn eich ateb trafodwch a fyddai gwerthu yswiriant yn debygol o fod yn broffidiol iddynt ac a fyddai'n cael effaith ar werthiant cynhyrchion y maent eisoes yn eu gwerthu.

uned 43

ADWERTHU

> **Gwneud penderfyniadau**
> Mae busnesau adwerthu yn gweithredu mewn marchnad gystadleuol. I oroesi rhaid darparu'r gwasanaeth gorau posibl i'r defnyddwyr. Bydd hyn yn golygu gwneud penderfyniadau ynglŷn â phrisio, lleoliad, beth i'w gynnig ar werth a safon y gwasanaeth.

Yn 1996-7 gwerthodd *The Boots Company* werth £4.5 biliwn o gynnyrch. Craidd y cwmni yw *Boots The Chemists*. Ym mis Mawrth 1997 roedd 1 242 o siopau yn y DU ac Iwerddon, yn gwerthu cynhyrchion fel moddion, nwyddau gofal iechyd a rhoddion. Mae *The Boots Company* hefyd yn berchen *Halfords*, yr adwerthwr cydrannau ceir, *Do It All*, y gadwyn 'eich gwaith eich hun' (DIY), a *Boots Opticians*. Ymhellach yn ôl yn y gadwyn gynhyrchu mae *The Boots Group* yn berchen *Boots Contract Manufacturing*, sy'n gweithgynhyrchu cosmetigau, pethau ymolchi a moddion. Mae'r cwmni hefyd yn berchen busnes byd-eang ym maes iechyd a meddyginiaeth, *Boots Healthcare International*, sy'n marchnata moddion dros-y-cownter mewn 150 o wledydd.

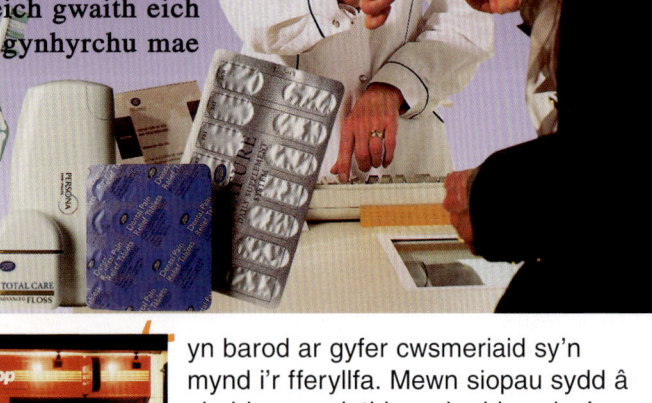

? Mae'r tair siop a welir yn y ffotograffau yn cynnig amrywiaeth o wasanaethau gwahanol.
1 Pa wasanaethau sydd yr un fath ar gyfer y tair siop?
2 Sut y mae'r gwasanaethau yn wahanol rhyngddynt?

Swyddogaeth adwerthwyr

Busnes sy'n arbenigo mewn gwerthu nwyddau mewn meintiau bach i'r defnyddiwr yw ADWERTHWR. Pam na fydd y defnyddwyr yn prynu'r nwyddau yn uniongyrchol gan y gwneuthurwyr?

Lleihau swmp Pan fyddwch yn prynu pecyn o *Strepsils* fyddwch chi ddim am brynu 199 o becynnau eraill yr un pryd. Dim ond mewn swmp y bydd *Boots Healthcare International* (BHI) yn gwerthu. Mae adwerthwyr fel *Boots The Chemists* yn prynu meintiau mawr gan BHI ac yna'n gwerthu meintiau llawer llai i'r cwsmer. Mae **lleihau swmp** (☞ uned 42) yn wasanaeth pwysig iawn a gynigir gan adwerthwyr.

Cyfleustra Mae BHI yn cynhyrchu *Strepsils* yn ei ffatri yn Nottingham. Ond does dim rhaid i chi fynd i Nottingham i brynu pecyn o *Strepsils*. Mae *Boots The Chemists* yn gwerthu'r pecynnau hyn yn eich ardal chi. Mae cyfleustra, felly, yn wasanaeth pwysig iawn a gynigir gan adwerthwyr.

Gwasanaethau eraill Gall lefel y gwasanaeth mewn siop fod yn bwysig iawn i gwsmeriaid. Er enghraifft, bydd gweithwyr yn *Boots The Chemists* yn casglu presgripsiynau ailadroddol o ddoctoriaid lleol ac yn cael y moddion yn barod ar gyfer cwsmeriaid sy'n mynd i'r fferyllfa. Mewn siopau sydd â pheiriannau datblygu, byddan nhw'n cynnig amrywiaeth o wasanaethau ffotograffig, gan gynnwys gwasanaeth datblygu o fewn un awr.

Mathau o adwerthwyr

Y math mwyaf cyffredin o siop yw'r SIOP ANNIBYNNOL. Y perchennog fydd yn rhedeg y siop. Mae'n go debyg mai siop fach fydd hi, efallai mewn rhodfa leol o siopau. Mae'n debygol mai dyna fydd unig siop y perchennog.

Can mlynedd yn ôl roedd bron pob siop yn annibynnol. Sefydlwyd *Boots*, er enghraifft, gan Jesse Boot yn 1877 pan gymerodd drosodd siop yn Goosegate, Nottingham. Yn ystod yr ugeinfed ganrif, fodd bynnag, cafwyd twf enfawr o SIOPAU CADWYN (*multiples*), h.y. **cadwyni** o siopau dan berchenogaeth un cwmni fel *Boots*. Erbyn hyn mae'r siopau cadwyn yn gwerthu llawer mwy na'r siopau annibynnol. Gellir rhannu siopau cadwyn yn fathau gwahanol:
- **Cadwyni uwchfarchnadoedd** - sydd fel rheol yn gwerthu nwyddau groser.
- **Siopau cadwyn arbenigol** - cadwyni sy'n gwerthu amrywiaethau cyfyngedig o

Uned 43 Adwerthu

gynhyrchion, e.e. *Comet*, sy'n gwerthu cyfarpar trydanol, a *Miss Selfridge*, sy'n gwerthu dillad. Dechreuodd *Boots The Chemists* fel siop gadwyn arbenigol, roedd yn gadwyn o siopau fferyllydd. Mae rhai o ganghennau bach *Boots* yn dal i berthyn i'r categori hwn heddiw. Maen nhw'n cadw amrywiaeth gyfyngedig o gynhyrchion a geir mewn siop fferyllydd nodweddiadol.

- **Siopau cadwyn amrywiaethol** (*variety chain stores*) - cadwyni sy'n gwerthu amrywiaeth eang o gynhyrchion. Erbyn hyn mae canghennau mawr *Boots* yn gwerthu nid yn unig cynhyrchion fferyllol ond hefyd cyfarpar cegin, rhoddion, cryno-ddisgiau, bwyd a chynhyrchion eraill. Felly, gellid dosbarthu *Boots The Chemists* yn siop gadwyn amrywiaethol.

Mewn llawer o drefi mawr a dinasoedd mae yna **siop adrannol** (*department store*). Gall siop o'r fath fod yn annibynnol, dan berchenogaeth teulu efallai. Ond mae'r rhan fwyaf o siopau adrannol yn siopau cadwyn. Mae *House of Fraser* yn gadwyn o siopau adrannol. Yn debyg i siopau cadwyn amrywiaethol, mae siopau adrannol yn gwerthu amrywiaeth eang o nwyddau o ddillad i beiriannau golchi. Maen nhw'n cynnig siopa un-stop mewn amgylchedd drutach.

I geisio parhau i gystadlu â'r cadwyni mawr o uwchfarchnadoedd, mae rhai siopau groser annibynnol wedi ymuno â **chadwyni gwirfoddol** fel *Spar* neu *Mace*. Mae'r gadwyn yn gallu prynu swmp a darparu gwasanaethau cymorth fel hysbysebu. Mae gan gadwyni gwirfoddol rai o'r un nodweddion â **gweithrediadau trwydded** (☞ uned 14).

Mae cwmnïau mawr **archebu drwy'r post**, fel *Littlewoods* neu *Great Universal Stores*, yn gweithredu fel adwerthwyr. Mae gan *Next*, y siop gadwyn arbenigol, ei busnes archebu drwy'r post ei hun, *Next Directory*, sy'n llwyddiannus.

Yr adwerthwr mwyaf yn y DU yw'r cymdeithasau Cydweithredol gyda'i gilydd. Rhoddir manylion amdanynt yn uned 13.

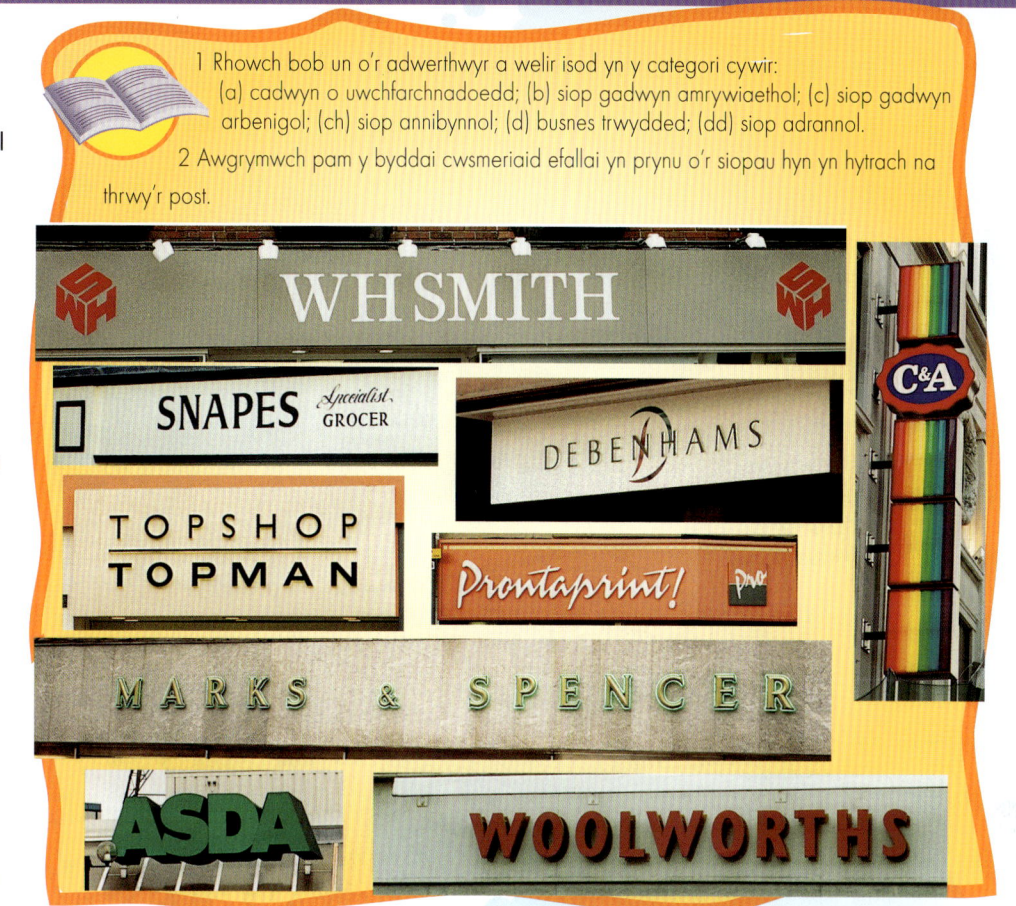

> 1 Rhowch bob un o'r adwerthwyr a welir isod yn y categori cywir:
> (a) cadwyn o uwchfarchnadoedd; (b) siop gadwyn amrywiaethol; (c) siop gadwyn arbenigol; (ch) siop annibynnol; (d) busnes trwydded; (dd) siop adrannol.
> 2 Awgrymwch pam y byddai cwsmeriaid efallai yn prynu o'r siopau hyn yn hytrach na thrwy'r post.

Newidiadau mewn adwerthu

Yn debyg i bob diwydiant, mae adwerthu wedi newid yn aruthrol dros y 50 mlynedd diwethaf.

Dewis Mae'r cynnydd mewn incwm wedi achosi newidiadau mawr mewn adwerthu. 50 mlynedd yn ôl byddai'r rhan fwyaf o incwm wythnosol teulu yn mynd ar y pethau sylfaenol - rhent, gwres a bwyd. Doedd gan bobl fawr ddim o gyfarpar yn eu tai. Mae'r cynnydd mawr yn y gallu i wario wedi golygu y gall defnyddwyr brynu amrywiaeth ehangach o nwyddau. Maen nhw am gael dewis nid yn unig o ran beth i'w brynu, ond hefyd o ran ble i brynu.

Weithiau bydd cwsmeriaid am gael siopau sy'n cynnig y prisiau isaf. Weithiau byddan nhw'n chwilio am ffactorau eraill fel cyfleustra, safon y gwasanaeth neu ofal ôl-werthu (*after sales care*).

Costau Un canlyniad i'r cynnydd yn y gallu i wario yw y gall siopau cadwyn fanteisio ar **ddarbodion maint** (☞ uned 18). Gall *Boots The Chemists*, er enghraifft, brynu ffilmiau ffotograffig mewn meintiau mwy o lawer na siop leol annibynnol. Gall, felly, gael prisiau is gan *Kodak* neu *Fuji*, er enghraifft, nag y gallai siop annibynnol eu cael. Mae goroesi wedi bod yn anodd i siopau annibynnol am fod costau'r cadwyni mawr mor isel.

Brandio Mae gan siopau cadwyn llwyddiannus fantais bwysig arall ar y siopau annibynnol. Mae siopau fel *Boots The Chemists* yn gwarantu **safon arbennig** o wasanaeth. Mae cwsmeriaid yn gwybod beth i'w ddisgwyl mewn siop *Boots*. Gwyddant, er enghraifft, y gellir cyfnewid nwyddau yn ddiffwdan os byddan nhw'n anaddas. Gwyddant hefyd y gellir cael cyngor wrth y cownter fferyllol. Mewn gwirionedd mae'r siopau cadwyn wedi llwyddo i sefydlu hunaniaeth **brand** (☞ uned 37) ar gyfer y gwasanaeth a roddant. Does gan y siopau annibynnol ddim y ddelwedd frand genedlaethol yma. Dros y 50 mlynedd diwethaf mae pobl wedi siopa'n fwyfwy yn y siopau cadwyn brandiedig, gan yrru'r siopau annibynnol allan o fusnes.

Buddsoddiant Ffactor sy'n gysylltiedig â'r safon yma o wasanaeth

151

Uned 43 Marchnata

Edrychwch ar y lluniau. Mae'r llun yn y canol yn dangos adwerthu yn Preston yn 1929. Mae'r lleill yn dangos adwerthu modern.
1 (a) Pa newidiadau mewn adwerthu a welir dros amser yn y lluniau?
  (b) Eglurwch 3 ffactor a allai fod wedi achosi'r newidiadau hyn.
2 Mae siopa ar y We yn duedd newydd mewn adwerthu yn y DU. Yn eich barn chi, fydd defnyddio'r cyfrifiadur i siopa ar y We yn arwain yn y pen draw at gau'r rhan fwyaf o'r siopau yn y stryd fawr. Yn eich ateb, nodwch fanteision ac anfanteision siopa o'r cartref neu'r swyddfa o'i gymharu â siopa yn y stryd fawr leol.

Lleoedd arbennig yn y farchnad
(market niches) Mae'n debygol y bydd llawer o strydoedd mawr yn parhau i fod yn ganolfannau siopa pwysig. Gall y stryd fawr gynnig amrywiaeth fawr o siopau i'r cwsmeriaid. Mae siopau annibynnol yn gorfod cynnig gwasanaethau na all y siopau cadwyn eu cynnig. Mae siopau groser annibynnol, er enghraifft, yn aml ar agor yn hwyr. Yn fwyfwy bydd yn rhaid iddynt fod yn adwerthwyr sydd â lle arbennig yn y farchnad, gan gynnig gwasanaeth unigryw a chymryd cyfran fach o'r farchnad.
(Noder: Erbyn hyn mae rhai cadwyni o uwchfarchnadoedd ar agor yn hwyr hefyd, e.e. mae rhai o uwchfarchnadoedd *Tesco* ar agor 24 awr y dydd.)

Defnyddio technoleg
Mae technoleg yn raddol yn newid arferion prynu. Mae archebu drwy'r post yn fwy na chan mlwydd oed, gan ddefnyddio gwasanaethau cludo, y post a'r ffôn i sicrhau mynd â nwyddau i gartref y cwsmer. Ond erbyn hyn mae archebu drwy'r post yn fwy nag ymateb i hysbyseb mewn papur newydd neu archebu ar ôl darllen catalog papur. Mae *QVC* yn sianel siopa ar deledu lloeren a chebl. Gwelir y nwyddau ar y teledu ac fe'u prynir dros y ffôn. Yn bwysicach na hynny, mae'r We yn darparu cyfleoedd siopa. Gellir defnyddio'r cyfrifiadur i archebu cynhyrchion a welir ar y We. Mae'n annhebyg y bydd hynny'n disodli siopa yn y stryd fawr. Ond mae'n gyfrwng arall ar gyfer archebu drwy'r post.

Ffynhonnell: addaswyd o wybodaeth a roddwyd gan *The Boots Company*.

yw buddsoddiant gan y cadwyni llwyddiannus. Maen nhw'n gyson wedi newid eu ffyrdd o weithredu er mwyn gostwng costau a chwrdd ag anghenion y defnyddwyr. Mae *Boots The Chemists*, er enghraifft, yn aml yn gwario arian i ddiweddaru ei siopau. Mae'n buddsoddi mewn pobl drwy hyfforddi gweithwyr. Mae hefyd yn buddsoddi mewn ymchwilio i gynhyrchion newydd a'u datblygu.

Lleoliad Mae lleoliad siopau wedi newid hefyd. 50 mlynedd yn ôl byddai defnyddwyr naill ai'n mynd i'r siop leol neu'n mynd i'r dref i'r stryd fawr. Erbyn hyn mae'r siopau lleol a'r stryd fawr yn dal i fod yn brysur, ond mae llawer o fusnes wedi mynd i ddatblygiadau siopa newydd y tu allan i'r trefi. Mae'r rhain wedi'u cynllunio ar gyfer pobl sydd â cheir. Mae ychydig ohonynt yn ganolfannau siopa sydd ag amrywiaeth eang o siopau, e.e. y *Merry Hill Centre* yn Dudley neu'r *MetroCentre* yn Newcastle. Mae eraill yn **barciau adwerthu** mwy arbenigol lle bydd eto ychydig o siopau mawr, e.e. siop *Comet* (nwyddau trydanol), siop *MFI* (dodrefn) a siop *Halfords* (beiciau, cydrannau ceir ac ategolion ceir). Y fantais fawr i'r adwerthwr o ddatblygiadau y tu allan i'r dref yw bod cost tir yn rhatach o lawer nag yw yn y stryd fawr. Hefyd gall siopwyr barcio'u ceir yn hawsach o lawer nag yn y stryd fawr. Gallan nhw fynd â throli yn llawn nwyddau i'w car.

Mae rhai strydoedd mawr lleol wedi'i chael hi'n amhosibl cystadlu â chanolfannau siopa mawr. Mae siopau cadwyn mawr wedi symud allan ac mae siopau annibynnol wedi cau. Yna bydd y stryd fawr yn gymysgedd o adeiladau gwag, siopau elusennol, allfeydd ariannol fel cymdeithasau adeiladu, siopau papurau newydd a siopau bwyd. I atal hyn yn y dyfodol, mae'r llywodraeth wedi'i gwneud hi'n fwy anodd cael caniatâd cynllunio ar gyfer adeiladu canolfannau siopa y tu allan i'r dref.

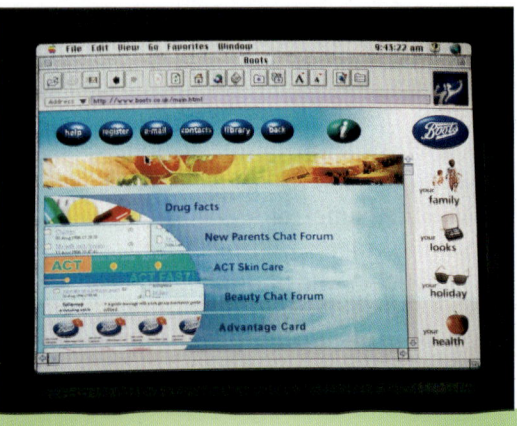

Tudalen Boots ar y We. Erbyn hyn mae gan lawer o fusnesau safleoedd ar y We.

152

Uned 43 Adwerthu

Yn yr arolwg hwn rydych am ddarganfod pam y bydd siopwyr yn defnyddio rhodfa leol o siopau yn hytrach na mynd rywle arall i siopa.

1 Dewiswch rodfa siopa leol. Gallai fod yn agos i'r ysgol lle gallai'r dosbarth cyfan efallai gynnal arolwg. Neu fe allai fod yn agos i'ch cartref.
2 Lluniwch holiadur i'w ddefnyddio gyda'r siopwyr. Rydych am ddefnyddio'r holiadur i ddarganfod pam y bydd pobl yn defnyddio'r rhodfa leol o siopau yn hytrach na mynd i ganol y dref neu i uwchfarchnad fawr leol, a'r gwrthwyneb, pam y bydd pobl yn mynd i ganol y dref yn hytrach nag i'r rhodfa leol o siopau.
3 Cynhaliwch yr arolwg. Gallech fynd allan fel dosbarth neu'n unigol i holi pobl yn eich rhodfa leol o siopau. Efallai y byddai'n well gennych holi ffrindiau a pherthnasau. Bydd eich athro/darlithydd yn eich cynghori ynglŷn â'r hyn sydd orau i'w wneud.

Cronfa ddata/Prosesu geiriau

4 Dadansoddwch eich canlyniadau. Efallai y byddwch am gofnodi'r canlyniadau ar gronfa ddata. Pa resymau a roddwyd gan bobl dros siopa'n lleol yn hytrach na mynd i ganolfan siopa fawr?
5 Lluniwch adroddiad, gan ddefnyddio pecyn prosesu geiriau os oes modd. (a) Eglurwch bwrpas yr arolwg. (b) Disgrifiwch sut y gwnaethoch gynnal yr arolwg a natur eich sampl. (c) Disgrifiwch eich canlyniadau. (ch) Defnyddiwch y canlyniadau i werthuso a oes dyfodol i'r rhodfa leol o siopau neu fydd hi'n diflannu wrth i'r gystadleuaeth gan ganolfannau siopa mawr gynyddu?

termau allweddol

Adwerthwr - busnes sy'n arbenigo mewn gwerthu nwyddau mewn meintiau bach i'r defnyddiwr.
Siop annibynnol - siop adwerthu sy'n cael ei rhedeg gan ei pherchennog. Mae'n debygol mai un siop yn unig fydd gan y perchennog.
Siopau cadwyn - cadwyn o siopau sy'n eiddo i un busnes.

Rhestr wirio ✓

1 Beth yw 3 swyddogaeth bwysig adwerthwr?
2 Sut y gall adwerthwr ychwanegu gwerth at gynnyrch?
3 Beth yw'r gwahaniaeth: (a) rhwng siop annibynnol ac adwerthwr cadwyn; a (b) rhwng siop gadwyn arbenigol a siop gadwyn amrywiaethol?
4 Pa fathau o gynhyrchion y gallai siop adrannol eu gwerthu?
5 Pam y mae mwy o siopau heddiw nag a fu 50 mlynedd yn ôl?
6 'Y siopau cadwyn llwyddiannus yw'r rhai sy'n gwerthu am y prisiau isaf.' Ydy hynny'n wir? Eglurwch eich ateb.
7 Pam y mae'n rhaid i adwerthwyr llwyddiannus fuddsoddi yn eu busnesau os ydynt i oroesi?
8 Sut y mae lleoliad siopau wedi newid dros y 50 mlynedd diwethaf?

Y SIOP ADRANNOL

ACHOS CRYNODOL

Yn hanner cyntaf yr ugeinfed ganrif roedd siopau adrannol yn ffynnu. Roedden nhw'n cynnig amrywiaeth eang o nwyddau dan un to, yn debyg i'r farchnadfa (mall) siopa heddiw. Yna daeth y siopau cadwyn, gan gynnig mwy o ddewis a phrisiau is. Ni wnaeth y siopau adrannol ymaddasu i newidiadau'r oes, gan ddarparu'n fwyfwy ar gyfer pobl canol oed a phobl hŷn. Erbyn canol yr 1970au roedd siopau adrannol mewn argyfwng.

Ers hynny, fodd bynnag, mae'r mwyaf llwyddiannus ohonynt wedi gwella'u sefyllfa. Mae grwpiau o siopau adrannol wedi tueddu i gau eu siopau llai nad oeddent yn gwneud elw. Maen nhw wedi buddsoddi mewn adnewyddu eu siopau, gan newid cynlluniau'r siopau a'u ffitiadau. Maen nhw wedi denu mwy o gwsmeriaid ifanc drwy newid cymysgedd eu cynnyrch. Yn aml cyflawnwyd hyn drwy osod (letting out) arwynebedd llawr i adwerthwyr adnabyddus fel Oasis, Miss Selfridge, Wallis neu Benetton. Maen nhw hefyd wedi canolbwyntio ar eu cryfderau. Mae Harrods yn Llundain, er enghraifft, wedi manteisio ar ei allu atynnu fel un o'r prif atyniadau i dwristiaid yn Llundain. Mae Liberty's yn Llundain, sy'n enwog am ei brintiau, wedi canolbwyntio buddsoddiant ar ei siop yn Llundain ar ôl ymgais trychinebus i sefydlu canghennau rhanbarthol.

Ffynhonnell: addaswyd o *The Sunday Times*, 22 Medi 1996.

1 Beth yw siop adrannol?
2 Cymharwch y gwasanaethau a gynigir gan siop adrannol a siopau cadwyn.
3 Eglurwch 2 ffordd y mae siop adrannol ar ei hennill os yw'n gosod arwynebedd llawr i adwerthwr arall.
4 Awgrymwch 2 reswm pam y mae siopau adrannol bach yn tueddu i fod yn llai proffidiol am bob troedfedd o arwynebedd gwerthu na siopau adrannol mawr.
5 Mae siop adrannol yn ymchwilio i'r posibilrwydd o agor neuadd fwyd lle byddai'n gwerthu cynnyrch y rhan uchaf o'r farchnad. Yn eich barn chi, fyddai hyn yn broffidiol? Eglurwch eich ateb yn ofalus.

uned 44

CLUDIANT

Gwneud penderfyniadau

Mae busnesau'n derbyn defnyddiau crai a chyflenwadau eraill ac maen nhw'n anfon nwyddau allan. Rhaid penderfynu sut i anfon y nwyddau hynny: ar y ffyrdd, ar y rheilffyrdd, ar long neu mewn awyren. Bydd eu penderfyniad yn dibynnu ar amrywiaeth o ffactorau, gan gynnwys cost, cyflymder, dibynadwyaeth ac addasrwydd.

Mae *Shell* yn enwog am ei gynhyrchion olew a phetrol. Ond mae hefyd yn gynhyrchydd pwysig o nwy naturiol, glo a chemegau. Mae is-gwmni, *Shell International Trading and Shipping Company*, yn gyfrifol am fasnachu cynhyrchion olew crai a'u cludo mewn llongau ledled y byd. Mae'r cwmni'n gweithredu fflyd o 36 o longau sy'n cludo olew crai a chynhyrchion olew ac mae'n ymwneud â 20 o longau sy'n cludo nwy naturiol hylifol a nwy petroliwm hylifol.

? Edrychwch ar Ffigur 44.1. Pa fath o gludiant y gellid eu defnyddio i fynd â'r eitemau a'r bobl a ddangosir yn y diagram i'r ysgol ac o'r ysgol?

Ffigur 44.1

I'r ysgol:
- Gwerslyfrau newydd
- Nwy
- Llythyr o Rwsia yn trefnu cyfnewid rhwng ysgolion

O'r ysgol:
- Sbwriel
- Dŵr wedi'i ddefnyddio
- Disgyblion ar daith ddiwrnod i Ffrainc

Gwahanol fathau o gludiant

Mae *Shell* yn cludo llawer o nwyddau gwahanol, nid yn unig ym Mhrydain ond ledled y byd. Gallai ddefnyddio gwahanol fathau o gludiant i wneud hyn.

Ffyrdd Cludiant ffyrdd yw'r math pwysicaf o gludiant yn y DU heddiw. Mae *Shell*, er enghraifft, yn defnyddio lorïau olew i ddosbarthu petrol a diesel i'w 1 850 o orsafoedd petrol a chwsmeriaid busnes mawr. Mae'n defnyddio cwmni cludo, *Hays plc*, i ddosbarthu nwyddau nad ydynt yn betrol (e.e. bwyd a chydrannau ceir) i'w gorsafoedd petrol. Byddai'r rhain yn cael eu cludo mewn lorïau caeëdig ag ochrau uchel. Pe bai cyfarpar newydd yn cael ei ychwanegu at burfa olew sy'n eiddo i *Shell*, gallai'r gwastraff gael ei gludo i ffwrdd o'r safle mewn tryciau agored.

Mae *Shell* hefyd yn defnyddio cludiant cynwysyddion (*container transport*). Yma defnyddir bocsys mawr y gellir eu rhoi ar lorïau trelar. Mantais fawr cynwysyddion yw ei bod hi'n hawdd eu codi oddi ar y trelar a'u rhoi ar long neu wagen reilffordd.

Rheilffyrdd Can mlynedd yn ôl roedd y rheilffyrdd yn gludwr pwysig o nwyddau. Erbyn hyn, dim ond canran bach o'r holl nwyddau a gludir yn y Deyrnas Unedig sy'n mynd ar y rheilffyrdd. Cludiant rheilffyrdd, fodd bynnag, sydd fwyaf addas ar gyfer nwyddau a gludir mewn swmp dros bellterau hir.

Camlesi Dau gan mlynedd yn ôl roedd camlesi'n hanfodol i gludiant mewndirol. Erbyn hyn does braidd dim llwyth (*freight*) yn cael ei gludo ar y rhan fwyaf o'r camlesi yn y DU. Ond mae rhai camlesi ac afonydd yn Ewrop yn dal i fod yn brysur iawn â badau camlesi.

Llongau Mae *Shell* yn defnyddio tanceri olew i gludo olew ledled y byd. Caiff peth olew ei anfon o amgylch y DU, o burfa olew i borthladd, mewn tanceri arfordirol yn hytrach nag ar y ffyrdd neu'r rheilffyrdd.

Awyr Mae cludiant awyr yn cynyddu mewn pwysigrwydd ar gyfer nwyddau y mae angen eu dosbarthu'n gyflym. Efallai y byddai *Shell* yn gorfod cael cydran hanfodol a weithgynhyrchir yn Japan ar gyfer purfa olew yn y DU. Gellid anfon y gydran drwy'r awyr i leihau'r amser teithio.

Piblinellau Mae *Shell* yn defnyddio piblinellau i gludo nwy naturiol, cemegau, olew a chynhyrchion olew. Cludir dŵr hefyd drwy biblinellau.

Dewis dull cludo

Wrth ddewis pa ddull cludo i'w ddefnyddio, mae'n rhaid i *Shell* ystyried nifer o ffactorau pwysig.

Cost Yn debyg i unrhyw fusnes arall, mae *Shell* am leihau ei gostau. Ym Mhrydain mae'n defnyddio lorïau olew i gludo petrol os mai hynny yw'r math rhataf o gludiant. Mae hefyd yn defnyddio'r rheilffyrdd. Mae'r penderfyniad ynglŷn â dewis y ffyrdd neu'r rheilffyrdd yn dibynnu ar gost gymharol y ddau fath o gludiant. Yn 1992, er enghraifft, pan gododd y rheilffyrdd eu prisiau i *Shell* rhwng 50% a 100%, penderfynodd *Shell* symud 13% o'i lwythi rheilffyrdd i'r ffyrdd.

I lawer o fusnesau mae costau llwytho a dadlwytho yn bwysig iawn. Mae'n ddrud iawn mynd â nwyddau ar lori i ganolfan llwytho'r rheilffyrdd (*rail freight depot*), ei lwytho ar drên ac yna ei ddadlwytho ar ben y daith i'w ddosbarthu i'r man terfynol eto ar y

Defnyddir tryciau seismig i deithio yn niffeithdir Oman lle mae Shell a'r Korean Gas Company yn adeiladu ffatri nwy naturiol hylifol.

ffyrdd. Felly, er bod cludiant rheilffyrdd yn rhatach am bob milltir ar gyfartaledd na chludiant ffyrdd, a thybio llwythi llawn, mae'r costau llwytho yn gwneud teithiau rheilffyrdd yn y DU yn aneconomaidd i'r rhan fwyaf o fusnesau.

Efallai, fodd bynnag, y bydd y rheilffyrdd yn bwysicach yn y dyfodol. Yn nodweddiadol, mae'r rheilffyrdd yn gost effeithlon ar gyfer teithiau hir dros 400 milltir. Mae agor Twnnel y Sianel wedi rhoi cyfleoedd newydd i'r rheilffyrdd gludo llwythi o'r DU i fannau yn Ewrop. Mae llawer yn gobeithio y bydd **preifateiddio** (uned 16) y rheilffyrdd yn arwain at gostau is ac amgylchedd gweithredu mwy hyblyg. Efallai y bydd cynnydd yn y tagfeydd ar y ffyrdd yn cynyddu cost dosbarthu ar y ffyrdd o'i chymharu â dosbarthu ar y rheilffyrdd. Yn olaf, gallai'r llywodraeth droi'r fantol rhwng y ffyrdd a'r rheilffyrdd am ei bod yn dymuno gweld llai o dagfeydd ac amgylchedd glanach. Gallai wneud hyn, er enghraifft, drwy gynyddu'r trethi ar lorïau.

Mae *Shell* yn defnyddio tanceri olew i gludo olew ledled y byd. Mae llawer o longau cargo cyffredinol y byd yn defnyddio cynwysyddion. Bocsys mawr yw'r rhain y gellir eu pentyrru, eu llwytho a'u dadlwytho yn hawdd o long, lori a thrên. Mae hyn yn arbed y gost o lwytho a dadlwytho eitemau unigol sawl gwaith yn ystod taith.

Byddai defnyddio awyrennau yn gwbl anaddas ar gyfer cludo petrol. Tueddir i ddefnyddio cludiant awyr ar gyfer cynhyrchion sydd â gwerth uchel, swmp isel a phwysau isel.

Cyflymder O ddefnyddio'r ffyrdd, gall gymryd oriau i gludo blodau o fan dosbarthu yn y DU i un o orsafoedd

---

Dosbarthu llaeth

Yn 1972 sefydlodd Jarnail Singh Johal rownd laeth yn Wolverhampton. Ers hynny mae ei fusnes wedi tyfu. Erbyn 1997 roedd gan *Johal Dairies* fflyd o 25 o gerbydau rheweiddiedig ac roedd yn dosbarthu cynhyrchion llaeth ledled rhanbarth Gorllewin Canolbarth Lloegr. Mae llaeth yn dal i fod yn bwysig, gyda 100 000 o beintiau y dydd yn cael eu dosbarthu. Ond erbyn hyn mae'r llaeth yn cael ei ddosbarthu i siopau, caffis, tai bwyta, gwestai, ffatrïoedd a chartrefi ymddeol yn ogystal ag i gartrefi cyffredin. Mae'r busnes hefyd yn adeiladu busnes sylweddol ar wahân i laeth. Mae'n dosbarthu pob math o gynhyrchion llaeth gan gynnwys caws a iogyrtiau.

Ffynhonnell: addaswyd o'r *Express and Star*, 29 Medi 1997.

1 Eglurwch 3 rheswm pam y mae *Johal Dairies* yn defnyddio'r ffyrdd i gludo ei gynhyrchion yn hytrach na'r rheilffyrdd na chamlesi na'r awyr.

Prosesu geiriau

2 Mae amgylcheddwyr wedi awgrymu y gwneir llawer gormod o deithiau ar y ffyrdd bob dydd. Os oes raid cludo nwyddau, dylid eu cludo'r pellter lleiaf posibl. Ysgrifennwch lythyr at grŵp amgylcheddol yn egluro pam y mae'n llesol i'r defnyddiwr i gael dosbarthiad dyddiol o gynhyrchion llaeth ledled Gorllewin Canolbarth Lloegr gan *Johal Dairies*.

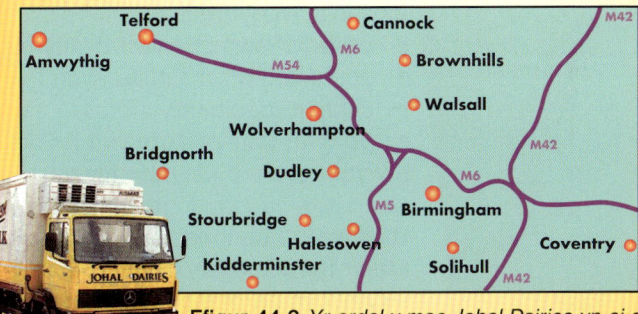

Ffigur 44.2 Yr ardal y mae Johal Dairies yn ei gwasanaethu.

Uned 44 Marchnata

petrol *Shell*. Efallai y byddai eu cludo ar y ffyrdd a'r môr o'r Iseldiroedd, lle y cânt eu tyfu, i'r man dosbarthu yn y DU yn cymryd yn rhy hir i'r blodau gyrraedd yn eu cyflwr gorau. Efallai, felly, y defnyddir cludiant awyr. Mae mathau gwahanol o gludiant yn rhoi amserau derbyn gwahanol, yn dibynnu ar y pellter i'w deithio a safon yr isadeiledd, fel y cysylltiadau ffyrdd a rheilffyrdd.

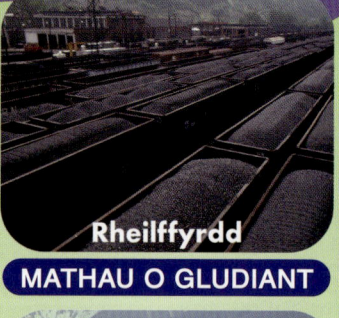

Dibynadwyaeth I weithredu'n effeithlon, mae angen i orsaf betrol *Shell* wybod pryd y bydd nwyddau'n cyrraedd. Os na fydd nwyddau yn y siop, bydd *Shell* yn colli gwerthiant. Felly, mae dibynadwyaeth dosbarthu, yn hanfodol. Yn 1997, i helpu i wella dibynadwyaeth, arwyddodd *Shell* gytundeb â'r cwmni cludiant *Hays* i ddosbarthu'r rhan fwyaf o'r nwyddau i siopau *Shell*. Cyn hynny, gallai gorsaf betrol *Shell* gael hyd at 40 o gludiadau yr wythnos gan 15 o ddosbarthwyr gwahanol.

MATHAU O GLUDIANT
Awyr | Rheilffyrdd | Camlas | Ffyrdd | Piblinell | Llong

Diogelwch Mae *Shell* yn ymwybodol o faterion diogelwch gan fod olew a phetrol yn nwyddau peryglus. Gallai ystyriaethau diogelwch effeithio ar y penderfyniad p'un ai i anfon ei gynhyrchion dros y môr neu ar dir.

Lleoliad ac isadeiledd Gan mai ynys yw'r DU, gallai *Shell* ddefnyddio tanceri arfordirol, yn ogystal â phiblinellau a lorïau olew, i gludo olew a phetrol i wahanol rannau o'r wlad. Ar gyfandir Ewrop gallai dyfrffyrdd (h.y. camlesi ac afonydd), piblinellau neu gludiant ffyrdd fod yr unig ddewis ar gyfer pellterau tebyg. I raddau bydd lleoliad y busnes a'r cysylltiadau cludiant sydd ar gael yn pennu'r dewis o gludiant. Un rheswm pam y mae cludiant ffyrdd wedi cynyddu gymaint dros y 40 mlynedd diwethaf yn y DU yw twf rhwydwaith y traffyrdd. Gydag ychydig iawn o brojectau traffyrdd newydd dros y deng mlynedd nesaf, gallai cludiant ffyrdd ddod yn fwy anodd ac yn llai atyniadol os bydd amserau teithiau yn cynyddu. Ar y llaw arall, gallai mwy o ddosbarthu dros nos, pan fo'r ffyrdd yn llai prysur, ganiatáu i gwmnïau barhau i ddefnyddio cludiant ffyrdd.

Math o nwydd Gall blodau gael eu dosbarthu i orsaf betrol *Shell* yn hawdd ar lori. I fynd ag olew dros bellterau hir dros dir, mae'n aml yn well defnyddio system sefydlog fel piblinell. Yn gyffredinol:
- po fwyaf swmpus yw'r cynnyrch;
- po fwyaf yw'r meintiau sydd i'w cludo'n rheolaidd;
- po hiraf yw'r pellter sydd i'w deithio;

mwyaf i gyd y bydd mantais gost gan systemau cludo mawr fel y rheilffyrdd neu longau neu biblinellau. Mae'r ffyrdd yn fwy defnyddiol ar gyfer llwythi cymharol fach i'w cludo dros bellterau cymharol fyr.

Ffynhonnell: addaswyd o wybodaeth a roddwyd gan *Shell*.

Glo Colombia

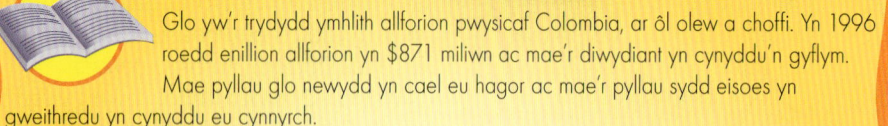

Glo yw'r trydydd ymhlith allforion pwysicaf Colombia, ar ôl olew a choffi. Yn 1996 roedd enillion allforion yn $871 miliwn ac mae'r diwydiant yn cynyddu'n gyflym. Mae pyllau glo newydd yn cael eu hagor ac mae'r pyllau sydd eisoes yn gweithredu yn cynyddu eu cynnyrch.

Mae glo Colombia yn gystadleuol iawn ar lefel ryngwladol. Mae'n cael ei fwyngloddio mewn pyllau glo brig sydd â chostau isel. Dim ond chwe thunnell fetrig o ddefnyddiau y mae'n rhaid i gwmnïau eu symud i gynhyrchu un dunnell fetrig o lo. Y cyfartaledd byd-eang yw rhwng 12 a 15 o dunelli metrig o ddefnyddiau. Mae glo Colombia hefyd yn llosgi'n lân, gyda llai nag 1% o'r cynnwys yn sylffwr. Mae hyn yn lleihau'r angen i orsafoedd trydan osod cyfarpar gwrthlygredd drud. Yn olaf, yn Colombia mae'r rhan fwyaf o lo i'w gael 200 milltir yn unig o'r mannau allforio. Yn Ne Affrica 1 200 o filltiroedd yw'r pellter ac yn Awstralia 500 milltir.

Mae glo, fodd bynnag, yn gymharol ddrud i'w gludo am ei fod yn gynnyrch swmpus cost-isel. Mae prif farchnadoedd glo Colombia yng Ngogledd America, Ewrop a'r Dwyrain Pell. Rhaid, felly, cadw costau cludiant mor isel â phosibl. Cymerir glo o borthladdoedd Colombia lle mae cyfleusterau wedi'u hadeiladu'n arbennig i ddelio â llwytho glo ar longau. Mae rhai pyllau glo wedi'u cysylltu â phorthladdoedd gan reilffyrdd. Rhaid i eraill ddefnyddio cludiant ffyrdd sydd â chostau uwch.

Ffynhonnell: addaswyd o'r *Financial Times*, 12 Rhagfyr 1997.

1. (a) Pam y mae glo Colombia yn rhatach i'w fwyngloddio na'r cyfartaledd byd-eang? (b) Pa fanteision cystadleuol eraill sydd ganddo?
2. Awgrymwch pam y byddai glo Colombia yn cael ei gludo: (a) ar long yn hytrach na thrwy'r awyr; (b) ar drên o'r pwll i'r porthladd yn hytrach nag ar lori os yw'n bosibl.

Prosesu geiriau

3. Yn 1997 cynhyrchwyd 5.5 miliwn o dunelli metrig o lo ym mhwll glo La Loma ac mae'r cynhyrchu yn ehangu yno. Ond dydy'r pwll ddim wedi'i gysylltu â'r rheilffyrdd. Fel rheolwr y pwll glo, ysgrifennwch lythyr at lywodraeth Colombia yn egluro pam y dylai adeiladu lein gangen 50 milltir i'r pwll.

Uned 44 Cludiant

Cludiant awyr

Mae'n ddrud cludo nwyddau drwy'r awyr. Yn draddodiadol, dim ond dogfennau a phecynnau bach a anfonwyd drwy'r awyr oherwydd hyn. Erbyn hyn, fodd bynnag, defnyddir cludiant awyr yn fwyfwy i gludo pecynnau mwy eu maint. Mae hyn yn adlewyrchu'r newidiadau yn yr amgylchedd busnes byd-eang. Mae busnesau'n mynnu aros llai o amser am eu harchebion. Os oes ganddynt beiriant nad yw'n gweithio, maen nhw am gael y gydran briodol ar unwaith yn hytrach nag ymhen 15 diwrnod. Os ydy'r gydran yn ddrud, mae'n rhatach talu am gludiant awyr na bod y stoc ar y ffordd. Mae rhai cwsmeriaid yn mynnu cael stoc o fewn 24 awr i'w archebu. Efallai mai dim ond trwy gludiant awyr y bydd hyn yn bosibl.

Mae *Volvo*, er enghraifft, yn defnyddio cludiant awyr i gael cydrannau ar gyfer ei ffatrïoedd yn Sweden o'i gyflenwyr yn y DU. Gall y cydrannau gael eu casglu o'r ffatrïoedd yn y DU am 9 o'r gloch yr hwyr a bod ar y llinell gynhyrchu yn ffatri *Volvo* yn Sweden erbyn 6.30 fore trannoeth.

Ffynhonnell: addaswyd o'r *Financial Times*, 13 Mehefin 1997.

1 Beth yw prif fantais a phrif anfantais defnyddio cludiant awyr yn hytrach na, dyweder, cludiant môr?
2 Eglurwch 2 reswm pam y mae'r galw am gludiant awyr wedi cynyddu dros amser.
3 Mae cwmni cludiant awyr am gynyddu ei gyfran o'r farchnad. Awgrymwch DRI phwynt y dylai eu pwysleisio i ddarpar gwsmeriaid ynglŷn â safon y gwasanaeth ac eglurwch pam y maent yn bwysig i'r cwsmer.

Rhestr wirio ✓

1 Rhestrwch 6 math gwahanol o gludiant.
2 Nodwch UN math o gludiant a fyddai'n addas ar gyfer cludo'r canlynol ac UN rheswm pam y byddai'n addas: (a) dŵr; (b) parseli; (c) cydrannau ceir o ffatri yn Birmingham i ffatri yn Coventry; (ch) ceir gorffenedig o ffatri yn Birmingham i werthwr ceir yn Rhufain; (d) blodau o dyfwr yn Yr Iseldiroedd i farchnad gyfanwerthu yn Llundain; (dd) mwyn haearn o Norwy i'r DU.
3 Pam y mae'n ddrud defnyddio sawl math gwahanol o gludiant i gludo cynnyrch ar un daith?
4 Pam na fyddai cynhyrchion swmpus sydd â gwerth isel, fel brics, yn cael eu cludo mewn awyren.
5 Eglurwch y math o gynhyrchion a allai gael eu cludo drwy'r awyr.
6 Sut y gallai adeiladu'r canlynol effeithio ar y ffordd y bydd busnesau'n cludo'u cynhyrchion: (a) traffordd newydd; (b) cyswllt rheilffyrdd newydd â chyflymder uchel?
7 Pam y mae dibynadwyaeth cludiant yn bwysig i fusnes?

ACHOS C CRYNODOL

EWS

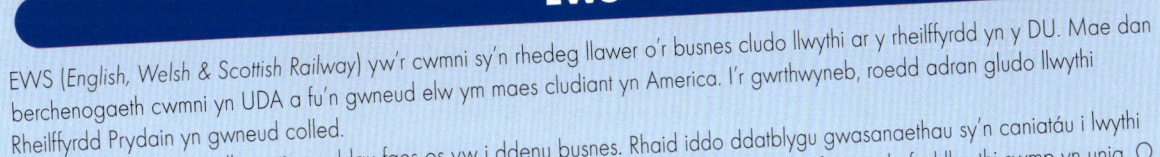

EWS (*English, Welsh & Scottish Railway*) yw'r cwmni sy'n rhedeg llawer o'r busnes cludo llwythi ar y rheilffyrdd yn y DU. Mae dan berchenogaeth cwmni yn UDA a fu'n gwneud elw ym maes cludiant yn America. I'r gwrthwyneb, roedd adran gludo llwythi Rheilffyrdd Prydain yn gwneud colled.

Mae angen i EWS ganolbwyntio ar ddau faes os yw i ddenu busnes. Rhaid iddo ddatblygu gwasanaethau sy'n caniatáu i lwythi cymharol fach gael eu cludo gan wneud elw. Tueddai Rheilffyrdd Prydain i ganolbwyntio'n fwyfwy ar drafod llwythi swmp yn unig. O ganlyniad methodd y busnes â thyfu. Yn ail, mae angen i EWS ddatblygu gwasanaethau i Ewrop. Mae Twnnel y Sianel yn darparu cyfle sylweddol i ddenu llwythi pellter hir o'r ffordd.

Mae EWS eisoes wedi bod yn marchnata'i wasanaethau'n helaeth i gwmnïau a fyddai'n anfon llwythi cymharol fach yn unig, a hynny gyda pheth llwyddiant. Mae wedi gostwng ei gostau i wneud y gwasanaethau hyn yn broffidiol. Un rhwystr y mae'n ei wynebu ynglŷn â theithio pellterau hir yw'r pris uchel a godir gan *Eurotunnel* am adael i drenau fynd drwy Dwnnel y Sianel. Maen nhw'n codi 2½ gwaith y pris a godir ar gludwyr ffyrdd am bob tunnell fetrig o lwyth a anfonir drwy'r Twnnel. Mae llywodraeth Prydain am weld mwy o lwythi'n cael eu cludo ar y rheilffyrdd. Mae'n trafod gydag *Eurotunnel* i ostwng y prisiau a godant ar drenau i'w gwneud yn fwy tebyg i'r prisiau a godir ar loriau.

Ffynhonnell: addaswyd o'r *Financial Times*, 6 a 7 Hydref 1997.

1 Beth yw ystyr: (a) 'llwythi swmp'; (b) 'llwythi pellter hir'; (c) 'cludwyr ffyrdd'?
2 Mae angen i EWS gynyddu maint y llwyth a gludir ganddo. Eglurwch 2 ffordd y gallai wneud hyn.
3 Mae cwmni cynhyrchion llaeth yn ystyried ei drefniadau cludo. Mae'n ystyried a ddylai ddefnyddio'r rheilffyrdd: (a) i gyflenwi ei gwsmeriaid yng Nghaeredin a Glasgow yn Yr Alban o'i ffatri yn Nyfnaint; (b) i swmp brynu llaeth o Ffrainc. Ar hyn o bryd mae'n defnyddio loriau i ddosbarthu i'r Alban, ond nid yw wedi cael hyd i ffordd broffidiol o fewnforio llaeth o'r Cyfandir. Dylid cofio bod cynhyrchion llaeth yn nwyddau darfodus. Trafodwch 3 ffactor y mae angen i'r cwmni eu hystyried wrth benderfynu a ddylai ddefnyddio'r rheilffyrdd yn y ddau achos.

157

uned 45
CYFYNGIADAU AR FARCHNATA

Gwneud penderfyniadau

Mae marchnata'n ymwneud â gwerthu cynhyrchion i brynwyr. Ond beth os oes problemau gyda'r cynnyrch? Efallai nad yw'n ddiogel neu y gallai niweidio'r amgylchedd. Ddylai busnes barhau i werthu'r cynnyrch? Hefyd, beth os gellir cynyddu'r gwerthiant drwy wneud honiadau ynglŷn â'r cynnyrch sy'n anodd eu profi'n anghywir? Ddylai busnes wneud honiadau nad oes tystiolaeth ar eu cyfer? Yn olaf, beth os yw'r cynnyrch a werthir yn ddiffygiol neu beth os nad yw'n cyfateb i'r disgrifiad ohono? Beth ddylai'r busnes ei wneud yn yr achosion hyn?

Cwmni amlwladol sy'n cynhyrchu nwyddau chwaraeon yw *Nike*. Mae'n enwog iawn yn y DU am ei esgidiau ymarfer. Mae'n cynhyrchu amrywiaeth eang o ddillad chwaraeon a nwyddau eraill yn y maes. Mae'n hyrwyddo'i gynhyrchion yn helaeth drwy hysbysebu a nawdd. Mae chwaraeon proffesiynol yn ennill llawer o'r nawdd yma.

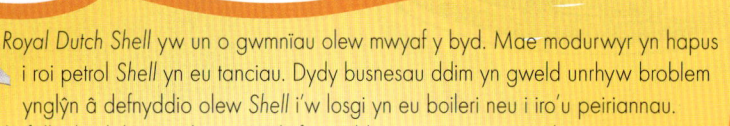

Royal Dutch Shell yw un o gwmnïau olew mwyaf y byd. Mae modurwyr yn hapus i roi petrol *Shell* yn eu tanciau. Dydy busnesau ddim yn gweld unrhyw broblem ynglŷn â defnyddio olew *Shell* i'w losgi yn eu boileri neu i iro'u peiriannau.

Ond efallai bod rhai modurwyr a chyfarwyddwyr cwmnïau yn perthyn i *Greenpeace*, y grŵp amgylcheddol. Pan na fyddant yn gyrru car neu'n rhedeg busnes, efallai y byddant yn ymgyrchu i leihau neu roi terfyn ar ddefnyddio tanwyddau ffosil gan gynnwys olew. Y rheswm yn rhannol yw bod olew yn adnodd anadnewyddadwy. Pan ddefnyddir y cwbl o gronfeydd y byd o olew, ni ellir rhoi rhagor yn eu lle. Dylem ddefnyddio cyn lleied o olew ag sy'n bosibl heddiw fel y gallwn sicrhau y bydd cenedlaethau yn y dyfodol yn medru defnyddio olew hefyd. Mae llosgi olew hefyd yn cynyddu'r allyriant o nwyon tŷ gwydr. Yn ôl rhai gwyddonwyr, mae hyn yn arwain at gynhesu byd-eang. Gallai newidiadau yn yr hinsawdd arwain at gostau enfawr i amaethyddiaeth a llifogydd yn ardaloedd isel y byd wrth i'r capiau iâ doddi.

Yn 1997 ymateb *Shell* i'r pryderon hyn oedd cyhoeddi rhaglen o fuddsoddi £300 miliwn dros bum mlynedd mewn ymchwil a datblygu ym maes ynni adnewyddadwy. Bydd yn canolbwyntio'n bennaf ar bŵer solar a biomas, cynhyrchu trydan o losgi planhigion a choed. Bydd hefyd yn gwario peth arian ar bŵer gwynt.

Mae beirniaid yn nodi bod £300 miliwn dros bum mlynedd yn ffracsiwn yn unig o'r hyn y bydd *Shell* yn parhau i'w wario ar ddarganfod a datblygu meysydd olew newydd.

Ffynhonnell: addaswyd o'r *Financial Times*, 17 Hydref 1997.

1 Pam y mae grwpiau amgylcheddol am i lai o olew gael ei losgi?
2 Wnaiff cwmnïau olew fel *Shell* ddim rhoi'r gorau i werthu olew. (a) Pam nad ydynt am roi'r gorau i gynhyrchu? (b) Awgrymwch 2 reswm y gallai'r cwmnïau olew eu rhoi i egluro pam y byddai rhoi'r gorau i olew fel tanwydd yn wael i fusnesau.
3 Awgrymwch 2 reswm pam y mae *Shell* yn buddsoddi £300 miliwn mewn ymchwil i ynni amgen.

CBG

4 Lluniwch ddau boster. Gallech ddefnyddio pecyn cyhoeddi bwrdd gwaith.
   (a) Dylai un poster roi barn amgylcheddwyr am y mater o losgi olew.
   (b) Dylai'r llall roi barn bosibl cwmnïau olew fel *Shell*.

Ystyriaethau moesegol

Mae *Nike* yn frand blaenllaw yn y farchnad ddillad chwaraeon. Mae'n gweithgynhyrchu cynhyrchion o safon uchel sy'n cael eu gwerthu am brisiau premiwm ledled y byd. Yng nghanol yr 1990au, fodd bynnag, roedd yn wynebu problem farchnata. Fe'i beirniadwyd yn y wasg am ei ffatrïoedd yng ngwledydd y Trydydd Byd. Cynhyrchwyd ei nwyddau yn y Dwyrain Pell am fod llafur a defnyddiau yn rhad yno. Mae gan lawer o gwmnïau amlwladol ffatrïoedd gweithgynhyrchu mewn gwledydd tlawd ledled y byd er mwyn manteisio ar gostau is o gynhyrchu. Ond cyhuddwyd *Nike* o brynu nwyddau o ffatrïoedd lle roedd yr amodau gwaith yn wael a hyd yn oed yn beryglus i'r gweithwyr. Cymharodd y wasg y prisiau uchel a godwyd am nwyddau *Nike* yn y siopau a'r cyflogau isel a dalwyd i'r gweithwyr a'r costau isel o gynhyrchu.

Ymateb *Nike* oedd sefydlu system arolygu ar gyfer y ffatrïoedd a ddefnyddiai. Lle y gwelai fod yr amodau gwaith yn anfoddhaol, byddai naill ai'n rhoi'r gorau i ddefnyddio'r ffatri neu'n gwella'r amodau gwaith. Yn y cyfamser, fodd bynnag, roedd wedi cael llawer o gyhoeddusrwydd gwael. Gallai hynny fod wedi achosi i gwsmeriaid beidio â phrynu ei gynhyrchion.

Roedd *Nike* yn wynebu problem foesegol. Oedd y cwmni'n gwneud y peth iawn? Mae pob busnes yn wynebu problemau moesegol. Yn achos rhai, mae'r broblem foesegol yn amlwg. Ddylai gwneuthurwr reifflau wneud arfau fydd yn lladd pobl? Ddylai cwmnïau asbestos ledled y byd roi'r gorau i wneud asbestos am ei fod yn ddefnydd peryglus?

Mae busnesau eraill yn wynebu problemau moesegol llai amlwg. Wrth hysbysebu, er enghraifft, ddylen nhw ddefnyddio delweddau fydd yn digio rhai grwpiau yn y gymdeithas? Ddylen nhw ddefnyddio delweddau merched prydferth i werthu cynhyrchion a brynir gan ddynion yn bennaf? Ddylen nhw ddefnyddio delweddau treisgar mewn hybyseb pan fo cymaint o droseddu yn y gymdeithas?

Mae mater moesegol arall yn ymwneud â gwybodaeth. Ddylai cwmni cyffuriau, er enghraifft, sydd â thystiolaeth bod sgil effeithiau i un o'i gyffuriau, roi'r gorau i werthu'r cyffur hwnnw? Ddylai gwneuthurwr powdr golchi honni mewn hysbyseb fod ei bowdr golchi'n 'golchi'n lanach' na phowdrau eraill ar y farchnad pan nad oes prawf gwyddonol bod hynny'n wir? Beth ddylai cwmni tybaco ddweud wrth ei gwsmeriaid?

A ddylai'r hysbysebion hyn o 1945 a 1949 gael eu defnyddio heddiw? A ellid eu defnyddio?

1 Mae carfanau pwyso gwrthysmygu yn credu y dylid cyfyngu ar weithgareddau'r cwmnïau tybaco. Maen nhw wedi cynnig tri mesur gwahanol fyddai'n lleihau ysmygu yn eu barn nhw: (i) cynnydd sylweddol yn y dreth ar sigaréts gan godi pris sigaréts i £5, dyweder, am becyn o 20; (ii) gwahardd ysmygu mewn unrhyw fan cyhoeddus fel stryd, yn y gwaith neu mewn tafarn; (iii) gwahardd gwerthu sigaréts yn llwyr.
Rydych yn gweithio i adran farchnata cwmni tybaco. Ysgrifennwch dri adroddiad cryno, un ar gyfer pob cynnig, wedi'u hanelu at y cyhoedd a'r papurau newydd. Eglurwch anfanteision y tri chynnig i'r cyhoedd.

2 Yn eich barn chi, ddylai'r llywodraeth gyfyngu ar ysmygu neu ei wahardd neu ddylai pobl gael y rhyddid i ddewis beth i'w brynu mewn marchnad rydd?

Moeseg a'r farchnad

Byddai llawer o fusnesau'n dadlau bod **y farchnad** yn sicrhau eu bod yn gweithredu'u iawn. Os ydy hysbyseb yn digio pobl byddan nhw'n peidio â phrynu cynhyrchion y cwmni hwnnw. Pe bai cwmni cyffuriau yn parhau i werthu cyffur er ei fod yn gwybod bod sgil effeithiau niweidiol iddo, gallai golli ei enw da, ei gwsmeriaid yn y dyfodol a bod mewn perygl o gael ei erlyn am iawndal.

Mae beirniaid yn dadlau mewn rhai achosion fod busnesau'n ystyried y tymor byr yn unig. Efallai, er enghraifft, y bydd busnes newydd yn hysbysebu 'ffenestri gwydr dwbl o safon uchel am brisiau rhyfeddol o isel.' Gallai'r ffenestri a osodir fod o safon wael iawn. Ar ôl gwneud elw tymor byr, gallai'r busnes roi'r gorau i fasnachu, gan adael llawer o gwsmeriaid anfodlon.

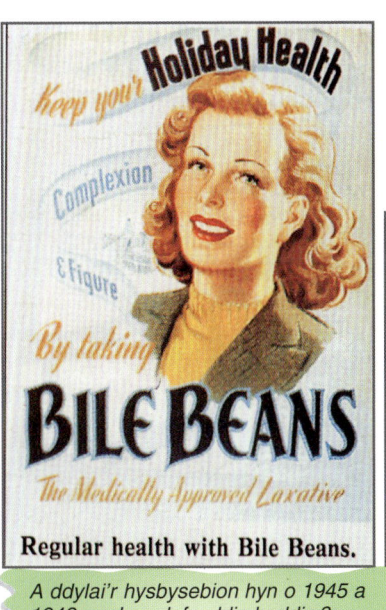

Sefyllfa fwy difrifol byth yw busnesau'n perswadio cwsmeriaid dros gyfnod hir fod eu cynhyrchion yn gweithio pan nad ydynt mewn gwirionedd yn gweithio. Yn y gorffennol, er enghraifft, mae hysbysebion am gyffuriau wedi honni y gallen nhw wella popeth o foelni i ddallineb er na allent wneud hynny. Am ddegawdau bu cwmnïau tybaco y byd yn gwadu bod unrhyw gysylltiad rhwng ysmygu a chanser.

Y gyfraith

Gan na all y farchnad atal busnesau bob tro rhag camarwain eu cwsmeriaid neu gyflenwi nwyddau annigonol, mae llywodraethau wedi camu i mewn i basio deddfau gwarchod defnyddwyr. Os bydd busnes yn torri'r deddfau canlynol, gellir ei erlyn a'i ddirwyo yn ôl **cyfraith trosedd** (*criminal law*).

Deddf Disgrifiadau Masnach 1968
Yn ôl hon, mae'n anghyfreithlon i gynhyrchion gael eu disgrifio'n anghywir. Os dywedir ar siwmper y gellir ei golchi mewn peiriant golchi ar 40 gradd, mae'n rhaid i'r lliwiau yn y siwmper beidio â rhedeg ar y tymheredd hwnnw.

Deddfau Pwysau a Mesurau
Yn ôl y deddfau hyn, mae'n anghyfreithlon i fusnes werthu nwyddau sy'n llai na'r pwysau neu'r mesurau a nodir.

Deddf Bwyd a Chyffuriau 1955
Yn ôl hon, mae'n anghyfreithlon gwerthu bwyd sy'n anaddas i'w fwyta. Mae hefyd yn gosod safonau ar gyfer yr

hyn y mae'n rhaid ei gynnwys mewn bwyd, e.e. yn achos selsig cig mae'n rhaid i 30% o leiaf o'r cynnwys fod yn gig.

Deddf Credyd Defnyddwyr 1974
Mae hon yn rhoi hawliau i ddefnyddwyr wrth drefnu credyd i brynu cynhyrchion, e.e. bod yn rhaid i'r defnyddiwr gael copi o unrhyw gytundeb credyd a arwyddwyd.

Dydy dirwyo'r busnes ddim yn helpu'r defnyddiwr i gael ei (h)arian yn ôl. I wneud hyn mae'n rhaid i ddefnyddwyr ddefnyddio'r **gyfraith sifil** i erlyn busnesau. Y ddwy brif Ddeddf o dan y gyfraith sifil yw **Deddf Gwerthu Nwyddau 1979** a **Deddf Cyflenwi Nwyddau a Gwasanaethau 1982**. Mae'r deddfau hyn yn caniatáu i ddefnyddwyr erlyn busnes os yw'n gwerthu cynnyrch iddynt nad yw o ansawdd masnachol, nad yw'n addas i'r pwrpas neu nad yw'n cyfateb i'r disgrifiad a roddwyd. Dydy siwmper a werthir â thwll ynddi, er enghraifft, ddim o ansawdd masnachol. Os gwerthir glud ar gyfer gwydr ond nid yw'n gludio gwydr, yna nid yw'n addas i'r pwrpas. Os labelir trowsus yn felyn ar y pecyn ond gwelir ar ôl agor y pecyn fod y trowsus yn las, nid yw'n cyfateb i'r disgrifiad a roddwyd.

Codau ymarfer
Mae'r llywodraeth wedi annog busnesau i fabwysiadu codau ymarfer fel dewis arall i basio deddfau. Ystyr codau ymarfer yw rheolau y mae busnesau'n cytuno'n wirfoddol i'w cadw ond sydd heb statws cyfreithiol. Un asiantaeth bwysig sy'n gweithredu codau ymarfer yw'r **Awdurdod Safonau Hysbysebu** (*Advertising Standards Authority* - ASA). Ym Mhrydain mae codau ymarfer hysbysebu a hyrwyddo gwerthiant yn datgan bod yn rhaid i hysbysebu fod yn gyfreithlon, yn weddus, yn onest ac yn wir a bod yn rhaid iddo beidio ag achosi dig difrifol nac eang.

Mae'r ASA yn monitro'r holl hysbysebu ac eithrio hysbysebu ar y teledu neu ar y radio. Mae'n ymwneud â phethau fel portreadu merched a phlant a hysbysebion am alcohol. Yn aml bydd cwmnïau mawr yn gofyn i'r Awdurdod wirio bod eu hymgyrch hysbysebu yn cydymffurfio â'r codau ymarfer.

Mae gan ddefnyddwyr a busnesau hawl i gwyno i'r Awdurdod ynglŷn ag unrhyw hysbyseb. Mae'n derbyn tua 10 000 o gwynion bob blwyddyn. Dydy llawer o'r cwynion ddim yn teilyngu ymchwiliad ffurfiol. Ymchwilir i tua thraen ohonynt. Os caiff y gŵyn ei chadarnhau, bydd yr Awdurdod yn gofyn i'r busnes roi'r gorau i'r hysbyseb. Dyna a ddigwyddodd yn 1991 pan dderbyniodd yr Awdurdod 800 o gwynion ysgrifenedig ynglŷn â hysbyseb *Benetton* oedd yn cynnwys baban newydd anedig. Tynnodd y cwmni yr hysbyseb yn ei hôl ar gais yr Awdurdod.

All yr Awdurdod ddim gorfodi busnesau i dynnu hysbyseb yn ei hôl.

Ond gall ei gwneud hi'n anghysurus i fusnesau anwybyddu ei geisiadau. Gall hefyd berswadio busnesau i beidio â defnyddio hysbysebion camarweiniol yn y lle cyntaf. Gall yr ASA gyfeirio busnes at y Swyddfa Masnachu Teg, sy'n gallu cael gwaharddeb (*injunction*) i atal honiadau penodol mewn hysbysebion yn y dyfodol.

Mae Cwmni'r Ffilmiau Mawr yn cael ei redeg gan Anna, Siôn, Gari a Sara. Aeth 100 o bobl i weld eu ffilm gyntaf amser cinio dydd Iau mewn theatr ddarlithio oedd wedi dirywio. Ond cawson nhw broblemau.

Roedd Gari i fod i gael recordydd fideo *Nicam* ei rieni ynghyd â'r mwyhadur a'r seinyddion *hi-fi*. Ond anghofiodd ofyn i'w rieni tan y noson gynt. Gwrthodon nhw am eu bod yn ofni y gallai'r cyfarpar gael ei ddwyn neu ei ddifrodi. Roedd Sara i fod i ofyn i'r athro oedd yn gyfrifol am gyfarpar clyweled am gael benthyg y set deledu sgrin fawr, ond anghofiodd wneud hynny. Yn y diwedd bu'n rhaid dangos y ffilm ar un o setiau teledu sgrin fach yr ysgol ac un o beiriannau fideo yr ysgol â sain mono.

Siôn oedd yn gyfrifol am brynu'r barrau siocled. Prynodd 30 ohonynt, felly ni chafodd 70 o bobl far siocled. Anna oedd yn gyfrifol am hurio'r ffilm ond doedd hi ddim wedi archebu'r ffilm ymlaen llaw. Pan aeth hi i'r siop fideo ar y dydd Iau, roedd rhywun eisoes wedi benthyca *Death Squads 3*. Felly cafodd hi fenthyg *Death Squads 2* (tysytsgrif 18).

Anghofion nhw fod cofrestru am 2.00. Roedd y ffilm yn para am 90 munud. Felly dywedon nhw y bydden nhw'n dangos gweddill y ffilm drannoeth. Sylweddolodd Anna wedyn y byddai'n rhaid talu am rentu'r ffilm am ddau ddiwrnod yn hytrach nag un. Felly fe wnaethon nhw weiddi ar y bobl oedd yn gadael y byddai tâl ychwanegol o 20c i weld gweddill y ffilm.

Roedd yna newyddion da. Ar ôl talu 20c yr un am y barrau siocled a £4 i rentu'r ffilm, fe wnaethon nhw elw. Daeth 50 o bobl yn ôl i weld gweddill y ffilm ar ddydd Gwener.

1 Cyfrifwch faint o elw a wnaed gan y minigwmni o ddangos y ffilm.
2 Eglurwch 5 ffordd y gwnaeth y minigwmni ymddwyn mewn ffordd 'annheg'.
3 Awgrymwch 2 ffordd y torrodd y minigwmni y gyfraith.
4 Yn sgil yr elw a wnaed ganddynt yr wythnos gyntaf, mae Anna am archebu'r ffilm *Horror City* i'w dangos ddydd Iau nesaf. Beth, yn eich barn chi, fyddai ymateb y cwsmeriaid pe bai'r ffilm yn cael ei dangos a pham?
5 Mae Cwmni'r Ffilmiau Mawr wedi cael problemau trefniadaethol, cyfreithiol a moesegol yn ei wythnos gyntaf. Yn eich barn chi, beth ddylai'r cwmni ei wneud yn awr? Yn eich ateb trafodwch a all y cwmni oresgyn y problemau hyn neu ydy'r problemau mor fawr fel y dylai newid ei syniad busnes.

Uned 45 Cyfyngiadau ar farchnata

Carfanau pwyso

Mae carfanau pwyso yn ataliad arall ar weithgareddau busnesau. Mae Cymdeithas y Defnyddwyr, er enghraifft, yn gorff sy'n amddiffyn hawliau defnyddwyr drwy ymchwilio i gynhyrchion penodol a chyhoeddi adroddiadau amdanynt. Mae hefyd yn lobïo diwydiant a'r llywodraeth i hyrwyddo buddiannau defnyddwyr.

Mae yna hefyd **gyfundrefnau masnach** (*trade organisations*), h.y. cyfundrefnau o fusnesau sy'n amddiffyn eu hawliau. Gallen nhw, er enghraifft, weithredu i reoli grym cyflenwyr neu gwsmeriaid mawr grymus.

Ffynhonnell: addaswyd o'r *Observer*, 10 Tachwedd 1997; *The Advertising Standards Authority Limited*; y *Financial Times*, amrywiol..

Rhestr wirio ✓

1 Rhestrwch 5 enghraifft o feysydd mewn hysbysebu a allai achosi dig. Ar gyfer pob un rhowch enghraifft o hysbyseb a allai ddigio rhywun yn y maes hwn.
2 Yn eich barn chi, ddylai gwneuthurwr arfau barhau i wneud a gwerthu'r cynhyrchion hyn? Rhowch ddadleuon o blaid ac yn erbyn.
3 Sut y gallai busnes ddweud llai na'r gwir wrth ddelio â'i gwsmeriaid?
4 Eglurwch sut y gall y farchnad hybu busnesau i weithredu'n foesegol wrth farchnata'u cynhyrchion.
5 Sut y mae Deddf Disgrifiadau Masnach 1968 yn helpu i warchod defnyddwyr?
6 Disgrifiwch waith yr Awdurdod Safonau Hysbysebu.
7 Sut y mae Cymdeithas y Defnyddwyr yn gweithio i warchod hawliau defnyddwyr?

Pâr y 'gwyliau uffernol' yn ennill iawndal

Mae llys wedi dyfarnu iawndal o £750 i bâr o Wolverhampton a gafodd bythefnos o wyliau yn Nhwrci a fu'n uffern iddynt. Yn ôl Julie ac Erich Friedl, y trefnwyr gwyliau *First Choice* fyddai eu dewis olaf nhw erbyn hyn. Maen nhw'n honni iddynt gael gastro-entiritis mewn gwesty 'oedd â phopeth o'i le arno'.

Ar ôl cyrraedd pentref gwyliau *Sun Club Gunes* ym mis Gorffennaf y llynedd gwelson nhw fod yna ddwywaith nifer y fflatiau a addawyd yn y llyfryn. Roedd y lleoliad i fod yn dawel, meddai'r pâr, ond mewn gwirionedd roedd yn swnllyd iawn. Hefyd roedd mwy na dwy filltir o Incekum y cyrchfan a ddewiswyd ganddynt. 'Cawsom y salwch am fod y lle mor fudr. Nid ni oedd yr unig rai. Doedd dim digon o ffurflenni cwyno gan gynrychiolydd y trefnwyr gwyliau.'

Dyfarnodd barnwr yn y Llys Hawliadau Bach yn Wolverhampton iawndal o £750 iddynt am y pythefnos o wyliau a gostiodd £1 100 ar ôl i *First Choice* gyfaddef nad oedden nhw wedi rhoi gwybodaeth ddigonol am y lle. Yn gynharach eleni cafodd pâr o Swydd Efrog iawndal o £1 000 ar ôl cael trafferthion tebyg yn yr un lle.

Ffynhonnell: addaswyd o'r *Express & Star*, 30 Medi 1997.

1 Pa gwynion a wnaeth y pâr Friedl yn erbyn y cwmni trefnu gwyliau?
2 Roedd y pâr wedi erlyn y cwmni dan Ddeddf Cyflenwi Nwyddau a Gwasanaethau. (a) Sut y mae'r Ddeddf hon yn gwarchod defnyddwyr? (b) Pam yr enillon nhw eu hachos dan y Ddeddf hon?

termau allweddol

Carfan bwyso - grŵp sy'n ceisio dylanwadau ar fusnes, y llywodraeth ac unigolion.

HYSBYSEBU

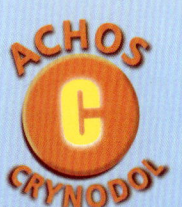

ACHOS C CRYNODOL

Darllenwch yr erthygl gyferbyn am hysbysebu.
1 Sut y mae: (a) y gyfraith; a (b) cymdeithas wirfoddol yn helpu i warchod y defnyddwyr rhag honiadau camarweiniol gan wneuthurwyr moddion?

Graffigwaith

2 Lluniwch hysbyseb ar gyfer cynnyrch meddygol/iechyd a fyddai'n anghyfreithlon ac yn troseddu cod ymarfer y *Proprietary Association of Great Britain*. Bydd angen i chi ddewis enw ar gyfer y cynnyrch ac yna gwneud honiadau ynglŷn â'r hyn y gall ei wneud.
3 Eglurwch pam y mae eich hysbyseb yn anghyfreithlon ac yn troseddu'r cod ymarfer.

Ffynhonnell: y *Financial Times*, 19 Mawrth 1994.

This 1940s advertisement from the archives of the Proprietary Association of Great Britain would now be illegal because of a ban on absolute statements such as "best and safest" or suggestions that any remedy could restore "health and vigour". The association today launches its revised rules on how members are allowed to advertise products. A ban on the use of celebrities to endorse medicines is one of the changes. Advertisements will also have to carry the words "always read the label" and the name of the medicine's active ingredient. The association scrutinises 4,000 advertisements a year to ensure they comply with the product licence, the Medicines Act and advertising codes of practice.

161

uned 46

TREFNU CYNHYRCHU

Gwneud penderfyniadau

Rhaid i bob busnes benderfynu sut i drefnu cynhyrchu'r nwydd neu'r gwasanaeth y bydd yn ei werthu. Rhaid cynllunio:
- pa ffactorau mewnbwn i'w defnyddio a ble i brynu ei gyflenwadau;
- sut i drefnu cynhyrchu;
- pa stoc y mae angen ei gadw;
- sut i werthu'r cynnyrch gorffenedig i'w gwsmeriaid.

Mae *Unilever* yn gwmni rhyngwladol sy'n gweithgynhyrchu a gwerthu cynhyrchion ledled pum cyfandir. Yn 1996 y trosiant gwerthu oedd £33.5 biliwn. Mae ganddo nifer o brif feysydd cynhyrchion. Mae'r bwydydd yn cynnwys brandiau fel hufen iâ *Magnum*, margarin *Blue Band* a'r te *Lipton*. Mae'r glanedyddion (*detergents*) yn cynnwys powdr golchi *Persil* a defnydd glanhau *Cif*. Mae'r cynhyrchion personol yn cynnwys shampŵ *Organics*, hufen *Pond's* a *Vaseline*. Mae planhigfeydd, gwyddor planhigion a gweithrediadau masnachu *Unilever* yn cynnwys planhigfeydd te ac olew palmwydd.

Cynllunio

Mae unrhyw gynnyrch newydd, boed yn nwydd neu'n wasanaeth, yn mynd trwy gyfnod cynllunio cyn y gellir ei gynhyrchu ac yna ei werthu. Yng nghyfnod y cynllunio mae'n rhaid i rywun benderfynu:
- beth i'w gynhyrchu;
- sut y mae'r cynnyrch i gael ei wneud;
- ble mae'r cynhyrchu i ddigwydd;
- pwy fydd prynwyr tebygol y cynnyrch;
- sut y caiff y cynnyrch ei werthu.

Efallai y bydd yn rhaid i wneuthurwr gynnal **ymchwil** gwyddonol neu dechnolegol. Roedd powdr golchi *Persil* yn ganlyniad i ymchwil yn rhan gyntaf yr ugeinfed ganrif. Yn Stuttgart fe wnaeth yr Athro Giessler a'r Doethur Bauer gyfuno sebon a channydd (*bleaching agent*). Cynhyrchwyd y cymysgedd hwn fel powdr, *Persil*, oedd yn hydoddi mewn dŵr. Yna fe'i gwerthwyd gan fusnes cemegol yn Yr Almaen i *Crosfields*, cwmni yn y DU. Yn 1919 unodd *Crosfields* â *Lever Brothers*, sydd erbyn hyn yn rhan o *Unilever*.

Rhaid i unrhyw gynnyrch newydd fynd trwy broses o **ddatblygu**, lle caiff y syniad ymchwil gwreiddiol ei droi'n gynnyrch y gellir ei werthu i'r cwsmer.

NAILL AI Efallai bod eich minigwmni'n ymwneud â chynhyrchu nwydd, e.e. nodau tudalen, ffotograffau o'ch ysgol/coleg, neu ddillad.
(a) Pa ymchwil a datblygu a wnaethoch?
(b) Faint o syniadau a wrthodwyd gennych cyn cyrraedd eich dyluniad terfynol?
(c) A fu'n rhaid i chi addasu eich cynnyrch hyd yn oed ar ôl gwerthu'r ychydig cyntaf?
NEU Tybiwch fod eich minigwmni'n mynd i weithgynhyrchu a gwerthu siorts bocsiwr.
(a) Rhestrwch yr holl wybodaeth y bydd yn rhaid i chi ei chasglu cyn hyd yn oed wneud pâr prototeip o siorts bocsiwr.
(b) Trafodwch 3 dewis a wnaed gennych o'ch rhestr yn (a). Rhaid penderfynu, er enghraifft, ar liw'r siorts. Pa ffactorau fyddai'n gwneud i chi ddewis un lliw yn hytrach na'r llall?

Sut y gellir gweithgynhyrchu meintiau mawr o bowdr golchi? Mewn pecynnau o ba faint y dylid ei werthu? Pa fath o becynnau fydd yn cadw'r powdr golchi mewn cyflwr perffaith? Am faint o amser y gellir ei storio ac ym mha amodau?

Gall fod llawer o risg i YMCHWIL A DATBLYGU. Mae *Unilever* yn gyson yn cael syniadau am gynhyrchion newydd neu ffyrdd o wella cynhyrchion sydd ganddo eisoes. Mae bron y cwbl ohonynt yn cael eu gwrthod cyn cyrraedd y cam lle y cânt eu gwerthu i gwsmeriaid. Ond mae ychydig yn llwyddo i ddod trwy broses drwyadl y datblygu i fod yn gynhyrchion llwyddiannus fel *Persil*.

Prynu

Mewn busnes mawr yr **adran brynu** sy'n gyfrifol am brynu nwyddau a gwasanaethau y mae eu hangen ar gyfer cynhyrchu. Yn *Unilever* mae'r adran brynu yn gyfrifol am brynu mwynau fel ffosffadau i feddalu dŵr, ensymau i gynhyrchu adweithiau biocemegol, syrffactyddion i gael gwared â baw, a chynhwysion eraill a ddefnyddir i weithgynhyrchu *Persil*. Mae hefyd yn gyfrifol am brynu'r defnydd pacio - y bocsys cardbord y gwerthir *Persil* ynddynt.

Bydd yr adran brynu yn ystyried nifer o ffactorau wrth benderfynu ar beth i'w brynu gan y CYFLENWR.

Uned 46 Trefnu cynhyrchu

Pris Bydd yr adran brynu yn chwilio am y pris gorau posibl o wybod yr ansawdd sy'n ofynnol.

Ansawdd Bydd y prynwyr yn gwybod beth yw safon isaf yr ansawdd. Efallai bod hyn wedi'i nodi ym **manyleb y cynnyrch** (*product specification*), dogfen ysgrifenedig sy'n disgrifio beth sy'n ofynnol. Dim ond cyflenwyr sy'n gallu cyflenwi yn unol â'r fanyleb a gaiff eu hystyried.

Cyhoeddwr bach yw Campwasg. Ar hyn o bryd mae'n paratoi i lansio llyfr bwrdd coffi newydd, sef 'Cyrsiau Golff y DU'. Mae'n bwriadu lansio'r llyfr ym mis Awst yn barod ar gyfer tymor pwysig y Nadolig. Mae'n rhagfynegi gwerthu 2 000 o'r llyfrau yn y flwyddyn gyntaf, gyda'r rhan fwyaf o'r gwerthiant yn ystod tymor y Nadolig. Dros oes y llyfr, sef 6 mlynedd, mae'n gobeithio gwerthu 5 000 o gopïau a gwneud elw o £1 000.

Bydd y llyfr lliw llawn yn defnyddio papur sglein o ansawdd uchel. Gwahoddwyd tri chyflenwr papur i ddyfynnu pris am y papur ar gyfer y 5 000 o gopïau.

- Mae Rhydderch a Goronwy wedi rhoi'r pris isaf, sef £12 000. Un broblem gyda'r cynnig hwn yw na allant ond gyflenwi papur o ansawdd ychydig yn is na'r gofynion. Felly ni fyddai golwg mor foethus ar y llyfr. Yn y gorffennol dydy'r cwmni ddim wedi bod yn gwbl ddibynadwy o ran dyddiadau derbyn.
- Papurapus oedd â'r cynnig nesaf o ran pris - £12 500. Ond ni all ddosbarthu'r papur tan ddau fis ar ôl y dyddiad yn y fanyleb. O ganlyniad fyddai'r llyfr ddim yn cael ei gyhoeddi tan mis Hydref. Felly, byddai perygl colli rhan o werthiant y tymor cyntaf.
- Papurau HB roddodd y pris uchaf - £13 000. Mae'n medru dosbarthu mewn pryd a bu'n ddibynadwy bob amser yn y gorffennol.

Pa gyflenwr papur y dylai Campwasg ei ddefnyddio? Eglurwch eich rhesymau'n ofalus.

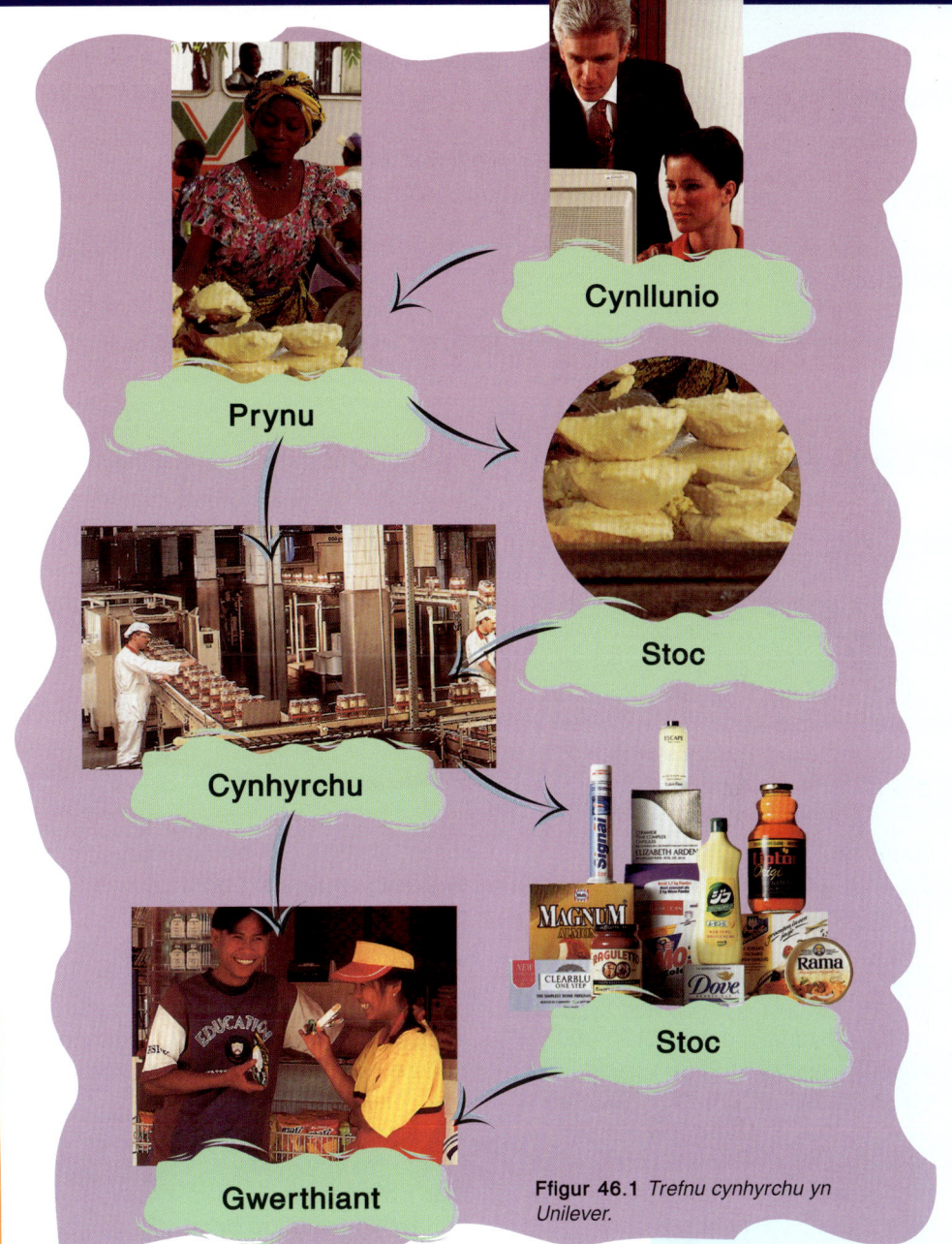

Cynllunio → Prynu → Stoc → Cynhyrchu → Stoc → Gwerthiant

Ffigur 46.1 *Trefnu cynhyrchu yn Unilever.*

Gwasanaeth Bydd y prynwr yn chwilio am gyflenwyr fydd yn cyflenwi mewn pryd ac sy'n gallu bod yn hyblyg, gan dderbyn archebion is ac uwch os bydd angen. Maen nhw am wneud yn siŵr bod y cyflenwr yn ariannol sefydlog ac na fydd yn mynd i'r wal cyn cwblhau archeb.

Cynhyrchu

Mewn busnes gweithgynhyrchu mawr, mae'r **rheolwr cynhyrchu** yn gyfrifol am benderfynu sut y dylai nwyddau gael eu cynhyrchu. Yn *Unilever* mae'r rheolwr cynhyrchu sy'n gyfrifol am gynhyrchu *Persil* yn bwriadu:

- cynhyrchu'n gost effeithiol;
- sicrhau bod y cynnyrch yn cwrdd â'r gofynion manwl ynglŷn ag ansawdd, e.e. cyfansoddiad, lliw a nodweddion llifo.

Stoc

Mae unrhyw fusnes yn debygol o fod â STOC. Mae gan *Unilever* stoc o fwynau ac ensymau yn aros i gael eu defnyddio i weithgynhyrchu *Persil*. Mae ganddo hefyd stoc o focsys gorffenedig o *Persil* yn aros i gael eu dosbarthu i gwsmeriaid. Bydd gan uwchfarchnadoedd sy'n gwerthu powdrau golchi stoc o *Persil* ar eu silffoedd ac efallai hefyd yn eu storfeydd. Mae **rheoli stoc** yn bwysig iawn i fusnes.

Uned 46 Cynhyrchu

Dodrefn swyddfa

Gwneuthurwr dodrefn swyddfa yn Swydd Hertford yw *President*. Yn 1995 lansiodd amrywiaeth newydd o ddodrefn swyddfa o'r enw *Kyo*, y gair Japaneaidd am 'heddiw'. Fe'i dyluniwyd yn ofalus i fod yn ffasiynol yn ogystal â chwrdd ag anghenion gweithwyr swyddfa modern. Nododd *President* mai hyblygrwydd oedd un angen allweddol. Yn fwyfwy mae swyddfeydd yn cael eu had-drefnu'n rheolaidd wrth i batrymau gwaith newid. Dyluniwyd *Kyo* i fod mor hyblyg ag sy'n bosibl gyda 35 eitem mewn amrywiaeth fodiwlaidd y gellir eu ffitio gyda'i gilydd.

Cydweithiodd y cwmni â'r cyflenwyr wrth ddatblygu'r amrywiaeth. Roedd trafodaethau gyda *Taylor Engineering* and *Plastics*, er enghraifft, cyflenwr darnau plastig ar gyfer y cypyrddau a mannau storio eraill, wedi atal *President* rhag gwneud camgymeriadau sylfaenol yn y dyluniad.

Gwariwyd £7 miliwn ar gyfarpar cynhyrchu newydd, gan gynnwys peiriannau dan reolaeth cyfrifiadur. Ailystyriwyd y prosesau cynhyrchu. Gan y gellir newid peiriannau'n gyflym i wneud tasgau gwahanol, gellir gwneud cynhyrchion yn gynt o lawer. Roedd llai o stoc o gynhyrchion gorffenedig er gwaetha'r ffaith y gellir cyflenwi archebion o fewn pythefnos erbyn hyn yn hytrach na phedwar mis yn 1990.

Ffynhonnell: addaswyd o'r *Financial Times*, 9 Hydref 1995.

1. Sut yr effeithiodd ymchwil a datblygu ar ddyluniad yr amrywiaeth *Kyo*?
2. Pam yr oedd cyflenwyr yn bwysig i *President*?
3. Eglurwch pam y golygai dulliau newydd o gynhyrchu fod angen cadw llai o stoc.
4. Mae *President* yn gweld bod un o'i gyflenwyr yn anfon nifer annerbyniol o ddarnau diffygiol ar gyfer yr amrywiaeth *Kyo*. Awgrymwch 2 ffordd y gallai ddelio â'r broblem hon. Nodwch fanteision ac anfanteision y naill awgrym a'r llall.

Cost Mae'n costio arian i gadw stoc. Tybiwch, er enghraifft, fod *Unilever* yn cadw gwerth £1 filiwn o ensymau a bod yn rhaid iddo gael benthyg yr arian gan ei fancwyr i dalu am y stoc hwnnw. Pe bai'r gyfradd llog flynyddol yn 10%, byddai'n costio £100 000 y flwyddyn neu bron £300 y dydd i'r cwmni gadw'r stoc hwn. Hefyd mae'n rhaid i'r stoc gael ei gadw mewn warws ac mae hwnnw'n costio arian i'w adeiladu neu ei rentu, ei yswirio a'i redeg. Gall stoc ddarfod. Mae ensymau'n dirywio dros amser. Am yr holl resymau hyn mae *Unilever* yn cadw ei stoc o ensymau mor isel â phosibl i osgoi **gorstocio**.

Anghenion cynhyrchu Gallai cadw rhy ychydig o stoc, **tanstocio** (*understocking*), arwain at golli cynnyrch a gwerthiant. Pe na bai *Unilever* yn cadw digon o stoc o ensymau, gallai ei linellau cynhyrchu stopio am nad oes ganddo'r defnyddiau crai. Hefyd mae angen i *Unilever* gadw digon o stoc o *Persil* gorffenedig i fedru cyflenwi cwsmeriaid ar unwaith pan ddaw archebion i mewn.

Pris Am ei fod yn prynu defnyddiau crai a chydrannau mewn meintiau mawr, efallai y gall *Unilever* brynu am brisiau cystadleuol. Gallai cadw mwy o stoc, felly, ostwng costau.

Weithiau dangosir lefelau'r stoc ar siart fel y gwelir yn Ffigur 46.2. Pan dderbynnir stoc gan y busnes, bydd lefelau'r stoc yn cynyddu fel y dangosir gan godiad fertigol yn llinell y stoc. Mae lefel uchaf y stoc ar y siart yn dangos y maint mwyaf o stoc y mae'r busnes wedi penderfynu ei gadw ar unrhyw adeg. Mae lefel ailarchebu yn dangos lefel y stoc lle bydd y busnes yn archebu stoc newydd. Gan fod oedi rhwng archebu stoc newydd a'r stoc hwnnw'n cyrraedd, bydd lefel y stoc yn parhau i ostwng cyn codi'n sydyn pan ddaw'r stoc newydd. Os bydd lefel y stoc yn mynd yn is na'r isafsymm a welir ar y siart, gallai'r busnes gael trafferth i barhau i gynhyrchu.

Mae llawer o fusnesau yn awr yn ceisio cadw stoc mor isel â phosibl. Maen nhw'n trefnu'r cynhyrchu fel na fydd stoc yn cyrraedd ond pan fo'i angen. Y term am hyn yw cynhyrchu 'Mewn Union Bryd' (*Just-in-time*) (☞ uned 48).

Gwerthiant

Does dim diben cynhyrchu os na ellir gwerthu'r cynnyrch. Yn y gorffennol roedd llawer o fusnesau'n **gyfeiriedig at y cynnyrch**. Bydden nhw'n gwneud cynnyrch a gobeithio y gallen nhw ei werthu. Erbyn hyn mae nifer cynyddol o fusnesau yn **gyfeiriedig at y farchnad**. Maen nhw'n ceisio darganfod yr hyn y mae eu cwsmeriaid am ei brynu ac yna'n gwneud cynnyrch sy'n seiliedig ar anghenion y cwsmer.

Mae cynhyrchu'n bwysig mewn gwerthiant. Rhaid i'r cynnyrch fod o'r ansawdd iawn am y pris a godir. Rhaid i gostau cynhyrchu fod yn ddigon isel fel y gall y busnes osod pris fydd yn denu cwsmeriaid. Rhaid i'r cynhyrchion fod ar gael i'w gwerthu pan fydd y cwsmer am eu prynu.

Trafodwyd eisoes yn unedau 34-45 sut y bydd busnes yn mynd ati i werthu ei gynhyrchion.

Ffynhonnell: addaswyd yn rhannol o Adolygiad Blynyddol *Unilever*, 1996 a gwybodaeth a roddwyd gan *Lever Brothers Ltd*.

- Defnyddir 800 o nwyddau bob wythnos.
- Ni chaniateir i lefel y stoc godi'n uwch na 1 000 o nwyddau na disgyn yn is na 200 o nwyddau.
- Ailarchebir stoc pan fydd lefel y stoc yn cyrraedd 500 o nwyddau.
- Ailarchebir 800 o nwyddau, sy'n cymryd 3 diwrnod i gyrraedd.

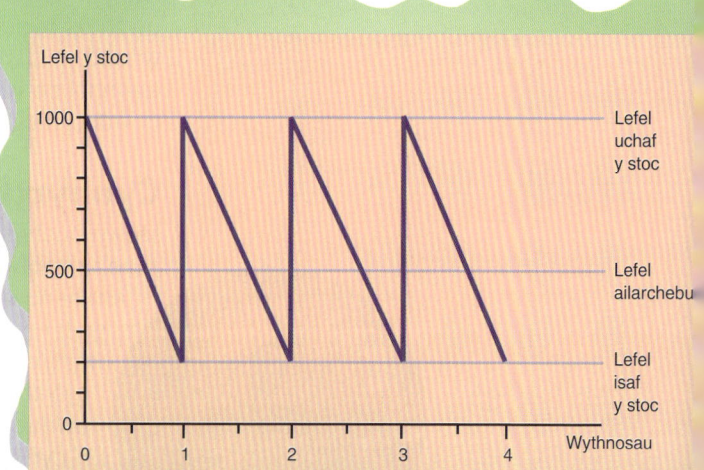

Ffigur 46.2

Uned 46 Trefnu cynhyrchu

Wil yw rheolwr y stoc mewn cwmni bach sy'n gwneud cynhyrchion o lenni (sheets) metel. Prynir y llenni metel yn fisol gan gyfanwerthwr dur. Mae'r galw'n amrywio yn ystod y flwyddyn ac mae'n fwy ym misoedd y gaeaf nag yw ym misoedd yr haf. Gwelir patrwm y cadw stoc yn Ffigur 46.3.

1. Nodwch: (a) lefel uchaf y stoc; (b) lefel isaf y stoc; (c) lefel ailarchebu; (ch) maint yr ailarchebu.
2. Ar 1 Mehefin roedd gan Wil stoc o 2 000 o lenni metel. Erbyn 31 Gorffennaf roedd y lefel wedi disgyn i 400 o lenni. Faint o stoc oedd ganddo ar: (a) 1 Awst; (b) 31 Awst; (c) 1 Tachwedd?
3. (a) Beth ddigwyddodd i lefelau'r stoc ym Mehefin a Gorffennaf o'u cymharu â Medi?
   (b) Beth mae hyn yn ei ddangos ynglŷn â gwerthiant yn y misoedd hynny?
4. Yn y rhan olaf o fis Tachwedd cafwyd rhuthr sydyn ac annisgwyl o archebion. Sut y gallwch wybod hynny ar sail graff y stoc?

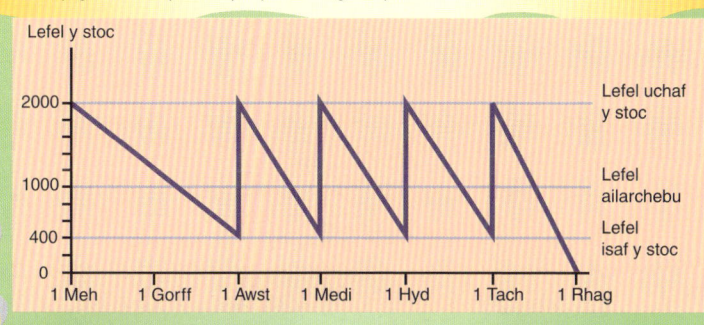

Ffigur 46.3 Y stoc o lenni metel.

termau allweddol

Cyflenwr - busnes sy'n gwerthu neu'n cyflenwi cynhyrchion i fusnes arall.
Stoc - defnyddiau y mae busnes yn eu cadw, yn aros i gael eu defnyddio yn y broses gynhyrchu, neu stoc gorffenedig yn aros i gael ei ddosbarthu i'w gwsmeriaid.
Ymchwil a datblygu - y broses o ymchwil gwyddonol a thechnolegol ac yna datblygu darganfyddiadau'r ymchwil cyn i gynnyrch gael ei lansio.

Rhestr wirio ✓

1. Beth yw'r gwahaniaeth rhwng ymchwil a datblygu?
2. Pam y mae llawer o risg i ymchwil a datblygu?
3. Beth yw swyddogaeth rheolwr prynu mewn busnes?
4. Pam y mae manyleb cynnyrch yn bwysig i reolwr prynu?
5. Beth yw swyddogaeth rheolwr cynhyrchu mewn busnes?
6. Beth yw'r gwahaniaeth rhwng ffactor mewnbwn a chynnyrch busnes?
7. Rhestrwch 5 defnydd crai neu gynnyrch sydd eu hangen ar wneuthurwr ceir i wneud car.
8. Beth yw'r gwahaniaeth rhwng gorstocio a thanstocio?
9. Pam y mae'n bwysig i fusnes beidio â chadw gormod o stoc?
10. 'Dywedodd y rheolwyr fod angen i'r cwmni fod yn fwy cyfeiriedig at y farchnad.' Beth yw ystyr hyn?

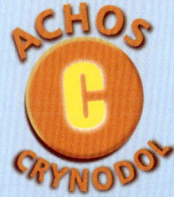

ACHOS CRYNODOL: NISSAN UK

Mae Nissan UK yn gweithgynhyrchu ceir mewn ffatri yn Sunderland yng Ngogledd Ddwyrain Lloegr. Pan adeiladwyd y ffatri yng nghanol yr 1980au fe osodedd y safonau ar gyfer gweddill diwydiant ceir Prydain. Roedd cynhyrchu wedi'i fodelu ar arferion gwaith Japaneaidd. Ers hynny mae wedi parhau i wella'i safonau.

Rhoddir sylw mawr i brynu cydrannau gan gyflenwyr. Mae Ffigurau 46.4 a 46.5, er enghraifft, yn dangos sut y mae amserau derbyn a nifer y cydrannau diffygiol a gyflenwyd wedi gwella drwy weithio'n agos â'r cyflenwyr. Weithiau bydd Nissan yn gostwng y prisiau y bydd yn talu am gydrannau. Ond mae'n fodlon anfon ei arbenigwyr at gyflenwr i weithio allan sut y gall y cyflenwr ostwng ei gostau ac felly fforddio derbyn gostyngiad yn y pris.

Ar y llinell gynhyrchu, mae'r amser a gymerir i gydosod (assemble) car wedi gostwng yn raddol. Rhwng 1992 ac 1996, er enghraifft, gostyngodd Nissan amser y cydosod 10% y flwyddyn ar gyfartaledd. Yn rhannol cyflawnwyd hyn drwy ystyried pob rhan fach o'r broses gynhyrchu a gweld a fyddai fforrd ychydig yn wahanol o wneud y dasg yn arbed amser. Mae ansawdd wedi gwella hefyd. Erbyn hyn mae Nissan wedi cyflawni gweithgynhyrchu 'digyffwrdd'. Mae hyn yn golygu y daw ceir oddi ar y llinell gynhyrchu heb ddiffygion a heb angen gweithio arnynt i unioni diffygion. Cedwir stoc mor isel â phosibl drwy bolisi o ddosbarthu mewn union bryd. Lle bynnag y bo'n bosibl, caiff stoc ei dderbyn a'i ddefnyddio ar unwaith. Felly ni chedwir braidd dim stoc ar y safle.

Ffynhonnell: addaswyd o *The Sunday Times*, 6 Ebrill 1996.

1. Beth yw: (a) 'cydran' car; (b) cyflenwr?
2. (a) Pa ffactorau, yn eich barn chi, sy'n dylanwadu ar Nissan wrth benderfynu ar ba gyflenwyr i'w defnyddio?
   (b) Gan ddefnyddio'r siartiau, eglurwch sut y mae'r cyflenwyr wedi gwella'u cynhyrchion a'u gwasanaeth.
3. Sut y mae cynhyrchu wedi'i wella yn Nissan?
4. Mae streic yn effeithio ar un o gyflenwyr cydrannau Nissan. Dyma unig gyflenwr y gydran honno i'r ffatri. Heb y gydran ni ellir cwblhau ceir.
   (a) Beth allai fod yr effaith ar gynhyrchu yn Nissan?
   (b) Trafodwch fanteision ac anfanteision dosbarthu mewn union bryd i Nissan.

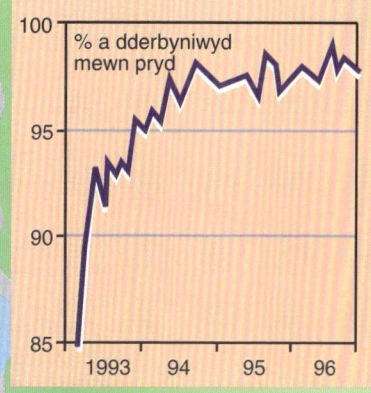

Ffigur 46.4 Perffomiad dosbarthu cyflenwyr
Ffynhonnell: addaswyd o *Nissan UK*

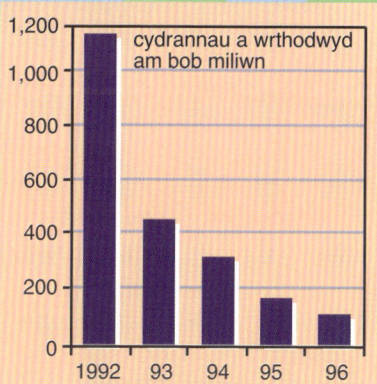

Ffigur 46.5 Ansawdd y cydrannau a gyflenwyd

uned 47

DULLIAU CYNHYRCHU

Gwneud penderfyniadau

Rhaid i fusnes benderfynu sut i drefnu cynhyrchu. Mae tri phrif ddewis:
- cynhyrchu pob eitem yn unigol;
- gwneud y cynnyrch mewn sypiau;
- gwneud y cynnyrch yn barhaol.

Mae'r canlynol yn debygol o ddylanwadu ar y penderfyniad:
- cost - pa ddull cynhyrchu yw'r rhataf?
- ansawdd - pa ddull fydd yn sicrhau cynnyrch o'r ansawdd iawn?
- maint - faint sydd angen ei wneud?

Mae *Ford* yn gwmni amlwladol mawr sydd â ffatrïoedd cynhyrchu ledled y byd. Dyma arweinydd y farchnad yn y DU, gan werthu mwy na'i gystadleuwyr fel *Vauxhall* a *Rover*. Roedd Henry Ford, sylfaenydd cwmni *Ford*, wedi chwyldroi gweithgynhyrchu ceir ar ddechrau'r ugeinfed ganrif drwy gyflwyno llinellau cynhyrchu yn ei ffatrïoedd. Mae *Ford* yn dal i newid y ffordd o wneud ceir i gynhyrchu ceir o well ansawdd am gostau is.

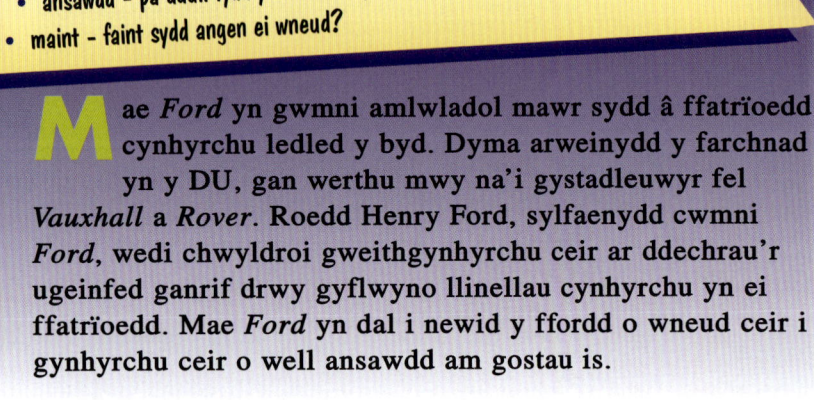

Cynhyrchu yn ôl y gwaith

Mae ffatrïoedd cydosod ceir *Ford* wedi'u lleoli yn Dagenham, Halewood a Southampton. Mae *Ford* yn buddsoddi'n gyson yn ei gyfleusterau cynhyrchu ceir. Yn 1998, er enghraifft, cyhoeddodd y cwmni welliant £36 miliwn i'r gweithdy peintio yn ei ffatri *Transit* yn Southampton. Y dull cynhyrchu a ddefnyddir i adeiladu neu wella adeilad, er enghraifft, yw CYNHYRCHU YN ÔL Y GWAITH (*job production*). Yma caiff un eitem ei chynhyrchu o'r cychwyn i'r diwedd. Mae pob eitem a gynhyrchir yn debygol o fod yn unigryw. Enghreifftiau eraill o gynhyrchu yn ôl y gwaith yw pontydd, traffyrdd newydd, teithiau tacsi, pryd bwyd mewn tŷ bwyta o safon uchel a gwaith celfyddydol.

Swp-gynhyrchu

Pan fydd *Ford* yn gweithgynhyrchu car, bydd yn prynu llawer o'r darnau gan wneuthurwyr eraill. Bydd, er enghraifft, yn prynu cydrannau goleuadau gan *Lucas* a theiars gan *Goodyear*. Yn aml

Beaudesert

Mae Andrew Ginger yn bartner mewn ffyrm sy'n gwerthu gwelyau pedwar postyn. Dydyn nhw ddim yn rhad. Ond am bris rhwng £6 000 ac £15 000 fe gewch gread unigryw. Mae'r gwelyau wedi'i seilio yn bennaf ar welyau'r 18fed ganrif. Mae cwsmeriaid yn dewis y maint, y dyluniad a'r llenni.

Yr unig stoc a gedwir gan y busnes yw gwely arddangos yn yr ystafell arddangos a samplau o ffabrig. Mae pob gwely yn cael ei wneud ar gais (*made to order*). Bydd Andrew'n dylunio'r gwely gyda'r cwsmer. Yna mae'r gwaith pren yn cael ei wneud gan fusnes yn y Cotswolds ac mae'r pren yn cael ei gerfio yn Llundain. Cwmni yng Nghaint sy'n gwneud y 65 metr o ffabrigau sydd fel rheol ei angen.

Mae'r busnes yn gwerthu 15-20 gwely y flwyddyn. Mae Andrew Ginger yn gweld y cleient, yn gwneud y gwaith dylunio a hefyd yn cydosod y gwely yng nghartref y cleient.

Ffynhonnell: addaswyd o'r *Financial Times*, 12 Ebrill 1997.

1. Pa fath o gynhyrchu a ddefnyddir i wneud gwely pedwar postyn Beaudesert?
2. Pam mai dyma efallai yw'r ffordd orau i drefnu'r cynhyrchu?
3. Awgrymwch pam y mae cwsmeriaid yn fodlon talu rhwng £6 000 ac £15 000 am wely yn hytrach na phrynu gwely pedwar postyn masgynnyrch am £500.

Cynhyrchu yn ôl y gwaith

Manteision Fel rheol mae ansawdd y gwaith a wneir yn uchel. Mae defnyddio gweithwyr medrus yn arwain at well ansawdd. Hefyd, mae'r gweithwyr yn dueddol o fod â chymhelliant da am na fydd y gwaith a wnânt fyth yr un fath. Mae hynny eto'n arwain at waith o ansawdd uwch. Mae cynhyrchu yn ôl y gwaith yn caniatáu i gwsmeriaid archebu'r union beth y maent am ei gael yn hytrach na gorfod derbyn rhywbeth a fasgynhyrchwyd.

Anfanteision Mae cynhyrchu yn ôl y gwaith yn ffordd gymharol ddrud o gynhyrchu nwydd neu wasanaeth. Fel rheol mae angen llafur o safon uchel a chyflogau uchel i ymdopi â chynhyrchu cynnyrch unigryw. Mae gweithwyr *British Aerospace* yn yr adran awyrofod yn dueddol o fod yn **weithwyr medrus**. Efallai hefyd y bydd y gwaith yn **llafur-ddwys**, gyda llai o gyfle i awtomeiddio rhannau mawr o'r broses.

Enghraifft o gynhyrchu yn ôl y gwaith yw gwelliant i'r gweithdy paentio yn ffatri Ford yn Southampton.

Uned 47 Dulliau cynhyrchu

defnyddir technegau SWP-GYNHYRCHU (*batch production*) i wneud y cydrannau. Bydd busnes yn gwneud nifer (**swp**) o gynnyrch penodol ac yna bydd yn newid cynhyrchu i wneud swp o gydran neu gynnyrch arall. Bydd yn gwneud mwy o'r cynnyrch gwreiddiol pan fydd ei angen eto. Gallai gwneuthurwr pêlferynnau (*ball bearings*), er enghraifft, gynhyrchu miliwn o bêlferynnau o un maint dros dri diwrnod ac yna newid ei beiriannau i ddechrau gwneud pêlferynnau o faint arall.

Llif-gynhyrchu

Caiff cydosod ceir yn ffatri *Ford* yn Dagenham ei gyflawni ar **linell gydosod** (*assembly line*). Dyma enghraifft o LIF-GYNHYRCHU (*flow production*). Mae cynhyrchion rhannol orffenedig yn llifo heibio gweithwyr sy'n cwbhlau un gweithrediad cyn i'r car symud ymlaen i weithrediad arall. Ar linellau cydosod *Ford* caiff drysau, peiriannau (*engines*), bonedau ac olwynion a llawer o gydrannau eraill eu ffitio i'r siasi sylfaenol. Mae'r cynhyrchu'n barhaol, gyda'r llinell gydosod yn gwneud yr un cynnyrch fis ar ôl mis. Defnyddir llif-gynhyrchu yn aml wrth gynhyrchu nifer mawr o eitemau safonol fel ceir. Mae'r ffabrig yn oferôls gweithwyr *Ford* hefyd yn debygol o fod wedi'u gwneud yn y ffordd hon. Mae ffabrig yn mynd trwy gyfres o brosesau, fel paratoi (e.e. torri, glanhau), llifo (*dyeing*) a gorffen (e.e. rhagbannu [*preshrink*]) cyn bod yn barod i wneud oferôls.

Yn aml defnyddir technegau llif-gynhyrchu **ailadroddus** i wneud cynhyrchion

Swp-gynhyrchu

Manteision O'i gymharu â chynhyrchu yn ôl y gwaith, mae swp-gynhyrchu yn caniatáu i weithwyr **arbenigo** (☞ uned 4) a defnyddio peiriannau arbenigol yn fwy. Dylai'r costau yr uned, felly, fod yn is. Hefyd gellir gwneud sypiau gwahanol o gynhyrchion sydd ychydig yn wahanol, e.e. gwahanol feintiau o bêlferynnau.

Anfanteision Yn sgil swp-gynhyrchu mae'n rhaid storio nwyddau ac mae hynny'n costio arian. Rhaid, er enghraifft, cadw stoc (☞ uned 46) o ffitiadau goleuadau cyn eu rhoi ar y ceir. Efallai y bydd yn rhaid i beiriannau arbenigol gael eu glanhau a'u hailosod i gynhyrchu swp gwahanol o gynhyrchion. Gall hynny gymryd amser. Efallai y bydd arbenigaeth yn achosi i rai gweithwyr wneud yr un dasg dro ar ôl tro bob dydd, sy'n gallu gostwng cymhelliant. Hefyd bydd y ffatri'n debygol o fod wedi'i threfnu'n adrannau (**trefnu yn ôl prosesau**), gyda phob adran yn cynhyrchu swp penodol o nwyddau. Mewn ffatri geir gallai un adran wneud y paneli, er enghraifft. Rhaid, felly, i'r rhannau gael eu symud o'r naill adran i'r llall, sy'n cymryd amser ac yn cynyddu'r costau.

Mae Magnet, y gwneuthurwr ceginau, yn gwneud drysau ar gyfer cabinetau cegin mewn sypiau.

Siocled *Cadbury*

Mae gwneuthurwr siocled fel *Cadbury* yn gyson yn gwneud penderfyniadau ynglŷn â beth i'w wneud yn ei ffatrïoedd. Ystyriwch, er enghraifft, ffatri sy'n gwneud tri 'nwydd' gwahanol - *Cadbury's Dairy Milk*, *Cadbury's Whole Nut* a *Cadbury's Fruit and Nut*, pob un mewn meintiau gwahanol. Caiff cynhyrchu ei gynllunio yn ôl amserlen 12 wythnos. Dydy *Cadbury* ddim am gadw stoc yn rhy hir gan fod cadw stoc yn gostus. Ar y llaw arall, mae newid y cynhyrchu o'r naill far i'r llall ac o'r naill faint i'r llall yn cymryd amser.

Mae newid y cynhyrchu o un math o far i fath arall o far o'r un maint yn colli 8 awr o amser cynhyrchu i *Cadbury* wrth i'r cynhwysion gael eu newid. Am yr 8 awr nesaf dim ond hanner y gallu cynhyrchu a ddefnyddir ar gyfartaledd wrth i'r peiriannau setlo ac wrth i unrhyw broblemau gael eu datrys.

Mae newid y cynhyrchu o un maint i faint arall o'r un bar yn fwy costus. Mae'n cymryd 16 awr i newid y mowldiau a'r peiriannau lapio i ymdopi â'r maint newydd. Hefyd am yr 16 awr nesaf dim ond hanner y gallu cynhyrchu a ddefnyddir oherwydd yr amser setlo.

Os newidir y maint a'r rysáit, mae'n cymryd 24 awr i newid y peiriannau a 24 awr arall o amser setlo.

Mewn byd perffaith byddai *Cadbury* yn penderfynu sut i drefnu'r cynhyrchu drwy gymharu cost cadw stoc â chost newid y peiriannau. Yn y byd real, mae'n rhaid iddo hefyd ymdopi â beth fydd yn digwydd os bydd:
- cwsmeriaid yn prynu meintiau gwahanol i'r hyn a ragfynegwyd;
- peiriannau'n torri i lawr yn y ffatri;
- defnyddiau diffygiol yn cyrraedd.

Ffynhonnell: addaswyd o *Fact Card: Production* gan *Cadbury*.

1 'Defnyddir technegau swp-gynhyrchu i weithgynhyrchu *Cadbury's Dairy Milk*.' Eglurwch pam.
2 Eglurwch UN o fanteision swp-gynhyrchu i *Cadbury*.
3 Beth yw anfanteision swp-gynhyrchu i *Cadbury*?
4 Mae'r hyn y dylid ei gynhyrchu yn cael ei gynllunio 12 wythnos ymlaen llaw. Sut y byddai *Cadbury* yn ymateb pe bai:
(a) ymgyrch hysbysebu ar gyfer barrau 100g o *Cadbury's Whole Nut* yn fwy llwyddiannus na'r disgwyl;
(b) cyfnod hir o dywydd poeth yn yr haf yn lleihau'r galw am farrau siocled o bob math 20%, gyda hynny'n achosi i lefelau'r stoc yn y warws gynyddu;
(c) peiriannau yn y ffatrïoedd yn torri i lawr yn ddifrifol a dau ddiwrnod o gynhyrchu barrau 54g o *Cadbury's Whole Nut* yn cael eu colli;
(ch) resins a ddosbarthwyd i *Cadbury* yn ddiffygiol fel na ellir eu defnyddio wrth gynhyrchu barrau *Cadbury's Fruit and Nut* a bod y cyflenwyr yn addo cyflenwad newydd 12 diwrnod ar ôl y dyddiad cynhyrchu nesaf a gynlluniwyd ar gyfer y barrau?

Uned 47 Cynhyrchu

Llif gynhyrchu

Manteision Mantais fawr llif-gynhyrchu yw y gall nifer mawr o gynhyrchion ddod o'r llinellau cydosod am gost isel iawn. Y rheswm yn bennaf yw bod llawer o beiriannau'n cael eu defnyddio ac felly does fawr ddim amser yn cael ei golli yn y broses gydosod. Mae cost cynhyrchu car newydd ar linell gydosod, er enghraifft, yn ffracsiwn o gost garej yn adeiladu car cyfan o bentwr o gydrannau. Hefyd gall yr hyn a gynhyrchir fod yn gymhleth iawn am ei fod yn ganlyniad i waith llawer o fathau gwahanol o weithwyr a pheiriannau.

Llif-gynhyrchu yn Ford

Anfanteision Mae angen llawer o gyfarpar cyfalaf ar gyfer llinellau cydosod ar y cychwyn. Wedi i'r llinell gydosod gael ei hadeiladu mae'n anodd, os nad yn amhosibl, ei haddasu i wneud cynhyrchion eraill. Mae llawer o'r cyfarpar wedi'i ddylunio i'w ddefnyddio gan weithwyr sydd heb lawer o sgiliau. Mae hynny'n gostwng cost llafur, ond mae gweithio ar linell gydosod yn tueddu i fod yn undonog iawn. Gallai gweithiwr wneud yr un dasg gannoedd o weithiau y dydd. Gall hynny effeithio'n andwyol ar gymhelliant y gweithwyr a gallai arwain at waith gwael. Rhaid i'r cynnyrch a gydosodir fod yn weddol safonol gan fod y gweithwyr a'r peiriannau wedi'u hyfforddi a'u dylunio i ymdopi ag un math o weithrediad. Mae'n debygol y bydd stoc o gynhyrchion yn aros i gael eu defnyddio ar y llinell gydosod ac mae'n costio arian i gadw stoc. Os bydd y llinell gydosod yn torri i lawr mewn un man, gall hynny atal gweithrediad y llinell gyfan, e.e. gallai streic gan y gweithwyr ar un rhan o'r llinell gydosod atal gweithrediad y llinell gyfan.

Llif-gynhyrchu wrth weithgynhyrchu defnydd.

Curo'n galed

Mae Marc Tomos yn rhedeg busnes sy'n gwneud nwyddau haearn pensaerniol drud ar gyfer dylunwyr, gwneuthurwyr a dosbarthwyr ledled y byd. Mae'n gweithgynhyrchu, er enghraifft, addurniadau drysau fel byliau a handlenni yn ogystal ag addurniadau dodrefn.

Gan fod gwerthiant wedi cynyddu mae gefail y cwmni wedi bod yn brysur iawn yn y blynyddoedd diwethaf. Un o'r problemau allweddol sydd wedi wynebu'r cwmni yw diffyg stoc. Efallai y bydd yr efail yn gwneud 2 000 o fath arbennig o handlen ym mis Ionawr, gan ddisgwyl i'r stoc bara tan mis Mehefin. Ond gall archeb fawr fynd â'r cwbl a gadael cwsmeriaid eraill yn rhwystredig. Rhaid iddyn nhw aros nes y caiff yr efail ddigon o amser i wneud mwy o handlenni. Gan fod 500 o gynhyrchion gwahanol yn cael eu gwneud, mae'n anodd pennu pryd yn union y caiff mwy o un eitem ei chynhyrchu.

Tan ddwy flynedd yn ôl roedd y cwmni hefyd yn gwneud eitemau unigryw (*one-off*). Gwerthwyd y rhain yn bennaf i gleientiaid dylunio oedd am gael cynnyrch unigryw i'w roi yn eu project tai neu swyddfeydd diweddaraf. Yna bu i ddylunydd y cwmni, ei weithiwr mwyaf medrus, ymddeol. Roedd yr elw ar y gwaith hwn yn aml bron yn sero. Felly, penderfynodd y cwmni beidio â chael rhywun yn ei le.

1 (a) Disgrifiwch y dull cynhyrchu a ddefnyddir gan y cwmni i wneud addurniadau drysau.
  (b) Sut y mae'r dull hwn yn wahanol i'r dull a ddefnyddir i wneud eitemau unigryw?
2 Awgrymwch pam roedd yr elw a wnaed ar werthu eitemau unigryw 'yn aml bron yn sero'.
3 Mae'r cwmni'n ystyried cynyddu'r gwerthiant i adwerthwyr. Byddai'n prynu cydrannau ar gyfer addurniadau drysau a dodrefn gan wneuthurwyr eraill. Yna byddai'n pecynnu'r addurniadau fel y gallen nhw gael eu harddangos a'u gwerthu mewn siopau. Trafodwch beth fyddai'r dull cynhyrchu gorau ar gyfer hyn.

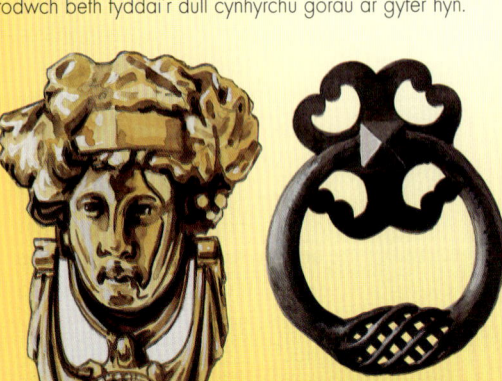

masgynnyrch. Yma caiff meintiau mawr o'r un cynnyrch eu gweithgynhyrchu. Mae angen peiriannau cymhleth i wneud y gwaith manwl ailadroddus. Weithiau gall y peiriannau weithio'n ddi-dor am 24 awr. Gall cynwysyddion plastig i ddal llaeth neu olew a chynwysyddion cemegol gael eu cynhyrchu yn y ffordd hon.

Gwneir petrol i yrru ceir *Ford* drwy ddulliau PROSES-GYNHYRCHU, math o lif-gynhyrchu. Mewn purfa olew caiff olew crai ei buro'n betrol. Mae purfa olew fel un peiriant anferth, gyda'r olew'n llifo drwy beipiau a thanciau wrth gael ei newid yn gemegol a'i droi'n betrol. Fe geir proses-gynhyrchu lle mae cynhyrchion fel cemegau neu hylifau yn cael eu symud drwy weithfeydd yn ddi-dor.

Ffynhonnell: addaswyd yn rhannol o wybodaeth a roddwyd gan *Ford Motor Company Limited*.

Uned 47 Dulliau cynhyrchu

Prosesu ffilmiau drwy'r post

Nashua yw un o'r mwyaf o'r cwmnïau prosesu ffilmiau drwy'r post yn y DU. Mae ganddo ddwy brif ganolfan brosesu, y naill yn Telford a'r llall yn Newton Abbot yn Nyfnaint. Yng nghanol yr 1990 newidiodd y ddwy i system gelloedd o gynhyrchu.

Mae prosesu'n cynnwys 12 cam, yn cynnwys tynnu ffilmiau o'r amlenni, stripio'r ffilmiau o'r cesys, cynhyrchu negatifau, printio a dosbarthu i'r cwsmer. Yn y gorffennol gwnaed hyn ar linell gynhyrchu. Byddai grŵp o weithredwyr yn tynnu'r ffilmiau o'r amlenni. Yna byddai'r ffilmiau'n cael eu hanfon at grŵp arall o weithredwyr a fyddai'n stripio'r ffilmiau o'r cesys ac yn y blaen. Yn awr trefnir y gweithredwyr mewn celloedd, gyda'r 'llinell' gynhyrchu ar ffurff cylch. Gall gweithredwyr newid swyddi o fewn y cylch os dymunant wneud hynny.

Mae nifer o fanteision i gynhyrchu cellog. Mae'r drefn newydd yn golygu y gall gweithwyr ddysgu o weld gwaith ei gilydd. Meddai un gweithredydd: 'os na fydda i'n sbleisio'r negatifau yn iawn, gall rhywun ddod draw a dweud wrtho i.' Meddai un arall: 'Gallwch wneud amrywiaeth ehangach o dasgau, mae'n fwy diddorol ac felly rydych yn llai tebygol o wneud camgymeriadau.' Caiff y gweithwyr eu hannog i gynnig sylwadau ar waith y tîm. Mae hyn wedi arwain at gyfres o welliannau, e.e. system newydd o roleri cludo i helpu i gyflymu datblygu ffilmiau.

Mae'r cynhyrchu'n fwy dibynadwy yn awr. Yn 1995, blwyddyn gyntaf y cell-gynhyrchu, cafwyd gostyngiad o 15-20% yn nifer y printiau y bu'n rhaid eu hailbrosesu oherwydd gwallau. Gostyngodd cwynion cwsmeriaid hefyd o fwy nag 1% i lai nag 1%, gostyngiad sylweddol o wybod pwysigrwydd cael cwsmeriaid i ddefnyddio'r cwmni eto.

Ffynhonnell: addaswyd o'r Financial Times, 21 Chwefror 1996.

1 Eglurwch y dull cynhyrchu a ddefnyddiwyd yn Nashua cyn cyflwyno cell-gynhyrchu.
2 Beth yw'r gwahaniaeth rhwng yr hen system gynhyrchu a'r system newydd?
3 Awgrymwch 2 reswm pam y mae prosesu ffilmiau yn fwy dibynadwy yn awr nag a fu gynt.
4 Trafodwch pam y mae dibynadwyaeth mor bwysig i gwmni archebu drwy'r post.

RENOLD

ACHOS CRYNODOL

Renold yw un o brif wneuthurwyr cadwynau peirianneg ledled y byd. Mae ei gadwynau'n gyrru amrywiaeth helaeth o beirianau o beiriannau llong i gludfeltiau (conveyor belts) mewn ffatrïoedd prosesu bwyd ac mae miloedd o amrywiadau gwahanol. Mae rhai o beiriannau awtomataidd Renold yn cynhyrchu cadwynau â'r un manylion yn gyson.

Fodd bynnag, mae'r elw ar gadwynau masgynyrch sydd â chyfaint uchel yn llai na'r elw ar gadwynau a bennir gan gwsmeriaid ac sydd â chyfaint isel. Fel arweinydd y farchnad ym maes cynhyrchu cadwynau, mae Renold am werthu ar sail ansawdd a gwasanaeth i gwsmeriaid. Byddai ceisio cystadlu â chynhyrchwyr y Dwyrain Pell sydd ag ansawdd is, prisiau is a llai o hyblygrwydd yn gyrru'r elw i lawr.

Felly mae Renold yn symud yn fwyfwy tuag at 'fasgwsmereiddio' (mass customisation). Mae'n addasu ei ffatrïoedd i gynhyrchu sypiau bach o gadwynau wrth i archebion ddod i mewn oddi wrth gwsmeriaid, yn hytrach na gwneud cadwynau, eu cadw mewn stoc a gobeithio y bydd cwsmeriaid yn eu harchebu. Yn ei ffatri yn Bredbury ym Manceinion gwneir cadwyn fawr drom yn unol â gofynion y cwsmer fel cynnyrch unigryw. Efallai, er enghraifft, fod cadwyn ar beiriant llong wedi torri. Bydd Renold yn gweithgynhyrchu a dosbarthu'r gadwyn ymhen ychydig ddiwrnodau. Mae rhaglen o fuddsoddi £8 miliwn mewn peiriannau newydd rhwng 1990 ac 1993 wedi cael ei defnyddio i roi i'r ffatri yn Bredbury yr hyblygrwydd i ddelio â masgwsmereiddio.

Ffynhonnell: addaswyd o'r Financial Times, 12 Mehefin 1996.

1 'Yn y ffatri yn Bredbury mae Renold yn defnyddio dulliau cynhyrchu yn ôl y gwaith, swp-gynhyrchu a llif-gynhyrchu.' Eglurwch y gwahaniaethau rhwng y tri dull cynhyrchu, gan roi enghreifftiau o Renold.
2 Eglurwch pam y mae Renold yn defnyddio'r tri dull gwahanol o gynhyrchu.
3 Awgrymwch pam y gallai cwmni llongau fod yn fodlon talu mwy i brynu cadwyn peiriant llong gan Renold i gymryd lle cadwyn sydd wedi torri yn hytrach na phrynu un gan wneuthurwr yn Ne Korea.
4 Trafodwch 2 ffordd y gallai Renold farchnata ei gynhyrchion i'w gwsmeriaid.

termau allweddol

Cynhyrchu yn ôl y gwaith - dull cynhyrchu lle caiff cynnyrch ei wneud yn unigol o'r dechrau i'r diwedd, e.e. pont neu awyren. Mae pob cynnyrch yn debygol o fod yn wahanol ac yn unigryw.
Llif-gynhyrchu - dull cynhyrchu lle caiff cynnyrch ei wneud yn barhaol, yn aml drwy ddefnyddio llinell gydosod. Mae nwyddau masgynyrch yn addas iawn ar gyfer y math hwn o gynhyrchu.
Proses-gynhyrchu - dull cynhyrchu lle caiff cynnyrch ei wneud yn barhaol drwy gael ei symud drwy ffatri gynhyrchu yn hytrach nag ar linell gydosod.
Swp-gynhyrchu - dull cynhyrchu lle caiff cynnyrch ei wneud mewn camau, gyda gweithrediad arbennig yn cael ei gyflawni ar bob cynnyrch mewn grŵp neu swp.

Rhestr wirio ✓

1 Beth yw ystyr cynhyrchu yn ôl y gwaith?
2 Eglurwch pam y gall y canlynol fod yn enghreifftiau o gynhyrchu yn ôl y gwaith: (a) adeiladu pont dros draffordd; (b) peintio tŷ.
3 Beth yw manteision ac anfanteision cynhyrchu yn ôl y gwaith?
4 Beth yw'r gwahaniaeth rhwng cynhyrchu yn ôl y gwaith a swp-gynhyrchu?
5 Beth yw manteision ac anfanteision swp-gynhyrchu?
6 Beth yw'r gwahaniaeth rhwng swp-gynhyrchu a llif-gynhyrchu?
7 Sut y cynhyrchir ceir gan ddefnyddio dull llif-gynhyrchu?
8 Beth yw manteision ac anfanteision llif-gynhyrchu?

Defnyddir cadwynau dur gwrthstaen yn y diwydiant bwyd.

uned 48

CYNHYRCHU MAIN

Gwneud penderfyniadau

Rhaid i fusnesau benderfynu sut i gynhyrchu nwyddau a gwasanaethau. Bydd eu dewisiadau'n newid dros amser am fod yr amgylchedd busnes yn newid. Mae angen iddynt ystyried:

- a allan nhw ddefnyddio technegau masgynhyrchu;
- sut i leihau'r ffactorau mewnbwn yn y broses gynhyrchu er mwyn cyflawni cynhyrchu main;
- os ydynt yn wneuthurwyr, a ddylid trefnu cynhyrchu mewn celloedd;
- sut i leihau'r stoc a gedwir;
- sut orau i gysylltu'r gweithlu â chyflawni eu nodau;
- a allan nhw wirio pa mor gystadleuol yr ydynt drwy feincnodi.

Mae *Hardy Spicer* yn un o is-gwmnïau GKN, y cwmni peirianneg amlwladol. Mae *Hardy Spicer* yn gwneud cydrannau ceir yn ei ffatri yn Birmingham. Yn yr 1960au a'r 1970au roedd yn ffatri gydrannau lwyddiannus iawn. Yn yr 1980au, fodd bynnag, roedd *Hardy Spicer* yn wynebu problemau. Roedd ffatri geir newydd *Nissan* yn Sunderland yn mynnu cael ansawdd uwch a phrisiau is gan wneuthurwyr cydrannau ceir ym Mhrydain. Roedd angen newidiadau sylfaenol i dechnegau cynhyrchu traddodiadol am i'r cwmni ddechrau gwneud colledion.

Masgynhyrchu

Sefydlodd Henry Ford gwmni ceir *Ford* yn UDA yn 1903. Bu iddo chwyldroi cynhyrchu gyda'r car *Ford Model T*. Dyma'r cynnyrch cymhleth cyntaf i gael ei FASGYNHYRCHU. Cyn hynny adeiladwyd ceir yn unigol. Daeth gweithwyr at bob car yn y ffatri a gweithio ar y car. Adeiladodd *Ford* y **llinell gynhyrchu** gyntaf (☞ uned 47). Ar y llinell gynhyrchu arhosodd y gweithwyr a'r peiriannau yn yr unfan a daeth y ceir atyn nhw. Yna gallai'r gweithwyr a'r peiriannau **arbenigo** (☞ uned 4). Dim ond un gweithrediad bach y byddai pob gweithiwr yn ei wneud. Roedd yr offer a ddefnyddiwyd wedi'u dylunio'n arbennig i helpu gyda'r un gweithrediad hwnnw. Roedd gan y gweithwyr sgiliau cyfyngedig. Doedd ond angen iddyn nhw wybod sut i gyflawni un gweithrediad.

Roedd masgynhyrchu'n gostwng costau am fod yr un cynnyrch yn cael ei wneud sawl gwaith. Cynhyrchwyd 15 miliwn o geir *Ford Model T* yn UDA mewn un lliw yn unig - du. Ond roedd problemau i dechnegau masgynhyrchu.

- Golygai llinellau cynhyrchu fod y cynnyrch yn symud pellterau hir. Cymerai hyn amser a bu'n rhaid i adeiladau'r ffatrïoedd fod yn fawr.
- Cadwyd meintiau mawr o **stoc** (☞ uned 46). Pe bai'r stoc o un gydran arbennig yn dod i ben, gallai'r llinell gynhyrchu gael ei stopio.
- Roedd **cyfathrebu** rhwng y gweithwyr yn wael. Roedden nhw wedi'u gwasgaru ar hyd y llinell gynhyrchu. Doedd dim systemau i gael y gweithwyr i siarad â'i gilydd am eu gwaith. Fe'u gwelwyd yn fwy fel robotiaid na phobl a allai helpu cynhyrchu â'u syniadau.
- Doedd gan y gweithwyr ddim cyfrifoldeb am **ansawdd** eu gwaith (☞ uned 51). Cyfrifoldeb rhywun arall oedd sicrhau bod y cynhyrchion o'r safon iawn. O ganlyniad yn aml byddai nifer mawr o gynhyrchion diffygiol yn gorfod cael eu gwrthod.
- Roedd cynhyrchu'n anhyblyg. Gyda gweithwyr di-grefft a llinell gynhyrchu anhyblyg, roedd yn anodd newid i gynhyrchu cynhyrchion gwahanol yn gyflym.

Cafodd diwydiant Japan atebion i'r problemau hyn. Helpodd *Toyota*, y gwneuthurwr ceir, i greu ail chwyldro yn y ffordd o weithgynhyrchu cynhyrchion. Y term am y system yma yw CYNHYRCHU MAIN (*lean production*). Mae'n system sy'n lleihau gymaint ag a ellir bob ffactor mewnbwn yn y broses gynhyrchu - popeth o weithwyr i ddefnyddiau crai i le yn y ffatri.

Newidiodd *Hardy Spicer* o dechnegau masgynhyrchu traddodiadol i ddulliau cynhyrchu main yn yr 1990au. Gwnaeth hyn chwyldroi ei gynhyrchu.

Cell-gynhyrchu

Hyd at ddiwedd yr 1980au roedd llinellau cynhyrchu syth traddodiadol yn ffatri *Hardy Spicer* yn Birmingham. Yn y rhan gyntaf o'r 1990au newidiwyd i system o GELL-GYNHYRCHU (*cell production*). Caiff cynhyrchu ei rannu yn nifer o 'gelloedd'. Mae gan bob cell dasgau neu brosesau tebyg sydd, gyda'i gilydd, yn cyflawni proses neu'n gwneud cynnyrch. Gall celloedd fod â siâp U neu siâp pedol yn debyg i Ffigur 48.1. Caiff defnyddiau eu rhoi ar bwynt ar ddechrau'r gell. Yna bydd gwahanol beiriannau o gwmpas y gell yn gweithio arnynt. Daw'r cynnyrch terfynol i ben ei daith yn agos at y man cychwyn.

Uned 48 Cynhyrchu main

Toyota

Yn Chwefror 1997 cafwyd tân yn *Aisin Seiki*. Roedd y cwmni'n gwneud cydrannau breciau ar gyfer *Toyota* yn Japan. Roedd canlyniadau'r tân yn ddifrifol. Dyma oedd unig gyflenwr y cydrannau breciau yma i *Toyota*. Oherwydd system ddosbarthu mewn union bryd, doedd *Toyota* ond yn dal stoc hanner diwrnod o'r cydrannau yn ei ffatrïoedd. Felly stopiodd llinellau cynhyrchu *Toyota*. Cymerodd wythnos i *Toyota* gael hyd i gyflenwr arall. Yn ystod yr amser hwn roedd cyflenwyr eraill *Toyota*, a gyflenwai seddau, goleuadau ayb, wedi gorfod stopio cynhyrchu am eu bod nhw hefyd yn cyflenwi drwy system mewn union bryd.

Ond ni chollodd *Toyota* ffydd yn ei system gynhyrchu. Collwyd wythnos o gynhyrchu. Ond mae'r dewisiadau eraill yn waeth. Byddai dychwelyd i gadw meintiau mawr o stoc yn ffatrïoedd *Toyota* yn gostus iawn. Hefyd mae *Toyota* yn cydweithio'n dda gyda'i gyflenwyr. Disgwylir iddyn nhw ddylunio a datblygu darnau ar gyfer ceir newydd yn ogystal â newid eu systemau cynhyrchu i ostwng costau.

Mae'r cydweithio da yma â chyflenwyr unigol yn un rheswm pam y mae *Toyota* wedi gostwng ei gostau $820 miliwn bob blwyddyn am y tair blynedd diwethaf.

Ffynhonnell: addaswyd o'r *Financial Times*, 7 Chwefror 1997.

1. Beth yw ystyr gweithgynhyrchu mewn union bryd?
2. Sut yr achosodd tân yn ffatri cyflenwr cydrannau i linellau cynhyrchu *Toyota* stopio am wythnos?
3. Awgrymwch pam y byddai cadw meintiau mawr o stoc yn gostus iawn.
4. Beth fyddai'r manteision a'r anfanteision posibl i gwmni cydrannau o fod yn unig gyflenwr cydran benodol i *Toyota*?

Daeth cell-gynhyrchu yn *Hardy Spicer* â llawer o fanteision.

- Rhoddwyd peiriannau yn y celloedd yn agosach o lawer at ei gilydd nag a welir ar linellau cynhyrchu traddodiadol. O ganlyniad roedd angen llai o le ar lawr y ffatri ar gyfer cell-gynhyrchu.
- Wrth weithio'n agosach at ei gilydd, byddai'r gweithwyr yn y gell yn cydweithredu ac yn datrys problemau gyda'i gilydd. Rhoddwyd targedau cynhyrchu i gelloedd. Helpodd hynny i gynyddu **cynhyrchedd**.
- Roedd ansawdd wedi gwella oherwydd gwell cydweithredu rhwng y gweithwyr. Roedd hefyd yn haws gweld ym mha le roedd problemau yn y cynhyrchu.

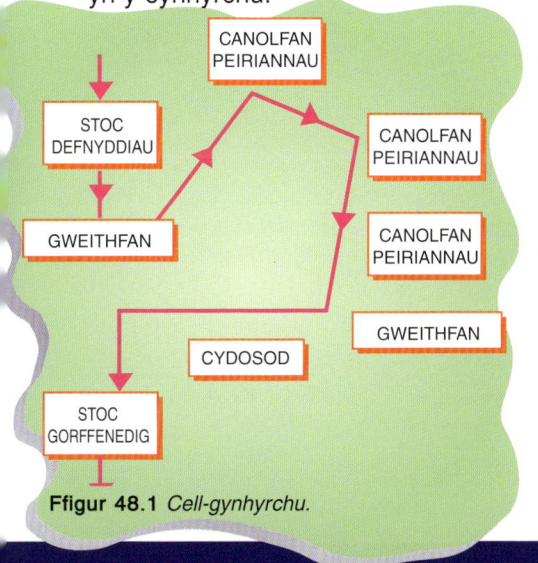

Ffigur 48.1 Cell-gynhyrchu.

Cynhyrchu mewn union bryd

Yn achos cynhyrchu MEWN UNION BRYD (*just-in-time* - JIT) dim ond pan fydd ei angen ar y system gynhyrchu y caiff stoc (☞ uned 46) ei ddosbarthu. O ganlyniad caiff stoc ei gadw ar y lefel isaf bosibl. Mewn ffatri fawr caiff stoc ei ddosbarthu gan y cyflenwr yn syth i'r man iawn ar y llinell gynhyrchu. Cafodd *Hardy Spicer* ei orfodi gan ei gwsmeriaid fel *Nissan* i gynnig dosbarthu mewn union bryd. Gall *Nissan*, felly, archebu cydrannau gan *Hardy Spicer* a derbyn y rhain o fewn, dyweder, 24 awr. Ond mae *Hardy Spicer* hefyd wedi newid i gynhyrchu JIT yn ei ffatri ei hun yn Birmingham. Mae llawer o fanteision i gynhyrchu JIT.

- Mae cadw stoc yn gostus. Gallai'r arian sydd ynghlwm wrth stoc gael ei ddefnyddio mewn ffordd arall. Rhaid i'r stoc gael ei gadw rywle, e.e. mewn warws. Mae'r lle yma'n costio arian i *Hardy Spicer*.
- Mae symud stoc yn gostus. Efallai y caiff stoc ei ddosbarthu i warws ac yna ei dynnu oddi yno i fynd ar y llinell gynhyrchu. Mae hyn yn costio mwy na dosbarthu'r stoc yn syth i'r llinell gynhyrchu.
- Gall cadw stoc arwain at ansawdd gwael. Os ydy'r gweithwyr yn gwybod bod yna stoc fawr, fyddan nhw ddim yn poeni os bydd peth o'u gwaith yn wael. Gall cydrannau da gael eu tynnu o'r stoc a gall y gwaith gwael gael ei luchio. Os nad oes stoc, mae'n rhaid i'r gwaith fod yn gywir oherwydd gall defnyddiau diffygiol stopio'r cynhyrchu.

Y gweithlu

Yn allweddol i'r newidiadau yn *Hardy Spicer* oedd newidiadau i'r gweithlu. Mae cynhyrchu main yn gysylltiedig â KAIZEN, y gair Japaneaidd am 'wella parhaol'. Mae *Kaizen* yn awgrymu y gellir gwella cynhyrchu bob amser. Gellir gwella ansawdd, lleihau amserau cynhyrchu a gostwng costau. Mewn system draddodiadol does gan y gweithwyr ddim rheolaeth ar eu gwaith. Mae'n cyrraedd ar linell gynhyrchu a gynlluniwyd gan rywun arall. Gyda *Kaizen*, mae'n rhaid cynnwys y gweithwyr. Ym mhob cell mae gweithwyr yn nodweddiadol yn rhan o dîm. Mae problemau a wynebir gan un gweithiwr yn y gell yn broblemau i'r holl weithwyr yn y gell. Ni all y gell gynhyrchu wneud dim os oes problem gydag un rhan ohoni.

Yn *Hardy Spicer* mae ymrwymiad i hyfforddi'r gweithlu yn barhaol. Os ydy gweithwyr i fedru gweithio'n hyblyg, mae'n rhaid cael AMLSGILIO (*multi-skilling*), h.y. caiff y gweithwyr eu hyfforddi i fedru gwneud amrywiaeth o dasgau am fod ganddynt fwy nag un sgìl.

Mae'r gweithwyr hefyd yn cael eu cynnwys mewn datrys problemau. Yn *Hardy Spicer*, er enghraifft, mae 'ystafell reoli pryderon' ar lawr y ffatri. Gall unrhyw weithiwr fynd i'r ystafell i leisio pryderon ynglŷn â'i waith ef neu waith pobl eraill. Rhaid i unrhyw

Yn Hardy Spicer mae ymrwymiad i hyfforddi'r gweithlu yn barhaol.

Uned 48 Cynhyrchu

Leyland Trucks

Cafwyd newid enfawr yn *Leyland Trucks* ers i'w reolwyr brynu'r cwmni gan *Daf*, y cyn-berchenogion, yn 1993. Bu'n rhaid i'r cwmni newid er mwyn goroesi ym myd cystadleuol gweithgynhyrchu tryciau. Elfen allweddol o'r newid hwnnw oedd newidiadau yn niwylliant y man gwaith.

Yn ôl arolwg, doedd y gweithwyr ddim yn credu eu bod yn cael digon o gyfrifoldeb am eu gwaith dan yr hen berchenogion. Dywedwyd wrthynt beth i'w wneud ac ni ymddiriedwyd ynddynt i wneud penderfyniadau. Yn awr caiff cyfraniadau gan y gweithwyr eu hannog.

Cafwyd un enghraifft o'r newid hwn pan ddechreuodd *Leyland Trucks* gydosod tryciau *Izuzu N*. Yn y gorffennol byddai fîm o beirianwyr wedi trefnu sut i gydosod y tryciau ar lawr y ffatri. Ond y tro hwn gofynnwyd i'r gweithwyr ystyried y broblem a lluniodd timau ar lawr y ffatri eu cynlluniau eu hun ar gyfer y cynhyrchu. Un o'r buddion a ddeilliodd o hyn oedd gostyngiad rhwng £180 000 a £200 000 mewn stoc ar ffurf gwaith ar droed. Enghraifft arall yw cynllun awgrymu y cwmni. Rhoddir tocyn siopa £1 i weithwyr am bob awgrym ar gyfer gwella. Ar gyfartaledd mae pob gweithiwr yn gwneud 20 awgrym y flwyddyn. Ni ddefnyddir y mwyafrif helaeth ohonynt ond o bryd i'w gilydd fe geir syniad da iawn a all gael effaith sylweddol ar gynhyrchu.

Mae cyfathrebu hefyd yn well erbyn hyn. Er enghraifft, mae'r llinell gynhyrchu yn cael ei stopio am ddwy awr bob mis i ganiatáu i dimau o weithwyr drafod syniadau.

Ffynhonnell: addaswyd o'r *Financial Times*, 9 Gorffennaf 1997.

1 Beth oedd canlyniadau'r arolwg o'r gweithwyr a gynhaliwyd ar ôl i'r rheolwyr feddiannu'r cwmni?
2 Eglurwch 2 ffordd y mae'r gweithwyr yn *Leyland Trucks* ynghlwm wrth y broses o wneud penderfyniadau erbyn hyn.
3 Mae ansawdd wedi gwella'n sylweddol. Yn 1986 roedd rhwng 27 a 28 o ddiffygion am bob cerbyd ar gyfartaledd. Erbyn 1996 roedd hyn rhwng 4 a 5. Awgrymwch resymau posibl dros y gostyngiad.
4 Mae problem gan wneuthurwr cerbydau. Dydy archebion ddim yn rheolaidd drwy'r flwyddyn. Felly, yn ystod cyfnodau o alw mawr, mae'n rhaid i'r gweithwyr weithio oriau ychwanegol. Yn ystod cyfnodau tawel does dim digon o waith i'r holl weithwyr. Awgrymwch sut y gallai ddatrys y broblem hon.

broblem gael ei roi dan reolaeth o fewn 24 awr a'i datrys o fewn pum niwrnod.

Ffordd arall o gynnwys y gweithwyr mewn datrys problemau yw i'r cwmni redeg **cynlluniau awgrymu**. Gwahoddir y gweithwyr i awgrymu ffyrdd y gallai'r busnes gael ei wella. Bydd y rhan fwyaf o'r syniadau'n anymarferol. Ond gall ychydig arwain at newidiadau pwysig.

Dull arall yw **cylchoedd ansawdd**, a ddaeth yn boblogaidd iawn yn yr 1980au. Caiff y gweithwyr eu hannog i gyfarfod i drafod ffyrdd o wella'r gwaith. Nid yn unig y daw syniadau da o'r trafodaethau. Daw'r gweithwyr hefyd yn fwy ymwybodol o'r hyn sy'n digwydd yng ngweddill y busnes ac o sut y bydd eu perffromiad nhw yn effeithio ar eraill.

Mae'r newidiadau hyn yn tueddu i arwain at gynnydd mewn **cynhyrchedd** - y cynnyrch am bob gweithiwr. Yn *Hardy Spicer* roedd y gwelliannau mor fawr fel y gallai'r cwmni ostwng y gweithlu o 2 000 i 1 000 mewn pum mlynedd. Mae **lleihau maint** (*downsizing*) y busnes wedi achosi i *Hardy Spicer* fedru parhau yn gystadleuol mewn perthynas â busnesau eraill oedd hefyd yn newid yn gyflym. Ond mae hefyd wedi achosi i rai gweithwyr orfod chwilio am waith rywle arall.

Meincnodi

Techneg arall a ddefnyddir i gyflawni cynhyrchu main yw MEINCNODI (*benchmarking*), h.y. mae un busnes yn cymharu ei berffromiad â busnes arall. Gwyddai *Hardy Spicer*, er enghraifft, fod ei berffromiad wedi gwella'n helaeth yn yr 1990au.

- Yn 1992 roedd miloedd o ddiffygion am bob miliwn o gydrannau a gynhyrchwyd ar gyfer y *Nissan Micra*. Roedd hynny'n uchel iawn. Yn 1993 roedd wedi gostwng i 815 am bob miliwn ac erbyn 1995 roedd yn 75 am bob miliwn.
- Rhwng 1993 ac 1995 roedd y cynnyrch am bob gweithiwr wedi dyblu.
- Ystyr trosiant stoc yw'r nifer o weithiau y flwyddyn y symudir eitem o stoc yn y broses gynhyrchu ar gyfartaledd. Cynyddodd trosiant stoc o 11 gwaith i 20 gwaith rhwng 1993 ac 1995. Roedd hyn yn arwydd o well rheolaeth ar stoc a'r symud tuag at gynhyrchu mewn union bryd.

Ond pan gymharodd *Hardy Spicer* ei hun â busnesau eraill, gwelodd fod mwy o le i wella. Yn 1996, er enghraifft, roedd y cynnyrch am bob gweithiwr yn y ffatri yn Birmingham yn dal i fod 20-30% yn is na'r ffatrïoedd gorau yn rhwydwaith rhyngwladol GKN. Yn nhermau ansawdd roedd yn gyfartal â'r ffatri Japaneaidd gyfartalog ond yn is na'r ffatrïoedd Japaneaidd gorau. Gwyddai hefyd fod busnesau eraill yn gwella eu dulliau cynhyrchu yn gyson. Byddai aros yn yr unfan yn golygu colli'r gallu i gystadlu. Dim ond trwy wella yn gynt na'i gystadleuwyr y gallai'r ffatri weithgynhyrchu fod ymhlith y **gorau yn y byd**.

Ffynhonnell: addaswyd o'r *Financial Times*, 25 Mawrth, 1996 a gwybodaeth a roddwyd gan GKN.

Uned 48 Cynhyrchu main

Lake Centre Industries (LCI)

Yn 1989 cafodd *Lake Centre Industries* (LCI), cwmni yn UDA, ei drosfeddiannu gan *Lucas*, cwmni ym Mhrydain. Mae LCI yn gweithgynhyrchu rheolyddion modurol, fel paneli rheoli gwres ac awyriad. Mae *Lucas* yn cynhyrchu amrywiaeth eang o gydrannau ar gyfer gwneuthurwyr ceir y byd.

Er i LCI gael ei redeg yn dda, nid oedd yn cyrraedd safonau gweithgynhyrchu byd-eang. Gofynnodd *Lucas* iddo ddefnyddio cynllun gweithredu cystadleuol, sy'n arf y mae *Lucas* yn ei ddefnyddio i feincnodi ei weithrediadau mewn perthynas â'i brif gystadleuwyr. Gwelodd LCI, er enghraifft, fod yn rhaid gwella'r rheoli stoc. Gallai hefyd ddefnyddio grym prynu *Lucas* a thrwy hynny ostwng cost ei gyflenwadau. Trwy'r dulliau hyn a dulliau eraill llwyddodd y cwmni i gynyddu maint ei elw ar ôl y trosfeddiannu.

Ffynhonnell: addaswyd o'r *Financial Times*, 7 Mawrth 1996.

1. Beth mae LCI yn ei gynhyrchu?
2. Eglurwch ystyr 'meincnodi'.
3. Sut y galluogodd meincnodi i LCI gynyddu maint ei elw?
4. Mae *Ford* yn chwilio am gyflenwr newydd o reolyddion modurol. Pam y byddai bod yn wneuthurwr ymhlith y gorau yn y byd yn helpu LCI i ennill contract gyda *Ford*?

Rhestr wirio ✓

1. Nodwch 3 o nodweddion masgynhyrchu.
2. Eglurwch 4 o broblemau masgynhyrchu.
3. Sut y trefnir cynhyrchu mewn cell?
4. Beth yw ystyr technegau cynhyrchu mewn union bryd?
5. Sut y mae JIT yn helpu i leihau costau busnes?
6. Yn aml bydd technegau cynhyrchu newydd yn gofyn am weithwyr â gwell hyfforddiant ond am lai ohonynt. Pam?
7. Pam y gallai gwell effeithlonrwydd mewn cynhyrchu arwain at leihau maint?
8. Pam y byddai busnes am feincnodi ei weithgareddau mewn perthynas â chwmnïau sydd ymhlith y gorau yn y byd?

termau allweddol

Amlsgilio - lle mae gan weithwyr fwy nag un sgìl a gallan nhw gyflawni sawl tasg neu swydd.
Cell-gynhyrchu - system gynhyrchu lle caiff nifer o beiriannau eu grwpio gyda'i gilydd, weithiau wedi'u gosod mewn siâp pedol, i gyflawni cyfres o weithrediadau cysylltiedig.
Cynhyrchu main - system sy'n ceisio lleihau gymaint ag a ellir bob ffactor mewnbwn yn y broses gynhyrchu, o weithwyr i ddefnyddiau crai i le yn y ffatri.
Kaizen - system gynhyrchu a weithredir i greu gwella parhaol mewn perfformiad dros gyfnod.
Masgynhyrchu - cynhyrchu meintiau mawr o gynhyrchion unfath, yn aml ar linellau cydosod.
Meincnodi - cymharu perfformiad un busnes neu ffatri ag un arall ac, yn arbennig, â'r gorau yn y byd.
Mewn union bryd - system gynhyrchu lle na chaiff stoc ei ddosbarthu ond pan fydd ei angen ar y system gynhyrchu. Mae hyn yn lleihau lefelau stoc mewn busnes.

ACHOS CRYNODOL

CYNHYRCHU TRYDAN

Dydy cymhwyso gwersi cynhyrchu main ddim yn gysylltiedig â ffatrïoedd yn unig. Mae PowerGen, yr ail ymhlith y cynyrchwyr mwyaf o drydan ym Mhrydain, wedi trawsnewid ei gynhyrchu trydan drwy feincnodi'r 17 gorau, o ran perfformiad, o orsafoedd trydan UDA sy'n llosgi glo. Cyn iddo ddechrau hyn yn 1994-95 credai ei fod yn gwneud yn weddol dda. Yn Fiddler's Ferry, gorsaf drydan sy'n llosgi glo yn Swydd Gaer, roedd PowerGen wedi cynyddu cynhyrchedd drwy haneru'r gweithlu rhwng 1989 ac 1994. Ond dangosodd y meincnodi fod PowerGen yn dal i fod yn aneffeithlon iawn o'i gymharu â gorsafoedd trydan gorau UDA.

Mae dwy enghraifft yn dangos y gwahaniaethau. Byddai PowerGen yn cadw sgaffaldiau parhaol yn ei orsafoedd trydan i helpu gyda gwaith cynnal a chadw. Mae sgaffaldiau'n ddrud. Yn UDA maen nhw'n aml yn defnyddio harneisiau yn hytrach na sgaffaldiau ar gyfer gwaith. Pan fyddai sgaffaldiau'n hanfodol bydden nhw'n eu hurio fesul diwrnod. Dydy PowerGen ddim wedi mabwysiadu arferion UDA yn llwyr, ond mae wedi ystyried yn ofalus a oes angen yr holl sgaffaldiau sydd ganddo. Y canlyniad fu haneru'r sgaffaldiau yn y gorsafoedd trydan.

Enghraifft arall yw glanhau. Yn Fiddler's Ferry buon nhw'n defnyddio 30-40 o lanhawyr. Yn y gorsafoedd trydan gorau yn UDA ni chyflogwyd unrhyw lanhawyr am fod y gweithwyr eu hunain yn glanhau ar ôl eu gwaith. O weld hyn, penderfynodd PowerGen ail-lunio swyddi. Ailhyfforddwyd gweithwyr i fod ag amlsgiliau. Fe'u trefnwyd yn 'dimau proses amlddisgyblaeth' (*multi-disciplined process teams*). Mae pob tîm yn cynnwys gweithwyr sydd â'r holl sgiliau i wneud gwaith penodol, gan gynnwys glanhau.

O ganlyniad cafwyd cynnydd enfawr mewn cynhyrchedd. Yn 1990 cyflogwyd 1 100 o weithwyr yn Fiddler's Ferry. Erbyn 1997 dim ond 226 o weithwyr oedd yno.

Ffynhonnell: addaswyd o'r *Financial Times*, 2 Gorffennaf 1997.

1. Beth mae PowerGen yn ei wneud?
2. Sut y gwyddai PowerGen ei fod yn aneffeithlon?
3. Eglurwch sut yr arbedodd PowerGen gostau ynglŷn â'i sgaffaldiau.
4. Trydanwr yn Fiddler's Ferry yw Siôn. Bu'n gweithio yno oddi ar 1985. (a) Yn eich barn chi, sut y mae ei waith wedi newid oddi ar 1985? (b) Eglurwch 2 ffordd y gallai'r newidiadau fod wedi cymell Siôn i wneud ei waith yn well.

173

uned 49
TECHNOLEGAU NEWYDD

Gwneud penderfyniadau
Rhaid i fusnesau benderfynu sut i gynhyrchu nwyddau a gwasanaethau. Mae'r dechnoleg newydd wedi trawsnewid yr ystod o ddewisiadau sydd ar gael iddynt. Yn achos gweithgynhyrchu, rhaid i fusnesau benderfynu a ddylent fuddsoddi mewn peiriannau a reolir gan gyfrifiaduron yn y prosesau dylunio a gweithgynhyrchu. Rhaid penderfynu hefyd i ba raddau y maent am integru gwahanol brosesau mewn ffatri. Mewn diwydiannau gwasanaethu y penderfyniad technolegol allweddol yw i ba raddau y gellir defnyddio technoleg gwybodaeth i wneud cynhyrchu'n fwy effeithlon.

Cwmni dylunio a pheirianneg yn Coventry yw *MGA Developments Limited*. Mae'n arbenigo mewn dylunio cyrff cerbydau modur ac adeiladau awyrofod. Mae hefyd yn cynhyrchu modelau a phrototeipiau ar sail dyluniadau. Gwasanaeth arall y mae'n ei ddarparu yw dylunio a chynhyrchu offer gweithgynhyrchu ar gyfer cydrannau. Yn 1997 roedd yn cyflogi mwy na 200 o ddylunwyr, peirianwyr a chrefftwyr.

Awtomatiaeth
Mae technoleg yn newid yn gyson. Ond bu cyfradd y newid yn arbennig o gyflym dros y 200 mlynedd diwethaf ac mae'n dal i gynyddu.
- **Mecaneiddio**. Cafwyd mecaneiddio helaeth yn ystod y Chwyldro Diwydiannol yn y rhan olaf o'r 18fed ganrif ac yn y 19eg ganrif. Roedd peiriannau a yrrwyd gan ager neu rym dŵr wedi cymryd lle gweithwyr, ond roedd y gweithwyr yn dal i weithredu'r peiriannau.
- **Awtomatiaeth**. Yn yr 20fed ganrif o ganlyniad i awtomatiaeth does dim raid bellach i rai gweithwyr weithredu peiriannau. Yn awr does ond angen iddynt oruchwylio'r peiriannau gan fod y peiriannau'n gweithio'n awtomatig. Mae awtomatiaeth wedi deillio i raddau helaeth o ddefnyddio cyfrifiaduron yn y broses gynhyrchu.

Ffabrigau dylunio
Mae Carrington Career & Workwear yn arbenigo mewn gwneud ffabrigau perfformiad uchel ar gyfer y farchnad 'ddillad gwaith' a 'dillad gyrfa'. Mae'n gwneud ffabrigau sy'n ddiogel rhag tân, er enghraifft. Caiff dillad a wneir o'r ffabrigau hyn eu defnyddio mewn diwydiant trwm, gan gynnwys y diwydiant olew ym Môr y Gogledd lle mae perygl bob amser. Mae hefyd yn gwneud dillad gyrfa neu wisgoedd unffurf ar gyfer cwmnïau, sydd wedi'u dylunio i fynegi ethos a thraddodiad y busnes.

Yn allweddol i'w lwyddiant yn y farchnad ddillad gyrfa yw cyfleusterau dylunio mewnol sy'n defnyddio'r cyfarpar CAD diweddaraf. Felly gellir gwneud dyluniadau newydd â gwead lliw neu ail-liwio dyluniadau sy'n bodoli eisoes yn ôl union ofynion y cwsmeriaid.

Ffynhonnell: addaswyd o'r *IPT Group*.

1. Beth yw'r gwahaniaeth rhwng 'dillad gwaith' a 'dillad gyrfa'?
2. Eglurwch sut y mae'r dechnoleg CAD yn helpu'r cwmni.

Y dechnoleg newydd mewn gweithgynhyrchu
Cyn yr 1980au byddai'r rhan fwyaf o waith dylunio yn cael ei wneud â llaw. Byddai'r dylunwyr yn braslunio syniadau ar bapur. Byddai'r rhain yn cael eu datblygu'n luniadau mwy manwl. Yna gellid defnyddio'r lluniadau i adeiladu prototeipiau neu fodelau. Gallai'r prototeipiau gael eu profi am gryfder a'r gallu i bara cyn i'r cynnyrch terfynol gael ei wneud. Byddai'n rhaid i'r dylunydd ddefnyddio hafaliadau mathemategol i weithio allan a fyddai'r defnyddiau arfaethedig yn ddigon cryf i wneud y gwaith. Er bod peth o hyn yn dal i gael ei wneud heddiw, yn fwyfwy mae cyfrifiaduron yn cael eu defnyddio mewn dylunio a gweithgynhyrchu. Mae MGA yn defnyddio'r dechnoleg newydd yn helaeth.

Cynllunio drwy gymorth cyfrifiadur
Mae MGA yn dylunio adeileddau ar gyfrifiadur gan ddefnyddio pecyn CYNLLUNIO DRWY GYMORTH CYFRIFIADUR (*computer aided design* - CAD). Trwy ddefnyddio pecynnau CAD mae dylunydd MGA yn gallu:
- cynhyrchu lluniadau fel bo golwg dda ar y cynnyrch terfynol sy'n atyniadol i'r cwsmer;

CAD yn MGA

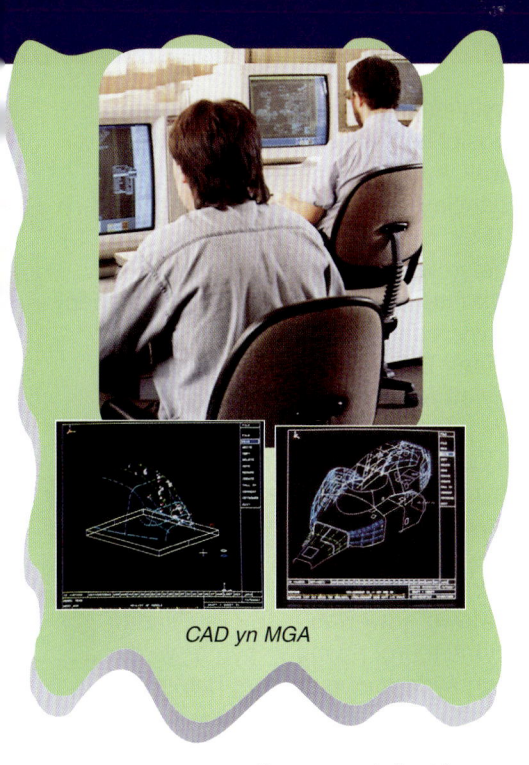

- cynnwys manylion am adeiledd gwrthrych, fel barrau straen;
- sicrhau bod yr adeiledd a'r defnyddiau yn ddigon cryf i wneud y gwaith y bwriedir iddynt ei wneud; mae'r rhaglen gyfrifiadurol yn gwneud y cyfrifo mathemategol;
- cynhyrchu delweddau dau ddimensiwn a thri dimensiwn o'r adeiledd, yn ogystal â lluniadau o rannau unigol o'r dyluniad. Gellir cylchdroi'r rhain fel y gellir gweld pob agwedd ar y dyluniad.

Mae CAD yn cyflymu'r broses ddylunio'n sylweddol. Mae'n caniatáu i ddyluniadau fod yn fwy soffistigedig. Gellir archwilio'r posbiliadau am ddyluniadau eraill. Gellir gwneud newidiadau'n hawdd heb lawer o gost. Mewn sawl rhan o'r broses ddylunio gall y rhaglen gyfrifiadurol ddangos lle mae ateb 'gorau' neu optimaidd i broblem ddylunio. Mae hefyd yn dileu'r angen i adeiladu llawer o fodelau neu brototeipiau ffisegol am fod y lluniau cyfrifiadurol o'r cynnyrch mor dda ac am fod y rhaglenni'n gallu gweithio allan gryfderau'r defnyddiau.

Peiriannau Dan Reolaeth Rifiadol Cyfrifiadur Pan fydd MGA am adeiladu model neu brototeip o gerbyd, er enghraifft, bydd yn defnyddio peiriannau DAN REOLAETH RIFIADOL CYFRIFIADUR (*computer numerical controlled* - CNC). Yn draddodiadol defnyddiwyd nifer o beiriannau mewn gweithgynhyrchu, e.e:

- **peiriannau melino** i dorri rhigolau, rabedi ac agennau mewn defnyddiau;
- **turniau** (*lathes*) i dorri defnyddiau wrth iddynt droi, i wneud siapiau sylindr;
- **plaeniau cafnu** i siapio defnyddiau;
- **peiriannau nyddu**, **torri**, **gwnïo**, **gwau** a **phrintio** a ddefnyddir yn y diwydiant tecstilau.

Gall peiriant CNC modern gael ei raglennu i wneud tasg benodol. Bydd y gweithredwr yn mewnbynnu'r cyfarwyddiadau i'r peiriant CNC. Yna bydd y peiriant yn cyflawni'r dasg yn awtomatig, wedi'i reoli gan y cyfrifiadur.

Mae MGA yn elwa o ddefnyddio peiriannau CNC. Maen nhw'n gyflym. Y rheswm yw bod patrymau neu siapiau yn gallu cael eu torri'n gyflym o wybodaeth sydd wedi'i storio a'i rheoli, o'u cymharu â'r peiriannau traddodiadol a reolir â llaw. Maen nhw hefyd yn fanwl gywir iawn, gan ddileu'r gwallau dynol mewn gweithgynhyrchu traddodiadol.

Mae rhai busnesau hefyd yn defnyddio **chwiliedyddion** (*probes*) a **pheiriannau mesur cyfesurynnau**. Mae'r rhain yn gwirio mesuriadau'n fanwl gywir. Mae MGA yn defnyddio meddalwedd mesur arwyneb i sicrhau bod mesuriadau modelau yn gywir. Defnyddir tymheredd dan reolaeth cyfrifiadur yn *McCain Foods* wrth wneud *pizza*.

Gweithgynhyrchu drwy gymorth cyfrifiadur O ddefnyddio cyfrifiaduron mewn dylunio a chynhyrchu, gellir cysylltu'r ddwy broses â'i gilydd. Gall y data cyfrifiadurol a gynhyrchir yn y dylunio gael eu bwydo i mewn i raglenni peiriannau CNC. Y term am gysylltu dylunio a chynhyrchu fel hyn yw GWEITHGYNHYRCHU DRWY GYMORTH CYFRIFIADUR (*computer aided manufacturing* - CAM) neu BEIRIANNEG CAD/CAM. Mae MGA yn cynnig gwasanaeth CAM i'w gwsmeriaid. Ar ôl comisiynu dyluniad, gall gwneuthurwr ceir, er enghraifft, gael meddalwedd cyfrifiadurol gan MGA a'i bwydo i mewn i'w beiriannau CNC ar lawr ei ffatri. Mae busnesau mawr yn cysylltu llawer o beiriannau a weithredir gan gyfrifiadur i gyflawni prosesau unfath, e.e. mowldio chwistrellu (*injection moulding*) yn LEGO. Mae busnesau mawr hefyd yn defnyddio llinellau cydosod cyfrifiadurol.

Robotiaid Erbyn hyn mae pob cwmni mawr sy'n gweithgynhyrchu ceir, e.e. *Ford*, yn defnyddio robotiaid ar eu llinell gynhyrchu. Yn debyg i beiriant CNC, mae ROBOT yn cael ei reoli gan gyfrifiadur. Y gwahaniaeth yw bod gan robot ryw fath o fraich sy'n symud defnyddiau. Gallai robot, er enghraifft, dynnu cydran oddi ar silff a'i gosod mewn peiriant car. Yn debyg i beiriannau CNC, gall robotiaid gael eu rhaglennu fel rhan o becyn CAM, gan gysylltu dylunio CAD â'r broses weithgynhyrchu.

Cerbydau a Arweinir yn Awtomatig Mae llawer o gwmnïau gweithgynhyrchu ceir hefyd yn defnyddio CERBYDAU A ARWEINIR YN AWTOMATIG (*automatically guided vehicles* - AGV). Cerbydau yw'r rhain y gellir rhoi cydrannau neu ddarnau arnynt. Yna fe'u cymerir i ran arall o'r ffatri. Mae'r AGV yn cael ei arwain gan wifrau anwythol (*inductive*) a osodir yn y llawr neu ar y nenfwd ar hyd llwybr yr AGV. Mae gan yr AGV synwyryddion (*sensors*) sy'n ei atal rhag taro gwrthrychau os bydd

---

Robotiaid yn gostwng costau

Mae W & G Sissons, yn Chesterfield, yn gweithgynhyrchu sinciau dur gwrthstaen ar gyfer y diwydiant arlwyo ac ystafelloedd ymolchi. Yn 1997 prynodd robot torri am £25 000. Nid dur gwrthstaen yn unig y bydd yn ei dorri. Mae'r cwmni'n disgwyl iddo hefyd dorri costau £30 000 y flwyddyn. Tair blynedd yn gynharach roedd wedi prynu robot weldio am £65 000. Roedd yn weldio deirgwaith yn gyflymach na gweithwyr medrus.

Ffynhonnell: addaswyd o'r *Financial Times*, 6 Mawrth 1997.

1. Beth mae *W & G Sissons* yn ei gynhyrchu?
2. Sut y mae'r cwmni'n defnyddio robotiaid wrth gynhyrchu?
3. Pam y mae'r cwmni wedi penderfynu prynu robotiaid?

Uned 49 Cynhyrchu

llinell gynhyrchu. Gall robot gymryd y darnau o'r AGV a'u rhoi mewn cydrannau ar y llinell gynhyrchu. Gall systemau CIM mawr fod yn gymhleth, yn gymharol ddrud ac yn anodd eu trefnu. Gallan nhw hefyd fod yn anhyblyg, e.e. pe bai angen defnyddio'r llinell gynhyrchu i weithgynhyrchu cynnyrch gwahanol.

Y dechnoleg newydd mewn diwydiannau gwasanaethu

Mae TECHNOLEG GWYBODAETH wedi achosi newidiadau sylweddol yn y ffordd y mae llawer o ddiwydiannau gwasanaethu yn gweithredu. Mae bancio a gwasanaethau ariannol wedi'u trawsnewid gan allu **cyfrifiaduron** i **storio gwybodaeth**. Yn hytrach na chadw cofnodion papur ynglŷn â chleient, cedwir y manylion ar gyfrifiadur. O ganlyniad mae maint y wybodaeth y gellir ei chadw wedi cynyddu'n sylweddol. Mae hefyd wedi cyflymu **trafod gwybodaeth**, e.e. tynnu arian allan o'r banc. Mae'r cyflymder hwn wedi'i gwneud hi'n bosibl defnyddio peiriannau 'twll yn y wal', sydd wedi lleihau'r angen i'r banciau gael cynifer o ganghennau.

Mae **cyfathrebu** (☞ unedau 58 a 59) hefyd wedi'i drawsnewid. Mae cyfrifiaduron wedi cynyddu'n sylweddol y wybodaeth sydd ar gael i weithiwr. Mae'r **E-bost** yn caniatáu i weithwyr gyfathrebu â'i gilydd ar ffurf ysgrifenedig drwy eu cyfrifiaduron. Mae'r **we** wedi rhoi modd i fusnesau gyrchu amrywiaeth ehangach o wybodaeth. Mae hefyd yn caniatáu i fusnesau hysbysebu a gwerthu ei gynhyrchion ar ei **safle ar y we**.

Mewn adwerthu mae cysylltiadau cyfrifiadurol rhwng yr hyn a werthir a'r hyn sydd mewn **stoc** yn helpu i benderfynu ar yr hyn sydd angen ei ailarchebu (☞ uned 46). Defnyddir codau bar y gellir eu sganio i roi gwybodaeth am y cynnyrch a'i bris. Mae rhai uwchfarchnadoedd yn caniatáu i gwsmeriaid sganio i mewn cost y cynhyrchion wrth eu codi oddi ar y silffoedd. Mae hynny'n arbed amser ciwio.

CAM yn MGA

rhywbeth yn ei ffordd. Mae'r synwyryddion wedi'u cysylltu â'r **rheolydd rhesymeg rhaglenadwy** (*programmable logic controller*), h.y. y microbrosesydd ar yr AGV sydd wedi'i raglennu i reoli ei symudiadau mewn modd arbennig.

Gweithgynhyrchu wedi'i gyfannu'n gyfrifiadurol Mae gan rai ffatrïoedd systemau GWEITHGYNHYRCHU WEDI'I GYFANNU'N GYFRIFIADUROL (*computer integrated manufacturing* - CIM), lle rheolir y broses gynhyrchu gyfan gan dechnoleg gyfrifiadurol. Mae gweithwyr yn y ffatri i oruchwylio a gwirio bod y systemau'n gweithio'n iawn. Maen nhw hefyd yn gwneud gwaith cynnal a chadw. Gall darnau gael eu harchebu drwy gyfrifiadur ar gyfer y llinell gynhyrchu pan fydd eu hangen. Gall AGV gasglu'r darnau o storfa neu gall cyflenwr allanol eu cludo i ddrws y ffatri ac yna bydd AGV yn mynd â nhw oddi yno i'r

Sganwyr sieciau electronig

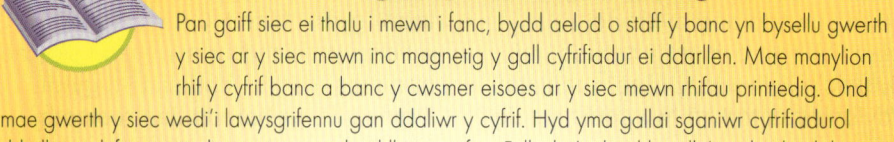

Pan gaiff siec ei thalu i mewn i fanc, bydd aelod o staff y banc yn bysellu gwerth y siec ar y siec mewn inc magnetig y gall cyfrifiadur ei ddarllen. Mae manylion rhif y cyfrif banc a banc y cwsmer eisoes ar y siec mewn rhifau printiedig. Ond mae gwerth y siec wedi'i lawysgrifennu gan ddaliwr y cyfrif. Hyd yma gallai sganiwr cyfrifiadurol ddarllen y rhifau printiedig ar y siec ond nid llawysgrifen. Felly, bu'n rhaid bysellu'r wybodaeth honno ar wahân.

Mae Banc y Midland ar fin cyflwyno system brosesu delweddau electronig newydd lle bydd sganwyr yn gallu darllen ffigurau llawysgrifenedig. Dydy'r sganwyr ddim yn berffaith ac ar hyn o bryd maen nhw'n darllen tua 50% yn unig o'r sieciau a gyflwynir. Ond y gobaith yw y bydd meddalwedd fwy datblygedig ar gael yn fuan, fydd yn gallu darllen y swm a ysgrifennwyd mewn llythrennau ar siec. Gallai hynny godi cyfraddau adnabod i 70-80%.

Gallai bysellu gwerth sieciau â llaw ymddangos yn ddi-bwys. Ond mae'n gyfrifol am 60% o gost prosesu siec i fanc. Gyda chyfradd adnabod o 50%, byddai hynny'n arbed 30% o'r costau ar y 3.2 biliwn o sieciau a ysgrifennwyd yn 1996. Gyda chyfradd adnabod o 80%, byddai bron â haneru'r costau.

Ffynhonnell: addaswyd o'r *Financial Times*, 7 Hydref 1996.

1. Pa dechnoleg newydd yr oedd Banc y Midland yn bwriadu ei chyflwyno?
2. Pam yr oedd yn bwriadu ei chyflwyno?
3. Mae gan fanciau eraill ddiddordeb mewn copïo syniad Banc y Midland. Trafodwch y ffactorau y byddai angen iddynt eu hystyried cyn gwneud hyn.

Uned 49 Technolegau newydd

Mae technoleg gwybodaeth yn cael ei defnyddio'n fwyfwy mewn gweinyddu. Yn y bôn mae **cronfeydd data** yn rhestri o, er enghraifft, gwsmeriaid neu eitemau mewn stoc, y gellir eu trin mewn gwahanol ffyrdd. Gallai'r gronfa ddata gael ei defnyddio, er enghraifft, i anfon cylchlythyr i bob cwsmer sydd wedi prynu cynnyrch penodol dros y 12 mis diwethaf. Mae **taenlenni** yn galluogi trin data. Defnyddir taenlenni yn aml mewn cyfrifon, e.e. i helpu i gyfrifo'r llif arian neu'r costau. Mae pecynnau **cyhoeddi bwrdd gwaith (CBG)** yn galluogi trin graffigwaith a thestun ar y sgrin. Gellir eu defnyddio, er enghraifft, i gynhyrchu taflenni hyrwyddo, memoranda mewnol neu adroddiadau.

Ffynhonnell: addaswyd yn rhannol o wybodaeth a roddwyd gan *MGA Developments*.

Defnyddir cyfrifiaduron gan fusnesau i storio gwybodaeth am gynhyrchion a chwsmeriaid.

Mae sganwyr a therfynellau a reolir gan radio yn rheoli'r stoc yn warws Marks & Spencer yn Neasden.

Rhestr wirio ✓

1 Beth yw'r gwahaniaeth rhwng mecanyddu ac awtomatiaeth?
2 Mae gwneuthurwr am ddylunio beic newydd. Sut y gallai CAD ei helpu i wneud hyn?
3 Beth yw manteision turn CNC o'i gymharu â thurn llaw traddodiadol a weithredir gan weithiwr?
4 Sut y gallai gwneuthurwr cydrannau cerbydau trên ddefnyddio CAM i gyflymu cynhyrchu dyluniad newydd?
5 Beth yw'r gwahaniaeth rhwng robot a pheiriant CNC?
6 (a) Sut y bydd AGV yn gwybod ble i fynd?
  (b) Beth sy'n ei atal rhag taro gwrthrych yn ei ffordd?
7 Pam y mae CIM yn fwy cymhleth na CAM?
8 Nodwch 2 enghraifft o ddefnyddio technoleg gwybodaeth mewn diwydiannau gwasanaethu.

ACHOS CRYNODOL: GWEITHIO AR-LEIN

Mae'r we yn mynd i newid y ffordd y mae gwneuthurwyr yn gwneud busnes. Mae *Purchase Engineering*, er enghraifft, cwmni cydrannau bach, yn defnyddio'i safle ar y we i roi gwybod i gwsmeriaid fod eu harcheb wedi'i gwneud. Mae peiriannau CNC wedi'u cysylltu â'r we. Pan fydd y peiriant wedi gorffen swp o gynhyrchu ar gyfer cwsmer, bydd ei raglen gyfrifiadurol yn rhoi hyn ar y safle ar y we yn awtomatig. Mae John Purchase, y cyd-reolwr-gyfarwyddwr, hefyd yn rhagfynegi y bydd busnesau'n gallu llwytho i lawr (download) raglenni peiriannau y mae gwaith yn cael ei wneud arnynt yn unrhyw ran o'r byd.

Mae'r we eisoes yn cael ei defnyddio ar gyfer archebu darnau a chydranau. Mae llawer o gwmnïau dosbarthu wedi rhoi eu catalogau ar lein. Mae *RS Components*, er enghraifft, sydd â 150 000 o gwsmeriaid sy'n prynu darnau electronig a mecanyddol, wedi gwario £1 filiwn yn trefnu safle ar y we sy'n caniatáu i'w gwsmeriaid brynu cydrannau ar lein a gweld data technegol.

Mae'r we hefyd yn caniatáu i gwmnïau peirianneg rannu gwybodaeth. Cwmni canolig ei faint yn Hemel Hempstead sy'n gwneud rheolyddion electronig ar gyfer gweisg argraffu yw *PressTech Controls*. Mae ganddo saith swyddfa ledled y byd. 'Rydym yn rhannu gwybodaeth gyfrinachol fel llawlyfrau technegol ar y we fewnol (intranet).' Mewn gwirionedd, mae'r we fewnol yn we breifat lle na all neb gael gwybodaeth ond y rhai sydd â'r cyfrineiriau (passwords) a'r rhaglenni iawn.

Ffynhonnell: addaswyd o'r *Financial Times*, 20 Mawrth 1998.

1 (a) Beth yw peiriant CNC a (b) sut y gallai gael ei gysylltu â'r we?
2 Beth fyddai mantais cysylltu peiriant CNC â'r we?
3 Sut y gall y we helpu cwmni peirianneg i archebu cydrannau ar gyfer peiriant CNC?
4 Mae cwmni peirianneg yn Abertawe yn ystyried sefydlu ffatri fach yn Yr Alban. Trafodwch 4 ffordd y gallai ddefnyddio'r we i'w helpu i redeg y ffatri.

termau allweddol

Cerbyd a arweinir yn awtomatig (AGV) - cerbydau a all gludo defnyddiau o gwmpas ffatri ac a arweinir gan wifrau anwythol a synwyryddion.
Cynllunio drwy gymorth cyfrifiadur (CAD) - defnyddio cyfrifiaduron i ddylunio cynhyrchion.
Gweithgynhyrchu drwy gymorth cyfrifiadur (CAM) neu beirianneg CAD/CAM - defnyddio cyfrifiaduron i reoli prosesau cynhyrchu, e.e. o ddylunio gan ddefnyddio technoleg CAD i weithgynhyrchu ar beiriannau CNC.
Gweithgynhyrchu wedi'i gyfannu'n gyfrifiadurol (CIM) - defnyddio cyfrifiadur neu rwydwaith cyfrifiadurol i reoli'r cynhyrchu mewn ffatri gyfan neu ran o ffatri.
Peiriannau dan reolaeth rifiadol cyfrifiadur (CNC) - peiriannau mewn ffatrïoedd sy'n cael cyfarwyddiadau ynglŷn â'r hyn i'w wneud gan gyfrifiadur yn hytrach nag yn uniongyrchol gan weithiwr.
Robot - peiriant a reolir gan gyfrifiadur ac sy'n gallu symud defnyddiau i gyflawni tasgau penodol.
Technoleg gwybodaeth - defnyddio cyfrifiaduron i storio, trafod, cynhyrchu ac adalw gwybodaeth.

177

uned 50
TECHNOLEG AC EFFEITHLONRWYDD

Gwneud penderfyniadau

Rhaid i fusnesau benderfynu sut i gynhyrchu nwyddau a gwasanaethau yn effeithlon. Bydd eu dewisiadau'n newid dros amser am fod yr amgylchedd busnes yn newid. Wrth ystyried a ddylid cyflwyno technoleg newydd i'r man gwaith, mae'n rhaid i fusnesau benderfynu a fydd hyn yn eu gwneud yn fwy cystadleuol. A fydd:
- yn gostwng eu costau cynhyrchu;
- yn gwella ansawdd;
- yn gwella'r amodau gwaith ac, yn arbennig, iechyd a diogelwch;
- yn caniatáu gweithgynhyrchu amrywiaeth ehangach o gynhyrchion;
- yn arwain at weithgynhyrchu cynhyrchion newydd?

Gwneuthurwr teganau a defnyddiau addysgol sydd wedi'i leoli yn Nenmarc yw *The LEGO Group*. Daw ei enw o'r geiriau *leg godt*, sy'n golygu chwarae'n dda. Sefydlwyd y busnes yn 1932. Mae'n gwmni cyfyngedig dan berchenogaeth teulu. Mae ganddo adrannau datblygu yn Nenmarc, UDA a Japan, ffatrïoedd mowldiau yn Yr Almaen a'r Swistir, a ffatrïoedd teganau yn Nenmarc a'r Swistir. Mae ganddo tua 9 000 o weithwyr.

Gallu i gystadlu

Mae LEGO yn gweithredu mewn **marchnadoedd cystadleuol** (☞ uned 2). Mae wedi llwyddo i fod yn un o'r 'deg uchaf' o wneuthurwyr teganau yn y byd drwy strategaeth fusnes sy'n cynnwys:
- dylunio teganau sy'n symbylu dychymyg a chwarae plant;
- gweithgynhyrchu teganau o safon dechnegol uchel sydd yn ddiogel, yn para'n hir ac yn esthetig ddymunol;
- dosbarthu ei gynhyrchion drwy amrywiaeth eang o adwerthwyr - tua 60 000 ledled y byd.

Mae technoleg yn chwarae rhan allweddol mewn gwneud LEGO yn gwmni cystadleuol. Pam y mae technoleg mor bwysig i LEGO?

Gostwng costau

Pryd bynnag y bydd LEGO yn prynu peiriannau newydd neu'n buddsoddi mewn systemau newydd, bydd yn cyfrifo costau a buddion y buddsoddiant yn ofalus. Yn aml bydd cyflwyno technoleg newydd yn arwain at gostau is o gynhyrchu. Gallai fod sawl rheswm dros hyn.
- Gallai'r dechnoleg newydd leihau'r llafur sydd ei angen yn y broses gynhyrchu. Mae gosod robotiaid yn ffatrïoedd mowldio awtomataidd (*automated*) LEGO i gasglu cynhyrchion gorffenedig wedi lleihau nifer y gweithwyr sydd eu hangen am bob uned o gynhyrchu.
- Gallai gwastraff gael ei leihau. Yn aml bydd defnyddio CAD yn hytrach na dylunio cydran heb gymorth cyfrifiaduron yn cynhyrchu dyluniadau sy'n lleihau'r gwastraff mewn gweithgynhyrchu.

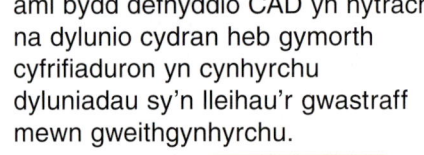

Robotiaid ar waith

Cwmni o'r Ffindir sy'n mowldio cydrannau plastig ac yn gwneud offer yw *Perlos*. Mae ganddo ddwy ffatri yn y DU. Yn ei ffatrïoedd ger Newcastle mae'n defnyddio 20 robot i fynd â darnau gorffenedig o blastig allan o beiriannau mowldio chwistrellu a gwneud tasgau cydosod sylfaenol.

Mae'r cwmni'n defnyddio robotiaid yn rhannol er mwyn cadw'n gystadleuol o'i gymharu â ffatrïoedd mewn gwledydd sydd â llafur rhad. Mae hefyd am ddarparu ansawdd mwy cyson nag y gallai wrth ddefnyddio llafur llaw.

Dydy robotiaid, fodd bynnag, ddim yn gyffredin mewn gweithgynhyrchu yn y DU. Mae 16 gwaith cynifer o robotiaid am bob gweithiwr yn Japan ag sydd yn y DU. Meddai Teemi Saloranta, rheolwr-gyfarwyddwr *Perlos* yn y DU: 'Y rheol euraid mewn roboteg yw bod angen mewnbwn o'r broses ddylunio i symleiddio'r darnau; rhaid i hyn fod yn athroniaeth weithgynhyrchu gyfan. Os na, bydd llafur dynol yn fwy hyblyg am fod pobl yn gallu plygu a thrin cydrannau i'w ffitio gyda'i gilydd.' Mae Prydain yn agos at waelod cynghrair y costau cyflogau yn y byd diwydiannol ac mae ganddi ddeddfau sy'n ei gwneud hi'n haws hurio a diswyddo gweithwyr. Felly, dydy robotiaid ddim mor atyniadol yn ariannol yno ag y maent yn Japan neu'r Almaen, er enghraifft.

Ffynhonnell: addaswyd o'r *Financial Times*, 6 Mawrth 1997.

1. Pa 4 gwlad a ddangosir yn y data sydd â'r: (a) defnydd uchaf; a'r (b) defnydd isaf o robotiaid am bob gweithiwr?
2. Pa fanteision a welodd *Perlos* i ddefnyddio robotiaid?
3. Eglurwch pam y gallai busnesau yn y DU fod yn amharod i fuddsoddi mewn robotiaid.
4. Pam y mae busnes sy'n defnyddio technoleg CAD/CAM yn fwy tebygol o ddefnyddio robotiaid na chystadleuydd nad yw'n defnyddio technegau CAM?

Ffigur 50.1 *Robotiaid am bob 10 000 o bobl a gyflogir yn y sector gweithgynhyrchu.*
Ffynhonnell: addaswyd o'r *International Federation of Robotics, British Robot Association*.

Uned 50 Technoleg ac effeithlonrwydd

Mae sicrwydd ansawdd yn bwysig ym mhob cam cynhyrchu.

- Efallai y bydd cyfradd neu gyflymder y cynhyrchu yn cynyddu. O'i chymharu â'r dechnoleg gyfredol, efallai y bydd y dechnoleg newydd yn cynyddu'r cynnyrch gan ddefnyddio'r un nifer o weithwyr a'r un maint o le yn y ffatri.

Ansawdd

Mae ansawdd yn hanfodol i unrhyw fusnes. Mae'n hanfodol i LEGO oherwydd un o'r rhesymau y bydd pobl yn prynu cynhyrchion LEGO yw'r sicrwydd eu bod yn prynu cynnyrch sydd yn ddiogel, yn para ac yn hwyl.

Mae technoleg yn caniatáu i fusnesau gynhyrchu yn unol â'r manylion angenrheidiol. Mae cyflwyno peiriannau CNC, er enghraifft, wedi caniatáu i fusnesau leihau'r amrywiant yn y gwaith. Ystyr amrywiant yw'r gwahaniaeth mewn maint neu bwysau rhwng pob cydran a wneir. Mae bollt 10mm yn annhebygol o fod yn 10mm yn union. Bydd mymryn yn hirach neu fymryn yn fyrrach. Gall peiriannau CNC leihau'r gwahaniaethau rhwng pob bollt.

Yn LEGO mae'n rhaid i'r mowldiau plastig a ddefnyddir i weithgynhyrchu brics fod yn gywir i oddefiant (*tolerance*) o 0.005mm. Rhaid i liw, tymheredd a chynnwys lleithder y gronynnau plastig fod yn fanwl gywir cyn cael eu hanfon i beiriannau mowldio chwistrellu sy'n gwneud y brics lliw. Mae technoleg yn caniatáu i LEGO wirio ansawdd ei gynnyrch yn haws ac yn fwy cywir o lawer nag yn y gorffennol. Mae hyn yn hanfodol mewn amgylchedd busnes lle mae cwsmeriaid yn disgwyl i deganau fod heb unrhyw ddiffygion (**dim diffygion** [*zero defects*] ☞ uned 51).

Iechyd a diogelwch

Mae amodau gwaith mewn ffatrïoedd heddiw yn well o lawer nag a fuont 30 mlynedd yn ôl. Mae'r dechnoleg newydd yn rheswm allweddol dros hyn. Erbyn hyn mae peiriannau'n gwneud llawer o dasgau peryglus ac amhleserus a wnaed yn y gorffennol gan weithwyr.

Mae LEGO yn defnyddio cerbydau AGV yn ei ffatrïoedd. Gall y rhain gludo cydrannau gorffenedig o'r ffatri i'r warws. Maen nhw hefyd yn cludo cydrannau o'r warws i gael eu cydosod a'u pacio yn gynhyrchion gorffenedig. Gan nad oes gyrwyr i'r cerbydau hyn does dim angen i weithwyr drafod gwaith ar droed yn y ffatri. Gallai hyn osgoi anafiadau i'r cefn ac anafiadau sy'n gysylltiedig â gollwng gwrthrychau.

Mae peintio a chwistrellu cynhyrchion fel ceir yn faes arall lle mae technoleg wedi trawsnewid y man gwaith. Mae llawer o araenau (*coatings*) yn cynnwys cemegau peryglus a all niweidio'r gweithiwr os bydd yn ei hanadlu i mewn neu'n cyffwrdd â nhw. Mae defnyddio peiriannau chwistrellu awtomataidd mewn amodau seliedig yn golygu nad oes angen i weithwyr fod yn agored i'r peryglon hyn.

Mae'r dechnoleg newydd hefyd yn caniatáu i'r cynhyrchion eu hunain fod yn fwy diogel o lawer i'r cwsmeriaid. Mae LEGO, er enghraifft, yn profi nodweddion ffisegol, mecanyddol, cemegol a thrydanol ei deganau yn ogystal â fflamadwyedd. Mae technoleg, er enghraifft, yn caniatáu profi'r defnyddiau crai a ddefnyddir mewn plastigion a gallu'r teganau i wrthsefyll gael eu tynnu'n ddarnau. Mae cynhyrchion LEGO yn cwrdd â safonau diogelwch a chynhyrchu rhyngwladol (☞ uned 51).

Cynhyrchion newydd

Mae cyfrifiaduron a thechnoleg gwybodaeth wedi bod wrth wraidd chwyldro technolegol y 30 mlynedd diwethaf. Maen nhw wedi creu peiriannau newydd a ffyrdd newydd o weithio. Maen nhw hefyd wedi creu cynhyrchion newydd, gan gynnwys y cyfrifiadur personol, y we a theledu digidol.

Ond nid peth newydd mo newid technolegol. Gwnaed y fricsen LEGO wreiddiol yn bosibl gan ddatblygu plastig a'i gynhyrchu'n fasnachol yn yr 1940au a'r 1950au. Crewyd peiriannau mowldio chwistrellu, oedd yn caniatáu i ronynnau plastig gael eu rhoi i mewn i beiriant a'u trawsnewid yn gynhyrchion gorffenedig fel brics LEGO. Mae'r dechnoleg newydd, gan gynnwys systemau gweithgynhyrchu cyfrifiadurol, wedi galluogi i LEGO gynhyrchu dyluniadau mwy cymhleth a

Camcordwyr

Daeth camcordwyr (*camcorders*) ar y farchnad am y tro cyntaf yn 1983. Cyn hynny, roedd camerâu a chyfarpar recordio yn eitemau ar wahân ac yn swmpus. Mae camcordwyr wedi datblygu'n helaeth ers hynny. Cyflwynwyd rheolyddion awto-ddinoethiad (*autoexposure*) i ddileu'r angen i osod y camcordiwr ar gyfer golau a phellter. Mae sefydlogyddion delwedd yn cadw'r llun rhag siglo wrth ffilmio tra'n symud. Mae rheolyddion golygu yn ei gwneud hi'n haws golygu'r ffilm. Gostyngwyd y pwysau a'r maint drwy wneud cydrannau'n fach iawn.

Mae'r ras yn mynd yn ei blaen i gynhyrchu peiriant fydd yn gweithredu fel camera cyffredin a chamcordiwr. Y ffordd ymlaen yw trwy'r dechnoleg ddigidol. Eisoes ar y farchnad mae camerâu digidol nad ydynt yn defnyddio ffilm gonfensiynol. Bydd ehangu maint y cerdyn cof ar y camera yn galluogi tynnu lluniau symudol yn ogystal â lluniau llonydd.

Ffynhonnell: addaswyd o'r *Financial Times*, 6 Mawrth 1998.

1. 'Camcordwyr yw un o'r cynhyrchion sydd wedi deillio o dechnolegau newydd.' Eglurwch ystyr hyn.
2. Sut y gallai defnyddio robotiaid rhoi mantais gystadleuol i wneuthurwr nwyddau electronig ar fusnesau eraill?
3. Mae *Sony* yn trwyddedu ei dechnoleg i gwmnïau eraill. Awgrymwch pam.
4. Mae gwneuthurwr nwyddau electronig ar fin lansio cyfuniad o gamera lluniau llonydd a chamera lluniau symudol. Trafodwch 3 ffactor fydd yn penderfynu a fydd gwerthiant da iddo.

179

Uned 50 Cynhyrchu

Peiriannau mowldio yn cynhyrchu brics plastig.

gwella ansawdd ei gynhyrchion.

Mae'n rhaid i LEGO aros yn rheng flaen newid er mwyn goroesi. Oherwydd hynny, mae'n gwario arian ar **ymchwil a datblygu** (☞ uned 46). Mae tua 100 o setiau LEGO newydd yn cyrraedd y cam cynhyrchu bob blwyddyn. Dim ond ffracsiwn yw'r rhain o'r syniadau y gweithiwyd arnynt gan y timau dylunio yn LEGO.

Pryd bynnag y bydd LEGO yn creu prosesau cynhyrchu newydd neu gynhyrchion newydd, bydd yn ceisio'u PATENTU. Cafodd y fricsen wreiddiol, gyda'i system gysylltu unigryw o stydiau a thiwbiau, ei phatentu yn 1958. Patentwyd DUPLO, yr amrywiaeth LEGO ar gyfer plant o 6 mis oed i 6 blwydd oed, yn 1967. Mae patent yn atal busnesau eraill neu unigolion rhag copïo'r broses neu'r cynnyrch. Mae'r enw neu'r nod masnach LEGO yn cael ei warchod gan HAWLFRAINT (*copyright*). Mae hyn yn atal busnesau eraill rhag gwerthu teganau dan yr enw LEGO.

Mae rhai cwmnïau'n TRWYDDEDU eu nod masnach i fusnesau eraill, gan ganiatáu iddynt ddefnyddio'r nod masnach ar gynhyrchion yn gyfnewid am ffi.

Masgwsmereiddio

Un o broblemau **masgynhyrchu** (☞ uned 48) yw bod cwsmeriaid yn gorfod derbyn cynnyrch safonol. Roedd ceir *Ford Model T*, er enghraifft, ar gael mewn un lliw yn unig, du. Ond yn aml bydd cwsmeriaid am gael nwyddau masgynnyrch sydd wedi'u cwsmereiddio (*customised*) i'w hanghenion nhw eu hunain. Mae'r technolegau newydd yn lleihau cost gwneud hyn. Erbyn hyn, er enghraifft, gall gwneuthurwyr ceir wneud pob car ar linell gynhyrchu yn unol â manyleb wahanol gan bob cwsmer. Y term am y broses hon o weithgynhyrchu cynnyrch safonol mewn nifer mawr o amrywiadau gwahanol i ddarparu ar gyfer anghenion unigol cwsmeriaid yw MASGWSMEREIDDIO (*mass customisation*). Felly, gall *Leyland Trucks*, er enghraifft, gynhyrchu llawer o amrywiadau gwahanol o drỳc sylfaenol ar un llinell gynhyrchu.

Diwydiannau gwasanaethu

Cwmni gweithgynhyrchu yw LEGO. Efallai bod newidiadau mewn technoleg wedi effeithio fwy ar ddiwydiannau **eilaidd** neu **weithgynhyrchu** (☞ uned 4) nag ar **ddiwydiannau gwasanaethu**. Nid yn unig y mae technoleg wedi creu cynhyrchion newydd ond hefyd mae wedi trawsnewid y ffordd y gwneir y cynhyrchion hynny.

Ond mae llawer o ddiwydiannau gwasanaethu wedi newid hefyd. Mae technoleg gwybodaeth wedi trawsnewid bancio ac yswiriant. Mae wedi caniatáu i feintiau enfawr o wybodaeth am gwsmeriaid gael eu storio a'u cyrchu (*access*). Mae adwerthu hefyd wedi'i newid. Mae systemau fel **EFPOS** (☞ uned 60) wedi newid y ffordd o archebu nwyddau a thrafod arian. Effeithiwyd hyd yn oed ar ddiwydiant y tai bwyta. Mae gwell systemau rheweiddio wedi caniatáu i dafarnau a chaffis gynnig prydau bwyd y gellir eu fforddio i farchnad dorfol. Mae bwyd rhewgelloedd ynghyd â ffyrnau microdon, dyfais newydd arall o'r 30 mlynedd diwethaf, wedi gostwng costau.

Ar y llaw arall, mae diwydiannau gwasanaethu fel addysg neu dwristiaeth yn dal i fod yn LLAFUR-DDWYS iawn, h.y. mae nifer y gweithwyr o'i gymharu â faint a gynhyrchir yn uchel iawn. Dyma'r gwrthwyneb i GYFALAF-DDWYS, lle mae maint y cyfalaf, fel peiriannau, ffatrïoedd ac adeiladau eraill, yn fawr o'i gymharu â faint a gynhyrchir. Mae LEGO yn gynhyrchydd cyfalaf-ddwys. Mewn diwydiannau llafur-ddwys defnyddir maint cymharol fach o gyfalaf. Felly mae'r cyfle i newid dulliau cynhyrchu drwy dechnoleg yn gyfyngedig.

Ffynhonnell: addaswyd yn rhannol o *An Introduction to the LEGO Group, Developing a Product, Facts and Figures, Toy Safety, A Product - An Idea* gan *The LEGO Group*.

Y symud tuag at fasgwsmereiddio

Gwneuthurwr poptai ar Lannau Merswy yw *Stoves*. Mae wedi symud yn fwy na'r rhan fwyaf o fusnesau tuag at fasgwsmereiddio. Yn 1996 lansiodd amrywiaeth o boptai trydan wedi'i hanelu'n wreiddiol at farchnad Yr Almaen. Gall cwsmeriaid sy'n archebu mewn man gwerthu bennu'r hyn y maent am ei gael o restr o amrywiadau. Mae'r rhestr yn cynnwys nifer y pentanau (*hobs*), siâp, maint a lliw y popty, y math o reolyddion, handlenni a byliau ac a fydd y drws yn wydr neu'n fetel. Yn ddamcaniaethol, mae 50 miliwn o gyfuniadau gwahanol posibl.

Caiff yr archeb ei hanfon mewn modd electronig i'r ffatri ar Lannau Merswy. Yno gwneir y popty o fewn pythefnos a'i ddosbarthu i'r adwerthwr. I wneud hyn am gost resymol, mae'n ofynnol bod cyflenwyr *Stoves* yn dosbarthu cydrannau ar sail mewn union bryd. Hefyd trefnir y gweithwyr yn y ffatri yn dimau bach sy'n canolbwyntio ar wneud sypiau bach o boptai.

Mae *Stoves* yn codi tua 10% yn fwy am bopty wedi'i gwsmereiddio o'i gymharu â phopty masgynnyrch cyfatebol. Ond mae ei ymchwil marchnata wedi dangos bod cwsmeriaid yn fodlon talu mwy i gael yr union beth y maent am ei gael.

Ffynhonnell: addaswyd o'r *Financial Times*, 27 Rhagfyr 1996.

1 Beth yw ystyr 'masgwsmereiddio'?
2 Sut y mae *Stoves* yn cwsmereiddio'r amrywiaeth o boptai a ddisgrifiwyd yn yr erthygl?
3 Eglurwch 2 ffordd y mae *Stoves* wedi cadw costau cwsmereiddio mor isel â phosibl.
4 Gallwch gael taflenni am wahanol amrywiaethau o boptai mewn siopau.
  (a) Nodwch 3 phwynt allweddol y dylai *Stoves* eu cynnwys, yn eich barn chi, yn ei daflenni ynglŷn â'r poptai a ddisgrifiwyd yn yr erthygl.
  (b) Eglurwch pam y bydd y pwyntiau allweddol hyn yn helpu i werthu'r poptai.

Chwyldro adwerthu dillad?

Mae gormod o bobl yn gwisgo dillad nad ydynt yn ffitio'n iawn. Yn rhy fach, yn rhy dal, y breichiau'n rhy hir neu'r wasg yn rhy fawr. Gall prynu dillad fod yn hunllef. Hyd yn oed os ydych o faint gweddol safonol, bydd rhai dillad yn eich ffitio'n well na'i gilydd.

Gallai hyn fod yn perthyn i'r gorffennol os bydd adwerthwyr yn defnyddio ffordd newydd chwyldroadol o wasanaethu cwsmeriaid. Mae nifer o wneuthurwyr gan gynnwys *Telmat Industrie*, cwmni Ffrengig, wedi cynhyrchu peiriannau awtomataidd sy'n mesur eich maint. Mae'r peiriant yn cyfuno camera a chyfrifiadur. Tynnir llun y cwsmer a chynhyrchir delwedd ar gyfrifiadur gyda'r mesuriadau maint cywir. Gellir anfon y rhain ar unwaith at wneuthurwr dillad. Bydd hwnnw'n cynhyrchu dilledyn unigryw yn seiliedig ar fodel yn y siop gan ddefnyddio technoleg CAD/CAM. Efallai, er enghraifft, y bydd cwsmer am gael pâr o jîns neu wisg a arddangosir yn y siop.

Fyddai cost gwneud cynhyrchion maint unigryw ddim cymaint â hynny yn fwy i wneuthurwr dillad pe bai ganddo system awtomataidd o gynhyrchu. O safbwynt yr adwerthwr, mae posibiliadau mawr i ostwng costau. Ar hyn o bryd, mae'n rhaid i adwerthwyr brynu stoc o wahanol feintiau, cadw'r stoc am hyd at dri neu bedwar mis tra'n ceisio ei werthu ac yna cynnal sêl i gael gwared â'r hyn sy'n weddill. Gyda'r system newydd, dim ond un neu ddau sampl o ddilledyn fyddai ganddynt a dim stoc, a dim angen cynnal sêl.

Ffynhonnell: addaswyd o'r *Financial Times*, 13 Chwefror 1998.

1. Pa dechnolegau sydd ynghlwm wrth ddosbarthu'r dillad a wnaed i fesur (*made to measure*) a ddisgrifiwyd yn y darn?
2. Eglurwch sut y gallai maint elw'r adwerthwyr gynyddu pe baent yn gallu gwerthu dillad a wnaed i fesur drwy'r system newydd hon.
3. 'Dydw i ddim yn credu y bydd systemau mesur awtomataidd yn cael llawer o effaith ar siopau dillad.' Nodwch ac eglurwch 3 rheswm pam y gallai hyn fod yn wir.

Rhestr wirio ✓

1. Pam y mae'n bwysig i fusnes fod yn gystadleuol?
2. Eglurwch 3 ffordd y gallai cyflwyno'r dechnoleg newydd ostwng costau cynhyrchu.
3. Sut y gall y dechnoleg newydd helpu busnesau i gyrraedd targedau dim diffygion?
4. Pam y gall technolegau newydd wella iechyd a diogelwch yn y man gwaith?
5. Sut y gall y dechnoleg newydd arwain at fasgwsmereiddio mewn gweithgynhyrchu?
6. Pam y mae patentau a hawlfreintiau yn bwysig i fusnesau?
7. Nodwch 3 chynnyrch newydd y mae technolegau newydd wedi'u creu dros y 30 mlynedd diwethaf.
8. Nodwch 2 ffordd y mae'r dechnoleg newydd wedi effeithio ar ddiwydiannau gwasanaethu yn y blynyddoedd diwethaf.

termau allweddol

Cynhyrchu cyfalaf-ddwys a llafur-ddwys - mewn diwydiannau cyfalaf-ddwys defnyddir meintiau mawr o gyfalaf o'i gymharu â faint a gynhyrchir; mewn diwydiannau llafur-ddwys defnyddir meintiau cymharol fawr o lafur.

Hawlfreintiau a phatentau - gwarchod cyfreithiol i atal dyfeisiau neu gynhyrchion newydd rhag cael eu copïo gan fusnesau eraill at eu defnydd eu hun.

Masgwsmereiddio - y broses o weithgynhyrchu cynnyrch safonol mewn nifer mawr o amrywiadau gwahanol i ddarparu ar gyfer anghenion unigol y cwsmeriaid.

Trwydded - yr hawl gyfreithiol i ddefnyddio hawlfraint neu batent busnes arall, fel rheol yn gyfnewid am ffi neu freindal.

ACHOS CRYNODOL — Y TITANIC

Roedd y *Titanic* yn rhyfeddod technolegol yn ei dydd. Yn gyflym, yn ansuddadwy ac yn foethus, roedd yn crynhoi can mlynedd o ddatblygiad technolegol. Ond gall hyd yn oed y gorau o'r technolegau fethu weithiau ac roedd y *Titanic* yn arbennig o anffodus.

85 mlynedd yn ddiweddarach roedd y ffilm *Titanic* yn rhyfeddod technolegol hefyd. Tan 30 mlynedd yn ôl allai neb fod wedi ffilmio'r *Titanic* go iawn ar waelod y môr. Yn 1997 defnyddiodd gwneuthurwyr y ffilm long o Rwsia ynghyd â siambrau tanddwr i ffilmio'r rhannau hynny. 30 mlynedd yn ôl byddai'r cwmni ffilmiau wedi gorfod hurio miloedd o ecstras ar gyfer golygfeydd y torfeydd. Yn wir, defnyddiwyd digon o ecstras yn y ffilm. Ond roedd y dechnoleg gyfrifiadurol yn caniatáu i lawer o'r ecstras gael eu hail-greu o olygfeydd eraill a ffilmiwyd. Roedd y dechnoleg gyfrifiadurol hefyd wedi caniatáu i gefnlenni gael eu creu gan ddefnyddio meddalwedd yn hytrach na setiau go iawn. Roedd y rhannau o'r ffilm oedd â setiau go iawn a'r rhannau a grewyd gan gyfrifiadur wedi'u cyfuno mor dda fel nad oedd y bobl a welodd y ffilm yn ymwybodol o'r gwahaniaeth.

Doedd y ffilm ddim yn rhad i'w gwneud - $200 miliwn. Ond dydy'r dechnoleg ddiweddaraf ddim yn rhad ac roedd yn werth yr arian i greu'r ffilm a enillodd mwy o dderbyniadau nag unrhyw ffilm arall yn hanes y sinema.

Ffynhonnell: addaswyd o'r *Financial Times*, 24 Mawrth 1998.

1. Eglurwch 2 ffordd y defnyddiwyd y technolegau diweddaraf wrth wneud y ffilm *Titanic*.
2. Sut y gwnaeth defnyddio'r technolegau hyn helpu i wneud y ffilm yn llwyddiant?
3. Mae cwmni ffilmiau yn gwerthuso cynnig am ffilm $300 miliwn fyddai'n defnyddio'r dechnoleg ffilm ddiweddaraf i'w chynhyrchu. Ddylai'r cwmni wneud y ffilm? Yn eich ateb asesweh beth sy'n debygol o wneud y ffilm yn llwyddiant yn y sinemâu a fydd defnyddio technoleg ddrud yn debygol o gynyddu gobaith ffilm o lwyddo.

uned 51
ANSAWDD

Gwneud penderfyniadau

Mae angen i bob busnes sicrhau ansawdd. Bydd cynhyrchion o ansawdd gwael yn debygol o arwain at werthiant isel a methdaliad o bosibl. Rhaid i fusnes benderfynu:
- pa lefel o ansawdd yw'r isaf fydd yn dderbyniol i gwsmeriaid;
- pwy yn y busnes sy'n gyfrifol am sicrhau y caiff ansawdd ei gynnal;
- sut y gellir trefnu'r busnes i sicrhau ansawdd am y gost isaf.

Gwneuthurwr craeniau diwydiannol yw *Street Crane*. Defnyddir y rhain, er enghraifft, mewn ffatrïoedd i godi a chludo defnyddiau o'r naill ran o'r ffatri i'r llall. Mae'n gwmni cyfyngedig preifat yn Swydd Derby. Caiff llawer o'i elw ei ailfuddsoddi yn y busnes i wneud y cwmni'n fwy llwyddiannus. Ond dydy buddsoddiant yn unig ddim yn ddigon. Mae *Street Crane* wedi'i ymrwymo i sicrhau bod ei holl gynhyrchion yn cwrdd â safonau ansawdd bob amser.

Beth yw ansawdd?

Mae manylion gwahanol i gynhyrchion gwahanol. Efallai bod gan gar *Rolls Royce* ddarnau gwahanol i gar *Vauxhall Corsa*. Gall un *hi-fi* fod â mwy o nodweddion nag un arall. Gall un craen godi mwy o bwysau nag un arall. Ond gall yr holl gynhyrchion hyn fod ag ansawdd. Mae cynnyrch o ansawdd gwael yn debygol o fod yn un sydd â diffygion neu nad yw'n gweithio'n iawn. Mae ANSAWDD yn ymwneud â chyflawni safon ar gyfer nwydd neu wasanaeth sy'n cwrdd ag anghenion cwsmeriaid. I *Street Crane* mae ansawdd yn ymwneud â chynhyrchu cynnyrch sy'n codi uchafswm penodol o bwysau. Mae'n ymwneud â sicrhau bod y craeniau'n gweithio'n ddiogel ac yn ddibynadwy. Mae'n ymwneud â darparu gwasanaeth ôl-werthu effeithlon, gyda chraeniau'n cael eu profi a'u cynnal a'u cadw a chydrannau'n cyrraedd mewn pryd. Gall ansawdd hefyd ymwneud â'r **broses gynhyrchu**. Mae *Street Crane* yn amcanu at gyflawni safon uchel yn y prosesau a ddefnyddir i weithgynhyrchu craeniau diwydiannol.

Rheoli ansawdd traddodiadol

Ugain mlynedd yn ôl roedd *Street Crane*, yn debyg i weddill diwydiant Prydain, yn ystyried rheoli ansawdd yn rhan o'r gadwyn gynhyrchu. Byddai craen yn cael ei ddylunio a'r defnyddiau'n cael eu dewis. Byddai'r dyluniad yn cael ei drosglwyddo i'r adran gynhyrchu. Byddai'r adran honno'n penderfynu sut i wneud y craen ac yn mynd ati i'w wneud. Ar ddiwedd y broses gynhyrchu byddai rheolwyr ansawdd neu arolygwyr ansawdd yn profi'r craen am ansawdd. Pe na bai'r craen yn cwrdd â'r safon ansawdd, byddai'n rhaid ei newid neu ei ail-wneud. Mewn rhai ffatrïoedd gallai nwyddau nad oeddent yn cwrdd â safonau ansawdd

Gallu craeniau i gludo llwythi yn cael ei brofi am oes.

Sglodion newydd gan *Burger King*

Mae *Burger King* a *McDonald's* yn cymryd rhan mewn brwydr fyd-eang ym marchnad bwydydd cyflym. Yn Rhagfyr 1997 cyhoeddodd *Burger King* ei arf diweddaraf i'w helpu i ennill y rhyfel - gwell sglodion. Y farn gyffredinol yn niwydiant byrgyrs UDA oedd bod byrgyrs *Burger King* yn fwy blasus na byrgyrs *McDonald's* ond bod sglodion *McDonald's* yn well.

Mae caen (*coating*) ar sglodion newydd *Burger King* sydd, yn ôl y cwmni, yn eu gwneud nhw'n fwy creisionllyd a blasus ac sy'n eu cadw nhw'n dwym am gyfnod hirach. Mae'r pwynt olaf yn bwysig iawn gan fod 75% o gwsmeriaid *Burger King* yn UDA yn mynd â'r bwyd i ffwrdd.

Meddai Jim Watkins, is-lywydd marchnata *Burger King* yng Ngogledd America: 'Tan yn awr doedd ein sglodion ddim yn cyrraedd safonau bwyd penigamp a blasus. Ond yn awr gallwn ddweud yn onest mai *Burger King* yw'r lle gorau am fyrgyrs a sglodion.'

Ffynhonnell: addaswyd o'r *Financial Times*, 11 Rhagfyr 1997.

1. Beth y mae *Burger King* yn ei honni ynglŷn ag ansawdd ei sglodion?
2. Awgrymwch 2 ffordd y gallai *Burger King* sicrhau bod ansawdd ei sglodion yr un fath ym mhob un o'i fannau gwerthu ledled y byd.
3. Sut y gallai *McDonald's* ymateb i *Burger King* yn lansio'i sglodion newydd?

Uned 51 Ansawdd

gael eu lluchio neu eu gwerthu fel 'nwyddau eilradd' (*seconds*). Byddai arolygwyr ansawdd hefyd yn profi defnyddiau a anfonwyd gan gyflenwyr. Doedd dim gwarant y bydden nhw o'r safon iawn.

Rheolaeth lwyr ar ansawdd

Ar ddiwedd yr 1990au newidiodd *Street Crane* i system o REOLAETH LWYR AR ANSAWDD (*total quality management - TQM*). Newidiwyd yn llwyr y ffordd o ddelio ag ansawdd.

Ansawdd yn rhan o bob proses
Mae TQM yn gwneud ansawdd yn rhan o bob proses. Felly ni chaiff ansawdd ei brofi mewn rhai rhannau yn unig o'r broses gynhyrchu. Mae wedi'i gynnwys yn y cynhyrchu. Mae ansawdd yn fater pwysig yn y gweithdy peintio, er enghraifft. Sut y gall y gweithdy peintio weithio fel bo craen yn cael ei beintio heb unrhyw ddiffygion?

Gwaith pawb yw ansawdd
Yn y gorffennol cyfrifoldeb yr arolygwr ansawdd oedd ansawdd. Gyda TQM mae pob gweithiwr yn gyfrifol am ansawdd. Gall hyn olygu bod gweithiwr neu grŵp o weithwyr yn gwneud y gwaith a wnaed gan arolygwr ansawdd yn y gorffennol. Gall olygu bod ansawdd yn cael ei brofi mewn rhan o'r broses gynhyrchu lle na châi ei brofi yn y gorffennol. Os nad ydy cynhyrchion o'r ansawdd iawn, mae'n bwysig gallu nodi'r broblem yn fuan fel y gellir ei datrys.

Cwsmeriaid a chyflenwyr
I helpu i gynnwys ansawdd yn y broses gynhyrchu, mae angen i'r gweithwyr gydnabod anghenion y cwsmeriaid. Rhaid i gyflenwyr gymryd i ystyriaeth ofynion busnesau, eu cwsmeriaid. Rhaid i weithwyr yn yr adran werthiant gymryd i ystyriaeth anghenion y cyhoedd neu fusnesau eraill sy'n prynu eu nwyddau neu eu gwasanaethau. Trwy gydnabod bod eu gwaith yn effeithio ar gwsmeriaid, daw gweithwyr yn fwy cyfrifol am yr hyn a wnânt. Fe welant eu pwysigrwydd yng ngwaith cyfan y busnes.

Gweithgynhyrchu mewn union bryd
Mae *Street Crane* yn defnyddio technegau gweithgynhyrchu mewn union bryd (☞ uned 48). O ganlyniad cedwir lefelau stoc mor isel â phosibl. Pan fydd *Street Crane* yn derbyn stoc, bydd am ei ddefnyddio yn y broses gynhyrchu cyn gynted ag sy'n bosibl am fod stoc yn ddrud i'w gadw. Rhaid, felly, i'r stoc a ddaw i mewn fod o'r ansawdd iawn. Os na fydd, gallai atal y cynhyrchu. Hefyd mae *Street Crane* yn adeiladu yn ôl gofynion y cwsmer. Mae'n pennu dyddiad derbyn gyda'r cwsmer ac mae'r craen yn cael ei adeiladu ar gyfer y dyddiad hwnnw. All *Street Crane* ddim fforddio cael problemau gydag ansawdd fydd yn golygu ailweithio, gan ei fod yn gorfod cwrdd â dyddiadau derbyn pendant.

Dim diffygion
Nod sylfaenol busnes sy'n defnyddio technegau TQM yw cael dim diffygion (*zero defects*). Mae hyn yn golygu bod ei holl waith yn cwrdd â'r safonau ansawdd gofynnol ym mhob cam o'r broses gynhyrchu. I gyrraedd y nod yma, gallai'r busnes osod targedau rhyngol (*intermediate*), lle mae'n amcanu at ostwng diffygion i lefel benodol o fewn, dyweder, y flwyddyn nesaf.

Swyddogaeth rheolwyr
Er bod pob gweithiwr yn gyfrifol am ansawdd, cyfrifoldeb y rheolwyr yw sefydlu systemau fydd yn sicrhau'r ansawdd hwn. Pe bai gweithiwr neu grŵp o weithwyr yn cynhyrchu nwyddau diffygiol, er enghraifft, mae'n rhaid bod yna system ar gyfer nodi natur y broblem. Efallai eu bod yn gweithio â pheiriannau annigonol. Efallai na chawsant ddigon o hyfforddiant ar

---

Rheoli ansawdd mewn gweithgynhyrchu tecstilau

Mae gweithgynhyrchu tecstilau wedi datblygu'n helaeth dros y 300 mlynedd diwethaf, o wŷdd llaw (*handloom*) i beiriannau awtomataidd dan reolaeth cyfrifiadur. Ond mae'r archwilio am ddiffygion yn y ffabrig wrth iddo ddod allan yn gyflym o beiriannau gwehyddu neu wau yn dal i gael ei wneud gan bobl. Y broblem yw bod y ffabrig yn dod allan yn rhy gyflym i sganiwr electronig fedru ymdopi.

Yn y dyfodol, fodd bynnag, gallai hyd yn oed yr archwilio gael ei awtomeiddio. Mae *Zellweger Luwa*, gwneuthurwr o'r Swistir sy'n gwneud offer electronig ar gyfer tecstilau, yn profi sganiwr fydd yn ymdopi â brethyn hyd at 2 fetr o led a ddaw allan o beiriant ar gyflymder o 120 metr y munud. Mae'r sganiwr yn defnyddio ffurfwedd o ficrobrosesyddion sy'n gweithio 1 000 o weithiau'n gyflymach na microbrosesydd *Pentium* confensiynol mewn cyfrifiadur bwrdd gwaith.

Dydy'r system ddim yn rhad - tua £200 000 y peiriant. Ar hyn o bryd, fodd bynnag, dim ond 10-20 metr o ffabrig y munud y gall gweithwyr ei archwilio. Gall hynny leihau cyflymder gweithio y peiriannau gwehyddu a gwau. Hefyd, dydy pobl ddim yn berffaith. Gall diffygion ansawdd fynd trwodd am fod y gwaith mor ddiflas.

Ffynhonnell: addaswyd o'r *Financial Times*, 19 Mawrth 1998.

1. Eglwch anfanteision a manteision defnyddio gweithwyr yn hytrach na'r sganwyr newydd i archwilio ansawdd.
2. Pam y mae'n bwysig i wneuthurwr tecstilau gynnwys archwiliadau ansawdd yn y broses gynhyrchu?
3. Yn eich barn chi, fydd cwmni sydd â ffatri yn Yr Almaen yn fwy neu'n llai tebygol o brynu'r sganiwr newydd na chwmni sydd â ffatri yn India? Eglurwch eich ateb yn fanwl.

Yn aml mae archwilio am ddiffygion mewn ffabrigau yn dal i gael ei wneud gan bobl.

Uned 51 Cynhyrchu

gyfer y gwaith. Efallai bod y golau'n annigonol lle maen nhw'n gweithio neu fod y peiriannau wedi'u gosod mewn safleoedd gwael ar lawr y ffatri. Rhaid wedyn i'r system ddatrys y broblem.

Sicrwydd ansawdd (*Quality assurance*) Pan werthir nwyddau neu wasanaethau i gwsmeriaid bydd busnes yn rhoi ei sicrwydd y cyflawnwyd safonau penodol. Bydd, er enghraifft, yn gwarantu y cydymffurfiwyd â'r gofynion cyfreithiol ac y cynhaliwyd ansawdd yn y broses gynhyrchu. Mae'n amhosibl i bob cwsmer wirio hyn, felly mae codau ymarfer yn dweud wrth gwsmer y cyflawnwyd safonau ansawdd. Enghreifftiau yw ISO, safon ryngwladol, ac EN, safon Ewropeaidd.

Safonau ansawdd

Caiff llawer o gynhyrchion eu gwneud yn unol â safonau a bennwyd gan gyrff sicrhau ansawdd. Mae **Sefydliad Safonau Prydain** (*British Standards Institution* - BSI), er enghraifft, yn gorff sy'n llunio safonau ar gyfer amrywiaeth eang o gynhyrchion o welyau i hoelion. Caiff rhai nwyddau traul fel tegellau eu gwerthu â **nodau barcut** arnynt. Mae hwn yn dangos eu bod wedi'u gwneud yn unol â safon a luniwyd gan y BSI. Enghreifftiau eraill yw Bwrdd Cymeradwyaeth Electrodechnegol Prydain, sy'n profi a chymeradwyo cynhyrchion trydanol, a Chymdeithas Teganau a Hobïau Prydain sy'n rhoi Nod Llew i deganau a gymeradwywyd.

Mae safonau cynhyrchion yn ddefnyddiol iawn wrth fesur ansawdd. Ond dydy nhw ddim yn dweud dim am sut y cyflawnwyd ansawdd. Gallai busnes, er enghraifft, fod â chyfradd o 50% o ddiffygion ar yr hyn a gynhyrchir ganddo. Felly mae safonau hefyd ar gyfer ansawdd **systemau cynhyrchu**. Un safon yw ISO 9000. Mae *Street Crane* wedi ennill achrediad (*accreditation*) ISO 9001. ISO 9001 yw'r safon ansawdd systemau ar gyfer busnesau gweithgynhyrchu a gwasanaethu gyda dylunio. Mae ISO 9002 ar gyfer busnesau gweithgynhyrchu a gwasanaethu heb ddylunio, ac mae ISO 9003 ar gyfer cyflenwyr yn unig.

Gofynion ISO 9001

Mae gofyn bod dulliau gweithredu (*procedures*) ar gyfer y canlynol:

- Cyfrifoldeb rheolwyr, e.e. ar gyfer creu polisi ansawdd a systemau ansawdd, a phenodi cynrychiolwyr ansawdd.
- Adolygu nwyddau a archebwyd ac a ddaw i mewn.
- Rheoli cynllunio dyluniadau, ffactorau mewnbwn, cynnyrch, newidiadau ayb.
- Rheoli dogfennau a data, e.e. lluniadau, manylebau.
- Rheoli prynu, e.e. rhestri a pherfformiad cyflenwyr.
- Rheoli cynhyrchion a gyflenwir i gwsmeriaid, e.e. gwirio, storio, trafod.
- Nodi ac olrhain cynhyrchion.
- Rheoli a chynllunio'r cynhyrchu, e.e. y defnydd a wneir o gyfarpar, cyfarwyddiadau gwaith, monitro a rheoli prosesau.
- Arolygu a phrofi cynnyrch yn ystod pob cam o'r cynhyrchu.
- Rheoli cyfarpar arolygu, mesur a phrofi.
- Gwirio a brofwyd cynnyrch neu beidio.
- Nodi cynhyrchion nad ydynt yn cwrdd â'r safonau.
- Gweithredu i unioni neu atal.
- Trafod, storio, pecynnu, cadw (*preservation*) a dosbarthu.
- Rheoli cofnodion ansawdd.
- Archwiliadau (*audits*) ansawdd mewnol.
- Hyfforddiant.
- Gwasanaethu (*servicing*), e.e. rheoliadau safle.
- Defnyddio technegau ystadegol, e.e. ar gyfer samplu neu brofi.

I gael ISO 9000, roedd *Street Crane* wedi cofrestru gyda'r BSI. Bu'n rhaid iddo ddangos i'r BSI, drwy ei ddogfennau a thrwy ymweliadau â'r ffatri, fod ei brosesau gweithredu yn cwrdd â'r safon ofynnol. Lle nad oedden nhw'n gwneud hynny, bu'n rhaid iddo addasu ei brosesau i gydymffurfio â'r safon.

Mae dwy brif fantais i gwrdd â

Mortgage Express

Yn 1992 dechreuodd *Mortgage Express* ddefnyddio Rheolaeth Lwyr ar Ansawdd. Roedd *Mortgage Express* yn gwerthu morgeisiau - benthyciadau i brynu tai. Ar y pryd roedd mewn trafferthion. Roedd yn colli arian. Roedd dirwasgiad difrifol yn yr economi a'r farchnad dai. Felly roedd yn anodd denu busnes newydd ac roedd traean o'r benthycwyr yn hwyr gyda'u had-daliadau. Am y rhesymau hyn, roedd ei berchennog y TSB (Banc Cynilion Ymddiriedol [*Trustee Savings Bank*] sydd erbyn hyn yn eiddo i Fanc *Lloyds*) wedi penderfynu ei gau.

Helpodd TQM i wella sefyllfa'r cwmni. Gwariodd y cwmni ddwywaith gymaint ag o'r blaen ar hyfforddi staff. Cafodd gweithwyr eu hailhyfforddi i ffwrdd o werthu morgeisiau newydd i ddelio â chwsmeriaid oedd yn ad-dalu morgeisiau. Daeth y staff yn fwy cysylltiedig â gwneud penderfyniadau. Roedd y cwmni'n eu hannog i awgrymu sut y gallai gwaith gael ei wneud yn fwy effeithlon. Pwysleisiwyd ansawdd ar bob cam.

O ganlyniad cynyddodd cynhyrchedd 26% rhwng 1992 ac 1995. Gallai'r un nifer o weithwyr brosesu chwarter yn fwy o forgeisiau. Un rheswm allweddol dros hyn oedd gostyngiad yn nifer y camgymeriadau a wnaed wrth ddelio â morgeisiau.

Ffynhonnell: addaswyd o'r *Financial Times*, 4 Rhagfyr 1996.

1 Eglurwch 2 ffordd y gweithredodd rheolwyr *Mortgage Express* eu polisi o Reolaeth Lwyr ar Ansawdd.
2 Beirniadwyd *Mortgage Express* yn hanner cyntaf yr 1990au am roi pwysau ar gwsmeriaid oedd yn hwyr gyda'u had-daliadau i ddal ati â'u taliadau. (a) Pam y gallai hyn fod wedi ymddangos yn annheg i weithiwr â morgais oedd wedi colli ei swydd? (b) Pam y gallai hyn fod wedi arwain at well perfformiad i *Mortgage Express* fel cwmni?

safonau ISO 9000. Yn gyntaf, gorfodwyd *Street Crane* i adolygu ei ddulliau gweithredu ynglŷn ag ansawdd ac i'w gwella. Yn ail, gan fod ISO 9000 yn safon ryngwladol, mae'n cael ei chydnabod yn helaeth gan gwsmeriaid posibl *Street Crane*. Wrth brynu gan *Street Crane*, maen nhw'n gwybod bod y cwmni'n ymrwymedig i ddosbarthu cynhyrchion o ansawdd da ac yn medru eu dosbarthu. Mae hynny'n helpu *Street Crane* i werthu ei gynhyrchion.

Ffynhonnell: addaswyd o wybodaeth a roddwyd gan *Street Crane*.

Rhestr wirio ✓

1 Beth yw ystyr 'ansawdd' cynnyrch?
2 Sut y caiff ansawdd ei gynnal mewn busnes traddodiadol?
3 Pam y mae angen i bawb fod yn gysylltiedig â materion rheoli ansawdd mewn busnes?
4 Pwy yw cwsmeriaid gweithiwr?
5 Beth yw ystyr cynhyrchu 'dim diffygion'?
6 Eglurwch swyddogaeth rheolwyr mewn TQM.
7 Beth mae Sefydliad Safonau Prydain yn ei wneud?
8 Sut y gall ISO 9000 helpu busnes i gyflawni ansawdd?

Volvo

Mae *Volvo Cars UK* wedi gweithio gydag ISO 9000 oddi ar 1992. Mae'r cwmni'n mewnforio ceir *Volvo* o Sweden ac yn eu gwerthu i gwsmeriaid yn y DU. Yn y bôn, felly, mae'n weithrediad marchnata ac adwerthu yn hytrach nag yn fusnes gweithgynhyrchu. Mae bodloni cwsmeriaid yn fesur allweddol o lwyddiant i *Volvo Cars*. I ennill y safon mae'n rhaid i fusnesau ysgrifennu popeth a wnânt mewn llawlyfr, diffinio swyddogaeth pob gweithiwr a rhoi systemau yn eu lle ar gyfer nodi camgymeriadau, dysgu ar sail y rhain a'u hatal rhag digwydd eto. I ddechrau, enillodd *Volvo Cars* achrediad ar gyfer 50 o fannau gwerthu.

Gwelson nhw fod hyn yn werth chweil. Roedden nhw i gyd wedi gwella'u heffeithlonrwydd a'u gallu i gadw eu haddewidion i'w cwsmeriaid. Roedd camgymeriadau wedi'u lleihau ac roedd dealltwriaeth o swyddogaethau'r gweithwyr wedi cynyddu. Nododd dwy ran o dair ohonynt fod gofal wedi'i wella. Roedd y profiad yn ddigon da i *Volvo Cars* ennill achrediad ISO 9000 dros ei rwydwaith cyfan o fannau gwerthu.

Ffynhonnell: addaswyd o *The Times*, 16 Ionawr 1997.

1 (a) Beth yw ISO 9000? (b) Sut y gwnaeth hyn helpu *Volvo Cars*?
2 Pam y gallai ennill ISO 9000 roi mantais gystadleuol i fusnes ar ei gystadleuwyr?

termau allweddol

Ansawdd - cyflawni safon ar gyfer nwydd neu wasanaeth neu broses gynhyrchu, sy'n cwrdd ag anghenion y cwsmeriaid.
Rheolaeth lwyr ar ansawdd (TQM) - dull i fusnes ganolbwyntio ar ansawdd drwy ei wneud yn nod pwysig i bob adran a phob gweithiwr.

ACHOS CRYNODOL — BERTRAND FAURE SEATING

Gwneuthurwr seddau ceir yw *Bertrand Faure Seating*. O'i ffatri yn Swydd Rydychen mae'n cyflenwi ffatri *Honda* yn Swindon, 17 milltir i ffwrdd, a ffatri *Rover* yn Cowley, 22 filltir i ffwrdd.

Mae ansawdd yn holl bwysig i'r cwmni. Un agwedd ar ansawdd yw amserau derbyn. Mae *Honda* a *Rover* yn disgwyl derbyn mewn union bryd. Ar gyfer *Honda*, mae lori'n gadael ffatri *Bertand Faure* bob 34 munud gyda seddau blaen a chefn ar gyfer 54 o geir. Mae'r ceir fydd yn cael y seddau hyn eisoes yn symud i lawr y llinell gynhyrchu yn ffatri *Honda*. Mae'n costio £10 000 y munud i *Honda* stopio'r llinell gynhyrchu os na fydd y seddau'n cyrraedd yn brydlon.

Agwedd arall ar ansawdd yw gorffeniad y seddau. Mae *Rover* yn gweithredu system sgorio ansawdd. Yn ôl y system hon, er enghraifft, mae *Bertrand Faure* yn sgorio 28 gwarthnod (*demerit*) am bob crych (*wrinkle*) yn y brethyn ar sedd a ddosbarthwyd. Mae *Rover* yn disgwyl i unrhyw broblemau parhaol ynglŷn ag ansawdd gael eu datrys.

Ffynhonnell: addaswyd o *Management Today*, Tachwedd 1997.

1 Pam y mae ansawdd yn bwysig: (a) i *Honda* a *Rover*; a (b) i *Bertrand Faure*?
2 Awgrymwch ac eglurwch 4 ffordd y gallai *Bertrand Faure* gyflawni safonau uchel o ansawdd mewn cynhyrchu seddau ceir.

uned 52

LLEOLI'R BUSNES

Cwmni o Dde Korea yw *LG Group* (*Lucky Goldstar* gynt). Allforiwyd ei gynhyrchion o Dde Korea ers cryn amser. Ond yn yr 1990au ehangodd y cwmni drwy sefydlu ffatrïoedd gweithgynhyrchu dramor. Yn 1996 cyhoeddodd ei fod yn mynd i adeiladu ffatri nwyddau electronig ger Casnewydd yng Ngwent. Byddai'r ffatri'n gweithgynhyrchu monitorau teledu ar gyfer cyfrifiaduron, tiwbiau lluniau lliw a lled-ddargludyddion (*semiconductors*).

Gwneud penderfyniadau

Rhaid i bob busnes gael ei leoli rywle. Gall unig fasnachwr sy'n gweithio ar ei liwt ei hun fel cartwnydd weithio o'i gartref. Bydd gan gwmni cemegol amlwladol safleoedd mewn sawl gwlad ac yn go debyg sawl cyfandir. Ble mae'r lleoliad gorau ar gyfer busnes? Mae'r canlynol yn debygol o effeithio ar y dewis:
- cost - ble mae'r lleoliad rhataf?
- y farchnad - pa leoliad fydd yn galluogi i'r busnes wneud y mwyaf o'i farchnad?
- llafur - ble mae llafur ar gael?
- llywodraeth - pa gyfleoedd fydd y llywodraeth yn eu cynnig a pha gyfyngiadau y bydd yn eu gosod ar leoli?

Cost tir ac adeiladau

Mae'r DU yn ddewis poblogaidd i gwmnïau tramor sydd am sefydlu ffatri yn Ewrop. Penderfynodd LG leoli ei ffatri ar safle MAES GLAS (*greenfield*) yn Ne Cymru. Un o'r rhesymau dros ddewis y lleoliad hwn oedd bod cost y tir yn isel iawn. Ardal o dir cefn gwlad lle na chafodd busnesau eu hadeiladu o'r blaen yw safle maes glas. Bydd prynu tir mewn tref neu ddinas yr adeiladwyd arno eisoes yn debygol o fod yn ddrutach o lawer. Roedd hefyd yn rhatach adeiladu ffatri nwyddau electronig o'r cychwyn yn hytrach na phrynu ffatri a cheisio'i thrawsnewid.

Mae angen i adwerthwyr sy'n gwerthu cyfrifiaduron ystyried cost eu safleoedd hefyd. Mae'r rhan fwyaf o adwerthwyr cyfrifiaduron wedi'u lleoli yn y stryd fawr. Ond mae rhai, fel *PC World*, yn dewis lleoliadau rhatach y tu allan i'r dref. Gallan nhw adeiladu siopau mwy eu maint a chynnig parcio am ddim am lai o gost na phe baent yn y stryd fawr.

Cost cludiant

Rhaid i wneuthurwyr nwyddau electronig fel LG ystyried costau cludiant wrth benderfynu ar leoliad.

Costau cludo defnyddiau crai a ffactorau mewnbwn eraill Mewn rhai diwydiannau, fel y diwydiant dur, mae costau cludo defnyddiau crai yn uchel. Mae angen meintiau mawr o ddefnyddiau crai swmpus, fel glo a mwyn haearn, i wneud dur. Felly, mae angen i gynhyrchwyr dur gael eu lleoli lle bydd cost cludo'r defnyddiau crai ar ei hisaf.

Yn y gorffennol yn y DU golygai hyn leoli gweithfeydd dur ger pyllau glo a mwyngloddiau haearn. Ond erbyn hyn mae dyddodion y DU o fwyn haearn wedi'u defnyddio'n llwyr. Felly, bydd

Cost symud

Mae'n ddrud hurio swyddfeydd yng nghanol Llundain. Gallai swyddfa nodweddiadol yn ardal y Ddinas gostio £425 y metr sgwâr y flwyddyn. O symud i Hull neu Middlesbrough byddai swyddfa o'r fath yn costio ffracsiwn o'r pris hwnnw. Eto i gyd dydy busnesau ddim yn heidio i Hull (£80 y metr sgwâr) na Middlesbrough (£75 y metr sgwâr). Y rheswm yw bod symud swyddfeydd yn gostus. Dylid cynnwys £30 000 am bob gweithiwr wrth gyfrifo cost symud. Hefyd mae llawer o swyddfeydd ynghlwm wrth ardal leol. Byddai ceisio rhedeg busnes cyfrifydd o swyddfa yn Hull yn gwasanaethu cleientiaid sydd yn bennaf wedi'u lleoli yn Llundain yn sicr o arwain at fethiant. Dyna pam na fydd y rhan fwyaf o fusnesau ond yn symud ychydig o filltiroedd.

Mae cwmni yswiriant yn ystyried symud ei swyddfeydd (2 000 o fetrau sgwâr) yn ardal y Ddinas yng nghanol Llundain sydd â rhent o £400 y metr sgwâr naill ai i ardal Euston yng nghanol Llundain sydd â rhenti o £300 y metr sgwâr neu i Hull sydd â rhenti o £80 y metr sgwâr. Mae ganddo 200 o weithwyr.

1. Cyfrifwch y rhent am flwyddyn pe bai: (a) yn aros yn ei swyddfeydd presennol; (b) yn symud i swyddfeydd o'r un maint yn ardal Euston; (c) yn symud i swyddfeydd o'r un maint yn Hull.
2. Fyddai'n werth chweil yn ariannol i'r cwmni symud: (a) o fewn Llundain; a (b) o Lundain i Hull pe bai costau symud o £30 000 y gweithiwr yn cael eu cymryd i ystyriaeth?
3. Byddai yna fanteision i'r cwmni nad ydynt yn ariannol pe bai'n aros yn Llundain yn hytrach na symud i Hull. Er enghraifft, gallai llawer o'r gweithwyr presennol ymddiswyddo am nad oeddent yn fodlon symud. Byddai hynny'n drafferthus i'r cwmni. Awgrymwch 2 fantais arall i'r cwmni nad ydynt yn ariannol o aros yn Llundain.

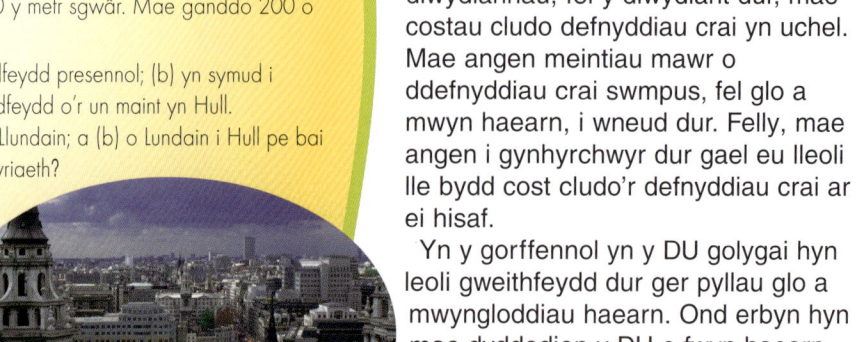

Uned 52 Lleoli'r busnes

Lleoli siop nwyddau cyfleus

Mae S&R yn fusnes sy'n rhedeg siopau cyfleus (*convenience stores*) ledled y DU. Mae cymysgedd y cynhyrchion a werthir yn amrywio o leoliad i leoliad. Yng nghanol dinas, fodd bynnag, byddai'n gwerthu melysion, diodydd ysgafn, cynhyrchion tybaco, cylchgronau ac o bosibl cardiau cyfarch a/neu fyrbrydau fel brechdanau a/neu rai nwyddau groser.

Mae'r busnes yn ystyried agor siop yng nghanol Rhydabel.

1 Ystyriwch y pum safle posibl ar y map (A-D). Pa un fyddai'n rhoi'r lefel uchaf o drosiant gwerthu yn eich barn chi? Eglurwch eich ateb.
2 Pa un, yn eich barn chi, fyddai'r drutaf a'r rhataf i'w rentu am bob metr sgwâr? Yn eich ateb, rhestrwch y pum safle yn nhrefn y gost debygol ac eglurwch eich rhesymau.
3 Pa ffactorau eraill y byddai'n rhaid i chi eu hystyried wrth wneud penderfyniad terfynol ar leoliad y siop?

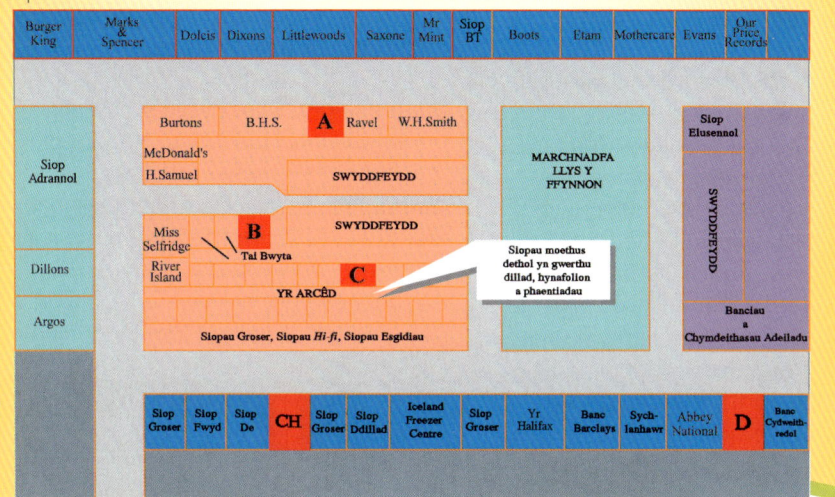

cynhyrchydd dur fel *Corus* yn prynu ei fwyn haearn o wledydd tramor. Mae ei ffatrïoedd wedi'u lleoli ar yr arfordir, lle mae'r mwyn haearn yn cyrraedd mewn llongau mawr i leihau costau cludiant.

Yn achos gwneuthurwyr nwyddau electronig dydy costau cludo defnyddiau crai a chydrannau ddim yn arbennig o uchel o'u cymharu â'r gost derfynol. Dydy hyn, felly, ddim yn effeithio ar LG wrth benderfynu ar leoliad ffatri. Mae bod yn agos at drafforad yr M4 o gymorth, ond gallai LG fod wedi lleoli ei ffatri yn Ffrainc, Thailand neu Brasil heb gael llawer o effaith ar gostau cludiant.

Costau cludo'r nwyddau gorffenedig Mae angen i rai diwydiannau gael eu lleoli yn agos at eu cwsmeriaid am fod cost cludo'r cynnyrch gorffenedig yn uchel iawn o'i chymharu â gwerth y cynnyrch. Byddai brics, er enghraifft, i adeiladu ffatri LG yn dod o ffatri frics leol am fod cost y cludiant mor uchel o'i chymharu â gwerth un fricsen.

Dydy costau cludo nwyddau electronig gorffenedig ddim yn uchel o'u cymharu â'r gwerth. Felly, nid oes raid i LG leoli ffatri yn agos at ei gwsmeriaid am resymau cludiant.

Mae LG yn nodweddiadol o lawer o fusnesau sy'n RHYDDSYMUDOL (*footloose*). Maen nhw'n rhydd i leoli unrhyw le am nad ydy costau cludiant yn bwysig iawn.

Y farchnad

Gall gwneuthurwr nwyddau electronig fel LG leoli ffatri mewn unrhyw ran o'r byd a chludo cydrannau i mewn i'r wlad a chludo cynhyrchion gorffenedig allan o'r wlad. Ond mae adwerthwr nwyddau electronig mewn sefyllfa wahanol. Bydd adwerthwr fel *Dixons* neu *PC World* sydd wedi'i leoli yn y stryd fawr neu mewn parc siopa adwerthu yn debygol o werthu llawer mwy o gyfrifiaduron na siop mewn tref fach. Mae lleoliad yn holl bwysig i lwyddiant unrhyw adwerthwr.

Mae yna lawer o ddiwydiannau eraill yn ogystal ag adwerthu lle mae'n hanfodol bod yn agos at y farchnad, e.e gwasanaethau personol fel trin gwallt neu dai bwyta. Yn achos banciau a chymdeithasau adeiladu hefyd mae angen lleoliadau sy'n gyfleus i'r cwsmer.

Mae llawer o ddiwydiannau nad oes angen iddynt fod yn agos at eu marchnadoedd. Gall LG, er enghraifft, gludo'i gynhyrchion ledled y byd i'w gwsmeriaid. Hyd yn oed mewn adwerthu, mae llawer o gyfrifiaduron yn cael eu gwerthu drwy'r post erbyn hyn. Felly, nid oes raid i werthwyr cyfrifiaduron fod yn agos at eu cwsmeriaid.

Llafur

Gall argaeledd gweithwyr, eu sgiliau a'r cyflogau y mae angen eu talu iddynt fod yn bwysig iawn i fusnes wrth benderfynu ar leoliad. Llafur oedd un o atyniadau allweddol y safle yn Ne Cymru i LG.

Yn gyntaf doedd cost cyflogi llafur yn Ne Cymru ddim yn uchel iawn. Mae cyflogau gweithwyr yn y DU yn isel o'u cymharu â'r rhan fwyaf o wledydd yr Undeb Ewropeaidd fel Yr Almaen neu Ffrainc. Maen nhw hefyd yn is nag yn rhai o wledydd y Dwyrain Pell fel Japan. Yn ogystal â hynny mae'r trethi ar gyflogi llafur yn y DU yn isel iawn yn ôl safonau rhyngwladol. Yn Yr Almaen, er enghraifft, mae'n rhaid i gyflogwyr dalu hanner gwaith cymaint eto â chyflog y gweithiwr i'r llywodraeth am gyfraniadau i ofal iechyd, pensiynau a budd-daliadau lles. Dim ond tua 10% yw cyfraniadau Yswiriant Gwladol y cyflogwyr yn y DU.

Yn ail, mae diweithdra yng Nghymru yn uwch na chyfartaledd y DU. Cafodd LG nifer o ymgeiswyr ar gyfer pob swydd a hysbysebwyd ganddo.

Yn drydydd, roedd gan weithwyr yng Nghymru sgiliau sylfaenol fel llythrennedd a rhifedd. Fyddai hynny ddim o reidrwydd yn wir am leoli ffatri yn Thailand neu India, er enghraifft. Roedd y llywodraeth, drwy'r **Cyngor Hyfforddiant a Menter** yng Ngwent (☞ uned 58) yn hyfforddi'r gweithwyr yn y sgiliau angenrheidiol.

Cyfyngiadau ar fewnforion

Mae pob gwlad yn gosod cyfyngiadau ar fewnforion (☞ uned 7) i ryw raddau. Mae gwledydd yr Undeb Ewropeaidd yn gosod cyfyngiadau cyffredin ar y mewnforion a ddaw i mewn i Ewrop. Gallai gwneuthurwr nad yw'n

187

Uned 52 Cynhyrchu

Ewropeaidd weld mai'r unig ffordd i werthu i mewn i Ewrop yw trwy leoli ffatri yn yr Undeb Ewropeaidd. Un o'r rhesymau pam y sefydlodd *Nissan* a *Toyota* ffatrïoedd ceir yn y DU oedd y cyfyngiadau ar fewnforion o geir o Japan i'r Undeb Ewropeaidd.

Cymorth rhanbarthol

Mae busnesau'n creu swyddi a ffyniant mewn economi lleol (☞ uned 5). Gall denu busnes i ardal, felly, fod yn bwysig iawn i'r cyngor lleol neu'r llywodraeth.

Yn y DU efallai y caiff busnesau gymorth ynglŷn â lleoli gan y cyngor lleol, corff rhanbarthol, llywodraeth y DU neu'r Undeb Ewropeaidd (☞ uned 8).

Cynghorau lleol Mae gan lawer o'r cynghorau lleol yn y DU adran sy'n ceisio denu busnesau newydd i'r ardal. Maen nhw'n hysbysebu mewn papurau newydd a chylchgronau ac ar y teledu. Gallan nhw helpu busnes sy'n ystyried cychwyn drwy ddarparu gwybodaeth am sut i gael grantiau neu gymorth arall gan y llywodraeth neu'r Undeb Ewropeaidd. Gallan nhw awgrymu lle y gellir prynu neu rentu tir neu adeiladau yn lleol. Gallan nhw hefyd helpu'r busnes gydag unrhyw reoliadau ar gyfer adeiladau newydd. Gweithiodd Cyngor Sir Casnewydd, er enghraifft, gydag Awdurdod Datblygu Cymru i berswadio LG i ddod i Gymru. Rhoddodd ganiatâd cynllunio i LG i adeiladu'r ffatri.

Asiantaethau datblygu rhanbarthol Mae gan nifer o ranbarthau'r DU asiantaethau datblygu. Mae'r rhain yn gyfrifol am ddenu busnesau i ymsefydlu yn eu rhanbarth neu i ehangu eu gweithrediadau presennol. Awdurdod Datblygu Cymru oedd y prif gorff y bu LG yn trafod gydag ef. Trefnodd yr Awdurdod gyda'r llywodraeth fod grantiau o hyd at £200 miliwn yn cael eu rhoi i LG am leoli ei ffatri ger Casnewydd.

Y llywodraeth Mae'r llywodraeth yn cynnig amrywiaeth o gymorth i fusnesau. Gall roi grantiau i fusnesau sy'n ymsefydlu mewn ardaloedd o ddiweithdra uchel a ddynodwyd yn **Ardaloedd Datblygu**. Rhoddwyd rhan o'r £200 miliwn dan y **Cymorth Rhanbarthol Detholus** hwn. Mae busnesau sy'n fodlon ymsefydlu mewn ardaloedd trefol sydd wedi dirywio yn gallu cael cymorth ariannol gan y cynllun **City Challenge**. Mae gwahanol ardaloedd yn y wlad wedi cael grantiau gan y llywodraeth i'w helpu i drawsnewid ardaloedd dirywiedig drwy gymysgedd o dai newydd, datblygu diwydiannol a hyfforddiant ar gyfer y gweithlu lleol. Yn Lloegr mae'r asiantaeth **English Partnerships**, a noddir gan y llywodraeth, hefyd yn ceisio helpu diwydiant i adnewyddu ardaloedd trefol sydd wedi dirywio. Mae'n rhoi cymorth a chyngor. Mae'n fodlon prynu cyfranddaliadau mewn busnes sy'n ei leoli ei hun mewn ardal ddifreintiedig. Mae hefyd yn cynnig benthyciadau i fusnesau. Yn Lloegr gall busnesau mewn ardaloedd gwledig gael cymorth ariannol gan y **Rural Development Commission for England**. Os bydd busnes yn creu swyddi newydd, er enghraifft, efallai y gall gael grant gan y Comisiwn. Yng Nghymru mae'r gwaith yma'n cael ei wneud gan Awdurdod Datblygu Cymru. Mae llawer o fathau eraill o gymorth y mae'r llywodraeth yn ei gynnig drwy amrywiaeth o gynlluniau eraill. Yng Nghymru gallai'r rhan fwyaf o fusnesau sy'n ceisio am gymorth fynd at **Gyngor Cenedlaethol Cymru dros Addysg a Hyfforddiant** neu **Gyswllt Busnes Cymru**. Mae'r rhain yn rhoi cymorth a chyngor i fusnesau. Maen nhw'n dweud wrth y busnes am y cymorth y gallai ei gael ac yna'n ei helpu i wneud cais am y grant. Y cyrff

Ffynhonnell: Cyngor Dinas Lancaster, Gwasanaeth Datblygu Economaidd.

Toyota

Yn 1997 cyhoeddodd *Toyota* ei fod yn chwilio am leoliad ar gyfer ffatri fyddai'n gallu adeiladu hyd at 200 000 o geir y flwyddyn. Roedd ganddo eisoes ffatri lwyddiannus iawn yn Burnaston ger Derby. Un posibilrwydd oedd ehangu'r ffatri honno. Roedd *Toyota* hefyd yn ystyried safle yng Ngogledd Ffrainc.

Ffynhonnell: addaswyd o'r *Financial Times*, 17 Mawrth 1997 a 10 Rhagfyr 1997.

CBG

Ysgrifennwch erthygl am benderfyniad *Toyota* i adeiladu ffatri newydd.
(a) Eglurwch y dewisiadau sydd ar gael i *Toyota*.
(b) Nodwch fanteision ac anfanteision y ddau safle.
(c) Nodwch, gyda rhesymau, y safle y dylai ei ddewis yn eich barn chi. Os oes modd, defnyddiwch CBG i osod yr erthygl fel y byddai'n ymddangos mewn papur newydd.

Burnaston, y DU
Cymorth llywodraeth: fawr ddim os o gwbl gan nad yw Derby yn ardal o ddiweithdra uchel.
Llafur: gweithlu sefydledig y gellid ei ehangu ar gyfer anghenion y ffatri newy... Cyfraddau cyflog yn is nag yn Ffrainc.
Trethi: mae trethi ar weithwyr a chyfraniadau nawdd cymdeithasol yn ychwan... tua 10% at gost cyflogi gweithiwr.
Ffatri: digon o le ar y safle yn Burnaston i ychwanegu ffatri arall.
Marchnad: Mae *Toyota* yn annhebygol o gynyddu yn sylweddol ei gyfran o'r farchnad am geir a werthir yn y DU. Mae'n gwerthu llawer mwy o geir yn y DU cyfran o'r farchnad nag yng ngweddill yr Undeb Ewropeaidd.

Valenciennes, Gogledd Ffrainc
Cymorth llywodraeth: mae hyd at 10% o gost y ffatri yn cael ei gynnig mewn gwahanol fathau o gymorth llywodraeth, gan gynnwys gostyngiad mewn trethi a grantiau hyfforddiant ar gyfer gweithwyr.
Llafur: cyfraddau cyflog yn uwch na chyfraddau cyflog y DU. Mae Valenciennes yn ardal o ddiwethdra uchel ac felly ni ddylai recriwtio gweithwyr fod yn broblem.
Trethi: mae trethi ar weithwyr a chyfraniadau nawdd cymdeithasol yn ychwaneg... tua 45% at gost cyflogi gweithiwr. Ond, fel rhan o'r pecyn cymorth, mae'r llywodraeth yn ildio rhai o'r trethi hyn am gyfnod penodol.
Ffatri: mae safle maes glas wedi'i roi ar gael. Trwy draffyrdd a rheilffyrdd mae gan Valenciennes gysylltiadau da â gweddill Ffrainc a phorthladdoedd y Sianel a Thwnnel y Sianel. Mae cysylltiadau â'r DU yn bwysig oherwydd byddai peirianna... (*engines*) ar gyfer unrhyw gynhyrchu newydd yn dod o Burnaston yn Derby.
Marchnad: dim ond 1.1% o farchnad geir Ffrainc sydd gan *Toyota*. Yn y tymor hir mae am gynyddu hyn i 5%.

Uned 52 Lleoli'r busnes

cyfatebol yn Lloegr yw'r *Learning and Skills Council* a *Business Link*.

Yr Undeb Ewropeaidd
Mae'r Undeb Ewropeaidd yn rhoi amrywiaeth helaeth o fenthyciadau a grantiau, gyda'r rhan fwyaf ohonynt yn gysylltiedig â diweithdra uchel a ffatrïoedd yn cau. Mae rhai ardaloedd yn y DU wedi'u targedu'n benodol am fod eu hincwm yn is na chyfartaledd yr Undeb. Mae'r Undeb yn gefnogwr mawr o amaethyddiaeth, drwy'r Polisi Amaethyddol Cyffredin. Mae busnesau hefyd yn elwa o'r arian y mae'r Undeb yn ei roi i awdurdodau lleol ar gyfer cynlluniau **isadeiledd** (☞ uned 5), e.e. adeiladu ffyrdd newydd.

Ffynhonnell: addaswyd o *The Times*, 11 Gorffennaf 1996; *Business Link*.

termau allweddol

Diwydiannau rhyddsymudol - diwydiannau lle mae costau cludo defnyddiau crai a nwyddau gorffenedig yn gymharol isel, fel y gellir eu lleoli mewn amrywiaeth eang o leoliadau.

Safle maes glas - lleoliad sydd ar gael ar gyfer adeiladau diwydiannol ac sydd ar hyn o bryd yn dir amaethyddol.

ACHOS CRYNODOL

PODMORE'S

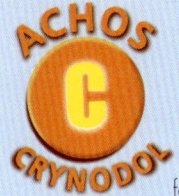

Y busnes - Cwmni sy'n gwneud cydrannau trydanol yw *Podmore's*. Mae'n ehangu'n gyflym. Mae ei gwsmeriaid yn ne Lloegr yn bennaf. Ond mae ei fasnach ag Ewrop yn cynyddu, yn enwedig â'r Iseldiroedd, Yr Almaen a Sgandinafia. Ar hyn o bryd mae wedi'i leoli yn Newham yn Llundain. Erbyn hyn mae ei ffatri'n rhy fach ac mae'r cwmni'n chwilio am adeiladau newydd. Gallai aros yn Newham. Mae safle addas ¼ milltir i ffwrdd. Gallai hefyd symud i ran arall o'r wlad. Byddai amrywiaeth o gostau, gan gynnwys cost cludo nwyddau i'r prynwyr a chost cyflogi gweithwyr, yn wahanol yn dibynnu ar y lleoliad. Dangosir y rhain yn Nhabl 50.1.

Marchnata - Mae'r adran farchnata'n pryderu ynglŷn â sibrydion bod y cwmni'n ystyried symud o ardal Llundain. Mae'n credu bod agosrwydd at y cwsmeriaid yn hanfodol os ydy'r gwerthiant i barhau i gynyddu a'r cwsmeriaid presennol i gael eu cadw'n fodlon. Pe bai'r cwmni yn symud o dde Lloegr, mae'r adran farchnata'n credu y gallai fod angen agor swyddfa newydd yn y de. Byddai hynny'n ychwanegu cost sylweddol at yr ymdrech farchnata ac yn arwain at broblemau cyfathrebu â ffatri gannoedd o filltiroedd i ffwrdd.

Gweithwyr - Mae'r gweithwyr yn pryderu ynglŷn â'r sôn y gallai'r cwmni symud o Lundain. Ychydig iawn o weithwyr llawr y ffatri fyddai'n fodlon mynd gyda'r cwmni i leoliad newydd gannoedd o filltiroedd i ffwrdd. Mae rhai o'r staff uwch hefyd wedi mynegi amheuon ynglŷn â symud. Byddai'n cymryd amser i greu tîm newydd effeithlon o weithwyr pe na bai gweithwyr allweddol yn adleoli gyda'r cwmni.

Fel cyfarwyddwyr y cwmni, astudiwch y wybodaeth a roddir am y pedwar safle. Ysgrifennwch adroddiad cryno yn egluro pa un o'r pedwar safle y dylai'r bwrdd ei ddewis.

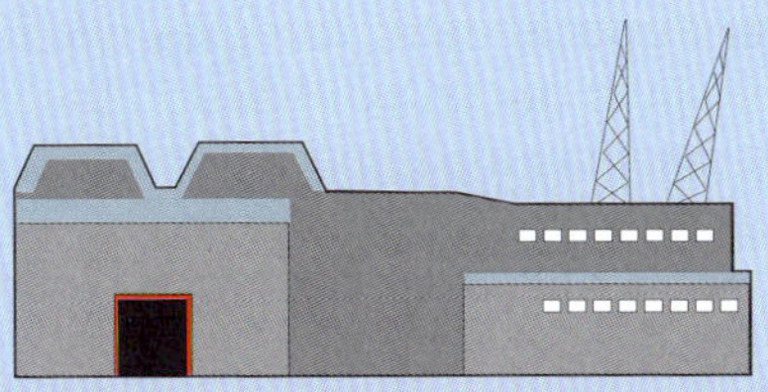

Rhestr wirio ✓

1. Pam y byddai busnes o bosibl yn dewis lleoli ei adeilad(au) ar safle maes glas?
2. Pam y byddai gwneuthurwr esgidiau o bosibl yn dewis peidio â lleoli ffatri yng nghanol dinas ond y byddai adwerthwr esgidiau yn cael ei ddenu yno?
3. Mae'n costio mwy i gludo clai i wneud brics nag yw i wneud y brics. Ble y dylai ffatri sy'n gwneud brics gael ei lleoli?
4. 'Mae gwneuthurwyr cyfrifiaduron yn rhyddsymudol.' Beth yw ystyr hyn?
5. Nodwch 5 enghraifft o fusnesau y mae angen eu lleoli'n agos at eu marchnadoedd ac eglurwch pam mai felly y mae.
6. Mae busnes am gyflogi gweithwyr sydd â chymaint ag sy'n bosibl o sgiliau a chymhelliant. Mae hefyd am gadw ei gostau mor isel ag sy'n bosibl. Mae cyflogau'n uwch a diweithdra'n is yn East Anglia nag yng Nghymru. Pa ranbarth ddylai fod fwyaf atyniadol i fusnesau a pham?
7. Pam y mae'r llywodraeth yn cynnig cymhellion i fusnesau sy'n dod i ran arbennig o'r wlad?

Hull Ffatri ar gael ger y porthladd, gyda chysylltiadau traffyrdd da â'r A1 i'r de ac arfordir y gorllewin drwy'r M62. Mae'r ffatri'n ddelfrydol ar gyfer yr anghenion cynhyrchu presennol.

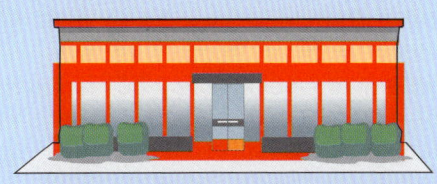

Caeredin Ffatri newydd gwbl wag ar stad ddiwydiannol gyda chysylltiad ffyrdd da â Glasgow a'r de. Gallai'r tir a gynhwysir ar y safle ganiatáu ehangu'r adeilad hyd at 30%.

Lerpwl Adeilad o'r 19eg ganrif wedi'i adnewyddu. Yn agos at ganol y ddinas ac o ddiddordeb hanesyddol mawr. Mae'r tu mewn wedi'i glirio'n llwyr i'w wneud yn addas ar gyfer gweithgynhyrchu yn yr 21ain ganrif. Mae'r adeilad tua 20% yn fwy na'r hyn sydd ei angen ar hyn o bryd ar gyfer cynhyrchu.

Tabl 50.1 *Amcangyfrif o gostau (+) ac arbedion (-) y symud.*

	£ miliwn (amcangyfrif)			
	Caeredin	Lerpwl	Hull	Newham
Newid blynyddol mewn costau llafur	− 2.0	− 2.5	− 1.7	0
Newid blynyddol mewn costau cludiant	+ 1.2	+ 1.0	0	0
Newid blynyddol mewn costau eraill	− 0.3	− 0.3	− 0.3	0
Cost ffatri newydd ynghyd â chyfarpar (gan gynnwys unrhyw gymorth rhanbarthol)	+ 9.0	+ 7.0	+ 7.5	+ 11.5
Cost symud	+ 2.0	+ 2.0	+ 2.0	+ 0.5

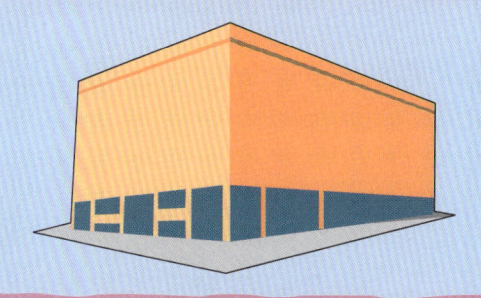

Newham Ffatri ar gael gyda thua 10% yn fwy o le nag sydd ei angen ar hyn o bryd. Mae'r swyddfeydd yn gyfyng ac o safon wael.

uned 53

RECRIWTIO

Gwneud penderfyniadau

Mae angen i fusnesau recriwtio'r gweithwyr gorau posibl. I wneud hyn mae'n rhaid penderfynu ar y dulliau gweithredu ar gyfer recriwtio a dewis. Sut i ddenu gweithwyr i gynnig am y swydd? Sut i ddewis pa ymgeiswyr i'w penodi? Fyddan nhw'n defnyddio cyfweliadau? Fyddan nhw'n defnyddio dulliau eraill o ddewis? Pa ddefnydd a wnânt o eirda?

Cwmni cyfyngedig yn Lerpwl yw *Powell & Heilbron (Paper) Ltd*, un o is-gwmnïau y cwmni rhyngwladol, *Bunzl plc*. Mae'n fasnachwr papur sy'n cyflenwi'r fasnach argraffu a phapur ysgrifennu ledled Glannau Merswy a Gogledd-Orllewin Lloegr. Mae'n gweithredu o warws 15 000 metr sgwâr sy'n cynnwys stoc papur gwerth mwy na £0.5 miliwn. Cyflogir 25 person.

Pam recriwtio a dewis?

Mae angen gweithwyr ar fusnesau. Bydd y nifer a gyflogir yn dibynnu ar y tasgau sydd i'w gwneud, cost y gweithwyr a faint y gallan nhw fforddio ei dalu. Gallai busnes gynnal **cynllunio adnoddau dynol** (*human resource planning*) i ddarganfod faint o weithwyr a pha fath o weithwyr sydd eu hangen.

SALES ASSISTANT

Due to internal promotion we are looking for an experienced sales assistant in our busy Liverpool Sales Office.

You will be respnsible for dealing with customers' orders and enquiries received by phone and fax within the guidelines of our 'customer care' policy. You should possess a good telephone personality, negotiating and sales skills, with a knowledge of data input and computer-based stock control systems. Some experience of printing would be an advantage.

We are able to offer planned product and skills training development and the right person will be rewarded financially by means of an excellent salary and commission.

Please apply in writing with your C.V. to:-
The Sales Director
Powell + Heilbron (Paper) Ltd
Bevington House
6 Gardners Row
Liverpool L3 6HX

Ffigur 53.1 *Hysbyseb Powell & Heilbron am Werthwr.*

Mae'n bwysig iawn recriwtio gweithwyr sydd â'r sgiliau iawn a hynny am gyflog y gall y busnes fforddio ei dalu.

Recriwtio

Yn 1996 roedd *Powell & Heilbron (Paper) Ltd* am lenwi swydd wag yn ei Swyddfa Werthiant. Roedd Gwerthwr (a gymerai archebion dros y ffôn a'r ffacs) wedi cael ei ddyrchafu i fod yn Drafaeliwr (*sales representative*) (sy'n ymweld â chwmnïau i gael archebion). Mae gan fusnesau sydd am recriwtio gweithwyr wahanol ffyrdd o geisio am ymgeiswyr.

Mae RECRIWTIO MEWNOL yn digwydd pan fydd y busnes yn penodi rhywun sydd eisoes yn gweithio i'r cyfundrefn. Roedd dyrchafu'r Gwerthwr i swydd y Trafaeliwr yn enghraifft o recriwtio mewnol.

Mae gan *Powell & Heilbron (Paper)* bolisi o recriwtio'n fewnol lle bynnag y bo'n bosibl. Ond doedd neb o fewn y cwmni yn addas i lenwi swydd wag y Gwerthwr. Felly, bu'n rhaid RECRIWTIO'N ALLANOL, gan chwilio y tu allan i'r cwmni am weithiwr.

Canolfannau Gwaith

Un ffordd o wneud hyn yw rhoi gwybod i'r Ganolfan Gwaith leol am y swydd wag. Y llywodraeth sy'n talu am y Canolfannau Gwaith. Maen nhw'n gyfrifol am helpu gweithwyr, gan gynnwys y di-waith, i gael swyddi neu i gael hyfforddiant. Maen nhw hefyd yn darparu gwasanaeth i fusnesau sydd am recriwtio gweithwyr. Mae'r gwasanaethau a ddarperir ganddynt fel rheol yn rhad ac am ddim i weithwyr a busnesau. Ond mae'r rhan fwyaf o'r swyddi a hysbysir i'r Canolfannau Gwaith yn swyddi gwaith llaw mewn gweithgynhyrchu neu waith lefel isel mewn diwydiannau gwasanaethu yn hytrach na swyddi coler wen. Oherwydd hyn doedd *Powell & Heilbron (Paper)* ddim yn ei ystyried yn werth chweil hysbysebu ei swydd wag yn y Ganolfan Gwaith leol.

Asiantaethau cyflogaeth preifat

Mae nifer mawr o asiantaethau cyflogaeth preifat sydd, fel Canolfannau Gwaith, yn hysbysebu swyddi ar ran busnesau. Mae'r rhan fwyaf o'r asiantaethau hyn yn arbenigo, e.e. asiantaethau sy'n delio yn bennaf â gwaith dros dro, swyddi nyrsys neu swyddi gweithredwyr

Uned 53 Recriwtio

Defnyddio'r we

Erbyn hyn, yn ôl adroddiad newydd gan yr ymgynghorwyr recriwtio *Robert Walters*, mae 10% o'r traffig ar y we yn gysylltiedig â recriwtio. Os ydy pobl yn sôn gymaint am recriwtio ar y we, nid yw'n syndod bod rhai cwmnïau erbyn hyn yn hysbysebu swyddi ar y we fyd-eang.

Mae manteision i hysbysebu ar y we. 'Galla i hysbysebu ar y we am £6 y tro heb oedi,' meddai Peter Burden, rheolwr technoleg gwybodaeth *Direct Approach*, asiantaeth recriwtio breifat. 'Pe baem yn rhoi hysbyseb yn y cynnyrch papur gorau, byddai'n cymryd pythefnos iddo gael ei gynnwys, yn dibynnu ar fynychder y cynnyrch.' Hefyd, yn ôl Arolwg Barn Cenedlaethol yn 1997, dydy 20% o'r bobl sy'n gallu defnyddio'r we ddim yn darllen papurau newydd. Felly, fyddai talu £30 000 am hysbyseb yn un o bapurau newydd y Sul ddim yn cyrraedd llawer o bobl a allai fod wedi ystyried gwneud cais.

Mae anfanteision hefyd i'r we, fodd bynnag. Mae'r rhan fwyaf o'r swyddi a hysbysebir ar y we yn gysylltiedig â thechnoleg gwybodaeth. Mae swyddi uwch-reolwyr hefyd yn boblogaidd am fod uwch-reolwyr yn debygol o ddefnyddio'r we. Ond mae'r we'n 'ofnadwy ar gyfer pobl nad ydynt yn dechnegol,' meddai Peter Burden. Yn ôl Alistair Lamont o'r cwmni recriwtio ar-lein, *Where It's @*, 'does dim diben mynd i *JobServe* a'r tebyg ar gyfer pethau fel swyddi marchnata, er enghraifft.'

Ffynhonnell: addaswyd o *Management Today*, Mawrth 1998.

1 Mae *Direct Approach* yn enghraifft o asiantaeth recriwtio breifat. Sut y gallai busnes fel *Woolworth's* neu *Ford* ddefnyddio asiantaethau recriwtio preifat?
2 Eglurwch fanteision hysbysebu ar y we fyd-eang yn hytrach nag mewn papur newydd cenedlaethol neu gylchgrawn arbenigol.
3 Mae gwneuthurwr ceir am recriwtio rhaglennydd cyfrifiaduron, swyddog gweithredol marchnata a gweithiwr ffreutur. Mae'n ystyried hysbysebu ar y we, mewn papurau newydd cenedlaethol ac yn y papur lleol. Ble ddylai hysbysebu? Eglurwch eich ateb.

(*executives*). Mae hyn yn helpu busnesau sy'n chwilio am y mathau hyn o weithwyr i gael hyd iddynt. Ond, yn wahanol i Ganolfannau Gwaith, mae'r asiantaethau'n codi tâl am eu gwasanaethau.

Hysbysebu Dewisodd *Powell & Heilbron (Paper)* hysbysebu mewn papur newydd i lenwi'r swydd wag. Rhoddodd hysbyseb mewn papur newydd lleol yng Nglannau Merswy. Gall papurau newydd gyrraedd nifer mawr o bobl. Gall papurau newydd gwahanol hefyd gyrraedd mathau gwahanol o ddarllenwyr. Roedd *Powell & Heilbron (Paper)* yn ddigon hapus i recriwtio person lleol ar gyfer y swydd. Pe bai'n swydd bwysicach, mae'n debyg y byddai'r cwmni wedi hysbysebu ar raddfa genedlaethol, mewn papur newydd neu gylchgrawn arbenigol neu mewn papur newydd cenedlaethol. Byddai amrywiaeth ehangach o bobl wedi gweld hysbyseb genedlaethol a dylai'r busnes wedyn gael mwy o ymgeiswyr. Y broblem gyda hysbysebu yw bod papurau newydd a chylchgronau yn codi tâl am yr hysbyseb.

Dynion

- 32% Clywed gan rywun oedd yn gweithio yno
- 19% Ateb hysbyseb
- 16% Canolfan Gwaith, y farchnad swyddi ayb.
- 9% Asiantaeth gyflogaeth breifat
- 9% Cais uniongyrchol
- 15% Eraill

Merched

- 27% Clywed gan rywun oedd yn gweithio yno
- 29% Ateb hysbyseb
- 17% Canolfan Gwaith, y farchnad swyddi ayb.
- 7% Asiantaeth gyflogaeth breifat
- 10% Cais uniongyrchol
- 12% Eraill

Ffigur 53.2 *Sut y cafodd gweithwyr eu swyddi presennol (yn y tri mis diwethaf), Prydain, Haf 1996.*
Ffynhonnell: addaswyd o *Labour Market Trends*, Chwefror 1997.

Ar lafar Mae asiantaethau a hysbysebu yn ffyrdd pwysig o ddenu recriwtiaid. Ond y ffordd bwysicaf y mae pobl yn cael hyd i swyddi yw drwy glywed ar lafar, fel y gwelir yn Ffigur 53.2. Efallai bod rhywun yn gwybod bod swydd yn wag ac yn dweud wrth y person sy'n gwneud cais amdani. Os gellir llenwi swydd wag ar lafar, gall arbed costau hysbysebu. Bydd busnesau'n ei chael hi'n haws llenwi swyddi gwag ar lafar pan fydd digon o weithwyr addas yn chwilio am waith, e.e. ar adeg o ddiweithdra uchel.

Gwneud cais

Efallai y bydd rhai swyddi'n denu ychydig yn unig o ymgeiswyr. Os ydy'r gwaith yn ddi-grefft, gall y busnes gyfweld ar unwaith ag unrhyw un sy'n ffonio neu'n galw i mewn. Ar gyfer llawer o swyddi, fodd bynnag, bydd yna drefn fwy ffurfiol.

Bydd yn rhaid i ymgeiswyr ffonio neu ysgrifennu i ofyn am **fanylion** y swydd. Byddan nhw'n debygol o gael disgrifiad cyffredinol o'r busnes ynghyd â manylion am y swydd ei hun. Efallai

---

Torrwch 10 hysbyseb wahanol am swyddi allan o un neu fwy o bapurau neu gylchgronau. Dylen nhw fod ar gyfer amrywiaeth eang o swyddi. Dylai rhai fod yn hysbysebion mawr ac eraill yn fach.

1 Cymharwch yr hysbysebion. Ydyn nhw i gyd yn rhoi lefel y cyflog? Ydyn nhw i gyd yn rhoi cyfeiriad a rhif ffôn? Faint o fanylion a roddant am y swydd? Ydyn nhw'n nodi'r profiad a'r cymwysterau sydd eu hangen?
2 Pa hysbysebion, yn eich barn chi, fydd yn cael y mwyaf o atebion? Eglurwch eich atebion yn ofalus.

191

Uned 53 Pobl mewn busnes

y bydd y manylion hyn yn cynnwys DISGRIFIAD SWYDD, yn nodi'r hyn y bydd y person a benodir yn gorfod ei wneud. Dangosir disgrifiad swydd y swydd yn *Powell & Heilbron (Paper)* yn Ffigur 53.3.

Bydd y manylion yn egluro sut y dylai'r ymgeisydd wneud cais. Ar gyfer rhai swyddi, bydd y busnes yn gofyn am *CURRICULUM VITAE* (CV) a llythyr cais. Mae CV yn ddogfen, yn aml un ochr neu ddwy o bapur A4, sy'n rhoi'r prif fanylion am yr ymgeisydd, e.e. enw, cyfeiriad, oed, cymwysterau a hanes cyflogaeth. Yn y llythyr cais bydd yr ymgeisydd yn egluro pam y mae am gael y swydd a pham y mae'n addas ar gyfer y swydd.

Roedd *Powell & Heilbron (Paper)* yn disgwyl CV cynhwysfawr a diweddar a llythyr cais gan ei ymgeiswyr. Dewis arall fyddai gofyn i'r ymgeisydd anfon am FFURFLEN GAIS a'i llenwi. Bydd hon yn gofyn am y wybodaeth a fyddai'n cael ei chynnwys mewn CV. Bydd hefyd yn cynnwys lle gwag ar gyfer y llythyr cais.

Dewis

Ar ôl derbyn sawl CV a llythyrau cais, roedd *Powell & Heilbron (Paper)* mewn sefyllfa i **ddechrau'r** broses ddewis. Roedd y cwmni'n chwilio am rywun â phersonoliaeth dda ar y ffôn. Yn ddelfrydol byddai gan y person brofiad yn y farchnad argraffu/papur ysgrifennu. Byddai profiad blaenorol ym maes gwerthiant yn fantais. Byddai'n rhaid i'r person llwyddiannus fod yn gyfarwydd â chyfrifiaduron.

Derbyniwyd 23 cais. Ar ôl darllen pob CV a phob llythyr cais, rhoddwyd 10 person ar **restr fer** ac fe'u gwahoddwyd am **gyfweliad**. Mae'r cyfweliad yn bwysig iawn am ei fod yn caniatáu i'r cyflogwr a'r ymgeisydd gyfarfod ei gilydd. Mae'r cyflogwr yn ceisio darganfod a fyddai'r person yn weithiwr addas. Mae'r ymgeisydd yn ceisio penderfynu ydy'r swydd a'r busnes yn iawn iddo/iddi. Yn y cyfweliadau cyntaf gofynnodd *Powell & Heilbron (Paper)* i'r ymgeiswyr lenwi ffurflen yn rhoi manylion am eu hanes meddygol, eu haddysg a'u gwaith yn y gorffennol. Roedd hynny'n helpu'r cwmni i gael mwy o wybodaeth ar bapur am yr ymgeiswyr nag a gafwyd yn y CV a'r llythyr cais.

Ar ôl y cyfweliadau cyntaf, gwahoddwyd pedwar ymgeisydd yn ôl am ail gyfweliad. Yna fe wnaeth y cyfwelwyr baratoi Adroddiad Cyfweliad. Roedd hwn yn graddio pob un o'r pedwar ymgeisydd ynglŷn â nodweddion pwysig fel sut olwg oedd arnynt, eu gallu i sgwrsio a'r hyn a wyddent am y maes gwaith. Mae'r gallu i sgwrsio, er enghraifft, yn bwysig iawn i werthwr. Os ydych yn ei chael hi'n anodd siarad â phobl nad ydych yn eu hadnabod neu os oes gennych ffordd swta o siarad, fyddwch chi ddim yn dda iawn fel gwerthwr.

Yna cynigiwyd y swydd i un person yn amodol ar dderbyn **geirda** (*reference*). Adroddiad yw hwn am y darpar weithiwr gan ei gyflogwr presennol neu gan rywun arall sy'n ei adnabod ac sy'n gallu dweud rhywbeth amdano. Gallai rhywun sy'n ymadael

Ffigur 53.3 *Disgrifiad swydd, Powell & Heilbron (Paper*

Powell & Heilbron (Paper) Ltd
Job Description
Job Title: Inside Sales Assistant
Reporting to: Sales Director
Job Outline: Dealing with orders and enquiries received by phone/fax and processing same through computer based systems.

Responsibilities:
1. Taking orders from our large customer base, checking stock availability and processing orders through computer.
2. Receiving enquiries for various grades of paper and sourcing the right paper that meets the customers' requirements.
3. Costing enquiries and preparing quotation sheets.
4. Developing a positive and confident attitude to our customers' needs, in line with our 'customer care' policy.
5. Ensuring orders are delivered on time in line with the commitments given to our customers.
6. Undertake a formal three year training program run by the Institute of Paper.
7. Attend 'in-house' training programmes as required from time to time.
8. To achieve agreed sales targets in accordance with the Company's sales and marketing strategy.
9. To maintain and develop at all times a favourable company image by always seeking to achieve a professional approach and a high level of personal presentation and appearance.

Cyfweliadau ffôn

Roedd Geraint Owen yn chwilio am swydd uwch-reolwr. Roedd wedi dringo mor uchel ag a allai fynd yn ei gyfundrefn bresennol a bu'n chwilio drwy'r hysbysebion ers misoedd. Ychydig cyn y Nadolig gwelodd swydd addawol iawn. Anfonodd ei CV a llythyr eglurhaol (*covering letter*).

Ychydig ddiwrnodau yn ddiweddarach cafodd alwad ffôn gan y cwmni hwn yng nghanol diwrnod prysur iawn. Ar y dechrau reodd yn credu eu bod yn ffonio i drefnu apwyntiad ond yna dechreuon nhw ofyn cwestiynau am ei swydd bresennol a'i brofiad. Ar ôl ychydig funudau, sylweddolodd ei fod yng nghanol cyfweliad rhagarweiniol.

Ni roddwyd enw Geraint ar y rhestr fer ar gyfer cyfweliad wyneb yn wyneb. Ond doedd hynny ddim yn eu synnu. Doedd e ddim wedi rhoi digon o sylw i'r alwad ffôn a doedd e ddim wedi ei werthu ei hun yn dda. Pe bai wedi cael cyfweliad wyneb yn wyneb, byddai wedi paratoi a bod yn barod yn seicolegol am eu cwestiynau. Doedd e ddim yn credu ei fod wedi cael ei drin yn deg.

1 Eglurwch bwysigrwydd y canlynol o ran cael swydd:
   (a) chwilio drwy'r hysbysebion; (b) anfon eich CV a llythyr cais;
   (c) cael eich hun ar restr fer; (ch) cael cyfweliad.
2 Pam na wnaeth Geraint Owen berfformio'n dda yn ei gyfweliad ffôn?
3 Pa mor dda y byddech chi'n perfformio mewn cyfweliad ffôn? Rhowch resymau dros eich ateb.

Uned 53 Recriwtio

â'r ysgol, er enghraifft, ofyn i'w hysgol fod yn ganolwr (*referee*). Mae'r geirda yn wiriad terfynol bod y wybodaeth a roddwyd gan yr ymgeisydd yn y cyfweliad yn gywir.

Roedd y broses gyfan o osod yr hysbyseb yn y papur lleol i benodi'r person wedi cymryd mis.

Ffynhonnell: *Powell & Heilbron (Paper) Ltd.*

termau allweddol

Curriculum vitae - rhestr gryno o'r prif fanylion am ymgeisydd, gan gynnwys enw, cyfeiriad, oed, cymwysterau a phrofiad.

Disgrifiad swydd - dogfen sy'n disgrifio dyletswyddau gweithiwr a'i statws yn y gyfundrefn.

Ffurflen gais - ffurflen y mae busnes yn ei rhoi i ymgeiswyr i'w llenwi wrth gynnig am swydd, mae'n gofyn am fanylion perthnasol am yr ymgeisydd.

Recriwtio allanol - pan gaiff gweithiwr ei benodi o'r tu allan i'r gyfundrefn.

Recriwtio mewnol - pan gaiff person sydd eisoes yn gweithio i'r gyfundrefn ei benodi i swydd.

---

71 Stryd yr Efail
Pantmawr
Caereli
6 Mehefin 2000

Annwyl Mrs Williams
Gwelais eich hysbyseb yn y papur newydd ac rwyf am wneud cais am y swydd. Mae gen i ddiddordeb mawr mewn trin gwallt a harddu. Gallaf ddod am gyfweliad yr wythnos hon ond byddaf ar wyliau yr wythnos nesaf.

Yn gywir

Nia Welwn
Nia Welwn

Yn ystyried trin gwallt?

Penwan o Gaereli

Rydym yn cyfweld â phobl sy'n ymadael â'r ysgol ar gyfer ein rhaglen ddwy flynedd o hyfforddiant trin gwallt a harddu, yn arwain at gymwysterau NVQ.

Cais drwy lythyr, gan gynnwys CV at Janet Williams, Penwan, Ffordd Erw, Caereli

Rydym yn gwmni cyfleoedd cyfartal

CV

Enw	Nia Welwn
Cyfeiriad	71 Stryd yr Efail, Pantmawr, Caereli
Dyddiad geni	1 Ebrill 1984
Oed	16
Cymwysterau	arholiadau a gymerwyd yn yr haf eleni TGAU Cymraeg, Saesneg, Mathemateg, Gwyddoniaeth, Gofal Plant, Astudiaethau Busnes

---

Rhestr wirio ✓

1. Pam y mae angen i fusnes recriwtio gweithwyr?
2. Gwahaniaethwch rhwng recriwtio mewnol ac allanol.
3. Disgrifiwch 3 ffordd wahanol y gallai busnes recriwtio'n allanol.
4. Edrychwch ar Ffigur 53.2. Eglurwch sut y mae gweithwyr yn cael swydd.
5. Anfonir disgrifiad swydd at ymgeisydd ar gyfer swydd gyrrwr lori. Beth yw 'disgrifiad swydd'?
6. Sut y gallai busnes ofyn i ymgeiswyr anfon manylion amdanynt eu hunain a pham y maent am gynnig am swydd?
7. Pam y bydd busnesau yn aml yn gofyn am eirda ar gyfer ymgeisydd?

Mae Nia Welwn wedi anfon llythyr a'i CV mewn ymateb i'r hysbyseb. Yn eich barn chi, ddylai Penwan ei gwahodd hi am gyfweliad? Yn eich ateb, dylech ystyried (a) pwy arall allai fod yn cynnig am y swydd; (b) y math o waith sy'n cael ei gynnig; (c) yr hyfforddiant sydd ynghlwm wrth hyn.

ACHOS C CRYNODOL

MANN + HUMMEL

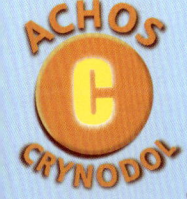

1. Disgrifiwch y swydd sy'n cael ei chynnig yn yr hysbyseb.
2. Beth yw'r manteision a'r anfanteision i *Mann + Hummel* o hysbysebu mewn papur newydd lleol fel yr *Express & Star* yn hytrach na:
   (a) defnyddio Canolfan Gwaith; neu (b) hysbysebu mewn papur newydd cenedlaethol?
3. I wneud cais, gofynnir i chi anfon eich CV llawn. (a) Beth yw CV? (b) Disgrifiwch 3 nodwedd y mae'r cwmni am eu cael mewn ymgeisydd addas y gellid eu gweld yn y CV? (c) Ar ôl derbyn CV pob ymgeisydd, sut y mae'r cwmni'n debygol o ddewis pobl ar gyfer cyfweliad?
4. Lluniwch restr o 5 cwestiwn y gellid eu gofyn i'r ymgeiswyr sy'n cael cyfweliad ar gyfer y swydd. Ar gyfer pob un, eglurwch pam y mae'n gwestiwn pwysig yn eich barn chi.

Ffynhonnell: *Express & Star*, 13 Tachwedd 1997.

YOU'LL NEGOTIATE THE BEST PRICES
PURCHASER

At MANN+HUMMEL, we are acknowledged global leaders in the automotive components industry, supplying virtually all the major car manufacturers from our 16 European sites. At our 11-acre UK site in Wolverhampton, opened earlier this year, we are committed to maintaining our distinctive world-wide reputation for quality and now we are seeking an experienced and disciplined individual to help sustain our cost-effectiveness and profitability.

By tough price negotiation and your determination to minimise costs for the company, you'll arrange special rates and contracts with suppliers and contractors when you purchase consumables, investments and services for all our departments. You'll also raise purchase orders on SAP R/3 client server software and maintain an up-to-date database of our current suppliers. Your broader scheduling responsibility will entail keeping close contact with our Central Purchasing Department in Germany, as well as planning all material requirements, controlling purchased items and dealing with any problems arising from goods delivered.

With several years' background in purchasing, you'll already be an articulate and tough negotiator, strongly aware of cost responsibility and knowledgeable about the local market. Your determined and professional hands-on approach, combined with a commitment to quality and accuracy, means that you cope well with pressure and work the hours needed to complete your tasks. To succeed in a role requiring initiative, you must be computer literate, educated to at least GCSE in English and Maths, and possess a current driving licence and the flexibility to travel in Europe on occasion.

MANN+HUMMEL

To apply, please write, forwarding your full CV, including current salary package, to Louise Coss, Human Resources Manager, MANN+HUMMEL (UK) LTD., Hilton Cross Business Park, Cannock Road, Featherstone, Wolverhampton WV10 7QZ.

uned 54

CYMELL GWEITHWYR

Gwneud penderfyniadau

Mae busnesau am i'w gweithwyr weithio'n galed a chynhyrchu nwyddau a gwasanaethau o safon uchel. Bydd gweithwyr yn fwy tebygol o wneud hyn os byddant wedi'u cymell yn dda. Sut y gall busnesau gymell eu gweithwyr? Ddylen nhw geisio cymell gweithwyr drwy gyflog yn unig? Neu ydyn nhw'n mynd i apelio at anghenion gweithwyr ar wahân i gyflog, e.e. cael cyfrifoldeb neu gyflawni eu nodau eu hun? Sut y gall busnesau greu amgylchedd lle mae eu gweithwyr yn rhoi eu holl ymdrech i wneud y busnes yn llwyddiant?

Sefydlwyd *Richer Sounds* gan Julian Richer yn 1979. Roedd yn arbenigo mewn gwerthu cyfarpar *hi-fi* na chânt eu gwneud bellach a hynny am bris isel yn ei unig siop. Erbyn hyn mae ei fusnes yn rhy fawr i wneud hyn ac mae eu siopau'n gwerthu cyfarpar *hi-fi* safonol am brisiau isel. Mae *Richer Sounds* yn rhan bwysig o'r farchnad adwerthu *hi-fi*, yn gosod safonau ar gyfer pris a gwasanaeth i gwsmeriaid. Julian Richer ei hun sy'n pennu'r rhediad yn y cwmni, mae'n gyson yn ceisio llunio syniadau newydd i wella'r busnes.

Pwysigrwydd cymhelliant

Mae gofyn bod busnes fel *Richer Sounds* yn CYMELL (*motivate*) ei weithwyr. Bydd gweithlu sydd â chymhelliant da yn fwy tebygol o weithio'n galed. Bydd hyn yn helpu busnes i wella ansawdd ei gynnyrch, cadw ei gostau i lawr, gwneud elw a pharhau i fod yn gystadleuol. Mae nifer o syniadau gwahanol ynglŷn â chymhelliant gweithwyr.

Anghenion sylfaenol

Un syniad, a gynigiwyd gyntaf gan Frederick Taylor yn *The Principles of Scientific Management*, a gyhoeddwyd yn 1911, yw bod gweithwyr yn cael eu cymell yn bennaf gan gyflog. Mae carfan rheolaeth wyddonol (*scientific management school*) yn dadlau y dylai cyflog, felly, fod yn gysylltiedig â

The John Lewis Partnership

Crewyd *The John Lewis Partnership* yn 1928 gan John Lewis. Roedd e'n berchen cadwyn o siopau adrannol, gan gynnwys *George Henry Lee*, a phenderfynodd eu rhoi nhw i'w weithwyr. Creodd ymddiriedolaeth (*trust*) oedd yn berchen y cyfranddaliadau yn y busnes. Roedd yr elw i gael ei roi i'r gweithwyr, neu'r 'partneriaid' fel y'u galwyd. Yn 1997 roedd 'partner' oedd yn ennill £8 000 y flwyddyn yn cael bonws elw o £1 538, oedd yn cyfateb i 10 wythnos o gyflog. Mae *The John Lewis Partnership* yn gwmni llwyddiannus iawn yn ôl sawl mesur. Yn 1997 roedd yr elw'n £217 miliwn ar werthiant o £3.2 biliwn, cymhareb elw net o 7%. Mae'r gwerthiant a'r elw wedi cynyddu dros amser. Mae cynhyrchedd llafur yn uchel. Mae trosiant gweithwyr (cyfradd gweithwyr yn ymadael â'r cwmni) yn gymharol isel. Fel y dywedodd cyn-gadeirydd y cwmni, mae atebolrwydd wrth wraidd y gyfundrefn. Mae'r gweithwyr, boed yn rheolwyr neu'n weithwyr cyffredin, yn teimlo'n atebol i eraill am lwyddiant y busnes. 'Mae'n gwneud i bobl feddwl ymlaen. Mae'n gwneud i bobl ystyried canlyniadau eu gweithredoedd.'

Ffynhonnell: addaswyd o'r *Financial Times*, 19 Chwefror 1992, 7 Mawrth 1977 a 22 Mawrth 1997.

1. Pwy sy'n berchen *The John Lewis Partnership*?
2. Mae cymhelliant y gweithwyr yn uchel yn *The John Lewis Partnership*. Pam y mae hyn yn helpu'r cwmni i fod yn llwyddiannus?
3. Pam y gallai strwythur partneriaeth y busnes gynyddu cymhelliant y gweithwyr o'i gymharu â chwmni arferol, lle mae cyfranddalwyr allanol yn berchen y busnes?

Prosesu geiriau

4. Bob wythnos mae'r cwmni'n cyhoeddi cylchgrawn, y *Gazette*, i'w weithwyr. Yn y *Gazette* bob tro mae nifer o lythyrau oddi wrth bartneriaid (y gweithwyr) ynglŷn â sut y dylid rhedeg y busnes. Mae un partner, Mrs Wigmore, wedi ysgrifennu ynglŷn â'r bonws blynyddol. Nododd mai elw'r cwmni cyn treth oedd £217 miliwn yn 1997, ond mai £57 miliwn yn unig a dalwyd i'r 'partneriaid'. Mae hi am i'r holl elw gael ei ddosbarthu i'r partneriaid. Rydych chi'n rheolwr sy'n gorfod llunio ateb i'r awgrym yma. Ysgrifennwch yr ateb (gan ddefnyddio pecyn prosesu geiriau os oes modd) gan nodi manteision ac anfanteision yr awgrym. (Gallai Uned 25 fod o gymorth i chi.) Ar y diwedd, nodwch a ydych yn cytuno neu'n anghytuno â'r awgrym.

Uned 54 Cymell gweithwyr

Ffigur 54.1 *Hierarchaeth anghenion Maslow*

Pyramid (o'r brig i'r gwaelod):
- HUNANWIREDDU — e.e. creadigrwydd
- HUNAN-BARCH — e.e. hyfforddiant
- CARIAD A PHERTHYN — e.e. gwneud ffrindiau yn y gwaith
- DIOGELWCH — e.e. sicrwydd swydd
- FFISIOLEGOL — e.e. cyflog

pherfformiad, e.e. drwy ddefnyddio cyfradd **yn ôl y gwaith** (*piece rates*) neu **fonws** sy'n gysylltiedig â gwerthiant (☞ uned 56).

Yn ôl y farn hon, mae gweithwyr fel y rhai yn *Richer Sounds* yn mynd i'r gwaith yn bennaf i ennill arian i fyw. Heb arian fydden nhw ddim yn gallu fforddio prynu'r bwyd, y dillad, y lloches a'r gwres sy'n hanfodol i ddiwallu eu hanghenion dynol sylfaenol (☞ uned 1).

Anghenion uwch

Mae gan bobl anghenion eraill, fodd bynnag. Rhoddodd ymchwilydd o America, A H Maslow, y rhain yn nhrefn pwysigrwydd (HIERARCHAETH ANGHENION), fel y gwelir yn Ffigur 54.1.

Anghenion ffisiolegol Mae'r gweithwyr yn *Richer Sounds* am ddiwallu eu hanghenion dynol sylfaenol (a alwyd yn anghenion ffisiolegol gan Maslow). Mae *Richer Sounds* yn cyflawni hyn drwy dalu cyflog i'w weithwyr.

Anghenion diogelwch Mae gweithwyr am wybod na fyddant yn colli eu swyddi a bod eu hamgylchedd gwaith yn ddiogel. Gan fod *Richer Sounds* yn fusnes sy'n ehangu'n raddol, mae'r gweithwyr yno'n gwybod eu bod yn annhebygol o gael eu diswyddo oherwydd dirywiad mewn masnach. Mae diogelwch y gweithwyr a'r cwsmeriaid hefyd yn flaenoriaeth allweddol i'r busnes.

Cariad a pherthyn Dyma angen o radd uwch. Mae pobl am deimlo eu bod wedi'u derbyn yn rhan o grŵp, fel teulu yn y cartref neu dîm yn y gwaith. Maen nhw am i bobl eraill ymddiried ynddynt ac maen nhw am fedru bod o gymorth i eraill. Un o gryfderau Julian Richer yw ei fod wedi creu busnes lle mae gan y gweithwyr ymdeimlad o berthyn. Mae e'n eu hannog i deimlo'n rhan o dîm. Gwelir effaith hyn yn y gyfradd isel iawn o absenoliaeth. Ar gyfartaledd, dim ond rhwng 1% a 2% o'r gweithwyr sydd i ffwrdd o'r gwaith ar unrhyw ddiwrnod - llai na hanner y cyfartaledd cenedlaethol.

Anghenion hunan-barch Mae pobl am deimlo bod pobl eraill yn eu parchu am yr hyn y gallant ei wneud. Maen nhw hefyd am eu parchu eu hunain, gan deimlo eu bod wedi cyflawni rhywbeth a'u bod yn dda yn gwneud rhywbeth. Yn *Richer Sounds*, er enghraifft, bob mis mae'r siop y barnwyd ei bod wedi rhoi'r gwasanaeth gorau i'r cwsmeriaid yn cael defnyddio car *Jaguar* neu *Bentley*. Mae'r gweithwyr, felly, yn cael eu gwobrwyo am gyflawni un o amcanion allweddol y rheolwyr - bodloni'r cwsmeriaid.

Hunanwireddu Dyma'r angen o'r radd uchaf, yn ôl Maslow - y gallu i wireddu eich potensial llawn. Un ffordd y mae Richer yn ceisio cyflawni hunanwireddu ar gyfer ei weithwyr yw drwy gynllun awgrymu y cwmni. Anogir y gweithwyr i gynnig syniadau am ffyrdd o wella'r busnes. Rhoddir £5 bob mis i'r gweithwyr i fynd i dafarn gyda gweithwyr eraill i drafod syniadau.

Bodloni anghenion

Pan fydd busnesau'n ceisio cymell eu gweithwyr, mae angen iddynt fod yn ymwybodol o dri pheth:
- Os oes cyflog da gan weithiwr, dydy cyflog ddim bellach yn gymhellwr. Mae gweithiwr yn cael ei gymell gan gyflawni'r lefel nesaf yn yr hierarchaeth anghenion. Dim ond y lefel uchaf, hunanwireddu, all barhau i gymell gweithwyr sydd wedi ei gyflawni.

Electronic Data Systems (EDS)

Cwmni technoleg gwybodaeth sy'n arbenigo mewn dyfeisio systemau meddalwedd ar gyfer cleientiaid yw *Electronic Data Systems* (EDS). Mae'n gwmni Americanaidd ac mae wedi ennill sawl contract pwysig yn y DU, gan gynnwys dyfeisio'r system gyfrifiadurol sy'n rhedeg holl waith Cyllid y Wlad (*Inland Revenue*), y corff sy'n casglu treth incwm.

Weithiau bydd cwsmeriaid yn penderfynu cau eu hadrannau technoleg gwybodaeth yn llwyr. Yna byddan nhw'n contractio'r gwaith allan i gwmni fel EDS. Mae gweithwyr yn mynd i golli eu swyddi pan fydd cwsmer yn cau ei adran technoleg gwybodaeth. Bydd EDS ar y llaw arall, os bydd yn ennill y contract, yn gorfod cyflogi gweithwyr ychwanegol. Yn aml bydd gweithwyr yn cael eu trosglwyddo o'r cwsmer i EDS.

Mae trosglwyddo fel rheol yn brofiad sy'n rhoi straen ar y gweithwyr. Maen nhw'n pryderu y bydd yn rhaid iddynt symud. Maen nhw'n ofni y bydd eu contractau'n cael eu newid yn y fath fodd fel y byddan nhw'n cael llai o gyflog a llai o fuddion. Maen nhw'n amau y bydd y swydd newydd yn llai boddhaol na'r hen swydd. Maen nhw'n credu y bydd eu gobeithion am ddyrchafiadau wedi lleihau neu y byddant yn colli cymhelliant. Gwaethaf oll, maen nhw'n ofni y cânt eu diswyddo.

Mae EDS yn ymwybodol iawn o'r pryderon hyn. Roedd cyfarwyddwr adnoddau dynol y cwmni yn Ewrop, Tony Ebbutt, wedi cael ei drosglwyddo o *Unilever* i EDS yn 1984 pan werthodd *Unilever* ei is-gwmni gwasanaethau cyfrifiadurol i EDS. Mae gan EDS lasbrint (*blueprint*) y mae'n ei ddefnyddio wrth lunio trefniadau newydd ar gyfer gweithwyr newydd. Nid yw'n cuddio'r ffaith y gall ychydig golli eu swyddi. Ond bydd y rhan fwyaf yn cael cynnig naill ai'r contract gwasanaeth safonol sydd gan EDS neu gontract sy'n debyg i'r un oedd ganddynt gyda'u cyn-gyflogwr. Dywedir wrthynt am y potensial am ddyrchafiadau o fewn EDS. Cynigir ailhyfforddiant hefyd os ydy hynny'n addas.

Ffynhonnell: addaswyd o'r *Financial Times*, 9 Chwefror 1996.

1. Beth yw EDS a pha wasanaeth y mae'n ei ddarparu?
2. (a) Rhestrwch 5 angen Maslow yn ei hierarchaeth anghenion. (b) Eglurwch sut NA chaiff yr anghenion hyn eu bodloni pan ddywedir wrth weithwyr eu bod i golli eu swyddi a chael eu trosglwyddo i EDS.
3. Mae EDS yn ofalus i geisio cwrdd ag anghenion gweithwyr sy'n cael eu trosglwyddo. Beth, yn eich barn chi, fydd yn dal i achosi pryder i'r gweithwyr er gwaethaf ymdrechion EDS i esmwytho'r trosglwyddo?
4. Dywedwyd wrth ferch ei bod hi a 100 o'i chydweithwyr i gael eu trosglwyddo i EDS. Mae hi'n ystyried a ddylai ymddiswyddo a chwilio am waith rywle arall. Awgrymwch y manteision a'r anfanteision iddi o chwilio am swydd newydd yn hytrach na chael ei throsglwyddo i EDS.

195

Uned 54 Pobl mewn busnes

- Os na chaiff angen ei fodloni, gall arwain at anghymhelliant (*demotivation*). Ni fydd cymhelliant da, er enghraifft, gan weithwyr sydd dan fygythiad colli eu swyddi neu sy'n pryderu bod yr un sy'n ben arnynt yn credu bod eu gwaith yn wael.
- Os na chaiff angen o radd is ei fodloni, mae bodloni anghenion o raddau uwch yn amherthnasol. Os ydy gweithwyr yn credu bod eu cyflog yn wael, bydd hynny'n anghymell (*demotivate*) y gweithwyr er bod anghenion o raddau uwch efallai yn cael eu bodloni.

Perthynas ddynol

Roedd Frederick Taylor yn credu mai cyflog oedd y prif reswm pam roedd pobl yn gweithio. Roedd angen eu goruchwylio a dweud wrthynt beth i'w wneud. Y rheswm dros hyn oedd y byddai gweithwyr yn tueddu gwneud cyn lleied â phosibl a fydden nhw ddim o reidrwydd yn gweithio yn y ffordd fwyaf effeithlon. Doedden nhw hefyd ddim am dderbyn cyfrifoldeb, e.e. trefnu eu gwaith eu hun.

Defnyddiodd ymchwilydd arall o America, Douglas McGregor, y term Damcaniaeth X am y syniadau hyn. Roedd e'n dadlau y byddai cwmni fel *Richer Sounds* yn methu â chymell gweithwyr pe bai'n defnyddio syniadau Damcaniaeth X. Y rheswm oedd bod gweithwyr am i'w hanghenion uwch gael eu bodloni pan fyddan nhw'n mynd i'r gwaith. Defnyddiodd y term Damcaniaeth Y am y farn hon. Yn ôl hon, bydd gweithwyr yn cael eu cymell i weithio os rhoddir cyfrifoldeb iddynt ac os caniateir iddynt wneud penderfyniadau. Mae **Carfan Perthynas Ddynol** (*Human Relations School*) yn dweud bod gweithwyr yn gweithio orau mewn amodau lle yr ymddiriedir ynddynt a lle y rhoddir cyfle iddynt eu bodloni eu hunain. Gwelir y syniadau hyn yn Nhabl 54.1.

Boddhad gwaith

Lluniodd ymchwilydd arall o America, Frederick Herzberg, gasgliadau tebyg. Awgrymodd y byddai rhai ffactorau ynglŷn â swydd, a welir yn Nhabl 54.2, yn cymell gweithwyr ac yn rhoi BODDHAD GWAITH iddynt, h.y. y mwynhad, y boddhad neu'r pleser y mae gweithiwr yn ei gael o wneud gwaith arbennig. Mae Julian Richer am i'w weithwyr fwynhau eu gwaith. Er enghraifft, pan fydd gweithwyr yn ymuno â'r cwmni, byddan nhw'n mynd ar gwrs tridiau yng nghartref Julian Richer yn Efrog. Maen nhw'n gweithio'n galed ond maen nhw hefyd yn chwarae'n galed, gyda dewis o dennis, badminton, snwcer, nofio, sinema neu ddisgo. Meddai Richer: 'Fe gawn lawer o hwyl. Mae hynny'n rhan bwysig ohono.' Gall gweithwyr hefyd ddefnyddio pum cartref gwyliau sy'n eiddo i'r busnes. Gallan nhw drefnu mynd yno am ddim.

Gwelodd Frederick Herzberg hefyd y gallai'r hyn a alwai yn ffactorau hylendid (*hygiene*) anghymell gweithwyr pe na baent yn cael eu bodloni. Byddai'r gweithwyr yn *Richer Sounds* heb gymhelliant pe na baent yn cael cyflog rhesymol. Ar y llaw arall, wedi i weithiwr yno gael cyflog rhesymol, fyddai cynnig cyflog uwch iddo ddim yn ei gymell. Yn ôl Herzberg gall ffactorau hylendid anghymell ond allan nhw ddim cymell.

Helaethu swydd a chyfoethogi swydd

Mae gwaith pobl fel Maslow a Herzberg wedi arwain at syniadau y gellid gwneud swyddi yn fwy boddhaol drwy'r canlynol:

- **helaethu swydd** (*job enlargement*) - yn hytrach na gwneud un dasg fach bob dydd, gallai gweithwyr wneud amrywiaeth o dasgau. Byddai'r gwaith wedyn yn llai undonog a diflas.
- **cyfoethogi swydd** (*job enrichment*) - rhoddir cyfle i weithwyr ddewis sut i gyflawni tasg benodol, fel rheol yn gweithio mewn tîm.

Ffynhonnell: addaswyd o wybodaeth a roddywd gan *Richer Sounds*.

Tabl 54.1 *Damcaniaeth X a Damcaniaeth Y McGregor*

Damcaniaeth X	Damcaniaeth Y
Cymhellir gweithwyr gan arian	Cymhellir gweithwyr gan lawer o anghenion
Mae gweithwyr yn ddiog ac yn casáu gwaith	Gall gweithwyr fwynhau gwaith
Mae gweithwyr yn hunanol, yn anwybyddu anghenion cyfundrefnau, yn osgoi cyfrifoldeb a dydyn nhw ddim yn uchelgeisiol	Gall gweithwyr eu trefnu eu hunain a chymryd cyfrifoldeb
Mae angen i weithwyr gael eu rheoli a'u cyfarwyddo gan reolwyr	Dylai'r rheolwyr ganiatáu i weithwyr fod yn greadigol a defnyddio'r hyn a wyddant am y gwaith

Tabl 54.2 *Ffactorau sy'n cymell ac yn anghymell gweithwyr*

Ffactorau cymell	Ffactorau anghymell neu 'hylendid'
Ymdeimlad o gyflawni	Cyflog
Gobaith am ddyrchafiad	Amodau gwaith
Cyfrifoldeb	Rheolau a pholisi'r cwmni
Natur y swydd ei hun	Ofn colli swydd
Cydnabyddiaeth gan reolwyr	Triniaeth yn y gwaith
Datblygiad personol	Ymdeimlad o fod yn annigonol

'Cyn dechrau'r swydd yma, roeddwn yn gweithio ar linell gydosod. Roedd yn debyg i'r ysgol. Byddem yn eistedd mewn rhesi a phe baem am fynd i'r toiled byddai'n rhaid codi llaw a gofyn.'

'Doeddwn yn gwneud dim mwy na rhoi darnau ychwanegol ar gynnyrch a'i symud ymlaen bob saith munud. Roedd yn rhy ddiflas a byddai llawer o gamgymeriadau.'

'Bob 15 munud rwy'n rhoi pen magnetig ar yrrwr tâp ac yna'n ei brofi, ei ludio a chlampio gwifrau amdano. Mae hyn yn well na'm swydd flaenorol lle roeddwn yn eistedd wrth gludfelt ac yn rhoi sgriwiau i mewn i beiriannau 158 o weithiau y dydd.'

'Arbrofwyd â gweithwyr yn cyfnewid gwaith bob awr. Roedd yn fwy diddorol, ond gostyngodd nifer y cynhyrchion a gynhyrchwyd bob awr ac roedd mwy o gamgymeriadau. Bu'n rhaid i ni roi'r gorau i'r system.'

1. Beth yw gweithio ar linell gydosod?
2. Pa broblemau ynglŷn â gweithio ar linell gydosod a nodir uchod?
3. Trafodwch sut y gellid bodloni anghenion uwch gweithwyr llinell gydosod.

Uned 54 Cymell gweithwyr

Cadwyn genedlaethol sy'n gwerthu bwydydd cyflym yw Prydlon. Mae'n gwerthu hambyrgyrs, sglodion, ysgytlaeth a'r bwydydd cyfarwydd eraill a geir mewn mannau gwerthu bwydydd cyflym. Mae bron pob un o'r gweithwyr yn y mannau gwerthu dan 25 oed. Mae'r cyflog yn isel iawn. Mae trosiant llafur yn uchel. Ar gyfartaledd dim ond am dri mis y bydd gweithiwr yn gweithio i'r cwmni cyn gadael. Rhoddir un bore o hyfforddiant i weithwyr newydd i'w cyflwyno i athroniaeth y cwmni o waith caled a gofal am gwsmeriaid. Rhoddir gweddill yr hyfforddiant wrth y gwaith. Dim ond ychydig funudau sydd eu hangen i ddysgu'r dulliau gweithredu syml sydd ynghlwm wrth baratoi'r bwyd neu gymryd archebion neu lanhau.

Mae'r peiriannau a'r ffitiadau yn y gegin, y mannau gwasanaethu a'r mannau bwyta wedi'u cynllunio fel bo'r gweithwyr yn gorfod gwneud cyn lleied o benderfyniadau ag sy'n bosibl. Mae hyn yn galluogi i'r man gwerthu roi gwasanaeth rhesymol i gwsmeriaid hyd yn oed os nad ydy'r tîm gwaith yn arbennig o effeithiol ar y pryd.

Mae nifer o gynlluniau i gynnal cymhelliant y gweithwyr. Bob wythnos, er enghraifft, pennir un gweithiwr yn y man gwerthu yn 'weithiwr yr wythnos' ac mae'n cael gwisgo bathodyn i ddangos hynny. Rhoddir targedau gwerthiant i'r mannau gwerthu. Os gwerthan nhw fwy na hyn, rhoddir bonws bach i'r gweithwyr a rhoddir eu llun yn llythyr newyddion y cwmni.

1 Sut y mae Prydlon yn ceisio: (a) cymell ei weithwyr; a (b) sicrhau y rhoddir safon uwch o wasanaeth i'w gwsmeriaid?

Prosesu geiriau

2 Mae Prydlon yn poeni ynglŷn â chyfradd uchel ei drosiant llafur. Ysgrifennwch adroddiad (defnyddiwch becyn prosesu geiriau os oes modd) yn awgrymu ffyrdd y gallai gadw mwy o'i weithwyr am gyfnodau hirach. Yn yr adroddiad nodwch gostau posibl eich awgrymiadau.

termau allweddol

Bodlonrwydd swydd - faint o fwynhad, bodlonrwydd neu bleser y mae gweithiwr yn ei gael o wneud gwaith arbennig.
Cymhelliant - mewn gwaith, yr awydd i gwblhau tasg.
Hierarchaeth anghenion - gosod anghenion yn nhrefn pwysigrwydd, gan ddechrau gyda'r anghenion dynol sylfaenol.

Rhestr wirio ✓

1 Pam y mae gweithlu â chymhelliant yn bwysig i fusnes?
2 Beth sy'n cymell gweithwyr i weithio yn ôl Frederick Taylor?
3 Beth yw swyddogaeth rheolwyr o ran cymell gweithwyr yn ôl carfan rheolaeth wyddonol?
4 Eglurwch 4 angen o raddau uwch yn ôl Maslow.
5 Eglurwch yr anghenion a gâi eu bodloni pe baech yn cymryd gwaith dosbarthu papurau newydd.
6 Beth yw'r gwahaniaeth rhwng Damcaniaeth X a Damcaniaeth Y?
7 (a) Beth yw 'ffactorau hylendid'? (b) Beth sy'n cymell gweithwyr yn ôl Herzberg?
8 Sut y gallai cyflogwr gynyddu bodlonrwydd swydd ei weithwyr?

ACHOS CRYNODOL

TROEDIO

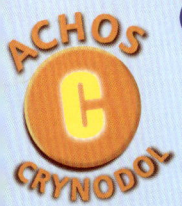

Cadwyn genedlaethol o siopau esgidiau yw Troedio. Mae'n chwilio am werthwr llawn amser yn un o'i siopau. Mae wedi cyfweld â'r 5 ymgeisydd isod. Gyferbyn â phob ymgeisydd dangosir sylwadau a wnaed yn y cyfweliadau.

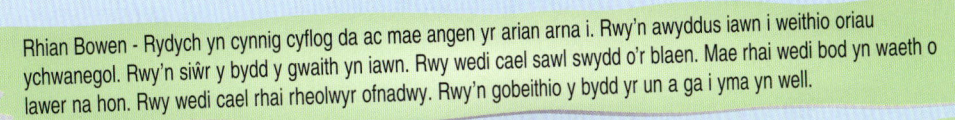

Rhian Bowen - Rydych yn cynnig cyflog da ac mae angen yr arian arna i. Rwy'n awyddus iawn i weithio oriau ychwanegol. Rwy'n siŵr y bydd y gwaith yn iawn. Rwy wedi cael sawl swydd o'r blaen. Mae rhai wedi bod yn waeth o lawer na hon. Rwy wedi cael rhai rheolwyr ofnadwy. Rwy'n gobeithio y bydd yr un a ga i yma yn well.

Siôn Madog - Rwy'n gwybod nad ydy fy nghymwysterau yn dda iawn. Roeddwn wedi gwastraffu fy amser yn yr ysgol. Yna cefais leoliadau gwaith (*work placements*) ofnadwy. Ond roedd yr un olaf mewn siop yn grêt. Roedd yn agoriad llygad i mi. Rwy am lwyddo. Rwy am gyrraedd y brig. Rwy am fod yn rheolwr a gwneud penderfyniadau mawr. Rwy'n gwybod bod hyn yn swnio'n rhyfedd gan mai swydd ar waelod yr ysgol yw hon. Ond mae'n rhaid dechrau rywle, on'd oes?

Buddug Jones - Mae'n debyg bod fy nghangen i yn mynd i gau. Maen nhw'n galw hyn yn 'rhesymoli' (*rationalisation*). Rwy wedi bod yn chwilio am swydd gan fy mod yn gwybod bod hyn ar y gorwel. Mae fy rheolwraig wedi dweud y gwnaiff hi roi geirda arbennig i mi. Rwy'n ymfalchïo yn y ffaith fy mod i'n weithiwr da. Rwy am i bopeth fod yn berffaith. Yn ôl fy rheolwraig, rwy'n ormod o berffeithydd. Does dim gwir angen yr arian arna i.

Elisabeth Grug - Gall aros gartref drwy'r dydd eich diflasu. Bûm yn gweithio mewn siop cyn cael y plant. Rwy'n wir edrych ymlaen at fynd allan o'r tŷ a dechrau gweithio eto. Roeddwn yn mwynhau'r cyfeillgarwch â gweddill y gweithwyr. Byddech yn cael ambell gwsmer anodd ac roedd llawer o'r gwaith yn ddiflas, ond roedd rhai cwsmeriaid yn arbennig o ffein. Beth yw'r cyfleoedd am ddyrchafiad?

Wil Pond - Rwy newydd briodi. Mae fy ngwraig yn dweud bod yn rhaid i mi gallio a chael swydd dda. Mae hi'n gweithio mewn siop hefyd ac mae'n dweud ei fod yn iawn. Bydd yn dod ag arian i mewn a dyna'r peth pwysig, ynte? Beth yw'r gyfradd am oriau ychwanegol? Mae'n siŵr y gwna i ddod yn gyfarwydd â delio â'r cyhoedd. Ydych chi'n rhoi swyddwisg am ddim neu rywbeth felly?

1 Beth, yn eich barn chi, fydd yn cymell pob ymgeisydd i wneud y gwaith?
2 Ar sail y sylwadau uchod, pa ymgeisydd y byddech chi'n ei (d)dewis am y swydd? Eglurwch eich rhesymau.

197

uned 55

ARDDULLIAU ARWAIN

Gwneud penderfyniadau

Mae arweinyddiaeth yn bwysig i fusnes. Prin y bydd busnes yn gwneud yn dda oni fydd ganddo arweinydd effeithiol. Mae sawl arddull gwahanol o arwain. Mae cryfderau a gwendidau i bob un ohonynt. Rhaid i fusnes mawr benderfynu pa fath o berson y mae am ei gael yn arweinydd. Mewn busnes bach efallai y bydd yn rhaid i'r arweinydd newid ei (h)arddull i gael y busnes i weithredu'n effeithiol.

Dechreuwyd *Virgin* gan Richard Branson, un o bobl fusnes enwocaf Prydain heddiw. Mae gweithgareddau'r busnes yn cynnwys hedfan a gwasanaethau gwyliau, teithio ar drên, adwerthu cerddoriaeth, cynhyrchu diodydd cola a gwasanaethau pensiwn.

Arweinyddiaeth

Mae Richard Branson yn ARWEINYDD. Mae'n anodd diffinio arweinyddiaeth ond fel rheol mae'n cynnwys:

- gosod targedau neu nodau ar gyfer grŵp, e.e. Richard Branson yn gosod targedau gwerthiant ar gyfer *Virgin Atlantic* neu gapten yn gosod nodau neu dargedau pwyntiau ar gyfer tîm;
- trefnu'r gwaith, e.e. Richard Branson yn penodi pobl allweddol yn yr hierarchaeth reoli (☞ uned 20) yn *Virgin* fydd yn rheoli gwahanol rannau'r cwmni;
- monitro'r gwaith i weld ydy nodau'n cael eu cyflawni a, lle bo angen, cymell gweithwyr i gyflawni mwy o nodau.

Mathau o arweinydd

Pa fath o arweinydd yw Richard Branson? Mae pedwar prif fath o arweinydd.

Arweinwyr unbenaethol

ARWEINYDD UNBENAETHOL (*autocratic*) yw un sy'n gwneud y penderfyniadau i gyd. Yna mae'r arweinydd yn dweud wrth y grŵp oddi tano/tani beth i'w wneud. Swyddogaeth y gweithwyr sy'n is yn yr hierarchaeth yw cyflawni gorchmynion yr arweinydd.

Cyfathrebu (☞ unedau 59 a 60) - mae hyn yn tueddu i lifo o'r arweinydd i'r is-weithwyr ac yn ôl eto. Does fawr ddim angen i'r is-weithwyr gyfathrebu â'i gilydd gan eu bod yn cael gorchmynion oddi uchod. Os bydd yr arweinydd yn gwneud y penderfyniadau cywir, gall fod yna arweinyddiaeth effeithiol iawn gan fod yr arweinydd yn cael dylanwad cryf ar

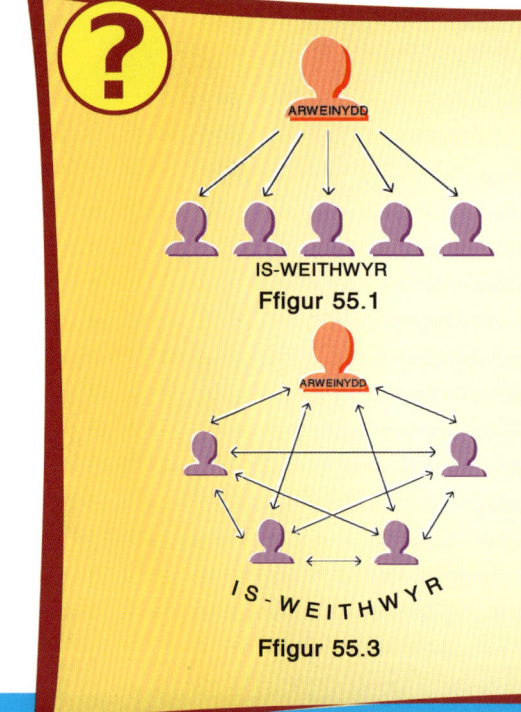

Ffigur 55.1

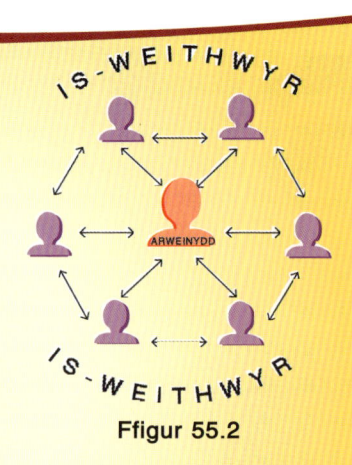

Ffigur 55.2

Ffigur 55.3

Weithiau darlunnir arddulliau arwain mewn diagramau sy'n dangos sut y bydd arweinwyr yn cyfathrebu â gweddill y grŵp. Eglurwch yr arddull arwain (unbenaethol, democrataidd neu *laissez-faire*) a ddangosir yn Ffigurau 55.1 - 55.3.

Uned 55 Ardulliau arwain

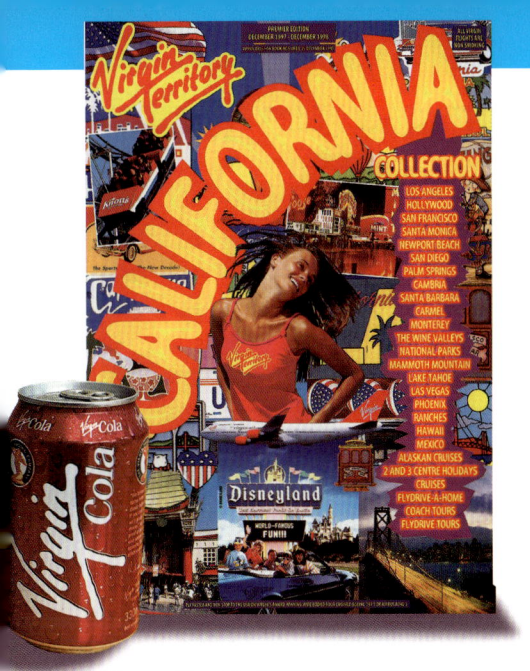

Gweithgareddau Virgin - gwasanaethau gwyliau a chynhyrchu cola

y gyfundrefn oddi tano/tani. Ond gall yr is-weithwyr deimlo'n rhwystredig a chael eu hanghymell am na allant fodloni eu **hanghenion o raddau uwch** (uned 54). Dydy Richard Branson ddim yn arweinydd unbenaethol. Mae'n gadael y penderfyniadau pob dydd i'r bobl sy'n gweithio iddo.

Perswadiol a democrataidd

ARWEINYDD DEMOCRATAIDD yw un sy'n rhannu peth o'r gwaith penderfynu gydag is-weithwyr. Mae arweinwyr perswadiol, yn debyg i arweinwyr unbenaethol, yn gwneud penderfyniadau ar eu pen eu hunain. Ond yna maen nhw'n 'perswadio' gweithwyr oddi tanynt i dderbyn y penderfyniad drwy drafod a rhesymu.

Mae'r gweithwyr yn debygol o fod wedi'u cymell fwy dan y math yma o arweinyddiaeth am eu bod yn teimlo yn fwy ynghlwm wrth y penderfynu. Ond gall gymryd yn hirach i wneud penderfyniadau am fod yn rhaid i'r arweinydd dreulio amser yn perswadio eraill. Gellid ystyried Richard Branson yn arweinydd o'r math yma. Mae'n adnabyddus am ei barodrwydd i wneud penderfyniadau anodd, e.e. dechrau ei gwmni hedfan neu werthu ei gwmni recordiau. Ond mae'n debyg mai'r math nesaf o arweinydd yw Richard Branson.

Ymgynghorol a democrataidd

Dyma fath gwahanol o arweinydd democrataidd. Mae arweinwyr ymgynghorol yn gofyn am farn pobl eraill cyn gwneud penderfyniad. Bydd y penderfyniad terfynol yn cymryd i ystyriaeth yr hyn a ddywedwyd gan yr is-weithwyr. Mae'n debyg y bydd yn cymryd mwy o amser i wneud penderfyniadau nag sydd yn achos arweinydd perswadiol. Ond gydag arweinydd ymgynghorol effeithiol bydd y gweithwyr yn teimlo'n fwy ynghlwm wrth y penderfynu ac wedi'u cymell yn well. Mae Richard Branson yn gwrando'n astud ar farn y bobl sy'n gweithio iddo. Mae'n penodi pobl sy'n fodlon cyfrannu at drafodaethau ar ddyfodol ei gwmnïau. Mae'n annog gweithwyr drwy'r gyfundrefn gyfan i wrando ac i gyfrannu at drafodaethau ar sut y dylid gwneud y gwaith.

Laissez-faire

ARWEINYDD *LAISSEZ-FAIRE* yw un sy'n gwneud ychydig iawn o benderfyniadau. Mae'r arweinwyr hyn yn gadael i weithwyr oddi tanynt wneud eu penderfyniadau eu hunain. Er bod hyn yn caniatáu i **is-weithwyr** (gweithwyr oddi tanynt) fod yn greadigol iawn, gall arweinyddiaeth *laissez-faire* hefyd achosi i is-weithwyr deimlo nad ydy neb yn gwybod nac yn hidio beth sy'n digwydd. Yn aml wedyn bydd arweinydd answyddogol neu anffurfiol arall yn ymddangos sy'n rhoi i'r gyfundrefn fwy o ymdeimlad o gyfeiriad. Dydy Richard Branson ddim yn arweinydd *laissez-faire*. Mae'n gwneud penderfyniadau ac yna mae ymdeimlad cryf o bwrpas a chyfeiriad o fewn cwmnïau *Virgin*.

Ffynhonnell: Virgin Management Ltd.

ACHOS C CRYNODOL — ROBERT MAXWELL

Byddai Robert Maxwell yn gwneud pethau yn ei ffordd ei hun. Yn ystod yr 1970au a'r 1980au adeiladodd ymerodraeth fusnes oedd yn werth biliynau o bunnoedd. Dywedodd rhai fod hyn yn debyg i lys canoloesol gyda Maxwell yn arweinydd. Byddai pobl a wrthwynebai ei reolau yn cael eu diarddel a byddai'r rhai a fyddai'n ei seboni yn aros.

Roedd yn adnabyddus am geisio bwlio pobl i wneud yr hyn yr oedd am iddynt ei wneud. Fyddai braidd neb yn ei herio, gan gynnwys bwrdd cyfarwyddwyr y cwmnïau yr oedd yn rhannol berchen arnynt ac yn eu rhedeg.

Yn 1992 fe'i cafwyd wedi boddi. O fewn wythnosau chwalodd ei ymerodraeth wrth iddi ddod i'r amlwg bod biliynau o bunnoedd yn ddyledus ganddi. Yn waeth byth, gwelwyd bod Maxwell wedi bod yn trosglwyddo arian yn anghyfreithlon o'r naill gwmni i'r llall yn ei ymerodraeth i geisio'u cadw i fynd. Roedd mwy na biliwn o bunnoedd o'r arian hwnnw yn perthyn i gronfeydd pensiwn cwmnïau dan berchenogaeth Maxwell. Roedd y bobl oedd yn cael eu talu i warchod pensiynwyr a chyfranddalwyr cyffredin, cyfarwyddwyr y cwmnïau hyn, a'r holl arbenigwyr ariannol eraill oedd ynghlwm wrth hyn, wedi methu â gweld y twyll enfawr yn digwydd.

Ffynhonnell: addaswyd o'r Financial Times, amrywiol.

1 Pa fath o arweinydd (unbenaethol, democrataidd neu *laissez-faire*) oedd Robert Maxwell? Eglurwch eich ateb.
2 Pam, yn eich barn chi, y byddai arweinydd democrataidd yn fwy tebygol o gael ei ddal pe bai'n ceisio dwyn bilynau o bunnoedd o'r cwmnïau yr oedd yn eu rhedeg?

termau allweddol

Arweinydd - rhywun sydd yn trefnu pobl eraill ac yn gwneud penderfyniadau.
Arweinydd democrataidd - arweinydd sy'n gofyn am farn gweithwyr eraill cyn gwneud penderfyniad.
Arweinydd laissez-faire - arweinydd sy'n tueddu i adael i bobl eraill wneud eu penderfyniadau eu hun. Dim ond ar bryd i'w gilydd y bydd yn gwneud penderfyniadau dros bobl eraill.
Arweinydd unbenaethol - arweinydd sy'n dweud wrth bobl eraill beth i'w wneud heb ymgynghori â nhw.

Rhestr wirio ✓

1 Pa nodweddion allai fod gan arweinydd?
2 Eglurwch pam y gellid disgrifio'r prif gogydd mewn tŷ bwyta mawr fel 'arweinydd'.
3 Beth yw'r gwahaniaeth rhwng arweinydd unbenaethol ac arweinydd *laissez-faire*?
4 Cymharwch 2 fath o arweinyddiaeth ddemocrataidd.
5 Pa fath o arweinyddiaeth fyddai fwyaf effeithiol yn y canlynol: (a) band roc; (b) y fyddin; (c) ysgol; (ch) gwneuthurwr ceir; (d) siop trin gwallt? Eglurwch eich atebion.

uned 56
SYSTEMAU TALU

Gwneud penderfyniadau
Mae busnesau'n cyflogi pobl. Rhaid talu'r gweithwyr hyn. Rhaid penderfynu pa system dalu i'w defnyddio. Mae'r penderfyniad yn debygol o fod yn seiliedig ar y canlynol:
- pa system dalu sydd fwyaf addas yn yr amgylchiadau;
- pa system fydd fwyaf cost-effeithiol?
- beth fydd yn cymell gweithwyr orau i weithio'n galed a chyflawni safon uchel o waith.

Cwmni cyfyngedig preifat yn East Kilbride yn Yr Alban yw *Cambus Litho Ltd*. Ei brif fusnes yw lithograffu (*litho printing*) llyfrau a chylchgronau mewn lliw. Yn 1996 ei drosiant gwerthu oedd £3.5 miliwn.

Systemau talu
Mae *Cambus Litho* yn cyflogi 48 o weithwyr yn ei ffatri argraffu yn East Kilbride. Mae'n cyflogi gweithwyr eraill hefyd, e.e. gwerthwyr yn Llundain a Nottingham. Mae'n defnyddio nifer o SYSTEMAU TALU gwahanol, h.y. gwahanol ffyrdd o dalu gweithwyr.

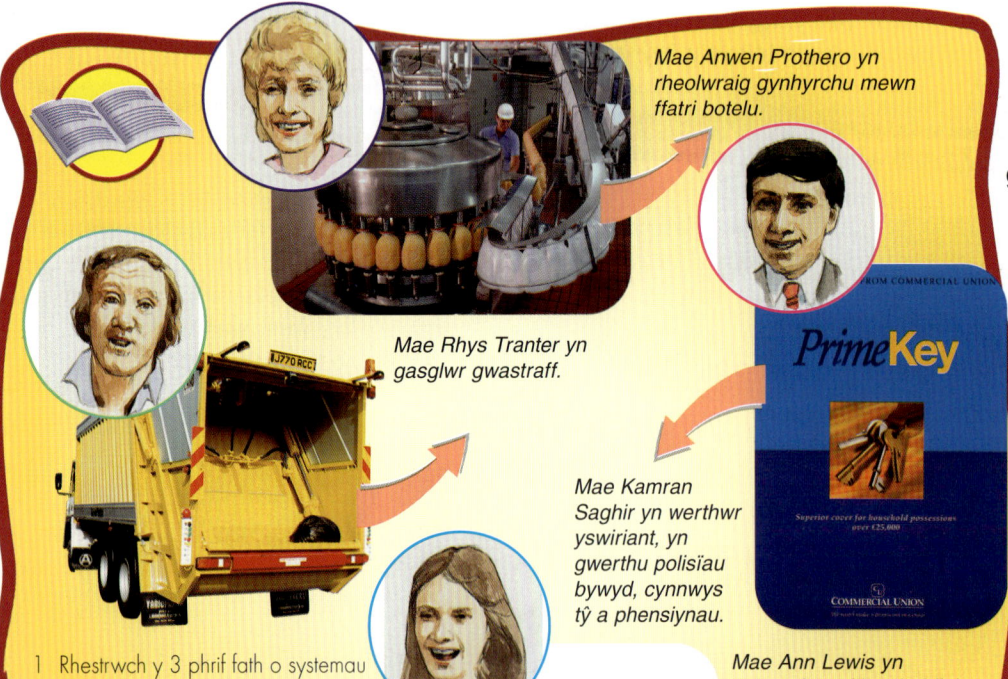

Mae Anwen Prothero yn rheolwraig gynhyrchu mewn ffatri botelu.

Mae Rhys Tranter yn gasglwr gwastraff.

Mae Kamran Saghir yn werthwr yswiriant, yn gwerthu polisïau bywyd, cynnwys tŷ a phensiynau.

Mae Ann Lewis yn gwneud gwaith ysbeidiol. Yn ystod tymor y cynhaeaf mae'n gweithio ar nifer o ffermydd yn ei hardal ac mae'n cael ei hurio i gasglu ffrwythau a llysiau.

1. Rhestrwch y 3 phrif fath o systemau talu sydd ar gael i gyflogwyr.
2. Pa system dalu y gallai busnes ei defnyddio ar gyfer pob un o'r gweithwyr yn y lluniau? Rhowch resymau dros eich dewis.

Systemau wedi'u seilio ar amser
Gweithwyr sy'n tueddu i wneud gwaith corfforol fel gweithredu peiriannau yn ffatri Cambus yw GWEITHWYR LLAW (*manual workers*) neu WEITHWYR COLER LAS. Tueddir i dalu CYFLOG iddynt yn ôl system wedi'i seilio ar amser. Fe gânt eu talu 'hyn a hyn' am bob awr a weithiant. Os byddan nhw'n gweithio'n hirach na'r wythnos waith sylfaenol gytunedig, e.e. 38 awr, byddan nhw fel rheol yn cael TÂL GORAMSER (*overtime*). Yn aml telir hyn ar gyfradd uwch yr awr, e.e. **amser a chwarter** neu **amser dwbl**, h.y. fe gânt eu talu 1¼ neu 2 waith y CYFLOG SYLFAENOL am bob awr ychwanegol a weithiwyd.

Mae John Clive, er enghraifft, yn gweithio wythnos waith sylfaenol o 36 awr. Mae'n cael ei dalu £10 yr awr. Ei gyflog sylfaenol, felly, yw £360. Yr wythnos diwethaf fe weithiodd 2 awr yn ychwanegol ar amser-a-hanner, h.y. cyfradd o £15 yr awr. Felly, ei ENILLION CRYNSWTH neu ei GYFLOG CRYNSWTH oedd £390.

Talebau uwchfarchnad

Cwmni peirianneg bach yng ngogledd Cymru yw Troroltro. Yn ddiweddar, yn debyg i nifer o fusnesau eraill, mae wedi dechrau rhoi talebau (*vouchers*) uwchfarchnad fel cilfantais i'w weithwyr. Er bod yn rhaid i'r gweithwyr dalu treth incwm ar y talebau, does dim rhaid talu cyfraniadau Yswiriant Gwladol (CYG) arnynt. Pe bai gweithiwr yn cael £10 yn ychwanegol o gyflog, byddai'n gorfod talu tua £1 o hynny mewn CYG. Hefyd byddai'r cyflogwr yn gorfod talu £1 mewn CYG cyflogwr. Mae rhoi taleb £10 yn arbed £1 i'r gweithiwr a £1 i'r cwmni.

Dydy talebau uwchfarchnad ddim yn boblogaidd gyda phob un o weithwyr Troroltro. Mae'r cwmni'n rhoi talebau *Tesco*. Ond dydy rhai gweithwyr ddim yn byw yn agos at *Tesco* ac mae'n well gan rai siopa mewn uwchfarchnad arall. Mae'r cwmni hefyd yn aros am yr adeg pan fydd Adran Nawdd Cymdeithasol yn dweud bod y cynllun osgoi trethi yn anghyfreithlon. Yna bydd yn rhaid chwilio am ffordd arall o dalu'r gweithwyr sy'n lleihau costau trethi.

1. Beth yw cilfantais?
2. (a) Eglurwch fanteision talebau uwchfarchnad i gwmni Troroltro a'i weithwyr.
   (b) Pa anfanteision sydd iddynt?
3. Mae Troroltro yn ystyried rhoi talebau uwchfarchnad ychwanegol fel bonws i weithwyr neu grwpiau o weithwyr sy'n cyflawni targedau cynhyrchu neu werthiant. Yn eich barn chi, fyddai hyn yn cymell gweithwyr i gyflawni'r targedau? Eglurwch eich ateb.

Cyflog blynyddol Tueddir i dalu CYFLOG BLYNYDDOL (*salary*) i WEITHWYR DWYLO GLÂN (*non-manual*) neu WEITHWYR COLER WEN, h.y. pobl nad ydynt yn gwneud gwaith corfforol, e.e. athro neu amcangyfrifydd yn *Cambus Litho*. Mae gweithwyr ar gyflog blynyddol yn cael eu talu bob mis a hynny am wneud gwaith penodol. Fel rheol ni thelir tâl goramser gan y disgwylir i weithwyr ar gyflog blynyddol weithio am gyhyd ag y mae'n ei gymryd i wneud eu gwaith. Mae rheolwyr yn *Cambus Litho* yn gweithio 50 awr yr wythnos yn nodweddiadol.

Systemau wedi'u seilio ar ganlyniadau Caiff rhai gweithwyr eu talu yn ôl faint a gynhyrchir ganddynt. Mae gweithwyr ar GYFRADD YN ÔL Y GWAITH (*piece rates*) yn cael eu talu am bob eitem a gynhyrchant. Os na fyddan nhw'n cynhyrchu dim yn ystod y dydd, ni thelir dim iddynt. Efallai y caiff gwerthwyr eu talu ar GOMISIWN. Cânt eu talu swm penodol am bob gwerthiant a gyflawnant. Mae rhai gwerthwyr yn cael eu talu'n gyfan gwbl ar gomisiwn, ac felly os na werthant ddim, ni thelir dim iddynt. Mae comisiwn yn cael ei dalu i eraill fel BONWS. Rhoddir bonws fel gwobr am wneud yn dda. Efallai y rhoddir bonws i weithwyr nad ydynt yn werthwyr, e.e. os bydd eu hadran yn cyflawni targed penodol. Y term am hyn yw **bonws grŵp**.

Mathau eraill o dâl

Gall gweithwyr gael eu talu mewn ffyrdd eraill. Yn y diwydiant glo, er enghraifft, roedd yn draddodiad i roi rhywfaint o lo i löwyr yn ogystal â'u cyflog. Mae *Cambus Litho* yn cynnig amrywiaeth o GILFANTEISION (*fringe benefits*). Po uchaf yw eich swydd yn y cwmni, mwyaf i gyd o gilfanteision y byddwch yn debygol o'u cael. Un o'r cilfanteision pwysicaf i'r rhan fwyaf o'r gweithwyr yw cynllun pensiwn y cwmni. Mae'r cwmni fel rheol yn darparu cyfran o'r taliadau i'r cynllun fel y gall y gweithwyr gael pensiwn galwedigaethol pan fyddan nhw'n ymddeol.

Yn aml rhoddir cilfanteision i osgoi trethi. Mae'r busnes yn talu llai o dreth a chyfraniadau eraill wrth ddarparu gwerth £1 000 o gilfanteision na phe bai'n talu £1 000 yn ychwanegol o gyflog i weithiwr. Gall fod yn fanteisiol i'r gweithiwr o ran trethi i gael cilfantais yn hytrach nag arian parod.

Defnyddir cilfanteision hefyd i gymell gweithwyr. Mae car y cwmni, er enghraifft, yn bwysig iawn i lawer o weithwyr. Mae'n debyg bod cael car mwy pwerus yn cymell rhai pobl. Yn *Cambus Litho* mae'r cilfanteision yn cynnwys yswiriant iechyd preifat a delir gan y cwmni.

Cyflog crynswth a net

Mae cyflog crynswth neu enillion crynswth y gweithwyr yn debygol o fod yn wahanol i'w CYFLOG NET neu'r ENILLION NET. Enillion crynswth yw'r enillion cyn tynnu treth a **didyniadau** (*deductions*) eraill. Enillion net yw'r enillion ar ôl y didyniadau. Dyma fydd ar gael i'r gweithiwr ei wario. Y tri didyniad mwyaf cyffredin yw:

- **Treth incwm** - mae cyflogwr fel *Cambus Litho* yn gyfrifol am gadw peth o gyflog y gweithwyr a'i anfon i Gyllid y Wlad, adran y llywodraeth sy'n gyfrifol am gasglu treth incwm. Gelwir y system hon yn system dalu wrth ennill (*pay as you earn - PAYE*).
- **Cyfraniadau Yswiriant Gwladol** - math arall o dreth ar enillion sy'n cael ei thalu i'r llywodraeth ac sy'n rhoi hawl i'r gweithiwr gael budd-daliadau gwladol fel Lwfans Chwilio am Waith (*Jobseekers' Allowance*) a phensiwn ymddeol y wladwriaeth.
- **Taliadau i gynllun pensiwn**, e.e. cynllun preifat, cynllun pensiwn y cwmni y mae'r gweithiwr yn gweithio iddo, neu'r cynllun pensiwn gwladol ychwanegol, sef Cynllun Pensiwn Gwladol yn ôl Enillion (*State Earnings Related Pension Scheme - SERPS*).

Didyniadau posibl eraill yw taliadau aelodaeth undeb llafur neu daliadau i elusen (cynllun o'r enw Cymorth Rhoddion [*Gift Aid*]).

Mae manylion am y rhain ar y slip cyflog y mae'n rhaid ei roi i bob gweithiwr yn ôl y gyfraith.

Pa system dalu?

Rhaid i *Cambus Litho* wneud penderfyniadau ynglŷn â pha systemau talu i'w defnyddio ar gyfer grwpiau gwahanol o weithwyr. Bydd y penderfyniad yn dibynnu yn rhannol ar yr hyn sy'n bosibl. Gallai *Cambus Litho* ei chael hi'n anodd iawn talu cyfradd yn ôl y gwaith i reolwr, er enghraifft, am ei bod hi'n anodd mesur ei gynnyrch. Hefyd byddai'n amhosibl talu ei weithwyr ffatri ar sail comisiwn am nad ydynt yn gwerthu dim. Efallai na thelir comisiwn i'r staff gwerthu hyd

Uned 56 Pobl mewn busnes

Y canran o gwmnïau sy'n darparu cilfanteision

Cilfantais	%
Car	98%
Pensiwn	93%
Yswiriant bywyd	93%
Yswiriant meddygol preifat	92%
Parcio	84%
Diogelwch (*cover*) anabledd tymor hir	71%
Defnydd preifat o betrol	66%
Caffi wedi'i gymorthdalu	65%
Sgrinio meddygol blynyddol	63%
Cyfranddaliadau	44%
Benthyciadau personol	26%
Cynllunio ariannol	20%
Cymorthdalu aelodaeth o glwb iechyd	19%
Clinigau hunangymorth	19%
Cymorthdaliadau morgais	19%
Talebau cinio	15%
Costau teithio	15%
Cyfleusterau ymarfer yn y man gwaith	14%
Gofal optegol	12%
Ffïoedd ysgol	5%
Gofal deintyddol	4%
Meithrinfa yn y man gwaith	4%
Talebau gofal am blant	2%

Ffynhonnell: addaswyd o Gydffederasiwn Diwydiant Prydain/*Towers Perrin*.

Telir cyflog a thâl goramser i weithwyr ffatri Cambus Litho. Ni thelir comisiwn iddynt am nad ydynt yn gwerthu dim.

54). Yn ôl un farn (carfan rheolaeth wyddonol neu Ddamcaniaeth X McGregor), mae cyflog yn cael effaith ar gymhelliant gweithwyr. Dylai cysylltu cyflog yn uniongyrchol â'r gwaith a wneir sicrhau bod y gweithwyr yn gweithio mor galed â phosibl.

Yn ôl y farn wrthwynebol (carfan perthynas ddynol neu Ddamcaniaeth Y McGregor), dim ond un o'r ffactorau sy'n effeithio ar gymhelliant gweithwyr yw cyflog. Yn debyg i lawer o gwmnïau heddiw, mae *Cambus Litho* yn pwysleisio pa mor bwysig yw hi i weithwyr deimlo eu bod yn rhan o'r cwmni.

Mae hyd yn oed talu cyflogau, lle mae gweithwyr yn gweithio nifer sefydlog o oriau, yn gallu achosi 'gwylio'r cloc'. Gall gweithwyr deimlo bod eu **presenoldeb** yn bwysicach **na'r hyn a wnânt** yn yr amser y maent yno. Gall yr ymdrech ac ansawdd yr hyn a gynhyrchir fod yn wael. Mae nifer cynyddol o weithwyr erbyn hyn yn cael cyflog blynyddol

yn oed, os ydy gwerthiant yn ganlyniad i ymdrech tîm yn hytrach na gwaith unigolyn.

Defnyddir rhai systemau talu am eu bod yn lleihau bil treth y cyflogwyr a'r gweithwyr, e.e. cilfanteision. Yn bwysicach na hyn, mae systemau talu yn adlewyrchu barn wahanol am yr hyn sy'n **cymell** gweithwyr (uned

Mae hyn yn rhannol yn adlewyrchu newid yn y farn am gymhelliant. Mae hefyd yn adlewyrchu'r nifer cynyddol o swyddi **coler wen** a **swyddi gwasanaethu** yn yr economi (uned 4).

Ffynhonnell: addaswyd o wybodaeth gan *Cambus Litho*.

?

Mae Erica James yn gweithio yn adran gyfrifon Brigau. Gwelir ei slip cyflog yn Ffigur 56.2.
1. Beth yw cyflog crynswth Erica James?
2. Beth yw ei didyniadau? Yn eich ateb dylech gynnwys gyfanswm y didyniadau.
3. Beth yw cyflog net Erica?
4. Mae Erica'n cael codiad cyflog o 10% ar ei chyflog sylfaenol. Does dim newid yn y tâl goramser. Copïwch y slip cyflog a rhowch ynddo y ffigurau newydd ar gyfer: cyflog sylfaenol; tâl goramser; treth PAYE; Yswiriant Gwladol; taliadau pensiwn; cyfanswm y cyflog crynswth; cyflog net. Wrth wneud eich gwaith cyfrifo, cofiwch y canlynol:
 - Mae taliadau pensiwn yn 10% o'r cyflog sylfaenol;
 - Mae Yswiriant Gwladol yn mynd â 10% o unrhyw gynnydd yn y cyflog;
 - Mae treth incwm yn 23% o unrhyw gynnydd mewn enillion minws y didyniadau ar gyfer taliadau pensiwn (e.e. enillion ychwanegol = £100, taliadau pensiwn = £10, felly mae treth incwm i'w thalu ar £100 - £10 = £90).

Slip Cyflog

Cwmni: Brigau

Taliadau/Cymwysiadau				Didyniadau		Cyfanswm	
Disgrifiad	Oriau	Cyfradd	Swm	Disgrifiad	Swm	Disgrifiad	Swm
CYFLOG SYLFAENOL:			1250.00	Treth P.A.Y.E.	186.39	CYFANSWM Y CYFLOG CRYNSWTH HY	1330.00
TÂL GORAMSER:	8.00	10.00	80.00	Ysw. Gwladol	110.96		
				Pensiwn	125.00	Treth a dalwyd HY	186.39
						Ysw. Gwladol HY	110.96
						Pensiwn HY	125.00
						CYFANSWM Y CYFLOG CRYNSWTH	1330.00

Wythnos/Mis	Dyddiad	Adran	Dull Talu	Cod Treth	Rhif y Gweithiwr	Enw'r Gweithiwr	Cyflog Net
1	30/04/1998	0	CM	419L	1	E JAMES	907.65

HY = symiau a dalwyd hyd yma eleni.

Ffigur 56.2 Slip Cyflog Erica James.

Uned 56 Systemau talu

Newid systemau talu

Mae rheolwyr Rhath, busnes bach sy'n gweithgynhyrchu cydrannau, am newid system talu gweithwyr llawr y ffatri. Ar hyn o bryd mae rhai gweithwyr ar gyfradd yn ôl y gwaith. Mae eraill yn cael eu talu'n wythnosol am wythnos o 38 awr ond ni chânt ddim os na fyddan nhw'n cyflawni eu targedau cynhyrchu. Mae hyn yn achosi drwgdeimlad rhwng y ddwy set o weithwyr am fod y naill yn credu bod y llall mewn gwell sefyllfa o ran eu system dalu. Mae'r rheolwyr hefyd am oresgyn y broblem a achosir gan feintiau gwahanol o waith ar adegau gwahanol o'r flwyddyn. Weithiau gofynnir i'r gweithwyr weithio 50 awr yr wythnos i gwblhau archebion. Ar adegau eraill maen nhw'n segur yn y ffatri am nad oes digon o waith i gadw'r gweithiwr cyfartalog yn brysur am fwy na 30 awr yr wythnos.

Mae'r rheolwyr wedi cynnig bod pob gweithiwr yn mynd ar system flynyddol o waith, h.y. byddai pob gweithiwr yn gweithio 1 800 o oriau y flwyddyn. Gallai'r rheolwyr ddewis pryd byddai'r oriau'n cael eu gweithio. Ond ni fyddai disgwyl i unrhyw weithiwr weithio mwy nag 11 awr y dydd neu 50 awr yr wythnos. Byddai 20 diwrnod o wyliau y flwyddyn yn cael eu gwarantu. Byddai'r gweithwyr yn cael eu trefnu'n grwpiau bach fyddai'n gweithio gyda'i gilydd. Byddai pob grŵp yn cael targed cynhyrchu. Byddai gweithwyr mewn grwpiau a gyflawnai eu targedau yn cael bonws o hyd at 10% o'u cyflog sylfaenol.

1 (a) Mae dau weithiwr yn gweithio 50 awr yr wythnos. Sut y byddai cyflog gweithiwr ar gyfradd yn ôl y gwaith yn cael ei gyfrifo o'i gymharu â gweithiwr ar gyflog wythnosol? (b) Wythnos diwethaf nid oedd ond digon o waith am 30 awr ar gyfer pob gweithiwr. Sut y byddai eu cyflogau'n wahanol?
2 Awgrymwch 2 reswm pam y gallai gweithwyr ar gyfradd yn ôl y gwaith a gweithwyr ar gyfradd cyflog wythnosol gredu eu bod yn waeth eu byd na'r grŵp arall o weithwyr.
3 Pa fanteision fyddai i'r rheolwyr o'r system dalu newydd sydd wedi'i chynnig?
4 Yn eich barn chi, ddylai'r gweithwyr dderbyn y system dalu newydd? Yn eich ateb eglurwch y manteision a'r anfanteision posibl i'r gweithwyr.

ACHOS CRYNODOL

BLUE CIRCLE CEMENT

Yn Ionawr 1997 cytunodd *Blue Circle Cement*, y gwneuthurwr sment, ar gytundeb cyflog newydd dros bum mlynedd gyda'i yrwyr lorïau 'craidd'. Bydd y gyrwyr yn derbyn cynnydd o 3.5% ar eu cyflog yn 1997 ynghyd â bonws o £200. Chân nhw ddim cynnydd cyflog yn 1998. Yn y tair blynedd nesaf bydd corff adolygu cyflog newydd yn gosod eu cyflog o'i gymharu â'r cyfraddau mewn cwmnïau cludo eraill. Ar hyn o bryd £21 000 ar gyfartaledd yw cyflog crynswth y gyrwyr craidd.

Bydd wythnos waith y gyrwyr un awr yn llai. Mae *Blue Circle* hefyd wedi cynnig rhoi sicrwydd swydd 'ar ei uchaf' dros y 5 mlynedd nesaf. Mae wedi addo peidio â chontractio gwaith y gyrwyr allan drwy wahodd cwmni arall i ddarparu'r cludiant sydd ei angen. Os bydd angen llai o yrwyr, bydd y colli gwaith yn wirfoddol neu fydd y gyrwyr yn cael eu hailhyfforddi i wneud gwaith arall yn *Blue Circle*. Sicrwydd swydd oedd y flaenoriaeth bwysicaf i'r gyrwyr yn ôl eu hundeb.

Mae'r gyrwyr wedi cytuno i wneud gwaith cynnal a chadw di-oed ar eu lorïau ac i weithredu wagenni fforch godi i'w llwytho os na fydd neb arall ar gael. Bydd systemau cyfrifiadurol yn y cabiau yn helpu *Blue Circle* i wella effeithlonrwydd drwy ostwng amserau teithio.

Ffynhonnell: addaswyd o *The Times*, 7 Ionawr 1997.

1 Beth oedd cyflog crynswth cyfartalog blynyddol y gyrwyr craidd adeg y cytundeb cyflogau?
2 (a) Mae cyflog crynswth y gyrwyr yn debygol o gynnwys cyflog sylfaenol a thâl goramser. Beth yw'r gwahaniaeth rhwng y rhain? (b) Pam y gallai'r gyrwyr wneud mwy o waith goramser ar ôl y cytundeb cyflog?
3 Eglurwch y didyniadau sy'n debygol o gael eu gwneud o gyflog crynswth y gyrwyr.
4 Awgrymwch fanteision y bydd *Blue Circle* yn eu cael o'r cytundeb cyflog.
5 Sut y gallai'r cytundeb cyflog gymell y gweithwyr? Defnyddiwch ddamcaniaethau cymhelliant yn eich ateb.

---

termau allweddol

Bonws - ychwanegiad at y cyflog sylfaenol, e.e. am gyflawni targed.
Cilfanteision - taliad mewn nwyddau yn ychwanegol at y cyflog, e.e. car cwmni.
Comisiwn - system dalu a ddefnyddir fel rheol ar gyfer gwerthwyr lle caiff eu henillion eu pennu yn ôl faint a werthir ganddynt.
Cyflog - tuedd ei dalu i weithwyr llaw am weithio nifer sefydlog o oriau yr wythnos ynghyd â thâl goramser.
Cyflog blynyddol - fel rheol cyflog gweithwyr dwylo glân a fynegir fel ffigur blynyddol ond sy'n cael ei dalu'n fisol.
Cyflog neu enillion crynswth - cyfanswm yr enillion, gan gynnwys y cyflog sylfaenol a thaliadau goramser.
Cyflog neu enillion net - enillion ar ôl tynnu didyniadau (e.e. treth neu gyfraniadau pensiwn).
Cyflog sylfaenol - cyflog a enillir am weithio'r wythnos waith sylfaenol.
Cyfradd yn ôl y gwaith - system dalu lle caiff cyflog gweithiwr unigol ei bennu gan faint a gynhyrchir ganddynt.
Goramser - amser sy'n cael ei weithio yn ychwanegol at yr wythnos waith sylfaenol.
Gweithwyr dwylo glân neu goler wen - gweithwyr sy'n gwneud gwaith nad yw'n gorfforol, e.e. gweithiwr swyddfa neu athro.
Gweithwyr llaw neu goler las - gweithwyr sy'n gwneud gwaith corfforol yn bennaf, e.e. gweithiwr ar linell gydosod.
Systemau talu - dulliau o drefnu talu gweithwyr, e.e. cyfradd yn ôl y gwaith neu gyflog blynyddol.

Rhestr wirio ✓

1 Beth yw'r gwahaniaeth rhwng system dalu wedi'i seilio ar amser a system dalu cyflog blynyddol?
2 Sut y mae system dalu wedi'i seilio ar ganlyniadau yn gweithio?
3 Beth yw'r gwahaniaeth rhwng cyfradd yn ôl y gwaith a bonws?
4 Rhestrwch 5 o'r cilfanteision cyffredin a roddir gan gwmnïau.
5 Pam y mae busnesau'n rhoi cilfanteision i'w gweithwyr?
6 Beth yw'r gwahaniaeth rhwng cyflog crynswth a chyflog net?
7 Beth yw'r didyniadau mwyaf cyffredin o gyflog gweithiwr?
8 Pa ffactorau sy'n effeithio ar ba fath o system a ddefnyddir gan fusnes?

uned 57
GOSOD LEFELAU CYFLOG

Gwneud penderfyniadau
Rhaid i fusnesau benderfynu sut i dalu eu gweithwyr. Penderfynir cyflog gan faint o angen sydd ar fusnes am weithwyr (y galw am weithwyr) a faint o weithwyr sydd am gael y gwaith (cyflenwad gweithwyr). Mae busnes yn debygol o ystyried ffactorau fel cymwysterau a phrofiad gweithwyr, eu cyfraniad i'r busnes a'r gyfradd gyfredol am y math hwnnw o weithiwr yn y farchnad.

Mae *Ladbroke Group PLC* yn gweithredu yn y diwydiannau lletygarwch a gamblo ledled y byd. Mae ei westai *Hilton* moethus yn gweithredu ar ben ucha'r farchnad. *Ladbroke* yw'r gyfundrefn fwyaf yn y byd ym maes betio i ffwrdd o'r mannau rasio, gyda gweithrediadau yn y DU, Iwerddon, Gwlad Belg, Gibraltar, UDA, Ariannin, Puerto Rico a Pheriw. Yn y DU mae'n gweithredu siopau betio a chasinos.

Galw a chyflenwad
Mae gweithwyr gwahanol yn *Ladbroke* yn ennill cyflog gwahanol. Yn 1996, er enghraifft, enillodd Prif Weithredwr y cwmni gyflog blynyddol sylfaenol o £410 000 gyda bonws a chilfanteision yn cynyddu hyn i £1.28 miliwn. Ar y llaw arall, gallai gweinydd rhan amser mewn gwestai *Hilton* ennill £2 000. Mae nifer o resymau pam y mae gweithwyr yn ennill symiau gwahanol. Ond gellir eu crynhoi orau yn nhermau'r **galw** am weithwyr a **chyflenwad** gweithwyr (☞ uned 40).

Ychydig iawn o bobl, er enghraifft, sydd â'r sgiliau sydd eu hangen i fod yn brif weithredwr llwyddiannus yn *Ladbroke*. Ar y llaw arall, mae'r cwmni'n fodlon talu pris uchel i ddenu'r person iawn i'r swydd. Yn 1996 elw'r cwmni cyn trethi oedd £59.2 miliwn. Gallai prif weithredwr llai llwyddiannus fod wedi colli miliynau o bunnoedd o elw i'r cwmni drwy wneud y penderfyniadau anghywir. Mae £1.28 miliwn yn gymharol fach pan fydd cymaint o arian yn y fantol.

Mae miliynau o bobl, fodd bynnag, yn y DU a gweddill y byd a allai fod yn weinydd mewn gwestai. Mae'n wir hefyd fod angen llawer o weithwyr yn y gwestai *Hilton*. Ond mae'r cwmni'n gallu denu digon o weithwyr am gyfraddau cyflog cymharol isel. Yn gyffredinol, po uchaf fydd y galw am weithwyr a pho isaf fydd y cyflenwad, uchaf i gyd fydd cyfradd y cyflog.

Ffactorau sy'n effeithio ar alw a chyflenwad
Sgiliau, hyfforddiant ac addysg
Gallai'r rhan fwyaf o weithwyr wneud gwaith di-grefft, fel glanhau siop fetio *Ladbroke*. Mae llawer llai o weithwyr sydd â'r sgiliau a'r cymwysterau i fod

---

Gosodwyr brics yn ennill '£700 yr wythnos'

Yn ôl arolwg diwydiannol mae cyflog y gosodwyr brics gorau yn Ne Lloegr wedi codi i £700 yr wythnos. Mae adeiladu yn Ne Lloegr yn ffynnu ar ôl bron dwy flynedd o dwf cadarn. Mae angen gosodwyr brics ar fusnesau adeiladu os ydynt i gyflawni eu contractau. Ond mae'n fwyfwy anodd iddynt gael hyd i weithwyr sydd â'r sgiliau iawn. Roedd enciliad yr 1990au cynnar, pan ostyngodd cyflog gosodwyr brics i £250 yr wythnos, wedi gyrru llawer o weithwyr medrus allan o'r diwydiant. Mae diffyg hyfforddiant gweithwyr newydd wedi golygu nad oes yna weithwyr i gymryd lle y rhai medrus a adawodd.

Mae'r sefyllfa'n wahanol iawn, fodd bynnag, mewn rhannau eraill o'r wlad. Yn Yr Alban lle mae cwmnïau adeiladu yn dal i orfod cystadlu'n frwd am gontractau, does fawr ddim prinder sgiliau. Mae cyflogau gweithwyr fel gosodwyr brics hefyd yn is o lawer nag yn Ne Lloegr.

Ffynhonnell: addaswyd o'r *Financial Times*, 21 Hydref 1997.

1 Eglurwch 2 reswm pam y mae cyflog gosodwyr brics wedi codi yn Ne Lloegr.
2 Mae Gary McKendry yn osodwr brics sy'n byw yn Glasgow. Mae'n briod gyda dau blentyn 7 oed a 9 oed. Mae wedi darllen am y cyflogau uchel sy'n cael eu talu i weithwyr adeiladu yn Llundain. Awgrymwch 2 reswm pam nad ydy Gary am symud i weithio yn y diwydiant adeiladu yn Llundain.
3 Awgrymwch effeithiau posibl cynnydd mawr yng nghyflogau gweithwyr adeiladu yn Ne Lloegr ar y canlynol: (a) cwmni adeiladu yn Llundain; (b) cwmni bragdai sy'n cwblhau cynlluniau i adeiladu bragdy newydd yn Ne Lloegr; (c) tafarn sy'n cael ei rhedeg gan ei pherchennog yn Ninas Llundain ac sy'n cael ei defnyddio gan weithwyr ar safleoedd adeiladu gerllaw.

Uned 57 Gosod lefelau cyflog

Mae gweithwyr ar fyrddau chwarae Ladbroke yn debygol o gael llai o gyflog na chyfarwyddwyr y cwmni.

yn gyfrifwyr i'r cwmni. Felly, gan fod llai o weithwyr medrus, tueddir i dalu mwy iddyn nhw nag i weithwyr di-grefft. Dyna pam y mae addysg a hyfforddiant mor bwysig ar gyfer gyrfa yn y dyfodol.

Profiad Mae gweithwyr profiadol yn debygol o wybod mwy am y gwaith na rhywun sy'n newydd i'r gwaith. Mae hyn yn tueddu i'w gwneud nhw'n fwy **cynhyrchiol** ac felly bydd mwy o alw amdanynt gan y cyflogwr. Mae busnesau fel *Ladbroke* yn aml yn cydnabod hyn drwy gymryd i ystyriaeth oed a hyd gwasanaeth yn rhai o'i systemau talu. Mewn rhai systemau talu (☞ uned 56) rhoddir **cynyddiadau** (*increments*) (neu symiau ychwanegol) i'r gweithwyr am bob blwyddyn o wasanaeth a gyflawnir. Mae pob cynyddiad yn werth £X yn fwy yn y cyflog.

Cymhelliant a chadw Mae cyflog yn **gymhellwr** pwysig i weithwyr (☞ uned 54). Dydy *Ladbroke* ddim am i'w weithwyr deimlo na thelir digon iddynt gan y byddai hynny'n eu hanghymell. Gallai hefyd achosi i weithwyr ymadael â'r cwmni i weithio i gyflogwr arall sy'n talu cyflogau uwch. Yn y tymor hir, felly, mae'n rhaid i *Ladbroke* dalu cyfradd y farchnad - y cyflog sy'n ddigon uchel i gadw'r gweithwyr presennol a recriwtio gweithwyr newydd.

Amodau gwaith Po fwyaf dymunol yw'r amodau gwaith, isaf i gyd fydd y cyflog y bydd busnes yn tueddu i'w gynnig i'w weithwyr. Er enghraifft, cynigir llety am ddim i reolwyr gwestai *Hilton*. Heb y gilfantais hon, byddai'n rhaid i *Ladbroke* dalu mwy i gael pobl i weithio fel rheolwyr. Tueddir i dalu mwy i lôwyr a gweithwyr ar lwyfannau olew ym Môr y Gogledd am fod eu gwaith yn amhleserus a pheryglus.

Undebau llafur Cyfyndrefnau sy'n bodoli i warchod buddiannau eu haelodau yw undebau llafur (☞ uned 61). Maen nhw'n brwydro am gyflog uchel ar ran eu haelodau. Efallai y gall undebau llafur cryf gael busnes i dalu cyflogau uwch na phe bai'r gweithwyr wedi gorfod trafod yn unigol.

Yr amgylchedd economaidd Mae gweithwyr yng ngwestai *Hilton* yn Yr Aifft yn cael cyflog is na gweithwyr yng ngwestai *Hilton* yn Llundain neu Awstralia. Y rheswm yn bennaf yw bod gweithwyr yn Yr Aifft yn fodlon gweithio am gyflog is. Yn yr un modd mae gweithwyr yng Nghymru neu Ogledd Iwerddon ar gyfartaledd yn fodlon gweithio am gyflog is na gweithwyr yn Llundain a De-Ddwyrain Lloegr. Pan fydd yr economi'n tyfu, fel y bu yng nghanol yr 1990au, bydd cyflogau'n debygol o godi'n gyflymach na'r duedd (*trend*). Rhaid i gyflogwyr gyflogi mwy o weithwyr i ymdopi â'r cynnydd yn y galw. Mae'r galw ychwanegol am weithwyr yn arwain at gyflogau uwch. Mewn enciliad, fel y bu yn yr 1990au cynnar, gydag archebion yn lleihau a diweithdra'n cynyddu, bydd cynnydd cyflogau yn debygol o fod yn is na'r duedd.

Ffynhonnell: addaswyd o *Adroddiad Blynyddol a Chyfrifon Ladbroke Group PLC*, 1996.

ACHOS C CRYNODOL

Edrychwch ar y llun. Telir £40 000 y flwyddyn i reolwr gwerthiant rhanbarthol mewn cwmni amlwladol sydd wedi'i leoli yn y DU. Faint, yn eich barn chi, sy'n cael ei dalu i'r gweithwyr eraill yn y llun? Eglurwch eich rhesymu yn ofalus. Efallai y bydd o gymorth i chi fwrw golwg ar bapurau newydd lleol neu genedlaethol neu adroddiadau cwmnïau i weld faint sy'n cael ei dalu am swyddi tebyg.

- Gweithiwr ar safle adeiladu
- Gwerthwr mewn tŷ bwyta bwydydd cyflym
- Cyfrifydd rheoli
- Llawfeddyg
- Cerddor rhan amser
- Rheolwr gwerthiant rhanbarthol mewn cwmni amlwladol yn y DU
- Gwerthwr persawr mewn siop adrannol
- Teleffonydd mewn cwmni cyfyngedig cyhoeddus
- Meddyg teulu

Rhestr wirio ✓

1. 'Mae cyflogwyr yn galw am lafur. Mae gweithwyr yn cyflenwi llafur.' Eglurwch ystyr hyn.
2. Defnyddiwch alw a chyflenwad i egluro pam y mae meddygon yn dueddol o gael tâl uchel ond bod eu croesawyr (*receptionists*) yn dueddol o gael tâl isel.
3. Eglurwch 2 ffactor a allai effeithio ar lefel cyflog: (a) glöwyr; (b) gweithwyr yn y gwledydd sy'n datblygu; (c) rheolwr tafarn *Allied*; (ch) gweithiwr ar linell gynhyrchu sy'n gwneud cacennau *Lyons*.
4. Pam y gallai oed effeithio ar gyflog gweithiwr?
5. Eglurwch sut y bydd y cymwysterau a gewch yn yr ysgol, y coleg a'r brifysgol yn effeithio ar eich cyflog tebygol pan gewch swydd.

uned 58
HYFFORDDIANT

Gwneud penderfyniadau

Mewn economi modern, mae angen gweithwyr hyfforddedig ar fusnes os yw i barhau i fod yn gystadleuol. Rhaid, felly, i fusnesau nodi eu hanghenion hyfforddiant. Rhaid penderfynu faint y gallant fforddio'i fuddsoddi yn eu gweithwyr. Rhaid penderfynu pwy ddylai gael yr hyfforddiant a pha fath o hyfforddiant sydd ei angen.

Grŵp adwerthu rhyngwladol yw *Marks & Spencer plc*. Yn 1996 ei drosiant oedd £7 209.2 miliwn ac roedd yn gweithredu 628 o siopau. Roedd hyn yn cynnwys 373 o siopau *Marks & Spencer*, yn gwerthu dillad, esgidiau, ffabrigau dodrefnu a bwyd, 78 o siopau trwydded, 157 o siopau *Brooks Brothers* a 20 o *Kings Super Markets*. Yn 1996 recriwtiwyd 1 500 o weithwyr ychwanegol i wella'r gwasanaeth i gwsmeriaid. Mae hyfforddi gweithwyr yn hanfodol os ydy *Marks & Spencer* i gyflawni ei amcanion.

Hyfforddiant yn y diwydiant twristiaeth

Yn ôl adroddiad gan y llywodraeth yn 1996, mae diwydiant twristiaeth y DU yn cael ei ddal yn ôl gan ddiffyg gweithwyr hyfforddedig.

Mae'r rhan fwyaf o'r busnesau yn y diwydiant yn fach. Mae llai na 25 gweithiwr gan 81% o'r gwestai a 94% o'r tai bwyta. Mae hyn yn golygu nad oes gan fusnesau yr adnoddau i hyfforddi pobl. Yn ôl yr adroddiad roedd 45% o'r gweithwyr llawn amser a 74% o'r gweithwyr rhan amser yn y diwydiant twristiaeth heb gael unrhyw hyfforddiant yn gysylltiedig â gwaith ers ymadael â'r ysgol.

Roedd diffyg hyfforddiant yn rhan o gylch cythreulig yn y diwydiant. Oherwydd lefelau isel o hyfforddiant roedd llawer o'r gweithwyr yn gymharol anghynhyrchiol. Felly ni allai'r cyflogwyr ond talu cyflogau isel i'r gweithwyr. Oherwydd cyflogau isel roedd y diwydiant yn cael trafferth i recriwtio gweithwyr â'r cymwysterau iawn.

Ffynhonnell: addaswyd o'r *Financial Times*, 31 Hydref 1996.

1 Beth ddywedodd adroddiad 1996 am lefel yr hyfforddiant yn niwydiant twristiaeth y DU?
2 Eglurwch pam y mae angen i fusnesau yn y diwydiant twristiaeth hyfforddi eu gweithwyr.
3 Awgrymwch 3 ffordd y gallai'r llywodraeth annog a helpu busnesau twristiaeth i hyfforddi eu gweithwyr.

Amcanion hyfforddiant

Mae hyfforddiant yn gost i fusnes. Mae'n bwysig, felly, bod busnes yn cael 'gwerth am arian' o raglenni hyfforddiant. Mae nifer o amcanion hyfforddiant ar gyfer busnes fel *Marks & Spencer*.

Sefydlu Fel rheol rhoddir hyfforddiant SEFYDLU (*induction*) i weithwyr newydd. Yr amcan yw eu gwneud nhw'n gyfarwydd â gweithrediadau'r busnes a'r rhan lle byddan nhw'n gweithio. Efallai, er enghraifft, y bydd gweithwyr newydd mewn siop yn cael eu hyfforddi i ddelio â chwsmeriaid, i wirio'r stoc ac i ddefnyddio'r tiliau.

Diweddaru sgiliau Gyda'r dechnoleg a'r marchnadoedd yn newid drwy'r amser, mae angen i weithwyr ychwanegu at eu sgiliau presennol. Yn *Marks & Spencer* efallai y bydd angen hyfforddi gweithiwr i ddefnyddio system newydd o reoli stoc. Efallai y bydd angen i weithiwr ddysgu sgiliau newydd i gael dyrchafiad.

Ailhyfforddi Dros amser bydd swyddi'n diflannu neu'n newid. Bydd angen i'r gweithwyr sydd â'r sgiliau i

Uned 58 Hyfforddiant

wneud y swyddi hyn gael eu hailhyfforddi i wneud swyddi eraill.

Creu hyblygrwydd Yn debyg i fusnesau eraill, mae *Marks & Spencer* am i'w weithwyr fod yn fwyfwy hyblyg o ran yr hyn y gallant ei wneud. Mae gweithwyr yn fwy tebygol o fod yn hyblyg os oes ganddynt nifer o sgiliau. Gellir cyflawni'r **amlsgilio** hyn drwy hyfforddiant.

I'r gweithwyr dylai hyfforddiant achosi mwy o foddhad swydd am eu bod yn awr yn gallu gwneud eu gwaith yn fwy effeithiol. Mae hyfforddiant hefyd yn agor y drws i ddyrchafiad a gwell cyflog.

Dulliau hyfforddi

Mae dau brif ddull hyfforddi. Mae hyfforddiant WRTH Y GWAITH (*on the job*) yn digwydd pan fydd gweithwyr yn dysgu sgiliau drwy weithio gyda gweithwyr eraill. Yn *Marks & Spencer* gall gweithiwr newydd mewn siop ddysgu am y swydd drwy weithio gyda gweithwyr sydd eisoes yn gweithio yno. Mae hyfforddiant wrth y gwaith yn rhad ac yn aml yn effeithiol. Ond mae'n annhebygol o ddarparu hyfforddiant manwl. Hefyd ni all helpu grwpiau cyfan o weithwyr i newid eu sgiliau.

I wneud hynny mae angen hyfforddiant I FFWRDD O'R GWAITH (*off the job*). Cymerir gweithwyr i ffwrdd o'u gwaith i gael eu hyfforddi. Efallai y gwneir hyn o fewn y cwmni. Mae *Marks & Spencer* yn trefnu cyrsiau mewn swydd (*in-service*) yn rheolaidd ar gyfer ei weithwyr. Naill ai bydd arbenigwyr o fewn y cwmni yn arwain y cwrs neu fe ddefnyddir hyfforddwr allanol. Dewis arall yw anfon gweithwyr ar gyrsiau hyfforddi sy'n cael eu darparu gan asiantaethau allanol, e.e. colegau rheolaethol, colegau addysg bellach ac addysg uwch ac ymgyngoriaethau (*consultancies*) hyfforddiant.

Mae hyfforddiant i ffwrdd o'r gwaith yn ddrutach na hyfforddiant wrth y gwaith. Rhaid talu hyfforddwyr allanol ac ni fydd y gweithwyr yn cynhyrchu dim ar y diwrnodau y byddant i ffwrdd. Ar y llaw arall, gellir cael amrywiaeth ehangach o sgiliau ac mae'n gallu rhoi i weithwyr y cymwysterau sydd eu hangen yn eu swydd.

Mathau o hyfforddiant

Mae busnesau'n defnyddio amrywiaeth o fathau o hyfforddiant.

Hyfforddiant sefydlu Disgrifiwyd hyn eisoes ar y dudalen flaenorol.

Ceiswyr Sgiliau a hyfforddi graddedigion Mae anghenion hyfforddiant penodol gan bobl ifanc sydd newydd ymadael â'r ysgol, y coleg neu'r brifysgol. Mae angen hyfforddiant sefydlu tymor byr arnynt. Mae'n debygol hefyd y bydd arnynt angen hyfforddiant hirach i ddod â'u sgiliau i fyny i'r lefel sy'n ofynnol ar gyfer swydd benodol. Darparwyd gwahanol **gynlluniau hyfforddi'r ifanc** dros y blynyddoedd i ymateb i'r gofynion hyn.

Yng Nghymru ar ddechrau'r unfed ganrif ar hugain mae'r cynllun **Ceiswyr Sgiliau** (*Skill Seekers*) yn cynnig cymorth ymarferol ac ariannol i helpu cyflogwyr i hyfforddi a datblygu sgiliau eu gweithwyr ifanc presennol a/neu weithwyr ifanc newydd. Mae'r cynllun hwn ar gael ar gyfer pobl ifanc hyd at 24 oed. Mae tair rhaglen o fewn y cynllun. Yn gyntaf mae **Adeiladu Sgiliau** (*Skill Build*) yn helpu pobl ifanc 16 ac 17 oed i ddatblygu sgiliau sylfaenol. Trwy'r rhaglen hon gall cyflogwyr dderbyn pobl ifanc ac asesu a fyddai'n addas cynnig hyfforddiant pellach iddynt cyn eu cyflogi.

Yna mae **Cynlluniau Hyfforddi Cenedlaethol** (*National Traineeships*) yn cynnig hyfforddiant i bobl ifanc 16-24 oed am hyd at 2 flynedd ar gyfartaledd. Rhoddir y rhan fwyaf o'r hyfforddiant yn y man gwaith. Mae'n arwain at gymhwyster NVQ ar lefel 2 neu 3.

Y drydedd raglen yw **Prentisiaeth Fodern** sy'n rhoi cyfnod estynedig o hyfforddiant gan arwain at gymhwsyter NVQ ar lefelau 3 (yn cyfateb i Safon Uwch) neu hyd yn oed 4 (yn debyg i safon gradd brifysgol). Mae'r rhaglen hon yn gyfle i ddatblygu sgiliau'r bobl ifanc mwyaf galluog sydd â'r potensial i fod yn dechnegwyr a rheolwyr blaenllaw.

Mae angen hyfforddiant hefyd ar bobl ifanc a ddaw o'r brifysgol. Mae llawer o gwmnïau'n cynnig cynlluniau **hyfforddi graddedigion** i ddarparu ar gyfer eu hanghenion nhw.

Hyfforddi gweithwyr Efallai y bydd angen i grwpiau o weithwyr gael eu hyfforddi gyda'i gilydd, e.e. efallai fel yn *Marks & Spencer*, y bydd angen dysgu sgiliau sy'n gysylltiedig â'r dechnoleg newydd (hyfforddiant sgiliau). Gallai fod angen iddynt ddysgu am drefnau newydd ynglŷn ag iechyd a diogelwch. Gallai fod angen i'r tîm prynu ddysgu am gynhyrchion newydd sydd ar gael gan gyflenwyr.

Prys ccc

Mae Prys yn wneuthurwr cyfarpar cludiant, gan gynnwys mesuryddion parcio a chyfarpar profi allyriant (*emissions testing equipment*).

Mae Ioan newydd ymuno â'r cwmni a bydd yn gweithio ar lawr y ffatri yn gwneud mesuryddion parcio. Bu Llinos gyda'r cwmni ers pum mlynedd, yn gynorthwy-ydd personol i un o'r rheolwragedd. Yn sgil ad-drefnu yn y cwmni mae'r rheolwraig hon yn newid ei swydd. Rhoddwyd disgrifiad swydd newydd i Llinos. Yn ôl y disgrifiad hwn mae Llinos nid yn unig yn gynorthwy-ydd personol i'r rheolwraig ond hefyd mae'n gyfrifol am weithwyr eraill yn y swyddfa sy'n adrodd wrth y rheolwraig.

Bu Osian yn beiriannydd medrus. Ond o ganlyniad i gyflwyno'r dechnoleg newydd does dim angen ei sgiliau bellach. Mae wedi cael cynnig swydd newydd mewn logisteg, yn sicrhau bod y cynnyrch yn cyrraedd cwsmeriaid y cwmni.

Mae Siwan yn is-reolwraig uchelgeisiol yn yr adran gyfrifon. Mae hi am gael dyrchafiad o fewn y cwmni.

1 Eglurwch pam y mae anghenion hyfforddiant gan bob un o'r pedwar gweithiwr.
2 Mae cyllideb y cwmni ar gyfer hyfforddiant yn gyfyngedig. Dim ond ar gyfer dau o'r gweithwyr hyn y gall fforddio hyfforddiant ffurfiol. Pa ddau y dylid eu dewis yn eich barn chi? Eglurwch eich ateb.

Uned 58 Pobl mewn busnes

Datblygu gweithwyr Mae gan weithwyr unigol anghenion hyfforddiant hefyd. Mae gan *Marks & Spencer* bolisi o gefnogi gweithwyr sydd am gael dyrchafiad drwy hyfforddiant. Trefnir i'r gweithwyr fod yn gysylltiedig â'u datblygiad eu hun drwy raglen ddatblygu bersonol ac adolygu. Maen nhw'n casglu tystiolaeth o'u cryfderau a'u gwendidau sy'n darparu cofnod parhaol o gyflawniad. Gall gweithwyr hefyd dreulio 100 o oriau yn cwblhau project mewn cyfundrefn elusennol. Mae hynny'n rhoi cyfle iddynt wneud cyfraniad i'r gymuned leol a datblygu eu sgiliau.

Y llywodraeth a hyfforddiant

Mae gan *Marks & Spencer* enw da ynglŷn â hyfforddiant. Ond dydy llawer o fusnesau canolig a bach ddim yn gwario fawr ddim neu ddim o gwbl ar hyfforddiant. Maen nhw'n dibynnu ar ysgolion, colegau a busnesau eraill i wneud yr hyfforddi. Yna byddan nhw'n recriwtio gweithwyr sydd â'r sgiliau a'r cymwysterau priodol. (Byddai rhai busnesau'n defnyddio'r term 'potsio' neu 'hela pennau' [*headhunt*] am hyn.)

Felly, dydy busnesau eu hunain ddim yn gwario digon ar hyfforddiant. O ganlyniad mae'n rhaid i'r llywodraeth ymyrryd, naill ai i ddarparu arian yn uniongyrchol ar gyfer hyfforddiant neu i annog busnesau i gymryd hyfforddiant o ddifrif.

Yn Lloegr bu'r Adran Addysg a Chyflogaeth yn gyfrifol am hyfforddiant. Ar raddfa leol bu'n ariannu ac yn monitro gwaith y **Cynghorau Hyfforddiant a Menter** (*Training and Enterpsies Councils -TECs*). Yng Nghymru nid yr Adran Addysg a Chyflogaeth fu'n gyfrifol am y TECs, ond yn hytrach y Cynulliad Cenedlaethol. Roedd gan y TECs weithwyr llawn amser. Roedden nhw'n atebol i fwrdd oedd yn cynnwys pobl fusnes leol ynghyd â chynrychiolwyr y llywodraeth.

Byddai'r TECs yn rheoli a hybu yr holl anghenion hyfforddiant mewn ardal leol. Roedd hynny'n cynnwys Hyfforddi leuenctid a hefyd y **Fargen Newydd** (*New Deal*).

Bwriad y Fargen Newydd oedd darparu swyddi ar gyfer pobl 18-24 oed. Ar ôl cael eu hasesu byddai pobl ifanc yn cael cymorth i gael hyd i swydd. Gallai hyn gynnwys rhoi cymhorthdal i gyflogwyr i'w cyflogi. Os na fydden nhw'n llwyddo bydden nhw'n cael cynnig dau ddewis. Gallen nhw gael hyd at 52 wythnos o addysg a hyfforddiant llawn amser i godi eu lefel sgiliau a'u gwneud yn haws eu cyflogi. Y dewis arall oedd cael profiad gwaith ar gynlluniau a fyddai o les i'r gymuned leol a'r amgylchedd. Roedd gan y TECs lleol ddiddordeb arbennig mewn hybu hyfforddiant ar gyfer gweithwyr oedd eisoes mewn gwaith. Roedden nhw'n cydweithio â cholegau lleol neu ymgyngoriaethau hyfforddiant i ariannu a darparu cyrsiau.

Ar ddechrau Ebrill 2001 daeth trefn newydd i rym, gyda'r TECs yng Nghymru yn cael eu disodli gan gorff newydd, sef Cyngor Cenedlaethol Cymru dros Addysg a Hyfforddiant. Y pwyslais yn y flwyddyn gyntaf oedd parhad (*continuity*) fel na fyddai'r rhai oedd yn defnyddio'r system yn gweld unrhyw wahaniaeth yn safon y gwasanaeth. O dan y drefn newydd y Cyngor Dysgu a Sgiliau (*Learning and Skills Council*) a gymerodd drosodd gwaith y TECs yn Lloegr.

Oddi ar ddiwedd Mawrth 2001 peidiodd y TECS â bod yn gyfrifol am y Fargen Newydd. Yn hytrach, byddai'r Gwasanaeth Cyflogaeth yn delio'n uniongyrchol â'r darparwyr.

Mae gan y llywodraeth ran allweddol i'w chwarae mewn hyfforddiant. Mae rhai'n dadlau bod angen iddi ddarparu mwy o arian ar gyfer hyn. Mae pobl eraill yn dadlau y bydd busnesau bob amser yn hyfforddi gweithwyr os oes angen hynny, p'un ai y cân nhw gymorth gan y llywodraeth ai peidio. Hyd yn oed os ydy hynny'n wir, gall y llywodraeth helpu i ddarparu'r fframwaith hyfforddiant sydd ei angen os ydy'r economi i fod yn llwyddiannus.

Ffynhonnell: addaswyd o *Marks & Spencer Fact File, Annual Report And Financial Statements* gan *Marks & Spencer*; *Labour Market Trends* gan ONS.

Masnach tai bwyta y DU

Mae Lisa Gruffydd yn gyfrifol am recriwtio cogyddion ar gyfer cadwyn o dafarnau-tai bwyta yng Nghymru. Gyda masnach y tai bwyta yn ffynnu, mae hi'n ei chael hi mor anodd fel ei bod hi'n recriwtio yn rheolaidd o leoedd mor bell ag Awstralia. Ond go brin y bydd pobl o wledydd tramor yn aros yn hir. Maen nhw am ddod i Gymru am flwyddyn, ymarfer eu sgiliau iaith, gweld y wlad ac yna mynd adref. Byddai'n well o lawer gan Lisa recriwtio cogyddion Prydeinig fydd ar gyfartaledd yn aros mewn swydd am bedair blwyddyn.

Y broblem yw bod yna brinder mawr o gogyddion Prydeinig. Mae digon o bobl ifanc yn cwblhau cyrsiau arlwyo llawn amser yn y coleg neu'n mynd i ysgol goginiol. Dim ond ffracsiwn o'r rhain, fodd bynnag, sy'n dilyn gyrfa yn y diwydiant arlwyo. Dydyn nhw ddim yn hoffi'r oriau anghymdeithasol na'r cyflog cymharol isel.

Mae Lisa'n ystyried a ddylai'r cwmni gynnig cynllun prentisiaeth. Gallai prentisiaid gael eu hyfforddi hyd at NVQ lefel 2 neu 3 a byddai'r cwmni'n cael arian ar gyfer y cynllun gan Gyngor Cenedlaethol Cymru dros Addysg a Hyfforddiant. Gallai'r cwmni ddefnyddio colegau lleol ar gyfer peth o'r hyfforddiant. Fel arall, byddai cogyddion dewisedig mewn rhai o'r tafarnau-tai bwyta yn cael hyfforddiant wrth y gwaith.

1. Eglurwch ystyr: (a) prentisiaeth; (b) hyfforddiant wrth y gwaith.
2. Pam y gallai person 19 oed gael ei (d)enu gan brentisiaeth a gynigir gan gwmni Lisa?
3. Beth fyddai anghenion hyfforddiant cogyddion sydd yno eisoes ac a fydd yn gyfrifol am brentisiaid?
4. Yn eich barn chi, fydd cynllun hyfforddiant o'r fath yn lleihau problemau recriwtio'r cwmni? Eglurwch eich ateb.

Uned 58 Hyfforddiant

Rhestr wirio ✓

1. Beth yw amcanion hyfforddiant i fusnes?
2. Beth allai gweithiwr ei ennill o gael ei hyfforddi?
3. Beth yw'r gwahaniaeth rhwng hyfforddiant wrth y gwaith a hyfforddiant i ffwrdd o'r gwaith?
4. Ble allai gweithiwr gael ei hyfforddi i ffwrdd o'r gwaith?
5. Pa fathau o hyfforddiant sydd ar gael?
6. Pa fantais y gallai busnes ei chael o dderbyn myfyrwyr ar gynllun Ceiswyr Sgiliau?
7. Beth yw gwaith Cyngor Cenedlaethol Cymru dros Addysg a Hyfforddiant?

termau allweddol

Hyfforddiant i ffwrdd o'r gwaith - hyfforddiant a geir i ffwrdd o'r gwaith, naill ai yn y busnes neu y tu allan i'r busnes, e.e. mewn coleg addysg bellach.

Hyfforddiant wrth y gwaith - hyfforddiant yn y man gwaith a geir wrth wneud y gwaith.

Sefydlu - cyfnod o hyfforddiant ar gyfer gweithwyr sy'n newydd i'r busnes, pryd y byddan nhw'n dysgu am y busnes a'r gwaith sydd ganddynt i'w wneud.

ACHOS C CRYNODOL

HYFFORDDIANT A DATBLYGIAD

Mae anghenion datblygu ein gweithwyr yn cael eu diwallu yn bennaf ar lefel y cwmni gweithredu fel rhan gynhenid o strategaeth pob cwmni. Caiff y gweithgareddau hyn eu hategu o'r canol lle bo'r mater yn strategol bwysig, fel yn achos hyfforddiant Iechyd a Diogelwch, neu lle bo'n fuddiol gwneud hynny. Enghraifft amlwg o hyn yw ein gwaith ar ddatblygiad gweithwyr drwy werthusiad strwythurol o'r cymwyseddau (competencies) sydd eu hangen i gwrdd ag anghenion busnes yn y dyfodol.

Gan gydnabod pwysigrwydd cynyddu effeithlonrwydd gweithgynhyrchu, mae dull y cymwyseddau ar hyn o bryd yn cael ei ddefnyddio gan grŵp o gyfarwyddwyr gweithredu i gynyddu sgiliau a gwybodaeth drwy'r cyfan o'u swyddogaeth. Ar raddfa leol mae'r un dull wedi'i ddefnyddio'n llwyddiannus yn *Dale Farm* ac *Express Dairy* i helpu gweithwyr y storfeydd i arafu'r lleihad mewn dosbarthu i'r drws. Hefyd mae nifer cynyddol o fusnesau, gan gynnwys *Pork Farm Bowyers*, *Fox's Biscuits* a *Premium Savoury Products*, wedi defnyddio fframweithiau NVQ i godi lefelau sgiliau nifer mawr o'u gweithwyr.

Cafodd y pwys a roddir gan *Walter Hollands* ar hyfforddi a datblygu gweithwyr ei gydnabod yn ffurfiol eleni wrth iddo ennill safon Buddsoddiant mewn Pobl. Dyma'r ail o gwmnïau *Northern Foods* i ennill cydnabyddiaeth o'r fath.

Ar hyn o bryd mae ein busnes *Riverside and Evesham Foods* yn gweithredu rhaglen o newidiadau mawr sy'n cynnwys y gweithlu cyfan i greu'r diwylliant a'r amgylchedd priodol i gwrdd â heriau busnes y dyfodol.

Yn gyfochrog â chynnydd mewn gweithgaredd lleol, mae canolbwyntio ar faterion Diogelwch Bwyd a Iechyd a Diogelwch yn parhau i fod yn flaenoriaeth uchel eleni i'n holl fusnesau. Erbyn hyn mae mwy na 500 o reolwyr wedi cwblhau'n llwyddiannus y *Northern Foods Certificate in Advanced Food Safety* ac mae'r nifer sy'n cymryd rhan yn y Rhaglen Iechyd a Diogelwch a ddatblygwyd yn ddiweddar yn parhau i gynyddu.

Ffynhonnell: Adroddiad Blynyddol a Chyfrifon *Northern Foods PLC*, 1997.

Gwneuthurwr bwyd yw Northern Foods plc. Dyma'r cyflenwr mwyaf o laeth yn y DU. Mae'n gwerthu i uwchfarchnadoedd yn ogystal â dosbarthu i'r drws dan y brandiau *Express Dairy* a *Dale Farm*. Gwerthir cynhyrchion llaeth eraill dan frandiau fel *Eden Vale* a *Ski*. Mae ganddo hefyd fusnes nad yw'n ymwneud â chynhyrchion llaeth, busnes sy'n gwneud cynhyrchion a werthir fel 'ein brand ein hun' gan Marks & Spencer, Sainsbury's a Tesco. Mae hefyd yn gweithgynhyrchu bwyd dan ei labeli ei hun yn *Fox's Biscuits* a *Goodfella's Pizzas*. Mae Northern Foods yn cynnwys wyth prif is-gwmni.

1. Nodwch 2 enghraifft o hyfforddiant yn *Northern Foods*.
2. Awgrymwch pam y mae *Northern Foods* wedi rhoi hyfforddiant mewn: (a) Diogelwch Bwyd; (b) Iechyd a Diogelwch.
3. Eglurwch 2 ffordd y mae *Northern Foods* wedi rhoi hyfforddiant i'w weithwyr.
4. Rhaid i *Northern Foods* benderfynu faint i'w wario ar hyfforddiant. Trafodwch y manteision a'r anfanteison i'r cwmni o wario mwy ar hyfforddi ei weithwyr.

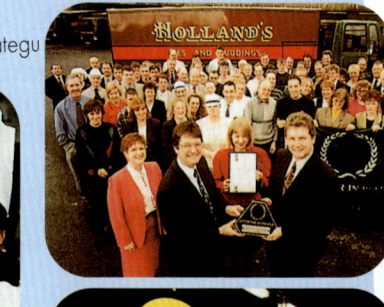

209

uned 59

CYFATHREBU

Gwneud penderfyniadau

Mae cyfathrebu'n hanfodol i fusnes. Beth yw'r ffordd orau i weithwyr gyfathrebu â'i gilydd ac â phobl o'r tu allan? Beth sy'n gwneud cyfathrebu'n effeithiol? Beth yw'r sianelau cyfathrebu gorau?

Un o gwmnïau yswiriant mwyaf Ewrop yw *Commercial Union**. Â'i bencadlys yn y DU, mae'n grŵp rhyngwladol sydd â gweithrediadau mewn mwy na 50 gwlad ac sydd â 25 600 o weithwyr ledled y byd. Mae cyfathrebu effeithiol yn hanfodol i lwyddiant y cwmni.

*Yn 1998 unodd *Commercial Union* â *General Accident*, yna yn y flwyddyn 2000 unodd y cwmni newydd hwn â *Norwich Union*.

Mae'r llythyr cwyno yma wedi'i anfon at gwmni rheilffyrdd.
1 Pwy yw anfonwr y cyfathrebiad?
2 Beth mae'r anfonwr yn ceisio'i gyfleu yn y llythyr?
3 Yn eich barn chi, ddylai'r cwmni ateb y llythyr? Rhowch ddadleuon o blaid ac yn erbyn.

Prosesu geiriau
4 Tybiwch fod y cwmni'n penderfynu ateb. (a) Ysgrifennwch lythyr ateb gan ddefnyddio pecyn prosesu geiriau os oes modd.
(b) Yn eich barn chi, fydd Mr Nichols yn ateb? Eglurwch pam y bydd neu na fydd yn ateb.

---

6 Ffordd y Pant
Rhydafon
15.5.01

Rwy am gwyno am eich casglwr tocynnau. Roeddwn ar y trên yn ôl o Lundain ddydd Gwener diwethaf ar ôl diwrnod braf o siopa pan ofynnodd am gael gweld fy nhocyn. Dywedodd nad oedd y tocyn yn ddilys am ei bod hi'n bump o'r gloch a thocyn undydd rhad oedd gennyf. Roedd yn mynnu fy mod i'n talu mwy o arian. Prynais docyn dwyffordd. Roedd wedi codi cywilydd arna i o flaen y teithwyr eraill. Gallech chi gredu mai lleidr oeddwn yn ôl yr hyn roedd e'n ei ddweud.

Yn anniddig
P Nichols (Mr)

Anfonwyr a derbynwyr

Mae dau berson neu grŵp yn gysylltiedig ag unrhyw GYFATHREBU.

• **Yr anfonwr**. Enghraifft fyddai *Commercial Union* yn anfon gwybodaeth allan yn ei Adroddiad Blynyddol a Chyfrifon. Gallai fod gweithiwr yn yr adran werthiant yn rhoi gwybodaeth am bolisi i gwsmer. Gallai fod pennaeth personél yn rhoi cyfarwyddiadau i benaethiaid adrannau eraill ynglŷn â sut i ddelio â phroblem gyda'r gweithwyr.

• **Y derbyniwr**. Dyma enghreifftiau: y cyfranddaliwr yn cael copi o'r Adroddiad Blynyddol drwy'r post; y cwsmer yn cael gwybodaeth am bolisi; penaethiaid yr adrannau yn cael cyfarwyddiadau gan bennaeth personél.

Efallai y bydd y derbyniwr yn rhoi ADBORTH (*feedback*), e.e. gallai'r cyfranddaliwr sy'n cael copi o'r Adroddiad Blynyddol ysgrifennu llythyr at y cwmni yn rhoi sylwadau ar ei berfformiad. Mae Ffigur 59.1 yn dangos adborth y gellir ei gael mewn busnes yswiriant.

Cyfathrebu mewnol ac allanol

Mae rhai cyfathrebiadau'n FEWNOL i'r busnes, e.e:
• un gwerthwr yn siarad â gwerthwr arall;
• y cyfarwyddwr cyllid yn anfon memorandwm at y gwerthwyr;
• pennaeth yr adran hawliadau (*claims*) yn anfon neges E-bost (post electronig) sydd i'w darllen gan eraill ym mlwch post eu cyfrifiaduron;
• copi o anfoneb yn cael ei ffacsio o gangen *Commercial Union* yng Nghaerdydd i'r gangen yn Birmingham;

Uned 59 Cyfathrebu

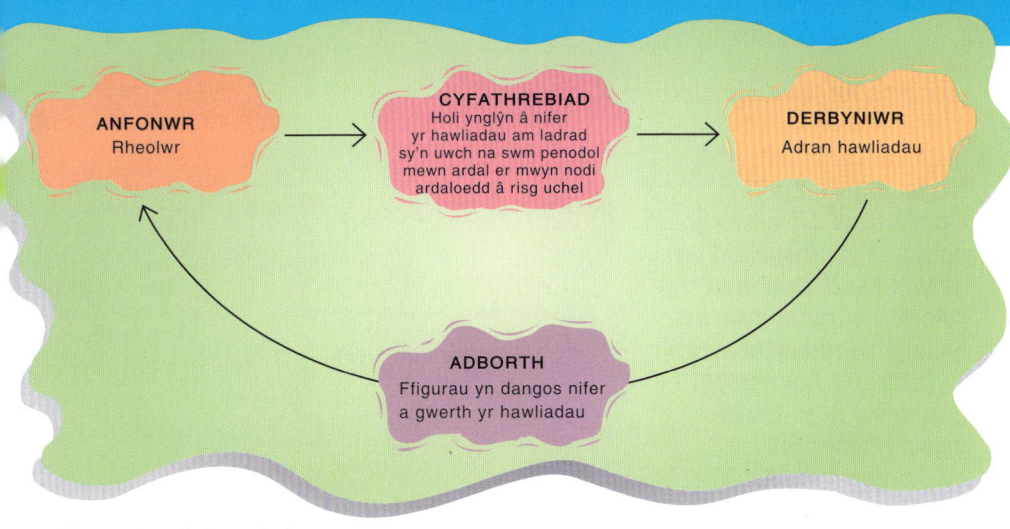

Ffigur 59.1 *Anfon a derbyn neges*

- brocer yn un o fusnesau *Commercial Union* dramor yn cael pris o system ddata ganolog.

Mae cyfathrebiadau eraill yn ALLANOL, lle mae *Commercial Union* yn cyfathrebu â phobl neu gyrff o'r tu allan i'r busnes. Enghreifftiau fyddai:

- gwerthwr yn siarad â chwsmer;
- cwsmer yn cael gwybodaeth am y premiymau ar bolisi;
- cwmni adeiladu yn ffacsio *Commercial Union* i gadarnhau manyleb ynglŷn ag atgyweirio adeilad.

Pwysigrwydd cyfathrebu da

Mae cyfathrebu da yn hanfodol i unrhyw fusnes. Yn *Commercial Union*, er enghraifft:

- mae pamffledi hysbysebu cywir yn osgoi siomi cwsmeriaid;
- mae cyfarwyddyd eglur gan reolwr yn sicrhau bod tasg yn cael ei gwneud;
- gallai memorandwm cywir oddi wrth yr adran gyfrifon helpu i ddatrys camddealltwriaeth.

Gall cyfathrebu allanol gwael achosi cwsmeriaid anfodlon, delwedd wael i'r busnes a phroblemau gyda chyflenwyr. Gall cyfathrebu mewnol gwael achosi i weithwyr fethu â deall yr hyn sydd ganddynt i'w wneud, cymhelliant gwael ymhlith y gweithwyr a dyblygu ymdrech. Yn gyffredinol, gall cyfathrebu gwael arwain at golli gwerthiant am fod cwsmeriaid yn anfodlon. Mae hefyd yn cynyddu costau am nad yw'r gwaith yn cael ei gyflawni yn y ffordd fwyaf effeithlon. Mae camgymeriadau'n cael eu gwneud a phethau'n cael eu hesgeuluso. Gall hyn i gyd arwain at elw is.

Sgiliau cyfathrebu

Mae nifer o ffactorau allweddol sy'n gwneud cyfathrebiad yn effeithiol.

Gwybodaeth Rhaid i'r hyn sy'n cael ei gyfathrebu fod yn gywir. Rhaid iddo fod yn **gyflawn**, gan roi'r holl wybodaeth angenrheidiol. Rhaid iddo hefyd fod yn **syml** ac yn **eglur** fel y gall y derbyniwr ddeall y wybodaeth yn fuan ac yn hawdd.

Anfonwr a derbyniwr Rhaid i'r neges gael ei hanfon gan y bobl iawn at y bobl iawn. Enghraifft o gyfathrebu gwael fyddai memorandwm a anfonwyd at bob gweithiwr sy'n delio ag yswiriant moduro ond a dderbyniwyd gan y gweithwyr yng nghangen *Commercial Union* yng Nghaerdydd yn unig.

Amser a lle Rhaid i'r cyfathrebu ddigwydd ar yr adeg iawn ac yn y lle iawn. Gallai taflen hysbysebu gan gwmni yswiriant yn 2001 fod yn ddi-werth os caiff ei hanfon allan yn 2002 oherwydd gallai telerau'r yswiriant fod wedi newid. Os caiff hysbysiad ynglŷn â diogelwch tân ei roi yn rhy uchel fel na all neb ei ddarllen, mae yn y lle anghywir. Os anfonir memorandwm brys o'r brif swyddfa yn Llundain ni ddylai gyrraedd tair wythnos yn ddiweddarach.

Yn 1996 rhoddodd llywodraeth Fietnam ganiatâd i *Commercial Union* ffurfio menter ar y cyd â *Vietnam International Insurance Company* – enghraifft o gyfathrebu allanol.

Mae cyfathrebu da yn hanfodol. Mae cysylltiadau data electronig yn caniatáu i frocerwyr brintio polisïau *Commercial Union* neu roi eu prisiau yn y fan a'r lle.

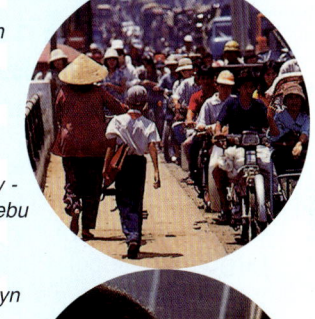

Dull Rhaid i **ddull** y cyfathrebu (☞ uned 60) fod yn iawn. Mae'r dulliau'n cynnwys cyfathrebu wyneb yn wyneb, memoranda, galwadau ffôn a defnyddio technoleg gwybodaeth.

A R Bedwn, Cyfrifwyr

Mae A R Bedwn yn fusnes cyfrifydda sy'n cyflogi cyfrifwyr cynorthwyol sy'n gweithio gyda'i gilydd mewn swyddfeydd yn Yr Wyddgrug. Mae'r busnes yn darparu gwasanaethau cyfrifydda ar gyfer busnesau bach eraill. Mae'n cadw cofnodion siopwyr, garejys, meddygon a thrydanwyr lleol, er enghraifft. Mae'r busnesau hyn yn fwy tebygol o ddefnyddio A R Bedwn na chwmnïau cyfrifydda mwy am fod ei wasanaethau'n fwy addas ar gyfer eu hanghenion nhw.

1. Pa wasanaethau y mae A R Bedwn yn eu cynnig i'w gwsmeriaid?
2. Rhowch 5 enghraifft yr un o'r canlynol yn achos A R Bedwn: (a) cyfathrebu allanol; (b) cyfathrebu mewnol.
3. Rhestrwch bwyntiau y gallai A R Bedwn eu defnyddio wrth geisio ennill cwsmeriaid newydd. Dylech gynnwys syniadau ynglŷn â pham y gallai cyfathrebu fod yn well mewn busnes bach nag mewn busnes cyfrifydda mawr.

Uned 59 Pobl mewn busnes

Rhwystrau i gyfathrebu

Nid yw pob cyfathrebiad yn effeithiol. Mae nifer o resymau pam y mae cyfathrebu'n methu. Efallai na fydd anfonwr y cyfathrebiad yn ei egluro'i hun yn dda. Efallai na all y derbyniwr ddeall y neges am nad yw'n deall y **jargon** technegol. Efallai na chlywodd y derbyniwr y neges am nad oedd yn talu sylw neu am ei fod yn dewis canolbwyntio ar ran o'r neges yn hytrach na'r neges gyfan. Gall negesau gael eu hystumio (*distort*) o gael eu trosglwyddo drwy ormod o bobl megis mewn gêm o sibrydion Tsineaidd. Gallai cyfarpar dorri lawr neu efallai nad yw'n gweithio'n dda iawn. Gallai fod nam ar beiriant ffacs neu ar ffôn neu gallai llinell ffôn fod yn swnllyd iawn.

Sianelau cyfathrebu

Mae gwybodaeth yn symud ar hyd SIANELAU CYFATHREBU. Sianelau yw'r rhain sydd wedi'u cydnabod a'u cymeradwyo gan y busnes a chan gynrychiolwyr y gweithwyr, e.e. **undebau llafur** (☞ uned 61). Mae dau brif fath o gyfathrebu ffurfiol.

- **Cyfathrebu fertigol** - cyfathrebu i fyny ac i lawr hierarchaeth (☞ uned 20) y busnes, e.e. clerc cynorthwyol yn ceisio am awdurdodiad gan oruchwyliwr i dalu hawliad. Enghraifft arall fyddai prif weithredwr *Commercial Union* yn anfon nodyn at ysgrifennydd yn gofyn iddo drefnu man cyfarfod ar gyfer cyfarfod nesaf y bwrdd cyfarwyddwr.
- **Cyfathrebu llorweddol** - gweithwyr ar yr un lefel mewn busnes yn cyfathrebu'n ffurfiol â'i gilydd, e.e. un cynorthwy- ydd gwerthu ar y ffôn yn gadael nodyn i gynorthwy- ydd arall ynglŷn â phroblemau gyda'r cyfarpar y mae'n ei ddefnyddio. Yn aml ni chaiff cyfathrebu ei drosglwyddo ar hyd sianelau swyddogol yn y gyfundrefn. Gelwir CYFATHREBU ANFFURFIOL yn **gyfathrebu drwy glep a si** (*through the grapevine*). Efallai, er enghraifft, fod gan reolwr yn yr adran hawliadau ffrind sy'n gweithio yn yr adran werthiant. Pan fyddan nhw'n cyfarfod ac yn cyfnewid straeon ynglŷn â'r hyn sy'n digwydd yn y cwmni, maen nhw'n trosglwyddo gwybodaeth yn anffurfiol.

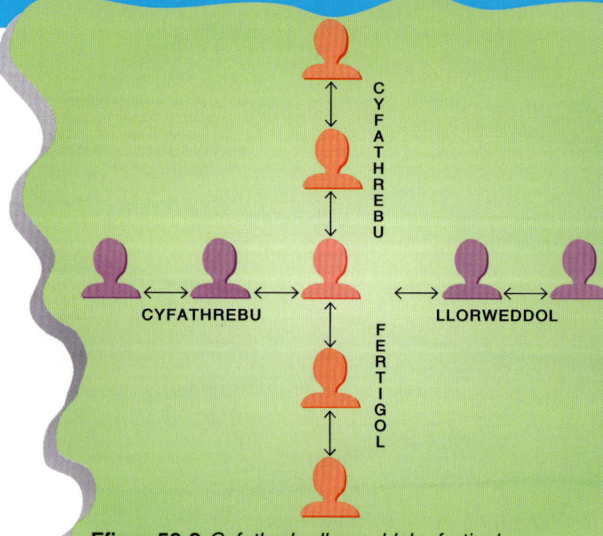

Ffigur 59.2 Cyfathrebu llorweddol a fertigol.

Dylai sianelau cyfathrebu gael eu gosod yn eglur gan fusnes. Os na wneir hynny, gall gwybodaeth hanfodol gael ei hanfon at y bobl anghywir neu gael ei cholli. Gall cyfathrebu drwy glep a si fod yn broblem weithiau oherwydd gall negesau gael eu hystumio o'u trosglwyddo drwy lawer o bobl. Ar y llaw arall, gall cyfathrebu anffurfiol fod yn ddefnyddiol. Efallai y bydd rheolwr yn gwybod bod arno angen cymaint o wybodaeth ag sy'n bosibl er mwyn gwneud ei waith yn iawn. Gallai hynny olygu cael mwy o wybodaeth na'r hyn a gaiff 'yn swyddogol'.

Yn gyffredinol po leiaf o gamau y bydd cyfathrebiad yn mynd trwyddynt (h.y. po fyrraf yw'r **gadwyn gyfathrebu**), lleiaf tebygol yw hi y caiff y neges ei chamddehongli. Un o fanteision posibl cwmni bach o'i gymharu â *Commercial Union* yw y gall fod yn haws cyfathrebu'n effeithiol gan fod llai o bobl yn gweithio yno. Dyma pam y mae'n rhaid i *Commercial Union* weithio'n galed i gynnal effeithiolrwydd ei systemau cyfathrebu.

Ffynhonnell: addaswyd o Adroddiad Blynyddol a Chyfrifon *Commerical Union*.

---

1 Beth sy'n gwneud clawr blaen pamffled teithio yn gyfathrebiad effeithiol?

2 Ysgrifennwch adroddiad cryno yn awgrymu sut a ble y gallai pamffledi gael eu dosbarthu. Er enghraifft, a ddylid postio copi i bob tŷ yn y wlad? A ddylid dosbarthu'r pamffled i bob trefnwr teithiau yn Ewrop? Wrth lunio'ch ateb, cofiwch y dylid cadw costau dosbarthu mor isel â phosibl ac y dylai'r pamffledi gyrraedd y bobl sydd fwyaf tebygol o ddefnyddio'r gwasanaeth.

Uned 59 Cyfathrebu

Mae eich ysgol/coleg yn debygol o fod yn gyfundrefn fusnes. Bydd yna sianelau ffurfiol o gyfathrebu. Beth yw'r sianel(au) ffurfiol o gyfathrebu ar gyfer y sefyllfaoedd canlynol?

1. Mae disgybl/myfyriwr yn gyson yn hwyr i wersi astudiaethau busnes.
2. Mae angen tocyn bws ar ddisgybl neu fyfyriwr.
3. Mae athro/darlithydd am archebu gwerslyfrau astudiaethau busnes.
4. Mae athro/darlithydd am gael bwrdd gwyn yn yr ystafell addysgu.
5. Mae disgybl/myfyriwr am gael ei ryddhau bob prynhawn am bythefnos i gymryd rhan mewn sioe yn y theatr leol.

termau allweddol

Adborth - ymateb i neges gan y derbyniwr i'r anfonwr.
Cyfathrebu - negesau a drosglwyddir rhwng anfonwr a derbyniwr drwy gyfrwng fel llythyr neu ffacs.
Cyfathrebu allanol - cyfathrebu rhwng y busnes ac unigolyn neu gorff o'r tu allan fel cwsmer, cyflenwr neu arolygwr trethi.
Cyfathrebu anffurfiol neu gyfathrebu drwy glep a si - cyfathrebu drwy sianelau nad ydynt wedi'u cydnabod yn ffurfiol gan y busnes.
Cyfathrebu mewnol - cyfathrebu o fewn y gyfundrefn fusnes.
Sianel gyfathrebu - y llwybr a gymerir gan neges, e.e. cyfathrebu llorweddol, cyfathrebu fertigol neu gyfathrebu drwy glep a si.
Sianelau ffurfiol o gyfathrebu - sianelau sydd wedi'u cydnabod a'u cymeradwyo gan y busnes a chan gynrychiolwyr y gweithwyr, e.e. undebau llafur.

ACHOS CRYNODOL

CWMNI BLODAU POT

Gallai'r ymarfer hwn gael ei wneud NAILL AI drwy ddefnyddio cyfarfod o'ch minigwmni chi NEU drwy ddefnyddio'r isod, sef Cwmni Blodau Pot.

Mae pum ffrind wedi ffurfio Cwmni Blodau Pot. Eu syniad busnes yw swmp brynu blodau pot gan ganolfan arddio leol a'u gwerthu'n unigol am bris uwch i gwsmeriaid. Mae un aelod o'r cwmni yn gweithio yn yn ganolfan arddio ac mae'r rheolwr wedi dweud y gellir prynu'r planhigion am bris cost plws 10%. Pris cost y planhigyn nodweddiadol yw 50c ac fe'i gwerthir yn y ganolfan arddio am 99c.

Mae cyfarfod o'r cwmni wedi'i alw i drafod strategaethau marchnata - pa bris i'w godi am y planhigion, sut i hyrwyddo gwerthiant, a ddylai'r cwmni geisio ychwanegu unrhyw werth at y planhigion sydd i'w gwerthu a ble a phryd i werthu'r planhigion.

Ymrannwch yn grwpiau o saith. Mae pump i fod yn aelodau o Gwmni Blodau Pot.
- Tybiwch fod Cwmni Blodau Pot yn gweithredu yn amgylchedd eich ysgol/coleg.
- Eich tasg chi yw gwneud penderfyniadau ar bris, hyrwyddo, cynnyrch a lleoliad.
- Ar y cychwyn mae'n rhaid penodi cadeirydd ac ysgrifennydd. Y cadeirydd fydd yn cadeirio'r cyfarfod. Bydd yr ysgrifennydd yn cadw cofnodion y cyfarfod.

Mae dau i fod yn wylwyr. Mae angen iddynt sylwi ar safon y cyfathrebu yn y cyfarfod. Er enghraifft, ydy'r hyn a ddywedir yn gywir, yn gyflawn, yn syml ac yn eglur? I ba raddau y mae pobl yn cyfathrebu drwy'r sianel ffurfiol o gyfathrebu, sef drwy'r cadeirydd? Ydy unrhyw un yn cyfathrebu'n anffurfiol, gan siarad efallai â'r person nesaf ato yn hytrach na siarad â'r grŵp cyfan?

Ar ôl 20-30 munud dylai'r cyfarfod ddod i ben.

(a) Yna gall y gwylwyr nodi eu sylwadau yn adborth i'r grŵp cyfan.
(b) Ydy pum aelod y cwmni yn cytuno bod y sylwadau'n gywir?
(c) Edrychwch ar gofnodion yr ysgrifennydd. Ydyn nhw'n adlewyrchiad cywir o'r cyfarfod? Eglurwch pam yr ydynt neu pam nad ydynt.

Rhestr wirio ✓

1. Yn achos cyfathrebu, beth yw'r gwahaniaeth rhwng anfonwr a derbyniwr?
2. Mae cwmni'n anfon pamffled at gwsmer. Pa adborth y gallai ddisgwyl ei gael?
3. Beth yw'r gwahaniaeth rhwng cyfathrebu mewnol a chyfathrebu allanol?
4. Rhestrwch 4 cyfathrebiad allanol y gallai siop bapur newydd leol eu hanfon neu eu derbyn.
5. Pam y mae cyfathrebu da yn bwysig i fusnes?
6. Beth sy'n gwneud cyfathrebu'n effeithiol?
7. Beth yw'r gwahaniaeth rhwng cyfathrebu fertigol a chyfathrebu llorweddol?
8. Pam y mae cyfathrebu anffurfiol yn ddefnyddiol ac yn broblem bosibl i gyfundrefn fusnes?

uned 60

DULLIAU CYFATHREBU

Gwneud penderfyniadau

Rhaid i bob busnes gyfathrebu. Rhaid i bobl o fewn y busnes gyfathrebu â'i gilydd. Rhaid i'r busnes gyfathrebu â rhai sydd ar y tu allan, e.e. cwsmeriaid, cyflenwyr a'r llywodraeth. Felly, mae'n rhaid i fusnesau benderfynu beth yw'r dull mwyaf effeithiol o gyfathrebu. Ai llythyr, er enghraifft, neu ffacs neu gofnodion neu alwad ffôn?

Allied Carpets yw adwerthwr carpedi mwyaf Prydain. Ar ddechrau 1997 roedd yn gweithredu 207 o siopau. Cafodd 24 siop *Allied Carpets* arall ac 12 siop *Carpetland* eu hagor yn ystod y flwyddyn. Mae cyfathrebu llwyddiannus o fewn y cwmni ac â chwsmeriaid a chyflenwyr yn hanfodol os ydy'r cwmni i barhau i fod yn llwyddiannus a chynyddu'r gwerthiant o £255.7 miliwn a gafwyd yn y flwyddyn ariannol 1996/7.

Iaith y corff

Pan fydd dau berson neu fwy yn cyfarfod, caiff llawer o negesau eu trosglwyddo drwy'r ffordd y byddan nhw'n ymddwyn ac yn adweithio yn gorfforol. Mewn cyfweliad am swydd, er enghraifft, efallai y byddai un o reolwyr *Allied Carpets* yn chwerthin. Gallai hynny gael ei ddehongli mewn sawl ffordd. Gallai wneud i'r cyfweleion (*interviewees*) ymlacio. Ond hefyd gallai roi'r arwydd iddynt eu bod wedi rhoi'r ateb anghywir.

Mae'r ffordd y byddwn yn chwerthin, yn gwgu, yn cerdded ac yn gwisgo yn enghreifftiau o gyfathrebu **di-eiriau**.

Cyfathrebu geiriol

Cyfathrebu geiriol neu **lafar** (*oral*) yw lle mae dau berson neu fwy yn siarad â'i gilydd. Efallai y byddan nhw'n cyfarfod yn anffurfiol. Gallai rheolwr un o siopau *Allied Carpets*, er enghraifft, sôn am broblem sydd newydd godi wrth gynorthwy-ydd. Dyma enghraifft o gyfathrebu **wyneb yn wyneb**. Efallai bod y siop am gael gwybodaeth am archeb a roddwyd ganddi i wneuthurwr carpedi. Byddai ffonio'r gwneuthurwr yn enghraifft o gyfathrebu **ffôn**.

Dyma enghreifftiau o fathau mwy ffurfiol o gyfathrebu geiriol:
- rheolwr siop yn mynd i **gyfarfod** ynghyd â rheolwyr siopau eraill;
- rheolwr yn **cyfweld** â phobl am swydd;
- rheolwr siop yn mynd i **gynhadledd** i drafod digwyddiadau hyrwyddo;
- grŵp o reolwyr yn **telegynadledda** (*teleconferencing*), lle gall dau berson neu fwy wrando ar sgwrs dros y ffôn ac ymuno â'r sgwrs;
- grŵp o gyfarwyddwyr yn **fideogynadledda**, lle gallan nhw weld a chlywed ei gilydd drwy ddefnyddio camerâu fideo, llinellau ffôn a monitorau.

Mae fideogynadledda'n debygol o gynyddu'n gyflym yn y dyfodol wrth i dechnoleg ddatblygu a bod angen i fusnesau

Edrychwch ar y lluniau.
1. Beth, yn eich barn chi, y mae pob llun yn ei ddangos ynglŷn â theimladau'r person?
2. Mae rheolwr yn mynd i roi rhybudd geiriol i weithiwr sydd wedi bod yn hwyr i'r gwaith yn gyson heb reswm da. Bydd cynrychiolydd undeb y gweithiwr yn bresennol wrth i'r rhybudd gael ei roi.
   (a) Pa wybodaeth y gellid ei rhoi i'r gweithiwr yn y rhybudd geiriol?
   (b) Pa negesau di-eiriau y gallai'r rheolwr eu rhoi i'r gweithiwr yn ystod y cyfweliad? Gallech wneud hyn yn ymarfer chwarae rôl.

Uned 60 Dulliau cyfathrebu

CBG

1. Disgrifiwch mewn geiriau y cyfathrebu gweledol a ddefnyddir yn y poster yma ar gyfer gwelyau.
2. Pam y defnyddiwyd delweddau gweledol yn ogystal â geiriau ar y poster?
3. Lluniwch boster sydd i'w arddangos mewn swyddfa neu ffatri, yn egluro peryglon rhedeg i lawr y grisiau neu wthio pobl eraill pan fydd llawer ar y grisiau. Gallech ddefnyddio pecyn cyhoeddi bwrdd gwaith i wneud hyn.

gyfathrebu â phobl ymhell i ffwrdd.

Gall rheolwr y siop ddefnyddio'r ffôn i gysylltu â rhywun ar unwaith. Cymharwch hyn â llythyr na fydd yn cyrraedd tan 24 awr yn ddiweddarach. Gall y sgwrs fod yn gyfrinachol. Gall y ddau berson gyfnewid barn. Felly, gall derbyniwr y neges holi ynglŷn ag unrhyw beth nad yw wedi'i ddeall neu roi adborth di-oed.

Po fwyaf o bobl sydd ynghlwm wrth y peth, fodd bynnag, lleiaf tebygol yr ydych o gael adborth. Mewn cyfarfod o weithwyr *Allied Carpets* lle mae 20 person yn bresennol, y tebyg yw na fydd rhai pobl yn rhoi unrhyw adborth o gwbl.

Cyfathrebu gweledol

Mae *Allied Carpets* yn defnyddio cyfathrebu gweledol cryn dipyn. Yn ei siopau mae miloedd o samplau o garpedi fel y gall pobl weld a theimlo'r carped. Mae'n defnyddio **posteri** sy'n cynnwys **ffotograffau** o garpedi mewn ystafelloedd i helpu cwsmeriaid i ddychmygu sut olwg fyddai ar y carped yn eu cartrefi nhw.

Defnyddir technoleg gwybodaeth hefyd. Mae gan *Allied Carpets* system *HomeVision* sy'n caniatáu i gwsmeriaid weld ar sgrin cyfrifiadur sut olwg fyddai ar unrhyw lawr wedi i'r carped gael ei ffitio.

Gall cyfathrebu gweledol ddigwydd o fewn y gyfundrefn a'r tu allan iddo. Efallai, er enghraifft, y bydd y brif swyddfa'n anfon at reolwr **siart bar** neu **graff** sy'n dangos tueddiadau mewn gwerthiant neu gostau ac sydd wedi'i gymryd o system gyfrifiadurol y cwmni. Gallai rheolwr ddarllen **papur newydd** sy'n dangos cyfran *Allied Carpets* o'r farchnad trwy gyfrwng **siart cylch**. Gallai rheolwr gyrchu (*access*) gwybodaeth ar **rwydwaith cyfrifiadurol** *Allied Carpets*. Efallai y bydd y rheolwr yn gweld **fideo** *The Money Programme* gan y BBC ynglŷn â chystadleuaeth yn y farchnad garpedi. Yn ei farchnata, mae *Allied Carpets* yn defnyddio **hysbysebion** mewn papurau newydd a chylchgronau i gyfathrebu â chwsmeriaid posibl.

Gall delweddau gweledol wella cyfathrebu ar gyfer busnes. Gall ffotograffau, er enghraifft, effeithio ar deimladau a chanfyddiadau pobl ynglŷn â rhywbeth mewn modd na all llythyr nac erthygl ysgrifenedig ei wneud. Dylai defnyddiwr gael gwell syniad o lawer o garped y mae'n ystyried ei brynu o'i weld ar gyfrifiadur gan ddefnyddio'r system *HomeVision*.

Cyfathrebu ysgrifenedig

Mae geiriau ysgrifenedig yn ffordd ddefnyddiol o gyfathrebu. Gan y gellir eu storio, ar bapur neu ar system gyfrifiadurol er enghraifft, gallan nhw roi cofnod parhaol o'r cyfathrebu. I'r gwrthwyneb, mae'n annhebyg y bydd cofnod parhaol os bydd rheolwr un o siopau *Allied Carpets* yn cael sgwrs anffurfiol gyda'i **reolwr llinell** (☞ uned 20). Gall cyfathrebu ysgrifenedig hefyd gyrraedd nifer mawr o bobl. Gall llythyr newyddion (*newsletter*) cwmni, er enghraifft, gael ei anfon at bob gweithiwr. Gall cyfathrebu ysgrifenedig fod yn fanwl iawn. Gellir llunio contract rhwng *Allied Carpets* ac un o'i gyflenwyr fel na fydd camddealltwriaeth yn ddiweddarach.

Yn aml gellir defnyddio cyfathrebu ysgrifenedig i egluro'r manylion am gynnyrch neu i drosglwyddo gwybodaeth i gwsmeriaid. Gall pamffled egluro'r gwasanaeth ffitio a gynigir gan *Allied Carpets* neu roi'r manylion am delerau credyd ar bryniant.

Go brin y bydd cyfathrebu ysgrifenedig yn rhoi cyfle am adborth di-oed. Felly, gall gael ei anwybyddu. Efallai, er enghraifft, na fydd hysbysiad ar hysbysfwrdd yn cael ei weld gan weithiwr.

Pa ddulliau o gyfathrebu yn Allied Carpets a ddangosir yn y lluniau?

215

Uned 60 Pobl mewn busnes

Mae sawl math o gyfathrebu ysgrifenedig.

Llythyrau Mae llythyr yn hyblyg ac yn gallu cyfleu, er enghraifft, cynlluniau, cyfarwyddiadau, sylwadau a dadansoddiad. **Llythyr personol** yw llythyr a anfonir gyda'r ddealltwriaeth na fydd neb ond y derbyniwr a enwir yn ei ddarllen. **Llythyr agored** yw llythyr lle mae'r anfonwr am i unrhyw un sydd â diddordeb ynddo ei ddarllen. Gallai'r llythyr gael ei ffacsio at y derbyniwr yn hytrach na'i anfon drwy'r post. Yma caiff y llythyr ei anfon, drwy beiriant ffacs, i lawr y wifren ffôn i gael ei brintio gan beiriant ffacs yn swyddfa'r derbyniwr.

Memorandwm Llythyr cryno yw memorandwm ('memo'), fel rheol yn rhoi cyfarwyddiadau, e.e. cais am wybodaeth. Weithiau caiff memoranda eu hysgrifennu ar ffurflenni safonol.

Cylchlythyr neu lythyr newyddion Mae cylchlythyr yn gyfathrebiad a anfonir at nifer o bobl. Gallai prif swyddfa *Allied Carpets* anfon cylchlythyr at reolwyr pob un o'i siopau i roi gwybodaeth am amrywiaeth newydd o garpedi. Mae gan *Allied Carpets* gyfathrebiad wythnosol oddi wrth adrannau yn y brif swyddfa i'r siopau. Gall gwybodaeth gael ei throsglwyddo o siop i siop, e.e. os oes angen help i gyflenwi cynnyrch nad oes llawer ohono ar gael.

Ffurflenni Bwriedir i ffurflenni wneud yn siŵr bod yr holl wybodaeth sy'n ofynnol yn cael ei chynnwys mewn cyfathrebiad. Mae ffurflen gais am swydd yn *Allied Carpets*, er enghraifft, yn gofyn i ymgeiswyr roi eu henw, eu cyfeiriad a'u hoed yn ogystal â manylion am eu profiad gwaith yn y gorffennol.

Cofnodion (*Minutes*) Cofnod ysgrifenedig o gyfarfod yw'r rhain. Mae rhywun yn y cyfarfod yn gwneud nodiadau o'r hyn a ddywedwyd ac yna'n ysgrifennu hyn yn fanwl. Mae cofnodion yn bwysig oherwydd efallai y cyfeirir atynt. Os oes dadl ynglŷn â'r hyn a ddywedwyd mewn cyfarfod, gallai'r cofnodion ddangos yr hyn a ddigwyddodd mewn gwirionedd. Gan y cyfeirir at gofnodion, mae'n arferol i'r bobl a aeth i'r cyfarfod gadarnhau'r cofnodion. Mae hynny'n golygu eu bod yn cytuno bod y cofnodion ysgrifenedig yn adlewyrchu'n gywir yr hyn a ddywedwyd yn y cyfarfod.

Adroddiadau Darn estynedig o ysgrifennu am bwnc penodol yw adroddiad. Rhaid i gwmnïau cyfyngedig cyhoeddus fel *Allied Carpets* gynhyrchu Adroddiad Blynyddol ar gyfer eu cyfranddalwyr. Mae hwn yn rhoi manylion am berfformiad y cwmni dros y 12 mis

Clywed a gweld

Dydy telegynadledda a fideogynadledda ddim ar gyfer amaturiaid. Pan fydd IBM, un o gwmnïau cyfrifiaduron mwyaf y byd, am gynnal cynhadledd, bydd yn defnyddio cwmni allanol i'w threfnu. Y cwmni hwnnw yw *Geoconference*, sy'n cyflogi 40 person yn unig.

Mae George Mackintosh, rheolwr-gyfarwyddwr *Geoconference*, yn egluro nad yw'n anodd i dri neu bedwar person wneud galwad gynhadledd dros y ffôn. Ond mae trefnu cynhadledd ar gyfer mwy na hynny 'yn gofyn cael rhywbeth mwy nag y bydd eich ffôn fel rheol yn ei roi i chi. Mae'n gofyn cael cysylltwr ffôn (operator) a blwch 'whizzy.'

Mae'r cysylltwr yn cysylltu pawb sy'n cymryd rhan yn y gynhadledd, yn eu cadw 'ar gael' (*on hold*) ac yn eu rhoi trwodd i gadeirydd y gynhadledd ar yr amser a bennwyd. Yna bydd y cysylltwr yn monitro'r gynhadledd i sicrhau bod y cyfranogwyr yn parhau wedi'u cysylltu. Pan fydd y sesiwn ar ben, bydd yn dod â'r cysylltiadau i ben. Ar gyfer fideogynadledda mae *Geoconference* yn defnyddio'i gyfarpar ei hun gan gynnwys cyfrifiadur i drefnu'r cysylltiadau.

Yn naturiol, mae cwmnïau telathrebu fel Telecom Prydain yn darparu cyfleusterau rheoli telegynadledda a fideogynadledda. Ond mae *Geoconference* yn credu y gall roi gwell gwasanaeth a phris is na'r prif gwmnïau telathrebu.

Ffynhonnell: addaswyd o'r *Financial Times*, 2 Medi 1997.

MEMO MEWNOL

Oddi wrth: **Wil Lewis** Dyddiad **4/5/98**

At: **Steffan Donald** Cyf

Testun **Erthygl yr FT am gynadledda**

Beth yw dy farn di? Yn dilyn ein trafodaeth ddiweddar, wyt ti'n credu y dylem gysylltu â *Geoconference* i drafod contract?

Mae Wil Lewis yn gyfarwyddwr cwmni canolig sy'n cynhyrchu cynnyrch tŷ a chynnyrch personol. Mae'n gweithgynhyrchu amrywiaeth o nwyddau gan gynnwys shampŵ, sebon, diaroglydd a phersawr yn ogystal â chynnyrch glanhau'r tŷ a phowdrau golchi. Mae gan y cwmni chwe ffatri, pedair mewn rhannau gwahanol o'r DU, un yn Iwerddon ac un yn Hwngari, yn ogystal â phrif swyddfa yn Llundain. Ar hyn o bryd dim ond un wrth un dros y ffôn y bydd rheolwyr yn y ffatrïoedd ac yn y brif swyddfa yn siarad â'i gilydd. Dwywaith y flwyddyn, bydd yr uwch-reolwyr o bob ffatri yn cynnal cynhadledd undydd yn Llundain i drafod materion. Ar ben hynny, bydd rheolwyr o bob ffatri yn treulio 10 diwrnod ar gyfartaledd drwy'r flwyddyn yn y brif swyddfa yn delio â materion y cwmni.

Ysgrifennwch adroddiad cryno ar gyfer Wil Lewis, yn amlinellu manteision telegynadledda a fideogynadledda o'u cymharu â'r hyn sy'n digwydd ar hyn o bryd. Eglurwch sut y byddech yn penderfynu a fyddai'n werth chweil yn ariannol newid i fwy o delegynadledda a fideogynadledda.

Uned 60 Dulliau cyfathrebu

diwethaf. Mae sawl math arall o adroddiad. Efallai, er enghraifft, y bydd yn rhaid i'r Cyfarwyddwr sy'n gyfrifol am weithrediadau'r siopau gyflwyno adroddiad i'r bwrdd ynglŷn â nifer y gweithwyr yn y siopau yn y dyfodol. Gall adroddiad gynnwys graffiau, siartiau a ffotograffau yn ogystal â geiriau. Mae'n debygol o gael ei lunio gan ddefnyddio pecyn prosesu geiriau ar gyfrifiadur.

Cronfeydd data Mae *Allied Carpets* yn cadw amrywiaeth o gronfeydd data, e.e. gwybodaeth am archebion cwsmeriaid neu am gynhyrchion. Gallai gwerthwr edrych ar gronfa ddata i gael y manylion am archeb cwsmer pe bai ymholiad.

Cymwysiadau eraill o dechnoleg gwybodaeth Erbyn hyn gall cyfrifiaduron storio ac adfer gwybodaeth mewn amrywiaeth o fformatau. Mae gan *Allied Carpets*, er enghraifft, system soffistigedig **Man Gwerthu Electronig** (*Electronic Point of Sale - EPOS*). Mae hon yn storio gwybodaeth am werthiant wrth i'r cwsmer dalu am gynhyrchion yn y man talu. Gall adwerthwyr fel *Allied Carpets* ddefnyddio'r system i roi gwybodaeth ysgrifenedig iddynt am lefelau stoc, gwerthiant ac archebion newydd.

Mae pecynnau prosesu geiriau yn galluogi i ffeiliau gael eu trafod a'u storio ar gyfrifiadur yn hytrach nag ar bapur. Mae system gyfrifiadurol *Allied Carpets* ar gyfer archebion cwsmeriaid yn galluogi i archeb gael ei llunio gyda'r cwsmer yn y siop a'i hanfon dros y ffôn drwy **modem** at gyfrifiadur yn warws *Allied Carpets* yn Bolton. Bydd *Allied Carpets* hefyd yn defnyddio **E-bost** fel dull cyfathrebu. Trwy'r dull hwn gall negesau gael eu hanfon o un cyfrifiadur i un arall o fewn grŵp *Allied Carpets* ac i rai o'r tu allan. Mae **rhwydweithiau cyfrifiadurol** yn galluogi i gyfrifiaduron gael eu cysylltu â'i gilydd i ddarparu gwybodaeth. Mae gan lawer o fusnesau **safle ar y we** i roi gwybodaeth am y busnes a'r cynhyrchion y mae'n eu gwerthu.

Yn aml mae technoleg gwybodaeth yn gyflymach ac yn haws ei defnyddio na chyfathrebiadau papur. Mae hefyd yn fwy pwerus, yn galluogi i lawer mwy o wybodaeth gael ei thrafod nag a fyddai'n bosibl o ddefnyddio pen ac inc.

Ffynhonnell: addaswyd o Adroddiad Blynyddol a Chyfrifon *Allied Carpets*.

Rhestr wirio ✓

1 Pam y byddai rheolwr o bosibl yn defnyddio cyfathrebu geiriol i roi neges i reolwr arall yn hytrach nag ysgrifennu memo?
2 Beth yw anfanteision cyfathrebu geiriol?
3 Rhestrwch ac yna disgrifiwch mewn geiriau 3 darn o gyfathrebu gweledol sydd yn y llyfr hwn.
4 Pam y byddai rheolwr o bosibl yn cyflwyno ffigurau gwerthiant y 5 mlynedd diwethaf ar ffurf graff yn hytrach nag mewn geiriau?
5 Beth yw'r gwahaniaeth rhwng llythyr a memorandwm?
6 Pryd y gallai busnes ddefnyddio cylchlythyr?
7 Ar gyfer beth y defnyddir ffurflenni?
8 Beth yw adroddiad?
9 Beth sy'n gwneud llawlyfr cyfarwyddiadau yn effeithiol?

ACHOS CRYNODOL: ANN RHYDDERCH

Mae Ann Rhydderch yn bennaeth marchnata mewn cwmni cyfyngedig canolig sy'n gweithgynhyrchu crochenwaith yn Wrecsam. Dangosir yma ran o'i dyddiadur - ar gyfer dydd Mawrth 6 Mehefin.

1 Ar gyfer pob cofnod yn ei dyddiadur a welir yma, disgrifiwch y mathau o gyfathrebu y mae hi'n debygol o fod wedi'u defnyddio.
2 Mae cwsmer newydd posibl wedi cysylltu â'r cwmni. Rhaid i Ann benderfynu pa un o'r canlynol i'w wneud:
- mynd i gyfarfod y cwsmer yn Llundain;
- gofyn i'r cwsmer ddod i'w chyfarfod hi yn Wrecsam;
- trefnu trafodaeth delegynadledda neu fideogynadledda (lle gall pobl siarad â'i gilydd neu weld ei gilydd ar y sgrin os oes ganddynt y cyfarpar priodol);
- anfon deunydd hyrwyddo ynglŷn â'r cwmni a'i gynhyrchion.

Pa un o'r dulliau hyn o gyfathrebu â'r cwsmer posibl y dylai hi ei ddewis yn eich barn chi? Rhowch resymau dros eich ateb, gan ystyried y gost, yr amser a gymerir ac effeithiolrwydd y cyfathrebiad.

6 Mehefin
Dydd Mawrth

8.30 Cyfarfod rhagbaratoi gyda Cerys ynglŷn â'r diwrnod
8.45 Ymateb i'r post a dderbyniwyd
9.15 Cysylltu â John Taylor yn Llundain
9.30 Cyfarfod pwyllgor cynhyrchion newydd
12.00 Cyfarfod cinio gyda chynrychiolwyr Selwydd ccc
14.00 Cyfweliadau ar gyfer dirprwy gynorthwy-ydd marchnata
16.00 Paratoi ar gyfer cyfarfod y bwrdd ymhen 7 diwrnod
18.00 Mynd adref

uned 61
CYSYLLTIADAU DIWYDIANNOL

Gwneud penderfyniadau

Rhaid i reolwyr a gweithwyr benderfynu ar y cysylltiadau rhyngddynt. Mae ganddyn nhw fuddiannau cyffredin, e.e. sicrhau parhad y busnes. Ond mae ganddynt hefyd amcanion sy'n gwrthdaro, e.e. maint codiadau cyflog neu safon yr amodau gwaith. Rhaid i'r gweithwyr benderfynu a ddylent ymaelodi ag undeb llafur i warchod eu buddiannau. Rhaid i'r rheolwyr benderfynu a fyddan nhw'n cydweithio ag undebau llafur a sut i gyfathrebu â'r gweithwyr. Mae'r rheolwyr a'r undebau llafur yn gyfrifol am gysylltiadau rhwng y gweithwyr a'r rheolwyr mewn busnes.

Cwmni peirianneg yng Nghasnewydd yw Dyfaldonc. Fe'i sefydlwyd yn 1955 pan oedd y diwydiant peirianneg yn gryf. Erbyn hyn mae'n cyflogi traean yn unig o'r nifer a gyflogwyd ganddo 20 mlynedd yn ôl.

Undebau yn Dyfaldonc

Mae'r 326 o weithwyr yn Dyfaldonc yn cael eu cynrychioli gan yr un undebau ag a gafodd eu cydnabod gan y cwmni 20 mlynedd yn ôl. Undeb y Gweithwyr Trafnidiol a Chyffredinol (*Transport and General Workers Union*) gyda 900 000 o aelodau ledled y wlad sy'n cynrychioli'r gweithwyr di-grefft. Yr Undeb Peirianneg Trydanol Cyfunedig (*Amalgamated Electrical Engineering Union - AEEU*) gyda 750 000 o aelodau ledled y wlad sy'n cynrychioli'r gweithwyr medrus. Mae'r gweithwyr swyddfa yn aelodau o'r Undeb Gweithgynhyrchu, Gwyddoniaeth a Chyllid (*Manufacturing, Science and Finance Union*). Mae ganddo 450 000 o aelodau ledled y wlad.

Cyfathrebu

Mae'r rheolwyr yn Dyfaldonc yn cyfathrebu â'u gweithlu ynglŷn ag amrywiaeth o faterion, e.e. cyflog, gwyliau, amodau gwaith a chontractau cyflogaeth, colli gwaith a lefelau staffio. Y term am y berthynas rhwng y ddau grŵp yw CYSYLLTIADAU DIWYDIANNOL (*industrial relations*).

Ers i'r cwmni gael ei sefydlu, mae'r gweithwyr wedi bod yn aelodau o UNDEBAU LLAFUR. Mae'r rhain yn gwarchod buddiannau eu haelodau. Yn Dyfaldonc mae cynrychiolwyr yn trafod gyda'r rheolwyr ar ran eu haelodau. Y term am y trafod yma yw **cydfargeinio** (*collective bargaining*). Defnyddir y term 'cyd' am fod llawer o gyfranddalwyr yn cael eu cynrychioli gan ychydig o reolwyr a bod llawer o weithwyr yn cael eu cynrychioli gan ychydig o gynrychiolwyr yr undebau llafur. Mae cydfargeinio'n darparu **sianel gyfathrebu** (☞ uned 59) rhwng y gweithwyr a'r rheolwyr.

Undebau llafur

Mae'r gweithwyr yn Dyfaldonc yn aelodau o undebau llafur am fod y rhain yn darparu amrywiaeth o wasanaethau.
- Maen nhw'n trafod gyda chyflogwyr a chymdeithasau cyflogwyr amodau

1. Mae Hanna Aeron yn weinyddwraig gynorthwyol mewn cwmni teledu cebl. Eglurwch y manteision y gallai hi eu cael drwy ymaelodi â'r undeb CWU.
2. Sut y gallai CWU helpu'r diwydiant cyfathrebu?

Ffynhonnell: Undeb y Gweithwyr Cyfathrebu (*Communication Workers Union - CWU*).

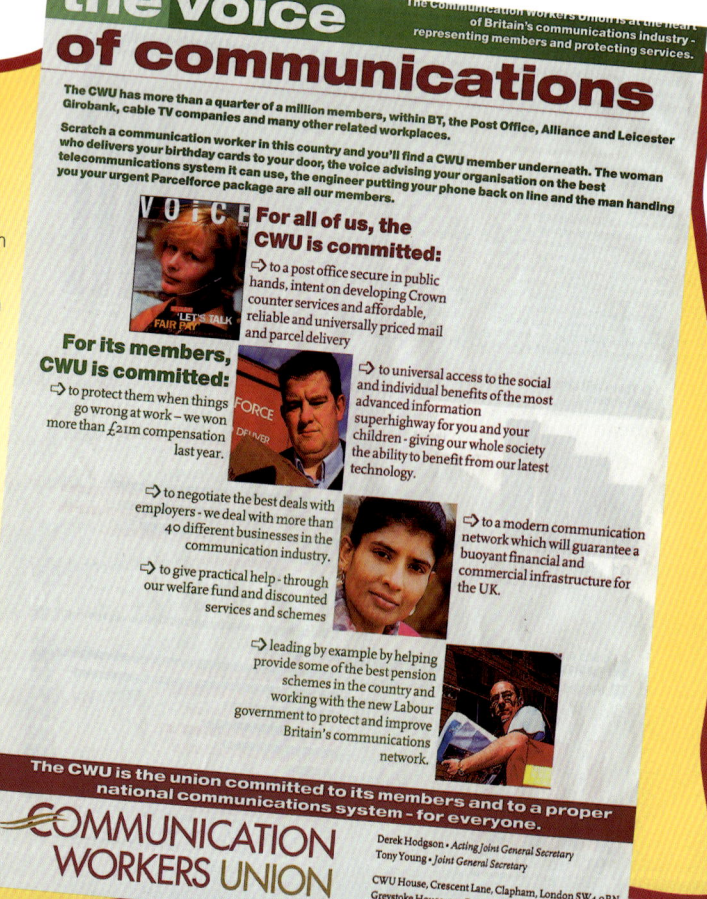

Uned 61 Cysylltiadau diwydiannol

Merched heb ymaelodi

Merched yw bron hanner y gweithwyr ond traean yn unig ohonynt (3.1 miliwn) sy'n perthyn i undeb llafur. Ond mae cyfran y merched sy'n aelodau undebau yn uwch na chyfran y dynion mewn galwedigaethau proffesiynol fel athrawon, cyfreithwyr a pheirianwyr. Mae 63% o weithwyr proffesiynol benywol yn perthyn i undeb llafur o'u cymharu â 43% o ddynion. Mae cyfran y merched mewn undebau hefyd yn uwch mewn swyddi cysylltiol (associate) broffesiynol a thechnegol fel nyrsio a gwaith cymdeithasol. Mae 57% o'r gweithwyr benywol hyn mewn undebau o'u cymharu â 37% o'r dynion.

Mae'r gostyngiad yn aelodaeth undebau oddi ar 1979 yn parhau. Ond bu'r gostyngiad yn uwch i ddynion nag i ferched. Rhwng 1989 ac 1994, er enghraifft, gostyngodd nifer y dynion mewn undebau o 5.2 miliwn i 3.9 miliwn, a gostyngodd nifer y merched mewn undebau o 3.3 miliwn i 3.1 miliwn.

Ffynhonnell: addaswyd o'r *Financial Times*, 13 Mawrth 1997.

1 Beth yw 'gweithiwr proffesiynol'?
2 (a) Yn ôl y data, beth ddigwyddodd i'r canlynol:
 (i) cyfanswm aelodaeth undebau llafur; (ii) nifer y dynion mewn undebau llafur?
 (b) Awgrymwch 2 reswm dros y newid yma.
3 Mae undeb sy'n cynrychioli gweithwyr proffesiynol am gynyddu ei aelodaeth.
 (a) Eglurwch a ddylai, yn eich barn chi, dargedu dynion neu ferched.
 (b) Pa fanteision y gallai'r undeb eu cynnig a allai ddenu aelodau newydd?

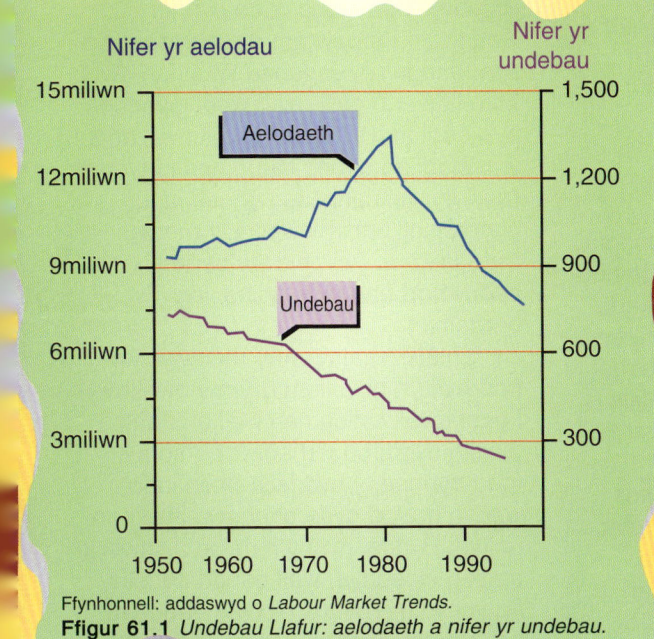

Ffynhonnell: addaswyd o *Labour Market Trends*.
Ffigur 61.1 *Undebau Llafur: aelodaeth a nifer yr undebau.*

gwaith, gan gynnwys cyflog, oriau, gwyliau a diogelwch.
- Maen nhw'n rhoi diogelwch cyfreithiol i'r gweithwyr, gan gynnig cyngor ynglŷn â materion fel diswyddo annheg a diswyddo yn gyffredinol. Os ydy'r materion yn ddigon difrifol, byddan nhw'n defnyddio arbenigwyr cyfreithiol i amddifffyn eu haelodau yn y llys.
- Maen nhw'n darparu budd-daliadau ariannol. Mae'r rhain yn amrywio o undeb i undeb. Gallan nhw gynnwys tâl streic, yswiriant marwolaeth, morgeisiau a benthyciadau personol.
- Maen nhw'n gweithredu fel **carfan bwyso** (uned 45). Maen nhw'n ceisio rhoi pwysau ar gyflogwyr, eu cymdeithasau a'r llywodraeth i greu mwy o fanteision i'r gweithwyr. Maen nhw hefyd yn gwrthsefyll newidiadau sy'n debygol o niweidio buddiannau'r gweithwyr. Yn Dyfaldonc, yn debyg i fusnesau eraill, mae aelodau undeb yn ethol SWYDDOGION UNDEB (*shop stewards*) i gynrychioli eu buddiannau. Mae swyddog undeb yn wirfoddolwr di-dâl. Mae'n delio â phroblemau aelodau naill ai'n uniongyrchol neu drwy drosglwyddo'r broblem i rywun sy'n fwy abl i'w datrys. Mae swyddogion undeb, felly, yn gweithredu fel sianel gyfathrebu rhwng y gweithwyr a'r rheolwyr. Mae'r swyddogion undeb yn ethol un o'u plith i fod yn uwch swyddog undeb. Mae ef/hi yn gweithredu fel CYNULLYDD (*convener*). Mae'r cynullydd yn aelod o'r CYD-BWYLLGOR YMGYNGHOROL (*joint consultative committee*) ynghyd â swyddogion yr undebau eraill. Mae'r pwyllgor hwn yn cynnwys:
- swyddogion yr undebau;
- cynrychiolwyr y rheolwyr, sy'n cynnwys y rheolwr personél. Mae'r pwyllgor yn cyfarfod yn rheolaidd i drafod pa faterion bynnag y mae'r undebau neu'r rheolwyr am eu trafod. Dyma enghreifftiau o faterion y gellir eu trafod:
- cyflog - gan gynnwys codiadau cyflog, tâl goramser a bonws;
- amodau gwaith - e.e. oriau, gwyliau a gweithio sifftiau;
- iechyd a diogelwch yn y gwaith;
- colli gwaith;
- cyfleoedd cyfartal.

Yn ogystal â gweithwyr gwirfoddol yr undeb mae yna swyddogion llawn amser. Mae'r rhain yn cael eu talu gan yr undeb i roi cyngor a chymorth i'r aelodau, i swyddogion yr undeb ac i'r canghennau.

Bob blwyddyn bydd undeb yn cynnal **cynhadledd flynyddol**. Dyma gyfarfod cyffredinol blynyddol yr undeb. Os caiff **cynigion** eu pasio yn y gynhadledd byddan nhw wedyn yn bolisi i'r undeb. Yna bydd swyddogion llawn amser yr undeb yn gorfod dilyn y polisi hwnnw.

Cymdeithasau masnach

Mae Dyfaldonc yn perthyn i GYMDEITHAS FASNACH (*trade association*). Mae cymdeithasau masnach yn cynrychioli buddiannau busnesau. Mae mwy na chant ohonynt yn y DU.

Yn debyg i undebau llafur, maen nhw'n gweithredu fel carfanau pwyso, yn cynrychioli buddiannau eu haelodau i'r llywodraeth a chyrff eraill. Maen nhw'n rhoi cyngor i fusnesau sy'n aelodau. Gallan nhw ymwneud ag ymchwil a datblygu er lles yr aelodau. Mae rhai cymdeithsau masnach yn trafod cytundebau cyflog diwydiant cyfan gydag undebau llafur. Mae isafswm lefelau cyflog Dyfaldonc yn cael eu gosod gan y trafodaethau blynyddol hyn ar raddfa'r diwydiant cyfan. Ond mae Dyfaldonc yn rhydd i dalu mwy i'w weithwyr os yw'n dymuno gwneud hynny. Yn y gorffennol, er enghraifft, mae wedi talu mwy ar adegau pan oedd **prinder sgiliau** a'r cwmni'n ei chael hi'n anodd recriwtio

Uned 61 Pobl mewn busnes

gweithwyr oedd â'r sgiliau iawn.

Ar raddfa genedlaethol, mae llawer o gymdeithasau masnach a busnesau mawr yn perthyn i **Gydffederasiwn Diwydiant Prydain** (*Confederation of British Industry - CBI*). Mae hwn eto yn garfan bwyso sy'n cynrychioli buddiannau busnesau Prydain i'r llywodraeth ac i'r Undeb Ewropeaidd.

Gweithredu diwydiannol

Mae bron pob problem rhwng gweithwyr a rheolwyr yn cael ei datrys yn heddychlon. Yn achlysurol iawn, fodd bynnag, bydd mater yn codi sy'n gosod gweithwyr yn erbyn rheolwyr heb unrhyw gytuno. Yna gellir ymgymryd â gwahanol fathau o **weithredu diwydiannol** i geisio gorfodi'r ochr arall i ildio. Gall gweithwyr, er enghraifft, wneud y canlynol:

- mynd ar streic - streic undydd efallai, neu streic lle na ddaw gweithwyr allweddol i'r gwaith neu, yn fwyaf difrifol oll, streic gan yr holl weithwyr;
- gwahardd gweithio oriau ychwanegol;
- boicotio gwaith, e.e. gwrthod gweithio â pheiriannau newydd.

Gall rheolwyr hefyd weithredu yn erbyn y gweithwyr. Gallan nhw gau allan (*lock out*) eu gweithwyr, naill ai'n eu diswyddo nhw i gyd a chyflogi gweithwyr newydd, neu'n datgan na chaiff neb ddychwelyd i'w gwaith ond y gweithwyr sy'n fodlon derbyn telerau'r rheolwyr.

Os ydy'r rheolwyr a'r gweithwyr mewn anghydfod, gallan nhw ofyn i Wasanaeth Cymodi ACAS (*Advisory, Conciliation and Arbitration Service*) eu helpu i ddatrys yr anghydfod. Corff annibynnol yw hwn sy'n cael ei ariannu gan y llywodraeth ac sy'n gyfrifol am roi cyngor i fusnesau a gweithwyr ynglŷn â materion cysylltiadau cyhoeddus. Mae hefyd yn darparu gwasanaeth CYMODI (*conciliation*), h.y. mae'n fodlon helpu rheolwyr a gweithwyr i ddod i gytundeb pan fydd anghydfod. Yn olaf, mae'n darparu gwasanaeth CYFLAFAREDDU (*arbitration*), lle mae'r rheolwyr a'r gweithwyr yn cytuno i adael i berson allanol, cyflafareddwr, wneud penderfyniad ynglŷn â phwnc dadl.

Bygythiad streic

Roedd diffoddwyr tân ym Manceinion Fwyaf yn pleidleisio ynglŷn â streicio yn dilyn cynlluniau i ostwng nifer y gweithwyr gyda 24 yn llai o swyddi llawn amser a 12 yn llai o swyddi rhan amser. Byddai hynny'n achosi i saith golli eu gwaith. Mae'r awdurdod tân hefyd yn bwriadu cael 3 yn llai o injans tân. Bydd canlyniad y bleidlais yn hysbys ar 8 Medi. Gallai arwain at nifer o streiciau.

Ffynhonnell: addaswyd o *Labour Research*, Medi 1997.

1. Eglurwch ystyr: (a) pleidlais; (b) streic.
2. Yr awdurdod lleol sy'n cyflogi'r diffoddwyr tân. Awgrymwch 2 reswm posibl pam y gallai fod am i rai diffoddwyr tân golli eu gwaith.
3. Pa fathau eraill o weithredu diwydiannol y gallai'r diffoddwyr tân ymgymryd â nhw ar wahân i streicio'n gyfan gwbl?
4. Trafodwch a ddylai diffoddwyr tân, sy'n darparu gwasanaeth brys hanfodol, fyth fynd ar streic.

Yr undebaeth newydd

Yn yr 1950au, yr 1960au a'r 1970au doedd cysylltiadau cyhoeddus yn Dyfaldonc ddim yn dda bob amser. Doedd yr undebau ddim yn cytuno â'i gilydd o hyd. Yn yr 1970au, er enghraifft, aeth gweithwyr medrus oedd yn aelodau'r AUEW (a ddaeth yn AEEU yn ddiweddarach) ar streic ddwywaith am eu bod yn credu bod y gweithwyr di-grefft wedi cael codiadau cyflog rhy uchel. Roedd hynny'n lleihau'r gwahaniaeth rhwng cyfraddau cyflog y gweithwyr medrus a'r gweithwyr di-grefft. Roedd llawer o streiciau'n **answyddogol** - heb gael cefnogaeth swyddogol yr undeb llafur. Yn aml roedden nhw'n streiciau **gwyllt** (*wildcat*) - streiciau byr a fyddai'n digwydd yn sydyn ynglŷn â mater ac yna'n cael eu datrys yn fuan.

Yn yr 1980au, fodd bynnag, newidiodd hinsawdd cysylltiadau diwydiannol am sawl rheswm.

- Cyflwynodd y llywodraeth ddeddfau newydd a'i gwnaeth hi'n fwy anodd o lawer i ymgymryd â gweithredu diwydiannol. Rhaid i undebau, er enghraifft, gynnal pleidlais ddirgel ac ennill o leiaf 50% o'r bleidlais o blaid streicio cyn gallu galw streic.
- Rhwng 1979 ac 1997 roedd gostyngiad o 2.7 miliwn yn nifer y swyddi mewn gweithgynhyrchu, y sector o'r economi lle roedd undebau llafur gryfaf. Dyma un ffactor a achosodd ostyngiad o 6.1 miliwn yn nifer aelodau undebau llafur dros yr un cyfnod. Roedd cael llai o aelodau yn gwanhau grym undebau llafur.
- Gyda chymaint o ddiweithdra yn yr economi, doedd gweithwyr ddim am ymgymryd â gweithredu diwydiannol cadarn rhag ofn i'w swyddi nhw ddiflannu nesaf.
- Roedd y rheolwyr yn fwy penderfynol. Mewn nifer o streiciau allweddol, fel streic y glöwyr yn 1984-85, y rheolwyr enillodd y ddadl. Roedd undebau llafur, felly, yn llai parod i ymgymryd â gweithredu diwydiannol.

Cydnabod undebau

Yn y rhan olaf o'r 1990au trafododd rheolwyr Dyfaldonc ddau gynnig. Roedd un rheolwr am **ddadgydnabod** (*de-recognise*) undebau yn gyfan gwbl. Mae llawer o gyflogwyr wedi gwneud hyn oddi ar 1979. Gall gweithwyr ddal i ymaelodi ag undeb llafur, ond ni fydd y rheolwyr yn caniatáu i undeb llafur gynrychioli unrhyw weithiwr mewn trafodaethau (h.y. nid yw bellach yn **cydnabod** undeb at ddibenion bargeinio).

Y fantais o safbwynt y rheolwyr yw bod hyn yn gwanhau grym y gweithwyr i gael gwell cyflog neu well amodau gwaith. Nododd y rheolwr personél, fodd bynnag, y byddai'n rhaid iddo wedyn drafod gyda phob gweithiwr yn unigol. Byddai hynny'n mynd â llawer o amser. Roedd yn well ganddo ddelio ag ychydig o gynrychiolwyr undebau llafur a allai wedyn weithredu fel cyswllt

Uned 61 Cysylltiadau diwydiannol

Marshall's

Cadwyn o siopau adrannol yw *Marshall's*. Cynrychiolir y gweithwyr yn bennaf gan Undeb Gweithwyr Siopau, Dosbarthu a Gwaith Perthynol (USDAW). Maen nhw am gael codiad cyflog blynyddol. Â chwyddiant yn 3%, maen nhw am gael codiad o 5%. Mae'r cwmni'n cael trafferthion ariannol. Ar ôl gwneud colled y llynedd, y gorau y gall obeithio amdano eleni yw adennill costau. Mae'n dweud na all fforddio codiadau cyflog eleni ac mae'n awgrymu y bydd rhai gweithwyr efallai yn colli eu swyddi. Ar ôl llawer o fargeinio, mae'r ddwy ochr yn cytuno i ddod ag ACAS i mewn a chael cyflafareddu.

1 Sut y byddai'r wybodaeth a roddywd yn helpu'r cyflafareddwr i wneud penderfyniad?
2 Pa wybodaeth arall y byddai ei hangen arno?
3 Chi yw'r cyflafareddwr. Fydd eich penderfyniad terfynol yn agosach at y 5% y mae'r gweithwyr yn ei hawlio neu'r 0% a gynigir gan y rheolwyr? Eglurwch eich ateb.

rhwng y rheolwyr a'r gweithwyr. Awgrymodd hefyd fod newid yn y gyfraith yn bosibl fyddai'n rhoi i undebau llafur yr hawl i gael eu cydnabod.

Cytundebau undeb sengl

Y cynnig arall a drafodwyd yn Dyfaldonc oedd gorfodi **cytundeb undeb sengl**. Dim ond un undeb y byddai'r rheolwyr yn ei gydnabod. Byddai hynny'n symleiddio trafodaethau ac yn golygu na fyddai'r cwmni'n cael ei dynnu i mewn i anghydfod oedd yn fwy yn anghydfod rhwng undebau yn hytrach na rhwng undeb a rheolwyr.

Mae cytundebau undeb sengl yn dal yn weddol brin yn y DU. Yn aml maen nhw wedi'u cyflwyno ar y cyd â mesurau eraill ym myd cysylltiadau cyhoeddus fel **cytundebau dim streiciau**, h.y. mae'r gweithwyr yn cytuno i beidio byth â streicio a hynny yn gyfnewid am gyflafareddu gorfodol pan na all y rheolwyr a'r gweithwyr gytuno.

termau allweddol

Cyd-bwyllgor ymgynghorol - pwyllgor o gynrychiolwyr undebau llafur a rheolwyr sy'n cyfarfod yn rheolaidd i drafod materion sy'n achosi pryder.
Cyflafareddu - dull o ddatrys anghydfod gyda'r ddwy ochr yn cytuno i roi eu hachos gerbron cyflafareddwr allanol annibynnol ac i dderbyn ei farn ynglŷn â sut y dylid datrys yr anghydfod.
Cymdeithas fasnach - cyfundrefn sy'n cynrychioli buddiannau'r busnesau sy'n aelodau ohoni.
Cymodi - proses o helpu'r ddwy ochr mewn anghydfod i drafod a datrys yr anghydfod.
Cynullydd - uwch swyddog yr undeb mewn man gwaith.
Cysylltiadau diwydiannol - y berthynas rhwng busnesau a'u gweithwyr.
Swyddog undeb - aelod o undeb llafur sydd wedi'i ethol gan weithwyr yn y man gwaith i gynrychioli eu buddiannau i'r rheolwyr.
Undeb llafur - cyfundrefn sy'n cynrychioli buddiannau'r gweithwyr sy'n aelodau ohono.

Rhestr wirio ✓

1 'Mae cydfargeinio'n darparu sianel gyfathrebu.' Beth yw ystyr hyn?
2 Beth yw pwrpas undeb llafur?
3 Disgrifiwch 4 math o undebau llafur.
4 Eglurwch y gwahaniaeth rhwng undeb llafur, swyddog undeb, cynullydd a swyddog undeb llawn amser.
5 Disgrifiwch 3 math o weithredu diwydiannol y gallai undeb llafur ymgymryd â nhw.
6 Beth yw'r gwahaniaeth rhwng cymodi a chyflafareddu?
7 Pam y gallai busnes ddymuno dadgydnabod undeb llafur?
8 Beth yw'r manteision i fusnes o weithio gydag undebau llafur?
9 Beth yw'r manteision i fusnes o arwyddo cytundeb undeb sengl?

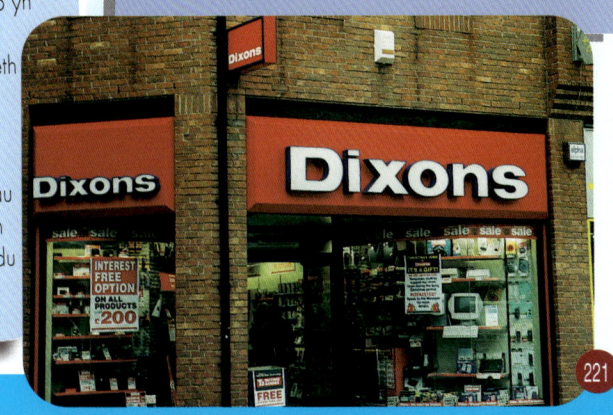

ACHOS CRYNODOL: MATER O GYDNABYDDIAETH

Adwerthwr nwyddau trydanol yn y stryd fawr yw *Dixons*. Mae hefyd yn berchen y gadwyn siopau *Curry's*. Yn draddodiadol bu gan *Dixons* bolisi o beidio â chydnabod undebau. Does fawr ddim cydfargeinio yn y cwmni. Wrth drosfeddiannu *Curry's*, etifeddodd ddau gytundeb cydfargeinio yn ymwneud â pheirianwyr a gweithwyr clercio yn y canolfannau gwasanaethu Mastercare. Dim ond rhan fach o weithlu *Curry's* oedd y rhain. Yng nghanol yr 1990au penderfynodd *Dixons* roi rhai peirianwyr yn ei siopau mwyaf i ddarparu atgyweiriadau yn y siop ar gyfer cwsmeriaid. Ond gwrthododd ganiatáu i'r peirianwyr hyn gael eu cynnwys gan gytundeb cydfargeinio. Roedd hyn er gwaetha'r ffaith eu bod yn gwneud yr un gwaith â'r peirianwyr yn *Curry's*.

Ar ôl trafodaethau gyda'r AEEU cytunodd *Dixons* i gynnal pleidlais o'r 380 o beirianwyr yn y siopau, yn holi oedden nhw am i undeb eu cynrychioli. Cynhaliwyd y bleidlais yn 1996 gan ACAS. Roedd bron 60% o'r gweithwyr o blaid yr AEEU.

Er gwaetha'r bleidlais, nid yw *Dixons* wedi caniatáu hawliau cydfargeinio i'r undeb ar ran y peirianwyr sydd yn y siopau. Meddai cynrychiolydd yr undeb: 'Rwy'n amau'n gryf fod *Dixons* yn ystyried trefnu rhyw fath o gyngor gyda chynrychiolwyr yr undeb a chynrychiolwyr nad ydynt o'r undeb.'

Ffynhonnell: addaswyd o *Labour Research*, Rhagfyr 1997.

1 Beth yw ystyr 'cydfargeinio'?
2 Pa grwpiau o weithwyr yn *Dixons* a *Curry's* oedd wedi'u cynnwys gan gytundebau cydfargeinio yn 1996?
3 Rydych yn beiriannydd yn un o siopau *Dixons* ac rydych wedi pleidleisio o blaid cydnabyddiaeth ar gyfer undeb llafur. Awgrymwch 2 fantais i chi o gael eich cynnwys gan gytundeb cydfargeinio.
4 Pam, yn eich barn chi, roedd *Dixons* yn amharod i gydnabod undebau llafur?
5 Rydych yn beiriannydd yn un o siopau *Dixons* ac yn anfodlon nad ydy *Dixons* wedi rhoi hawliau cydfargeinio i'r AEEU. Rydych am i'r undeb alw streic i orfodi *Dixons* i roi cydnabyddiaeth. Beth fyddai (a) y manteision a (b) yr anfanteision i'r peirianwyr yn y siopau o ymgymryd â gweithredu diwydiannol?

uned 62
CYFLOGAETH A'R GYFRAITH

Gwneud penderfyniadau

Mae nifer o ddeddfau sy'n berthnasol i gyflogi gweithwyr. Mae rhai'n effeithio ar sut y bydd busnes yn recriwtio gweithwyr. Mae eraill yn amddiffyn gweithwyr sydd wedi'u cyflogi. Rhaid i fusnesau gael polisïau a threfnau gweithredu i sicrhau eu bod yn cadw o fewn y gyfraith.

Mae Navdeep Ghosal wedi'i chyflogi gan Waldo Morgan, busnes bach sy'n cynnig gwasanaeth sgipiau i fusnesau ac unigolion lleol ym Mangor. Fe'i penodwyd yn weinyddwraig gynorthwyol a hi sy'n gwneud y rhan fwyaf o'r gwaith clercio yn y cwmni. Mae hyn yn cynnwys ateb galwadau ffôn a gweithredu fel croesawydd ar gyfer cleientiaid a ddaw i'r swyddfa.

Y gyfraith

Rhaid i fusnesau ufuddhau i'r gyfraith. Os na wnânt hynny byddan nhw'n wynebu dau berygl:
- gellir eu herlyn (*prosecuted*) gan nifer o adrannau ac asiantaethau'r llywodraeth, e.e. yr Arolygiaeth Iechyd a Diogelwch, ac o bosibl eu dirwyo.
- gellir eu herlyn (*sued*) gan bobl neu fusnesau eraill sydd ar eu colled o ganlyniad i weithredoedd y busnes.

Ffigur 62.1 Pam y mae merched yn wynebu gwahaniaethu yn y gwaith Ffynhonnell: addaswyd o Sefydliad y Cyfarwyddwyr

- Agweddau dynion 37%
- Llai o gyfleoedd mewn swyddi uwch 33%
- Yn fwy anodd i'w profi eu hunain yn y man gwaith 14%
- Trafferthion â dychwelyd i'r gwaith, gofal am blant, gweithio hyblyg 18%
- Ymrwymiadau cartref 18%

Efallai wedyn y bydd yn rhaid talu iawndal.

Cael swydd

Roedd Navdeep yn un o ddeg ymgeisydd am y swydd. Yn ôl y gyfraith, mae gan ymgeiswyr am swydd hawliau penodol. Amcan yr hawliau hyn yw rhoi CYFLEOEDD CYFARTAL wrth geisio am waith. Yn arbennig, ni chaniateir i gyflogwyr WAHANIAETHU ar sail rhyw na hil. Ni allai Waldo Morgan, er enghraifft, hysbysebu am 'ysgrifenyddes' gan y byddai hynny'n groes i Ddeddf Gwahaniaethu ar Sail Rhyw 1975. Hefyd ni allai hysbysebu am 'ysgrifennydd/ysgrifenyddes o dras Ewropeaidd' gan y byddai hynny'n groes i Ddeddf Cysylltiadau Hiliol 1976.

Yn ôl Deddf Gwahaniaethu ar Sail Anabledd 1995, ni chaniateir i gyflogwyr sydd â 20 gweithiwr neu fwy wahaniaethu yn erbyn pobl anabl wrth recriwtio neu ddyrchafu. Rhaid i ymgeisydd anabl gael swydd pan fo'n amlwg mai ef/hi yw'r ymgeisydd gorau. Yr unig eithriad yw os oes 'rhesymau sylweddol' dros beidio â gwneud hynny. Gallai'r rhesymau hyn gynnwys gorfod gwneud newidiadau costus iawn i adeilad er mwyn i un person anabl wneud swydd yno. Ond mae'n rhaid i gyflogwyr fod yn barod i wneud 'addasiadau rhesymol' ar gyfer gweithwyr anabl. Mae Navdeep, er enghraifft, yn dioddef o lid y cymalau (*arthritis*) sy'n ei hatal rhag gyrru. Ond mae hi'n gyfrifiadurwraig a chroesawydd ragorol. Byddai gofyn am drwydded yrru pan nad oes angen gyrru ar gyfer y swydd yn wahaniaethu. O ganlyniad i lid y cymalau gall ei theipio fod ychydig yn

Gwahaniaethu

Roedd Tahir Hussain yn ddi-waith. Er gwaethaf cymwysterau da, ni fyddai'n cael cyfweliadau pan fyddai'n cynnig am swyddi. Penderfynodd, felly, brofi'r system. Ar gyfer pob cais y byddai'n ei wneud yn ei enw ei hun, fe wnai gais arall yn enw merch wen ffug. Roedd y ferch wen yma'n fwy llwyddiannus o ran cael cyfweliadau swydd.

Ers diwedd 1994, mae Tahir wedi lansio 12 honiad o wahaniaethu hiliol mewn tribiwnlysoedd diwydiannol. Mae wedi ennill pedwar ohonynt ac mae pump wedi'u setlo o'i blaid ef y tu allan i'r llys. Roedd nifer o fusnesau gwerthu ceir ymhlith y cyflogwyr oedd wedi gwahaniaethu.

Ffynhonnell: addaswyd o *Labour Research*, Rhagfyr 1997.

1 'Doedd y busnesau yr oedd Tahir Hussain wedi anfon cais atynt ddim wedi rhoi cyfle cyfartal i ymgeiswyr.' Beth yw ystyr hyn?
2 (a) Pa gosb uniongyrchol gafodd y busnesau fu'n gwahaniaethu? (b) Awgrymwch sut y gall busnesau sy'n gwahaniaethu yn erbyn ymgeiswyr â gwell cymwysterau fod ar eu colled yn y tymor hir hefyd.

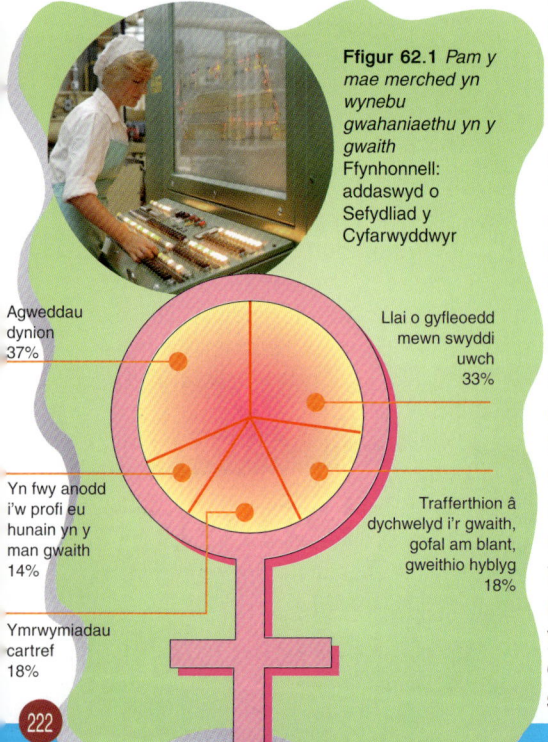

Uned 62 Cyflogaeth a'r gyfraith

araf ac mae'n cael problemau yn dal y ffôn. Awgrymodd fod ei bysellfwrdd a'i ffôn yn cael eu haddasu ar ei chyfer. Gallai hynny fod yn addasiad rhesymol.

Dechrau gweithio

Cyn dechrau gweithio fe wnaeth Navdeep arwyddo CONTRACT CYFLOGAETH â Waldo Morgan. Cytundeb yw hwn rhwng y cyflogwr a'r gweithiwr. Mae'n cynnwys amodau fel cyfraddau cyflog, oriau gwaith, gwyliau, cyfraniadau pensiwn a faint o rybudd y mae'n rhaid ei roi os ydy'r gweithiwr am ymadael neu os ydy'r cyflogwr am ddiswyddo'r gweithiwr. Rhaid i weithwyr a gyflogir am fis neu fwy gael datganiad ysgrifenedig o'r amodau o fewn dau fis i gychwyn y swydd.

O dan Ddeddf Cyflog Cyfartal 1970, mae'n rhaid i Navdeep gael yr un gyfradd cyflog â dyn sy'n gwneud yr un gwaith, gwaith tebyg neu waith sydd â gofynion tebyg. Navdeep oedd yr unig weinyddwraig gynorthwyol yn Waldo Morgan, felly doedd neb y gellid ei chymharu â nhw yn uniongyrchol. Gallai Waldo Morgan, fodd bynnag, fod yn ymddwyn yn anghyfreithlon pe bai'n talu mwy i swyddi eraill yn y busnes oedd â gofynion tebyg o ran ymdrech, sgiliau, tasgau neu gyfrifoldeb.

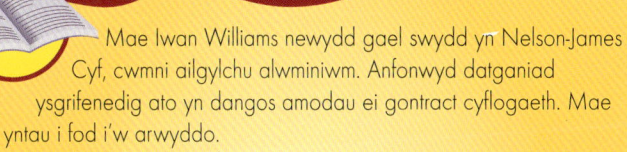

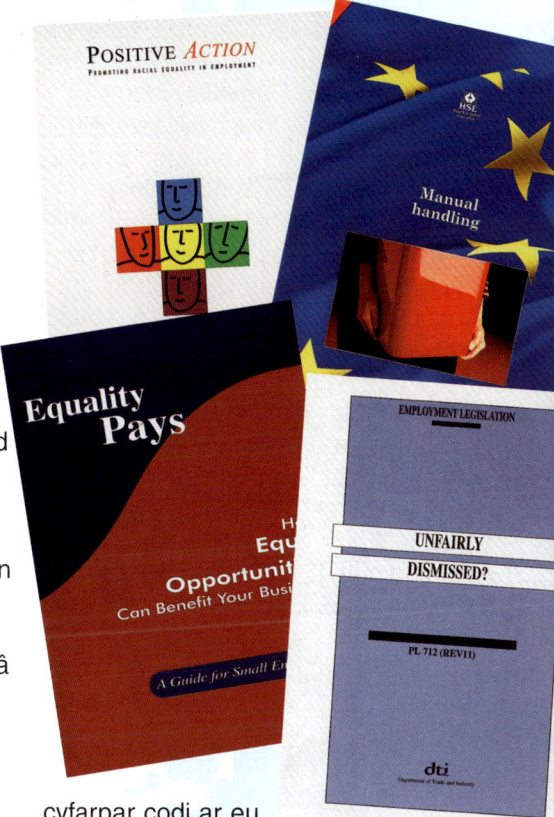

Diogelwch yn y gwaith

Fel unrhyw fusnes arall mae Waldo Morgan yn gorfod cydymffurfio â Deddf Iechyd a Diogelwch yn y Gwaith 1974. Mae hon yn pennu safonau o **iechyd a diogelwch** y mae'n rhaid eu cyflawni. Bydd arolygwyr yn ymweld â'r adeiladau yn rheolaidd, arolygwyr Awdurdod Gweithredol Iechyd a Diogelwch (*Health and Safety Executive*), y corff sy'n gyfrifol am wirio bod busnesau'n ufuddhau i ofynion Deddf 1974. Rhaid i'r busnes cydymffurfio hefyd â nifer o reoliadau'r Undeb Ewropeaidd a gyflwynwyd yn 1992. Mae gyrwyr yn Waldo Morgan, er enghraifft, yn mynd â sgipiau i safleoedd ac i ffwrdd ohonynt. Rhaid iddynt fedru gweithredu'r cyfarpar codi ar eu loriau yn ddiogel, heb berygl i'w hunain nac i'r bobl yn y safle. Rhaid i Waldo Morgan hefyd sicrhau iechyd a diogelwch Navdeep. Gallai hyn gynnwys darparu cadair addas a rhoi seibiau rheolaidd iddi.

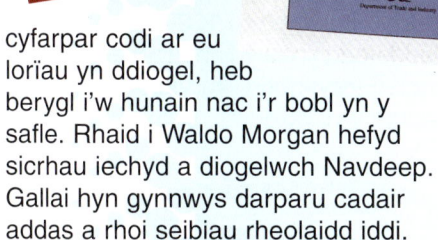

Rhaid i Waldo Morgan fod yn ymwybodol o **gyfleoedd cyfartal**. Yn ôl y gyfraith, pe bai Navdeep yn gwneud cais am swydd uwch yn y cwmni, byddai'n rhaid iddi gael yr un cyfle ag unrhyw weithiwr arall. Byddai'n anghyfreithlon i Waldo Morgan wahaniaethu yn ei herbyn am ei bod hi'n ferch, yn anabl neu o leiafrif ethnig.

Mae rhai o'r gyrwyr yn aelodau o **undeb llafur** (uned 61). Dydy Navdeep ddim mewn undeb. Yn ôl y gyfraith, mae gan unrhyw weithiwr hawl i ymaelodi ag undeb neu i beidio ag ymaelodi ag undeb. Does dim rhaid i fusnes **gydnabod** na thrafod ag undeb llafur. Gall ddewis delio â gweithwyr yn unigol yn hytrach na chynrychiolwyr undeb llafur. Ond ni all atal gweithwyr rhag ymgymryd â **gweithredu diwydiannol** fel streicio.

Ymadael â gwaith

Mae'r gyfraith yn effeithio ar weithwyr pan fyddan nhw'n ymadael â'u swydd.

Mae Iwan Williams newydd gael swydd yn Nelson-James Cyf, cwmni ailgylchu alwminiwm. Anfonwyd datganiad ysgrifenedig ato yn dangos amodau ei gontract cyflogaeth. Mae yntau i fod i'w arwyddo.

1. Nodwch 3 amod cyflogaeth a nodir yn y contract.
2. Beth fyddai'n digwydd, yn ôl y contract, pe bai Iwan am ymadael â'r cwmni?
3. Ar ôl chwe mis yn y gwaith, cafodd Iwan ei geryddu gan ei reolwr llinell ar sail diogelwch am gyflawni mân atgyweiriad ar beiriant. Roedd Iwan yn anghytuno. Ble allai Iwan gael gwybod a oedd hawl ganddo i wneud yr atgyweiriad?

Datganiad o brif delerau ac amodau cyflogaeth

Nelson-James
Uned 57
Stad Ddiwydiannol Parc Carmel
Trewennol

Mr I Williams
3 Rhodfa'r Alarch
Caerdryw
Trewennol

Annwyl Mr Williams

Mae'n bleser gennym gadarnhau eich penodiad yn weithredwr peiriannau mewn grym o 15 Mai 2000.

Cyflog ac oriau gwaith Cyfradd eich cyflog fydd £5.20 yr awr. Eich cyflog sylfaenol wythnosol fydd £192.40. Tâl goramser yw amser a chwarter hyd at 6 o'r gloch yr hwyr o ddydd Llun i ddydd Gwener ac amser a hanner ar adegau eraill. Eich oriau gwaith fydd 37 awr. Mae'r cwmni'n cadw'r hawl i ddewis pryd y byddwch yn gweithio'r oriau hynny rhwng 8 a.m. a 6 p.m. o ddydd Llun i ddydd Gwener.

Gwyliau blynyddol Eich hawl i wyliau blynyddol yw 20 diwrnod gwaith ynghyd â'r gwyliau banc statudol.

Rhybudd (*notice*) Gellir terfynu eich penodiad drwy roi 4 wythnos o rybudd ar y naill ochr neu'r llall.

Cyflogaeth barhaol At ddibenion Deddf Diogelu Cyflogaeth (Atgyfnerthiad), dyddiad cychwyn eich cyfnod o wasanaeth parhaol yw 15 Mai 2000.

Disgyblaethol Fel un o weithwyr Nelson-James, fe'ch diogelir gan ei Bolisi Disgyblaethol. Gellir cael copi o hwn o'r Adran Bersonél.

Iechyd a Diogelwch yn y Gwaith Tynnir eich sylw at 'Ddatganiad Polisi Cyffredinol' y Cwmni. Gellir cael copi o hwn o'r Adran Bersonél.

Yn gywir

Mr M Murphy
Rheolwr Personél

Ffurflen Dderbyn

Trwy hyn derbyniaf y penodiad a nodir yn y Contract blaenorol ar sail y telerau a'r amodau y cyfeirir atynt ynddo a dychwelaf un copi wedi'i arwyddo.

Dyddiad .... Llofnod ....

Uned 62 Pobl mewn busnes

Dod o hyd i swydd newydd Mae gweithiwr sy'n cael hyd i swydd newydd yn gorfod ymddiswyddo o'i swydd bresennol. Yna bydd yn rhaid iddo 'weithio cyfnod o rybudd'. Bydd y contract cyflogaeth yn nodi faint o rybudd y mae'n rhaid i weithiwr ei roi i'r cyflogwr pan fydd yn ymadael. Yn achos Navdeep, mae ei chontract yn nodi bod yn rhaid iddi roi mis o rybudd cyn ymadael.

Ymddeol Mae'r rhan fwyaf o weithwyr yn talu i mewn i gynllun pensiwn fel y gallan nhw gael pensiwn pan fyddan nhw'n ymddeol. Dydy'r gyfraith ddim yn gorfodi busnes i gael ei gynllun ei hun, ond mae cynllun pensiwn gan Waldo Morgan. Mae Navdeep a Waldo Morgan yn talu symiau rheolaidd i mewn i gynllun gyda'r cwmni yswiriant *Standard Life*.

Colli gwaith (*redundancy*) Yn ystod enciliad (☞ uned 6) 1990-92, dioddefodd y diwydiant adeiladu yn wael. Gostyngodd archebion am hurio sgipiau yn sylweddol. Bu'n rhaid i hanner gweithlu Waldo Morgan golli eu gwaith am nad oedd digon o waith ar eu cyfer. Yn ôl y gyfraith gall busnes drefnu bod gweithwyr yn colli eu gwaith os 'nad yw eu gwaith yn bodoli bellach'. Roedd gan bron pob un o'r gweithwyr a gollodd eu gwaith hawl i daliadau colli gwaith. Os bydd gweithwyr y cwmni'n colli eu gwaith yn y dyfodol bydd ganddynt hawl i daliadau colli gwaith os byddan nhw wedi gweithio i'r busnes yn barhaol am fwy na 2 flynedd.

Diswyddo Yn ôl y gyfraith, gall gweithwyr gael eu diswyddo os na allan nhw wneud y gwaith neu os oes camymddwyn. Yn 1998 cafwyd bod gweithiwr newydd yn Waldo Morgan yn gyson yn cymryd amser cinio hirach o lawer na'r hyn roedd ganddo hawl iddo. Rhoddodd y busnes rybudd geiriol ffurfiol i'r gweithiwr. Parhau i gymryd amser cinio hirach a wnaeth y gweithiwr ac felly rhoddodd Waldo

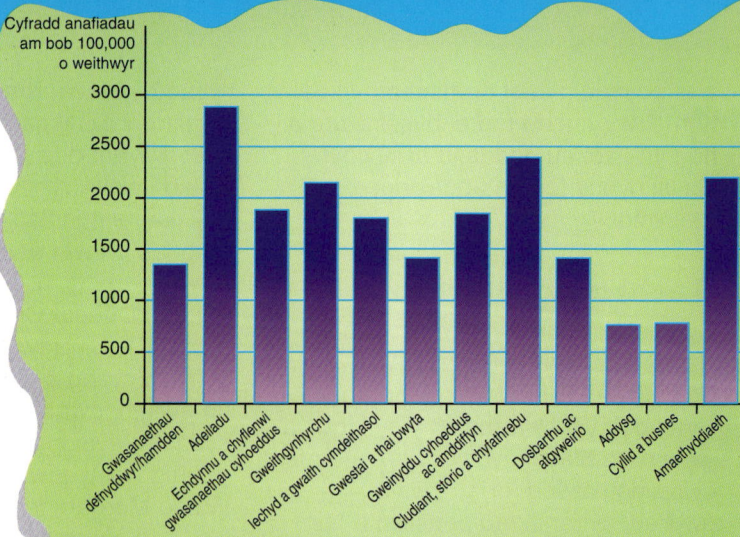

Ffigur 62.2 Cyfraddau anafiadau hysbys nad oeddent yn farwol, 1995/6 (cyfradd yr anafiadau am bob 100,000 o weithwyr).
Ffynhonnell: addaswyd o Awdurdod Gweithredol Iechyd a Diogelwch.

Marwolaethau mewn ffermio

Ar gyfartaledd mae rhywun sy'n gweithio mewn ffermio yn marw bob chwe diwrnod o ganlyniad i ddamwain. Yn 1996/7 bu farw 63 person gan gynnwys 8 plentyn. Cost damwain farwol i deulu unigol neu fusnes ffermio yw £500 000 ar gyfartaledd. Cyfanswm y gost i'r diwydiant yw mwy na £30 miliwn y flwyddyn.

Mae Awdurdod Gweithredol Iechyd a Diogelwch yn gyfrifol am arolygu ffermydd. Roedd Mike Walters, arolygwr amaethyddol, yn arolygu ffermydd yn ardal Sussex yn Hydref 1997. Ar un fferm fe welodd beiriant chwalu gwair heb orchudd ar y siafft dro (*revolving shaft*) oedd yn cysylltu'r peiriant â'r tractor. Mae siafftiau'n troi hyd at 1 000 o gylchdroeon y munud. Ychydig flynyddoedd yn ôl bu'n ymwneud ag achos lle cafodd gweithiwr fferm ifanc ei ladd pan gydiodd ei got mewn siafft dro rannol agored ac fe gafodd ei sugno i mewn i'r llafnau. Y tro hwn rhoddodd orchymyn gwahardd ar y peiriant gwair, yn ei atal rhag cael ei ddefnyddio nes i'r ffermwr roi gard arall arno.

Yr un diwrnod aeth Mike Walters i fferm arall a rhoi tri gorchymyn gwahardd ar beiriannau oedd heb eu diogelu. Roedd hefyd wedi gorchymyn y ffermwr i symud tas o fyrnau gwair ymhellach i ffwrdd o wifrau trydan rhag ofn y byddai braich delesgopig peiriant codi yn cyffwrdd â nhw, gan drydanu'r gweithredwr.

Ar y fferm nesaf mae yna gemegau peryglus mewn storfa plaleiddiaid (*pesticides*) sydd wedi'u gwahardd ers tipyn. Mae'n ysgrifennu rhybudd gorfodi sy'n rhoi pedwar mis i'r ffermwr gael gwared â'r rhain drwy gontractwyr gwaredu gwastraff.

Ffynhonnell: addaswyd o'r *Financial Times*, 27 Hydref 1997.

1 Pam y mae angen i weithwyr ar ffermydd gael eu diogelu gan ddeddfau iechyd a diogelwch?
2 Beth yw'r costau i ffermwyr o ddamweiniau i'w gweithwyr?
3 Rydych yn ffermwr sydd wedi'ch gorfodi i dalu £1 500 am atgyweiriadau i gydymffurfio â deddfau iechyd a diogelwch. Ysgrifennwch lythyr at eich papur newydd lleol yn egluro: (a) sut y byddai prisiau bwyd yn y siopau yn rhatach pe na bai ffermwyr yn gorfod cydymffurfio â chymaint o ddeddfwriaeth; (b) sut y mae deddfwriaeth iechyd a diogelwch yn anheg i ffermwyr Prydain am fod bwyd yn cael ei fewnforio o lawer o wledydd sy'n datblygu, e.e. Ariannin.

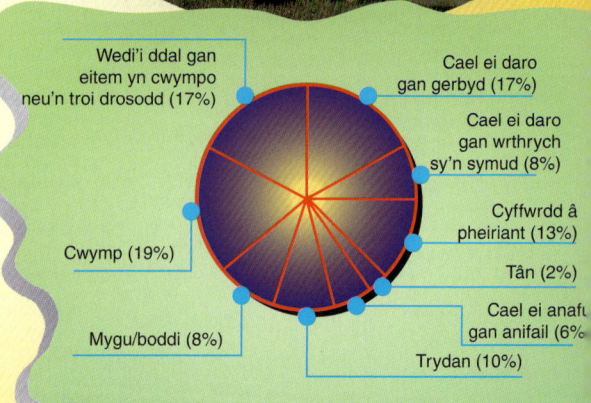

Wedi'i ddal gan eitem yn cwympo neu'n troi drosodd (17%)
Cael ei daro gan gerbyd (17%)
Cael ei daro gan wrthrych sy'n symud (8%)
Cyffwrdd â pheiriant (13%)
Cwymp (19%)
Tân (2%)
Mygu/boddi (8%)
Cael ei anafu gan anifail (6%)
Trydan (10%)

Ffigur 62.3 Marwolaethau mewn ffermio: anafiadau marwol mewn ffermio, coedwigaeth a garddwriaeth, 199...
Ffynhonnell: addaswyd o Awdurdod Gweithredol Iechyd a Diogel...

Uned 62 Cyflogaeth a'r gyfraith

Morgan rybudd ysgrifenedig iddo. Ni wnaeth y sefyllfa wella ac felly cafodd y gweithiwr ei ddiswyddo.

Gall gweithiwr gael ei ddiswyddo ar unwaith mewn achosion o gamymddwyn dybryd (*gross misconduct*), e.e. peidio ag ufuddhau i reoliadau diogelwch, dwyn neu ymladd. Ychydig flynyddoedd yn ôl cafodd un o yrwyr Waldo Morgan ei ddiswyddo ar ôl cael damwain fach yn ei lori. Rhoddodd yr heddlu brawf anadl iddo ac roedd yn uwch na'r terfyn alcohol derbyniol.

Pe na bai Waldo Morgan wedi dilyn y drefn gywir o roi rhybuddion geiriol ac ysgrifenedig, gallai'r gweithiwr a gymerai amser cinio rhy hir fod wedi dwyn achos gerbron TRIBIWNLYS DIWYDIANNOL ar sail **diswyddo annheg**. Llys barn yw tribiwnlys diwydiannol sy'n delio â materion fel diswyddo annheg, gwahaniaethu yn y gwaith ac aflonyddu rhywiol (*sexual harassment*). Yn wahanol i'r rhan fwyaf o lysoedd, does dim rhaid defnyddio cyfreithwyr. Gall pobl ddadlau eu hachos eu hunain gerbron y tribiwnlys. Mae'r tribiwnlys hefyd yn anffurfiol, gyda'r aelodau'n gwrando ar gyflwyniadau ac yn gofyn cwestiynau i ddarganfod y gwir am yr hyn a ddigwyddodd. Y syniad yw bod y gyfraith wedyn ar gael yn hawdd i bob gweithiwr. Mae gan y tribiwnlys y grym i ddirwyo busnes os yw'n torri'r gyfraith a gorfodi busnes i dalu iawndal i'r gweithiwr.

Ffynhonnell: addaswyd o *Employment Legislation* (amrywiol) (Adran Masnach a Diwydiant); *The Disability Discrimination Act 1995 - What Employers Need To Know, Equality Pays* (Adran Addysg a Chyflogaeth); *Guidance on Regulations* (amrywiol) (Awdurdod Gweithredol Iechyd a Diogelwch); *Code of Practice on Equal Pay* (Comisiwn Cyfleoedd Cyfartal).

Rhannu swyddi

Cymerodd Janet Schofield absenoldeb mamolaeth o'i swydd lawn amser gyda'r cwmni yswiriant *Zurich*. Pan ddychwelodd i'w gwaith, gwnaeth gais i rannu swydd â rheolwraig arall. Byddai'r ddwy'n gwneud y swydd a fyddai fel rheol yn cael ei gwneud gan un person. Roedd gan *Zurich* gynllun rhannu swydd ar gyfer gweithwyr ar lefelau is na'r rheolwyr. Ond gwrthod cais Janet a wnaethant, gan nodi nad oedd hi'n bosibl gwneud swydd rheolwraig drwy rannu swydd.

Ysgrifennodd Janet at y cwmni yn dweud ei bod hi wedi cael ei diswyddo'n ffurfiannol (*constructively*) ac yn honni gwahaniaethu ar sail rhyw. Cafodd hi gefnogaeth ariannol gan y Comisiwn Cyfleoedd Cyfartal, sy'n gyfrifol am hybu cyfleoedd cyfartal yn y DU. Y canlyniad oedd y cytunodd *Zurich* i setlo y tu allan i'r llys. Talodd y cwmni iawndal o £20 000 i Janet a chytunodd i adolygu ei bolisi rhannu swyddi mewn perthynas â rheolwyr.

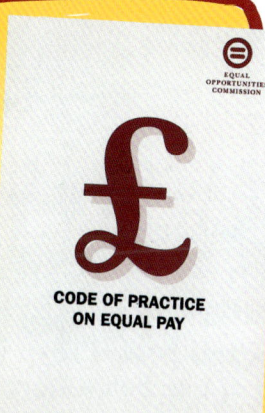

Ffynhonnell: addaswyd o *Labour Research*, Hydref 1997.

1. Beth yw 'rhannu swydd'?
2. Awgrymwch pam y gallai fod yn fwy anodd i ddau weithiwr rannu swydd nag yw i un person wneud y swydd.
3. Oedd *Zurich* yn iawn i wrthod cais Janet i rannu swydd? Rhowch ddadleuon o blaid ac yn erbyn.
4. Gall tribiwnlys diwydiannol orfodi busnes i dalu iawndal i weithiwr ond ni all ei orfodi i roi swydd gweithiwr a ddiswyddwyd yn ôl iddo. Ddylai gweithwyr fedru cael eu hen swyddi yn ôl os cawson nhw eu diswyddo'n annheg? Rhowch ddadleuon o blaid ac yn erbyn.

ACHOS CRYNODOL: GWEITHWYR ARLWYO

Mae cannoedd o gynorthwywyr cinio yn honni gwahaniaethu ar sail rhyw mewn brwydr gyflog â Chyngor Walsall. Mae bron 130 o weithwyr arlwyo'r Cyngor yn Walsall eisoes wedi gosod hawliadau gerbron tribiwnlys diwydiannol am gyflog cyfartal. Dywedodd ysgrifennydd cangen undeb *Unison*, Paul Macmanomy, fod y 500 o gynorthwywyr cinio yn y dref, sy'n cael £4 yr awr, am gael yr un gyfradd â gweithwyr fel ysgubwyr ffyrdd, sef £5.30 yr awr. Dywedodd hefyd mai'r gwasanaethau arlwyo oedd yr unig gyfundrefn wasanaethau cyhoeddus heb system fonws. Bydd pwyllgor addysg Walsall yn clywed ddydd Mawrth y gallai'r cyngor orfod talu hyd at £3 miliwn os bydd yr hawliadau gerbron y tribiwnlys yn llwyddo.

Meddai Mr Macmanomy: 'Rydym yn benderfynol na fyddwn yn cyrraedd cytundeb fydd yn rhoi ein haelodau yn ôl. Does dim pwynt llwyddo i gael arian ychwanegol ar gyfer ein haelodau os byddan nhw wedyn yn colli eu swyddi.' Dywedodd eu bod yn gobeithio dod i gytundeb drwy drafod, cyn i'r achosion fynd gerbron tribiwnlys diwydiannol.

Ffynhonnell: addaswyd o *Express & Star*, 4 Hydref 1997.

1. Eglurwch pam y gallai cynorthwywyr cinio yn Walsall hawlio cyflog uwch yn ôl y gyfraith oddi wrth eu cyflogwyr.
2. Roedd ysgrifennydd cangen eu hundeb llafur, Paul Macmanomy, yn poeni y gallai'r codiad cyflog achosi colli gwaith. Eglurwch pam y byddai Cyngor Walsall o bosibl yn diswyddo rhai cynorthwywyr cinio pe bai eu cyflog yn codi i £5.30 yr awr.

termau allweddol

Contract cyflogaeth - cytundeb rhwng y cyflogwr a'r gweithiwr ynglŷn ag amodau gwaith y gweithiwr, gan gynnwys cyfraddau cyflog a'r hawl i wyliau.
Cyfleoedd cyfartal - lle mae gan bawb yr un cyfle.
Gwahaniaethu - ffafrio un person yn hytrach nag un arall. Yn y DU mae'n anghyfreithlon gwahaniaethu yn y rhan fwyaf o swyddi ar sail rhyw neu hil.
Tribiwnlys diwydiannol - llys sy'n delio â'r gyfraith mewn perthynas â chyflogaeth.

Rhestr wirio ✓

1. 'Ni chaniateir i fusnesau wahaniaethu ar sail rhyw na hil.' Eglurwch ystyr hyn.
2. Pa gymorth y mae'r gyfraith yn ei roi i bobl anabl sydd am weithio?
3. Pa wybodaeth sydd mewn contract cyflogaeth?
4. Mae cwmni'n talu cyfraddau cyflog gwahanol i ddyn a merch am wneud yr un gwaith. Ydy hynny'n gyfreithlon? Eglurwch eich ateb.
5. Pa gymorth y mae'r gyfraith yn ei roi i weithwyr ar faterion iechyd a diogelwch?
6. Beth mae'r gyfraith yn ei ddweud ynglŷn ag undebau llafur yn y man gwaith?
7. Ar ba sail y gall busnes ddiswyddo gweithwyr?
8. Disgrifiwch waith tribiwnlys diwydiannol.

225

uned 63

CYCHWYN BUSNES

Gwneud penderfyniadau

Mae cychwyn busnes yn anodd ac mae risgiau iddo. Rhaid i rywrai sy'n cychwyn busnes ystyried:
- a oes ganddynt y profiad a'r sgiliau priodol i wneud i'r busnes lwyddo;
- sut y byddan nhw'n cynhyrchu a marchnata eu nwydd neu wasanaeth;
- o ble y daw'r cyllid ar gyfer y busnes;
- sut y gallan nhw gael cymorth a chyngor sydd ar gael iddynt o'r tu allan i'r busnes;
- beth fydd yn digwydd os na fydd y busnes yn llwyddo.

Cwmni cyfyngedig preifat sy'n dylunio a gwerthu dillad merched o 0-13 oed yw *Ben-Go-Tig*. Fe'i sefydlwyd gan Kiren Darashah yn 1993. Ar y cychwyn byddai'n gwerthu ei dillad drwy bartïon wedi'u trefnu yng nghartrefi pobl. Erbyn hyn mae'n gwerthu drwy adwerthwyr. Yn 1997 cafodd hi ei harcheb allforio gyntaf i Sbaen.

Tree House Collection.

Nodi'r cyfle

Plymwr yn gweithio i gwmni adeiladu yw Iestyn. Mae'n penderfynu cychwyn ei fusnes ei hun. Rheolwraig mewn ffatri blastigion yw Gwen. Mae hi'n penderfynu cychwyn ei busnes ei hun yn gwneud cadeiriau o blastig wedi'i ailgylchu. Mae Tom yn 16 oed ac mae newydd ymadael â'r ysgol. Mae am gychwyn ei fusnes ei hun ond nid yw'n gwybod beth allai ei wneud. Mae gan Iestyn a Gwen lawer o brofiad yn gweithio i bobl eraill. Maen nhw eisoes yn gwybod llawer am eu busnes. Does gan Tom ddim profiad. Mae e'n mynd i'w chael hi'n anodd iawn gwneud llwyddiant o unrhyw fusnes y bydd e'n ei gychwyn. Dyma'r rheswm pam y mae'r rhan fwyaf o'r bobl sy'n cychwyn eu busnes eu hunain eisoes wedi cael profiad o weithio yn y diwydiant hwnnw.

Dydy Kiren Darashah ddim yn eithriad. Ar ôl cael gradd anrhydedd BA mewn ffasiwn aeth ymlaen i gael MA mewn gweuwaith ffasiwn. Tra'n fyfyrwraig bu hi'n gweithio gyda dylunwyr fel Vivienne Westwood. Bu'n gweithio hefyd gyda chwmni dillad plant. Dyma'r profiad a alluogodd iddi gychwyn ei busnes ei hun yn dylunio dillad plant.

Nodi cyfle busnes yw'r peth cyntaf y mae'n rhaid i berson sydd am gychwyn busnes ei wneud. Mae'r cyfle

Nodi'r cyfle

Mae angen i chi gael hyd i gyfle busnes ar gyfer eich minigwmni.

1. Dechreuwch drwy restru unrhyw brofiadau a gawsoch a allai fod yn ddefnyddiol mewn busnes. Oedd gennych, neu oes gennych, swydd ran amser, er enghraifft? Oes gennych hobïau y gellid eu troi'n syniad busnes? Ydych chi wedi helpu i wneud rhywbeth gartref y gellid ei ystyried fel swydd, e.e. gwnïo neu arddio? Ydych chi wedi helpu rhywun yn eu swydd neu fusnes? Ydych chi wedi gwneud rhywbeth yn eich ysgol/coleg y gellid ei droi'n rhywbeth i'w werthu, e.e. helpu yn siop fwyd yr ysgol neu wneud cynnyrch yn y gwersi Technoleg?

2. Rhestrwch unrhyw bobl rydych yn eu hadnabod yn bersonol a allai fod yn ddefnyddiol i'ch busnes. Ysgrifennwch hefyd sut y gallen nhw fod yn ddefnyddiol. Efallai, er enghraifft, bod eich ewythr yn gweithio i gyfanwerthwyr - gallai eich helpu i brynu nwyddau i'w hadwerthu. Efallai bod eich cymydog yn gweithio mewn adran werthiant - gallai roi cyngor ynglŷn â strategaethau gwerthu ar gyfer eich busnes.

3. Rhestrwch unrhyw adnoddau y gallech yn hawdd eu defnyddio ar gyfer eich busnes. Os oes angen cludiant, er enghraifft, oes modd i chi gael car a gyrrwr? Os oes angen ystafell ar gyfer storio defnyddiau, allech chi drefnu hynny?

4. Casglwch ynghyd atebion pob aelod o'ch minigwmni i gwestiynau 1-3. Oes unrhyw bethau sy'n debyg? Oes gan un person sgìl neu ddawn y gallai gweddill yr aelodau ei ategu? Ydy'r canlyniadau'n dangos eich bod am wneud nwydd yn hytrach na gwerthu gwasanaeth?

5. Mae'r rhan fwyaf o finigwmnïau'n ei chael hi'n anodd iawn meddwl am syniad busnes. Pam y mae diffyg profiad yn egluro hynny'n rhannol?

SuperSkyTrips

Mae *SuperSkyTrips* yn gwmni sy'n darparu teithiau balŵn ar dennyn ym malŵn heliwm mwyaf y byd. Roedd sefydlwr y cwmni, Robert Ollier, yn frwdfrydig dros falwnio ymhell cyn cychwyn ei fusnes. Ar ôl gweithio ar ei liwt ei hun yn y maes adeiladu, treuliodd 10 mlynedd yn llywio balwnau aer poeth ar draws Ewrop, yn cludo hysbysebion noddedig ar gyfer cwmnïau fel *British Airways* ac *American Airlines*.

Yna dechreuodd ymchwilio i sefydlu teithiau mewn balŵn ar dennyn. Mae'r balŵn heliwm yn sownd wrth winsh hydrolig sy'n cael ei gyrru gan fotorau trydanol dan y ddaear. Mae'r winsh yn rheoli pa mor gyflym y bydd y balŵn yn mynd i fyny ac yna'n dod â'r balŵn i lawr eto. Mae teithwyr yn talu am daith 15 munud i fyny ac i lawr.

Bu'n rhaid i Robert Ollier wneud llawer o ymchwil i'r project. Bu'n rhaid sicrhau bod dyluniad y balŵn a'i ffitiadau yn cydymffurfio â'r safonau a osodwyd gan Awdurdod Gweithredol Iechyd a Diogelwch. Mae semau'r balŵn, er enghraifft, wedi'u weldio yn hytrach na'u gwnïo at ei gilydd i roi mwy o gryfder. Mae'r llwyfan o dan y balŵn ar gyfer y teithwyr wedi'i wneud o ddur gwrthstaen o safon awyrennau. Bu'n rhaid i'r balŵn gael ei brofi'n fanwl cyn cael tystysgrif reid ffair gan Awdurdod Gweithredol Iechyd a Diogelwch.

Bu'n rhaid iddo gael hyd i leoliad ar gyfer y balŵn. Cafodd ei wrthod gan sawl dinas oedd yn boblogaidd gan dwristiaid. O'r diwedd sefydlodd ei falŵn cyntaf yn Milton Keynes. Yna fe'i symudwyd i Spring Gardens, Vauxhall, Llundain, ger Afon Tafwys. Mae 1 000 metr yn unig o'r Senedd ac o'r balŵn gellir gweld golygfeydd syfrdanol Llundain.

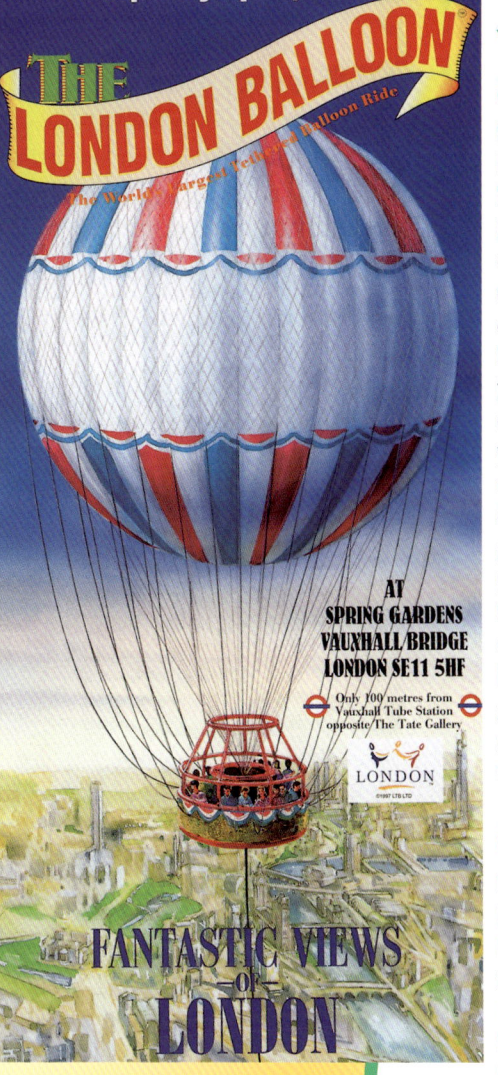

Ffynhonnell: addaswyd o wybodaeth a roddwyd gan *SuperSkyTrips* (www.londonballoon.co.uk)

1 Pa brofiad a sgiliau fu o gymorth i Robert Ollier wrth gychwyn ei fusnes *SuperSkyTrips*?
2 Beth fu'n rhaid iddo ei ddarganfod cyn y gallai gychwyn y busnes?
3 Awgrymwch 2 ffordd y gallai'r cwmni ddenu cwsmeriaid i ddefnyddio *SuperSkyTrips*. Eglurwch pam, yn eich barn chi, y byddai'r rhain yn llwyddiannus o ran denu cwsmeriaid.

Ymchwilio i'r cynnyrch

Mae rhai pobl sy'n cychwyn eu busnes eu hunain yn gwybod beth yn union maen nhw'n mynd i'w werthu a sut y byddan nhw'n ei werthu. Ond mae'r rhan fwyaf o bobl yn gorfod ymchwilio i'w cynnyrch. Bu'n rhaid i Kiren Darashah benderfynu pa ffabrigau i'w defnyddio ar gyfer ei dillad. Yn 1995, gyda chymorth ymgynghorydd busnes, newidiodd hi ei chyflenwyr - y cwmnïau y byddai'n prynu ffabrig ganddynt - i wella ansawdd a phrisiau. Rhaid i fusnesau benderfynu hefyd sut i wneud y cynnyrch. Ar y cychwyn Kiren Darashah ei hun wnaeth y dillad i gyd. Ond yn 1994 penderfynodd gyflogi dwy wniadwraig i ymdopi â'r cynnydd yn y busnes.

Cyllid

Ni all unrhyw fusnes gychwyn heb gyllid. Cychwynnodd Kiren Darashah ei busnes â grant o £250 gan Ymddiriedolaeth Fusnes Ieuenctid y Tywysog, sy'n helpu pobl ifanc i gychwyn eu busnes eu hunain. Talodd y grant am yr ymchwil marchnata cychwynnol. Creodd yr ymchwil marchnata argraff dda ar yr Ymddiriedolaeth a roddodd iddi wedyn fenthyciad o £2 500. Talodd hynny am wneud y stoc cychwynnol i'w werthu.

Mae Kiren Darashah wedi bod yn ofalus iawn â chyllid. Mae'r rhan fwyaf o bobl sy'n cychwyn eu busnes eu hunain yn amcangyfrif yn rhy isel faint o arian y bydd ei angen arnynt i gychwyn. Yn aml maen nhw HEB DDIGON O GYFALAF ac mae hynny'n achosi problemau wrth i'r busnes ehangu. Mae gan rai busnesau y potensial i fod yn broffidiol iawn, ond maen nhw'n methu oherwydd y daw eu harian parod i ben yn ystod y cyfnod cynnar pwysig yn oes y busnes (uned 28). Felly, mae'n bwysig iawn cyfrifo faint o arian sydd ei angen i gychwyn y busnes a nodi o ble y daw'r arian.

Mae Kiren Darashah wedi ariannu **ehangiad** ei busnes drwy

---

busnes yn fwy tebygol o ddod o'r maes gwaith y maent ynddo eisoes a'r cysylltiadau sydd ganddynt. Yna mae'n rhaid iddynt ddarganfod a fydd y syniad yn gweithio.

Ymchwilio i'r farchnad

Dim ond os gallan nhw ddenu cwsmeriaid a gwneud o leiaf digon o arian i dalu eu costau y gall busnesau oroesi. Felly, mae'n bwysig darganfod a yw'n debygol y bydd digon o gwsmeriaid. Mae dwy ffordd o **ymchwilio i'r farchnad** (uned 36).

- **Ymchwil desg** - cael hyd i wybodaeth sydd eisoes ar gael am y farchnad. Gallai person sydd am gychwyn siop trin gwallt, er enghraifft, edrych yn y Tudalennau Melyn i ddarganfod lleoliad yr holl siopau trin gwallt yn yr ardal er mwyn asesu'r gystadleuaeth debygol.
- **Ymchwil maes** - cael hyd i wybodaeth nad yw ar gael mewn llyfrau ayb. Cychwynnodd Kiren Darashah ei busnes drwy wneud amrywiaeth o ddyluniadau ar gyfer bechgyn a merched. Yna aeth hi i siopau, ysgolion a chylchoedd chwarae gan roi holiaduron i rieni a darganfod a oedd marchnad am y dillad a ddyluniwyd ganddi.

Uned 63 Rheoli newid

ailfuddsoddi'r elw a wnaed yn y busnes. Yn 1994 enillodd hi £2 500 drwy gyrraedd rownd derfynol cystadleuaeth genedlaethol Mentrwr Ifanc LiveWIRE a noddwyd gan Shell. Yn 1997 cafodd **fenthyciad banc** (☞ uned 31) o £5 000 a benthyciad arall o £5 000 gan Ymddiriedolaeth y Tywysog i ehangu'r busnes ymhellach.

Nodi ffynonellau cymorth

Dydy'r rhan fwyaf o fusnesau newydd ddim yn para am fwy na thair blynedd o fasnachu. Ond mae eu gobaith o lwyddo yn fwy o lawer os ydy'r bobl sy'n cychwyn y busnes wedi cael cymorth gan arbenigwyr cyn y lansio.

Cafodd Kiren Darashah gymorth gan Ymddiriedolaeth Fusnes Ieuenctid y Tywysog i gychwyn ei busnes. Dwy flynedd yn ddiweddarach, gyda'r busnes yn ehangu, trefnodd yr Ymddiriedolaeth iddi gysylltu ag ymgynghorydd busnes, Dianne Smith. Roedd hi'n arbenigwraig yn y fasnach ddillad ac roedd ganddi'r profiad nad oedd gan Kiren Darashah.

Yn y gorffennol byddai llawer o fusnesau bach newydd yn troi at **Gyswllt Busnes** neu eu **Cyngor Hyfforddiant a Menter** lleol. Oddi ar Ebrill 2001 mae Cyngor Cenedlaethol Cymru dros Addysg a Hyfforddiant wedi cymryd drosodd gwaith y Cynghorau hyn yng Nghymru. Gall cyrff fel y rhain nodi grantiau, benthyciadau neu fudd-daliadau sydd ar gael gan y llywodraeth neu gan gyrff fel Ymddiriedolaeth y Tywysog. Gallan nhw hefyd drefnu hyfforddiant mewn cychwyn busnesau bach sydd mor aml yn hanfodol i oroesiad y busnes.

Y cynllun busnes

Mae llunio **cynllun busnes** (☞ uned 22) yn bwysig iawn. Mae'r cynllun busnes yn gosod allan sut y caiff y busnes ei gychwyn a'i weithredu. Mae'n cynnwys rhagamcaniadau o'r gwerthiant, y derbyniadau a'r costau yn y dyfodol. Bydd yn cynnwys sut y caiff y cynnyrch ei wneud neu ei brynu a sut y caiff ei farchnata.

Mae llunio cynllun busnes yn sicrhau yr ystyriwyd pob agwedd ar y busnes newydd ac yr ymchwiliwyd iddynt. Mae'n helpu pobl i fod yn fwy realistig ynglŷn â'r problemau y byddan nhw'n debygol o'u hwynebu pan fydd y busnes yn dechrau masnachu. Hefyd fel rheol bydd angen i unrhyw gais am fenthyciad neu grant gael ei ategu gan gynllun busnes. Felly, mae cynllun busnes yn hanfodol ar gyfer ariannu'r busnes.

Gweithredu'r busnes

Dechreuodd *Ben-Go-Tig* yn fach. Yn y flwyddyn gyntaf Kiren Darashah wnaeth bob un o'r 500 o wisgoedd a werthwyd ganddi mewn partïon dillad. Yn yr ail flwyddyn ehangodd hi, gan gyflogi dwy wniadwraig ac asiant i'w helpu i drefnu gwerthiant partïon.

Yna cafodd hi lwc annisgwyl. Cyrhaeddodd hi rownd derfynol cystadleuaeth genedlaethol Mentrwr Ifanc LiveWIRE. Enillodd £2 500 a thri gwahoddiad am ddim i arddangos ei dyluniadau yn arddangosfa fasnach hanner blynyddol *Premier Collections* yn y Ganolfan Arddangos Genedlaethol yn Birmingham. Caniataodd hynny iddi ddechrau gwerthu i'r fasnach adwerthu (h.y. i siopau).

Ar hyd yr amser byddai'n gorfod meddwl am ddylunio amrywiaethau newydd, gwneud y dillad, ariannu'r busnes a marchnata ei hamrywiaethau.

Mae'r amgylchedd y mae busnesau'n gweithio ynddo yn newid yn gyson. Rhaid i fusnesau fel *Ben-Go-Tig* addasu drwy eu newid eu hunain. Yn achos Kiren Darashah, er enghraifft, mae hyn wedi golygu rhoi'r gorau i werthu drwy bartïon a chanolbwyntio ar werthu i adwerthwyr. Mae wedi golygu newid o fod yn unig berchennog i fod yn gwmni cyfyngedig. Mae wedi golygu ymdopi â siom, e.e. colli archeb gwerth £10 000 yn Awst 1996. Oni fydd busnesau'n newid byddan nhw'n marw. Os byddan nhw'n addasu'n gyson i newidiadau, fel *Ben-Go-Tig*, byddan nhw'n debygol o oroesi a ffynnu.

Ffynhonnell: addaswyd o'r *Financial Times*, 13 Gorffennaf 1996, ac o wybodaeth a roddwyd gan *Ben-Go-Tig*.

Microfragu

Cafodd Toby Mynott, sy'n ddawnus iawn ym myd marchnata, syniad busnes ar daith fusnes i Toronto. Aeth i ymweld â microfragdy 'eu gwaith eu hunain' (do-it-yourself micro-brewery). Gallai pobl Canada ddod i mewn, cael cyngor a bragu eu brand eu hunain o gwrw.

Penderfynodd Toby gychwyn gweithrediad tebyg yng Nghaergaint. Rhoddodd £55 000 o'i arian ei hun i mewn i'r busnes. Agorwyd y *Great Stour Brewery* ym mis Chwefror 1996. Roedd yr ymateb cychwynnol yn rhagorol gyda miloedd o ymholiadau yn yr wythnosau cyntaf. Ond bach iawn oedd y nifer a ddaeth yn gwsmeriaid. O fewn tri mis penderfynodd Toby ddirwyn y busnes i ben ac o fewn 12 mis caeodd y busnes.

O edrych yn ôl ar y profiad, nododd Toby nifer o broblemau allweddol. Roedd gorbenion y busnes, fel rhent a threthi lleol, yn rhy uchel. Gellid dadlau bod yfwyr cwrw yng Nghaint yn llai ymrwymedig i yfed ac arbed costau nag yfwyr yng Ngogledd Lloegr. Hefyd mae Caergaint yn rhy agos i Calais, ffynhonnell cwrw rhad.

Ffynhonnell: addaswyd o *The Times*, 18 Tachwedd 1997.

1. Beth oedd syniad busnes Toby Mynott?
2. Pa sgiliau oedd ganddo i agor y busnes?
3. Penderfynodd Toby gau'r busnes yn fuan iawn. Pam, yn eich barn chi, y gwelodd nad oedd gan y busnes fawr ddim gobaith o oroesi?
4. Trafodwch a fyddai wedi bod yn fwy llwyddiannus pe bai wedi agor ym Manceinion yn hytrach na Chaergaint.

Uned 63 Cychwyn busnes

Mike Dixon Cycles

Yn yr 1970au roedd Mike Dixon yn athro yn Lerpwl. Yn ei amser rhydd roedd yn feiciwr ac yn aml fe gymerai ran mewn rasys mewn gwledydd tramor fel Gwlad Belg. Sylwodd Mike fod dillad beicio a darnau yn rhatach yng Ngwlad Belg. Yn aml byddai ei ffrindiau'n gofyn iddo ddod ag ategolion (accessories) beiciau yn ôl gydag ef o'i deithiau.

Credodd Mike fod cyfle busnes posibl yma. Defnyddiodd £1 000 o'i arian ei hun i fewnforio ychydig o ddillad beicio a darnau o Wlad Belg. Ar ôl gyrru i Essex i'w gasglu o'r fferi, dychwelodd i Lerpwl a dechrau gwerthu'r ategolion i bobl yn y clybiau beicio lleol. Hefyd hysbysebodd mewn cylchgronau beicio a sefydlu busnes archebu drwy'r post. Rhwng 1980 ac 1989 parhaodd Mike i werthu ategolion beicio wedi'u mewnforio.

Cynyddodd y busnes. Ariannwyd y busnes gan werthiant y dillad a'r darnau a hefyd o gyflog Mike fel athro. Roedd gorddrafft ar gael ond mewn argyfwng yn unig y byddai'n ei ddefnyddio. Erbyn 1989 roedd y busnes yn gwneud mor dda fel y gallai Mike adael ei swydd athro. Roedd y busnes mor sefydledig erbyn hyn fel y gallai gael ategolion ar gredyd 30 diwrnod gan gyflenwyr.

Roedd siopau beiciau hefyd wedi gweld ei hysbysebion yn y cylchgronau. Roedden nhw am gael darnau a dillad am y prisiau cystadleuol roedd Mike yn eu codi. Cafodd gynifer o geisiadau fel y dechreuodd swmp brynu a gweithredu fel cyfanwerthwr i siopau beiciau a lleihau'r ochr archebu drwy'r post. Erbyn 1998 roedd *Mike Dixon Cycles* yn cyflogi 4 gweithiwr, gan gynnwys ei fab Martin, ac roedd ganddo drosiant blynyddol o fwy nag £1 filiwn.

Ffynhonnell: addaswyd o wybodaeth a roddwyd gan Mike Dixon.

1 Pa wasanaeth y mae Mike Dixon yn ei gynnig i gwsmeriaid?
2 Pa fath o ymchwil roedd Mike wedi'i gynnal cyn cychwyn y busnes?
3 Awgrymwch 3 ffordd roedd Mike wedi ariannu'r busnes.
4 Awgrymwch 2 broblem bosibl a wynebwyd gan y busnes wrth iddo dyfu.
5 Oedd Mike yn iawn i newid dull gweithredu'r busnes? Eglurwch eich ateb.

Rhestr wirio ✓

1 'Mae busnesau'n fwy tebygol o lwyddo pan gân nhw eu cychwyn gan bobl sydd eisoes â phrofiad a hyfforddiant yn y maes busnes hwnnw.' Pam?
2 Sut y gall rhywun ymchwilio i farchnad?
3 Awgrymwch ac eglurwch 2 ffordd y gallai rhywun sydd am gychwyn clwb iechyd a ffitrwydd ymchwilio i'r farchnad.
4 Sut y gallai busnes newydd ymchwilio i'r cynnyrch y mae'n mynd i'w werthu?
5 Nodwch 2 ffordd y gallai busnes gael hyd i'r arian i'w gychwyn mewn busnes.
6 Pa gymorth sydd ar gael i fusnesau sy'n cychwyn?
7 (a) Beth yw cynllun busnes? (b) Sut y mae cynllun busnes o gymorth i fusnes sy'n cychwyn?

termau allweddol

Heb ddigon o gyfalaf - heb yr adnoddau ariannol angenrheidiol i ganiatáu i fusnes fasnachu heb fynd i drafferthion ariannol yn gyson.

FFONIO GARTREF

ACHOS CRYNODOL

Bu Juanne Driscoll yn werthwraig am 10 mlynedd yn Llundain. Roedd hi wedi gweithio i nifer o gylchgronau, yn aml yn gwerthu lleoedd hysbysebu i gwmnïau mawr. Roedd hi'n frwd ynglŷn â chasglu darnau arian. Byddai yn aml yn ymweld â ffeiriau darnau arian, yn enwedig yn ninas ei magwraeth, Dulyn. Yn 1994 aeth i ffair ddarnau arian yn Nulyn. Gwelodd stondin yno yn gwerthu cardiau ffôn â lluniau arnynt oedd yn denu sylw nifer o gasglwyr. Gwerth y cerdyn oedd faint y byddai casglwr â digon o ddiddordeb yn fodlon ei dalu yn hytrach na nifer yr unedau o alwadau ffôn y gallai'r cerdyn dalu amdanynt.

Credodd Juanne y gallai ddefnyddio'i phrofiad i gynhyrchu cardiau ffôn a'u gwerthu mewn ffeiriau yn y DU a Gweriniaeth Iwerddon. Byddai'n cael noddwr i roi'r arian ar gyfer y cerdyn. Gallai fod cerdyn ar gyfer digwyddiad arbennig fel gêmau pêl-droed Gweriniaeth Iwerddon yng Nghwpan y Byd, cynnyrch cwmni neu wasanaethau bwrdd croeso. Byddai ei sgiliau hysbysebu a'i chysylltiadau yn eu helpu i gael hyd i noddwr a fyddai'n ystyried y cardiau yn ffordd o hysbysebu. Yna byddai hi'n defnyddio'i chysylltiadau ym myd argraffu i weithgynhyrchu nifer cyfyngedig o gardiau, i'w gwerthu am bris gweddol uchel. Byddai hefyd yn prynu cardiau'n newydd gan gwmnïau ffôn a delwyr ac yn eu gwerthu am bris uwch. Gellid prynu cardiau gan gwmnïau ffôn tramor a'u gwerthu yn y DU ac yng Ngweriniaeth Iwerddon.

Dros y blynyddoedd nesaf roedd gwerthiant cardiau ffôn yn ffynnu, gyda phobl yn aml yn prynu cardiau â themâu, e.e. trenau neu geir. Gwerthodd Juanne ei chardiau mewn ffeiriau darnau arian a thrwy hysbysebu mewn cylchgronau darnau arian. Cynyddodd gwerth ail-law cardiau prin yn ddychrynllyd.

Erbyn 1996, fodd bynnag, roedd y farchnad wedi'i gorlenwi. Yn aml gwelai Juanne fod llawer o stondinau mewn ffeiriau darnau arian yn codi prisiau is na'i phrisiau hi. Erbyn diwedd y flwyddyn roedd y busnes wedi dod i ben.

1 Beth oedd syniad busnes Juanne?
2 Pa brofiad oedd ganddi y gallai ei ddefnyddio yn ei busnes cardiau ffôn?
3 (a) Pam y methodd y busnes? (b) Awgrymwch 2 ffordd y gallai hi fod wedi newid ei busnes i'w wneud yn fwy llwyddiannus.

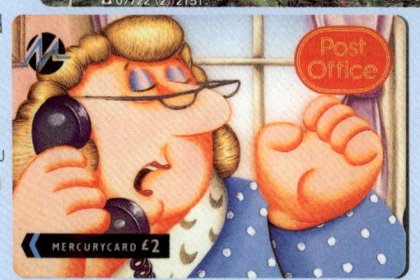

uned 64

BUSNES A NEWID

Gwneud penderfyniadau

Mae busnesau'n wynebu pwysau cyson yn fewnol ac yn allanol. I oroesi a ffynnu mae'n rhaid iddynt addasu i newidiadau. Rhaid penderfynu sut i newid eu strategaeth fusnes er mwyn ymdopi â newidiadau fel deddfau newydd, technoleg newydd, mwy o gystadleuaeth neu gyfraddau cyfnewid gwahanol.

Yn 1998 roedd *Courtaulds* yn grŵp cemegau rhyngwladol. Roedd yn cyflenwi araenau a defnydd selio, cynhyrchion polymer (defnydd pacio a ffilmiau), a chemegau a ffibrau i amrywiaeth eang o farchnadoedd, e.e. y marchnadoedd adeiladu llongau, awyrofod, moduro, adeiladu, fferyllol, eletroneg, bwyd a thecstilau. Roedd yn gyflogwr mawr ledled y byd, gydag 17 000 o weithwyr mewn 45 gwlad yn 1997. Ei drosiant gwerthu yn 1997 oedd £2 biliwn.

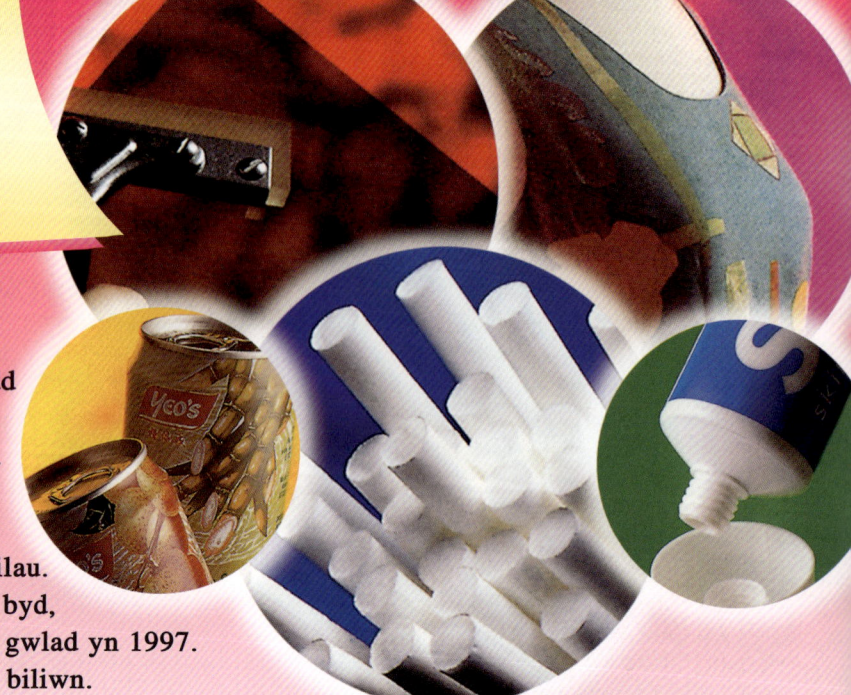

Pwysau mewnol

Yn 1998, yn debyg i lawer o fusnesau, roedd *Courtaulds* yn wynebu **pwysau mewnol**, h.y. pwysau a ddaw o'r tu mewn i'r busnes, e.e. y gweithwyr yn galw am godiadau cyflog. Bu'n rhaid i gyfarwyddwyr *Courtaulds* wneud penderfyniadau ynglŷn â'r projectau buddsoddi y dylen nhw eu 'cefnogi' â'r arian oedd ar gael ganddynt. Bu'n rhaid i reolwyr ffatri'r cwmni yn Grimsby sy'n gwneud *Tencel*, ffibr synthetig, ddarganfod ffyrdd o ostwng costau fel y gellid gwella effeithlonrwydd.

Pwysau allanol

Yn 1998, fodd bynnag, roedd **pwysau allanol** efallai yn bwysicach i *Courtaulds* na phwysau mewnol.

Cystadleuaeth Mae *Courtaulds* yn wneuthurwr pwysig o acrylig a fisgos, dau ffibr synthetig a ddefnyddir mewn dillad. Y ddau ffibr yma sy'n gyfrifol am bron chwarter o gyfanswm gwerthiant y cwmni. Ond mae llawer o wneuthurwyr eraill o acrylig a fisgos yn y byd. Yn y gorffennol roedd gwneuthurwyr wedi gorfuddsoddi mewn ffatrïoedd i wneud y ffibrau hyn. Y canlyniad oedd gorgyflenwad. Roedd prisiau acrylig a fisgos mor isel yn 1998 fel na wnaeth *Courtaulds* elw ar eu gwerthiant. Ni all cwmnïau barhau i wneud cynhyrchion nad ydynt yn cynhyrchu elw. Felly, roedd pwysau mawr am newid.

Technoleg newydd Mae *Courtaulds* yn gwmni arloesol (*innovative*), e.e. mae'n arweinydd y farchnad ryngwladol am baent môr. Mae ganddo hefyd fusnes cryf mewn araenau diwydiannol, yn enwedig ar gyfer y diwydiant awyrofod. Mae'n gyson yn gwella cynhyrchion yn y rhannau yma o'r busnes, h.y. araenau a defnydd selio. Yn ei fusnes ffibrau gwnaeth *Courtaulds* benderfyniad i gefnogi ffibr newydd 'rhyfeddol' o'r enw *Tencel*. Mae'n arbennig o gryf ond yn feddal iawn. Erbyn 1998 roedd *Tencel* wedi costio £350 miliwn i *Courtaulds* ar gyfer ymchwil a datblygu, ffatri newydd a marchnata. Eto i gyd, 1997 oedd y flwyddyn gyntaf iddo ennill elw ar ei fuddsoddiant mewn *Tencel*, a hynny'n elw o £10 miliwn yn unig. Sut y gallai *Courtaulds* wneud *Tencel* yn fwy llwyddiannus?

Ffyniant ac enciliad Yn 1997 ac 1998 roedd *Courtaulds* yn elwa oherwydd cynnydd mewn twf economaidd yn Ewrop a Gogledd America. Roedd hefyd wedi gobeithio cynyddu'n sylweddol ei werthiant i'r

---

Whirlpool

Whirlpool yw un o'r ddau wneuthurwr mwyaf yn y byd o nwyddau gwyn - poptai, peiriannau golchi, oergelloedd ayb. Mae'n wynebu pwysau cyson i ostwng costau er mwyn parhau'n gystadleuol ac ennill elw i'w gyfranddalwyr. Yn y rhan olaf o'r 1990au dechreuodd ddylunio ac adeiladu platfformau 'byd-eang' ar gyfer ei fodelau. Yn y gorffennol, ni fyddai gan beiriant golchi a adeiladwyd ar gyfer marchnad y DU fawr ddim o ddarnau yn gyffredin â pheiriant golchi a adeiladwyd ar gyfer marchnad UDA. Y strategaeth newydd oedd gostwng costau drwy adeiladu modelau gan ddefnyddio cynifer o ddarnau cyffredin â phosibl. Yn achos oergell, er enghraifft, byddai hyn yn cynnwys y casin, y cywasgydd, yr anweddydd a'r system selio.

Ffynhonnell: addaswyd o'r *Financial Times*, 24 Mawrth 1998.

1 Pa bwysau mewnol am newid roedd *Whirlpool* yn eu hwynebu?
2 'Bydd adeiladu platfformau cyffredin yn gostwng costau drwy fwy o ddarbodion maint.' Gan ddefnyddio enghreifftiau, eglurwch ystyr hyn.

Uned 64 Busnes a newid

Dwyrain Pell. Roedd wedi gosod targed o dwf o 10% mewn gwerthiant. Ond ar ddiwedd 1997 dechreuodd cyfnod o argyfwng mewn llawer o wledydd yn y Dwyrain Pell. Gostyngodd eu twf economaidd yn sylweddol. Gostwng hefyd wnaeth gobeithion *Courtaulds* am gynnydd mawr yn ei werthiant i'r ardal. Sut y byddai'n ymateb i hyn?

Cyfraddau cyfnewid Achosodd yr argyfwng yn y Dwyrain Pell nid yn unig ostyngiad yng nhyfraddau twf economaidd gwledydd yr ardal. Cafodd llawer o wledydd hefyd ostyngiad mawr iawn yng ngwerth eu hariannau cyfred. O ganlyniad roedd mewnforion lawer iawn yn ddrutach iddynt. Hefyd roedd eu hallforion yn rhatach o lawer i brynwyr mewn gwledydd fel y DU a'r Almaen. Effeithiodd hyn ar *Courtaulds*. Daeth yn fwy anodd o lawer i werthu i wledydd fel De Korea am fod prisiau'n uwch. Hefyd roedd gwneuthurwyr cynhyrchion fel fisgos yn y Dwyrain Pell yn gallu cynnig prisiau is i brynwyr yn Ewrop a Gogledd America, gan roi *Courtaulds* dan anfantais gystadleuol.

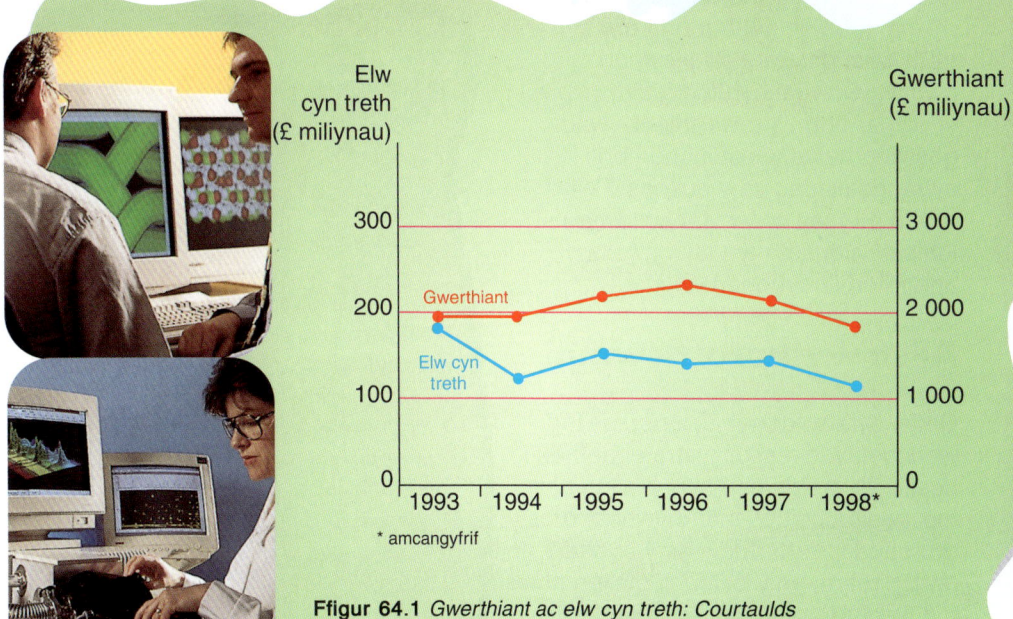

Ffigur 64.1 *Gwerthiant ac elw cyn treth: Courtaulds*
Ffynhonnell: addaswyd o Adroddiad Blynyddol a Chyfrifon *Courtaulds*, 1996-7; Datastream/ICV.

Dur yn erbyn alwminiwm

Mae cynhyrchwyr dur ac alwminiwm y byd mewn brwydr fydd yn penderfynu ar filiynau o bunnoedd o fusnes y flwyddyn yn y dyfodol rhagweladwy. Ar hyn o bryd mae cyrff y 40 miliwn o geir a weithgynhyrchir ledled y byd bob blwyddyn yn cael eu gwneud o ddur. Ond mae gan alwminiwm nifer o fanteision ar ddur. Mae draean yn ysgafnach. Gyda llywodraethau, grwpiau amgylcheddol a modurwyr yn mynnu bod tanwydd yn cael ei ddefnyddio'n well, mae hyn yn rhoi mantais bendant i alwminiwm. Hefyd dydy alwminiwm ddim yn cyrydu fel dur. Does dim angen cymaint o beiriannau drud i weithgynhyrchu cyrff alwminiwm ag sydd eu hangen ar gyfer cyrff dur. Mae *Volkswagen* eisoes yn cynhyrchu ei *Audi A8* mewn alwminiwm. Mae wedi dweud na all weld pam na fydd yn newid i alwminiwm ar gyfer ceir masgynnyrch fel y *Golf* yn y dyfodol.

Mae'r diwydiant dur yn ofni y bydd gwneuthurwyr ceir eraill yn dilyn arweiniad *Volkswagen*. Felly, mae'r prif gynhyrchwyr dur wedi ariannu ar y cyd ymchwil i gyrff ceir dur ysgafnach. Yn 1998 roedden nhw'n arddangos corff car dur oedd 25% yn ysgafnach na chyrff ceir traddodiadol. Roedd hwn wedi'i wneud o gymysgedd o ddur tra hydwyth ac ni fyddai'n costio mwy i'w gynhyrchu na chorff traddodiadol.

Ffynhonnell: addaswyd o'r *Financial Times*, 5 Mawrth 1998.

1 Pam y gallai cwmnïau dur golli eu gwerthiant i wneuthurwyr ceir yn y dyfodol?
2 Sut y mae'r cynhyrchwyr dur wedi ymateb i'r bygythiad hwn?
3 Mae gwneuthurwyr ceir yn amharod i newid i alwminiwm am eu bod yn draddodiadol wedi gweithio gyda dur ac maen nhw wedi buddsoddi llawer mewn peiriannau sy'n gysylltiedig â dur. Awgrymwch 2 ffordd y gallai cynhyrchwyr alwminiwm ei gwneud hi'n fwy atyniadol iddynt newid i ddefnyddio alwminiwm.

Grwpiau sy'n ymwneud

Yn debyg i unrhyw gwmni mawr, mae yna nifer o **grwpiau sy'n ymwneud** (*stakeholders*) â *Courtaulds* - grwpiau sydd â diddordeb yn y busnes. Mae yna'r rheolwyr, sydd dan bwysau i gynyddu gwerthiant a gostwng costau. Mae'r gweithwyr am i'w hamodau gwaith wella. Efallai eu bod yn poeni y gallai trafferthion y cwmni roi eu swyddi mewn perygl. Bydd llywodraethau'r gwledydd lle mae gan *Courtaulds* ffatrïoedd am i'r cwmni dyfu, gan greu ffyniant ar gyfer eu dinasyddion a chyfrannu trethi. Bydd llywodraethau, ynghyd â grwpiau amgylcheddol, hefyd am fonitro lefelau llygredd. Gallai llawer o'r technolegau a ddefnyddir gan *Courtaulds* fod yn beryglus i'r amgylchedd pe bai damwain. Felly, mae'n rhaid i *Courtaulds* roi blaenoriaeth uchel i reoli llygredd. Mae cwsmeriaid am gael cynhyrchion o ansawdd uchel am brisiau cystadleuol. Mae cyflenwyr yn dibynnu ar *Courtaulds* am archebion. Mae perchenogion y cwmni, y cyfranddalwyr, hefyd yn bwysig iawn. Mae cyfarwyddwyr *Courtaulds* yn atebol i'r cyfranddalwyr i warchod eu buddiannau. Roedd hanes y cwmni yn yr 1990au yn wael. Yn Ffigur 64.1

Uned 64 Rheoli newid

gwelir bod twf gwerthiant yn wan rhwng 1993 ac 1998 a bod elw cyn treth wedi gostwng yn y cyfnod hwnnw. Golygai hyn fod maint yr elw - yr elw ar bob £1 o werthiant - wedi gostwng hefyd. Gostyngodd pris cyfranddaliadau yn y busnes. Felly, roedd pwysau ar y cyfarwyddwyr i lunio strategaeth fyddai'n gwella'r adenillion i'r cyfranddalwyr.

Ailstrwythuro'r cwmni

Gallai cyfarwyddwyr *Courtaulds* fod wedi defnyddio nifer o strategaethau i ddelio â'r problemau hyn. Gallen nhw fod wedi gobeithio mai rhywbeth dros dro oedd y trafferthion ac y byddai'r cwmni'n **tyfu** yn y dyfodol. Gallen nhw fod wedi gostwng costau drwy **resymoli** (*rationalise*) y busnes. Mae hyn yn golygu cau neu werthu rhannau o'r cwmni. Gallen nhw fod wedi **amrywiaethu** (*diversify*), gan brynu busnesau eraill neu fuddsoddi mewn cynhyrchion newydd fel y gwnaed â *Tencel*. Ond nid oedd yn amlwg a fyddai'n bosibl cynyddu gwerthiant neu ostwng costau.

Yn hytrach, yn Chwefror 1998 cyhoeddodd cyfarwyddwyr *Courtaulds* y byddai'r cwmni'n cael ei hollti'n dair rhan, yn seiliedig ar adrannau cynnyrch y cwmni. Byddai *Courtaulds* yn parhau fel cwmni ffibrau a chemegau. Byddai araenau a defnydd selio, sy'n cynnwys y busnes paentiau llwyddiannus, yn cael eu sefydlu fel cwmni ar wahân. Byddai'r rhan o'r busnes a wnâi gynhyrchion polymer yn cael ei gwerthu i'r cynigiwr uchaf. Byddai cyfranddalwyr ar eu hennill o'r gwerthiant hwn. Bydden nhw hefyd yn dal cyfranddaliadau mewn dau gwmni yn hytrach nag un. Gobeithiai'r cyfarwyddwyr y byddai buddsoddwyr y farchnad stoc yn rhoi pris uwch ar y ddau gwmni nag oedd ar *Courtaulds* adeg hynny.

Yna yn Ebrill 1998 cyhoeddodd *Akzo Nobel*, grŵp cemegau o'r Iseldiroedd, fod ganddo ddiddordeb mewn **trosfeddiannu** *Courtaulds*. Mae'n wneuthurwr pwysig o baentiau ac roedd am brynu busnes paentiau proffidiol *Courtaulds*. Roedd gan *Akzo Nobel* fusnes ffibrau hefyd. Byddai'n cyfuno hwn â busnes ffibrau amhroffidiol *Courtaulds* ac yna'n gobeithio **gwerthu'r** busnes cyfunedig. Mae'r ffaith fod y DU a'r Iseldiroedd yn rhan o'r Undeb Ewropeaidd yn gwneud y math hwn o drosfeddiannu yn fwyfwy cyffredin. Mae angen i fusnesau mawr fod mewn nifer o wledydd er mwyn parhau'n gystadleuol.

Byddai cyfranddalwyr *Courtaulds* ar eu hennill o hyn. Roedd *Akzo Nobel* yn fodlon talu dwywaith pris gwerthu cyfranddaliadau *Courtaulds* yn Rhagfyr 1997 cyn y cyhoeddwyd y newidiadau. Byddai'r gwahanol rannau o fusnes *Courtaulds* yn debygol o fod yn fwy cystadleuol fel rhan o grŵp mwy. Ond byddai rhai ffatrïoedd yn cael eu cau a byddai rhai gweithwyr yn colli eu swyddi. Byddai gan newid gostau yn ogystal â buddion.

Ffynhonnell: addaswyd o'r *Financial Times*, 25 Chwefror 1998, 26 Chwefror 1998, 3 Ebrill 1998, 7 Ebrill 1998; Adroddiad Blynyddol a Chyfrifon *Courtaulds*, 1996-7; *The Times*, 3 Ebrill 1998.

Diwydiant recordiau y DU

Roedd 1997 yn flwyddyn lwyddiannus i ddiwydiant recordiau y DU. Roedd gan grwpiau Prydeinig fel The Verve, Radiohead, Oasis, Texas, The Spice Girls a Prodigy werthiant uchel yn y DU ac yn UDA. Mae'r diwydiant, fodd bynnag, dan bwysau.

Mae gwerth uchel y bunt yn creu un broblem. Mae cwmnïau recordiau yn gosod pris cryno-ddisgiau mewn gwlad yn ôl y prisiau y mae cystadleuwyr yn eu codi. Pan fydd cyfraddau cyfnewid yn newid, bydd pris cryno-ddisg yn nhermau'r arian cyfred lleol yn cael ei gadw'n ddigyfnewid. Yn 1997 cododd gwerth y bunt 20-30% mewn perthynas ag ariannau cyfred fel marc Yr Almaen. Roedd wedyn yn broffidiol iawn i brynu cryno-ddisgiau yn Yr Almaen, dyweder, a'u gwerthu yn y DU am brisiau is na phris swyddogol y cryno-ddisg yn y DU. Mae'r diwydiant cerddoriaeth yn amcangyfrif bod y 'mewnforion paralel' hyn yn cyfrif am 1 o bob 5 copi o'r cryno-ddisgiau poblogaidd a werthir yn y DU. Mae cwmnïau recordiau y DU ar eu colled gan y bydden nhw wedi cael mwy o arian o werthu cryno-ddisg yn swyddogol yn y DU nag o'i werthu yn Yr Almaen am bris is a'i weld yn cael ei fewnforio yn ôl i'r DU. Mae'r artistiaid ar eu colled hefyd gan fod eu breindal yn seiliedig ar y pris a dderbynir gan y cwmni recordiau.

Problem arall sy'n wynebu cwmnïau bach annibynnol yn y diwydiant yw diffyg cyfalaf. Mae cost arwyddo cytundeb â grŵp a hyrwyddo'r grŵp yn codi. Mae cwmnïau annibynnol dan fwy byth o bwysau i'w gwerthu eu hunain i'r prif gwmnïau recordiau. Yn 1998, er enghraifft, gwerthodd *Skint* a *Loaded* gyfran sylweddol o'u cyfranddaliadau i *Sony*.

Ffynhonnell: addaswyd o'r *Financial Times*, 9 Chwefror 1998.

1 Pwy sy'n ymwneud â chwmnïau recordiau?
2 O'r rhai sy'n ymwneud â chwmnïau recordiau, pwy sydd (a) ar eu hennill a (b) ar eu colled oherwydd mewnforion paralel?
3 Mae Dan Gwmwl yn berchen label recordiau annibynnol. Beth fyddai'r manteision iddo o werthu rhan o'i gwmni i gwmni recordiau mawr amlwladol?

Uned 64 Busnes a newid

Pwysau ailgylchu

Mae mwy a mwy o ddefnydd yn cael ei ailgylchu. Daw pwysau i wneud hyn o grwpiau amgylcheddol fel *Greenpeace*. Mae'r llywodraeth hefyd yn argyhoeddedig mai dyma'r peth iawn i'w wneud. Mae'n annog cwmnïau i ailgylchu defnyddiau mewn nifer o ffyrdd. Un ohonynt yw'r dreth ar ddefnydd a ollyngir mewn claddfeydd sbwriel (*landfill sites*).

Yn draddodiadol bu'r diwydiant adeiladu a'r ffynhonnell fawr o wastraff. Hyd yn oed gyda'r dreth gladdfa, dim ond tua hanner gwastraff adeiladu a ailgylchir. Mae'r gweddill yn cael ei ollwng (*dumped*). Mae cwmnïau sy'n arbenigo mewn gwaredu gwastraff y diwydiant adeiladu ar eu hennill y naill ffordd neu'r llall. Mae *Pinden Plant and Processing*, er enghraifft, cwmni â throsiant o £4 miliwn yng Nghaint, yn ailgylchu defnyddiau ac yn gollwng mewn claddfeydd yr hyn nad yw'n broffidiol ei ailgylchu.

Ond mae'r gyfraith amgylcheddol yn dod yn fwy beichus. Mae cwmnïau bach fel *Pinden Plant and Processing* yn ei chael hi'n anodd codi'r arian i gydymffurfio â deddfau mwy llym. Felly, mae llawer yn eu gwerthu eu hunain i gwmnïau mawr. Yn Chwefror 1998 gwerthwyd *Pinden Plant and Processing* i *Hanson plc*, busnes mawr amlwladol ym myd defnyddiau adeiladu.

Ffynhonnell: addaswyd o'r *Financial Times*, 5 Mawrth 1998.

1 Pa bwysau allanol a roddir ar gwmnïau adeiladu i ailgylchu mwy o wastraff?
2 Pam y mae'r pwysau hyn yn rhoi cyfle busnes i gwmnïau ym maes gwaredu gwastraff?
3 Mae busnes bach gwaredu gwastraff wedi cyfrifo y byddai angen iddo fuddsoddi £500 000 dros y ddwy flynedd nesaf i gydymffurfio â gofynion cyfreithiol newydd a pharhau yn gystadleuol â chwmnïau eraill. Dim ond £200 000 o elw cadw sydd ganddo i ariannu hyn yn fewnol. Byddai cael benthyg £300 000 – £400 000 yn gwthio'i fenthyciadau i lefelau peryglus o uchel.
(a) Eglurwch pam y gallai gael ei demtio i'w werthu ei hun i gwmni mwy. (b) Pa fanteision y gallai dau berchennog y cwmni eu hennill o werthu rhan yn unig o'r cwmni?

Ailgylchu papur

Rhestr wirio ✓

1 Eglurwch 3 enghraifft o bwysau mewnol sy'n wynebu busnes.
2 Beth yw'r gwahaniaeth rhwng pwysau mewnol a phwysau allanol ar fusnes?
3 Pam y gallai cynnydd yn nifer y bobl yn y wlad sy'n 75 oed a mwy effeithio ar gwmnïau cyffuriau?
4 Eglurwch 2 ffordd y gallai cwmni ymdopi â newid yn yr economi o ffyniant i enciliad.
5 Mae cwmni'n perfformio'n dda. Y llynedd gwnaeth ei elw mwyaf erioed. Sut y byddai'r gwahanol grwpiau sy'n ymwneud â'r cwmni o bosibl am weld y cwmni'n newid yn awr?
6 Mae cwmni mewn trafferthion.
(a) Sut y gallai rhesymoli'r cwmni ei helpu allan o'r trafferthion?
(b) Pwy fyddai'n colli fwyaf oherwydd unrhyw resymoli?
7 Sut y gallai cydsoddiad wella perfformiad cwmni?

ACHOS CRYNODOL

DILEU GWERTHIANT DI-DOLL

Yn 1999 bydd gwerthiant di-doll (*duty free*) ar gyfer pobl sy'n teithio rhwng gwledydd yr Undeb Ewropeaidd yn cael ei ddileu. Yn ôl adroddiad a gyhoeddwyd yn 1998:
• byddai 19 000 o swyddi yn niwydiant teithio, twristiaeth a diodydd y DU yn diflannu;
• byddai 5 000 o'r swyddi hyn yn diflannu yng Nghaint yn ardal porthladdoedd y Sianel, a byddai 1 000 o swyddi'n cael eu colli yn niwydiant wisgi Yr Alban;
• byddai cost teithio i'r cyfandir o'r DU yn codi £14 y teithiwr ar gyfartaledd;
• byddai buddsoddiant mewn porthladdoedd a meysydd awyr yn gostwng.

Ffynhonnell: addaswyd o'r *Financial Times*, 27 Chwefror 1998.

Mae cwmnïau fferi yn cynnig gwasanaethau cludiant môr i deithwyr rhwng Dover a Calais. Yn y gorffennol maen nhw wedi gosod prisiau tocynnau yn is na chost lawn y teithio. Talwyd gweddill y gost a gwnaed eu helw o werthiant nwyddau di-doll ar y llong.
1 Eglurwch 5 ffordd y gallai dileu nwyddau di-doll effeithio ar gwmnïau fferi.
2 (a) Sut y gallai cwmnïau fferi newid er mwyn parhau mewn busnes?
(b) Sut y gallai'r newidiadau hyn effeithio ar fusnesau eraill, fel *Scottish Distillers* neu *Dover Port*?

233

Mynegai

A

A (grŵp economaidd gymdeithasol) 123, 124
ABB *Asea Brown Boveri* 54
absenoliaeth 195
ACAS 220
adborth 210, 213, 215
adenillion ar y cyfalaf a ddefnyddiwyd 97-98,99
adennill costau 85-87
  a maint busnes 65-66
  a'r cynllun busnes 79
  ac amcanion busnes 60
adneuon banc
  a'r fantolen 93
Adran Addysg a Chyflogaeth 208
adran brynu 162
adran greadigol 143
adrannau 72-73, 76
adroddiad 216
Adroddiad Blynyddol a Chyfrifon 44, 210
adwerthu 150-152, 153
  a busnesau cydweithredol 47
  a lleoliad 146, 186
  a maint busnes 65, 66
  a thechnoleg gwybodaeth 177
  a'r farchnad fwydydd 47
  yn rhan o'r sector trydyddol 14
aeddfedrwydd marchnad 134-135
AGV 175-176, 177
anghenion 4-5, 7, 114, 124
  a chymhelliant 195-196
  defnyddwyr 5-6, 7, 120, 130
  diogelwch 195
  ffisiolegol 195
  hierarchaeth 195-196, 197
  hunan-barch 195
  hunanwireddu 195
anghymell 196
  gweler hefyd cymhelliant
ailgymryd ar brydles 110
ailhyfforddi 206-207
ailstrwythuro 232
allanolderau 20, 21
allforion 26, 28, 29
  a chwmnïau amlwadol 55
  a strwythur yr economi 16
Allied Carpets 214-217
amaethyddiaeth - gweler sector cynradd
amcanion busnes 56-57, 60-63
amgylchedd 20
  a moeseg busnes 32, 33
  ac amcanion busnes 61
amlder prynu 128
amlsgilio 172, 173, 207
amodau gwaith
  a chyflog 205
amrywiaeth o gynhyrchion 130,133
  ac amcanion busnes 61
amrywiaethu 70, 232
Andrew Sykes 73
anfonebau 131, 211

ac ymchwil marchnata 127
anfonwr 210
annarbodion maint 76-77
annibyniaeth 15-16, 17
ansawdd 182-185
  a chell-gynhyrchu 171
  a chymhelliant 194
  a chynhyrchu mewn union bryd 171
  a phrynu 163
  a systemau talu 202
  a thrwyddedu 53
  a'r cymysgedd marchnata 120
  a'r dechnoleg newydd 179
  ac adwerthu 151
  masnachol 160
ansicrwydd 84-85
arbenigaeth 15-16, 17
  a dulliau cynhyrchu 170
  a threfniadaeth fewnol busnesau 72, 76
  ac unig fasnachwyr 36
arbrofion 129
archebu drwy'r post 148, 151, 152
Ardal Ddatblygu 188
arian cyfred sengl 31
arian parod
  a'r fantolen 93
  ac ariannu busnes 116
ariannau cyfred 93-94, 95
arolwg ffôn 128
arolwg papur newydd 128
arolwg post 128
Arolygiaeth Dŵr Yfed 119
Arolygiaeth Iechyd a Diogelwch 222, 223
arolygon 127-128, 129
arolygu
  a'r rhychwant rheoli 74
arsylwi 127
arweinydd 198-199
  democrataidd 199
  laissez-faire 199
  unbenaethol 198-199
arwerthiant 9
asedau 92-94, 95
  a chau busnes 36
  a chyllid 110
  a dibrisiant 90
  ac unig fasnachwyr 36
  annirweddol 93
  cyfredol 93-94, 95
  cyfredol net 94, 95, 97, 104
  dirweddol 93, 95
  hylifol 93, 95
  sefydlog 93, 95, 97, 104
asiantaethau cyflogaeth 190-191
asiantaethau hysbysebu 143, 145
asiantau 147-148
atebolrwydd 76
atebolrwydd anghyfyngedig 34, 37
  a phartneriaethau 38, 109
  ac unig fasnachwyr 34, 35, 36
atebolrwydd cyfyngedig 42-44, 45
  a busnesau cydweithredol defnyddwyr 46
  a chwmnïau cyfyngedig 42-44

a chydweithfeydd gweithwyr 48
atebwyr 127, 129
Avtogaz 13
awdurdod 73, 75
Awdurdod Afonydd Cenedlaethol 119
Awdurdod Datblygu Cymru 188
Awdurdod Safonau Hysbysebu 160-161
awdurdodau lleol 20
  a lleoliad busnesau 188
  a sefydliadau sector cyhoeddus 56, 58-59
  ac amcanion busnes 62
awtomatiaeth 174, 178

B

B (grŵp economaidd gymdeithasol) 123, 124
Banc Cydweithredol 47
banc masnachol 109
Banc y Midland 176
banciau
  a benthyca 78, 112, 113-114
  a dyroddiadau cyfranddaliadau 109
Banks's 19
Bargen Newydd 208
Barnardos 4
Beaudesert 166
Beauford PLC 92-94
Belgrade Insulations 129
Ben-Go-Tig 226-228
Bender Forrest 72-75
Benetton 160
benthyciadau 113-114, 115, 116, 117, 228
  a'r cynllun busnes 78
  a'r fantolen 94
Bertrande Faure 185
Billington Group 90
biwrocrataidd 77
blaengyfranddaliadau 109-110, 110
Bliss Bridal Wear 115
blwyddyn gyfrifyddol 92-93
BOC Group 54-55
bodloni cwsmeriaid 195
bodloni elw 61
Body Shop 32-33, 50
boddhad swydd 196, 197, 215
boicot 220
bondiau 114
bonws 215, 217
  a chymhelliant 195
  grŵp 215
Branson, Richard 198-199
British Airways 26-28, 57
Buckingham Foods 74
buddion
  cymdeithasol 20, 21
  preifat 20,21
buddrannau 109, 111, 116
  a'r cyfrif elw a cholled 90
  ac uchafu elw 60

fel cymhelliad 118
buddsoddiant
  a thwf busnesau 70
  a'r fantolen 93
  ac adwerthu 151-152
  ac elw cadw 90, 118
  ac elw tymor byr 44
  ariannol 93
  y llywodraeth 23
Burger King 182
busnes 4, 7
  a chychwyn 226-228
  a maint 64-66
busnesau bach
  a chyllid 108-109, 117
  a thwf 70
  ac amcanion busnes 62
  gweler hefyd unig fasnachwyr, partneriaethau
busnesau cydweithredol defnyddwyr 46-47, 49
bwrdd cyfarwyddwyr 44, 56
Bwrdd Cymeradwyaeth Electrodechnegol Prydain 184

C

C1 a C2 (grwpiau economaidd § gymdeithasol) 123, 124
CAD 174-175, 177, 178-179
CAM 175, 177
Cadbury Schweppes 126-129, 167
cadw gweithwyr 205
cadwyn awdurdod 73, 74, 75
  hyd 73
cadwyn gyfathrebu 212
  ac undebau llafur 28
cadwyn gynhyrchu 15, 17
  a chydsoddiadau 69
cadwyni gwirfoddol 151
cadwyni o adwerthwyr 151
cael benthyg 112-114, 116-117
  gweler hefyd benthyciad, gorddrafft
caffaeliad 69
Canghellor y Trysorlys
  a'r Gyllideb 84
Cambus Litho Ltd 214-216
Canadian Pizza 91
caniatâd cynllunio 20
Canolfan Arddangos Genedlaethol 228
Canolfannau Gwaith 190
canoli 77
Capital Radio 98
Car Group 17
car y cwmni 201
carfan perthynas ddynol 190
carfan rheolaeth wyddonol 194, 216
carfanau pwyso 161, 219, 220
Carrington Career & Workwear 174
cau gweithwyr allan 220
CBI 220
ceisiadau 191-192

Ceiswyr Sgiliau 207
cell-gynhyrchu 170-171, 173
cerbydau a arweinir yn awtomatig 175-176, 177
Chief 29
Chloride Group PLC 76
cilfanteision 215, 216, 217
CIM 176, 178
City Challenge 188
cludiant 148, 154-156
  a lleoliad busnesau 186-187
  a'r Undeb Ewropeaidd 31
  awyr 155-156
  ffyrdd 154-156
  môr 155-156
  rheilffyrdd 154-156
CMM 175
CNC 175, 177, 179
Coats Viyella 88-91
Coca Cola 135
codau arfer 160-161
codau hysbysebu ac arfer hyrwyddo gwerthiant 160
cofnodion 216
Cofrestrydd Cwmnïau 42-43
Cofrestrydd Cyffredinol 42-43
colled
  gweler elw, cyfrif elw a cholled
  colli gwaith
  a chontract cyflogaeth 224
  a chymhelliant 195, 196
  a dihaenu 73
  a'r gyfraith 224
  gweler hefyd diweithdra
comisiwn 148, 215, 216, 217
Commercial Union 210-212
contract cyflogaeth 223, 225
contractio allan 59
corff rheoli 57, 119
corfforaeth gyhoeddus 56-58, 59
Corus 57
cost gwerthiant 89-90, 91
  a maint yr elw crynswth 96
cost ymwad 9, 11
costau 80-82
  a chludiant 155
  a chwmnïau amlwladol 55
  a chwyddiant 22
  a chyfathrebu 211
  a chyflenwad 141
  a chylchred oes cynnyrch 135
  a chyllid 116
  a chyllidebau 84
  a chymhelliant 194
  a darbodion maint 65
  a dulliau cynhyrchu 166-168, 170
  a hyfforddiant 206
  a lleoliad busnesau 186-187
  a phreifateiddio 57
  a stoc 164
  a thechnoleg 178-180
  a threfniadaeth fewnol 74
  a'r cyfrif elw a cholled 88-91
  a'r cynllun busnes 79
  ac adwerthu 151
  ac effeithlonrwydd 119
  anuniongyrchol 82

cyfanswm 81-82, 83
cymdeithasol 20, 21
dosbarthu 89
gorbenion 82
gweinyddu 89
gweithredu 89
newidiol 81-82, 83, 86, 138
preifat 20, 21
sefydlog 81-82, 83, 86, 138
uniongyrchol 82
Courtaulds 230-232
credyd
  a'r cyfrif elw a cholled 88
  a'r fantolen 93
credyd masnach 93, 95
  a chyfalaf gweithio 104, 105
  a'r fantolen 93
  ac ariannu'r busnes 113, 116, 117
credydwyr 93, 95
  a chyfalaf gweithio 104
cronfa ddata 177, 217
cronfa wrth gefn 94
cronfeydd pensiwn 109
curriculum vitae (CV) 192, 193
cwestiwn agored 128
cwestiwn caeedig 128
cwmni 42-44, 45
  a chyfrif elw a cholled 88
  a chyllid 109
  a mantolenni 92, 94
  a newid 230
  ac amcanion busnes 61
  amlwladol 54-55
  ariannu 114
  buddsoddi 109
  yswiriant 109
cwmni cyfyngedig cyhoeddus 43-44, 45
  a chwmnïau amlwladol 54
  a chyllid 109-110, 117
  a hyd y gadwyn gynhyrchu 73
  a mantolenni 94
  a rheolaeth 44
  ac amcanion busnes 61-62
cymharu â busnesau cydweithredol 46
cwmni cyfyngedig preifat 43-44, 45
  a chyfalaf cyfranddaliadau 43
  a chyllid 109-117
  a mantolenni 94
  a rheolaeth 44
  a thrwyddedu 50
cwotâu 28
  a'r Undeb Ewropeaidd 30
cwsmeriaid 5, 7
  a moeseg busnes 32, 159
  dro ar ôl tro 124
  unwaith yn unig 124
cydfargeinio 218
Cydffederasiwn Diwydiant Prydain 220
cydsoddiad 68-70, 71, 223
  cyd-dyriad 69, 71
cydweithfa weithwyr 48-49, 50
  ac amcanion busnes 62
cyfaint gwerthiant 81

cyfalaf
  a dulliau cynhyrchu 168
  a ddefnyddiwyd 64, 65, 98
  a'r fantolen 94
  ariannu busnes 35, 36, 108-110, 116-117
  cyfranddaliadau 42, 109
  ffactor cynhyrchu 5, 7
  gweithio 28, 94, 104-106, 107, 108, 116
  menter 110, 111
  sefydlog 93, 116
  soddgyfrannau 108-110, 111, 116-117
cyfalafddwys 180, 181
cyfalafiad y farchnad 64
cyfanswm y derbyniadau
  ac adennill costau 86-87
cyfanwerthyr 146-147, 148
Cyfarfod Cyffredinol Blynyddol
  busnesau cydweithredol 47
  ccc 43, 44
cyfarwyddwyr 44, 45, 56
  a threfniadaeth fewnol 72
  ac amcanion busnes 61, 69
cyfathrebu 176, 210-216
  a chwmnïau amlwladol 55
  a chylchoedd ansawdd 172
  a chynhyrchu 170
  a dyrchafiad 142-144
  a recriwtio 190
  a rhychwant rheoli 74
  a'r gadwyn awdurdod 73
  ac arweinyddiaeth 198-199
  ac undebau llafur 218
  allanol 211, 213
  anffurfiol 212, 213
  di-eiriau 214
  drwy glep a si 212, 213
  fertigol 212
  geiriol 214-215
  gweledol 215
  llafar 214
  llorweddol 212
  mewnol 210-211, 213
  wyneb yn wyneb 214
  ysgrifenedig 215-216
cyfeiriaduron, hysbysebu 137
cyfeiriedig at y cynnyrch 126, 129, 164
cyfeiriedig at y farchnad 121, 126, 129, 164
cyflafareddu 220, 221
cyflenwad 140-141
  a lefelau cyflog 204-205
cyflenwr 162, 165
  a moeseg busnes 32
cyfleoedd cyfartal 222-223, 225
  a'r Undeb Ewropeaidd 31
cyflog 214, 217
  a'r cyfrif elw a cholled 89
  blynyddol 215, 217
  crynswth 214, 217
  net 215, 217
  penderfynu 208-209
  sylfaenol 200, 203
cyflogaeth

a'r gymuned leol 18-19
cyfnewidfa stoc/marchnad stoc 43-44, 94, 109-110
  a chymarebau ariannol 99
Cyfnewidfa Stoc Llundain 43, 44
cyfnod aeddfedrwydd 134-135
cyfnod datblygu 162
  yng nghylchred oes cynnyrch 134
cyfnod twf
  yng nghylchred oes cynnyrch 134
cyfoethogi swydd 196
cyfradd cyflog y farchnad 209
cyfradd yn ôl y gwaith 215, 216, 217
  a chymhelliant 195
cyfradd yr adenillion ar y cyfalaf a ddefnyddiwyd 97-98, 99
cyfraddau cyfnewid 27-28, 29, 231
  a chwmnïau amlwladol 55
  a'r Undeb Ewropeaidd 30-31
cyfraddau llog
  a'r fantol daliadau 28
  effeithiau ar fusnesau 24
cyfraith cwmnïau 42-44, 88
cyfraith cyflogaeth 222-225
cyfraith defnyddwyr 25, 159-160
cyfraith sifil 160
cyfraith troseddu 159
cyfran o'r farchnad 64-65, 67
  a phrisio 138
  ac adwerthu 47
  ac amcanion busnes 61
cyfranddaliadau 109-110
  a chost 116
  a chwmnïau cyfyngedig cyhoeddus 42-44
  a chwmnïau cyfyngedig preifat 42-44
  a chymarebau ariannol 99
  a thwf busnesau 69
  a'r cyfrif elw a cholled 88
  a'r fantolen
  ac uchafu elw 60-61
  blaengyfranddaliadau 109-110, 111
  cyffredin 109, 111
  dyroddiad 109
  gosod 109
  lansio 69
cyfranddalwyr 42-44, 45 - gweler hefyd cyfranddaliadau, marchnad stoc
  a buddrannau 109
  a busnesau cydweithredol 46
  a chwmnïau amlwladol 54-55
  a soddgyfrannau 108
  a thwf busnesau 69
  a'r cyfrif elw a cholled 88, 90
  a'r fantolen 94
  ac uchafu elw 60-61
cyfraniadau Yswiriant Gwladol 23, 215
  a lleoliad 187
  ac unig fasnachwyr 35
cyfrif cyfredol y fantol daliadau 28
cyfrif dosbarthu 90, 91
cyfrif elw a cholled 88-91

cyfrif masnachu 89, 91
cyfriflenni llif arian 100-103
cyfrifoldeb
  a chymhelliant 196
cyfrifon 78-109
  a chwmnïau cyfyngedig 43
  gweler cyfrif elw a cholled,
    mantolenni
Cyfundrefn Fasnach y Byd 28
cyfundrefnau masnach 161
cyfweliad 192, 214
cyfweliadau personol 128
cyfyngiadau ar fewnforion 30
Cyngor Cenedlaethol Cymru dros
    Addysg a Hyfforddiant 208
  a chychwyn 228
  a grantiau i fusnes 114
  a lleoliad 187, 188
  a'r llif arian 102
cyhoeddi bwrdd gwaith 177
cylch ansawdd 172
cylchlythyr 216
cylchred oes cynnyrch 134-135,
    180
cyllid 108-117
  a busnesau cydweithredol
    defnyddwyr 97
  a busnesau trwydded 51, 52
  a chwmnïau cyfyngedig
    cyhoeddus 43-44
  a chwmnïau cyfyngedig preifat
    43-44
  a chychwyn 227-228
  a chydweithfeydd gweithwyr 49
  a mantolenni 92
  a phartneriaethau 39
  a'r cynllun busnes 78
  ac elw 118
  ac unig fasnachwyr 35, 36,
    116-117
Cyllid y Wlad 35, 215
cyllideb 84-85, 87
  ddrafft 86
Cymdeithas Gyfanwerthu
    Gydweithredol 46
Cymdeithas Teganau a Hobïau
    Prydain 184
Cymdeithas y Defnyddwyr 161
Cymdeithas Yswiriant
    Cydweithredol 47
cymdeithasau adwerthu
    cydweithredol 46-48, 49
cymdeithasau masnach 219-220,
    221
cymerwr prisiau 140
cymhareb
  brawf asid 106, 107
  elw crynswth i werthiant 96-97,
    99
  elw net i werthiant 96-97, 99
  geriad 116, 117
  gyfredol 105-106, 107
cymhelliant 194-197
  a chilfanteision 215
  a chyfathrebu 211
  a chyflog 205, 209
  a dulliau cynhyrchu 166-168

a rhoi grym 73
a thrwyddedu 53
ac arweinyddiaeth 199
cymhellion 119
cymodi 221, 221
cymorth rhanbarthol 188-189
  detholus 188
Cymorth Rhoddion 215
cymorthdaliadau 28
cymysgedd cynnyrch 130, 133
cymysgedd marchnata 120-121
  a hyrwyddo 142
  a lleoliad 146
cynhadledd 214
cynhadledd flynyddol undebau
    llafur 219
cynhwysydd 154
cynhyrchedd
  a chell-gynhyrchu 171
  a chyflog 205
  a dihaenu 73
  a Kaizen 172
  a'r dechnoleg newydd 179
cynhyrchu 162-164
  a maint busnes 66
  a rheoli ansawdd 182, 183
  cyfalafddwys 65
  main 170-173
  mewn union bryd (JIT) 164, 171,
    173, 183
  trefniadaeth yn ôl 76
  yn ôl y gwaith, swp-gynhyrchu a
    llif-gynhyrchu 166-168
cynigion arbennig 136
cynllun busnes 78-79
  a chychwyn 228
  ac ariannu'r busnes 108, 114
Cynllun Pensiwn Gwladol yn ôl
    Enillion 201
cynlluniau awgrymu 172, 195
cynllunio drwy gymorth cyfrifiadur
    174, 177, 178-179
cynllunwyr
  a'r economi gorfodol 13
cynnig
  mewn arwerthiant 9
cynnyrch 4, 7, 130-133
  a moeseg busnes 159
  a sianelau dosbarthu 148
  a thechnoleg 179-180
  a threfniadaeth 76
  a'r cymysgedd marchnata 120
  a'r cynllun busnes 79
  ac ymchwil a datblygu 134, 162
  ac ymchwil marchnata 126-129
  generig 132, 133, 140
cynullydd 219
cynyddiadau 205
cystadlaethau 144
cystadleuaeth 6, 140
  a brandiau 132
  a busnesau tramor 27
  a dadreoli 58
  a marchnata 121
  a moeseg 33
  a newid 230
  a phreifateiddio 57

a phrisio 136-138
a systemau economaidd 12-13
a'r cynllun busnes 78
a'r Undeb Ewropeaidd 30-31
Cyswllt Busnes 188-189
cysylltiadau cyhoeddus 144, 145
cysylltiadau diwydiannol 218-221
cysylltiadau llafur 218-220
  a phartneriaethau 39
  ac unig fasnachwyr 35
cytundeb undeb sengl 221
cytundebau dim streciau 221

CH
chwant 5, 7, 130
chwiliedydd 175
chwyddiant 23, 25
  a phrisiau dŵr 19
chwyldro diwydiannol 174

D
D (grŵp economaidd
    gymdeithasol) 123, 124
dadgydnabod 220
dadreoli 58-59
Dagenham Motors Group 99
Damcaniaeth X a Damcaniaeth Y
    196, 216
Danka Business Systems 97
darbodion maint 65, 66, 67
  a chwmnïau amlwladol 55
  a threfniadaeth fewnol busnes 77
  a thwf busnesau 70
  ac adwerthu 151
  ac unig fasnachwyr 36
data
  eilaidd 127, 129
  gwreiddiol 127-129
datblygiad gweithwyr 207
datganoli 77
De La Rue 94
Deddf Bwyd a Chyffuriau 1955
    160
Deddf Credyd Defnyddwyr 1974
    160
Deddf Cyflenwi Nwyddau a
    Gwasanaethau 1982 160
Deddf Cyflog Cyfartal 1970 223
Deddf Cysylltiadau Hiliol 1976 222
Deddf Disgrifiadau Masnach 1968
    58, 159
Deddf Gwahaniaethu ar Sail
    Anabledd 1995 222
Deddf Gwahaniaethu ar Sail Rhyw
    1975 222
Deddf Gwerthiant Nwyddau 1979
    160
Deddf Iechyd a Diogelwch yn y
    Gwaith 222, 223
Deddfau Pwysau a Mesurau 160
defnyddiau crai 4, 7, 12
  a lleoliad busnesau 186-187
  a'r cyfrif elw a cholled 91
defnyddwyr 5, 7

a busnesau cydweithredol 46-47
a'r sector cyhoeddus 56
ac amcanion busnes 61-62
demograffeg 18-19, 21
derbyniadau 100, 103
  cyfartalog 86
  gwerthiant - gweler trosiant
    gwerthu
  na ddaethant o werthiant 89
derbyniwr (cyfathrebiad) 210
deunydd yn y man gwerthu 134,
    144-145
dewis (ar gyfer swydd) 192
dibrisiant 90, 91
didyniadau 215
diffyg y cyfrif cyfredol 28
dihaenu 73, 75
dim diffygion 179, 183-184
diogelwch
  gweler iechyd a diogelwch
dirlawnder marchnad 135
dirprwyo 74, 75
dirwasgiad 230
  gweler hefyd enciliad
dirywiad marchnad 135
disgowntio 136
disgrifiad swydd 191-192, 193
diswyddo 224-225
  annheg 225
diweithdra
  a ffyniant ac enciliad 22-23
  a hyfforddiant 208
  a lleoliad busnesau 187
  a streiciau 220
  a'r economi lleol 19
diwydiannau rhyddsymudol 187,
    189
Dixons 221
Dixons Motors plc 99
dosbarthu 146-148, 178
dull llinell syth 90
dull y gweddill lleihaol 90
dyledebau 114, 115
dyledwyr 93, 95
  a chyfalaf gweithio 104
dylunio 130, 174-175, 178-179
dyrannu adnoddau 9, 118-119

E
E (grŵp economaidd
    gymdeithasol) 123, 124
E-bost 176, 210, 217
economi 12-13
  cymysg 12, 13
  gorfodol 12-13
  lleol 18-20, 33
  marchnad rydd 12, 13
Ecu 29
Edinburgh Bicycles 48-49
effeithlonrwydd
  a chyfradd yr adenillion ar y
    cyfalaf a ddefnyddiwyd 99
  a maint yr elw 97
  a phreifateiddio 57
ein brand ein hun 132-133

Electronic Data Systems 195
elusennau 4
elw 80-83
  a buddrannau 109-110
  a buddsoddiant 90, 118
  a busnesau cydweithredol 47, 48
  a chwmnïau 42, 44
  a chwmnïau amlwladol 55
  a chyfathrebu 211
  a chyflog cadeirydd 208
  a chyfranddalwyr 42, 44, 118
  a chylchred oes cynnyrch 134
  a chymhellion 118
  a dyrannu adnoddau 10, 118-119
  a grym y farchnad 119
  a maint yr elw crynswth 96-97
  a maint yr elw net 97
  a moeseg busnes 33
  a phartneriaethau 39
  a systemau economaidd 12-13
  a throsfeddiannu, cydsoddiadau a chaffaeliadau 69
  a thwf busnesau 69-70
  a'r cyfrif elw a cholled 88-91
  a'r fantolen 94
  a'r llif arian 103
  ac adennill costau 84-86
  ac amcanion busnes 60-62
  ac effeithlonrwydd 119
  ac unig fasnachwyr 34, 35
  bodloni 61
  cadw 110, 111, 117, 118
  crynswth 89, 91, 96, 118
  cyn treth 90, 118
  net 89-90, 91, 118
  uchafu 102, 138, 139
Emap plc 95
EN 184
enciliad 23, 25
  a chyflog 209
enillion crynswth 214, 217
enillion net 215, 217
EPOS 180, 217
Erthyglau Cymdeithasiad 43, 45
Esgidiau *Dodge* F1 10
Etam 99
Ewrobond 114
EWS 157
ewyllys da 93, 95
Expro International Group plc 96

F

(y) Farchnad Fuddsoddiant Amgen 43, 44
Fatty Arbuckles 53
Fiat 12-13
fideogynadledda 214-215
Ford 61, 166-168, 170
French Connection 53

FF

ffacs 216
ffactor 113, 115, 117
ffactor K 119
ffactorau cynhyrchu 5, 7, 12
ffactorau hylendid 196
ffin diogelwch 87
fformiwleiddiad 130
ffurflen gais 191-192, 193
ffurflenni 216
ffynhonnell cyllid - gweler cyllid
ffynhonnell fewnol o gyllid 110, 111
ffyniant 22-23, 25, 230-231
  a chyflog 209
ffynonellau cyllid allanol 110, 111, 112-114

G

GA Developments Ltd. 174-176
galw 140-141
  a lefelau cyflog 204-205
galwedigaeth
  a grwpiau economaidd gymdeithasol 123, 124
Games Workshop 111
geirda 193
Geoconference 216
Global Group 14-16
GNVQ 208
goramser 214, 217
gorbenion 82
  a'r cyfrif elw a cholled 89
  a'r llif arian 103
gorddrafft 112-113, 115, 116, 117
  a mantolenni 93
  a'r llif arian 102
  terfyn 112
goroesi
  ac elw 118
  amcan busnes 60
  twf busnesau 70
gorstocio 164
gosod cyfranddaliadau 109
grantiau 114
Greenalls 45
Grŵp Chwarae *Humpty Dumpty* 25
grwpiau anffurfiol 74. 75
grwpiau economaidd gymdeithasol 124, 125
grwpiau ethnig
  a segmentau'r farchnad 123-124
grwpiau ffurfiol 74, 75
grwpiau sy'n ymwneud â 231-232
grym yn y farchnad 119
grymoedd y farchnad 9-10, 11
Guinness Group 61
gwahaniaeth rhwng perchenogaeth a rheolaeth 44
  ac unig fasnachwyr 36
gwahaniaethu 222-223, 225
  cynnyrch 130-133
gwahardd gweithio goramser 220
gwaith tîm 195
gwarant 79, 94, 95, 114
gwarchod defnyddwyr 20, 25

gwariant 100, 103
gwariant y llywodraeth 23
  a lleoliad busnesau 188-189
  a'r mathau o economi 12-13
gwasanaeth 4, 7
Gwasanaeth Iechyd Gwladol 4
gweddill agoriadol 101
gweddill terfynol 101
gweithgynhyrchu drwy gymorth cyfrifiadur 174, 177, 178-179
gweithgynhyrchu wedi'i integru'n gyfrifiadurol 176, 177
gweithred bartneriaeth 38, 40, 41
gweithredu diwydiannol 220
  a'r gyfraith 224
gweithredwr cyfrifon 143
gweithwyr
  a maint busnes 65
  allanol 100
  coler las 214, 217
  coler wen 215, 217
  di-grefft 123, 124, 204-205, 218
  dwylo glân 214-215, 217
  llaw 200, 214, 217
  medrus 123, 124, 204-205, 218
gwerthu
  ac ailgymryd ar brydles 110
  personol 144
gwerthwyr
  a marchnadoedd 10
gwladoli 57, 59

H

Hamley's 96-99
hap-sampl 128-129
  haenedig 128
Hardy Spicer 170-172
hawlfraint 31, 180, 181
heb ddigon o gyfalaf 227, 229
  a thrwyddedau 51
helaethu swydd 196
Herzberg, Frederick 196
hierarchaeth 72, 75
  a chyfathrebu 212
  ac arweinyddiaeth 198
hierarchaeth anghenion 195, 197
holiaduron 128, 129
Horobin 112-114
House of Fraser 98-99
hufennu 138, 139
hurbwrcas 91, 114, 115, 117
hyfforddiant 214-217
  a chymhelliant 196
  a dihaenu 73
  a *Kaizen* 171-172
  a lefelau cyflog 204-205
  a lleoliad 187
  a rhaniad llafur 16
  wrth y gwaith ac i ffwrdd o'r gwaith 207, 209
hyrwyddo 142-145
  a chylchred oes cynnyrch 134-135
  a phecynnu 132
  a'r cymysgedd cynhyrchu 120

hysbysebu 4, 142-143
  a brandiau 132
  a chadwyni gwirfoddol 151
  a chostau 82, 89
  a chylchred oes cynnyrch 134
  a moeseg 160-161
  a recriwtio 191
  a thrwyddedau 51-52
  a'r cyfrif elw a cholled 89
  ac Awdurdod Safonau Hysbysebu 160-161
  ac ewyllys da 93
  ar y cyfryngau 142
  asiantaethau 143, 145

I

iaith y corff 214
iechyd a diogelwch 24-25, 223
  a hyfforddiant 207
  a thechnoleg 179
  a'r Undeb Ewropeaidd 31
  ac undebau llafur 219
Inchcape 63
incwm
  a segmentau'r farchnad 123
Innovative Technologies Group plc 111
integru 69, 71
  fertigol ymlaen 69, 71
  fertigol yn ôl 69, 71
  llorweddol 69, 71
Intelek plc 76-77
isadeiledd 19-20, 21, 156, 189
is-gwmnïau 54, 55, 76, 89
Isle of Wight Glass 146-148
ISO 9000 184-185
is-weithwyr 73, 74, 75
  ac arweinyddiaeth 198, 199

J

Jacques Vert plc 60
JIT - gweler cynhyrchu mewn union bryd
Johal Dairies 155
John Lewis 194

K

Kaizen 171-172, 173
Kaur, Parinder 103
Kwiksave 75

L

Ladbroke Group 204-205
Lake Centre Industries 173
lansio cyfranddaliadau 109
lansio cynnyrch 129, 134, 139
LEC 75
lefel ailarchebu 164
LEGO 178-180
Leyland Trucks 172
LG Group 186-188

Ll

llafur
  a lleoliad busnes 187
  ffactor cynhyrchu 5, 7
llafurddwys 166, 180, 181
llafurlu
  newidiadau 16
lle arbennig yn y farchnad 152
lleihau maint 73, 75, 172
lleihau swmp 150
lleoliad 146-149
  a'r cymysgedd marchnata 120-121, 146
lleoliad diwydiant 186-189
  a chludiant 156
  a chwmnïau amlwladol 54
  ac adwerthu 152
  yn yr economi lleol 19
llif arian 100-103
  net 100, 101
  o'i gymharu â chyfalaf gweithio 105
llif-gynhyrchu 167-168, 169
  ailadroddus 168
llinell gydosod 164, 167, 170
llinell gynhyrchu 164, 167, 170
llog
  a benthyciadau 114
  a gorddrafftiau 112-113
llythyr 216
  agored 216
  newyddion 216
  personol 216
llywodraeth ganolog
  a sefydliadau sector cyhoeddus 56-59
llywodraeth leol - gweler awdurdodau lleol

M

McDonald's 77
Mace 151
maint busnes 64-66
  a chwmnïau amlwladol 54-55
maint yr elw 102, 138, 139
  crynswth 96-97, 99, 103
  net 97, 99
man gwerthu electronig 180, 217
Mann & Hummel 193
Manor Hotel 141
mantol daliadau 28, 29
mantolenni 92-94, 95
  a chyfalaf gweithio 104
  a'r cyfalaf a ddefnyddiwyd 97
  a'r gymhareb gyfredol 105
manyleb 163, 179
marchnad 8-10
  a bylchau 66
  a lledaenu risg 70
  a lleoliad busnesau 187
  a maint busnes 66
  a mathau o economi 12-13
  a moeseg busnes 158-159
  a sianel ddosbarthu 148
  a'r economi lleol 18

  a'r Undeb Ewropeaidd 31
  ac ymchwil marchnata 126-128
  agored 43
  brawf 129
  cynnyrch 12
  dadansoddi 122-124
  dargedol 135
  dirywiad 135
  dorfol 131, 138
  ddi-gystadleuaeth 119
  ddirlawn 135
  genedlaethol 9
  gwerthwyr 121
  gyfalaf 12
  gyffredin 30
  gynnyrch 12
  gystadleuol 10, 119, 178
  leol 9
  prynwyr 121
  ryngwladol 9
  stoc 43-44, 94, 109-110
  trefniadaeth yn ôl 77
marchnata 120-121
  a moeseg 158-159
Marks & Spencer 206-208
Marshall's 221
masgwsmereiddio 180, 181
masgynhyrchu 170, 173, 180
  gweler hefyd llif-gynhyrchu, masgwsmereiddio, llinell gynhyrchu
Maslow AH 195, 196
masnach ryngwladol 26-29
masnachfraint - gweler trwydded
Maxwell, Robert 199
mecaneiddio 174
meincnodi 172, 173
memorandwm 216
  cymdeithasiad 42-43, 45
menter ar y cyd 69
mentrau sector cyhoeddus 58-59
  a meincnodi 172
  amcanion 62-63
mentrwr 5, 66, 67
Meridian Mining 140-141
methdaliad 117
methdalwr 42
methiant busnes
  a thrwyddedau 52
mewnforion 26-29
  a chwmnïau amlwladol 55
  a lleoliad 187-188
  a strwythur yr economi 16
  a'r Undeb Ewropeaidd 30-31
Mike Dixon Cycles 229
Mini 134-135
Mitsubishi 26
modem 217
moeseg busnes 32-33, 158-159
monopoli 10, 57, 58
morgeisiau 94, 114, 115
  a'r fantolen 94
Mortgage Express 184
Moss Bros Group 98-99
Mudiad Cydweithredol 46

N

Nashua 169
Nestlé 130-133
Nike 158-159
Nissan 162
nod barcut 184
Nod Llew 184
nodau busnesau 56-57, 60-63
Northern Foods plc 209
NVQ 215, 216
nwyddau 4, 7
  ar golled 136
  cyfalaf 5, 7
  cynhyrchydd 4, 7
  gweladwy 26, 29
  traul 5, 7

O

oed
  a segmentau'r farchnad 122
Orange 142-145
oriau gwaith
  ac unig fasnachwyr 36
Original Propshop 42-44

P

paneli defnyddwyr 128
Paramount 21 Ltd 67
parciau adwerthu 152
partner segur 39
partneriaethau 38-40, 41
  a chyllid 38, 39, 108, 109 117
  a mantolenni 94
  a rheolaeth 38, 39, 40
  a thrwyddedu 48
  ac amcanion buses 62
  gweler hefyd busnesau bach
patent 31, 180, 181
patrymau gwariant defnyddwyr 15
PAYE 215
Peakman Lighting 84-87
pecynnu 132
  a hyrwyddo 143-144
peiriannau dan reolaeth rifiadol cyfrifiadur 175, 177, 179
peiriannau mesur cyfesurynnau 175
peirianneg CAD/CAM 175-177
pennu cyflogau 204-205
  gweler hefyd systemau talu
pensiynau 215, 222
Pepsi Cola International 33, 120-121
Perlos 178
Pickles, William 24
Pittards 30-31
pleidlais gyfrinachol 220
poblogaeth
  a samplu 128
  a'r economi cenedlaethol 24
  a'r economi lleol 18-19
Podmore's 189
polisi cyllidol 23

Portmeirion Potteries 31
post uniongyrchol 143, 145
Powell & Heilbron (Paper) 190-193
PowerGen 173
prawf farchnata 79, 129
preifateiddio 57-58, 59, 119, 155
preifatrwydd
  a chwmnïau 43, 44
  a phartneriaethau 39
  ac unig fasnachwyr 35
prentisiaeth fodern 207
President 164
Principles of Scientific Management, The 194
pris 140-141
  a chwyddiant 23
  a galw a chyflenwad 140-141
  a maint yr elw crynswth 96
  a phrynu 163
  a stoc 164
  a throsiant gwerthu 81
  a'r cymysgedd marchnata 120-121
  cadw 9
  gosod 9, 140-141
  premiwm 132, 133
  uchaf 119
  y farchnad 140, 141
prisio 136-139
  a brandiau 132
  a'r cymysgedd marchnata 120
  ar sail costau 138
  cost lawn 138
  cost-plws 138, 139
  cyfraniad at y costau 82, 139
  sy'n gyfeiriedig at y farchnad 136-138, 139
  treiddio 138, 139
  wedi'i seilio ar gystadleuaeth 136, 139
priswahaniaethu 137, 139
profi 182, 183 - gweler hefyd prawf farchnata
profion defnyddwyr 129
Prontaprint 50-53
proses-gynhyrchu 168, 169
prototeip 174
prydles 114, 115, 116
pryniant cynlluniedig 124
prynu 162-163
  byrbwyll 124
prynwyr
  a marchnadoedd 9-10
pwynt lleihau swmp 147, 149
pwysau allanol 230-231
pwysau mewnol 230
pyramid trefniadaethol 73

R

Rank Group plc 8-10
Reckitt & Colman plc 64-66
recriwtio 190-193
  a chydweithfeydd gweithwyr 49
  a hysbysebu 191
  allanol 190-192, 193

mewnol 190, 193
Regalian Properties plc 60-63
Renold 169
Richer Sounds 194-196
risg
  a chyllid 116
  a gorddrafftiau 113
  a thwf busnesau 70
robotiaid 175, 177
ROCE 97-98, 99
Roddick, Anita 32-33
Rural Development Commission for England 188

RH

rhagolwg llif arian 100-103
  o'i gymharu â chyfrifon elw a cholled 88
rhagolygu
  a chyllidebau 84
  ac adennill costau 87
rhan ucha'r farchnad 130, 131
rhaniad llafur 16, 17
rheolaeth lwyr ar ansawdd 183-184, 185
rheoli ansawdd 182-183
rheoli busnes
  busnesau cydweithredol 46-47
  cwmnïau cyfyngedig 44
  cydweithfeydd gweithwyr 48
  partneriaethau 39, 109
  unig fasnachwyr 35
rheoli stoc 163
rheoliadau'r llywodraeth 6, 24-25
rheolwr cynhyrchu 163
rheolwr llinell 72, 75, 215
rheolwr-gyfarwyddwr 42, 72, 73, 74
rheolwyr 44, 45
  a threfniadaeth fewnol 72, 73, 74, 76
  ac amcanion busnes 69-70
  ac ansawdd 184
  canol 73
rhestr fer 192
rhestru cwmni ar gyfnewidfa stoc 43
rhesymoli 232
rhiant-gwmni 54, 55
rhoi grym 73, 74, 75
rhwymedigaethau 92-94, 95
  cyfredol 93, 95, 104, 105, 106
  tymor hir 94, 95
rhwystrau i fasnach - gweler tollau
rhwystrau i gyfathrebu 212
rhybudd 223, 224
  geiriol 225
  ysgrifenedig 225
rhychwant rheoli 73-74, 75
rhyw
  a segmentau'r farchnad 122-123

S

S & A Foods 11
safle ar y We 176
safle maes glas 186, 189
J Sainsbury plc 47
sampl 128-129
  cwota 128
  haenedig 128
  systematig 128
Sea Containers 7
sector
  cyhoeddus 4, 12, 13, 56-59
  cynradd 14-16, 17
  eilaidd 14-16, 17, 180
  gwasanaethu 14-16, 17, 180, 202
  gweithgynhyrchu 14-16, 17, 180, 220
  preifat 4, 12, 13, 56
Securicor Group plc 13
Sefydliad Safonau Prydain 184
sefydlu (*induction*) 206, 209
segmentau'r farchnad 122-124, 125, 135
  a phriswahaniaethu 137
  ac ymchwil marchnata 127
Sellotape 131
sêls (prisiau is) 136
SERPS 201
ServiceMaster 52
sgiliau gweithwyr
  a hyfforddiant 206-207
  a lefelau cyflog 204-205
  a lleoliad 187
  a'r economi lleol 18
sgimio 138, 139
Shell 154-156
sianel ddosbarthu 146-148, 149
sianel gyfathrebu 212, 213
  ac undebau llafur 218
  ffurfiol 212, 213
siart adennill costau 86-87
siart trefniadaethol 72, 75
siop
  adrannol 151
  annibynnol 150, 151, 153
  gadwyn 150-151, 153
  gweler hefyd adwerthu
Snakeboard International 6
Spar 151
Sky Television 122-124
Stagecoach plc 68
Stakis plc 80
Stannah 148
stoc (ffisegol) 163, 165
  a chyfalaf gweithio 104, 105, 106
  a dulliau cynhyrchu 163, 164, 170
  a dulliau cynhyrchu mewn union bryd 171, 172
  a'r cyfrif elw a cholled 91
  a'r fantolen 93
  a'r gymhareb brawf asid 106
  agoriadol 91
  newidiadau 91, 92
  terfynol 91
stociau neu fondiau 114
Stoves 180
strategaethau estyn 138
Streamline Holdings 109
Street Crane 182-185
streic 220
  a llif-gynhyrchu 162
  answyddogol 220
  wyllt 220
Stuffed Shirt Company 114
SuperSkyTrips 227
swp 167
swp-gynhyrchu 166-167, 169
Swyddfa'r Post 56-58
swyddi
  a'r gymuned leol 18
swyddog undeb 219-221
swyddogaeth 72, 75
symudiadau cromliniau galw a chyflenwad 141
system economaidd 12
systemau talu 200-202, 203
  a chymhelliant 194-196
  a phrofiad 209
  wedi'u seilio ar ganlyniadau 201

T

taenlen 177
taliadau 100, 103
taliadau banc 113
Talu Wrth Ennill 215
tanstocio 164
Taylor, Frederick 194, 196
technoleg gwybodaeth 176-177, 178, 180, 217
technoleg newydd 174-177
  a chyflenwad 140
  a diwydiannau gwasanaethu 180
  a newid 230
  ac adwerthu 152
Telecom Prydain 57, 70, 137
telegynadledda 214
tendr 59
Tesco 47, 93
Thames Water 18-20
Thistle Hotels plc 80
tir
  ffactor cynhyrchu 5, 7
tollau 28, 30
Tollau Tramor a Chartref
  ac unig fasnachwyr 35
Tomkins 68-71
Toyota 170, 171, 188
traddodiad diwydiannol 19
trefniadaeth
  ddaearyddol 77
  fewnol 72-77
  swyddogaethol 76-77
  yn ôl y math o uned cyfreithiol (unig fasnachwyr ayb) 34-59
treth
  a chwmnïau amlwladol 55
  a lleoliad 187
  a mantolenni 93
  a phrydlesu 114
  a'r cyfrif elw a cholled 88
  ar werth 23, 35
  gorfforaeth 23, 88, 90, 93, 118
  treth incwm 23, 215
  ac unig fasnachwyr 35
tribiwnlys diwydiannol 225
trosfeddiannu 58, 68-69, 71, 232
trosfeddiant cytunedig 69
trosiant gwerthu 80-81, 83
  a chyllidebau 84
  a maint busnes 64
  a maint yr elw crynswth 96
  a'r cyfrif elw a cholled 88-90
trothwy elw 86-87
trwydded (*licence*) 180, 181
trwydded (masnachfraint) 50-53
  cymharu â chadwyni gwirfoddol 151
trwyddedai 50-53
trwyddedwr 50-53
Tudalennau Melyn 142, 227
twf
  allanol 68-70, 71
  busnesau 49, 61, 68-70, 71, 110, 118-119
  economaidd 22-23
Tŷ'r Cwmnïau 43
tyniadau 102
tystysgrif gorffori 43

U

Undeb Ariannol Ewropeaidd 30-31
Undeb Ewropeaidd 26, 28, 30-31
  a grantiau i fusnes 114
  a lleoliad busnesau 187-188
Undeb Gweithgynhyrchu, Gwyddoniaeth a Chyllid 218
Undeb y Gweithwyr Cyfathrebu 218
Undeb y Gweithwyr Trafnidiol a Chyffredinol 218
undebau llafur 218-221
  a chydnabyddiaeth 220-221, 223
  a chyflog 205
  a sianelau cyfathrebu 212
  a'r gyfraith 223
unig berchennog - gweler unig fasnachwr
unig berchenogaeth - gweler unig fasnachwr
unig fasnachwr 34-36, 37
  a chyllid 35, 36, 116, 117
  a hyd y gadwyn awdurdod 73
  a mantolenni 94
  a thrwyddedu 48
  a thwf busnesau 70
  ac amcanion busnes 62
  gweler hefyd busnesau bach
Unigate 4-6
Unilever 162-164
United Norwest 46-48
uwchfarchnadoedd 151
uwch-swyddog undeb 219

V

Virgin 198-199
Vitec Group 107
Volvo 185

W

W & G Sissons 175
Wagon Industrial Holdings 22
Walker Crisps 120-121
Walker Greenbank plc 106
(y) We 152, 176, 217
Wimpey 22-24
(y) wladwriaeth
  a mathau o economi 12-13
  a sefydliadau sector cyhoeddus 56-59
wythnos waith sylfaenol 200

Y

ychwanegiad at werth 15
ychwanegiad at y pris cost 138, 139
ymchwil
  desg 127, 129, 227
  maes 127-129, 227
ymchwil a datblygu 162, 165, 180
ymchwil marchnata 120, 121, 126-129
  a chychwyn 227
  a chylchred oes cynnyrch 134
  a chynllun busnes 79
  ac asiantaethau hysbysebu 143
ymchwilydd marchnata 126
ymddiddymu 117
ymddiogelu 31
Ymddiriedolaeth y Tywysog 227, 228
ysbytai ymddiriedolaeth 58
ysgolion a gynhelir â grant 58
yswiriant 149